The Art of Not Being Governed
An Anarchist History of Upland Southeast Asia

不受統治的藝術

東南亞高地無政府主義的歷史

James C. Scott

詹姆斯·斯科特——著

許雅淑——譯

人們說有史民族的歷史，就是一部階級鬥爭的歷史。或許我們也可以這麼說，無史民族的歷史，就是一部與國家鬥爭的歷史。

——皮耶・克拉斯特（Pierre Clastres），《反抗國家的社會》（*La Société contre l'État*）

目次

推薦序

一條嶄新的歷史認識之路

詹素娟　中研院台史所兼任副研究員

作為人類學家的詹姆斯・斯科特（James C. Scott），在二〇〇九年出版的《不受統治的藝術：東南亞高地無政府主義的歷史》一書，帶領讀者來到一大片介於印度、緬甸、泰國、寮國、柬埔寨與中國（雲南、貴州、廣西與部分四川省）之間，名為「贊米亞」（Zomia）的廣大地域；並在回溯西元前到二十世紀初的長時段歷史後，指出這裡是世界上曾經存在時間最長、面積最大的人口避難區之一。因為，這裡群山疊嶂、溪谷深切、地形破碎，發揮了地形摩擦力，碎化了任何有意延伸、蠢蠢欲動的國家勢力。

斯柯特以「高地」（hills）、「谷地」（valley）的對照區分，觀察到贊米亞高地儘管鄰接以水田稻作為核心的「谷地」悠久農業國家，卻能以相對偏遠的位置，不曾被任何國家完全吸納，而成為逃離國家或始終遠離國家的個人或人群流動、聚集或分散的地方。所謂贊米亞人，不是單一語言、文化或血緣的民族，而是多元語言、人群與文化在贊米亞空間的多重匯集，進而衍生出複雜多樣、甚至相當流動的認同關係。然而，他們的共有認同卻是：不成為任何國家的臣民，成功逃避來自國家的課稅、徵兵、徭役，甚或戰爭、瘟疫與奴役，並發展出游耕、狩獵、散居、自由遷徙的小型社會，無視權威、不需奉承，在邊緣得到真正的自由與自治。如果這就是採行定耕、水利灌溉、定居、遵服權威等所謂「文明觀」定義的「野蠻」，那就讓「野蠻」得到徹底的解放吧！

本書雖應用大量的歷史研究成果，卻意圖掙脫「文字歷史」的窠臼，以口傳的非文本與多線時間觀，取徑「一條嶄新的歷史認識之路」，讓我們質疑人類社會關於國家的想像，探究國家的必要，更賦予「逃離」國家的概念與行動一種積極性、主動性與策略性。最終，則以東南亞高地的歷史，證成斯科特所主張「無政府主義」社會的存在與可能。

在斯科特的理論體系中，贊米亞高地是特例嗎？非也。本書的閱讀與理解，必須進一步搭配斯科特二〇一七年出版、以兩河流域古文化為討論基底的《反穀》(*Against the Grain*) 一書（二〇一九，麥田）。中譯版的副標題——「穀物是食糧還是政權工具？人類為農耕社會付出何種代價？一個政治人類學家對國家形成的反思」，充分說明「反穀」探問的議題：文明／野蠻、中心／邊陲、國家／部落、農耕／游牧、先進／落後等相反共生的概念與歷史，與本書具有緊密的相關性與連續性，從而更能理解本書探末的理想境界。

對於正在追求國家名實相符、凝聚認同、對抗中國強力壓境的當代台灣人來說，斯柯特這本從東南亞高地歷史質疑國家形式與國家存在的專書，可以提供什麼啟發？在破解國家本質後，我們是否可以翻轉民族國家的性質、視其為追求自我治理的框架？向來位處於亞洲大陸邊陲的島嶼台灣，在美中日三國地緣政治角力中尋求困境突破的我們，是否可能如贊米亞高地的人群，致力於逃離帝國「天下莫非王土」的龐大身影、「五千年」歷史文明的宣稱籠罩，建立專屬於島民、看似微小卻無限自由的空間？

不只如此，二〇二二年十月二十八日台灣憲法法庭宣判「違憲」的「憲三字第十七號・西拉雅族原住民身分案」（簡稱「憲判十七」），因未能理解台灣現行法定十六族係經由國家長期分類、建構與共識形塑始得以生成的歷史，而在針對「同屬南島語系民族之其他台灣原住民族」之「是否」與「如何成為」原住民族時，提出「民族認定」先於「身分賦予」的要求，將使多數不曾經驗族群界限的平埔原住民，不得不展開艱難的民族建構工程。

面對這一當代台灣的原住民族大事件，翻看本書第七章「族群形成和進化」所討論的「一個激進的建構主義案例」，實在強烈有感與反思。我們必須承認，國家（或學術上）以體質、語言、文化所從事的客觀分類或建構的族群（或民族），係以後設的強制分辨在重構人群關係，現實世界的混雜、糾葛與流動，反而因此同質化與單一化了。而剛性認定與快速轉換的認同之間，究竟有多少混沌揉雜需要釐清？當下的落差又該如何彌補？闔上書頁，不得不陷入沉思。

導讀

邊陲不再是邊緣，國家不再是中心：贊米亞出土的故事

林開世　台大人類學博物館館長

斯科特與《不受統治的藝術》

形容詹姆斯・斯科特（James C. Scott，一九三六至二〇二四年）是一位知名的美國政治學家與人類學家，就好像是說老虎是貓科動物一樣，難以標示他在眾多學科與跨領域的影響力。以無政府主義者自居，他的學術生涯不只是在社會科學諸多領域，更是在政治思潮與社會運動中留下不可抹滅的貢獻。他從一九七六年以來就是耶魯大學政治學系的史達林講座教授，並共同開創了有名的「耶魯大學農業研究計畫」（Program in Agrarian Studies），集結來自世界各地的學者與學生。以跨學科與跨國界的視野，研究全球各地的農民社會。

他生於一九三六年新紐澤西州，學術訓練本科是政治學，在耶魯大學的博士論文主要是透過訪談馬來西亞的官僚與閱讀圖書文獻，來探討馬來西亞的政治意識形態。取得學位後，一九六七年他受聘於威斯康辛大學麥迪遜分校，專長是東南亞區域的貪污與派系政治。但是一九七八年在耶魯大學取得終生職教授後，他出人意料

地出發到馬來半島西北方吉打省（Kedah）的村落，進行十四個月的田野工作，成果就是那本高度爭議、典範轉移的名著：《弱者的武器》（一九八〇），透過檢討批判葛蘭西的霸權（hegemony）概念，將政治學對國家結構的分析與人類學對日常文化實踐的洞察相結合，討論馬來農民的日常生活的抵抗形式。接下來，在一九八五年《支配與抵抗的藝術》一書中，他更進一步將這種抵抗的形式理論化，應用到其他非東南亞社會與更多的權力場域。這使得他的作品影響力擴展到政治學之外的人類學、社會學、歷史學、文化研究等等學科。

他的研究核心關懷始終圍繞著人類社會內部如何組織與自我組織，主體如何抵抗統治，以及無政府狀態如何可能等議題。他的視角獨特，作品中展現出傑出的創造力、好奇心和開放性，我們幾乎可以說他一個人率先開啟了社會科學在一九八〇年代開始的「抵抗研究」潮流，至今未衰。

《不受統治的藝術》於二〇〇九年出版，是斯科特學術著作中的一個重要里程碑。這本書與他一九九八年另一本極具影響力的著作《國家的視角》（*Seeing Like a State*）形成明顯對比。如果說《國家的視角》揭示了國家如何試圖通過「高度現代主義」（High Modernism）意識形態將市民社會變得「可讀化」（legible），並進行自上而下的規劃，最終導致災難性失敗；那麼《不被統治的藝術》則是將視角轉向那些希望繼續保持「不被可讀化」的社群。斯科特本人將後者描述為「國家建構的反面」，一段「刻意且被動的無國家狀態的歷史」。這兩部作品可說是一個無政府主義宣言的兩面，合起來構成了一個關於國家及邊界、以及統治與抵抗的辯證關係。透過描繪國家建構與無國家狀態之間持續的互動與共生，斯科特想要去闡明「國家」並非人類社會發展的唯一或必然歸宿，而是權力與抵抗不斷拉鋸的場域。這種分析方法可視為是斯科特對「現代主義」的批判，如果說《國家的視角》揭示了高度現代主義在國家層面如何遭遇失敗，那麼《不被治理的藝術》則展示了邊緣社群如何透過各種脫逃、抵制與虛以委蛇的策略來抵抗國家。

《不被治理的藝術》副標題特別指出這是一本「無政府主義歷史」（anarchist history），因為它透過針對一段晦暗隱密的區域歷史，深入探討人類為何會「刻意且主動地保持無國家狀態」。這本書挑戰了傳統的「文明」敘事，即認為無國家狀態是落後或未開化的表現。相反，斯科特認為，在許多情況下，無國家狀態是一種積極的選擇，是為了逃避國家帶來的奴役、徵兵、稅收、徭役、流行病和戰爭等壓迫。這種觀點顛覆了長期以來對「文明」與「野蠻」的二元對立理解，為重新審視人類社會的發展路徑提供了獨特視角。

「贊米亞」（Zomia），充滿意義的隱喻

本書討論的核心地理空間贊米亞，是斯科特從威廉・申德爾（Willem van Schendel）二〇〇二年作品中借來的概念，贊米亞指的是一個橫跨東南亞大陸的廣闊山區，面積約為兩百五十萬平方公里，大小相當於歐洲。該區域海拔通常在三百米以上，從越南中部高地延伸至印度東北部，涵蓋越南、柬埔寨、寮國、泰國、緬甸部分地區，以及四個中國省分。贊米亞居住著約一億人口，他們屬於「民族和語言多樣性令人眼花繚亂」的少數民族群體。例如：阿佧族（Akha）、赫蒙族（Hmong）、克倫族（Karen）、拉祜族（Lahu）、綿族（Mien）和佤族（Wa）等。

斯科特提出，在過去兩千年中，贊米亞各個群體之所以居住於此，是因為他們一直在逃避周圍有組織的國家社會所施加的種種壓迫。他將贊米亞描述為一個「破碎區」（shatter zone）或「避難區」（zone of refuge），強調這些高地社群並非「原始」或「落後」的殘餘，而是主動選擇逃離低地國家的結果。

斯科特對贊米亞的定位超越了單純的地理描述，將其提升為一個「政治建構」（political construct）和「國家效應」（state effect）。本書的前半段，他從兩個主要面向去重構贊米亞存在於漫長歷史中的兩個基本條件。第一個是地理環境，第二個是人口特性。對斯科特來說的，本區的地形特徵並非被動提供避難所，而是與高地社群的生存策略（如分散居住、游牧農業）相互作用，共同構成了一種主動抵抗國家統治的動態系統。地理條件限制了國家權力擴張，社群則利用這些限制來維護自主性。

為了進一步闡釋這種動態，斯科特引入了「地形的摩擦」（friction of terrain）的概念，用來描述低地國家在掌控山區社會和物理景觀時所面臨的相對難度。這種「摩擦」不僅源於自然地理障礙（如季節性季風使國家行動受阻），更重要的是，它被高地社群「刻意設計」和加強，以增加國家的「不可讀性」和資源獲取的難度。因此，高地不僅是地圖上的一個位置，更是相對於國家權力的一種「立場」。

除了地理因素，本區長期以來人口密度相對的低（可能只有前現代中國或印度的六分之一），使得緬甸和其他東南亞大陸國家的政治經濟側重於確保人力，而不是土地或商業財富。由於依賴人力資源，使得每個王國會都有某些傾向：一、大力鼓勵**水稻**種植，排斥旱地和游耕作物，因為水稻單位土地的獨特生產力，使國家能夠最大限度地增加居住在特定領土內的臣民數量。緬甸、暹羅、高棉和越南的首都，通常位於水稻種植最集中的低地區域，因此人口也最集中。二、試圖透過詳細的**記錄**和阻止人口流往較難**監控**的地區，來確保勞役和稅收。雖然起初這些系統有一定效力，但從長遠來看，它們往往會瓦解，因為國家缺乏足夠的地方訊息，而且政治競爭導致了過度且不夠靈活的需求。在軍事危機時期，王室權威的動搖更會導致無可抵擋的人力流失。三、為了防止此類災難性的損失與填補持續流失的人力，這些國家除了鼓勵來自遠方的自願**移民**，更透過獵取奴隸和囚犯以重新安置，藉此擴大人力資源。然而，斯科特最終認為，沒有哪個王國不是通過奴隸掠奪而繁榮起來的。因此，東南亞水稻國家像是一個向心的人口機器，但同時也是「脆弱而短暫的事物」，不斷在人力分散和集中之間波動。

這種特殊的政治經濟情境的另一面向，則是由於國家的壓迫和戰爭，加上人口稠密的低地區域周期性饑荒和流行病，又會持續地將臣民從帝國核心地帶驅趕到山區。這樣的拉扯之間，東南亞山區內陸變成了廣闊的「破碎地帶」，一個逃亡的區域，一個逃離平地國家之人的庇護所和藏匿地。與此同時，在贊米亞東北方，明清帝國一方面將過剩的人口移往邊疆，另一方面帝國勢力的擴張又造成那些想要脫離國家控制的人群，往東南亞高地殖民。因此，贊米亞人口組成，是由於南方和東北方同時出現壓力所形成的。

高地上出現的暴力驅逐與大規模移民，兩者從表面上看是矛盾的，然而，在社會和心理意義上說，這些過程可完全互補。山區人口不斷失去成員，同化新來者，接著分裂、融合、遷移，拋棄熟悉的民族標籤，並採用新的身分，形成一種獨特的社會型態，更讓被驅逐者和移民共同在贊米亞各地懷疑各種低地國家舉措。然而，選擇遠離低地的危險並不表示此區是孤立的。高地和山谷之間仍然進行互利貿易，低地相對繁複的文化還是高度吸引著高地。在低地區域相對平靜和繁榮的時期，還是有高地族群被山谷財富和文化光彩所吸引，主動離開山區。那些留下的人則謹慎地與低地聯繫，以最大限度提高他們的自主權，並盡可能減少山谷干預。

本書的下半段，斯科特進一步詳細闡述了高地民族為了規避國家所形成的各種策略。

首先，農業實踐上，贊米亞社群選擇與低地灌溉水稻種植截然不同的農業模式，例如刀耕火種（swidden agriculture）和塊根作物（如馬鈴薯、木薯）的種植。這些農業模式具有高度的「不可讀性」和財政上不確定性。分散的田地、多樣的作物和錯開的收穫時間，使得國家難以監測、控制和徵稅，從而增加了「摩擦」，阻礙了資源萃取。與定居的稻作農業不同，刀耕火種和塊根作物種植增強了社群流動性，使人們能夠在面對國家壓迫時迅速遷移，避免被國家「固定」和「可讀化」。

其次，在政治形式上採取一種徹底分散、平等的社會秩序，使得掠奪性國家，無法藉由招募當地酋長和頭人來輕易地控制這種秩序。雖然會有一些雄心勃勃的克欽族酋長，試圖在山區建立模仿附近撣族政權的分層、類似國家的結構。但是，從長遠來看，當臣民不願為酋長提供徭役，或酋長面臨不願接受社會從屬的臣民暗殺、叛亂和逃亡，這些計劃總是崩潰。

身分認同上，他們採取彈性族群身分與流動認同。雖然統治者為了方便統治會將人口劃分為「部落」，但高地人民反而利用這種虛構的民族身分來達到自己的目的，甚至採取「國家模仿」（state mimicry）或「宇宙論虛張聲勢」（cosmological bluster）的方式，表面上順從，實則顛覆。

文化上，該地區人民持續選擇口語文化並抗拒文字。斯科特認為高地社群缺乏複雜的書寫傳統，並非因為「文明缺陷」，而是一種「策略性拒絕」（strategic rejection）或「主動放棄」（active abandonment）。文字和固著性的文本是國家統治的基石，使人口和資源變得「可讀」和「可控」。藉由維持口語文化，贊米亞社群能夠隨時重塑其歷史和身分，避免被國家記錄和固定，從而降低了被國家監控和剝削的風險。

最後，先知領袖與千禧年運動在本區頻繁地出現，也被視為贊米亞社群避免被國家整合和防止國家從內部興起的策略之一。這些運動往往提供了一種超越現有秩序的願景，激發了社群的凝聚力和抵抗意志，使他們能夠在面對外部壓力時保持獨立。

貢獻與批評

這本書主要成就在於透過對東南亞內陸高地族群與低地國家和社會之間動態的關係，將原本被忽視的地區帶入歷史主流論述中。斯科特成功勾勒出逃離與吸引這兩種相互交織的力量，如何影響著低地和高地，導致了人、物、文化觀念持續流動，以及高地社會不斷重組轉變。就像他早先著作中揭示出馬來農民那種隱密的尊嚴與抵抗，在本書對這些動態過程的描述中，斯科特將贊米亞的族群從靜態、原始主義、本質主義和孤立的假設中掙脫出來，賦予了他們聲音、自主性和理性。

這絕對不是件容易的工作，要替沒有歷史與逃避監看的人群書寫歷史，需要研究者從國家文明的大量文獻中，找到空隙與殘片，更多時候仰賴的往往是要從第二手，甚至第三手的敘事中去萃取出蛛絲馬跡。斯科特展現了無比的想像力與洞察力，為未來要討論國家形成與帝國秩序的學者，提供了一個無法忽視的視野。

然而這樣一本大膽又理論性的作品，無可避免的會遭遇來自各方的批評。人類學、政治學、地理學、歷史學、國際關係、軍事學、東南亞研究等等不同學科的學者，都各自從不同的角度與知識基礎，提出了許多重要的質疑與反省，在此不可能將他們一一列出，只能提出一些我認為比較關鍵性的問題，來提供讀者留意。

首先，贊米亞的概念被許多學者批評是一個過分理想化、浪漫化的概念，斯科特描繪的那些普遍平等主義的社群，其實是到處可見到反證，讓·米肖（Jean Michaud）（2017）指出緬甸的撣族（Shan）、越南的岱族（Tay）和儂族（Nung）、中國廣西的壯族等，幾個世紀以來都擁有等級森嚴或封建社會，高地民族的社會結構並非單一的平等主義。然而，更嚴重的是，這種遠距離的浪漫主義傾向，複製了殖民主義的二元結構，反而會讓高地族群的複雜性被掩蓋，犧牲了更多樣的聲音，有東方主義化的嫌疑。

第二，斯科特在本書的主要觀點是建立在國家形成與國家效應的框架之上，因此他的描述與推論，圍繞著這個區域的國家形成的性質與高地社群如何規避國家的議題。然而這個區域的歷史，並不只是國家力量在主導一切，跨區域的貿易網絡，親屬與家族的婚姻形式，寶物與神聖物品的流通，甚至農業生產模式的選擇，都不同於政治治理邏輯，它們對政治聯盟與權力消長的重要性，無法被化約為向心力與離心力的二元互動。換句話說，本書可能並沒有賦予高地的人群足夠的自主性，他們的生產方式、政治經濟與文化價值，並無法被化約為高地與低地互動下的國家效應。

第三，本書的證據存在著許多缺陷，斯科特對一八五〇年之前的東南亞文獻掌握的並不完整，也對主要的個案，也就是緬甸的史學著作的解讀常有不足之處。這會導致他時常偏頗使用史料來支持他的主要論點。例如，維克多．李伯曼（Victor Lieberman）（2020）就指出，他過分強調如何控制人力是東南亞國家最重要的政治經濟目標，使得他往往忽略貿易與海上的網絡也常扮演關鍵角色，也沒有進一步去思考人力控制本身牽涉到的生態環境、財政資源、工藝技術與軍事知識眾多因素，低地國家的政治行動不是單面向的以人口為主要考量。

第四，斯科特在本書的結尾唐突的提到，自第二次世界大戰以來，隨著低地居民進入高地地區，以及技術和交通發展，民族國家已經「吞併」了高地族群，贊米亞概念的分析價值也隨之消失。這個悲觀的宣稱，讓這個概念的意義一下掉入了一個難以確認的世界，讓人們懷疑這本書是否真的只是一個浪漫懷舊的投射。斯科特似乎想要保存贊米亞具有「抗拒國家」的純潔性，不得不將它與當代有關東南亞高地的各種販毒、犯罪、屠殺等負面論述區隔開來，這樣的操作更是坐實了前面的那些選擇性浪漫化他者的指控。

在本書前言的回應中，斯科特對來自各方的批評，採取的是他一貫的慷慨大方接受，但避重就輕的回應。他不願被那些史實資料的正確與否，或某些特定詮釋是否精準等細節問題綑綁，強調本書本來的目的就是要引起爭論，刺激更多更細膩的學術研究。但他的確輕描淡寫的指出了本書中的某些行文，可能容易會造成讀者的誤解；以及他作為一個族群建構論者，並沒有因而否定原住民族追求認同的意義。然而，他也持續在關注贊米亞這個概念繼續發展的可能性，指出東南亞海島上的水上遊民，似乎也具備了高地邊區族群的特性。並鼓勵更多人投入相關研究。事實上，正如他所觀察到的可能性，現在也有越來越多研究不同地區與不同歷史脈絡的學者，將贊米亞的分析概念應用到他們的研究材料中，讓邊緣群體的抵抗主體，得以在更多的地方被發掘出來。這本書所豎起的理論典範，正持續被不同領域的學者挪用與開展。

《不受統治的藝術》一書，無疑是近幾十年來社會科學領域最具影響力和爭議性的著作之一。它成功地將東南亞高地族群從學術邊緣拉回中心，並通過賦予他們積極規避國家控制的能動性，挑戰了長期以來關於國家形成、文明進步和民族認同的傳統敘事。它的價值不只是在於經驗材料的準確與否，更重要的是在於其概念的穿透力和啟發性，讓我們可以透過新的視野，豐富化我們對世界的理解。

前言

贊米亞（*Zomia*）這個全新的名字，是指越南中部高地至印度東北整片海拔逾三百米之地，橫亙五個國家（越南、柬埔寨、寮國、泰國和緬甸），以及中國四省（雲南、貴州、廣西和四川一部分），總面積有二百五十萬平方公里，住著一億的少數民族，族群紛繁、語言雜陳。地理上，贊米亞即所謂中南半島山地。這一片廣褒的區域位於九個國家與省份的邊陲，不處於任何一個國家中心，且超越一般所理解的地理區域（東南亞、東亞和南亞）。此外，當地的多元生態以及贊米亞與國家的關係都十分有趣，恰如阿巴拉契山脈（Appalachia）的跨國家研究，贊米亞也代表一個新的研究對象、一種思考區域研究的新方法。

本書論點相當簡單，不僅有啟發且頗具爭議。贊米亞是世上現存尚未被完全吸納到民族國家的最大少數民族區域。但是，贊米亞存活的時間也屈指可數。雖然在不久之前，多數人類尚處於自治狀態，但如今，從谷地王國的角度來看，他們是「我們的活祖先」，也是「我們在有水稻種植、佛教和文明之前的樣貌」。但是我認為，最好把高地人看成逃避者（runaway）、逃亡者（fugitive）或被放逐者（maroon）的社群，過去兩千餘年，他們成功逃避了谷地國家建構計畫的壓迫，包括奴役、徵兵、課稅、徭役、瘟疫和戰爭。他們所居住的區域也許更適合稱為碎破區（shatter zones）或避難區。

實際上，這些人的謀生手段、社會組織、意識型態，甚至是頗有爭議的口述文化，都可以視為用來與國家保持距離所採取的策略。他們分散在崎嶇的山地、流動性強，且他們的耕作方式、親屬結構、延展性高的族群認同，加上全心全意追隨先知、千禧年領袖，皆有助於避免被國家吸納，也防止國家在內部萌芽。他們大多數人要逃避的國家，就是早已成形的中原王朝。逃亡的歷史夾雜於高地傳說之中。雖然西元一五〇〇年以前的事蹟還有些許臆測成分，但這之後的文獻記載極為清楚，明清政府常以軍事行動打擊高山民族，甚至到十九世紀中葉，中國西南出現史無前例的起義，且規模達到高潮時，贊米亞也成為數百萬人尋求的避難所。此外，逃避緬甸和泰國國家掠奴的記載也相當豐富。

我希望自己的觀點不只能在本書所關切的地區引起共鳴，也能夠在廣泛的亞洲地區之外帶來迴響。

無論今昔，探討國家建構的文獻，實際上大多未曾留意到另一面：刻意或是為了回應而採取的無國家狀態（statelessness）。這是逃離者的歷史，少了這一段歷史，我們就無法理解國家的建構，也就是無政府主義者的歷史。

我的觀點隱約結合各民族歷史，將那些因為國家建構的強制力以及不自由的勞動體制而被排除的民族，包括吉普賽人、哥薩克人、新大陸逃避西班牙殖民**歸化**（*reducciones*）多語部落所組成的難民、菲律賓人、逃奴社群、沼澤阿拉伯人（Marsh Arabs）、西南非洲的遊牧民族（San-Bushmen）等，全置在一起討論。

本書的論點推翻一般針對「原始主義」（primitivism）普遍接受的論點。游牧、採集、輪耕和分裂的世系經常是「次級適應」（secondary adaptation）的結果，也是各民族為了逃避國家所選擇的落腳處、維生方式與社會結構，這些形塑了一種「自我野蠻化」（self-barbarianization）。對於生存在國家勢力範圍底下的人來說，這樣的逃避，正與在高地衍生、模仿和寄生的國家形式不謀而合。

我的觀點解構漢人與其他文明論述中的「野蠻」、「生」和「原始」。只要細看，這幾個詞實際上表示「不被統治」和「尚未被吸納」。文明的論述從不考慮人們或許是自願變成野蠻人，因此野蠻人的身分遭到汙名化與族群化（ethnicized）。族群與「部落」出現的地方，正是徵稅與主權管不到的地方，不論是羅馬帝國或是中國皆是如此。

生存形式和親屬血緣關係往往是先天，由生態和文化所決定。但是分析不同的耕作形式，尤其是作物種類、社會結構以及人員流動形式所蘊含的逃避價值觀後，我認為所謂「先天」，基本上是一種政治選擇。

山區做為逃避國家之人（包括游擊隊）的庇護所，是一個重要的地理主題。我發展出「地形阻力」（friction of terrain）的概念，以新的角度理解前現代社會國家建構的政治空間和困難。

本書一切的過錯由我負責。我也確實這樣做。在我開始道歉並白費心力預先回應批評之前，我想先申明此點。甚至我在寫這句話時都可以想見批評聲浪席捲而來。

外界常指責我觀點錯誤，但很少有人會說我觀點模糊或難以理解。這本書也不例外。不可否認，我對於東南亞大陸的高地民族提出了一些大膽的說法。我相信也許細節難免有錯，但總體主張大致正確。當然，書中觀點對或錯並不是我說了算，而是由讀者和評論人決定。但是，我對於書中的主張必須再強調三點：第一，本書的內容都不是原創的。書中所有的觀點都不是由我自己提出。我所做的只是從自己爬梳過的大量文獻中，找出內在的規律和觀點，整理出這些觀點並藉此引導我往前行。如果書中有任何創意之處，那就是我勾勒出整體框架並且一以貫之。我知道有些人的觀點和推論被我引用，他們可能會認為我過度詮釋，有些人已經跟我說過，幸好也有些人並不以為意。他們無須對我的詮釋負責，是我要對自己如何使用其他人的論點寫出本書負責。

令我吃驚的是，我發現自己居然成為一名歷史學家，儘管不是特別優秀的歷史學家，但確確實實是一位歷史學家。此外，我還是個古老的歷史學家，不管是我的年紀，還是我所探討的事物。我非常瞭解歷史學家的職業病，比方說，他們打算寫十八世紀的歷史，但大部分的篇幅卻都落在十七世紀的事，因為他們發現這些歷史對於想要討論的問題來說可能更為關鍵。我的情況也是如此。我在閱讀高山民族誌和緬甸軍隊侵犯少數民族地區人權的報告時，發現自己被拉進古代曼陀羅（mandala）王國所建構的殘酷強制行動中。我針對東南亞的前殖民和殖民時代研究成果，要歸功於兩門研究生獨立的經典閱讀課程。其中一門課閱讀東南亞研究的基礎讀物，課程設計有點像是知識分子的新兵訓練營，閱讀書籍都是相關經典作品，也就是大部分學者書架上都有陳列，卻很不好意思承認自己根本沒讀過的書。我們首先閱讀兩卷本的《劍橋東南亞史》（*Cambridge*

History of Southeast Asia），這讓人耳目一新。第二門課是關於緬甸的閱讀課，也是從基礎作品著手。

由此引出我要強調的第二點。本書所提出的觀點，並不適用於二次世界大戰之後。從一九四五年開始，在某些地方甚至更早，國家就開始使用消彌距離的技術能力，包括鐵路、不受天候影響的公路、電話、電報、空中戰鬥力、直升機，以及現在的資訊技術，已經改變了自治民族與民族國家之間的權力平等，也消除了地形摩擦力，因此我的分析基本上也不再適用。反之，至高無上的民族國家正汲汲營營將自身權力投射到最偏遠的地方，消除弱者或無主權區域。因為國家需要「部落區」的自然資源，並且確保邊陲地區的穩定與生產力，促使各地形成了「吞併」（engulfment）策略，導致忠心耿耿且極需土地的谷地居民遷徙至高地。所以，假如本書的分析不適用於二十世紀後期的東南亞，千萬別說我沒事先提醒。

最後，我擔心有人會誤解本書有關種族誕生的激進建構主義者個案，並且將之用來貶低（甚至是詆毀）勇者不顧生命努力爭取而來的族群認同。一切只有讓事實來證明。**所有的**認同幾乎毫無幾例外，都是社會建構的產物：不論是漢人、緬甸人、美洲人或丹麥人，皆是如此。這些認同，尤其是少數民族的認同，經常源自於強國的想像，例如漢人想像出苗族，英國殖民者想像出克倫族（the Karen）和撣族（the Shan），法國人想像出加萊族（Jarai）。不管身分認同是再造還是強加，這些認同都會發展出一種特徵，不論是宗教、語言、膚色、飲食以及謀生方式，以做為自己想要的認同對象，雖然選擇有些武斷，特徵也有些模糊。這些分類一旦通過疆域、土地所有權、法庭、習俗、指派的領袖、學校和文字獲得制度化，都可能成為一種充滿熱情的認同。如果這種認同遭到更大的國家和社會詆毀，就很有可能會轉變成為一種抵禦和對抗的認同。這樣創造出來的認同再結合自我編織的英雄故事，遂使身分變成榮譽的勳章。在當今這個世界，民族國家是充滿霸權的政治單元，因此這種自我宣稱往往採取人種民族主義（ethnonationalism）的形式。對於那些不顧一切風險代價，冒險追求獨立和被承認的撣族人、克倫人、欽族人（the Chin）、孟族人（the Mon）、克耶人（the Kayah），我滿懷敬慕。

我在知識上至少要感謝五位「已故白人」，而我未來也必然會加入他們的行列。這些人是先行者，我踩著他們走過的道路才蹣跚至此，因此假如沒有他們，我根本無從發現這條路。最早的一位是皮耶．克拉斯特，他在《反抗國家的社會》（*La société contre l'état*）中，大膽詮釋南美洲遭到征服以後的原住民是逃避國家（state-evading）和抵制國家（state-preventing），後來的資料證明這是很有遠見的觀察；歐文．拉鐵摩爾（Owen Lattimore）對中原王朝與邊疆遊牧民族關係的高論，讓我看到在中國西南邊疆亦有類似的情況；厄內斯特．蓋爾納（Ernest Gellner）針對柏柏爾人和阿拉伯人的分析，使我掌握主權和徵稅未能落實之處，就是「族群」和「部落」起始之地，所謂的**野蠻人**（*barbarians*）只是國家針對自治、尚未臣服民族的另一種說法。凡是選擇我這條路的人，都要不斷與艾德蒙．李區（Edmund Leach）的《緬甸高地的政治體系》（*Political Systems of Highland Burma*）進行知識上的對話，否則根本難有所獲。很少有一本書如此「值得深究」。最後，我要感謝詹姆士．喬治．斯科特（James G. Scott），也就是施韋．尤義（Shway Yoe）將軍與殖民地的官員，他是《上緬甸志》（*Gazetteer of Upper Burma*）的編者和《緬甸人》（*The Burman*）的作者。

我們之間並沒有血緣關係，但因為我從他敏銳的觀察中獲益良多，而且按照緬甸占星術的測算，我們都可以用相同的緬甸姓名，所以我選擇和他一樣的緬甸名字，以表敬意。

我常受到以下作品的激勵與指引，這些作品首先重新檢視那些邊緣者如何一步一步走向邊緣，同時強烈質疑那些自稱比邊緣者優秀的人，套用在邊緣者身上的文明論述。干沙路・貝爾特蘭（Gonzalo Aguirre Beltrán）大約三十年前出版的經典小書《避難區》（*Regions of Refuge*）針對拉丁美洲研究提出的觀點，比起克拉斯特更普遍，之後斯圖爾特・施瓦茨（Stuart Schwartz）和法蘭克・所羅門（Frank Salomon）又進一步考察與說明細節。羅伯特・郝夫納（Robert Hefner）關於爪哇騰格爾高地（Tengger Highlands）和傑佛瑞・班傑明（Geoffrey Benjamin）對馬來西亞**原住民**（*orang asli*）的研究，他們研究的地區與我相近，也都是非常有說服力的傑出個案研究，鼓勵我以此觀點去研究贊米亞。

贊米亞此名應當全部歸功於威廉・申德爾（Willem van Schendel），他敏銳意識到這一大片向西延伸到印度的高地邊區（在他的看法甚至範圍更大）有著鮮明的特色，這地區理應有一個專屬的名稱。他勾勒出「贊米亞研究」這個嶄新研究領域時，顛覆了我們思考地區（area）或區域（region）的習慣用法。讀過他對這個詞充滿說服力的觀點之後，我立即登記成為贊米亞軍隊（心戰分支）的步兵。申德爾以及我還有其他幾位同事都期待，有一天，我們可以召集第一屆贊米亞研究國際研討會。申德爾關於孟加拉邊境地區的作品就已經說明，如果我們誠心誠意採納他的建議將獲得何等的成果。

如果我有耐心，或者有心做更全面的研究，那麼至少應該有一章討論水上避難區。我只是點到為止，很遺憾沒能持平討論。東南亞海島中人數眾多的水上遊民**羅越人**（*orang laut*，海上游牧民族、海上吉普賽）航行在海上、周旋於各海島的民族，顯然就是高山游耕者的變形。如同許多高地人，他們也有軍事傳統，可以輕而易舉地在各個地方搶奪運輸船和掠奪奴隸，也可以在好幾個馬來王國擔任海上警衛或水軍。他們冷靜地待在主要水上通道的邊緣，來無影去無蹤，形成一個水上贊米亞，在我的分析中他們應該占有一席之地。安德森（Ben Anderson）注意到這一點，並鼓勵我往這個方向思索，他說：「海洋的面積更大，比山地和森林還更廣闊。看看這些海盜，他們可以輕鬆沉著地避開七國集團（G7）和新加坡。」但是讀者都已經察覺，這本書顯然太厚，而且我必須將這個主題留給更有能力的人去做，艾瑞克·塔格里亞克左（Eric Tagliacozzo）已經展開這項研究。

還有四個學者的作品恰好與我的關懷相同，如果沒有他們，這本書恐難完成。我都記不清自己反覆閱讀漆萊（F.K.L.，Chit Hlaing）和理查德·奧康納（Richard O' Connor）作品中的洞見幾遍，也無法分辨這對於我的論點影響有多深刻。維克多·李伯曼（Victor Lieberman）是從比較角度研究東南亞國家建構的重量級學者，讓·米肖（Jean Michaud）提出贊米亞（或者是他稱為東南亞高地）的時間比我們任何人都早，他們都是重要的對話對象。這四位學者展現了高度恢弘的知識境界（intellectual large spiritedness），尤其是他們與我意見相左時。即便他們可能非常不贊同本書的觀點，但他們應該知道的是，他們讓我更睿智，雖然我可能尚未達到他們的期望。此外，我還要感謝米肖慷慨地允許我使用《東南亞高地民族的歷史字典》(*Historical Dictionary of the Peoples of the Southeast Asian Massif*)中的內容做為本書的名詞解釋。

許多人閱讀了部分或整本書稿，並且如實給出建議，儘管這占用了他們可以從事其他更好事情的時間。我希望他們能夠看到，在他們的影響下，我的論點變得更細緻，也更加站得住腳。這些人包括(名單不分先後)邁克爾・艾達思(Michael Adas)、斯卡瑞亞(Ajay Skaria)、古哈(Ramachandra Guha)、塔尼亞・李(Tania Li)、安德森，昂特文(Michae Aung-Thwin),今村正雄(Masao Imamura),還有歷史學家毛昂(U Tha Htun Maung)和圖(U Soe Kyaw Thu)、考古學家登恩(U Tun Thein)、地質學家佩伊(Arthur Pe)、班傑明、杜姍姍(Shan-shan Du)、曼薩丹(Mandy Sadan)、海瑟威(Michae Hathaway)、科瓦德(Walt Cowand)、科克里克特(Ben Kerkvlict)、赫林(Ron Herring)、查特傑(Indrani Chatterjee)、溫恩(Khin Maung Win)、邁克爾・多夫(Michael Dove)、哈根(James Hagen)、塞瓦爾德(Jan-Bart Gewald)、湯姆士・巴菲爾德(Thomas Barfield)、頌差・威尼差恭(Thongchai Winichakul)、凱瑟琳・鮑威(Katherine Bowie)、基爾南(Ben Kiernan)、麥克艾爾威(Pamela McElwee)、卡寧漢(Nance Cunningham)、昂(Aung Aung)、魯登(David Ludden)、盧卡森(Leo Lucassen)、斯圖加特(Janice Stargardt)、戴伊(Tony Day)、克勞斯納(Bill Klausner)、譚(Mya Than)、奧多諾萬(Susan O' Donovan)、安東尼・瑞德(Anthony Reid)、克萊(Martin Klein)、顧爾第(Jo Guldi)、薩格夢(Ardeth Maung Thawnghmung)、聶伊(Bo Bo Nge)、馬思中(Magnus Fiskesjö)、卡拉漢(Mary Callahan)、梅爾(Enrique Mayer)、豪格呂(Angelique Haugerud)、麥

戈文（Michael McGovern）、吳丹敏（Thant Myint U）、愛德曼（Marc Edelman）、海普納（Kevin Heppner）、倫茨（Christian Lentz）、金安平（Annping Chin）、杜贊奇（Prasenjit Duara）、韋德（Geoff Wade）、查理・凱斯（Charles Keyes）、特頓（Anrew Turton）、石川伸（Noburu Ishikawa）、布里茲勒（Kennon Breazeale）、以及巴琪（Karen Barkey）。等等！這份名單漏掉四位同事的名字，因為他們沒有給我任何意見。你們自己心知肚明。不好意思了吧！只是，如果你們是因為電腦壞掉，所以沒辦法把寫好的意見印出來放到桌子上，那我跟你們道歉。

我還想感謝幾位同行的協助，而這些人不好歸類。霍里佛・榮松（Hjorleifur Jonsson）的《瑤族的關係》（*Mien Relations*）見解獨特，深深影響我的想法，特別是他認為高地居民的認同和社會結構有延展性（pliability）的說法。米凱爾・格力弗斯（Mikael Gravers）教導我很多克倫族人的事，以及克倫族篤信千禧年的宇宙觀基礎。塔格里亞克左仔細閱讀了本書初稿，並且為我規劃了一項閱讀計畫，我目前仍在努力完成中。最後，我還從五位同事那裡學到很多，多年前我們一起著手研究「方言和官方認同」，這五位分別是彼得・薩林斯（Peter Sahlins）、朗格馬斯瑞（Pingkaew Luanggaramsri）、步戴（Kwanchewan Buadaeng）、威特雅帕（Chusak Wittayapak）與斯圖珍（Janet Sturgeon），早在贊米亞這個詞出現前，她就已經開始研究贊米亞。

時間再往前推，一九九六年我的同事蕭鳳霞（Helen Siu）說服我擔任一場討論中國邊區與邊區民族研討會的評論人，研討會由蕭鳳霞、柯嬌燕（Pamela Crossley）和科大衛（David Faure）共同籌辦，研討會引人深思、活力十足，討論過程中還孕育出本書的許多想法。

這場研討的論文最後由柯嬌燕、蕭鳳霞和蘇堂棣（Donald Sutton）一同編輯出版《帝國的邊緣：現代中國初期的文化、族群和邊疆》（*Empire at the Margins: Culture, Ethnicity, and Frontier in Early Modern China.* Berkeley: University of California Press, 2006），全書集合原創的歷史、理論和民族誌。

過去十年，即使我很慢才釐清方向，但許多機構仍然願意接待並支持我的計畫。我在帕羅奧多（Palo Alto）的行為科學高等研究中心（Center for Advanced Study in the Behavioral Sciences）開始閱讀東南亞高地的背景資料，也看了國家與流動人口關係的資料，凱薩（Alex Keyssar）、科特（Nancy Cott）、貝賓頓（Tony Bebbington）和西格爾（Dan Segal）是我在那裡的良師益友。二〇〇一年春天，我在奧斯陸發展與環境中心（Centre for Development and the Environment）繼續閱讀資料，麥克尼爾（Desmond McNeill）、哈威爾（Signe Howell）、維特澤克（Nina Witoczek）和哈格威特（Bernt Hagvet）等人的知識和風趣讓我受益良多，我還在溫恩睜一隻眼閉一隻眼的情況下，認真地跟隨緬甸民主之聲電臺（Democratic Voice of Burma）學習緬甸語。我在羅斯基勒大學（Roskilde University）國際發展研究院社會與全球化系（Department of Society and Globalization of the Graduate School of International Development Studies）訪問時，完成這部書的初稿。我想向隆德（Christian Lund）、卡索爾姆（Preben Kaarsholm）、弗里德利克森（Bodil Folke Frederiksen）、詹森（Inge Jensen），以及布倫（Ole Brun）表達我的感謝，謝謝他們在知識上的接納，並且讓我的訪問過程全都相當愉悅。

過去二十年來，我的研究資源主要來自於耶魯大學的農業研究計畫（Program in Agrarian Studies）。土地改革的支持者、同事、演講者、研究生以及和我一起開課的同事，不斷給我信心，我們一起打造一座知識會所，過程充滿歡樂，也充滿挑戰，酸甜苦辣十足。曼斯費爾德（Kay Mansfield）一直到現在都還是這個計畫的核心靈魂，有如指南針一樣帶領大家前進。我的同事希瓦拉馬克日什南（K. Sivaramakrishnan，簡稱Shivi）、沃比（Eric Worby）、哈莫斯（Robert Harms）、阿格拉瓦爾（Arun Agrawal）、費里德曼（Paul Freedman）、雷布漢（Linda-Anne Rebhun）和邁克爾・多夫在我不斷學習的過程中不吝給予我幫助。其中，邁克爾・多夫和康克林（Harold Conklin）讓我知道什麼是游耕，這是本書分析的重要概念。

我有幾位主動積極且深具才華的研究助理，他們幫我省了好幾個月的時間，避免我的工作徒勞無功，也避免我踩坑。我相信他們很快就會闖出自己的名號。這幾位助理是卡責尼（Arash Khazeni）、胡賽因（Shafqat Hussein）、澤德曼（Austin Zeiderman）、亞歷山大・李（Alexander Lee）、沙弗（Katie Scharf）和哈里森（Kate Harrison），這幾位的幫助讓本計畫更有份量。

那些見證我辛苦學習緬甸語的緬甸友人，至少應該領高危險工作的報酬，或許應該稱呼他們為聖人，或者是上座部佛教中的天神（deva-hood）。我要感謝吉伊（Saya Khin Mating Gyi），他是我任教時間最長、最耐操且最有耐心的老師，我也要謝謝他的每一位家人，包括林珊珊（San San Lin）。昂或稱薇奧拉・吳（Viola Wu）、聶、鮑（KaLu Paw）和溫恩勇敢地面對我彆扭、痛苦且奇怪的談話。科亮（Kaung Kyaw）和圖儘管不是正式的老師，但是他們以朋友身分幫助並督促我。最後，林（Saya Naing Tun Lin）這位天生的老師，在我多次前往曼德勒（Mandalay）和其他地方旅行時，他發明了一種適合我這種普通人上課的方法，並且按表操課嚴格執行。我們經常在小旅店寬敞的四樓陽臺上課。當我連續四五次音調或發音有誤，他就會突然起身走到陽臺邊。我不只一次擔心他會因失望從陽臺上跳下去，當然他並沒有這樣，他會再走回來，坐到椅子上，深吸一口氣，然後重新開始上課。如果沒有他，我根本無法克服這一切。

當我在思考這本書適當的書名時，有個朋友告訴我說威斯康辛大學麥迪遜分校的政治學家克勞森（Jimmy Casas Klausen）開了一門政治哲學的課，課名就叫「不受統治的藝術」。克勞森慷慨大方地同意我把課程名稱當作書名，對此我實在萬分感謝。他未來絕對會針對這個主題，完成一本哲學方面的著作，我期待那一天的到來。

感謝斯特林圖書館耶魯地圖中心（Yale Map Collection of Sterling Library）的梅普爾（Stacey Maples），她靠著嫻熟的技巧與想像力畫出書中的地圖，也透過圖形影響我理解東南亞國家統治技藝的空間問題。

只要我覺得合適，就會加入一些緬甸文的單字或詞彙。由於目前世界上並沒有一套公認的方式可以把緬甸文轉成羅馬字母，因此，我採取倫敦大學亞非學院歐凱爾（John Okell）所發明的系統，在他的《緬甸語：口語導論》（*Burmese: An Introduction to the Spoken Language, Book 1*. DeKalb: Northern Illinois University, Center for Southeast Asian Studies, 1994）中對此有所解釋。為了避免讀者混淆，我會在重要之處加上緬甸文。

我再也不可能為這本書以及這套農業社會研究叢書的其他著作，找到比更有助力也更有才華的編輯，耶魯大學出版社也不可能找到比他更熱誠的編輯了。初稿的編輯西頓（Dan Heaton）在尊重原稿的情況下堅持修改我的錯誤與冗長的句子，大幅改善讀者可能遇到的困難。

最後，但還是一樣很重要的人，沒有我崇高女神的洞見和陪伴，我無法想像自己能寫完這本書。

第一章

山區、低地與國家：

贊米亞簡介

我從三段充滿挫折的自白說起，前兩段出於想成為征服者的行政官員之口，他們決心要攻克險峻的地形以及那些捉摸不定、冥頑不靈的住民。第三段則是來自另一塊大陸那些想征服靈魂精神的人，他們對於當地的地形有利於無神論與異端的存在，似乎充滿焦慮。

第一段

畫地圖很難，尤其是畫貴州省的地圖更難……黔南的地貌異常破碎，界線模糊……一個郡縣有可能切割成好幾個單位，許多地方都是被其他的郡縣給區隔開來……還有一些人煙稀少之處，苗人跟漢人混居在一塊。

黔南多山，有地無三里平之稱，這些山層層交疊，沒有任何平原或沼澤留下空地，也沒有河流或水道讓界線分明，山的數量多到令人頭大，根本就難以駕馭。……山區人煙罕至，而這些崇山峻嶺一般沒有名字，山形幾乎無法清楚辨識，而山的陵線與頂峰看來大同小異。因此想要把這些錯綜複雜的山脈勾勒清楚，就需要花費很大的篇幅。有時候要一大堆文件記錄才能描述幾公里長的支脈，而要花費好幾個章節才能把一整天徒步走的主線交代清楚。

說到那亂七八糟的各地方言，一條長五十公里的河川，可能會有五十個不同的名字，一個涵蓋一公里半的村落，可能會有三種不同的命名，由此可見命名有多麼不可靠。[1]

第二段

這片多山滿布叢林的土地，是土匪分布最廣的區域。這就是介於緬甸敏巫（Minbu）與泰耶（Thayetmyo）之間的村落（sic），還有在撣邦高原、若開山脈、欽山山腳下的沖積平原。這塊區域狹小彎曲，非常適合埋伏。除了一般的小路之外，幾乎沒有其他方式可以抵達這片土地，森林裡的瘧疾威脅著遠征軍的性命，部隊只能深入叢林才能前進，每個部落都不大，相距遙遠，基本上散布在密不通風、難以穿透的叢林裡。這些小路可能只有一台馬車的寬，不然就是非常狹窄，穿過的叢林充滿了荊棘，還有滿身是刺的爬蟲。三月時會燒掉大量乾草，但只要雨季一到，整塊區域又變得冷酷無情。[2]

第三段

地表遍布蜿蜒的河川。小溪非常之多，光是一個面積三百七十三平方公里的郡，從地形圖來看就有三百三十九條河川，也就是每十平方公里就有一條。整個河谷基本上

> 呈V字形，只有沿著河邊非常小的平地，才有搭建木屋或耕種的空間。……由於交通方式緩慢不便造成的隔離，因為幾個原因更加嚴重。原因之一是所有的路都要繞一大圈，從這裡到那邊要先沿著一條溪旁的岔路往南走，然後再沿著另一條溪往北走，或者是沿著一條河往上溯，到了山脊分流處再沿著另一條河往另一邊走。情況就是如此，出嫁的女兒夫家即使跟娘家只有相隔十英哩遠，也是十幾年沒辦法返家探望雙親。[3]

每一段感嘆，背後都是一套具體的統治計畫：清朝下的漢人統治、大英帝國在緬甸的殖民、最後一段是正統清教徒在阿帕拉契山區的統治。每一位統治者都默默地把自己刻畫成秩序、進步、啟蒙與文明的承載者。每一位統治者也都希望把國家或宗教組織在行政紀律上的優點，延伸到過去無人治理的區域。

一邊是這類統治計畫與其代理人，另一邊則是相對自主區域內的居民，我們要如何才能充分理解其中的辯證關係？這種關係在東南亞的中南半島上特別突出，並且在當地引起最大的社會分歧，影響當地重大的歷史發展：這分歧是指高地居民與低地河谷居民之間，還有上游地區的人（*hulu*，馬來語）與下游地區的人（*hilir*）。[4]我相信在小心翼翼追尋這段辯證關係之際，也會探索出一條認識歷史的嶄新道路，藉此可以了解低地國家權力形構，以及高地人群聚集的普遍過程。

國家擴張與人民自治之間的衝突並不限於東南亞。在內部殖民主義（internal colonialism）的文化與行政過程都有類似的情況，標示出西方現代民族國家形成的特色，例如：羅馬人、哈布斯堡人、鄂圖曼人、漢人與英國人的帝國計畫；原住民臣服於「白色殖民者」的殖民地，例如美國、加拿大、南非、澳洲與阿爾及利亞；定居於城裡的阿拉伯人與游牧民族之間的辯證關係，也是大部分中東地區的歷史特色。[5]當然，每一種情況實際發生的摩擦都不盡相同。但無論如何，自治人民與接受國家統治的人民之間碰撞後出現的特有結果，會因為林林總總的原因而產生各種不同的面貌：才剛開始接觸或者已經接觸一段時間、野性還很強或者已經被馴化、山區／森林裡的人或者是河谷／平原的人、上游或下游、野蠻或文明、落後或現代、自由或受限、有歷史還是沒有歷史，這些種種因素賦予我們許多比較研究的機會，所以我們應該從這些機會所提供的優勢著手研究。

邊陲的世界

自從有文字記載以來，亦即從穀物為主的農耕文明開始，我們所研究的碰撞，基本上就是所謂先占領的統治者。但如果往後退一步，擴大歷史的縱深，就會發現在整個人類文明之中都有出現過類似的碰撞，而不僅是國家文明。令人驚訝的是，這些碰撞發生的時間，是如此之近且速度是如此之快。現代人種（智人，Homo sapiens）出現在世界上的歷史大約是二十萬年，而在東南亞大約是六千年。這些在東南亞定居不再遷徙的人口，最初形成小型聚落的時間不會超過西元前一千年，而這只不過是歷史座標上一個微不足道的痕跡，非常地域化、很脆弱、不久隨即消失。直到西元前不久，大約是人類歷史的最後百分之一，整個社會的組成樣貌包括初級的、自治的、親屬的單位，他們偶而會一起合作狩獵、分食、起小衝突、以物易物還有談判，從各種跡象看來都稱不上是一個國家。[6]換句話說，生活在一個沒有國家權力結構的地方，一直是人類的常態。

接下來是農業國家的建立，這個偶然事件創造了差異，從此在定居、受國家治理的人民與偏遠地區缺乏治理或實際上自主的人民之間出現了辯證關係。至少在十九世紀初之前，交通不便，軍事科技的程度，還有最重要的是實際人口數量，都嚴格限制了國家（即使是最具野心的國家）權力的滲透。西元一六〇〇年，東南亞的人口密度是每平方公里五點五人（印度與中國大約是三十五人），在這時期被統治的臣民，如果要進入無邊無際、廣大遼闊的邊緣地帶是輕而易舉。[7]邊陲地區的運轉大概很像一個「同態調節器」（homeostatic device），國家對臣民的壓迫越大，統治的人就會越來越少。邊陲地區確保了人民的自由，理查德．奧康納精準地掌握到這樣的辯證關係：「一旦國家出現，就要重新適應環境，至少對農民來說是如此。當時，遷徙使得農民可以逃避國家權力與戰亂的壓迫，我將此稱為**第三種分散**（tertiary dispersion）。其他兩種革命（農業與複雜社會）都很穩定，但國家對於農民的支配就不是如此，因此我們發現了一種『匯集人民……建立村莊』的策略」。[8]

最後一場圈地運動

唯有現代國家（不論是殖民或是獨立自主）才有資源去落實統治計畫，讓無國家的空間與無國家的人民臣服其腳下，而這在殖民前的祖先看來，就只是曇花一現的念頭而已。從最寬鬆的定義來說，這場計畫是東南亞最後一場大型圈地運動。一直以來，統治者的努力雖然窒礙難行且充滿挫折，但至少持續了整個二十世紀。所有的政府，無論是殖民的或獨立的、共產主義或新自由主義的、民粹或威權的，全都竭盡心力擁抱這項計畫。然而，各個政權紛紛以南轅北轍的方式不顧一切投入追求此目標，也就意味這些行政、經濟與文化標準化的計畫，被強行植入現代國家本身的架構之中。

從國家中心的角度觀之，圈地運動有部分是要竭力整合不受統治之人民、土地與資源，可以從中獲利，以便於將其轉成法文稱為「可收租金」(*rentable*)的東西，意味著這在會計帳上可以貢獻國民生產毛額與外匯。事實上，邊陲地區的人民在經濟上始終和低地人民與世界貿易緊密相連。有時候，他們似乎還提供了全球商業活動中大部分的有價產品。即便如此，致力於完全吸納這些人，於文化上一直被視為發展、經濟進步、開化與社會整合的象徵。實際上，此舉尚蘊含其他深意，因為這些努力吸納這群人的目標，並不是太著重於讓他們更有生產力，而是要確保其經濟活動清晰可見，也就是能徵稅、能夠估價與徵收，如果這些都做不到的話，就用其他生產形式取而代之。不論何處，國家都會盡其所能想辦法強迫居無定所、游耕的耕種者，永遠定居在村落裡頭。他們試著用封閉型的共有財產，取代開放型的共有財產土地占有制，例如採用集體農場或者更特別的是自由經濟的個人私有財產。他們牢牢掌控森林與礦產資源，將這些變成國有財產，也想盡辦法鼓勵現金作物、單一作物與耕地農業，取代過去盛行的雜種方式。**圈地**這個詞似乎完全適用於描述此過程，這就像是發生在一七六一年之後英格蘭的圈地運動，這場運動吞噬了英格蘭一半的共有耕地，用以支持大規模、私人的商業生產活動。

如果我們把歷史的尺度拉到最大，就可以洞悉這場大型圈地運動之嶄新與顛覆性。從早期的中國與埃及、之後的印度孔雀王朝、古希臘及羅馬共和國，從人口學的角度來看，這些帝國根本無足輕重。他們只占全世界地景上微小一隅，人民亦不過全球總人口之些許少數。以中南半島為例，第一個國家約在西元五〇〇年左右出現，他們在土地上留下的地標、人口比例，相較於他們在史書所記載的空間其實都相當渺小。小小的政治中心、有護城河與高大的城牆圍繞，加上附近朝貢的村落，這些權力階序中微小的節點，既不穩定，所占據的地理空間也相當有限。只要不被考古遺跡還有國家中心史觀所迷惑，就可以認清這些地景都只是邊陲，事實上根本不存在中心，絕大多數的人口與土地，皆在他們管轄的範圍之外。

雖然國家權力的中心十分渺小，但他們掌握一項特殊的策略以及軍事優勢，使得他們有能力將人力與食物集中在一處，關鍵就是固定的土地發展水稻農業。[9]**水稻國家**是一種全新的政治形式，將過去不屬於任何國家的人群聚集於此。當然，有些人是因為政治中心可獲得貿易、財富與地位等機會而被吸引而來；但其他人（必為大多數）是在戰爭時遭到俘虜，或者是從奴隸販子購得，淪為俘虜與奴隸。這些小國家周遭一望無際的「蠻荒」之地，至少從兩方面來看是很重要的資源。首先，這些不受統治的土地是數百種重要的貿易品及森林產品的來源，這是水稻國家繁榮不可或缺的要素。其次，這些邊緣之地也是最重要的貿易流通品俘虜的來源，人俘是任何成功國家的勞力資本。眾所皆知，古代的國家，如埃及、希臘與羅馬，還有早期的高棉、泰國與緬甸等，顯然他們大部分的人民形式上都不大自由，不是奴隸、俘虜就是他們的後代。

環繞這些小國周遭一大片不受統治的邊陲，代表著挑戰及威脅。這些地方是亡命之徒、流動人口的家園，他們的維生方式，像是搜尋糧草、狩獵、游耕、捕魚與畜牧，基本上都無須聽從國家的調配。他們的謀生方式具有多樣性（diversity）、流動性（fluidity）與移動性（mobility），對採取定耕的農業國家來說，這些不受統治的土地與人民，基本上無法帶來任何稅收。另外一個原因是除非他們真的想要交易，否則根本拿不到他們所生產的東西。雖然，早期的國家中幾乎在每一處可耕作的平原與高原上都有人煙，但是從國家的角度來看，還有更多不受統治的人居住在地勢險要之處，像是高山、濕地、沼澤、乾旱的草原與沙漠。即使當地的產品原則上可以流通（就算有也是少之又少），但因為分布過於零散且交通不便，超出可以有效運送的範圍。中心與邊陲兩塊區域在生態上互補，理所當然是貿易伙伴，但是這種貿易很難是強制推動，只能出於自願交換。

早期的國家菁英，常視邊陲為「野蠻的部落」，也視為是潛在的威脅。有些例子雖然少見但令人印象深刻，例如蒙古人、匈奴人、鄂圖曼人與他們的大軍，好戰的游牧民族可能會占據國家並摧毀它，或者取代國家遂行統治。更常見的是，邊疆民族發現要襲擊這些臣服於國家的定耕村落其實是囊中取物，有時候甚至會採取和國家相同的方式，強迫他們定期納貢。這就像國家為了「方便採收」而鼓吹定耕，襲擊的人也發現這是一塊可以剝削、充滿吸引力的地方。

但是，長期以來，這些不受統治的邊緣地區所帶來最大的威脅，是這片土地始終代表著生活在國家之外的誘惑。新國家的創建者往往從之前的占領者手中搶下一塊耕地，原本的占領者不是被吸納，就是遠走他鄉。我們可以說這些逃跑的人，就是國家權力下的第一批難民，他們加入其他早就在國家鞭長莫及之處生活的人。一旦國家的能力擴張，又會有一批人面對同樣的困境。

在這個國家無處不在、人民無處隱藏的時代，我們很容易就忘記在多數歷史歲月中，在國家統治內、外生活（或者是中間地帶）其實是一種選擇，且可以視環境必要進行修正。一個富裕承平的國家中心，可能會吸引越來越多的人群到此處生活，因為他們覺得住在國家中心的好處非常值得。當然，這種說法完全符合標準的文明化論述：野蠻的部落被君王以和平與正義所實現的繁榮機會所迷惑。世界上大部分救世的宗教也都採取此說法，更別說是霍布斯（Thomas Hobbes）了。

不過，上述說法忽略兩項重要的事實：首先，如我們上文所述，早期國家裡有許多人（就算不是大部分）並不自由，他們是受到監禁的臣民。其次，標準的文明化論述最不願意承認的事實，就是國家臣民逃走的情況非常普遍。定義上，身處在國家之中，意味著賦稅、兵役、徭役，這對多數人來說就是一種奴隸狀態，這些正是國家策略與軍事優勢的核心。當這些重擔壓得人民喘不過氣來，他們很快就會遷移到邊陲地帶或其他國家。由於當時尚未現代化，人民生活擠在一起、將動物養在家中、高度依賴單一糧食，這些都會威脅人們與農作物的健康，使飢荒與傳染病更可能發生。最後，早期的國家也是製造戰爭的機器，造成那些想躲避兵役、入侵與掠奪的臣民傷亡。因此，早期的國家隨時隨地都準備要趕走人民，也準備要吸納另一批人，而且當國家因為戰爭、乾旱、傳染病或王位繼承的衝突而完全崩潰之時（這些情況經常發生），就會釋出大量人口。國家的創立絕非一勞永逸，有無數的考古資料發現，國家中心在經歷短暫的輝煌時期之後，隨即就會因為戰亂、傳染病、飢荒、生態大亂而消失，這些資料勾勒出的是國家形成與崩潰的漫長歷史，而非國家的永恆。很長一段時間以來，人民一直是在國家內外進進出出，而「國家狀態」（stateness）經常是週而復始而且可以逆向發展。[10]

這種國家建立與瓦解所產生的模式，經過一段時間之後，會形成一塊由許多從未成為國家臣民的難民所組成的邊陲地區。國家大部分的邊陲地帶逐漸成為遁逃區或「破碎地帶」，在國家形成過程中，一些零散人口以及不情願所累積的敵意人民，在此處創造出一塊族群與語言複雜的區域。國家的擴張與崩潰也經常會帶來棘輪效應（ratchet effect），逃難的人民會驅使更早落腳的人群去尋找新的安全領地。事實上，東南亞大部分的叢山就是破碎地帶。中國西南的雲南省素有「人種博物館」之稱，這正好可以反映出此段遷移史。一旦國家權力、帝國、奴隸買賣、戰爭還有自然災害擴張的時候，就會驅使大量人口到偏遠地方尋找庇護所，破碎地帶也隨之出現，這樣的案例遍及亞馬遜森林、拉丁美洲的高原（除了有大量高原耕地與幾個王國的安地斯山脈之外）、非洲的高原走廊（沒有搶奪奴隸的區域）、巴爾幹與高加索山地區。破碎地帶有幾個辨識根據，像是地理上相對偏遠不易抵達，還有當地語言與文化的豐富多元。

值得注意的是，邊陲地區的歷史往往與大部分文明國家口中的官方敘事天差地遠。官方版本的故事是一群落後、天真野蠻的人群逐步被吸納到一個先進、優越與更加繁榮的社會與文化之中。反之，許多未受統治的野蠻人，一旦在某些時刻，在政治上選擇跟國家保持距離，新的政治能動性要素就會進入歷史舞台。許多（或許是大部分的）邊陲地區不受統治的人民並不是早期社會構成的殘餘，或是東南亞低地民間社會傳說中遭人遺忘的「活祖先」。這些地方的人們是經過深思熟慮之後才決定落腳在國家的邊陲，這種情況有時稱為帶有不幸意味的次等原始主義（infelicitously secondary primitivism）。他們日常的謀生方式、社會組織、地理散布以及文化上形形色色的元素，與那些早被遺忘的人身上留下的古代特徵截然不同，這些是他們刻意創造出來，以防止自己被納入周邊國家權力的方式，他們竭盡所能降低彼此之間出現類似國家集權的可能性。他們的行動充滿對國家的逃避與防範，他們的意識型態也是如此。換句話說，他們是「國家效應」（state effect）的結果，是經過「精心設計而成的野蠻人」。他們與低地的政治中心持續進行活絡互利的貿易活動，同時也保持不受政治束縛的態度。

當我們欣然見到「野蠻人」不僅僅是殘留在「那裡」，而是有可能選擇自己的落腳之處、謀生方式以及維持自主性的社會結構之際，社會進化的標準文明敘事也徹底瓦解。短暫的文明演進，從狩獵採集到火耕輪種（或畜牧）、糧食定耕，再到灌溉的水稻，還有同時期居住方式的演進，從幾片森林間輪流居住、小空地、小村、村落、小鎮再到都市，這些都證明了低地國家的優越性。如果說這一連串的預設「階段」，事實上是社會選擇的排列，每一個階段代表的都是相對於國家的不同立場呢？如果假以時日，許多族群在這些選項之間採取策略性移動，朝向被視為比較「原始的」形式發展，目的是為了跟國家保持一定的距離，那又該如何理解呢？從這個角度出發，關於低地國家的文明論述，還有不久之前那些社會進化論的說法，只不過是自我膨脹，誤將國家臣民的地位等同於文明，而把自主治理的人民等同於原始主義。

貫穿本書的論證邏輯基本上就是要推翻上述的說法。針對高山住民的汙名化特徵，例如落腳邊陲、居無定所、游耕、彈性的社會結構、宗教異端、平等主義，甚至是無文字狀態與口述文化，這些就算不是全部，大部分都與被文明遺忘的原始主義印記無關。我們應該用長期觀點來看，將這些視為用來躲避國家控制與國家權力形構的調適手段。換句話說，面對兼具吸引力與威脅的國家，這些都是化外之民所採取的政治調適。

創造臣民

直到過去幾世紀，逃避國家還是真正的選項。一千多年前，大部分的人民都住在國家結構之外，生活在鬆散的帝國之下，或是處於國家主權分崩離析的情況中。[11]時至今日，這個選項已經快速消失。如果要理解過去一千年以來，可以操縱的空間為何急遽減少，探討一套基本架構，再加上簡單快速回顧那些不受國家統治的人民與國家之間權力平衡的歷史，便非常有用。

這個故事的核心是國家長久以來與定耕農業的關連。[12]國家一直以來都推動固定在土地上的穀物耕作，從歷史上來看，這是國家的權力基礎。定耕農業會進一步帶來土地的產權、父權社會的家庭體制，國家也鼓吹與重視大家庭。就此來看，穀物耕作本質上具有擴張性，如果不受傳染病或飢荒、人口過多的影響，勢必會擴散或移植到新的土地上。從任何長期觀點來看，穀物農業都帶有「游牧性質」（nomadic）與侵略性，會不斷再生產自我複製，正如人類學家休・布羅迪（Hugh Brody）貼切地形容，採食者與狩獵者依附在單一區域，人口變化遠為穩定，相較之下似乎更像是「深度定居」（profoundly settled）。[13]

歐洲國家透過殖民主義與白人移居殖民來大規模擴張勢力範圍，象徵著定耕農業大幅擴張。在「新歐洲」之地，例如北美洲、澳洲、阿根廷、紐西蘭，歐洲人盡可能地複製熟悉的農業方式。如果殖民地原本的國家就是建立在定耕農業之上，歐洲人則取代原住民的頭目成為領主，跟原本的統治者一樣徵稅並鼓勵農業發展，只不過統治的方式更有效率。其他所有的謀生方式，除非可以提供有價值的貿易品（例如獸皮），不然從財政上來看都是毫無用處。因此，採食者、狩獵者、游耕者與畜牧者被忽視遺忘，或是從有耕種潛力的土地被驅趕到蠻荒之地。無論如何，即使到了十八世紀末，沒有國家的人群雖然不再是世界的主要人口，但依然是全世界不可忽略的人口，像是森林、崎嶇的山區、大草原、沙漠、高緯度地區、沼澤地以及難以抵達的偏遠地區，仍然是那些有理由選擇逃離國家的人民可能的避風港。

這些無國家的人群，基本上很容易加入雇傭勞動與定耕農業等財政上可以清楚辨識的經濟活動中。在這個定義上，「文明」對他們毫無吸引力，因為他們在貿易上擁有諸多優勢，無須像國家的臣民一樣做苦力、順服或者是難以遷移。無國家的人普遍的反抗，也發生在大西洋沿岸、印度洋沿岸以及東南亞，[14]直接促成所謂的「奴隸黃金時代」。由這個角度來看，一大群人民被強迫帶離原本的生活環境，原本不需要分辨也不適用生產與勞動分工的地方，被重新帶到殖民地與耕地之上，在此他們必須耕種茶、棉花、糖、木藍與咖啡等經濟作物，以增進地主的利益與國家的財政實力。[15]圈地的第一步需要規劃擄人與奴役的形式，把他們從自主性較高而且比較「健康」的無國家空間，帶到可以剝削他們勞動力的土地上。

這場大規模圈地運動的最後兩個階段，在歐洲發生在十九世紀，而在東南亞則要到二十世紀末。這兩個階段所標誌的是，國家與邊陲兩者關係的根本轉變，基本上這也超出了本書故事的範圍。最後這段時間，「圈地」運動比較不是把人民從無國家之地帶到國家控制的區域，而是殖民邊陲地區，並且把這些區域轉化成一個完全受統治、對財政有所貢獻的區域，此作法的內在邏輯雖然永遠不可能徹底實現，但目的是完完全全剷除無國家統治的空間。只有透過消滅距離的技術，諸如隨時通暢的道路、橋樑、鐵路、飛機、現代武器、電報、電話以及包括全球定位系統等現代資訊科技方式，才能實現這樣的帝國計畫，但這種作法太新，且動力截然不同，因此我在本書的分析對於一九五〇年之後的東南亞沒有太多意義。現代國家主權概念以及成熟資本主義對於資源的需求，讓最後一塊圈地浮出檯面。

民族國家的霸權做為標準而且幾乎是唯一的主權單元，在過去一個世紀以來，已經證明完全不利於無國家的人民。按照這個概念看來，國家權力就是國家壟斷強制性武力，並在原則上必須將武力完全投射在每一吋領土上，直到在緊鄰的邊區遇到另一個主權所投射的控制力量。原則上，一大片無主權的區域或者是勢力消長不清的微弱主權地帶都已經消失。當然，原本不受特定主權管轄的人民也逐漸消失。事實上，大部分民族國家只要有能力，都會想方設法增加些東西來實現這個構想，例如設立邊境哨點，把效忠的人民遷到偏遠地帶，取代或趕走「不效忠」的人群，清理偏遠地區以提供定耕農業所需的土地，修築通往邊境的道路，並且對這些逃亡的人民實行登記制度。

緊接主權的概念之後，國家逐漸意識到這些無國家人民流放之處，這些被人遺忘、看似毫無用處的領土，一夕之間成為成熟資本主義經濟體的掌上明珠。[16]這些地方蘊藏珍貴的資源，像是石油、礦石、銅、鉛、木材、鈾、鐵礬土、太空科技與電子產業不可或缺的稀有金屬、水力、生物探測與保護區，其中有許多資源都是國家收入的重要來源。這些地方從過去到現在可能因為蘊藏銀礦、黃金、寶石（更不用說奴隸）等資源，吸引人前仆後繼、爭相前往，變成新一波淘金潮的目標。這也讓國家有理由把權力投射到這些不受治理之地的最深處，並且將這些地方的人們牢牢控制在手中。

占據與控制國家的邊緣地區，也有文化政策的意涵。東南亞大陸沿著國家邊境的大部分邊陲之地，所居住的都是與國家中心不同語言或是不同文化的人群。令人擔憂的是，他們雜亂地散布在跨國界邊境地區，產生了多重身分認同，是影響民族統一與分裂的潛在核心。力量薄弱的低地國家在無計可施的情況下，只好允許或是容忍這些邊境居民具有某種程度的自主性。然而，一旦這些國家有能力，都會設法把這些人民納入例行性的行政體制之中，試圖鼓勵（比較少用堅持）這些人改用國家中心多數人的語言、文化與宗教。這代表在泰國會鼓勵拉祜人（Lahu）成為講泰語、學泰文以及信奉佛教的泰王臣民，在緬甸則是鼓勵克倫族成為講緬甸語、信奉佛教且效忠軍政府的人民。[17]

與此同時，與經濟、行政與文化吸納政策雙管齊下的是所謂的「捲入」（engulfment）政策，這是出於人口壓力與自覺的設計。從平原而來、渴望土地的大量人民，遷移或是被迫遷徙到山區，他們在那裡再生產河谷低地的居住模式及定耕農業，久而久之，他們在數量上就遠遠超過那些分散、人數稀少的高地居民。越南在一九五〇與六〇年代一連串的群眾運動，正好說明了強迫遷徙加上捲入政策，像是「游牧民族定居運動」（Campaign to Sedentarize the Nomads）、「定耕與定居運動」（Campaign to Fixed Cultivation and Fixed Residence）、「顛覆高地運動」（Storm the Hills Campaign）、「火炬照亮高地運動」（Clear the Hills by Torchlight Campaign）。[18]

在文化上，減少這些相對自主自治的社群並加以標準化，是一段漫長的歷史沿襲過程。這是談到東南亞大陸上每個國家的歷史意識不可或缺的主題。例如，越南官方的民族敘事便把「前進南方」，也就是前往湄公河與巴薩河三角洲（Bassac Deltas）的歷史過程，錯誤地描寫成一場為了爭取地方榮耀的國族解放之戰。[19]緬甸與泰國的歷史，大致上就是人口由北部的曼德勒、阿瑜陀耶（Ayutthaya）和現在的河內等歷史中心，分別遷移到伊洛瓦底江（Irrawaddy River）、昭披耶河（Cha Praya）、湄公河三角洲等地的歷史。大都會的海港城市，例如西貢（現在的胡志明市）、仰光（Rangoon）與曼谷，曾是過去的前線、三角洲與高地，人口成長的速度，使這些城市逐漸宰制過去的內陸首都。

我們對內部殖民主義的廣義理解，相當適合用來描寫這個過程，包含吸收之前的居民、令其流離失所、甚至（或是）消滅他們；也包含殖民植物，透過伐木、排水、灌溉與築堤改變地貌，在土地上改種植穀物、採取定居的模式，建立國家與殖民者熟悉的行政體系。如果要理解殖民化的影響，可以將此過程視為旨在消滅各式各樣的本土性（vernaculars），像是方言、少數族群、在地的耕種技巧、地方的土地租佃、地方狩獵、採集、種樹技術、地方宗教等。這些將邊陲地區納入秩序的嘗試，從國家的角度解讀就是提供這些地區文明與進步，所謂的進步，反面來說就是以漢族、京族（Kinh）、緬甸族與泰族等統治族群的語言、耕種方式及宗教侵入邊陲並持續繁殖擴散。[20]

東南亞大陸留下的自治群眾與自治空間已經大幅減少。因此，大部分情況下，我們必須集中在東南亞所謂的高地人民（hill peoples，通常被誤稱為部落），尤其是緬甸人。我會釐清書中「無國家空間」（*nonstate spaces*）這個拗口詞是什麼意思，它不只是高地或高海拔的同義詞。國家興起和糧食集中生產息息相關，基本上國家興起於耕地大幅擴張之處。在東南亞大陸，這種農業生態一般都位在低海拔地區，可以稱為「低地國家」與「高地人民」。不過在安地斯山脈，傳統條件下比較容易耕種的土地都位在高海拔地區，這又是另外一種情況：國家位於山區，而無國家空間就在山下的潮濕低地。因此，重點不在於海拔的高度，而是在於是否有集中糧食生產的機會。反之，「無國家空間」所指涉的，基本上是地理上不容易抵達的地方，國家也因此特別不容易建立與維持統治權力。明朝有位皇帝有過類似的想法，當時他如此描述帝國的西南省分：「道路漫長險峻，高山與河流成為巨大的阻礙，而且風俗習慣與日常生活殊異。」[21]但是沼澤、濕地、紅樹林、沙漠、火山區，甚至是外海，更甚至像是東南亞重要河流多變的三角洲地區，這些地貌所發揮的功能如出一轍。因此，不論海拔高度為何，這些地形險惡不易進入，很大幅度地阻礙了國家執行控制。正如我們從漫長的歷史歲月所見，這些地方通常被視為人們抵抗或規避國家控制的避風港。

高地王國、贊米亞、東南亞大陸的邊界

世界上現存最大的無國家空間之一（如果不是**最大的**）是廣大的高地地域，許多人將這塊區域稱為東南亞的「叢山」(massif)，最新的名稱叫贊米亞。[22] 東南亞大陸、中國、印度與孟加拉邊界的這一大片山區，蔓延開來橫跨約有兩百五十萬平方公里，大約等同於歐洲總面積。最早以此山區與人民為研究對象的學者之一讓．米肖指出這塊區域的範圍：「從北到南，包含川南、川西、貴州與雲南全境，廣西西部與北部，廣東西部，大部分緬甸北部，還有鄰近印度最〔北〕東的部分，泰國北部與西部，還有寮國湄公河河谷以上，越南安南山脈的北部與中部，柬埔寨東部與北部的邊界。」[23]

粗略估算，贊米亞少數民族的人數大約在八千萬到一億人之間，[24] 人民分裂成數百種族群認同，其中至少有五個語系，任何簡化的分類方式都不適用於此。

贊米亞的海拔高度大約介於海平面兩、三百公尺一直到海拔四千公尺以上，可以被視為是東南亞的阿帕拉契山脈，不同之處在於橫跨了多個民族國家。因此，更恰當的比喻應該是瑞士，這個山區王國夾在德國、法國與義大利的邊陲地帶，自己也成為一個民族國家。如果我們借用厄內斯特．蓋爾納形容高阿特拉斯山區（High

Atlas Mountains）柏柏爾人聚集區的巧妙說法，這一大片山區算是「沒有咕咕鐘的瑞士」。[25]然而，它不只是一個高山國家，這條高山帶落在邊界上，遠離所穿越的國家人口中心。[26]從各方面來看贊米亞幾乎都算是邊緣地帶，與主要的經濟活動中心距離遙遠，處於八個民族國家與數個宗教傳統和宇宙觀之間的交會帶。[27]

歷史上，學術研究圍繞傳統的國家與文化核心組織，最近是圍繞著民族國家，這些研究根本沒有將高山帶視為一個整體。威廉·申德爾是少數幾位先驅之一，認為這些民族國家形成過程中累積下來的「碎片」，值得視為一塊獨特的區域加以思索。他甚至進一步為此地命名，表示對這塊區域的敬重：贊米亞。這個詞在印度、孟加拉與緬甸邊境等好幾個藏緬族語系地區都具有高地人之意。[28]更精確地說：Zo是關係詞，有「偏遠」之意，因此帶有住在山區的意義；Mi則表示「人民」。正如在東南亞的其他地區，Mi-Zo或Zo-mi都是指偏遠高山地區的人民，所以族群的標籤同時也帶有地理區位的意涵。[29]雖然申德爾很大膽地提出要把贊米亞的界線延伸到阿富汗甚至更遠的地方，但我還是把這個詞限定在往東的山區，從印度北邊的那伽及米佐（Mizo）山區還有孟加拉的吉大港山區（Chittagong Hill Tracts）開始。

乍看之下，贊米亞似乎不大可能被視為是獨具特色的區域。地理區域之所以能稱為區域，基本前提是整個區域具有共同的文化特色，使其有別於其他緊鄰的區域。法國歷史學家布勞岱爾（Fernand Braudel）正是藉此證明環繞著地中海的沿岸為一個區域，因為長久以來有密集的商業往來活動與文化連帶。[30]儘管威尼斯與伊士坦堡在政治與宗教上有裂隙，但仍被視為一個交換與相互影響的世界，

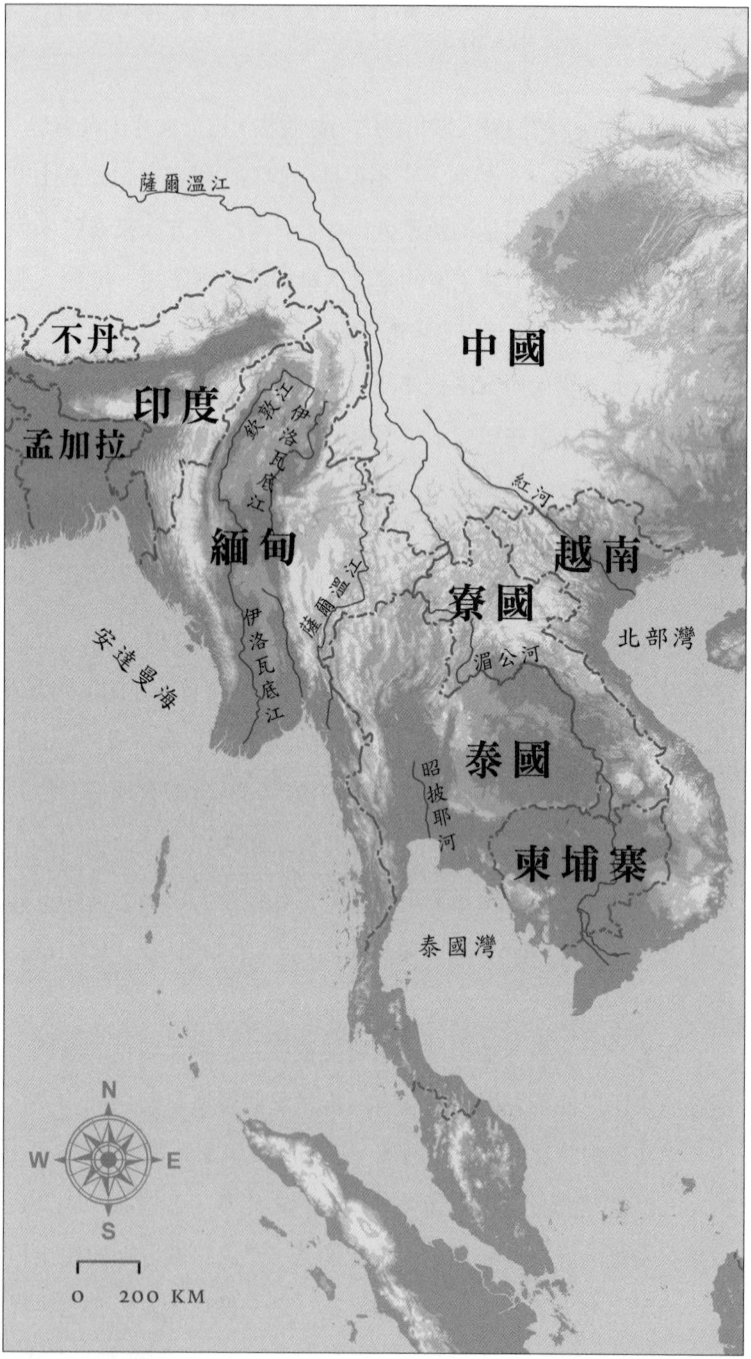
薩爾溫江
不丹
中國
印度
孟加拉
欽敦江
伊洛瓦底江
紅河
緬甸
越南
薩爾溫江
寮國
北部灣
伊洛瓦底江
安達曼海
湄公河
泰國
昭披耶河
柬埔寨
泰國灣
N
W
E
S
0 200 KM

地圖1：中南半島

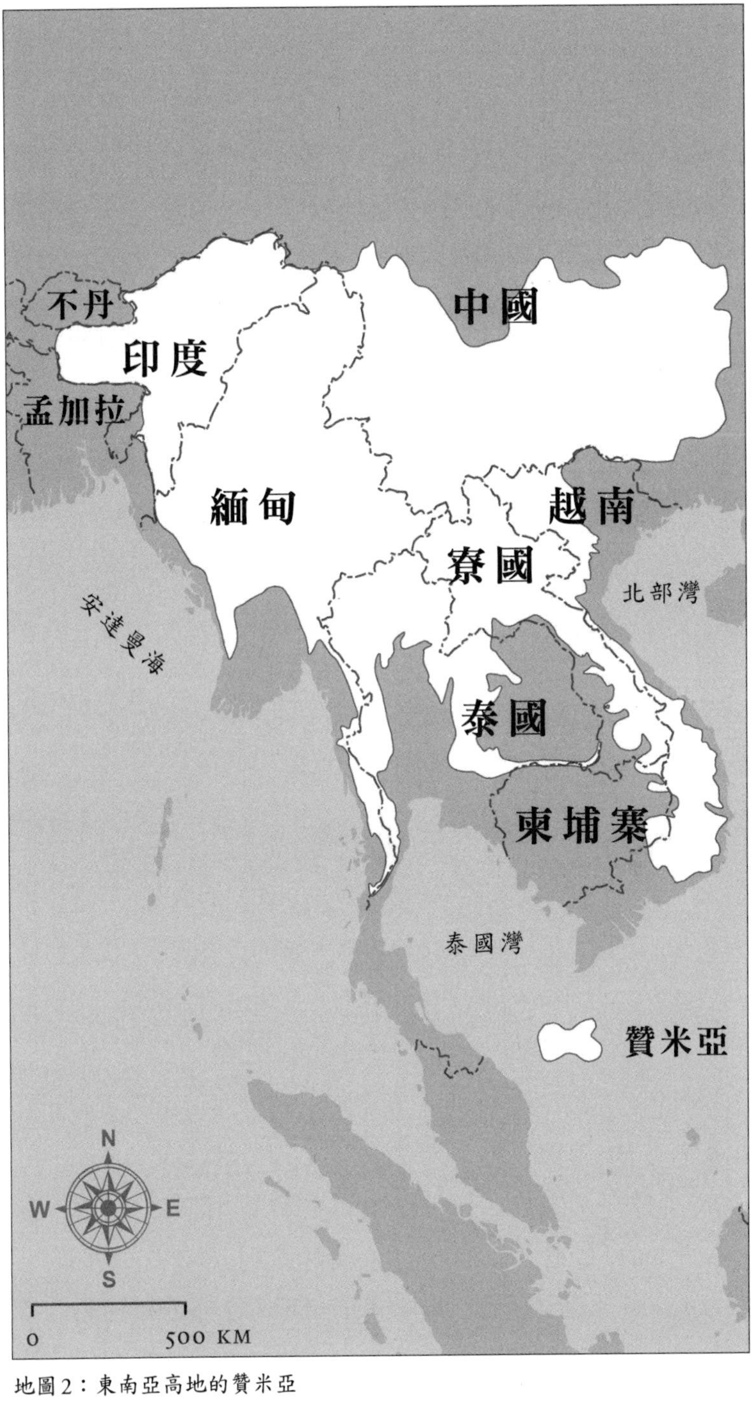

地圖2：東南亞高地的贊米亞

屬於同一整體。安東尼・瑞德對東南亞海洋區域的巽他陸棚（Sunda Shelf）沿岸也提出了類似的主張，此地的貿易與遷徙比地中海還要容易。[31]對於前現代世界而言，每一個區域形成背後的原則都是水，特別是風平浪靜時，就可以將人民連結在一起。如果是又高又險峻的山，就會將人民分化開來。直到一七四〇年之前，駕船從南安普頓航行到好望角，所花的時間跟從倫敦駕著馬車到愛丁堡不相上下。

因此，高地贊米亞似乎帶有「負面」的意思，詭譎多變為此區主要特徵，鮮見整齊畫一的景象。山區涵蓋幾百公里，可以看到比低地河谷地區更多樣的文化變異性，像是語言、服飾、居住型態、族群認同、經濟活動與宗教信仰。贊米亞的文化變異性可能還不及新幾內亞那樣驚人且造成嚴重分裂的程度，但是當地複雜的族群及語言變化，已經讓民族學家及歷史學家頭昏眼花，更不用說對未來的統治者這有多棘手。研究此地的學術作品就像當地的地形一樣，一直都相當支離破碎且孤立無援。[32]

本書不僅僅會證明贊米亞即使在最嚴格的定義下都稱得上是一個區域，也會證明如果要充分解釋低地河谷國家的情況，一定要先了解贊米亞在國家形成與崩潰過程中所扮演的重要角色。高地與低地河谷國家之間的辯證關係與共同演化，呈現出兩者敵對卻又緊密連結，我相信這是理解東南亞歷史變遷的重要起點。

高地所共享的自然空間與社會空間，讓他們與人口稠密的低地中心顯著有異。高地的人口分散許多，文化也比低地更為多元，正因為地形險峻、較為孤立，幾個世紀以來促成一種語言、方言、服飾與文化上的「物種」。他們可利用的森林資源相對較多，廣闊的土地（雖然陡峭），使得他們的謀生方式比低地河谷地區普遍採取的單一作物水稻更加多元。游耕（砍燒農業）需要更多的土地，也需要清出一片新的耕地，偶而還要遷移，因此在高地更為普遍。

相較於層級分明、法律嚴明的低地社會，高地的社會結構更有彈性也更加平等。許多邊境社會的特色，像是混合認同、遷徙與社會流動都很普遍。早期的殖民官員在記錄新占領的高地時，會因為一個小村落裡頭有好幾個不同「人種」住在一塊而眼花撩亂。高地人民會說三四種語言，個人與團體的族群認同曾經轉變，有時候在同一代人之間也會轉變認同。雖然地方的行政人員想要清查人種與植物的情況，但人民常常不願意留在同一個地方，他們撲朔迷離的遷移流動，總是讓行政官員沮喪不已。然而，有一項區位原則可以在這個看似相當混亂的身分認同中找到一絲秩序，那就是海拔的相對位置。[33]正如艾德蒙．李區最初的建議，如果我們不要從熱氣球的高度俯視贊米亞，而是從水平的角度，也就是看地形學上的剖面圖，就可以看出當中的秩序。[34]在一塊特定的地形之上，特定團體往往定居在某個狹窄的海拔範圍內，利用這個區域特有的利基開發農業經濟。舉例來說，赫蒙族（Hmong）一直是住在高海拔之處（海拔一千到一千八百公尺之間），他們種植玉米、鴉片、粟等適合在此高地生長的作物。如果從高空的熱氣球或地圖俯視的角度看來，他們就像是隨機散布的小斑點，這是因為他們占據山頭，把中間的山坡地及河谷留給其他團體。[35]

海拔高低帶來的特殊性，還有高地內的農作利基，促成了分散各地的特色。但是，長途跋涉、聯姻與相同的謀生方式與文化的延續性，有助於跨越藩籬形成彼此呼應的認同。[36]雲南與泰國邊境的「阿佧族」（Ahka）以及越南北邊深入紅河上游的「哈尼族」（Hani），兩地雖然距離超過一千公里之遠，但還是可以辨認出兩者之間具有相同文化。高地族群之間，往往比離他們僅有三四十哩的低地人民還要更加相似。贊米亞並不是靠著政治團結結合成為一個區域，因為這些地方根本就沒有政治一致性，他們靠的是不分優劣、多元模式的高地農業型態、分散、流動性還有相對的平等主義，當地女性比起低地國家的女性地位更高，毫不令人意外。[37]

區分贊米亞與接壤的低地區域不同之處，在於相對而言，贊米亞是無國家狀態。當然，高地歷史上也有過國家，肥沃的高原地區以及位處陸上貿易的要塞，都可能出現國家，南詔、景棟（Chiang Tung／Keng Tung）、楠府（Nan）以及蘭納（Lan-Na）都是非常顯著的例子。但這些例子也證明了一項原則，雖然在高山地區的國家建構計畫從不間斷，但持平來說，很少有國家能趨向成熟穩定。這些設法成為王國的努力，確實要想方設法挑戰自己的命運，但通常只能維持一段相對短暫又危機四伏的日子。[37]

撇開這些事件不談，高地人民不同於低地人民，既不需要納稅給君王，也不需要繳交什一稅（tithes）給屹立不搖的宗教組織。他們已經是相對自由、無國家的採食者及高地農民。贊米亞位於低地國家中心的邊陲，較為遺世獨立，也因為孤立帶來了相對自主。[38]由於位處於邊境之交、彼此相鄰又相互競爭的眾多主權之間，這讓邊境地區的人民有些許優勢，可以從事走私、非法買賣、生產鴉片，還有可以協商一種既脆弱又半獨立的高危險「邊境小勢力」。

我認為比較準確的政治說法是，贊米亞的高地人民一直以來都很積極抵抗被吸納到傳統國家、殖民國家與獨立民族國家的框架之中。他們不僅利用遠離國家中心的地理優勢，在贊米亞有許多人也

「抗拒他們所屬團體的國族建構與國家建構計畫」。這股反抗力量，在二次世界大戰之後的獨立建國浪潮之下特別明顯，當時贊米亞逐漸成為反抗低地國家的分離主義運動、原住民權利鬥爭、千禧年暴動（millennial rebellions）、區域騷動與武力抗爭的地盤。但是，這樣的抗爭有更早的歷史淵源，在前殖民時期，文化上抗拒低地生活型態或外逃的低地人民在高地尋找庇護，都是抵抗的形式。

在殖民期間，高地的政治與文化自主性獲得歐洲殖民統治者的支持，因為獨立行政的高山地區，有助於打壓低地人民對於殖民統治的怨恨。這套古典的分而治之政策，產生的影響之一就是讓高地人民在反殖民運動中，若不是無關緊要（除了少數例外），就是扮演敵對角色。在最好的情況下，他們依然處於國族敘事的邊緣；但在最糟糕的情況下，高地人民則被視為威脅國家獨立、從內部破壞的第五縱隊。就此之故，後殖民的低地國家設法在高地施展權力，透過軍隊占領、反對游耕、強迫定居，促使低地人民遷入高地，致力改變高地人民信仰，藉由道路、橋樑與電話線克服空間距離，或者是透過發展方案將政府的行政計畫以及低地的文化型態移植到高地。

然而，高地不只是一塊政治抵抗的空間，也是文化抗拒的區塊。如果這只是政治權力的問題，我們可以預期高地除了海拔高度，以及順著地形而來的散居模式之外，在文化上會與低地非常類似。但是，高地人民在文化、宗教與語言上，基本上都和低地中心天差地遠。山區與平原之間的文化裂縫，是歐洲歷史上的常態，直到最近都還是如此。布勞岱爾深知高地的政治自主性，因此他十分贊同法國軍官托特男爵（Baron de Tott）的說法：「最陡峭之處往往是自由的避風港。」[39]但是，他進一步擴展托特的論點，主張在平原與高山之間有一道完全無法跨越的文化鴻溝。他寫到：「山區的規則有別於城市與低地文明成就的世界。他們的歷史一片空白，一直停留在巨大文明浪潮的邊緣，即使是經過最漫長、最持久的抵抗，即便文明的巨浪可以在水平面上不斷蔓延，但是在面對幾百公尺高度所帶來的垂直障礙，卻顯得無能為力。」布勞岱爾只不過呼應了十四世紀阿拉伯大哲學家伊本・赫勒敦（Ibn Khaldun）的古老觀點：「阿拉伯人只能控制平坦之地」，但是無法追捕躲在山區的部落。[40]奧利佛・沃爾特斯（Oliver Wolters）所提出的觀點幾乎和布勞岱爾大膽的說法如出一轍，都認為文明無法進入山區，他引用地理學家保羅・惠特利（Paul Wheatlay）對於東南亞前殖民時期的看法：「許多人住在偏遠的高地，在中心能觸及的範圍之外，沒有留下紀錄。」文明與權力中心「曼陀羅」是低地現象，就連地理條件都在鼓勵政府的統治。惠特利精準地說：「到了五百公尺的高度就聽不到梵語了。」[41]

地形的限制（尤其是高度）對於文化與政治影響，一次又一次地衝擊東南亞的學者。研究越南的法國學者保羅・穆斯（Paul Mus）呼應惠特利的說法，他在提到越南人與越南文化的擴散時說：「族群冒險駐足在高地國家的堡壘之前。」[42]研究中國北方邊境地區而聞名的歐文・拉鐵摩爾也說，印度與中國文明恰如布勞岱爾之言，在整個平原地區展開，但是一遇到崎嶇的山區，就無法生存：「此種分化現象，跨越中國，一路深入印度半島、泰國及緬甸，古代高度文明深深影響了低海拔地區，觸目可見集中化農業與大城市，可是一到高海拔地區，這一切都不見蹤跡。」[43]

雖然贊米亞語言極具多樣性，但原則上高地所說的語言還是與平地語言大不相同。高地親屬結構也跟低地的親屬結構有所差異，至少表面上看來是如此。這部分就是李區在刻畫高地社會時所說的，高地社會依循的是「中國模式」，而低地社會依循的是「印度」或梵語模式。[44]

整體而言，高地社會與低地社會不同。高地人民往往是唯靈論者（animists），在二十世紀就是基督徒，他們並未遵循低地人民信仰佛教與伊斯蘭等救贖宗教的「大傳統」。他們在高地並未接受低地人民的「世界宗教」，他們比較有可能奉行某種程度的異端，並相信千禧年現象，這些在低地菁英眼中盡令人擔憂而非令人欣慰。高地社會確實能生產剩餘，但他們並不會將剩餘進貢給國王或僧侶。由於高地沒有大型、永久汲取剩餘的宗教與政治機構，所以高地社會的金字塔結構比低地社會更為平坦，也更在地。高地人們的地位與財富差異跟低地一樣都很明顯，不同之處在於低地人民的地位與財富差異超越在地性且較為持久，在高地則是非常不穩定而且有地理局限。

這樣的特徵掩蓋高地社會政治結構的諸多變化。這個變化絕對不僅僅源於「族群」的不同，雖然有些高地人民，像是拉祜、克木、阿佧族，看起來相當平等，權力也比較分散。但是，我們碰上的一些團體，常常會推翻這樣的普遍性。例如在克倫族、欽族、赫蒙、苗族／綿族與瓦族之中，有些次團體等級相對嚴明，但也有些次團體權力比較分散、平等。只不過，最令人吃驚也最重要的是，層級嚴明及權力集中的程度，經過一段時間之後就會改變。截至目前為止，我所能拼湊出的變化差異，基本上還是一種模仿國家打造的過程。也就是說，他們要不是因為戰爭產生的短期結盟，就是為了掠奪奴隸與想要從低地汲取貢品而採取「掠奪式資本主義」（booty capitalsim)。高地的人民向低地的王國進貢，並不表示被政治吸納，或必定次人一等，有可能只是為了控制一條有利可圖貿易路線下的權宜之計，或者為了保障他們進入有價市場的特權。除了極少數例外，他們的政治結構看起來都像仿效君王制，雖然他們可能具有君主制的派頭與豪情壯志，但他們缺乏君王制的內涵：一群繳稅的臣民，或是直接控制人民的組織單位，更不用說設置常備部隊。高地政體幾乎都一模一樣，採取重新分配與競爭性的犒賞體制，藉著他們所能支付的利益讓人們聚在一塊。一旦他們的權力相對集中時，他們就像是湯姆士・巴菲爾德筆下游牧民族的「影子帝國」(shadow-empires)，設計一個具有掠奪性的邊陲區，壟斷帝國邊緣上的貿易利益並掠奪好處。他們確實也寄生在帝國之上，一旦帝國瓦解，他們也隨之煙消雲散。[45]

避難區

許多證據顯示，贊米亞不僅僅是可以抵抗低地國家的地區，也是一處避難地。[46]我這裡採用「避難」這個詞，是說過去一千五百多年以來有許多人來到高地，都是為了逃避低地建國計畫種種的煩人之事。他們根本就沒有在低地國家文明進步過程中被「遺忘」(left behind)，有很長一段時間，他們是選擇把自己安置在國家權力鞭長莫及之處。因此，米喬德認為高地的游牧可能是一種「逃避與生存的策略」，也認為在十九世紀後半葉，中國中部與西南部爆發一連串前所未有的群眾叛亂，把無數的難民逼向更偏遠的高地。他同意我在本書所採取的觀點，相信最好將贊米亞視為歷史上規避國家權力的區域，尤其是逃離漢人的帝國。因此他的結論指出：「持平地說，過去五百年來從中國遷往高地的人民，至少有一部分是受到強鄰的入侵被迫離鄉，尤其是受到漢人權力擴張所逼。」[47]

自明朝（一三六八年）初期以來，歷史清楚地記錄漢人權力擴張所帶來的衝突以及引發的移民潰散逃離，到了清朝資料還更加豐富。由於族群以及政治標誌流動頻繁，使得更早期的文字記載更難取得，也更加模糊不清。然而，模式大致如下：隨著中國國家權力範圍增大，人民面對權力擴張，往往在反抗失敗之後，不是被吸收（變成漢人）就是搬離。這些離開的人，經歷一段時間之後會形成一個截然不同的社會，也可以說是因為遷徙而「自我邊緣化」（self-marginalized）。隨著這個過程一次又一次地重複發生，在國家的高地萌生了一片片文化複雜的遁逃區。[48]馬思中認為「這塊區域裡各種無國家人民的歷史」，可以分為長期居住在此的人（例如瓦族）以及遁逃至此的人民。「這些逃離中國國家權力管轄範圍的人群中，我們可以看到藏緬語族的形成（拉祜、哈尼、阿佧等），還有說苗語、赫蒙語或其他語言的人……通通被形容為帶著『戰敗遺跡的中國高地部落』，促使他們在過去幾個世紀以來進入泰國、緬甸、寮國與越南等現代國家的北邊，許多人在當地都還被認為是新來的人。」[49]

因此，這些國家是直接法令無法觸及的地區，無須被課稅、負擔徭役、徵兵，也不會因為人口集中與單一作物的耕作方式，時常需要面對傳染病與農作物欠收，所以這些地方團體有些許的自由與安全。他們在當地實施我所說的逃避型農業（escape agriculture），意即耕種方式的設計是為了防止國家占有。平心而論，甚至連他們的社會結構都可以說是一種「逃避型的社會結構」（escape social structure），因為是經過刻意設計、有利於散居與自主，並且避開在政治上附屬於國家。

高地語言與族群驚人的流動性，成為當地人民適應權力變化群聚的重要社會資源，也是促成他們身分認同轉移的重大事蹟。高地居民不僅在語言與族群上有兩棲現象，他們強烈傾向跟隨從各自群體裡竄起的魅力型領袖，幾乎可以隨時執行社會變遷、放棄原本的土地，在值得信賴的先知帶領下落腳他方，加入或形成一個新的社群。他們「變通」能力是逃避型社會結構最極致的表現。我們也可以進一步推測，這與高地人民無文字的現象有關。事實上，所有高地人民所留下的傳說，都宣稱他們曾有文字紀錄，只不過都已經流失或是被人偷走。由於口述歷史比起文字記載的歷史及系譜顯然更容易變形，因此，至少可以認為識字能力以及文字記載的流失，多多少少是他們刻意要調適成為一種無國家狀態。

簡而言之，上述的觀點認為，與其把高地人民的歷史理解成古老的殘餘，不如將其解讀成一部逃離低地國家建構過程的「逃亡史」，這是一個基本上「遺世孤立」的社會，可以採取長時段的歷史觀點來解釋。我們最好將高地人民許多農業與社會行為理解為各種可以妥善規避國家權力的技巧，同時也能維持與低地聯繫所帶來的經濟好處。

當人口稀少時，人民與生產集中在固定地點，就需要某種類型的奴隸，東南亞各國就是如此。所有東南亞國家都是奴隸國家，無一例外，有一些國家甚至延續到二十世紀還是如此。東南亞在被殖民之前的戰爭，搶奪的目標不是領土，而是想要盡其所能搶奪更多的奴隸，把他們抓到勝者的權力疆域中心。這並非東南亞獨有的現象，畢竟在伯里克里斯統治的雅典，奴隸的人數與公民的人數是五比一。

此類建國計畫創造了許多破碎帶或遁逃區，讓想要逃離或躲避奴役者有藏身之地。這些避難區域由「國家效應」直接催生，贊米亞基本上只是中國國家權力擴張早熟的結果，使其成為最廣大也最古老的遁逃區之一。只是，這些區域的出現必然是強迫建國的副產品，在每塊大陸上都可見蹤影，之後篇幅會以其中幾個區域作為比較分析，但是我在此想要先列出幾個例子，說明他們之間的共通之處。

西班牙在新世界殖民採行強迫勞役，引發原住民大舉逃往國家控制的範圍之外，這些地方通常是人煙稀少的山區或不毛之地，他們在那裡過著與世無爭的生活。[50]這些地方的特色在於大量語言與族群的多樣性，有時候還有簡化的社會結構與謀生方式，像是掠奪、輪耕，以便提升移動頻率。這個過程在西班牙統治的菲律賓又再度出現，可以說呂宋島北部的山脈，幾乎全都是為了逃離馬來人掠奴與西班牙人化約主義（reducciones）[51]而來此地居住的低地菲律賓人。當人民適應了高地的生態後，便逐漸自成族群，之後高地菲律賓人就被誤以為是與世隔絕、前歷史時期遷移至島上的移民後裔。

俄羅斯邊境上有許多哥薩克人（Cossacks），他們又是另一個說明這種遷移過程的驚人例子。一開始，位於歐洲的俄羅斯裡所有脫逃的奴隸，剛好在邊境聚集。[52]他們根據所在的位置，成為不同的哥薩克「寄居地」，例如：頓河的哥薩克人以及亞速海的哥薩克人（Azov Cossacks）等。他們住在邊境，學習鄰近的韃靼人騎馬的習慣，共享同一片開闊的牧草地，他們變成「一群人」（a people），之後沙皇、鄂圖曼王國與波蘭王國用他們擔任騎兵。羅馬與辛堤（Sinti，吉普賽）在十七世紀晚期的歷史，提供更多知名案例。[53]這和其他遭到汙名化的游移民族一樣，他們淪為兩種形式的奴隸：地中海盆地的船艦奴隸，或被北方普魯士布蘭登堡強迫徵召為士兵或軍隊挑夫。因此，他們聚集在一塊相當狹窄的領土之上，這塊土地逐漸成為眾所皆知的「亡命走廊」（outlaw corridor），被這些既相似又高度危險的流域包圍。

由於囚禁與奴隸和早期國家建構有關，隨後產生許多遁逃與避難區，因此奴隸這種勞動體系，帶來許多大小不一的贊米亞。在這個脈絡下，即使五百年來全世界各地的掠奴與貿易強迫幾千萬人勞役，但我們還是能夠在西非的偏遠地帶，清楚畫出一片相對安全的高地。儘管遁逃區的地形險惡，也必須採用新的謀生方式，但人口還是持續不斷增長。[54]許多人在非洲躲不過奴隸掠奪，一旦被運往新大陸，就立即脫逃並且打造出一塊逃亡奴隸（亡命之徒）的寄居地，只要有實行奴隸制的地方就有避難所：亞買加高地著名的「小戰場」（cockpit）、巴西帕爾馬里斯（Palmares）社區大約有兩萬奴隸，以及整個北半球亡命之徒最多的地方蘇利南（Surinam），這只是其中三個例子。如果我們把小規模的「生態避難所」（refugia）也算進來，例如沼澤、濕地與三角洲，那名單會增加好幾倍。僅舉幾個例子，幼發拉底河下游大片沼澤地（海珊統治時枯竭了），兩千年以來都是逃避國家控制的避難所。另外，還有規模稍小，北卡羅萊納州與維吉尼亞州邊界上的大沼地；位在波蘭（現為白俄羅斯與烏克蘭邊境）普里佩特沼澤區（Pripet Marshes）；羅馬附近的彭甸沼地（Pontian Marshes）也是遠離國家的遁逃區，後來被墨索里尼清理乾淨。這份遁逃區的清單，最少也跟孕育出遁逃區的強制性勞動計畫一樣長。

因此，縱使東南亞高地社會有複雜混亂的異質性，但依然具有某些相同特質，能明顯區隔鄰近低地區。他們藏有一種歷史脫逃的印記，就算不是反抗，至少是站在敵對立場，如果這是我們所希望闡明的歷史與結構關係，那就沒有道理把視角限定在民族國家框架之中。在我們檢視的歷史階段中，有許多時期並不存在民族國家，甚至到了後期民族國家出現之後，許多高地人民還是過著跨越邊界的生活，彷彿國家權力根本就不存在。贊米亞這個概念標誌著，我試圖探索一種「區域」研究的新類型，論證這個區域存在的理由跟民族界線（像是寮國）或策略概念（例如東南亞）毫無關連，而是建立在某些生態規則（ecological regularities）以及他們勇於跨出民族邊境的結構關係。如果我們的研究成功，「贊米亞研究」的例子，就可以激發其他人在別的領域也進行類似實驗，並且不斷改進。

高地與低地共生的歷史

如果單獨看典型低地王朝國家的歷史，可能會難以理解或是嚴重誤解。[55]低地國家（曼陀羅或現代國家）一直以來都與高地社會共生。「共生」一詞是借自生物學隱喻，指兩個有機體生活在一起，或多或少有種親密關係，在此就是指社會有機體。這個詞並非特指（而我也不希望限定）兩者之間是敵對關係、寄生關係，或者是互利的「綜合效應」。

如果我們沒有討論高地與低地中心之間的互動，那高地社會的歷史就不完整；如果忽略高地邊陲地帶，低地中心的歷史也難以連貫。基本上，大部分高地社會的研究者一直都對於兩者之間的辯證關係相當敏銳，強調兩個社會之間充滿象徵意義、經濟價值與人們往來互動的深度歷史。但是，研究低地中心的著作，即使是最傑出的著作，基本上都沒有這樣的敏銳度，[56]這並不令人驚訝。這些作品把低地文化及社會視為一個自我封閉的實體，例如「泰國文明」、「中國文化」，不斷複製此類未經反思的學術著作，之所以如此，是因為這些著作採用了低地菁英本身想要投射的封閉文化觀點。事實上，高地社會與低地社會必須相互參照才有意義，這正是我在本書所要嘗試的。

如果要描述低地人口中心的歷史，卻把高地排除在外，就如同要描寫殖民時期新英格蘭以及中大西洋州的歷史，卻未觸及美國邊境。這就像是寫一本美國戰前奴隸史，卻忽略加拿大的自由民以及自由的誘惑。在每一個案例中，外部邊境會制約、限制並多方面影響中心形塑。當我們描寫低地卻遺漏此面向，不僅僅是「漏掉」高地，也同時忽略了中心之所以成為中心，正是因為有一系列邊境條件與交易。

低地與高地之間持續往來互動交流，無論是互動的原因、型態或結果，都使得我們眼花撩亂。許多低地人民是「前高地人民」，而許多高地人民則是「前低地人民」。不管是往哪個方向移動，都不代表之後不會再移動。各群體視情況會設法脫離國家權力，但可能不久之後，又認為應該要隸屬在原本的國家或另一個國家之下（或是被這樣的國家抓到）。一兩百年之後，有可能發現他們又再度脫離國家控制，或許是因為已經遷徙離開，又或者是因為國家本身崩潰瓦解。一般來說，這些轉變通常也伴隨著族群認同改變。我會提出一套比較根本的「建構主義論」(constructionist)，來理解東南亞所謂的高地部落。我們最好將他們理解為亡命之徒（至少這是最接近的說法），過去兩千年來他們逐漸遷移到山區。這些潰逃的人們不只是來自緬甸、泰國與暹羅王國，還有更多人是在漢人帝國擴張時期逃出，尤其是唐、元、明與清朝把軍隊與漢人強行遷移至西南地區時。他們來到高地之後，不論是被其他更強大的逃亡者逼迫，或是受到新國家權力擴張的威脅，或者是追求新的土地與自主性，都會數度促使人們遷移。他們的分布位置，還有採取的經濟與文化策略，顯然同樣可以稱為「國家效應」。這一幅圖像完全推翻早期盛行的說法，過去認為早期高地人民是被遷往低地發展文明的人所遺棄。

同樣地，低地中心的水稻耕種，也可以說是得益於以下所說的高地效應。從歷史上來看，低地國家完全是新的結構，大約可以追溯到西元五百年左右，是由各種更早的人聚集形成，其中有些人一直採取定耕農業，但是從定義上來看，他們原先並不屬於同一個穩固國家。[57]最初的曼陀羅王國並非由軍事征服形成，而是由來自四面八方的人所組成，他們想要遵行自己的宗教、語言與文化形式，進而取得這個文化空間。[58]或許這樣的身分認同是由許多文化碎片調製而成，導致低地國家在自我表述中，費盡苦心地要區分自身文化與化外之民的文化。因此，如果高地社會來自國家效應，那低地文化就可以視為是高地效應。

大部分我們翻譯為粗糙（crude）、不精緻（unrefined）、野蠻（barbaric）以及中文的「生」(raw）等字眼，乃是直接指稱那些住在高山或森林裡的人，而「森林民族」或「高山民族」則是簡稱為「蠻」(uncivilized)。因此，儘管一百年來，在高地與低地之間，不斷有人群、物品與文化活躍地穿越這片可滲透的薄膜彼此交流。但令人訝異的是，兩者在日常生活中的文化差異依然相當明顯且持久。低地與高地的人民一般採取本質主義者（essentialist）的角度解釋彼此之間的差異，但這似乎與長久以來的歷史證據有所衝突。

我們如何理解這之間的矛盾？第一步或許是強調低地國家與高地社會之間的關係不僅僅是共生，也是具有同時性（contemporaneous）與半對立性（quasi-oppositional）。過去對於高地「部落」的理解（更不用提現在流行的民間故事），便是將高地社會視為是人類早期歷史的殘餘，也就是我們在發現水稻農業、懂得書寫、發展藝術文明以及信奉佛教之前的樣子。然而，這套「正是如此」的故事，將低地文化視為發展時間較晚、程度較高的文明成就，這種論述在部落主義的灌溉下興起，卻恰恰與歷史記載完全顛倒。低地國家與高地人民反而是相互輝映，兩者相輔相成，同時並存。高地社會一直透過直接或航海貿易和低地帝國間接接觸。低地國家同樣和無國家的邊陲地區維持聯繫，正如德勒茲與瓜塔里所說：「地方連帶的機制、邊緣、少數族群將繼續與國家權力機構對立，以便確認分裂社會的權利。」事實上，國家是「無法脫離這種關係」。[59]

居無定所的人民（包括游牧民族）與國家之間的關係，正好也是同樣的情況。雖然法國人類學家皮耶．克拉斯特信心滿滿認為，南美洲所謂的原始印第安人社會並不是無法發明定耕農業或建立國家的原始社會，而是過去的定耕者藉由放棄農業與固定的村落來因應征服者的影響——包括避免因疾病造成人口銳減，以及逃避強迫勞役。[60]他們的行動與維生技巧都是經過算計，是為了躲避被國家權力吸納。考古學家米哈伊爾．格里亞茲諾夫（Mikhail Gryaznov）

已經證明，西伯利亞大草原上最古老的游牧民族原本是定耕者，同樣是因為政治與人口的因素離開了農耕生活。[61]研究中國邊疆議題的歐文·拉鐵摩爾的結論也是一樣，他堅持田野游牧主義興起於農業之後，吸引那些生活在大草原邊緣、「已經脫離農業社會」的定耕農民。[62]國家與遊牧民族之間根本就不是社會進化的連續階段，彷彿孿生兄弟，基本上同時誕生，兩者偶爾競爭卻不可避免地共存。

共生與敵對的型態是中東歷史與人類學很重要的一環，在北非的馬革里布（Maghreb），阿拉伯人與柏柏爾人之間就形成對立結構。蓋爾納的經典作品《亞特拉斯山脈的聖人》（*Saints of the Atlas*）便掌握了我所想到的動態關係。蓋爾納也強調在高阿特拉斯山脈，柏柏爾人的政治自主及部落自主性，「並不是一種『先於政府』存在的部落主義，而是對於特定政府的政治與部分反抗，甚至接受了更廣泛的文化與族群」。[63]由於共享廣泛伊斯蘭文化與信仰元素，這種部落的反抗顯然帶有政治意義，而且是處心積慮的結果。直到最近，蓋爾納還是認為摩洛哥的歷史基本上就是**政府管轄區**（*makhazen*）與**非政府管轄區**（*siba*）之間的對抗史。**非政府管轄**可以界定成「制度上反叛」，雖然有時候也會翻譯成「無政府」（anarchy）。實際上，「*siba*」意味「不受治理」、政治自主與獨立的區域，而「*makhazen*」代表「接受治理」、臣服於國家權力。蓋爾納主張政治的自主性，是一種選擇而不是既定的狀態。

對於有意識地選擇遷移或是落腳在政府管轄範圍之外的團體，蓋爾納使用**邊緣部落主義**（marginal tribalism），來強調他們的邊緣性是一種政治立場：

> 這些部落的人民清楚……（自己）有可能被吸納到更集權的國家……事實上，他們有可能刻意抗拒並且激烈反抗這種可能。高阿特阿斯山脈的部落就是這樣。直到現代國家出現，他們依然不順從，而且是帶有自主意識地……「邊緣部落主義」……就是存在於非部落社會邊緣的部落社會型態。由於屈服會帶來諸多不便，導致逃離政治權威與權力的抗衡對部落極具吸引力，而山區與沙漠的地形特色讓這種逃離成為可能。部落主義在政治上屬於邊緣，而部落也清楚自己在反對什麼。

馬革里布就跟贊米亞一樣，地理性、生態性與政治性形塑了政府統治區與邊緣自主區域的差別。「高地、柏柏爾語以及政治反抗之間存有隱隱若現的緊密連結」，因此「峽谷與高山清楚地區隔了政府地區（*bled el-makhazen*）以及反抗地區（*bled-es-siba*）」。[64]

柏柏爾人的例子很有用，原因有二。首先，蓋爾納非常清楚地指出，阿拉伯與柏柏爾人之間的界線，基本上不在文明，更不是宗教。事實上，正是政治界線區分出國家臣民，以及那些在國家控制之外的人民。正如蓋爾納所認定，歷史發展不斷來來回回穿越這條界線，耐人尋味的是，這條依據政治地位區隔的界線，被貼上了族群標記，彷彿界線兩邊的差異在於種族，而不是政治選擇。也就是說，想要逃離國家權力的人，不論理由為何，某種意義上就是讓自己變成部落。從這個定義來看，那些族群與部落開展的地方，就是主權與稅收鞭長莫及之處。國家的說法展現了對族群區的恐懼，甚至將其汙名，正是因為族群不受國家控制，甚至代表了對國家的挑釁威脅，才更長期地吸引那些想躲避國家的人。

值得注意的是，蓋爾納對於柏柏爾人與阿拉伯人的分析，糾正了早該修正的「低地觀點」或「國家中心觀點」。這套舊有觀點把「野蠻人的邊陲地區」視為正在持續消失的歷史殘餘，認為他們遲早會以不同的速度融入阿拉伯文明。此觀點在東南亞與馬革里布還有說服力，因為在過去一個世紀，不受統治的邊陲地區正逐漸被現代國家占領。但是這種低地觀點認為中心是個亮點、就像磁鐵吸鐵屑一樣，可以結合吸引邊陲地區人民，但顯然起碼錯了一半。當時，生活在國家權力之外不僅僅輕而易舉，而且更具有吸引力，真正的規則是來回擺動而不是單方面流動。我所闡述的想法特別強調國家無效，並不是因為這是所有真相，而是因為「國家無效」這個敘事太常被隱去，雖然在歷史上相當重要，但很不幸地在霸權的文明論述中失去合法存在空間。

共生與反抗、政治選擇與地理因素，這個模式大致符合東南亞大陸高地人民與低地國家之間的歷史關係。東南亞就像馬革里布一樣，「治理」與「不受治理」之間的界線明顯，但是更深植在語言使用及一般人普遍的意識之中。依據特殊的文化脈絡，兩個一組的用語所隱含的意思，像是「熟」與「生」、「溫馴」（tame）與「野蠻」（wild）、「低地人民」與「高地人民」，就跟*makhazen*及*siba*就是「接受治理」與「不受治理」一樣重要。因此，我們當然可以把「接受教化」以及「成為國家臣民」連結在一起，且當一邊是「臣民」、另一邊是「自治人民」時，基本差異便顯而易見。

東南亞典型的國家和中東一樣，旁邊圍繞著一圈相對自由的社群，也就是圍繞著無國家空間與無國家人民。這些擁有自主性的人不僅僅住在高地，也住在濕地、沼澤、紅樹林海岸以及河口地區錯綜複雜的河道上。這些邊緣人民同時代表低地王國不可或缺的貿易伙伴、國家權力的遁逃區，是相對平等與人口流動的區域、是低地國家奴隸與臣民的來源，以及幾乎與低地認同相反的生態文化認同（ecocultural identity）。因此，雖然我們在此將注意力放在贊米亞高地，但我們更普遍的關懷是國家與超越國家空間之間的關係。我之所以特別把重心放在贊米亞這片處於國家之間的叢山峻嶺，正是因為這些地區的重要性，它們是遠離低地社會國家建構計畫中，最重要也是最複雜的難民聚集區。這些人來到此地並留下來，主要是因為當地是國家權力鞭長莫及之處。只不過，傳統上所理解的「東南亞」地理，就僅指涉東南亞國家，這樣的認知，又再度妨礙我們對贊米亞的理解。過去兩千年來，贊米亞匯聚了來自境外數不盡的移民，其中有許多人過去還是定耕農民。他們從漢人（有時候是西藏人）的統治之下逃到西方與南方（傣、瑤／綿、赫蒙／苗、拉祜、阿佧／哈尼），或者是從泰國與緬甸的統治之下逃到北方。他們的落腳之處是基於政治、文化的選擇，更常是軍事的選擇。

我們不能單獨理解高地人民，比方說單獨理解部落，應該從他們與低地王國的相對關係與位置來理解。高地的族群界線與身分認同不僅僅會隨時間而變，也經常隱含著群體面對國家權威所處的相對位置。所以我要大膽地說，這根本就不是「部落」，除非我們要限定這個詞的關係意義。同樣地，他們選擇的謀生方式與耕種的作物，基本上都是著重於這種方式，是否利於國家占用。最後，如同前文所述，即使是高地的社會結構與居住型態，將其視為是面對國家權力的政治選擇可能比較貼切。我相信有些東南亞的平等主義的社會結構，正是柏柏爾人落實「避免被統治所採取的分裂」的變體。[65]這遠遠不是社會學與既有文化現象，世系、祖譜、地方領導型態、家庭結構甚至是識字程度，都是為了避免（只有極少數的情況是加速）被國家權力吸納，而精心策劃的結果。[66]我在這個脈絡下大膽提出的個案，勢必要面對諸多條件限制與例外挑戰。但無論如何我敢於冒險，不僅僅是要挑起爭議，也是因為有許多資料佐證，那些相對自我封閉的高山部落並非如傳統觀點所言是文明與進步的殘餘地區。

邁向東南亞無國家主義者的歷史

傳統的、殖民的以及獨立的國家，妨礙了我們看清楚東南亞大陸人民的整體歷史。國家中心觀在過去五十年來或許站得住腳，但這種觀點嚴重的扭曲了早期歷史。將時間往前推得越早，誤解就越大。歷史多數時刻，東南亞的特色是國家並不常見，即使是低地國家也不多。就算有國家出現，往往也是稍縱即逝、相對脆弱，從宮廷中心向外延伸的範圍小且可變動，而且基本上無法有系統地從大量人口中汲取資源（包含人力）。事實上，權力空窗期（*interregna*）很常見，比有權力的時期（*regna*）還長。此外，在前殖民時期，小王國的混戰讓許多人可以遷徙，效忠符合自己利益的對象，或是搬到沒有主權或主權相互牽制的三不管地帶。

就算國家存在的時候，東南亞國家依然無法順利達到吸引臣民、掌控人民，以及盡可能的汲取糧食與勞動力等措施。人力是關鍵，即使是那些稅收主要來自貿易的國家，最終還是取決於國家是否有辦法動員人力來掌握並捍衛貿易路線的重要位置。[67]國家非常專制，但並非一向如此。逃脫是人民自由的基石，也是制衡國家權力的主要力量。如我們在一些歷史細節中所見，臣民如果嚐過強制徵兵、勞役與徵稅之苦，基本上都會搬到高地或是鄰近王國，而不是起身反抗。有鑑於戰爭的無常、王位繼承鬥爭、穀物欠收，還有君王宏大卻不切實際的癡心妄想，這類國家建構的危機雖然難以預測，但遲早都會發生。

早期關於東南亞歷史的辯論，主要討論國家的歷史應該如何寫，而不是先討論是否該以國家為歷史關注的焦點。因此，學者批評東方學者喬治・賽代斯（Georges Coedès）的《東南亞的印度化國家》（*Indianized States of Southeast Asia*）忽略東南亞的王室是刻意採用印度宇宙觀。[68]扭曲的印度中心史觀，再加上歐洲中心殖民史觀：從「甲板、堡壘的圍牆以及洋行高大的走廊」的角度來觀察當地社會，這樣的扭曲飽受批評。[69]因此，在此之後就不斷呼籲要追求一個東南亞的「自治史」，避免當地歷史遭到雙重扭曲。[70]但直到最近，無論是來自學習或是原創，任何追求自治史的努力，事實上都已經成為東南亞的**國家**（*state*）史。

情況為何會如此？為什麼國家歷史能持續隱射自己處於歷史中心，忽略了中心應該由**人民歷史**主導？總之，我相信原因在於國家中心，即使是孱弱逐漸消失的印度式傳統國家，也是留下最多具體史料的政治單位。定耕農業的居住型態也是以國家中心為特色。雖然定耕社會不見得比狩獵、游耕社會複雜，但絕對比狩獵社會的人口更加密集，水稻社會就比狩獵社會密集一百倍。因此，他們留下更多集中的歷史遺跡，像是貝塚、文物、建材與建築廢墟。[71]留下的歷史遺跡越多，史冊上的記載文獻就越多。反之，那些比較分散、可移動、更為平等的社會，不管複雜度多高與貿易網絡多繁瑣，也不管他們的人口數量往往比較多，光是遺跡散布範圍更廣，相關的歷史記載便稀少許多。[72]

報復會留下文字記載也是一樣的邏輯。目前我們所知的東南亞傳統國家史，有許多資料都來自銘刻於石頭上的文字，以及之後由土地契約、回憶錄、稅收與勞役、宗教奉獻以及法庭判決所留下的書面記錄。[73]留下的文字記錄越厚，寫進史冊的篇幅就越大。由於有文字記載，對歷史的扭曲也放大好幾倍。傳統緬甸文與泰文分別以*yazawin*與*phonesavadan*表示歷史，而字面的意義就是「統治者的歷史」或「國王的紀錄」。在這個脈絡之下，如果要重建老百姓生活的世界非常困難，即使他們生活在國家中心也不容易。他們在歷史記錄中通常是統計的抽象名詞：例如許多工人、許多士兵、許多納稅人、種植稻米的人以及朝貢的人。他們很少以歷史行動者的姿態出現，就算有也是在被鎮壓的反叛中登場，所以我們可以確定這些歷史大有問題，說不定這些農民最想要的，就是不要被這些歷史檔案記上一筆。

國家霸權的歷史集中在宮廷與首都，這也造成其他歷史的扭曲。他們被迫淪為「國家空間」史，忽視或完全省略國家權力鞭長莫及的「無國家空間」，以及王朝衰弱或崩倒時幾乎沒有國家的長期歷史。平心而論，東南亞國家前殖民時期的編年史如果是一年一年記載，大部分的篇幅會是一片空白。難道我們要跟其他官方編年史一樣，只要沒有掌控大局的王朝，歷史就不復存在？然而，除了歷史空白的問題之外，國家中心的官方歷史本質上就是有系統地誇大王朝的權力、連貫性與威望。[74]國家所留下來的文件一方面是徵稅與土地的記錄，另一方面就是歌頌國家、確認權力以及宣揚正統，目的只是要使人信服並強化權力，而非呈現事實。[75]如果我們把出於國家中心誇大不實的宇宙觀視為現實，就有可能犯了奧康納所說的錯誤：「把少數大國的帝國想像，強加在其他地區。」[76]

東南亞大陸的獨立國家又為歷史增添了一層神秘性。不論從族群或地理上來看，國家都是繼承傳統的帝國，因此彰顯祖先榮耀、延續善行，都有其利益。此外，傳統國家為了找出一個「初萌民族」與「初萌民族主義」(protonationalism)，用以反抗眼前的內憂外患等利益考量，因而破壞或扭曲歷史。因此，早期的歷史文物例如東山銅鼓（Dong Son drums，大型青銅儀器，時間可追溯到大約西元前五百年共同時代的開端，於東南亞與中國南方的高地都可以發現此物）或是地方騷亂，一直被挪用為民族與（或）族群的成就，即使這樣的身分認同在當時根本毫無意義。[77]這樣一來就是隱射國家與其支配者的歷史傳說，是落後、模糊間斷、偶然隨機、與不穩定的認同。這樣的說法，正如同華特・班雅明（Walter Benjamin）提醒我們的，一般都將進步與國家的必要性視為天經地義，民族國家更是理所當然。[78]

曼陀羅式、王朝式、以首都為中心、以文字為本的歷史的不足之處如此明顯，甚至在閱讀時都疑點重重，這些歷史主要是符合個人利益，並陳述一種宇宙觀。大部分的歷史紀錄中，特別是高地的歷史，並沒有國家或「根本不算是國家」。在那裡的國家往往是個人所創，非常脆弱與碎裂，因此只要建國者一走，國家也無法延續太久。他們的宇宙觀與意識型態滲透，遠遠大於他們實質上控制的勞力與糧食。[79]

因此，關鍵在於區分國家的「硬」權力（hard power），與更加廣泛地經濟與象徵性影響力。前殖民時期的國家從臣民身上汲取糧食與勞力時，只能把權力投射到宮廷中心周邊的小小範圍，比方說三百公里，而且權力並不穩定，只有在乾季時才有能奏效。另一方面來看，前殖民時期國家的經濟影響寬廣許多，不過基礎是自願性交換。商品的價值越高，重量與體積越小（例如絲綢、寶石相較於木炭或穀物），也就能傳遞到越遠越廣大的地方。國家的象徵力量，例如王權（regalia）、頭銜、服裝與宇宙觀，就像觀點一樣可以傳播又遠又廣，並深植於高地人民心中，即使這些觀念常常被人拿來反抗低地王國。雖然低地王國的硬實力只是廣闊的帝國想像中非常微小的一塊碎片，但王國的具體商品，尤其是象徵性商品的市場影響力則廣大許多。

如果我們把原本東南亞的「帝國想像」歷史觀，切換成大部分時期是由具有規範且常態性的無國家狀態所主導，偶爾短暫地穿插一些王朝國家，那一旦舊有帝國史觀解體之後，帝國想像所留下的新東西是什麼？安東尼．戴（Anthony Day）批評過度國家中心的歷史正是這種方向：「如果我們把家族間錯綜複雜的關係視為基本，而不是偏離專制國家規範，更不是國家必須『處理的失序狀態』，那麼東南亞的歷史將會是何種模樣？」[80]

政治秩序的基本單位

我們將回應戴與奧康納的呼籲，放棄狹隘的國家中心觀，並且追隨凱斯．泰勒（Keith Taylor），從一定的距離觀看歷史，試著探索東南亞大陸政治秩序的基本單位。我之所以強調**政治秩序**，是為了避免給人一種錯誤的印象，誤以為在國家領域之外，就只有混亂失序。[81]由於時空差異，基本單位形式多元，從核心家庭到世系制度、雙向的家族關係、小村、較大的村落、小鎮與緊鄰的腹地，還有由小鎮所組成的盟邦。盟邦似乎是最複雜的整合型態，還算穩定。盟邦是由座落在適合水稻耕作土地上的小鎮所組成，人口密集，也結合鄰近高地的人口。這種「水稻群島」（wet-rich archipelagoes）所形成的聯盟很普遍，雖然這些聯盟存在的時間都不長，成員也很少願意放棄自己行動的自由，但在整個區域的地名中，留下許多這些聯盟存在的痕跡：雲南西雙版納是指十二塊稻田，越南與寮國邊境的「傣族十二州」（Sipsong Chutai），馬來西亞西部的森美蘭（Negri Sembilan）是指九個州，緬甸撣邦的高妙（Ko Myo）是九個鎮。從這個角度來看，這個區域最大的半永久性行政區，是馬來族的州（negeri／Negara），泰族的勐（muang，省），還有緬甸族的maín（မြို့），每一個區都代表人力與糧食的潛在資源，其中最有利的位置，就是橫跨一條有價值的貿易路線。

要把這些潛在的權力節點組成政治與軍事聯盟，本身就是一件微小、且通常稍縱即逝的治國奇蹟。讓這麼多單位一起接受中央統治極為罕見，通常為期不長。一旦聯盟所代表的政治利益瓦解，通常就會分裂成一個個組成單位：小國家、小村莊、部落與世系。之後或許會有新的集結出現，由新一代、野心勃勃的政治人物精心策劃，但肯定都是相同的基本單位的暫時結盟。即使是最不想服從更大權力的地方有心人士，也都深知並遵守國家建構提出的象徵與意識型態。國家擬態這種仿自中國或印度的高等形式，就是我所謂誇大不實的宇宙觀，只不過素材比較簡單，且規模非常小，下至小村落的酋長都在仿效。

如果更大的政治單位根本不穩固，那基本單位也不會歷久不衰。我們必須把這些視為隨時變動的單位，不斷地瓦解、分裂、搬遷、合併與重組。小村莊或世系的家庭與個人會隨著時間變遷而改變。他們或許會定居在某處一段時間，比方說五十年，不過因為居民進進出出，語言與族群認同可能會激烈轉變。[82]在這個過程中，人口是相當重要的特徵，東南亞在一六〇〇年的人口密度是印度的六分之一、中國的七分之一。一片開闊的邊境就像天然的煞車，限制國家汲取資源的範圍。受到各種不同的因素驅使，例如傳染病、飢荒、稅收、勞役、徵兵、派系衝突、宗教分裂、恥辱、醜聞等，甚至是渴望改變個人的命運，都會進而導致家庭或整個村落的遷移，因為這些相對來說比較簡單。因此，經過一段時間之後，任何基本單元的成員會持續改變，但基本單元本身會一直存在。如果出現一個穩定的元素，他們就會落腳在有利於人類定居的生態與地理環境。有時候可能會放棄一個位於航道旁或貿易路線上、經過灌溉發達的平原，但只要當時的條件允許，他們也很有可能會重新定居。當然，這樣的位置就是州、勐與*main*的典型核心。

儘管不斷流動，這些基本單元是有心建國者手上僅有的建築材料。如果沒有野心勃勃的強人，或者當更大的政治實體無法避免地瓦解後，所剩的「殘骸」依然是這些基本單元。在這樣的環境下，是否有可能出現一段簡單易懂的歷史？我相信應該有，但可以確定的是，絕對不會是王朝史。本書所討論的基本單元確實有歷史，確實符合國家形成、結合及瓦解的大致邏輯，並且展現出某種對抗王朝或現代國家的自主性。他們確實有歷史，但他們的歷史和國家王朝的歷史位於不同的水平線上。雖然在這塊高地，成功的王朝國家既罕見又短命，但他們的流動性就是這片土地相對穩定的特色。「國家」的偶然性，引導我們不把國家視為一個整體，而是視為「契約相互關係的複雜網」(complex web of contractual mutualities)。[83]如羅比哈達那（Akin Rabibhadana）對十九世紀暹邏王國的觀察：一旦國家分裂，「體系中的組成單元往往會為了自己的生存而分裂」。[84]

想要釐清這些看似不斷變動的無數小單元似乎不大可能，肯定比理解朝代史更令人氣餒，但我們前方有試圖掌握比較體系的研究者作為指引。東南亞的例子中，許多有關社會結構的研究，都想要掌握這些流動性背後的邏輯。首先，這些研究中最有名也最具爭議的是艾德蒙・李區的《緬甸高地的政治體系》。之後的作品，都順著這條軸線延續高地研究，更別說馬來世界的研究，有豐富的資料顯示，這些高地都有不斷變動的小國、流動人口，有上游與下游之間的差異，還有不受統治與被統治的人。然而，在東南亞之外，我們同樣可以在中東地區看到國家與居無定所、無國家的人們之間相互交手。理查・懷特（Richard White）研究十八世紀北美五大湖地區社會的名著，[85]也是以家庭作為基本單元著手，把村莊、部落與邦聯視為短暫且搖搖欲墜的聯盟。最後，我們回頭看看修昔底德的《伯羅奔尼撒戰爭史》(*Peloponnesian War*) 也會有所啟發，這本書描述一群人的世界，有些人有國王、有些人沒有國王，他們的忠誠瞬息萬變，而且沒有穩定的凝聚力，造成每股敵對力量中的政治人物持續不停地焦慮，不論是雅典、斯巴達、科林斯（Corinth）還是敘拉古(Syracuse)，每一個城邦都是一個聯盟。[86]

想要挑戰東南亞大陸非國家中心史，關鍵在於能否具體指出基本單元聚合與分解的條件。有位觀察者比較國家與自主內陸之間的變遷，對此問題提出簡潔的看法：「此時，人們意識到自己面對的是一種真正的分子（molecules），有時候形成一種模糊的聯盟，有時候很輕易就分崩離析。甚至連他們的名字都不一致或難以確定。」[87]如果這些分子本身的流動性，造成人類學家與歷史學家的困擾，那可以想見這些對於王朝官員、建國運動者，或殖民官員與現代國家工作會造成多大的問題。國家統治者發現，幾乎不可能針對一群變化多端、難以捉摸的人施加一套有效主權，這群人沒有永久的組織模式、長期居無定所，他們的領導關係短暫易逝，謀生模式能屈能伸變化無常，他們有些長期的盟友並且勇於承擔，經過一段時間相處，他們會把語言轉為族群認同。

這就是重點！這些人的經濟、政治與文化組織，大部分皆是用來避免被國家結構吸納的調適策略。這些調適策略在國家體系的高山地區比較可行，贊米亞就是典型的案例。

> 我主張在這裡【蘇門答臘島】實行獨裁專制。唯有強大的武力才能把人聚集在一起，集中成為社會……蘇門答臘島大部分是由無數小部落所組成，並未服從於一般所謂的政府……目前人們習慣遊蕩，就像空中的飛鳥一樣，除非他們能在某些事物下，如權威的控制下聚集或組織起來，不然對他們就只能束手無策。[88]

十九世紀初，身在傳統東南亞大陸國家的萊佛士爵士（Sir

Stamford Raffles）講出上面這段話，他非常了解殖民統治的前提是人口集中和定耕農業。他需要把那些無組織的人弄清楚，掌握他們的勞動力與生產，以便由國家調配。接下來，我們將把注意力轉向理解在東南亞大陸創造國家空間背後的邏輯與動態過程。

第二章

國家空間：

治理區與調度區

國家空間的地理學與地形的摩擦力

蔬菜要放在籃子；人民要放在勐。

——泰國諺語

請你想像一下，自己身處東南亞，身分地位如法王路易十四的海軍國務大臣柯爾貝爾（Jean-Baptiste Colbert），你的任務是想辦法讓王國壯大。時空背景也像十七世紀前現代時期：陸上旅行只能靠雙腳、手推車與馱獸，水運要靠帆船。最後，唯一不同的地方在於，你所面對的國家一片空蕩蕩。你可以任意想像本國的生態、人口、與地理情況，找出對統治者最為有利的安排。在此情況之下，你將如何設計？

簡單地說，你的任務就是設計出一個理想的「國家空間」，意味著是一個理想的調度空間。只要國家靠的是稅收或租金（廣義來說，包括像是糧食、徭役、軍隊、貢品、貿易品、貨幣等），那這個問題就會變成：什麼樣的空間安排最有可能確保統治者能夠以最少成本，取得大量且穩定的人力與糧食剩餘？

國家設計的原則，顯然取決於王國統治的人民在地理上有多集中，還有他們所耕種的土地，必須位於國家中心可輕易掌握控制之處。在前現代時期，牛車或馬車顯然會局限糧食所能運送的距離，因此人口與土地的集中就顯得極為重要。舉例來說，牛車隊在平原上拉著糧食行進兩百五十公里，所需要消耗的糧草相當於所運送糧食的重量。雖然影響條件不同，但邏輯卻是相通，古代漢人流傳一句諺語：「賣糧勿過千里。」（等於四百一十五公里）。[1]位居國家中心卻不生產糧食的菁英、工匠與專家，必須依靠著附近的農民供應糧食。因此，在東南亞集中人力就顯得特別迫切困難，尤其是此地長期以來人口密度偏低、大量散居，導致這些需要防禦、維護與供養的王國中心與統治者，非常倚賴中心附近相對易聚集的勞動力。

如果是柯爾貝爾，對他而言水稻會是國家空間裡最重要的作物。雖然水稻的勞動回報率不如其他維生方式，但是水稻的單位產量勝過舊世界其他所有農作物，在國家中心可及的範圍內，水稻可以將糧食產量最大化。換句話說，水稻的持久性與相對穩定的產量，是讓柯爾貝爾選擇在水稻種植區建國的主因。一方面，由於種植水稻的土地大部分的養分，來自溪水或是氾濫後的淤泥，並在水退之後形成的耕地，地力相對可以維持很長一段時間。另一方面，正是因為水稻促進集約與勞力密集的生產方式，因此需要較高人口密度，而人口本身也是建國的重要資源。[2]

幾乎在所有早期國家中，水稻與其他主糧都是建國基礎。除了上述原因以外，對在東南亞的柯爾貝爾而言，水稻之所以有吸引力，並不只是因為種植水稻可以集約勞動力與提高糧食產量，更重要的是容易收租徵稅。從一個稅吏的角度來看，穀類確實比根類作物更容易徵收租稅。穀類生長於地面，可想見所有作物會在同一段時間成熟。稅吏可在穀物成熟時清查農作物，並且事先估算產量。如果軍隊與稅吏在農作物成熟時抵達耕地，他們還可以隨心所欲地搜刮農作物。比起其他根類作物，穀物對國家而言相對容易辨識而且方便調度，相較於其他糧食，穀物運送相對簡易、單位價值較高，保存的時間較長且不易腐壞，只要沒有去殼還可以保存更久。[3]舉例來說，光是比較一車水稻與一車馬鈴薯、樹薯、芒果或綠色蔬菜的價值及腐壞的程度，就可以知道，如果柯爾貝爾要從頭開始規劃國家理想的農作物，大概很難找到比水稻更好的選擇。[4]

怪不得東南亞前現代時期的國家中心，幾乎都位處有利於水稻種植的生態環境。越有利水稻種植且種植範圍越廣的環境，就越有可能出現具有一定規模且維持時間較長的國家。儘管如此，我們必須強調的是，這些東南亞國家至少在殖民時期以前，並沒有擴大水稻種植，也沒有費力維持水稻田。所有的證據都指出，水稻田是由家族與小村落沿著小分水壩、水閘與河道零星建造，以便掌控水源。這些灌溉工事在國家中心出現之前就已存在，而且存在的時間遠比許多早期國家存在的時間更長。[5]早期國家可能把自己固定在水稻中心，甚至會擴張稻田，但水稻中心很少是由國家所創造的。換句話說，國家與水稻耕種之間，乃是一種選擇性的親近關係（elective affinity），而非因果關係。

選擇性親近關係的背後是現實政治的考量，「對於歐洲與東南亞的統治者來說，由充沛食物所支撐的大量定居人口，一直被視為權威與權力的關鍵」。[6]一些銘文中記載，九世紀與十世紀時的爪哇王室，在土地授封時，就已經預期受贈者在接收土地之後會清理森林，並且把游耕田轉變為永久耕種的水田。誠如考古學家揚．克里斯蒂（Jan Wisseman Christie）所說，王室授封土地背後的邏輯是：「水田……可以讓人民定居下來，增加能見度，讓農作物的規模相對穩定而且比較容易計算。」[7]甚至有更多細節顯示，國家總是想盡辦法將人口吸引到中心附近，並且要求他們種植水稻。比如，緬甸王室在一五九八年與一六四三年分別發布公告，命令士兵必須留住在宮廷附近的平常住所，還要求所有的王室士兵沒有值勤時都要種田。[8]王室一直不斷下令禁止遷徙，也不允許農田休耕，如果我們把這些命令解讀成「有違常理」，那就意味著王室要達成目標並不容易，顯然會面臨不少頑強抵抗。然而，一旦達成目標，國王就會擁有超乎想像的人力與糧食「寶庫」可供使用。至少根據十七世紀荷蘭大使在爪哇馬塔蘭（Mataram）所看到的情況，「圍繞著馬塔蘭，有大片令人驚嘆的稻田，足以讓你走上一整天，上頭有數不盡的村落」，顯示當時的爪哇國王已經擁有令人瞠目的人力與糧食寶庫。事實上，國家中心的人力不只是糧食生產的關鍵，更是國家抵禦外侮乃至防衛與擴張的軍事基礎，也因此，農業國家相較於海權國家的關鍵優勢，取決於他們龐大的步兵人數。

地形上的阻礙造成險峻且難以克服的限制，導致傳統農業國家無法有效擴張。如上文所述，由於運送大量糧食非常困難，加上地形造成的限制基本上不會改變，因此，即便是地形平坦且路況良好，早期國家的有效空間也很難延伸到距離中心三百公里之外。十九世紀晚期東南亞國家治理的根本難處，就在於長距離搬運糧食比起人類徒步旅行困難許多。一方面，國家中心的糧食供應，勢必會遇上距離以及收成不穩定等棘手問題；另一方面，要跑到國家控制範圍之外躲起來種植穀物，又相當容易。換句話說，牛車搬運所面臨的地形限制以及缺乏效率，限制了國家中心的糧食供應，而人民靠著雙腳可以自由移動（這是前現代國家無法輕易阻止的），便能逃離國家過度剝削。[9]

從旅行與運輸時間來看，前現代時期水陸運的行動距離，也有統計差距。根據經驗法則，旅行時間通常是以步行速度來估算，地形平坦土地乾爽的時候，每天平均大約可走二十四公里（十五英哩）。一名強壯的挑夫，背負著三十六公斤，在路況非常好的情況下也可能走這麼遠的距離。然而，一旦地形變得崎嶇或者天候更變化多端（或是兩者兼有），這個樂觀的數字就會驟減。雖然說這個統計數字在東南亞前現代時期（特別是戰亂時）可能要稍微修正一下，因為當時是以大象載貨來克服險阻艱難的地形，不過大象數量不多，而且打仗時也不太能倚賴大象運輸（因此對估算有效統治的國家空間影響不大）。[10]

所謂的「國家行進」若遇上翻山越嶺更特別緩慢。唐朝留有一份罕見文件（公元前八六〇年），上頭記載唐朝勢力進入東南亞山區的歷程，文件開頭留下行軍時間等關鍵資訊，包括從人口中心走到王朝控制的要塞所要耗費的天數。[11]隔了一千年之後，關注的重點顯然還是一樣，恩斯里（C. Ainslie）中尉在東南亞的旅程就頗具代表性。一八九二年一月，這名中尉前往撣邦東部，考察當地酋長的政治忠誠度並調查行軍路線，同行有百名武裝警察、五位歐洲人，還有一大群背載行李的馬幫。他們在出發前就知道路狹隘，所以不打算用車子。在最後的報告中，恩斯里中尉表示他們在攀揚（Pan

Yang）與門巴（Mon Pa）之間探勘了兩條平行路線，總共費時九天，這份報告具體呈現了每天路線難行之處，沿途要穿過幾條河流與小溪，也提到這條路線「在雨中絕對窒礙難行」。[12]大隊人馬每天前進的距離平均不會超過十三公里，但每天前進的公里數卻差異很大，最多可前進二十公里左右，而最短不到七公里。

當然，牛車可以承載的重量是挑夫載重的七到十倍（兩百四十到三百六十公斤），但是牛車走起來較為緩慢，受到的地形限制也比較大。[13]挑夫只需要步道，而牛車需要寬敞一點的馬路，但有些地形根本就不可能開闢出這樣的路，只要瞭解緬甸偏遠地區牛車行走過所留下的車痕，絕對可以了解，就算牛車可以走，也是走的相當緩慢費勁。不論旅途多長，車伕都要帶著自己的糧草，所以如果要減少載運量，就必須配合沿途的糧草而調整路線。[14]直到一兩個世紀之前，即使在西方，大量商品的陸路運輸，「也一直要面臨【路面】狹窄，甚至是難以克服的【路面】限制。」[15]

這些影響人力與貨物行進的地理條件，限制了陸地國家的權力擴張。以一個人靠著雙腿每天可走三十二公里推斷，人類學家弗雷德里克．雷曼（F. K. Lehman）推估在前殖民時期，國家的規模不會超過直徑一百六十公里，雖然爪哇的馬塔蘭範圍顯然比這個規模大的多。假設王國以宮廷為中心，直徑兩百四十公里，從中心走到邊緣大約是一百二十公里。[16]一旦超出這個範圍，即使地形平坦，國家權力也會減弱，權力的光譜過渡到另外一個王國、地方強人或匪幫的統治（請見地圖3說明地形對有效統治距離的影響）。

不過，水運大大超越了前現代的運輸限制。水道行船突破了距離的限制，風力與水流足以運送大批貨物，水運行進的距離是使用牛車運送難以想像的。根據計算，十三世紀的歐洲，海運花費成本只有陸運的百分之五。海陸運的差距如此之大，讓鄰近水道的王國有許多策略與貿易優勢。東南亞前殖民時期，大部分的國家不論領土大小，都可以輕易接近海域或者利用可供航行的河流。事實上，如安東尼．瑞德所說，東南亞各國的首都，多數位於河流交會處，航海的大船必須把貨物卸到小船，順著河流往上游走。權力的要塞基本上也座落在交通要道的交會處。[17]

在鐵路建造之前，水運的重要性表現在運河的經濟地位，不論是馬、騾或是牛，在牲畜載運能力都同樣很差的情況下，減少摩擦力就能更有效率地運送大量穀物。河運或海運的優勢就在於，這是「摩擦力最少的路線」，受到地形的限制最小，因此能夠大大地延伸糧食、鹽、武器與人員之間可交易的距離，套句諺語來形容：「近水而合、高山易分！」

在鐵路與不受氣候限制的馬路等可以縮短通行距離的技術出現之前，東南亞與歐洲的陸權國家明白，如果沒有水道可行船，非常難集中權力與行使權力。如哥倫比亞大學講座教授查爾斯．蒂利（Charles Tilly）所說：「十九世紀末之前，歐洲各地的陸上運輸都非常昂貴，如果缺乏有效的水上交通，沒有任何一個國家可以供養大量軍隊或是大城市，也無法運送大量的穀物或沉重的貨品。統治者必須要求城市的腹地付出極大的努力與承擔大量成本，才能養活如柏林與馬德里這樣的內陸城市，尼德蘭（Netherlands）的高效率水道，無疑讓荷蘭在平時與戰時皆能占盡優勢。」[18]

即使到了二十世紀中葉，跨越非比尋常的崎嶇地形還是令人望而生畏，這造成了顯著的軍事阻礙，最典型的案例就是一九五一年

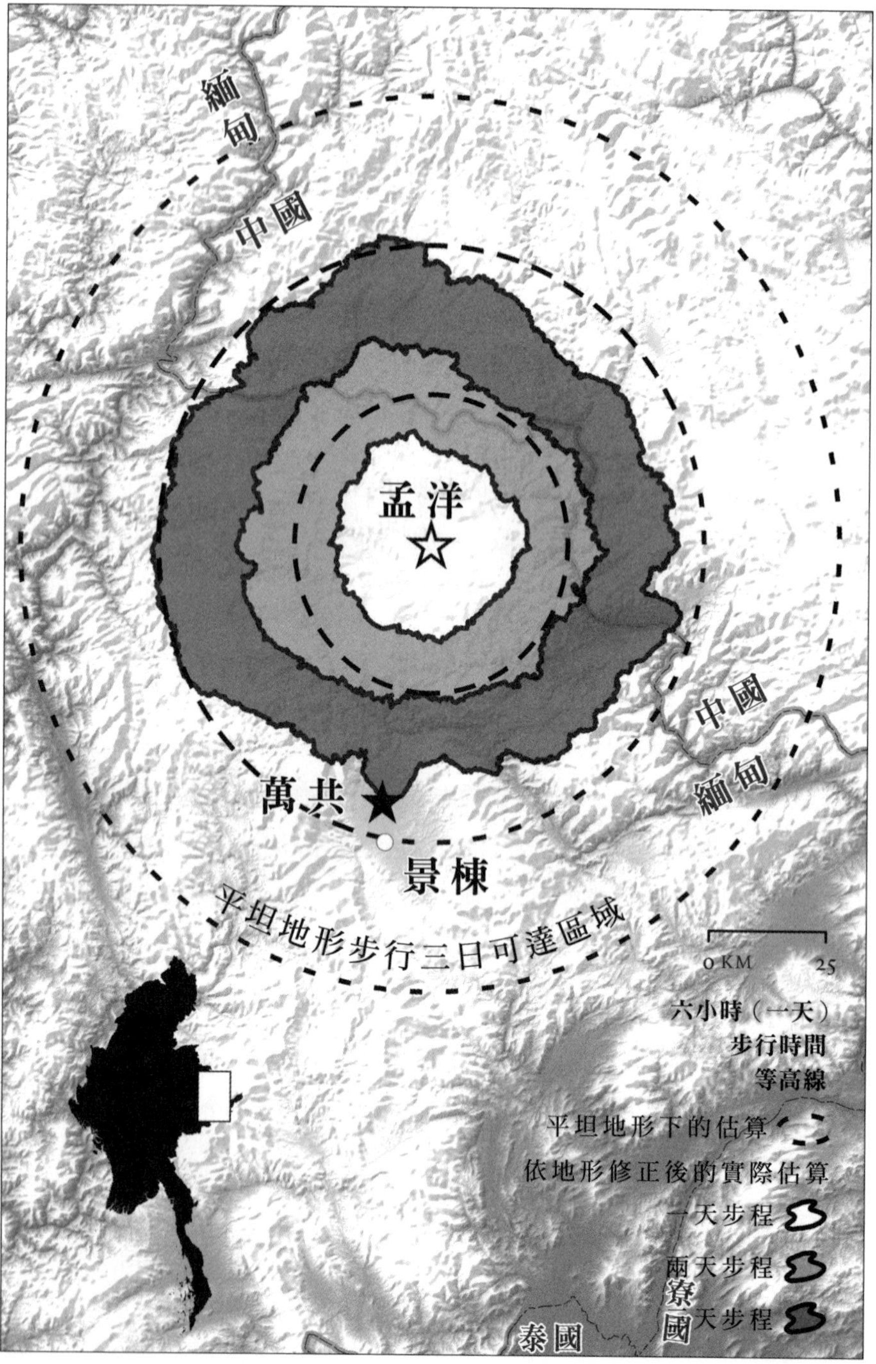
緬甸
中國
孟洋
萬共
景棟
中國
緬甸
平坦地形步行三日可達區域
0 KM
25
六小時（一天）
步行時間
等高線
平坦地形下的估算
依地形修正後的實際估算
一天步程
兩天步程
三天步程
寮國
泰國

中國人民解放軍征服西藏的過程。西藏代表與中國共產黨代表在北京簽訂協議之後，經由「最快的路線」回拉薩，也就是先搭船到加爾各答，然後搭火車與騎馬到印度錫金（Sikkim），光是從錫金的甘托克（Gongtok）到拉薩就花了十六天。不到半年，人民解放軍在拉薩的先遣部隊就已經缺糧，為此北京還撥了三千噸的米運送過去，同樣是先搭船到加爾各答，再由騾子運過山區。糧食同時由內蒙古往北運，總共動員了兩萬六千頭駱駝，其中有半數以上在運送過程中喪生或受傷。[19]

在標準的現代地圖上，不論地形起伏或水域寬廣，一公里就是一公里，也因此嚴重誤導我們對距離的認知。比起住在崎嶇、陡峭山區裡頭但相距三十公里的居民，在平靜、可航行的水域之間相距三、四百公里的居民，可能更容易進行社會、經濟與文化互動。同樣地，比起一小片移動緩慢、寸步難行的山區，一大片通行無阻的平原更有可能形成一致的文化與社會整體。

地圖3

這張圖說明崎嶇的地貌是如何壓縮國家空間。圖說比較了從中心往外走所需要的步行時間，一切取決於地形的難易程度。我們在地圖中選了中國與緬甸邊界上的撣族小城孟洋（Mong Yang）做說明。地圖中步行時間的等值線，是根據托卜勒的「登山者函數」（hiker function），根據地形上任何一個點的坡度，估算步行的可能速度。這些等值線所顯示的步行時間，是假定一天步行六小時。平原上可能步行的距離，是根據托卜勒的公式，然後由一點一點而成的虛線表示，以利比較。從孟洋出發，步行者要花三天才能走到的距離，如果在平地就只要一天半或兩天。往南走還有往西北走要比往東走還難。如果我們假定控制的幅度，與步行的難易程度直接相關，那個以孟洋為中心假想出來的小國，控制的區域就會比在平原上同樣大小的小國所控制的面積還小三分之一。

如果我們要畫一張更能表示社會與經濟互動的地圖，就必須設計出完全不同的製圖度量，這套度量根據地形摩擦力高低加以修正。在十九世紀中葉交通革命之前，這意味著所畫出的地圖標準單位，應該是雙腳或牛車行走一天（或船行一天）的距離。這個結果對那些習慣將兩點間最短距離視為直線的人來說，很像是在遊樂場裡從哈哈鏡所看到的投影。[20]便於行船的河流、海岸線與平原，因為走起來相對容易，所以距離大幅縮減；而假若在窒礙難行的山區、濕地、沼澤與森林中行走，即使兩點之間最短的距離可能非常小，在這份地圖上的距離仍會大幅擴張，以反映行程所耗費的時間——除非我們都跟烏鴉一樣用飛的才會縮短距離。無論從現代的眼光看這份地圖有多奇怪，作為一份接觸、文化與交換的指引手冊，這遠比我們慣用的地圖還適用。如我們所見，這樣的地圖也從地理上清楚劃分出兩塊空間，一塊是受國家控制與調度的區域（國家空間），另一塊則是在地理上有抵抗國家控制本質的區域（無國家空間）。

如果以行程所費時間而非距離為單位來畫地圖，事實上會比抽象、標準的公里概念，更符合當地人日常生活。如果你問東南亞農夫，從這個村到下一個村有多遠，他的答案可能是以時間為單位，而不會回答直線距離。例如相當熟悉時間的農夫可能會回答「大約半小時」；而比較不熟悉抽象時間單位的老農夫，可能會以當地的方式回答，像是「煮三次飯」、「抽兩根煙」，這些時間單位大家都懂，根本毋須看錶。前殖民時期比較老舊的地圖上，兩地之間的距離通常是以行走時間測量，[21]直覺來看這相當合理。甲地到乙地的距離可能只有二十五公里，但是因為行走路線的難易不同，有可能是兩天或五天的旅程，這肯定才是旅行者最想知道的時間。事實上，往返兩地之間所花費的時間，也有可能因起點不同而差異很大，端看是從甲地到乙地或者是從乙地到甲地。如果乙地在平原，而甲地在高山，上坡路線絕對比下坡的路線還要費時也更加艱難，但兩地之間的距離仍是固定不變。

根據距離摩擦力所畫出來的地圖，使得地圖上所標示的社會、文化甚至是國家等區塊，從因抽象距離概念而難以理解，而變得栩栩如生。這也是布勞岱爾在《地中海史》（*The Mediterranean World*）所抱持的基本想法。地中海靠著物品、人和思想的頻繁交流自成一區，沒有所謂的統一「領土」，也沒有一般所理解的行政體系。[22] 規模小一點的古希臘愛琴海區域也是這樣，愛德華·福克斯（Edward Whiting Fox）認為當地政治雖然不曾統一，但還是一個單一社會、文化與經濟的有機體，透過便利水運密切互動及交流，進而交織一塊。大航海貿易與掠奪時代的人們，例如維京人與諾曼地人靠著快速的水路交通，影響了當地發展。如果畫一張地圖呈現他們在歷史上的影響範圍，大部分會集中在港口、河口與海岸。在這張地圖上，橫亙在這些地方之間的浩瀚大海，反而顯得微不足道。[23]

馬來（Malay）這個極佳的航海世界，就是可以用來解釋上述現象的最佳歷史例子。馬來文化的影響，從太平洋的伊斯特到馬達加斯加與南非海岸一路可見，當地海港所說的斯華西里語（Swahili）都帶有馬來文化留下的痕跡。十五、十六世紀全盛時期的馬來國，就跟漢薩同盟一樣，只是在各個貿易港口間建立的變動同盟，國家治理的基本單位是港口，像是占碑（Jambi）、巨港（Palembang）、柔佛（Johor）與馬六甲（Melaka），馬來的貴族因掌握政治與貿易優勢，可以不斷地在各港口間移動。我們所謂的「王國」（kingdom），多半只指涉那些在陸地上，由一塊緊密且相鄰領土組成的王國，但對這種長距離、跨洋整合型國家來說，並沒有多大意義。

一般來說，農業王國比海洋王國更封閉，僅能支配中心附近的糧食與人力。但是，即使較為封閉，農業王國也難以自給自足，他們的生存必須依靠許多自己無法直接控制、產於高山與海岸的產品，例如木頭、礦石、蛋白質、牲畜排泄物做成的肥料、鹽等。海洋王國更依賴貿易路線來提供必需品，尤其是奴隸。有鑑於此，或許有一種可以稱之為「高國家特性」的空間，專門指涉完全不依賴當地糧食生產與人力的地方，通常位於便於透過徵稅、收取過路費以及沒收物品等方式，以控制重要貿易產品的交會處。早在農業介入之前，那些掌控了製作石器所需之黑曜石（obsidian）礦床的社會，總是擁有貿易與權力優勢。大多數情況下，陸路與水道的貿易路線上都會有一些交通咽喉，一旦控制此要塞就可以奪取經濟與政治優勢。馬來王國的貿易港就是經典例子，橫跨河流的交會處與河口，讓統治者可以壟斷**上游**的貿易出口品，同時控制高地**下游**沿海的國際商業貿易活動，以便獲得貿易品。同樣的，馬六甲海峽占據印度洋與中國長程貿易的咽喉，形成頗具優勢的建國空間。橫跨在商隊運送鹽、奴隸、茶與其他物品的要道上，更有規模小但數不清的高山小王國，王國興衰取決於世界貿易的反覆無常以及商品的景氣。就像它們的馬來王國兄弟一樣，在最好的承平時期，它們就是個收取過路費的國家（toll states）。

這種地理優勢，雖然可以部分歸因於陸地與海洋交通路線，但更多是運輸、機械與工業革命所造就的歷史偶然，現代時期更是如此。例如，鐵路與公路的交會處，橋樑與隧道，煤礦、石油與天然氣的蘊藏地等，都具備地理優勢。

我們一開始所認定的國家空間，是以穀物生產與人力集中來估算可被管理的空間，現在必須修正了。可以打破距離的水道路線，以及在交通咽喉處和重要商品地出現的權力節點，或許可以彌補國家直接掌控糧食與人力的不足之處，但程度也有限。如果沒有足夠的人力，收取過路費的國家通常也難以完全發揮地理優勢。相較之下就會發現，農業國家比海洋型與「貿易路線型」國家更為普遍，數量上也勝出許多。芭芭拉・安達亞（Barbara Andaya）比較十八世紀初越南農業國家鄭氏政權（Vietnamese Trinh）以及海洋國家柔佛（Johore）之後，清楚點出兩者之間的差別，她說：「只要比較馬來王國最有名但沒有任何農業基礎的柔佛王國與鄭氏政權的軍事力量，就可以一目了然地掌握為什麼農業國家更為普遍。一七一四年，荷蘭預估柔佛可以派上戰場的戰士有六千五百名，有兩百三十三艘各式戰艦。相較之下，在越南，阮朝（Nguyen）的軍隊有兩萬兩千七百四十名戰士，六千四百名水兵與三千兩百八十名步兵。」[24]修昔底德的《伯羅奔尼撒戰爭》，可說是最早警示海洋國家脆弱性的寓言故事，在這場戰役中，堅毅的海洋國家雅典，最終還是被農業國家斯巴達與敘拉古王國擊潰。

勾勒東南亞的國家空間

前殖民時期的東南亞國家建構，深受地理條件限制。在此，我試著粗略勾勒出地理上的主要限制，並且分析這些限制對於國家的地點、國家的維繫與權力動態的影響。

國家真正要能崛起，必要條件（但絕非充分條件）是一大片可種植水稻的沖積平原，這樣才能夠養活為數眾多且集中的人口。東南亞半島的海上國家，因鄰靠巽他陸棚上的平靜水域，可以仿照雅典的規則組織，但陸地國家就不能如此，他們必須克服更高的地形摩擦力。由於東南亞大陸的山形水域基本上屬於南北縱走，所以每個傳統國家也都是沿著南北水系興起。由西到東我們可以看到，沿著伊洛瓦底江靠近欽敦江（Chindwin）交會處而建的緬甸傳統國家，例如蒲甘（Pagan）、阿瓦（Ava）與曼德勒；再往東一點是沿著錫唐河（Sittang）的傳統國家，例如勃固（Pegu）與東吁（Toungoo），沿著昭披耶河（Chao Phraya）是泰古王國阿瑜陀耶與之後的曼谷；高棉的傳統王國（安哥王朝與後續的繼承者）則是在洞里薩湖（Tonle Sap）附近，屬於湄公河的支流。最後，越南的鄭氏王朝則是沿著河內旁邊的紅河舒展。

這些國家的共同特色是，他們都沿著可航行的水道而建，都有一片平坦的耕地，還有終年川流不息的溪流，讓他們可以種植水稻，不過他們也都會遠離經常被洪水氾濫的區域。早期幾乎沒有任何一個陸地國家位於主要河流三角洲上。這些三角洲地帶，如伊洛瓦底、昭披耶河、湄公河，都要到二十世紀初才大規模開發，之後才種植

地圖4：東南亞的漂流與古國
如地圖所示，古國與可航行的水道之間吻合是一條通則。薩爾溫江（怒江）只橫跨一個古國，位於河口處的直通（Thaton）王國。薩爾溫江大部分的河道穿越很高的峽谷，因此無法航行。也因為如此，這條河是個例外。景棟與清邁也是例外，兩個國家都未靠近主要的河道。但是，每一個都控制了一大片適合種植水稻的平原，因此也適合建立國家。

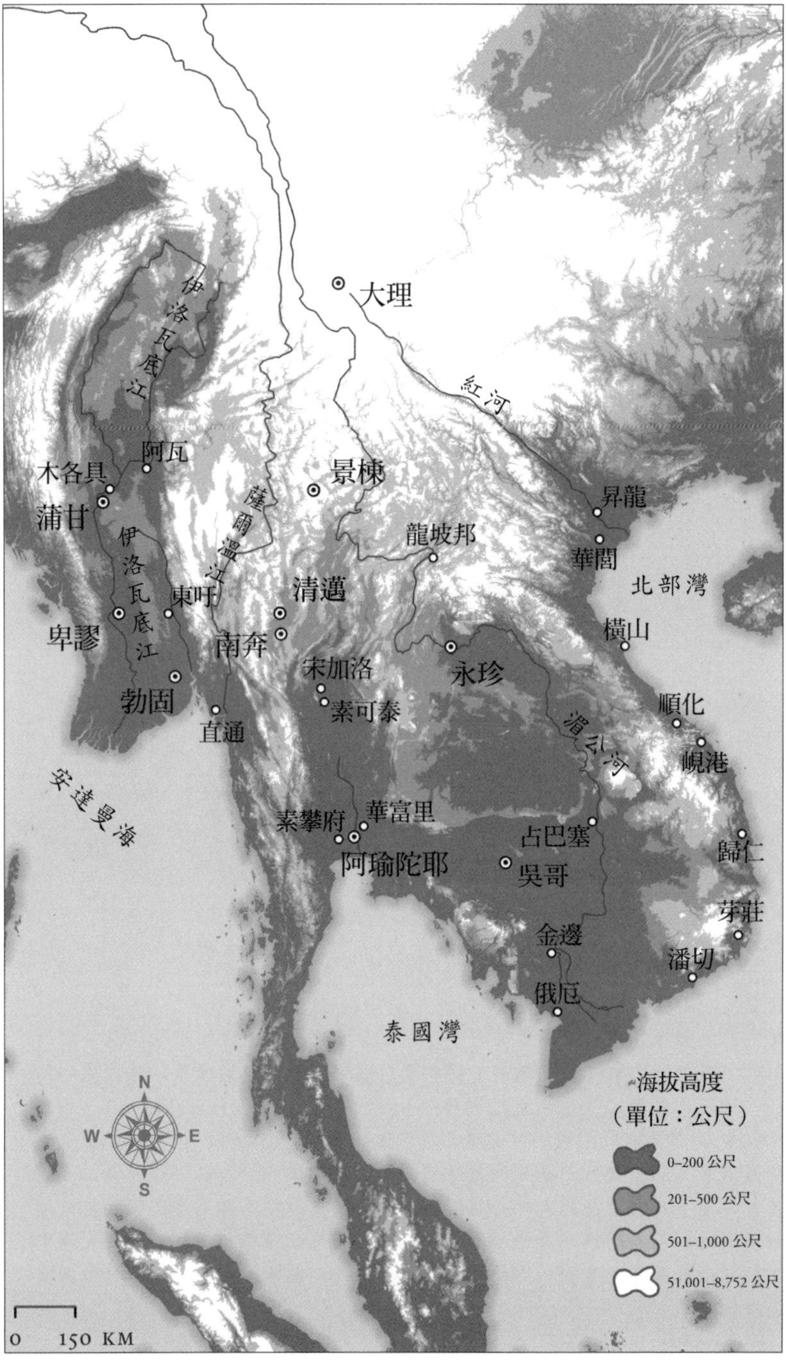
大理
紅河
伊洛瓦底江
阿瓦
木各具
蒲甘
景楝
薩爾溫江
昇龍
龍坡邦
華閭
北部灣
伊洛瓦底江
東吁
清邁
卑謬
南奔
橫山
永珍
宋加洛
勃固
素可泰
順化
直通
湄公河
峴港
安達曼海
素攀府
華富里
占巴塞
阿瑜陀耶
吳哥
歸仁
芽莊
金邊
潘切
俄厄
泰國灣
海拔高度
（單位：公尺）
0–200 公尺
201–500 公尺
501–1,000 公尺
51,001–8,752 公尺
N
W
E
S
0
150 KM

水稻。當地比較晚開發的原因主要有三：（1）這些地帶必須大規模修築排水工程，才適合種植水稻；（2）當地有瘧疾，尤其是在新開發的土地上，所以要避開；（3）每年的水患難以預測，而且常常氾濫成災。然而，我們需要進一步釐清說明這幾個大膽的說法。[25]首先，如布勞岱爾所預測，由權力中心所散發出來的政治、經濟與文化影響，會沿著平坦的地形、可以行船的河流與海岸線擴散，當距離摩擦力越小，影響傳播的範圍越大。最顯著的例子就是越南人一步步取代占族（Cham）及高棉族（Khmer），半島南部的越南人沿著海岸線旁的狹窄地帶逐步擴張，以海岸作為水運公路，一路挺進湄公河三角洲與巴薩河（Bassac）兩岸。

這種海洋王國的經濟影響往往大於政治影響。他們的政治控制受限於國力能動員與壟斷糧食的程度，但對貿易的影響範圍顯然大得多。距離摩擦力仍然是個重要限制，產品的單位交換價值越高，可被貿易的距離就越遠。因此，諸如黃金、寶石、檀香木、稀有藥材、茶以及儀式用的銅鑼（在高地代表身分地位重要物品）等，這些珍

地圖5：緬甸中部的海拔
殖民前的國家，最強大時「勢力」可以輕易地沿著低海拔的平原以及可以行船的河道延伸。上緬甸的王國全部都圍繞在伊洛瓦底江與欽敦江匯流處的河谷。雖然撣邦高山東邊的曼德勒與阿瓦要比下游的木各具(Pakokku)及馬圭(Magway)還要靠近王國，但卻還是在王國的勢力範圍之外。殖民前的國家也稍微沿著南北的勃固山脈，但是崎嶇的山脈將稻田一分為二。這些高山在前殖民時期、殖民時期的大部分時間還有緬甸獨立期間，都不在國家的有效控制範圍之內，直到1975年之前都還是共產主義者以及克倫反叛的堡壘。從中我們可以很清楚地看到，即使是地形摩擦力一定程度的改變就可以妨礙國家的控制。

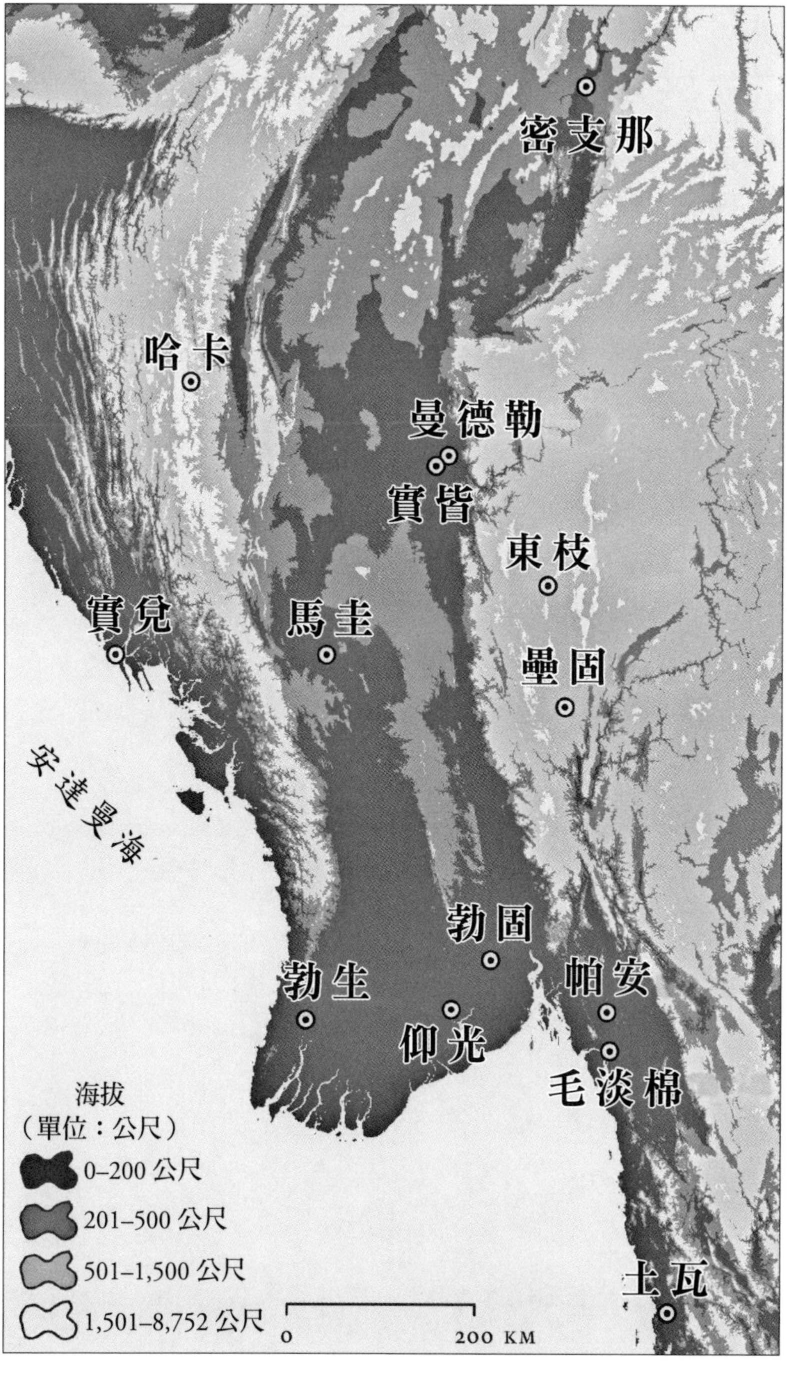
密支那
哈卡
曼德勒
實皆
東枝
實兌
馬圭
壘固
安達曼海
勃固
勃生
帕安
仰光
毛淡棉
海拔
（單位：公尺）
0–200 公尺
201–500 公尺
501–1,500 公尺
1,501–8,752 公尺
土瓦
0
200 KM

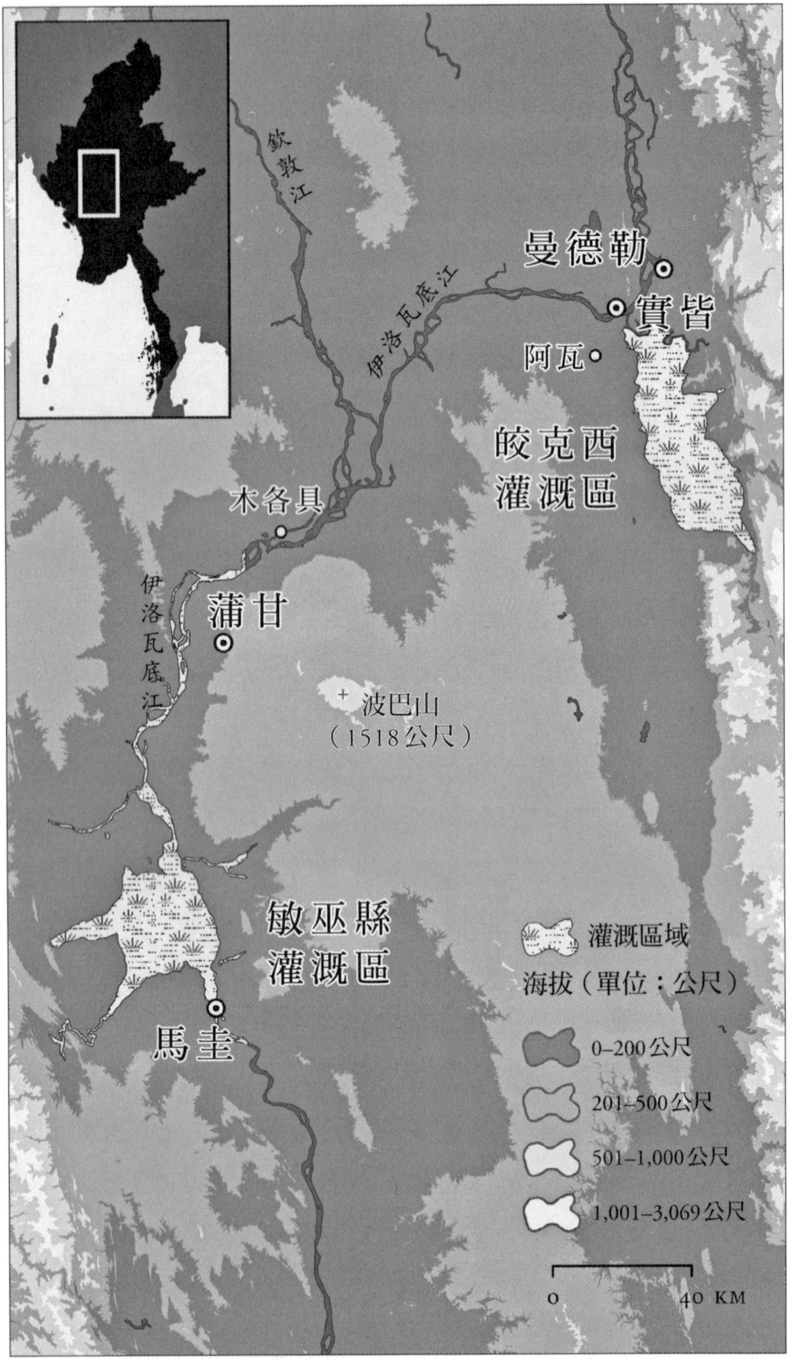

欽敦江
伊洛瓦底江
曼德勒
實皆
阿瓦
皎克西灌溉區
木各具
伊洛瓦底江
蒲甘
波巴山（1518公尺）
敏巫縣灌溉區
馬圭
灌溉區域
海拔（單位：公尺）
0–200公尺
201–500公尺
501–1,000公尺
1,001–3,069公尺
0
40 KM

貴商品透過交易連結了邊陲與中心，而非受限政治宰制。在這個基礎上，一些運輸規模不大的貿易與交易形式能整合的地理範圍，遠遠超過相對範圍較狹隘的政治整合。

至此，我只探討東南亞大陸的主要傳統國家，但是在其他地區也看得到國家形構的關鍵要素：一塊可以發展水稻種植的心臟地帶，就可能構成一個「完全支配的核心領地，中心還會有個首都衙門」，[26]差別只是規模大小不一。如果水稻中心的面積很大而且彼此相鄰，那一旦條件成熟，就會促成一個大國崛起；如果中心地帶規模不大，在相同條件之下，就會產生一個規模中等的國家。這樣規模的國家，就是一個有防禦工事的小鎮，至少有六千位臣民，加上附近山區盟友，國家中心座落在種植水稻的平原上，通常會有個名義上的統治者。散布在東南亞大陸、一般位於高海拔地區且農業生態條件有利於國家形構的區域，通常都規模不大（小小的），很多地方曾經一度是傣人小王國的所在地，這些小王國可能會形成聯盟（聯合體？）

地圖6：敏巫縣（Minbu Kharuin〔k’ à yaín〕）與皎克西（Kyaukse）灌溉工程
這兩片主要的灌溉區是上緬甸前殖民國家的米倉。敏巫縣灌溉工程的時間顯然早於九世紀的蒲甘王國。這兩塊稻米核心區成為國家形構所需之人力與穀物聚集地，也不可避免的伴隨著戰亂。k’ à yaín (ခရိုင်)通常是寫成kharuin，意思是「區」(district)，而且是有城牆的小鎮，例如著名的古皎色是由九個k’à yaín所組成。這個字大致相當於撣族所用的*maín*（မိုင်း），或是泰族的勐（*muang*）。除了這兩個區，平原上還有一些雨量豐沛可以耕種的土地，但是產量不如灌溉田穩定與豐富。在北部的勃固山脈，波巴山與海拔逐漸上升的山區，人口與農業的生產甚至更少，人力與農產品都難以徵用。

或同盟，成為一個更強大的國家，不過這樣的發展非常罕見。依水稻中心構成的國家，無論規模大小，一直都是歷史的偶然，而且普遍來說都為期不長。有些人可能會和艾德蒙．李區一樣，強調「稻田的所在地是固定的」，因為稻田區是具備生態與人口潛力的據點，聰明且幸運的政治人物如果善加利用，就可能開創嶄新或者重生的國家空間。然而，即使是成功的王朝也絕不可能是拿破崙式的王國（Napoleonic state），而是層級不穩的安居主權（nested sovereignties）。所以這類國家的聚合都是步步為營，藉著戰利品的分配與婚姻聯盟結合，必要時以威脅恐嚇促使王國團結（後者的作用更為關鍵），在後續的分析中，將進一步指出控制人力至關重要。

因此，我們必須根據這些調度基本原則以及控制的範圍，調整我們理解前殖民時期緬甸的方式。做為一個穩定、強盛的王朝，「緬甸」這個強而有力的政治實體，從國家中心往外走上幾天的路程，就可以走遍王國內大多數的水稻區。雖然這些水稻區未必塊塊毗鄰，但對於來自國家中心的官員或士兵而言，經由貿易路線與水道進出這些地方相對容易許多。連外道路的性質本身非常關鍵，假如軍隊要前去徵收穀物與懲罰反叛區，就必須能夠沿途獲取補給，這表示他們得找出一條沿途有充沛糧食、獸力、貨車與潛在兵源的行軍路線，這樣部隊才能撐得下去。

因此，濕地、沼澤以及（特別是）山區，即使位置非常靠近宮廷，一般來說也不會屬於「政治上直接被管理的緬甸」。[27]除了一些種植水稻的高原地區以外，這些高山與沼澤的人煙稀少，不易估算居民的採收產量，更別說是需要調度的混合型耕種方式（高山水稻游耕、根類作物、掠奪與狩獵）。這些地方可能會和宮廷保持朝貢關係，每隔一段時間就得重新宣誓效忠，也會彼此交換有價值的商品，但基本上這些地方在政治上不受宮廷官員直接控制。根據經驗法則，只要海拔超過三百公尺的高山地區，就不屬於適切意義下「緬甸」的一部分。因此我們必須把前殖民時期的緬甸視為僅止於平原的國家，其統治鮮少能擴及適合灌溉的生態環境之外。如布勞岱爾與保羅・惠特利所言，政治控制能夠輕而易舉征服平原，但一旦距離遙遠、

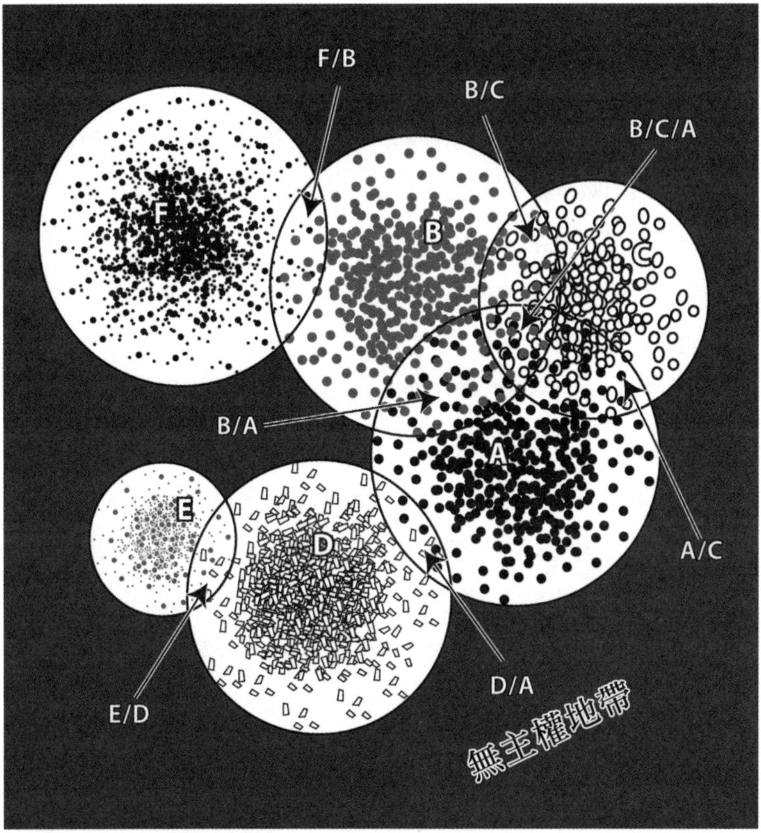

圖1：曼陀羅的權力範圍概況

海拔高度劇烈變化、地勢崎嶇、以及人口分散與採用混耕，這些地方就會脫離政治控制範圍。

在這種情況下，現代的主權概念毫無意義。「緬甸」不像現代國家地圖上所標示的那樣，是一個界線清楚、領土緊密相連的國家，比較像是地形剖面圖上的水平切面，王朝可納入的範圍大多是海拔三百公尺以下且適合種植水稻的地區，以及宮廷權威可及之處。[28]

想像有一幅據此勾勒出的地圖，藉以呈現主權滲透程度與文化影響力。想要理解距離摩擦力的影響，不妨想像自己拿著一張地形圖，以立體模型呈現海拔高度。接下來，想像在每塊水稻中心都注入紅色墨水，將整個水稻區注滿，墨水的濃淡取決於水稻中心大小以及居住人口數。現在把地圖傾斜，先往左，再往右，連續做幾次。墨水會先沿著平地前進，再順著低地的水道流動。隨著地圖傾斜角度增加，紅色墨水就會從水窪中緩慢且間斷地往上流，或快或慢取決於地形有多陡峭。

為了讓紅色墨水流到特定區域，上述立體模型所需傾斜的角度越大，便大致反映了國家把控制力伸入特定區域的難度越高。假如紅色墨水隨著流經的距離及高度而越來越淡，就可以約略看出逐漸減弱的影響力與控制力，或是國家直接控制該地所需要付出的相對成本。海拔越高的地方，紅色墨水越是無法覆蓋，如果地形又陡又高，顏色的對比就會更加明顯。當我們從上往下看，便會發現用這種方式所呈現的主權影響力，在深紅或淡紅交錯之處，出現許多不規則、未被染色的白色區塊，數量多寡取決於宮廷中心附近的高山數量。白色區塊上的居民，雖然跟宮廷之間維繫著朝貢關係，但他們幾乎不受宮廷的直接統治。如果政治控制在崇山峻嶺前突然減弱，文化影響力也會跟著削弱。高山的語言、居住方式、親屬結構、族群的身分認同與維生的方式，都跟低地截然不同。多數的情況下，高地人並不信仰低地宗教。比如，低地的緬族與泰族信奉的是上座部佛教，而高地人幾乎都是萬物有靈論者（除了少數明顯的例外），到了二十世紀又變成基督徒。

這幅以顏色圖解距離摩擦力的想像地圖，也可以用來解釋文化與商業模式（但不包括政治）的整合。在立體模型上，那些紅色墨水可沿著河道與平原順利滲透的地方，彼此之間的宗教、方言以及社會組織可能也會比較相似。反之，在一些距離摩擦力驟然激增的地方，就越有可能看到文化與宗教劇烈變化。如果地圖能像縮時攝影一樣，顯示分隔兩地的人群與商業交通的累積流量，以及移動的相對難易度，我們或許可以用比較好的方式顯示，一個地區完成社會與文化整合的可能性。[29]

我們比喻用的地圖就跟其他地圖一樣，突顯了我們想要強調的關係，卻也掩蓋了其他要素。比方說，這幅地圖無法簡單呈現沼澤、濕地、瘴氣地區、紅樹林與荊棘等不同地形的距離摩擦力；另一個問題則是，代表國家中心的「色塊」完全是假設的，我們或許可以想像這代表一個兵強馬壯、野心勃勃的國家，在最佳條件下影響力所及的最大範圍，但很少有國家中心能達到這種橫掃腹地的程度。

這些國家中心，不論大小，都沒有自己的領土。國家中心就像閃爍在銀河中此消彼長一顆顆的星星。在殖民統治與現代領土國家的法律條文大幅簡化地形之前，從數字上來看，國家中心的數量不知凡幾，儘管它們的規模幾乎都很小。李區的說法一點也不誇張，他指出「在『緬甸』每個稍有規模的市鎮，都說自己曾經是某個非常宏大且讓人望而生畏的邊陲『王國』的首都」。[30]

我們要如何簡單扼要地呈現國家中心的多樣性？一種可能方式是動用東南亞常用的梵語中「曼陀羅」（**君王圈**，*mandala*）的概念，曼陀羅的統治者往往宣稱自己是神聖世系的繼承者，影響力幾乎都是以位於水稻平原的宮廷為中心，向外圍擴散到鄉間地帶。理論上，他管轄那些認可他的統治精神與世俗權威的國王與首領。有個老掉牙的比喻是，以燈泡來說明統治者的領袖魅力與統治力道強弱的關係，安德森也用這個比喻，來捕捉曼陀羅式政治中心的兩個特點：[31] 其一，燈泡的亮度會越遠越暗，表示精神與世俗的權力從宮廷往外，隨著距離拉長而逐漸減少；其二，燈泡所散發出來的模糊光線，表示統治者的影響力並非現代意義上「固定」的主權邊界概念——現代意義上的主權邊界，意味著國界內有百分之百的主權，而國界以外的主權就完全消失，但顯然曼陀羅的主權影響力並非如此。

我企圖在圖1中勾勒出，在多元曼陀羅體系中，主權的複雜性有多令人吃驚。我們以固定的圈圈代表不同的**曼陀羅**（*negara*、*muang*、*main*、*k'à yaín*），權力集中在中心，越往外走權力就一步步削弱，直到最外圍權力完全消失。在這個圖上，我們必須暫時忽略地形的巨大影響，假定這塊地區就如同一塊大餅般平坦。事實上，十七世紀時的緬甸行政機關，也是採取如此簡化的假設劃分行政區：省是一個想像出來的圓圈，由行政中心往外擴散一**百田**（*tiang*，一田等於三點二五公里）為省的範圍，往外擴散十田為大鎮的範圍，往外五田是中型鎮的範圍，往外二點五田是村的範圍。[32] 讀者必須想像不規則地形，有時是沼澤，有時是崎嶇山地，這些都可能會截斷圈圈的外型，假若是沿著航行水道，也可能大大延伸國家中心可觸及的範圍。然而，糟糕的是，地圖上所呈現的空間還是靜態的，完全無視曼陀羅系統在時間向度上極度不穩定。事實上，「神聖的權威與政治權力中心，總是無止盡地持續不斷變動」，[33]讀者倒不如把這些國家中心想像成一個個光源，忽明忽暗，有時甚至會完全熄滅，時不時又有代表權力中心的新光源突然出現然後逐漸變亮。

在圖1中，每個圈圈代表一個國家，有大有小，從中心越往邊緣移動，國家的權力就逐漸衰退，表現在圖上就是每一個曼陀羅越往外圍，點就越來越稀疏。這份簡圖只是要呈現前殖民時期東南亞大陸上權力、領土與主權的複雜性，頌差・威尼差恭的書中對此有更多細緻的討論。理論上，[34]曼陀羅統治下的土地每年必須向國家中心進貢（國王也會賞賜等值或價值更高的禮物），有時也需要派遣軍隊、戰車、獸力、糧草與其他物品支援中心。不過，如圖所示，許多地區不僅僅附屬於一個霸主。兩個主權的重疊區，例如D／A，就落在兩個王國的邊陲，因此兩種權力有可能相互抵銷，王國的主權薄弱，使在這塊緩衝帶上的首領與人民自主性強大。如果兩個王國在重疊區的影響力都很大時，例如B／A或A／C，情況就可能演變成兩股來自中心的勢力，在裡頭爭相課稅，並／或出兵懲罰不服從、不聽話的村子。許多高地人與小首領都懂得在策略上操縱雙重主權的模糊狀態，他們默默地派出使節進貢給兩位國王，藉以表示他們是獨立的附屬國。[35]朝貢的算計權衡並不是有或沒有的問題，而是一場循環反覆、帶有策略意味的選擇，包括朝貢品為何、進貢的時間、何時應該拖延，以及何時要保留人力與貢品，這些都是治國之術最精妙之處。

在國家中心之外的地方，尤其在高地，有雙重主權或多重主權或者無主權，都是常態而非特例。因此，在寮國、緬甸、中國邊界上一個小鎮清孔（Chaing Khaeng），可以同時對清邁與楠（Nan，即向暹羅）進貢，以及向景棟（即向緬甸）進貢。類似的情況非常普遍，泰語和寮語（在語言分類上，寮語是泰語方言）甚至就用「有兩個主子」或「有三個主子」來指涉這些邊界上的小王國。十九世紀的柬埔寨同時向暹羅與Dai Nan（越南）進貢，也被冠上「雙頭鳥」一詞，這還寫進了史冊之中。[36]

對於二十世紀的民族國家來說，明確且單一的主權是常態，但這種常態只出現在一些水稻中心國家，除此之外就相當罕見，而且這些水稻中心的國家也經常會自我崩解。中心之外的主權帶有模糊、多元且不斷替換的質地，甚至經常處於完全沒有主權的狀態。文化、語言與族群上的歸屬同樣也相當模糊、多元且不斷變動。如果再加上地形與高度的摩擦力對政治權力的影響，我們就會開始意識到，在某種程度上有許多人群（特別是高地人）幾乎不受國家中心控制，儘管他們不可能永遠都不被國家中心關注到。

不過，即使是最堅固穩定的王國，一旦遇上季節性豪雨，也會被困在宮殿的城牆之內。因此，東南亞的國家，不論是前殖民時期的曼陀羅、殖民期間或是直到最近的民族國家，根本就是一種「季節限定」的存在。在東南亞大陸，大約每年的五月到十月，豪雨都會造成道路泥濘難行。[37]不僅軍隊與稅吏無法走得太遠，就連旅行也不大容易，相較於乾季可說是寸步難行。以緬甸為例，傳統上只能利用每年的十一月到二月打仗，因為三月到四月太熱不適合作戰，而五月到十月雨勢又太大。為了讓讀者理解，前面那張地圖呈現的只是曼陀羅在乾季的樣貌，一旦雨季來臨，王國的大小就會縮成四分之一甚至八分之一，這完全視地形而定。[38]這彷彿是半年一次的氾濫，大雨一來便將國家放逐到無人島上，雨停之後才又將國家釋放，因此國家空間和無國家空間總是隨著氣候的規律更迭交替。十四世紀，爪哇君王的頌歌就提到這種情況：「每到冬季尾聲（非常乾），國王就出發巡視鄉間……來到不毛地帶宣誓主權。……宣揚國威……他獲得人民的尊崇，收集貢品，訪視農村耆老，察看所轄之土，並且視察碼頭、橋樑、道路等公共設施。」[39]人民大概知道統治者造訪的時間，也大概知道軍隊何時會到，何時要入伍，還有戰火的摧殘何時會降臨。戰爭就像是一場大火，是乾季才有的現象。緬甸數度入侵暹羅這類軍事行動，也總是在雨季結束之後才展開，因為那時候的道路才得以重新通行，且糧穀成熟。[40]事實上，只要通盤檢視傳統上國家建構的過程，就會知道氣候因素與地理因素的影響力不相上下。

殖民政權雖然傾盡全力建造不受氣候影響的道路及橋梁，但政權面臨的阻礙，跟那些被殖民政權取而代之的原住民王國沒什麼不同。在企圖侵略占領上緬甸的嚴峻戰役中，殖民軍隊（主要是印度部隊）只有在乾季有所進展，雨季一來，伴隨雨季而來的傳染病又讓乾季的進展前功盡棄。在一則關於一八八五年英軍試圖清除上緬甸敏巫的叛軍與土匪的記載裡，提到軍隊因大雨而被迫撤退，「到了八月底，整個西邊已經落入叛軍之手，我們已經退無可退，只剩一條沿著河邊的狹窄土地。豪雨與傳染病讓他們停留在若開（Yoma）山腳下（勃固山脈山嶺）一處早已氾濫的農村……阻止大家在年末乾季來臨之前進一步推進。」[41]沿著泰國邊境陡峭的高山地形，直到今日還有緬甸軍隊在當地殘害其他族群，對這些正規軍隊而言，雨季仍舊還是一大阻礙，也只能趁「空窗期」，也就是每年十一月到二月的乾季，進入高山地區，和蒲甘與阿瓦國王在位統治時沒什麼差。後來藉著直升機前進基地，以及新型通訊器材的幫助，緬甸政權終於也可以在雨季時發動進攻，不過，這樣的進展也沒有改變發動決定性戰役的時機，緬甸政府軍奪下克倫族最後一塊根據地的時間，是在一九九五年一月十日，時機點就和早期戰事的時節一樣。

對於那些想和國家保持距離的人們來說，難以穿越的高山阻礙反而成了他們的戰略資源。國家或許矢志出軍征伐高地，會放火燒掉高地人的房子與田裡尚未採收的糧食，但是國家想要長期占領這些地方是心有餘而力不足，除非它在高地有盟友，否則只要雨季一來，豪雨就會沖垮（或者截斷）補給線，部隊斷糧之後就只能撤退。[42]因此，國家在偏遠高地的強制力與實體存在總是斷斷續續的，常常瀕臨消失。對於落腳或選擇逃亡到高地的人來說，這些地方顯然是可靠的庇護所。

第三章

人力與糧食集中：

奴隸與水稻

我承認這個國家（暹羅王國）的確比我的王國大很多，但你必須承認（印度）戈爾康達（Golconda）王國的國王統治的是人，而暹羅國王只能統治森林與蚊子。

——戈爾康達國王一六八〇年造訪暹羅時有感

國家是人口向心機

人力集中乃是東南亞在前現代政治權力的關鍵，是治國之術的首要原則，幾乎成為此區在前殖民時期各個王朝的治國箴言。從地理條件來看，開闊的平原、肥沃的土地、有溪流與河谷定期氾濫，最好再加上離水道不遠，這樣的地方最容易打造國家。探索國家空間的運作邏輯，將有助於區分「人力匱乏但土地豐饒」以及「土地貧乏但人力充沛」這兩類政治體系的根本差異。

這套公式最簡單的運作邏輯大致如下：政治與軍事優勢取決於可隨時調度集中的人力，反過來說，只有在密集與固定地點的農業環境才有可能集中人力。二十世紀前的東南亞，農業生態的集中只能靠水稻。然而，這並非絕對。在河谷與灌溉系統良好的高原，開闢並維持水田相對容易。但是在一些我們想不到的高山，例如越南北部紅河上游哈尼人居住的山區、呂宋島北部的伊富高省（Ifugao）以及印尼峇里島，透過開墾梯田，這些地方依然可以（且曾經）開闢出水稻田。也有些適合種植水稻的生態環境，遲遲沒有發展出水稻農業。如我們所見，水田與王國的連結關係並非一成不變。王國的確比較容易圍繞水稻中心興建，但是有些水稻中心並沒有出現王國，而有些王國也沒有水稻中心。所以從政治來看，水稻應該被視為是集中人力與糧食最方便也最典型的手段，如果沒有構成水稻中心，就只能透過奴隸、收過路費或是掠奪等其他手段來達成集中人力與糧食的目的。

西元一六〇〇年東南亞的人口密度只有中國的七分之一，說明東南亞國家中心有集中人力的需求但相當難達成，因此造成的結果是，在東南亞，只要能控制人就能控制土地；在中國，卻是先控制土地才能逐步控制人群。東亞南豐富的耕地適合輪耕，這種耕種方式通常事半功倍，能夠以較少的勞力產生較高的報酬，而採取輪耕的家庭也會有比較多的剩餘。但是，有利於農民的耕種方式，卻大大不利於野心勃勃的建國者。輪耕所需土地遠遠大於水稻，人口較為分散，因此輪耕盛行之處「人口密度就有上限，每平方公里至多二十至三十人」。[1]在此情況下，集中人口同樣是治國關鍵，如果人力與糧食的可能剩餘，分散在徵收不易且耗費成本的土地上，該國不管有多少財富根本就毫無意義。理查德．奧康納曾說：「有效的國力往往歸結於政治組織的核心，無關王國的大小或財富。有灌溉系統的水田能夠打造強大的中心……不僅能支撐更密集的人口，由糧食餵飽的村民也比較容易動員」。[2]泰國北方的王國蘭納（Lanna），國名之意即為「百萬良田」，此名稱充分反映出【王國】對財政與人力的癡迷。

水稻中心欣欣向榮的景象，有利於前現代國家發展所謂的「理想臣民」，理想臣民的具像化，即是那些在永久耕地上毗鄰而居、年年生產有餘的耕種者。人們一旦在他們的水田上投入大量的勞動力，或許經過幾個世代以後，就再也不願意打包離開，他們與（最重要的）水田都會固定在某處，明明白白，政府可以課稅、徵收徭役，距離中心也不會太遠。對於政府與官員來說，水田的優點顯而易見。[3]由於體認到這種「匯集」過程，喬治·孔多米納（Georges Condominas）創造了一詞*emboîtement*，意思接近英文的containerization或bundling（也就是「綑綁起來」），用來描寫泰人的勐的演進過程。[4]不同於輪耕者，「理想臣民」一住進「國家空間」，就被「綁」住（*emboîtée*），也就代表國家可以徵用他們的勞力與糧食，甚至在戰爭爆發時要他們犧牲性命。

一個成功的前現代東南亞國家必須不斷努力聚集所需人口，並且想盡辦法讓他們固定在某處。只不過人口的實際狀況並不總是有利於王國的發展。天災、傳染病、糧食欠收、戰爭，更別提那些鞭長莫及的邊陲地區，總是不停威脅孱弱國家的穩固。一千多年前中國的人口結構也不利於國家建構，當時有一本談論治國之術的書論及這種危險，指出「如果諸眾分散且留不住，邦國就將淪為廢墟」，[5]研究東南亞的考古學家就曾在東南亞各地發現過不少此類廢墟。

國家權力為何出現又為何分崩離析？想要精確地區辨出影響國

家權力興衰背後各股社會及經濟力量的平衡，超乎想像的困難，原因有二：首先，在不同的時間與空間，權力平衡的變化都非常之大。戰爭、傳染病、豐收、飢荒、貿易路線消失、暴君還有角逐王位的內戰，都牽動著權力平衡。其次，我們必須格外謹慎看待宮廷所編寫的歷史文獻記錄，即使是地方編年史也一樣，這些記錄多少帶有王朝自我理想化的傾向，很少有紮實的佐證資料。[6]如果全盤接受這些表面上的價值，就會相信「太平盛世」、「宗教庇護」、「上天旨意」等詞彙，將一切歸功於那個能夠「吸引或限制人民圍繞國家中心」的權力。雖然我們對這種說法半信半疑，但此說也並非毫無道理。一直有證據顯示，國王與官員提供人民耕種所需的資本、獸力或是免稅期，用以引誘人民到國家中心落腳耕田種糧。緬甸勃固附近的一名官員在一八〇二年的歲收報告中，夸夸其談自己可以「養活並支持那些樂意從遠方小鎮，或是叢林與草原等窮鄉僻壤搬遷而來的人民」。[7]事實上，一個太平盛世的繁華王朝，確實可以吸引想逃離動亂或者想在京畿附近耕田、勞動或從事商貿的移民。不論是朝代史的敘事，或是當代教科書對前殖民國家的理想化敘事，大致上就是一群無國家的和平人民逐漸匯集，被吸引到繁華興旺的國家中心。由此看來，這些歷史敘事被極度扭曲，誤把例外視為常規，不但無法解釋前殖民王國為何不斷崩解，也完全無視戰爭、奴隸與高壓政治在國家建立與維持統治的過程中所扮演的重要角色。我跳過了討論輝格史觀（Whiggish history）所強調那些盛世王朝的時代，因為這些相當罕見的時代已被過度傳頌，而且已經嚴重扭曲了東南亞大陸國家建構的基本特質。

假如人口分散與廣闊的邊陲地帶會限縮高壓統治的成效，那麼武力顯然就是王國用來創造與維持人口「成群成堆」所動用的工具。[8]戰爭與掠奴所積聚的人口，經常被視為早期國家社會階級與中央集權的起源。[9]多數強大的王國必須藉由強行遷置成千上萬名戰俘，或者購買和（或）搶奪奴隸，以便能夠源源不絕地補充或擴大王國的人力基礎。評估國家權力的關鍵在於它所能調度的人力，而官員、貴族、教士在競爭隨眾、奴隸與戰俘時，評估彼此地位高低的關鍵指標也是人力。許多王室命令不僅透露出王國努力想把人口留在原地，從言外之意看來，也許能看到王國衰敗的種種跡象。十八世紀，沙皇所發出的命令有不少涉及農奴逃走的問題，可見當時農奴逃跑十分普遍。而王室頒布限制臣民脫逃、遷移或是停止耕種等各種命令的數量，也可視為一個客觀指標，代表限制人民逃脫是統治者施政重點。在整個東南亞大陸，臣民身上都留有顯示自己地位與主人身分的刺青或烙印，很難判定這些做法到底有沒有效果，但確實能反映出國家想方設法強力要把人們留在國家中心。

前殖民時期治國之術的核心精髓在於獲取人口，並將人口留在國家中心。紀爾茲曾說峇里島上的政治鬥爭是「搶奪人力更勝於搶奪土地」，這個說法也同樣適用於東南亞大陸各個王國。[10]按照此原則，戰爭的行動準則並非占領遠方之土，而是想辦法把俘虜帶回到國家中心，因此當時的戰爭並不會太過血腥。誰會想要摧毀主要戰利品？由於位處內陸的農業國家所依賴的是中心的農業生產，而非長程貿易所帶來的利潤，所以這種情況更加明顯。但是，即使是東南亞半島上那些靠掠奪與貿易維生的王國，奪取和維持人力也一直都是國家施政最重要的考量。早期從歐洲來的殖民官員，經常對新殖民地上極為模糊的領土與行政區常感到驚訝，人力管理與領土管轄權之間微弱甚至全無的關係，也時常讓他們感到非常不解。正如英國派來的測量員詹姆斯．麥卡錫（James McCarthy）就曾語帶困惑地說：「這是（暹羅）特有的現象，對人的控制與對土地的控制是兩碼子事。」威尼差恭在極富洞見的著作中也提出，暹羅人更在意的是自己所能召集的人力，而不是控制一片人煙稀少、毫無價值的土地。[11]

從行政術語中也可以看出掌控人口的重要性。泰國的官銜就以官員「理論上」所能召集的人數命名，比如：*Kun Pan*表示「千人之王」，*Kun Saen*表示「十萬人之王」等，而不是以歐洲常用的「某地公爵」作為官銜。[12]十八世紀晚期，曼谷統治區裡領地大小的設計是根據當地所能調度的人力來分級，因此省分的級別反映出曼谷對當地控制力有多強，依照控制力多寡遞減排序，第四級的控制力最強，而第一級的控制力最弱（例如柬埔寨）。省分的大小是依據所需調度的人力來劃定，曼谷對距離遙遠的省分控制力較弱，當地人口往往比較稀疏，面積也就比較大。重點是每個省為了應付工作與戰爭必須徵集的人力數目相差無幾。[13]

歸根究底，人力資源之所以如此關鍵，重點還是軍事考量。就算占領了一塊肥田、一座重要的寺廟或是貿易路線上的要塞，如果無法成功守住也就毫無用處。如此稀鬆平常的事實，成為我們分析前現代政治體系的關鍵。前現代時期東南亞的政治體系並不是洛克體系（Lockean system），權力並不是由財富帶來的，國家的首要目標也不是捍衛人民的性命與財產安全，對東南亞的前現代國家而言，只有權力才能確保財產與財富，東南亞在邁向科技革命之前的戰爭，統治者的權力多寡，基本上決定了統治者能派多少人上戰場——換句話說，權力就是人力。

這套邏輯貫穿東南亞前殖民時期的政治體系。王公、貴族、商人、官員、村裡的頭目甚至是一家之主，能否維持地位穩固，完全取決於挑戰來臨時，他們能獲得多少勞力與盟友的支持。安東尼．瑞德精準掌握了這項邏輯：「在當時的政治脈絡下，一個平凡人如果沒有足夠的隨從捍衛人身安全或保障個人財富，錢財露白就是一件危險之事……因此，京畿部署的首要之務就是取得人力，透過買奴隸、放貸換取家僕、婚姻與軍事結盟，還有禮遇款待等方式獲取人力。」[14] 在這個脈絡下，任何人想要積累權力，必然會做出一些在洛克體系中看起來極度反常或非常揮霍的行為，這種馬基亞佛利式（Machiavellian）的權謀，目的是讓一大群忠心耿耿的盟友守在身邊，這需要巧妙大方地運用各種賞賜、借款與賜宴等策略，有時甚至要直接收買盟友。十六世紀一位到過東南亞的遊客在旅遊日誌中提到，馬六甲的人民相信「擁有奴隸（比較準確的說法應該是奴僕）勝過擁有土地，因為奴隸可以保護主人」。[15]

我無意指說人力等同財富，不過人力確實是確保財富的唯一方法。事實上，瑞德的說法頗有說服力。即使在十六至十七世紀，海上與陸上貿易的利潤依然遠大於從定耕農民身上榨取而來的剩餘。就連上緬甸的農業國家，還是相當依賴稅金與過路費，這個王國坐落於伊洛瓦底河谷上的戰略位置，得以對出口到中國、印度等地的珍貴商品課稅。[16] 這些物品保存相對容易，單位價值也比較高（例如現在的鴉片），足以抵銷運輸成本。不過，如果想要從貿易過程中撈到好處，就需要捍衛他們在河道與隘口的壟斷地位，或是在必要時能使用武力貫徹主權，如此一來競爭的主要籌碼還是人力。

歷史學家維克多・李伯曼認為，由於人力才是決定性關鍵優勢，所以長期以來東南亞農業國家的霸權最後總是能夠完勝海洋國家。「在軍事專業化發展有限的時代，所能徵召的農夫多寡，成為勝利的最佳指標，因此（緬甸）北方自然成為政治中心」。李柏曼寫到：「不論大陸東南亞還是爪哇島，可以輕易發現可灌溉耕種的乾燥土地，顯然比潮濕的沿海地區更具人口優勢。」[17]大致說來，隨著時間的發展，三佛齊（Srivijaya）、勃固與馬六甲等少數大型海權國家，確實消滅了一些小型海上敵人，但之後，他們卻被人力豐沛的農業國家（永珍王國〔Vientiane〕、蘭納與清邁）消滅。這些農業國家也消滅了一些其他的小型農業國家，例如馬塔蘭、阿瑜陀耶與阿瓦等。根據我們所閱讀到的資料文獻，阿瓦與阿瑜陀耶治國策略就是致力保持政治中心的人口密集，並盡其所能增加人口，雖然這些努力未必都能成功。[18]

上述過程相當符合文獻中描述歐洲國家建構與政治鞏固的情況。對此，社會學家查爾斯・蒂利貼切的形容「強制力大但資本貧乏」的內陸農業國家，與諸如俄羅斯、柏蘭登堡普魯士、匈牙利、波蘭、法國等的帝國，通常比威尼斯王國、尼德蘭、熱那亞與佛羅倫斯等海洋王國，享有更多的人力優勢。農業國家無須依靠不穩定的貿易，他們的階級與社會更加嚴明，更少了糧食供應的危機，所以有能力養活大批軍隊，這些農業國家或許會打輸一場戰役甚至是在大戰中戰敗，但是從長遠來看，他們的持久力往往會占上風。[19]

東南亞的官方文獻中，有林林總總的說法及告誡，都在解釋為什麼人口是治國之術的主要考量。暹羅的吞武里王朝（Early Bangkok Period）時代所流傳的一句警語，清楚說明人口與領土的相對份量：

「擁有太多人民（對君王效忠的臣民）遠遠勝於擁有太多雜草（未開化的土地）。」[20] 幾乎同一時間，緬甸人所編的《琉璃宮史》(*Glass Palace Chronicle*) 中也有個句子呼應了上面那句警言：「沒錯！有土地卻無人民，沒有人民的土地只是一片荒地。」[21]

另外有兩段暹羅諺語強調，睿智的統治者一方面要阻止人民逃離中心，另一方面也要吸引新的移民到此地開墾：

> 大宅裡有許多僕人，就算門不閉戶也很安全；小屋的僕人寥寥可數，必須要深鎖大門。
>
> 統治者必須指派忠心耿耿的官員走出去，說服外地人民到來，並且落腳於有人居住的地方，這樣一來這塊區域就會富庶起來。[22]

反之，王國的崩潰代表君王不懂得如何調配人力。皇后紹（Saw）給緬甸國王那臘底哈勃德（Narahihapate）的告誡就是活生生的例子：「想想王國的情況。你沒有老百姓與人民，也沒有農夫與農婦……農人躊躇，不願意進入王國，他們擔心被你控制，因為你，蒲甘之王，是個暴君。國王陛下，我講的話你不見得聽得進去的……我不是要滅閣下的威風，也無意打壓貴國的氣焰。」以下對於暹羅將領的讚美，則清楚展示了戰爭要搶奪的是人力而非耕地，這段話並非讚揚他壓制叛亂，而是誇讚他抓了許多奴隸獻給國王：「戰事一啟動，只要抓到邊界或外圍的小偷、殺人兇手、暴徒、反抗者，他就會送給阿南達．圖里亞（Anantathuriya）。每征服一地，他就會活捉一大批對手，帶回王國獻給國王。」[23] 即使缺乏明確的記載，但人們一直強調所謂的「隨從政治」(entourage politics),便彰顯了人力仍然重要。史冊中提到官員時,常常會列出他手下有多少人。[24]書中凡是提到勝仗,敘述的重點通常是活捉多少戰俘帶回京城。雖然我前面所說的證據都來自大陸東南亞,但是這樣竭盡所能獲取人力的情況,在東南亞半島和馬來人的世界更是明顯。[25]

當時的土地空曠,軍事設備簡陋。事實上,任何一位想建國的統治者,都要面對集中人口與糧食生產的急迫性。他們必須設計一些方法來避免人口過於分散,才能夠充分利用狩獵、掠奪以及耕種方式的優勢。各式各樣的誘因或許有些作用,例如商業貿易、穩定的灌溉、參加軍事掠奪或是渴望追求神聖知識。然而,要同時集中人口與糧食卻不會遭遇抵抗,國家所提供的好處必須勝過增加的負擔,但這種情況非常少見,更普遍的情況是,國家必須使用武力來補充不足的誘因,甚至常常完全用武力來取代誘因。

西方遠古時期的政治體系顯然也是高壓體制。修昔底德提醒我們,雅典與斯巴達並不是為了意識型態或族群而戰,他們戰爭的目的是為了貢品,貢品的價值是以糧食來計算,不過最重要的貢品還是人力。勝利者很少會屠殺投降城鎮的人民,那些勝利者或是逮到人的士兵,反而會把戰敗的公民與奴隸囚禁起來。如果戰敗者的田地與家園遭到焚毀,那也是為了避免他們返回家園。[26]愛琴海上最主要的貿易商品就是奴隸,價值更勝糧食、橄欖油與葡萄酒。雖然雅典與斯巴達都是奴隸社會,但斯巴達農業社會的色彩要濃厚一些,農奴(serf)的比例超過人口的百分之八十。羅馬帝國也是一樣,在南來北往的道路系統上,奴隸是最重要的商品,政府甚至壟斷了所有奴隸買賣。

中國與印度早期也面臨相同的統治問題，直到後來兩國人口增加，才有辦法只透過控制耕地掌握這些渴望土地的臣民。大約在伯羅奔尼撒戰爭發生之際，中國早期的皇朝，就已用盡一切權謀阻止人口分散，經世之書敦促皇帝禁止人民在山中與濕地上謀生，「目的是為了增加人民參與糧食生產」。[27]這段話和其他詔令都顯示，臣民如果還有其他選擇，可能會放棄定耕另謀生計。人民的抵抗往往被視為一種道德瑕疵，如果國家「能完全控制高山與沼澤地，那這些厭惡耕種、懶惰、想要不勞而獲的老百姓，根本找不到東西吃，而一旦他們無處可謀生，就不得不下田耕種」。[28]政策目標似乎是讓人民吃不飽，逼他們脫離空曠的土地，迫使他們耕種糧食，接受王朝統治，不過經世之書裡的忠告透露出的焦急語氣，表示皇帝所施行的政策不見得能夠奏效。

當代非洲撒哈拉沙漠以南，同樣面臨低人口密度造成的統治困境。當地在一九〇〇年的人口密度不會比一八〇〇年的東南亞高出多少，因此前殖民政治遇到最大的難題，就是如何將人口集中在國家中心。[29]當地政治文獻記載著各式人口集中的相關主題。「非洲政治過程的一大特色，是想辦法獲得親屬、擁護者、部屬、家臣與臣民，並且將這些人留住，讓他們成為自己所掌握的社會與政治『資本』」。[30]由於非洲與東南亞之間的相似度驚人，因此非洲統治上的金科玉律，幾乎可以完全套用在東南亞，而且毫不影響我們理解非洲。歇爾布羅島（Sherbro）的古諺說，「首領不可能只是坐享其成」，清理過後的永久農田是王國的基礎。兩者的關係，同樣也顯現在對馬利（Malian）古王的忠告：「你要成為真正的國王，必須先砍掉樹，把森林變成農田才有可能。」[31]非洲和東南亞一樣，也不太重視清楚的領土界線，除了一些特殊儀式地點外，最重要的權力還是針對人民，不是針對土地或區域。王國裡從上到下都在爭奪隨眾、族人與家僕。由於非洲國家中心的人口狀況，對這些潛在臣民十分有利，他們通常是受到誘惑而來，而非被迫定居於統治者之下。從某些方面可以看出非洲國王的臣民較有自主性，比如他們擁有大量的頭銜、款宴，以及可以快速被同化但來去迅速的俘虜和奴隸。因此，統治者必須用隨身用品及藥品來維繫家臣，還有最重要就是，心生不悅的臣民可以隨時出走等等。根據文化人類學學者伊戈爾．科匹托夫（Igor Kopytoff）的說法，這樣的權力平衡，讓國王的臣民可以清楚感覺到，自己是創造王國的統治者，而不是統治者所創造的王國轄下的臣民。[32]

打造國家景觀與王國臣民

> 稅吞食河谷，名吞食高山。
>
> ——阿富汗諺語

前現代時期，東南亞大陸的統治者比較有興趣的不是現代所說的「國民生產毛額」（GDP），而是所謂的「國家可獲得物品」（state-accessible product，SAP）。在前貨幣時代，需要長途運送的物品，單位價值必須夠高，才符合運送成本，像是檀木、樹脂、銀、黃金、慶典用的鼓以及稀有藥材。因為國家強行徵收物品的能力會隨著距離拉長而逐漸減弱，需要運送的距離越遠，物品就越有可能是禮物，或者是人民出於自願的貿易。在運送的過程中，最重要的是糧食、牲畜與人力(包括技術人力),這些物品必須要容易被取得、被使用。因此,所謂的「國家可獲得物品」必須是容易辨認、監控與計算(簡單來說就是可計算價值),而且也要距離國家中心夠近。

「國家可獲得物品」與「國民生產毛額」的概念不僅不同,許多方面甚至相互衝突。成功的國家建構,目標是讓「國家可獲得物品」極大化。如果人民在國家鞭長莫及之處靠著掠奪、狩獵或是游耕繁榮起來,統治者根本拿不到任何好處。同樣地,如果人民的農作物收成時間不一,或是容易腐敗,因此很難計算、收集或儲藏,這對統治者的利益也不大。如果有兩種耕種方式,第一種較不利於農民,卻能給國家帶來較多的人力與糧食,另一種有利於農民卻會造成國家的損失,統治者必然會選擇前者。統治者在必要時,甚至會犧牲整個王國的財富與人民,竭盡所能增加「國家可獲得物品」。因此,大陸東南亞前現代的國家,會為了建立一個足以辨識的調度區,而強制安置人民並據此來形塑周邊的地景。一旦安置成功,就能夠打造出一片以水稻為主的農業生態景觀,也就是理查德·奧康納所說的「水稻國家」(paddy-state)。[33]

水稻的主要優勢在於能夠提高人口與糧食的密度。我們要特別說明水稻如何讓人民固定在特定空間。沒有其他農作物可以像水稻這樣,將這麼多人集中在距離國家中心三至四天的路程之內。水稻每單位面積的卓越生產力,可以大量提高人口密度,而且只要灌溉系統正常運作,水稻種植比較持久、產量也比較穩定,有助於確保人口不會流失。每一片水稻田背後,都代表多年「投入」的勞力成本,包括築堤、整成平地、修築灌溉溝渠,因此不會輕易放棄。學者吳丹敏提到,緬甸貢榜王朝(Kon-baung)的「主要問題在於國王無法精準掌握各地有多少戶」。[34]我們可以將此問題稱為「可辨性」（legibility）問題，這是獲取資源一定要面對的問題。[35]相較於其他分散、自主的維生模式，在水稻構成的社會生態裡，人口相對穩定與集中，人群在離稅吏與軍隊不遠處落腳定居，大大簡化了「可辨性」的問題。

耕種者被固定在水稻國家某處從事生產，也就表示統治者及其手下各種專家與官員，也都可以固定居住於某處。如果當地沒有穩定且方便取用的糧食、秣草與木材燃料，宮廷就必須轉移至其他地方，如同十三世紀的英國與法國宮廷，一旦耗盡所在地的糧食供應（即地力），就會搬遷到其他地方。當然，貴族人數的多寡也受限於剩餘糧食的多寡，國家中心越大，隨從人數與所需的糧食供應就越多，也只有當水稻種植達到一定規模，才能賦予農業國家延續下來的機會。

種植單一糧食作物是建立可辨性以及調度的重要步驟。單一作物促成社會文化與政治經濟各種不同面向趨向一致。以水稻為例，農民生產的步調大致相同。他們汲取相同的水源進行灌溉，插秧、移植，除草、收成、脫穀的時間也一致，採用的方法也大同小異。對於地籍調查與繪製查稅地圖的人來說，這大概是最理想的情況。大部分的土地價值都可以用同一單位測量，因此每次收成都集中在同一段時間，也只有單一作物，一大片田地由田間小路切割，即便沒辦法一目了然知道哪一片土地是由誰繳稅，也看起來非常清楚。農作物單一也催生了社會與文化趨於一致，像是家庭結構、童工與生育的價值、飲食、建築型態、農業儀式與市場交易等。單一作物的社會，比起多元農作物所形塑的社會，更容易監督、估價以及徵稅。可想而知，如果你是海軍國務大臣柯爾貝爾，打算在多作物的東南亞社會中規劃一套徵稅系統，面對的是形形色色的穀物、水果、堅果類、根類作物、牲畜、捕魚、狩獵、掠奪等各種謀生方式。如此多元的生產方式造成不同的土地價值、家庭結構、工作規律、飲食、房屋結構、衣著、工具與市場。由於物品與「收成」太多樣化，要建構一套一體適用的稅收體系變得非常困難，更不用說要兼顧公平性。為了分析簡潔之便，我誇大凸顯兩者之間的差異，因為其實沒有任何一個大陸東南亞的農業國家只有單一作物，只能找到近似單一作物的農業國家，但如此就足以確立了，國家內有一片可被管理的空間，也就能夠大幅簡化治理國家空間的複雜度。

因此，我們能夠理解，為何一個成功的緬甸王朝必須努力維持並擴大乾燥區內的水稻田。在水稻中心之外，生產力比較低，農業景觀也比較多元，對稅吏造成很大的困擾。各區的稅收報告（*sit-tàns*）都先列出水稻區，然後表明非水稻區的稅收，包括玉米、芝麻、牲畜、魚獲、椰子與手工藝品，這些農作物不僅僅是難以課稅，而且與水稻所帶來的稅收相比，這些農作物的稅收根本就微不足道。[36]一個地區的人口若是散居各處，普遍會比較貧窮，謀生方式也會比較多元變動，徵稅的成效普遍不佳。不僅如此，徵收的物品很容易在王國官員不知情的情況下，被地方首領獨占。緬甸的殖民政權同樣依賴水稻，即使徵稅的時候收的是現金。英國公務員約翰・福尼瓦爾（John Furnivall）將水稻視為殖民政權財政的「主食」，他說：「稻米對一般的印度人和緬甸人來說，就像義大利人的通心麵、英國人的牛肉與啤酒，對印度大人物（Leviathan Indicus）而言是土地的收益，所得稅、關稅以及林林總總的稅收……如果他沒這些稅就是過得苦一點，但如果沒有土地上的收益，這些大人物們可能就會餓死。」[37]

我們再度看到「國民生產毛額」與「國家可獲得物品」兩者不同所造成的影響。一般說來，國家與企業通常是為了調度（或者占用）而組織農業，因此農業就必須以可辨性為主要考量，最好就是耕種單一作物。社會主義國家的集體農場、美國內戰後南方採佃農方式耕作的棉花田，當然還有越南或馬來人暴動時所打造的強制農場，都是單一作物的實例。雖然這些耕種方式不怎麼有效率，也難以持續太久，但對國家來說容易識別也較好調度。[38]

為了國家調度之便，鼓勵或強行落實農業景觀的可辨性，似乎是建國必經之路。唯有這樣的農業景觀，才可以直接帶給國家好處，國家也才有辦法取用土地上的農業資源。這也難怪大陸東南亞的前殖民國家與當代國家如此驚人地相似，都傾盡全力要透過定耕（通常是水稻）讓人口定居下來。以越南為例，十九世紀初的明命帝（Minh Mang，一八二〇至一八四一年）就曾「用盡各種計謀鼓勵人民種植稻米，像是同意男性自行清理土地之後就可以據為已用，或者是鼓勵有錢人挺身而出，招募佃農建立新村落。國家的主要目標是控制人口，不鼓勵到處漂泊，而流離失所的人們也會被固定在一片田地上，在那裡變成穩定的稅收、徭役以及士兵的來源。」[39]

二十世紀初的法國殖民政府也想要把財政貧瘠的高山，轉變成可以收稅且有效用的空間，他們在空曠的土地上種植橡膠，將土地轉變成可帶來收益且清晰可辨的農場。直到今日，奉行社會主義的越南仍努力推動「定耕定居」的農業政策，強調要改種水稻，就連在生態上不適合種植水稻的地方也是如此推動。過去的水稻國家結合社會主義偉大工人征服自然的烏托邦，他們充滿熱情期待不久的將來，能夠在「越南西北部高山叢林與雜草蔓延之處，開墾出一大塊稻田與玉米田」。甚至還有一個英勇的口號說：「憑著人民的力量，即使是石頭也會變成稻米。」[40]大規模遷徙政策有兩個層面，其中一個層面是低地的京人，想要在高地複製熟悉的農業景觀及居住型態。但是，這種情況普遍的結果是這些移民設法在當地推行不適合原本環境的耕種技術，造成生態破壞以及人民苦難。然而，另一層面是對烏托邦的渴望，越南王朝設法重新打造一片有可辨性且可供調度的農業景觀，至少從黎朝以來，越南前殖民時代的先祖們就已經具有這樣的渴望。

剷除無法辨識（Illegible）的農業

> 險惡的自然環境，徹底頑強且難以駕馭，殖民地裡的叢林、蚊子、原住民與熱病，就是它的化身，要等到一一克服這些難以馴服的自然環境之後，殖民才算成功。
>
> ——法農（Franz Fanon），《苦困蒼生》（*The Wretched of the Earth*）

我和法農唯一相左之處，在於我認為他對殖民計畫的犀利看法，也可以套用在前殖民與後殖民時期的建國計畫，至少就「叢林」與「原住民」這兩方面而言如此。

由於邊陲地帶十分遼闊，要在可辨識的國家空間裡頭填滿人口或者是要擴展疆土，都非常困難。就算可能偶爾成功，也是因為缺乏國家空間之外的選擇，而不是因為國家空間本身具有吸引力。從歷史上來看，東南亞大陸在水稻區之外的山區，主要替代的生存選項是游耕（也就是輪耕或刀耕火耕），甚至當今有許多地區仍是如此。由於輪耕必然要人口分散、農作物交雜（包括根莖類作物），而且要定期開墾新田，因此不論是過去或現代，游耕一直是建國者不樂見的謀生方式。

中國是該區最早成熟的國家，至少從唐朝開始，中國的統治者就已經厭惡游耕，想盡辦法要剷除刀耕火種的農業方式。雖然游耕農業可能會帶給農民更高的收益，但是國家無法取用這種財富，更因為這種耕種方式有利於農民，在承擔重稅的稻農眼中，輪耕充滿了誘惑，不斷吸引他們採行這種另類謀生方式。在中國的西南邊疆，官府一直鼓勵（有時候是強迫）人民放棄游耕，轉為定耕生產糧食。十七世紀的中國，納入國家空間的委婉說法是「成為疆土的一部分」，在漢人看來是淪為天朝的臣民，宣誓效忠皇帝，也就是踏上一條最終被文化同化之路。但是，最重要的，從游耕轉為定耕的重點在於登記戶口，也就是耕種者將成為官府固定收稅的對象。[41]

越南明命帝（Ming Mang）以及中國官員藉由財政命令亟欲剷除游耕，這種企圖到了現代因政治安定及控制資源等兩項考量，而更加屹立不搖。由於游耕者並未納入國家行政體系，而是跨越國境散布四處，再加上他們在族群上自成一格，所以經常被視為潛在威脅。在越南，這種威脅就曾導致政府執行強行遷徙，甚至發起強迫農民實行定耕的大規模政治運動。當代禁止游耕的另外一個理由是，游耕對環境有害，會破壞土層，造成土壤流失，而且會浪費可貴的森林資源。基本上，這些理由是直接延續殖民時期的說法。據我們現在所知，這些理由的前提假設根本完全不對，只有某些特殊情況才沾得上邊。推動這類政策背後的首要原因是，國家為了延續統治，需要使用這些土地，為了從土地上的自然資源汲取稅收，國家必須讓無國家者臣服在統治者腳下。有位官方的民族專家曾經對一位外國同事說，他研究高山經濟的目的，是要了解「如何剷除少數民族的刀耕火種農業文化」。[42] 自從一九五四年展開「游牧民族定耕運動」起，不論手法是什麼，當代越南剷除游耕的目的，自始至終不曾動搖過。

泰國王朝也有類似的政策，即使不見得能持續落實。苗／赫蒙的民族誌學者尼古拉斯・塔普（Nicholas Tapp）認為，定耕、永久農業、政治控制與「泰化」（Thaiization）這些高度保守的策略，標誌幾個世紀以來這個區域裡，國家與高山少數民族之間的關係。[43] 隨著苗人的叛亂遭到巴博（Prapas）將軍以強大的火力、軍隊汽油彈擊垮之後，國家嘗試終止輪耕的作法，在一九六〇年代冷戰高峰期時變得更加血腥。儘管越南與泰國來自不同意識型態陣營而且害怕彼此策畫的顛覆行動，但他們對待游耕的政策卻如出一轍。歷史文件資料顯示，官員為了阻止苗人繼續游耕，「說服高山部落與散居者（*sic*），遷入政府計畫區內永久定居」。[44] 在此脈絡下，國家空間雖然被賦予了另一層意義，但這個新意義，只是為了加強剷除游耕政策的理由。[45]

在一系列阻止游耕的暴力行動中，緬甸的軍事政權對克倫人的打壓或許是持續最久的。克倫人被強迫搬到營區周圍的集中營耕種，如果不願搬遷就逼迫他們跨越邊境進入泰國。輪耕的田地在收成之前，政府就會派出武裝部隊放火燒掉農田，或者是在田裡挖坑埋下地雷。由於統治者也很清楚「焚燒」是輪耕收成的關鍵，軍隊也會派人提前放火，破壞來年豐收的機會。藉著剷除游耕以及驅逐許多靠游耕維生的人，緬甸的統治者降低了人民在國家空間之外生存的機會。[46]

幾世紀以來，不同類型的政體不約而同地推動各種剷除游耕的政策，這代表在國家建構的過程中，必然有些基本要素一直持續在運作。

合眾為一（E Pluribus Unum）：混生的中心

不論水稻國家能夠在宮廷附近聚集多少人口，都是在極為不利的條件下，千方百計獲得的艱辛勝利。由於王國的治國之術只著眼於累積人力資源，並不會特別在意納入的人是誰。因此所謂的「人力國家」，必然會挑戰帶有固定和排他意涵的文化區辨。更準確地說，這些人力國家有很強的動機去吸納形形色色的人力，並且能夠發明出一套可以達成此目標的文化、族群與宗教公式。這樣的故事在東南亞低地文明屢見不鮮，不論是內陸國家或海洋國家皆是如此。

由於緬甸或泰國總是過於強調吸納人口，確實會讓人誤以為他們是內生王國，文化發展只表現單一的種族文化特色。然而實際情況卻比較是把這樣的國家中心視為一種社會與政治發明，能夠通過吸納各種不同來源的人口，逐漸匯集成文化混合體。一般而言，國家中心的文化總是在轉變，由各式各樣的人群與文化隨機組合而成，有些人是出於認同而自願加入，而些人則是被迫強行納入。這些組合有不少是從印度「採借」而來，有些是濕婆教祭禮、有些是婆羅門的儀式、有些是印度教的宮廷儀式，當然還有佛教——先後有大乘佛教與上座部佛教。奧利佛·沃爾特斯與其他學者都認為，這些儀式的價值在於，不僅能夠強化超自然的力量和地方掌權者的正當性，更提供了一組普世化的框架，能夠從紛論複雜的族群與語言碎片中，打造出以國家為基礎的身分認同。[47]

這個明確的政治觀點徹底打破我們對「緬甸中心」、「暹羅中心」、甚至是「漢人中心」的根本理解。[48]在國家中心的身分認同是一個政治計畫，目的是把所有聚集在中心的人整合一塊。簽下賣身契的僕人、戰爭或突襲中擄獲的奴隸、被農業與商業機會吸引而來的栽種者和商賈，這些人都湊在一起，形成一個多語言的人群，如此一來，同化、通婚與社會地位變動等機制，也就更容易跨越既有的社會壁壘。因此，身分認同是一種展演而非源於系譜。[49]每一個水稻國家，都希望能夠「廣納人才」，而這些國家的文化，也會因引進的外來文化與人才的不同而有所差異。前殖民時期國家中心的「文化吸引力」，就是這種能夠吸收移民與俘虜的能力，只要經過兩三個世代，就可以將這些來自不同地方的人群還有既有生活方式，融入緬甸或泰國的文化綜合體之中。簡單回顧在泰國、馬來文化圈與古緬甸發生過的融合過程，可以讓我們深刻理解人力國家的混合性。[50]

十三世紀時，暹羅的大平原其實混住著孟人、高棉人與泰人，當時所謂的暹羅人還是正在「形成中的族群」。[51]歷史學家維克多·李伯曼說，在十五世紀的阿瑜陀耶王朝中，行政菁英（*munnai*）逐漸浮現一種特有的「暹羅」文化，但似乎是菁英限定。雖然宮廷文化主要來自高棉族與巴利文本，葡萄牙的托梅·皮雷斯（Tome Pires）在一五四五年觀察當地時發現，老百姓講的是孟話不是泰話，髮型樣式也跟勃固的孟人差不多。十七世紀末，大量證據提到人力國家的文化與人口匯集，據說當時暹羅中部的人口，有超過三分之一是「外國人」的後代，「祖先多是被俘虜的寮人與孟人」。[52]十九世紀初，宮廷為了彌補因緬甸戰爭損失的大量人口，引進大量的「外國人」，據說當時在曼谷中央平原上的寮人、孟人、高棉人、緬甸人、馬來人與暹羅人，人數都差不多。普安人（Phuan）、寮人、占人與高棉人農民，構成曼谷附近常備軍的骨幹。一八二七年昭阿奴（Anuvong）起義之後，許多寮人流亡者重新落腳在呵叻高原（Khorat plateau），他們的人數可能已經跟王國內講暹羅語的人數不相上下。[53]

事實上，昭批耶河盆地的這種情況，也出現在散布在北部山區的許多撣邦之中。大家都同意所謂的撣邦，其實是一項政治軍事上的發明，也就是孔多米納所說的「綑綁系統」，而在這系統中泰的人數並不多。這個觀點符合其他歷史的證據，比如該地緬甸人也是寥寥可數，但他們卻成為具備建國經驗與技巧的治國先驅或軍事菁英。由少數菁英征服天下，而且從頭至尾都未曾掌控大局這種情況，如果熟悉英國史的人反而並不會感到驚訝，因為西元一〇六六年征服並統治不列顛的諾曼地菁英，也不過才兩千多戶。[54]泰的征服者逐步發展出一項才華，他們能夠聯合、吸收身邊的人，吸納他們參與改造，並融合為一個多元王國，整個過程包括吸納既有政治體系殘存的人（孟、拉佤與高棉人），更重要的是吸收大量高地人民。孔多米納認為，落入泰人之手的高地人民，一開始可能是簽下賣身契的僕人，但久而久之就變成有資格的撣邦老百姓。那些幸運或是有能力治理一個勐的人，就可以改用泰的貴族姓氏光宗耀祖。[55]在這樣的國家裡，大部分的人民都不是泰，就算後來很多人成為泰、改信佛教，卻依然使用原有的語言與習俗。[56]儘管現在認為有不少克欽人已經漸漸成為撣人，但是克欽的研究生仍嘗試證明，大部分撣人都曾經是克欽人的說法也不無道理。[57]李區相信撣人社會並非是「從中國西南長驅而下的『現成既有』文化，而是由小規模的軍事殖民地與本地的高地人民，經過長期的經濟互動之後，在當地所形成的結果。」他接著說：「有許多證據顯示，我們現在所知的撣人多是高地部落的後代，不久以前才被同化，進入比較複雜的佛教撣文化。」[58]這些撣邦都是水稻國家，雖然規模較小，但是族群多元、經濟開放，並且傾向文化同化。撣的身分認同與水稻耕種緊密相連，並因此進一步連結了撣邦臣民的認同。[59]以水稻種植為媒介的「撣族性」(Shaness)，成為了「國家條件」(stateness)。水稻種植穩定了一批不再漂泊、採行定耕的人民，他們不僅成為軍力優勢，讓國家得以取得剩餘，也同時是政治階層的基礎。[60]反之，輪耕意味著「非撣」(non-Shan)的身分認同，以及居住在離國家中心較遠的地方。[61]

十一世紀以來，在上緬甸區崛起的緬甸國家，幾乎定義了農業國家與人力國家的輪廓。這些國家沿著湄公河而建，這裡有最利於人力與糧食生產與集中的生態環境。王朝控制的國家中心包含六個區，其中皎克西、敏巫、瑞波(Shwebo)與曼德勒四個區的小溪流，終年川流不息，灌溉面積大且水量穩定。皎克西之名就隱含水稻種植之意，是最富庶的地區。早在十二世紀，當地農作物每年可收成三次。[62]李伯曼估計到了十一世紀，以宮廷為中心半徑八十至一百英哩之內，就已經聚集了數十萬人口。[63]

泰王國蒲甘過去也是一個匯集人口與糧食生產的政治機制，王國歡迎四方八方各地人口到此落腳，或是把他們抓過來成為宮廷統治下的臣民。碑銘記載，十三世紀中的蒲甘王國族群非常複雜，除了孟人之外，還包括緬甸人、卡杜斯族（Kadus）、斯高克倫族（Sgaws）、卡尼安人（Kanyans）、崩龍人（Palaungs）、佤人（Was）與撣人。[64]有些人是為了王國提供的機會而來，有些遷入者則是「急於認同統治菁英，並且自願被同化的雙語人民」。[65]不可否認的是，王國裡大多數的人民（尤其是孟人）是突襲、戰爭或強迫遷徙而來的「戰利品」。

從當時的人口情況來看，國家中心很難維持如此規模。邊陲土地的誘惑，加上居住在國家空間的生活負擔（納稅、徵兵、徭役），都意味著必定會有人逃離國家中心，所以必須不斷透過戰爭俘虜或強迫遷徙來補充人力。一旦建立中心之後，就算能夠維持到十三世紀，或許也會因為水稻田方便蒙古大軍掠奪，使得之後的人口流失讓王國元氣大傷，甚至整個崩潰。

英國殖民前的最後一個王朝（貢榜），就和先前的王朝一樣，也醉心於積聚人力。統治者深知這是一個多語混合的王國，唯有效忠與朝貢才代表歸屬於王國之中。孟、暹羅、撣、寮與崩龍以及巴歐（Pa Os）也和緬甸人一樣信奉上座部佛教，但是從穆斯林與基督徒有各自的社區、清真寺與教堂來看，信仰一致未必會帶來政治結盟。如果要估計貢榜王朝初期（十八世紀晚期）俘虜及俘虜後代所占的比例，必然多是猜測。儘管如此，我們大致可以說俘虜家庭約占王國兩百萬臣民的百分之十五至二十五。[66]奴隸幾乎全部集中在宮廷中心周邊，整編成皇室服務隊伍，負責造船、編織、擔任步兵、製造兵器、擔任騎兵與砲兵。這些承擔任務的**阿穆旦軍團**（*ahmudan*，主要由奴隸及奴隸後裔組成的後勤部隊）不同於一般**老百姓**（*athi*），也不同於私人家僕。在宮廷中心附近，皇室服務隊伍至少占總人口的四分之一，其中有不少是曼尼普爾人（Manipuri）。

「人力」這個的詞，並不能區分俘虜與以實用角度特選進來的「客人」。辛標信（Hsinbyushin）國王就是一個有名的例子，他在一七六七年擊垮阿瑜陀耶王朝之後，帶回大約三千名俘虜，其中包括官員、劇作家、工匠、舞蹈家、演員、皇宮貴族以及文官，這不僅僅開啟了緬甸的文藝復興，也創造一種全新的混合式宮廷文化。宮廷的隨從涵蓋各種稀有的專家，像是測量員、製作武器的人、建築師、商賈、造船者與記帳人員，還有來自歐洲、中國、印度、阿拉伯與東南亞其他地區的軍事教練。因為皇室需要這類技術人員、步兵與耕種者的服務，也就無法實施僵化的文化排外政策。

緬甸貢榜王朝的特色在其結合了嚴密的地位階級、人民的快速流動還有文化同化，就如同早期的曼谷暹羅。大部分緬甸人在某個時期都曾經因近代祖系冠上族裔之名，如撣緬人、孟緬人、泰緬人、曼尼普爾緬人、若開緬人、克倫緬人或其他高山部落緬人。如果往前追溯，或許可以提出一個頗具可信度的說法，也就是很多緬甸人基本上是早期緬驃會遇（Pyu-Burman encounter）後的文化綜合體。這和東南亞其他地方一樣，不論是背債的家僕或俘虜，這些奴隸久而久之就會成為老百姓。十九世紀之交在緬甸阿瓦及仰光居住超過二十五年的聖傑爾馬諾（Sangermano）神父說，緬甸的法令鉅細靡遺規範各種不同形式的奴役，但「奴隸身分絕非永久不變的」。[67]

國家關心的是人力長期供應無虞，這有利於文化同化與人口快速流動，進而構成流動但可滲透的族群界線。李伯曼提出一個極具說服力的例子：一般認為阿瓦與勃固的戰爭是緬甸人與孟人的戰爭，這其實是錯的。下緬甸的雙語地區，族群認同比較像是一種政治選擇，而不是來自於既有的歷史系譜。服裝、髮式或居住型態會改變，個人的族群認同也會轉移。諷刺的是，阿瓦的緬甸宮廷派去攻打勃固的軍隊中，孟人的人數比緬甸人還多，而勃固於一七五二年派去攻打雍笈牙（Alaunghpaya）的軍隊，主要由緬甸人組成。因此，阿瓦與勃固之間的戰爭，基本上可以視為一場區域衝突，重點效忠王國，身分認同相對來說就沒那麼一成不變。[68]

前面所檢視的三個王國之中，宗教、語言、族群等因素確實會影響政治體系的階層化。不過，對我們來說，比較重要的是這些因素絕對不會阻礙人們加入某個政治體系，因為每項條件都會在兩代之間被改變，並且是一定會改變。不管在哪裡，對人力的剛性需求，便能夠有效阻止歧視與排外。[69]

在人口與技術條件不足的情況下，我們所檢視的前殖民國家，可以說是國家建構的特例。統治者如果要建立國家，必須把人民集中在一塊比較狹窄的區域。事實上，每一套統治計畫，不論是國家制度或非國家制度，都受到國家空間的原則影響——也就是是否可辨與能否調度。乍看之下毫不相關的農場與傳教點，卻都是不同控制形式的表現，不論是哪一種控制形式都需要可辨與監控。很少有統治計畫可以在實現更大規模的辨識與控制之際，卻不需要重塑景觀、居住與生產模式。早期殖民政權的鎮壓行動不只強制定居、破壞輪耕，還要把人民集中起來。只有越來越多不受天候影響的公路、鐵路、電報線路建設，以及可靠的貨幣出現之後，人口與生產分散才不影響國家控制力。從一些規模不大的反暴動策略中，我們可以看到國家設法要把恐懼的人民聚集在可辨的空間中，有時候甚至就像是一座真正的集中營。

人口控制的技術

奴隸制度

> 沒有奴隸制，就沒有希臘國家，就沒有希臘的藝術和科學；沒有奴隸制，就沒有羅馬帝國。沒有希臘文化和羅馬帝國所奠定的基礎，也就沒有現代的歐洲。我們永遠不應該忘記，我們的全部經濟、政治和智力的發展，是以奴隸制既成為必要、同樣又得到公認這種狀況為前提的。在這個意義上，我們有理由說：沒有古代的奴隸制度，就沒有現代的社會主義。
>
> ——馬克思（Karl Marx）（譯按：恩格斯所寫的《反杜林論》）

前殖民時期生活在「國家空間」裡的人民從何而來？早期理論認為，大量來自北方的泰人與緬甸人，取代較早在此定居的人群，但這樣的說法越來越不可信。相反的，似乎是一小群泰人與緬甸人在水稻區打造一個適合他們的政治霸權。[70]這些水稻國家顯然吸收了既有的人群，像是驃人（Pyu）、孟人，而且在和平擴張的時期，吸引外來者到此安身立命，尋找工作與貿易機會。然而，最令人吃驚的是，這些水稻國家都必須靠著掠奪大量奴隸，才能不斷擴展壯大。稍微重新整理上述馬克思的說法，便會發現他已經明白地指出，人力無法集中就不會有國家，沒有奴隸人力就無法集中，所以每個國家都是奴隸國家，即使是海權國家也不例外。

平心而論，奴隸是東南亞前殖民時期最重要的「現金作物」，是該地區商業活動最渴求的商品。每一個大型商人也同時是奴隸掠奪者與奴隸買家。每一次軍事戰役、每一次征討敵軍，都是為了獲得俘虜。這種模式非常普遍，麥哲倫在第二次遠航時遭原住民殺害後，菲律賓人就把剩餘的船員抓起來，賣到各個島嶼。十七世紀初，緬甸人從葡萄牙探險隊手中奪下丁茵港（Syriam），活捉許多歐洲人，把他們強行送到首都阿瓦附近的村落定居。東南亞王國總是開放地歡迎各種取得人力的方式。

水稻國家要透過集中人口進行統治並捍衛國家中心，唯一的方法就是清理邊區。清理邊區是泛東南亞國家的普遍特色。分析奴隸制度最重要的學者安東尼．瑞德如此解釋：「十九世紀契約制勞工出現以前，戰俘與奴隸是東南亞勞工流動的主力，基本上就是把人民從弱小又政治分崩離析的社會，移動到強大富庶的社會。歷史最悠久且最重要的移動形式，便是低地水稻國家襲擊邊區，搜捕信奉泛靈論的游耕者以及狩獵採集者。」[71]另一種形容是，人口的移動是有計畫性將奴隸從無國家空間趕走，迫使他們遠離高地，定居於國家空間。這種型態在十世紀的柬埔寨已經非常顯見，在某些地區（例如馬來西亞）甚至延續到二十世紀。湯姆士．吉安森（Thomas Gibson）認為直到一九二〇年左右，東南亞城市的主要人口，基本上都是俘虜或俘虜的後代（通常是二或三代子嗣）。[72]

類似的證據隨處可見。以泰為例，十九世紀末，清邁王朝的人民大約有四分之三是戰俘。另一個泰族小國清盛（Chiang Saen、Kaing Hsen）大約六成人口是奴隸，南奔（Lamphun）全國三萬名人口中，有大約一萬七千人是奴隸。農村菁英也把奴隸歸為勞動力與隨眾。這些奴隸中有的是直接從戰爭取得，有的則是從那些在山區到處擄人的賣家手中購入。[73]閱讀國家中心的歷史，或者是檢視泰或緬甸的過往，彷彿一段漫長的掠奴史，成功與否取決於俘虜人數與技能。叛亂或是未及時朝貢，往往會遭到國家的懲罰，有時是掠奪之後放火燒了反抗區，有時候是把人民押解到勝利者的國家中心。一開始不願低頭的宋卡（Songkhla）統治者，最後在向阿瑜陀耶王朝進貢之後，阿瑜陀耶國王便強迫宋卡所有的人民在首都附近為奴。歷史學者認為奴隸顯而易見地非常重要，因為掌控俘虜是治國之術公開明示的目的。

當然，除了俘虜之外，在這些政治體系中，還有許多其他因素會使人民成為奴隸。很常見因為欠債而淪為家僕，欠債者或欠債者的家人成為債主的「奴隸」，直到債務還清為止。父母把小孩賣身為奴，或者因犯罪淪為奴隸的情況也很常見。然而，假如這些機制是奴隸的主要來源，那麼可以預期奴隸與主人之間，除了地位不同之外，文化上應該極為相近。但是實際情況並非如此。凱瑟琳・鮑威發現，泰國北部的奴隸大部分來自文化上天差地遠的高地部落，在掠奴行動中，他們淪為掠奪者的戰利品。[74]

我們難以想像掠奴的規模與影響有多大。[75]在大陸東南亞許多地區，掠奴是乾季的例行商業冒險。在經歷海盜式掠奪、小規模的擄人行動與大規模的驅趕之後，整個地區的居民通常會被迫搬離，例如暹羅在一八二六年控制越南之後，迫使六千個家庭遷往泰國。柯樂洪（A. C. Colquhoun）在十九世紀末，精準地觀察到掠奴的規模以及對人性的衝擊（下文引自鮑威）：

> 毫無疑問的，清邁附近山區的高山部落之所以如此稀少，主要是古時候他們就像野生的動物一樣遭人獵捕，藉此補充奴隸市場⋯
>
> 那些被抓而成為奴隸的人是真正的奴隸。一旦淪為奴隸，就沒有希望可以活著逃脫。一開始困於叢林之中，被補之後就會被帶走，像獵人抓到鹿會把它帶走一樣，他們會被帶離他們的森林，戴上鎖鍊、然後帶到帶揮邦（清邁）、暹羅與柬埔寨等大城，供人差遣。[76]

高山與低地的農業生態完全不同，本來應該在貿易上互補。但是對廣闊的低地國家來說，高地最重要的商品是人力。[77]人力的獵捕以及聚集有利可圖，因此高地有些人和高地部落也會插手經營這門生意。除了戰俘以及罪犯以外，低地人口也因所謂的奴隸買賣而增加。高地社會往往被分成兩類，分別是脆弱且分裂的被掠奪者社會（他們通常是奴隸的主要來源），以及組織掠奴行動且蓄奴的掠奪者社會。阿佧（Akha）、崩龍與傈僳（Lisu）屬於前者，而克耶族／克倫尼人（Kayah／Karenni）與克欽（Kachin）屬於後者。抓奴與販奴是克欽經濟的支柱，早期的殖民官員甚至會把「奴隸制度視為克欽人的民族風俗」。[78]克倫就和克欽不太一樣，他們有時候是被掠奪者，有時候也會搖身一變成為掠奪者。[79]

奴隸與多數主要商品一樣，成為估算其他物品的「價值標準」（按：像貨幣一樣的計價單位）。在十九世紀末緬甸的欽邦地區，一個奴隸價值約等於四頭牛、一把好槍與十二頭豬。「奴隸是高地的銅板，就如同文明地區的紙鈔，輕而易舉從這個人轉給下一個人交易」。[80]高地部落與奴隸社會的起源息息相關，許多地方用來指涉奴隸的詞，同時也可以拿來指涉高地人或高地部落。孔多米納的報告中寫到，泰王朝的底層泰語稱作Sa，越南語稱作xa，相當於寮語與暹羅語的kha。這些詞會根據「脈絡的不同，有時譯成『奴隸』，有時譯成『山區部落』」。[81]同樣地，越南語moi是野蠻人的意思，也帶有奴隸的意味，前殖民時期的中央高地叫做rung moi，直接翻譯就是「野蠻人的森林」。高棉語裡的「野蠻人」(*phnong*)這個字也有類似的含意。[82]

當代許多高地社會都留有掠奴的記憶，這些記憶有時候是以傳奇或神話的形式流傳下來，有時候是老一輩的人回憶自己的親身經歷。波克倫人提到自己不斷受毛淡棉（Mawlamyine）的攻擊，以及淪為奴隸後強移至泰王朝的過程。當克倫人想要小孩安分一點，會嚇他們說：再吵，泰國人就會來把你們抓走。[83]拉蔑人（Lamet）也就是現在的寮人，還留有被緬甸人掠奪淪為奴隸的集體記憶，一旦淪為奴隸，頭髮就會被灑上石灰以便辨識身分，他們也銘記撤退到山脊的過去，必須在周圍挖滿坑洞以保護族人不被緬甸人抓走。[84]對奴隸制度的恐懼，以及各種對抗或迴避掠奴的方法，構成了滇緬邊界阿佧人的文化內容，荷蘭人類學家利奧・凡格索（Leo Alting von Geusau）在報告中詳細描述阿佧人的治病儀式，是如何再現他們曾經淪為低地奴隸以及最終獲得自由的歷史經驗。和拉蔑人一樣，阿佧人認為自己相對弱勢、缺乏影響力，要靠著智慧生存，最好生活在遠離低地權力中心的高山地區。[85]

在此脈絡下，掠奴與戰爭的差異幾乎就是一個神學課題。大規模的戰爭常導致領土與王朝陷於生死存亡之際，小規模的戰爭雖然不會直接影響王朝的生死存亡，但征戰的目的與前者相去不遠。不論戰爭規模大小，敗戰一方的人口馬上就會被勝利者接收，甚至會被帶到勝利者的國家中心。派遣遠征軍到山區掠奴的情況就不太一樣，比較不像戰爭，比較像是為了抓人而攻擊毫無組織的高地人民，高地人唯一的選擇，就是採取游擊戰的方式防衛或是迅速脫逃。上面三種武力衝突的戰利品都是人力，差別只是規模大小：如果說戰爭是一場高風險的人力批發競賽，掠奴行動就比較像是風險較低的零售業。我們可以把緬甸人與泰人的國家稱做「戰爭國家」，也可以把它們稱做「掠奴國家」，從上述的脈絡看來，兩者其實大同小異。

掠奪俘虜不僅是戰爭的主要目標，也是官員與士兵的個人目標。軍隊的目標就是掠奪。在各種戰利品中，只有大象、馬匹、武器與彈藥保留給緬甸國王，其他的戰利品，像是小孩、女人、男人、家畜、黃金、銀、衣服與糧食，誰搶到就屬於誰，而且可以隨心所欲依自行處置。緬甸皇室的《琉璃宮史》記載，十八世紀末緬甸進攻永珍期間，有位士兵帶回四十名戰俘做為自己的戰利品，並把其中一人賣給國王，因為國王認為這名戰俘可以成為好戰士。[86]我們絕不能把這些軍隊視為嚴密的官僚組織，也不能簡單就認定軍隊必然會服從指揮官意志——事實上，加入軍隊比較像是參與一個投機事業，雖然有點風險，但每位出資者與參與者都預期可以從中獲益。這種模式即是韋伯（Max Weber）所謂的「掠奪式資本主義」：所有出資者都明白這是一場追求利潤的投機之戰，也都清楚勝利之後應該怎麼分配搜刮來的好處。我們只要考慮，任何軍隊都必須清出一條遂行軍事目標的路線，就可以想像他們多麼有破壞力，又多麼令人恐懼。有些部隊顯然軍容壯盛，一路上需要戰車、牛隻、水牛、挑夫、稻米、肉與新兵（取代逃兵）。軍隊掠奪過程也需要「沿途找東西吃」，還需要摧毀戰俘的農田與房屋，打消他們逃回來的念頭，因此我們可以想像，這樣的戰爭雖然不見得會殺人見血，卻肯定破壞力十足。[87]

那些被強行帶回戰勝國的俘虜，會有一定比例屬於個人財產，而非國王的財產。人力不僅是國家統治的目標，隨從的人數多寡也會決定一個人的地位高低。菁英藉著放貸以及購買僕人，盡可能聚集一大批隨從，以確保個人地位與財富。國王、貴族以及宗教機構（例如佛寺）彼此競爭既有的人力資源。水稻國家之間則是竭盡地搶奪人力，藉此確保王國與權力穩固。有鑑於此，我們很容易理解，在勃固王朝垮台之後，暹羅人與緬甸人為了搶奪位在彼此之間的孟人與克倫人不斷發生衝突，而阿瓦與清邁為了拉佤人與克倫人爭得你死我活。然而，搶奪人力不見得一定得要發動戰爭，有時候人力掠奪者就像個處於買方市場的房屋仲介，空屋率很高，所以他們要提出比較好的條件，讓買家同意在他們的保護下落腳。因此，北方的泰人領袖同意，只要拉佤與克倫人永遠定居在指定區域，只要每年帶些高山珍品來朝貢，就能免除他們的徭役與稅金。無奈的是，在貪心的地方官、軍事將領以及其他掠奴者的威脅下，即使是統治者懷有善意，也無法保證自己可以遵守諾言。在這個脈絡下，清邁的統治者曾經發下毒咒，「願那些壓迫拉佤的人都被消滅」，如果從另外一面來理解這句話，就顯示出，統治者是多麼無力，無法落實自己對臣民的承諾。[88]

當人力向心機運作良好、王朝充滿吸引力時，吸納人口的速度極有可能會遠遠超過人口流失的速度，此刻的王朝就會越來越像個大都會。王朝吸引的人口越多元，王朝的大都會文化，就會潛藏更多混合文化和語言的痕跡。事實上，文化混合乃是王朝成功的條件之一。以馬來的海岸國家為例，雖然表面上大家都說馬來語、信奉伊斯蘭教，但還是可以從國家所融合的各種文化，察覺到不同人群之間的差異；泰與緬甸的水稻國家也是一樣，藏在上座部佛教與優勢語言底下的文化混合，反映的是，國家曾經接納或掌控各式各樣的王朝，是文化被融入的痕跡。

水稻國家的人口集中計畫，顯然是在執行一個大膽且隨時可能失敗的冒險事業，理由有三。首先，人口變化的情況並不利於人口集中。因為種種理由，人口總是會一直不斷流失，因此所有水稻國家的歷史，基本上都是一部人口不斷流入與流出的變遷史。當國王無法藉由戰爭取得俘虜，也無法採取掠奴行動，更無法靠著中心的繁華與文化吸引人們前來時，就無法補充從國家中心流失的人口，此時王朝的人口與軍隊實力就會大打折扣。東吁王朝在一六二六年後開始衰敗、貢榜王朝在一七六〇年代垮台，兩者都是因為人口失衡。東吁王朝早期的王國征服天下開創了一段太平時期，但這也意味沒有足夠的俘虜彌補因受不了「中心地區過度剝削」而逃走的人民。一七八〇年代，波道帕亞（Bò-daw-hpaya）國王統治下的貢榜王朝解體，並不是因為國王消極無所作為，而是因為王朝無法征服鄰近地區，再加上為了公共建設進行了前所未有的徵工。人民一開始一點一滴地緩慢離開王朝控制，最後大量流失導致國家中心癱瘓。[89]

第二個障礙在於搶奪人力本質上就是一場零和遊戲，非贏即輸，沒有收穫就是損失。水稻國家之間的戰爭，戰勝者的得益就是戰敗者的損失，而高山上的掠奴行動，則是由少數幾個小王國在搶奪有限的俘虜。最後，由於水稻國家的統治者無法阻止菁英與一般百姓抗稅或逃稅，因此可用的糧食與人口不斷流失，這也是統治的困境與矛盾之處。簡單的說，一旦國家粉碎人民的抵抗，就會造成大量人口流失，這對於國家來說可能是一場更大的災難。接下來，我們要再多討論這個統治的困境與矛盾。

財政可辨性

打造一套有效的稅收系統，第一步也是最重要的一步就是要讓徵稅的對象（人民、土地、貿易）清晰可見，人口與耕地清冊則是提升可辨性的關鍵行政工具。如同我們先前清楚區分「國民生產毛額」與「國家可獲得物品」，此處也需要區分「總人口」以及李中清（James Lee）所說的「財政人口」（fiscal population，中文歷史文獻中稱之為「丁冊人口」），也就是國家行政上可掌握的人口。[90]我們還可以從真正的耕地與貿易總量，區分出「財政土地」與「財政貿易」，唯有登記在冊的土地與登記在冊的人口才能被估算，也才能成為可被使用的財政資源。已登記與未登記的資源之間落差有多少，是衡量一套稅收系統是否有效率的粗略指標，在前現代時期，兩者之間的落差可能非常大。

十七世紀初緬甸的他隆（Thalun）國王，曾經費盡心力鉅細靡遺紀錄下所有「可課稅土地的耕種面積，人民的姓名、年齡、性別、生日與小孩人數，皇室的土地與為皇室服務的各種人員，當地官員及其使用的土地與他們管轄的範圍」等等資料。[91]顯然，他隆國王想要盤點可以課稅的資源，只不過就算當時這些記錄已經登記的相當準確，也只能反映紀錄當下的情況，隨著土地的轉移、人口移動與繼承等情事的發生，情況很快就有所改變。有時為了保持記錄的有效性，國王會下令禁止會導致記錄失效的社會變動，比如：人民如果沒有獲得明確的指示或許可，禁止隨便遷徙，也不可以變更身分，例如從老百姓或皇室僕人轉為奴隸。相對穩定的水稻田，和以男性為戶長的標準「財政」家庭，都有助於提高國家中心的財政可辨性。[92]

前現代時期的國王除了內部財政體系既有的難處之外，還要面對更棘手的外部競爭。國王必須與自己的官員、貴族與宗教人員競逐人力與糧食。雖然皇室裡的**阿穆旦軍團**是國王最方便取用的人力資源，但是這些人卻總是不斷流失。皇室僕人會想盡辦法改變自己的身分，讓身分變得難以辨認，降低所需承擔的責任。為了達到這個目的，他們可能選擇變成一般百姓、轉換跑道成為其他有權勢者的家僕，或者成為受債務制約的奴僕，甚至會混入一大群沒有登記在冊的「流動」人口中。同時，王國官員與顯赫之士也會千方百計用盡各種手段，教唆這些人轉換財政身分，這樣一來就可以占用這些資源，讓這些人成為自己的隨從以及稅收來源。[93]貢榜王朝有不少法令極力阻止人民或土地脫離財政清冊，藉此避免他們落入其他菁英之手。反過來看，一而再地發布禁令，似乎也透露出君王幾乎無法成功阻止「財政人口」的流失。

泰王也曾努力阻止官員、貴族與宗教領袖或者權威組織，把國王的財政資源挪為己用。因此，泰北蘭納王國的開國國王孟萊（Mangrai）宣布：「從皇室逃出不想服侍國王的人，不得成為其他人的奴隸。」[94]

在王國內部出現通行證或身分證明之前，泰王與緬甸國王就曾以刺青的方式在男子身上打上印記，藉此確立一個人的身分地位。

貢榜王朝的軍隊只要招募新兵或強行徵召入伍，就會在新兵身上刺上記號，藉此表示他們屬於軍隊。[95]泰國的王朝也在奴隸與僕人的手腕上留下刺青記號，表明他們屬於哪個國王或貴族，如同在牛隻身上烙印以顯示所有人是誰一樣。[96]克倫人會在犯人的身上刺青，以表示他是戰俘或者其他犯罪者。使用刺青標記身分地位也造就了所謂的「賞金獵人」，他們會深入叢林尋找脫逃的僕人，抓到後再把他們送回「合法的」主人身邊，藉此換取獎金。這些作法不僅顯示人力的監控在各方面都比土地登記還要重要，同時也表示了控制人力比起登記土地要困難許多。

國王的官員與地方權勢者也會利用各種理由、操弄各式各樣手法，把資源從國王手中移除，如此一來就可以將他們「私有化」或掠奪。殖民政權首次進行人口普查時就發現，清冊上的人口與土地數量明顯被低估，官員可能在收賄後把土地從登記簿上塗銷，或是私自占用清冊上記載不明的王國土地，也可能刻意隱瞞實際稅收，然後把一些家戶戶長的名字從稅簿上刪除。威廉・科尼格（William Koenig）估計，每個地方的國王因此損失的稅收大約介於百分之十到百分之四十之間。例如一八一〇年仰光大火之後，奉命派去清查房屋的官員故意漏掉大約一千戶，原本登記兩千五百戶，在大火之後只登記了一千五百戶。[97]官員們這樣做的動機並不是想減輕一般老百姓的賦稅，而是要轉移國家戰利品的所有權，這不僅威脅了國王統治，也可能嚴重傷害老百姓。

根據以上所述，由於人民會直接脫逃或者是消失在稅收清冊上，水稻國家的稅收來源總是會一直不斷減少，因此若無積極作為，統治者將很難維持長久統治。在別無選擇的情況下，國王可能會派遣軍隊出去捕捉俘虜，藉此補充不斷流失的人口。新戰俘的優點是，其中有許多人會變成國王的奴僕，至少一開始會直接為國王服務。我猜測這原因或許有助於解釋，水稻國家為何紛紛變成征戰型國家，因為唯有透過戰爭，統治者才有機會一次補足王國不斷流失的人力。

深入高地的小規模掠奴行動或是攻擊偏遠村落的風險較小，相對帶回來的人力也就會比較少。大規模的戰爭可以帶回數千名俘虜，對於某些王朝來說，這顯然是比較理性的策略。但整體來看，發動戰爭都是非理性的，兩個水稻國家一旦發生戰爭，戰敗的一方就必須承擔大量人口流失的災難，甚至可能會因此亡國。

國家空間的自我清算

那些深入研究東南亞前現代國家的歷史學家，對這些國家的脆弱性還有可以一夕之間壯大與瓦解的情境感到詫異。維克多・李伯曼說這些國家「動盪不安」，而奧利佛・沃爾特斯也以「手風琴」（*concertina*）來形容這種情況。[98]最後，我想要證明並進一步延伸李伯曼的觀點，說明影響國家脆弱性及興衰背後的系統及結構因素。

當代緬甸軍政府鎮壓暴動的策略及產生的結果，在某種程度上複製了「自我清算」的邏輯。簡單的說，在軍隊要控制更多反抗區之際，財源有限的指揮官也會要求軍隊必須在當地籌措軍餉。（這有點像是前現代國家，軍隊必須自備工人、現金、建材與糧食，才能在崎嶇且四面楚歌的環境中自給自足存活下來。）為此，軍隊會把許多老百姓抓到或集中到駐紮區，以便提供軍隊人力、糧食與稅收。那些最貧窮的老百姓，在沒有錢得以免除勞役又無力負擔糧食與稅賦的情況下，就會率先想辦法逃跑，而那些沒逃跑、留下來的老百姓，就得負擔更多勞役和稅賦。如一位克倫族的老師對人權學者所說的：「沿著這條馬路……從平原往下走，過去有許多村落，後來大的村落逐漸變成小村落，小村落又變成樹林。許多人會到其他村落謀生，或是來到山區，因為軍政府（SPDC）對他們課以重稅，並且強迫他們做各種勞役。」[99]可想而知，那些留下來的人會有什麼結果，「當政府的暴政持續落在持續減少的人民身上時，原本沒那麼脆弱的人也會越來越脆弱，最終也被迫逃跑」。[100]

針對此觀點，羅比哈達那、李伯曼和柯尼格三位學者都曾以泰與緬甸的前現代國家為例，提出不同版本的相同觀點。[101]由於水稻國家的核心地帶，是糧食與人力集中可辨性最強且最容易取用的地方，因此，直接從核心地帶的人口身上汲取所需資源，是維持國家與菁英生存最簡單也最有效的方式。財政誘惑讓王國把最重的負擔，施加在位處核心地帶的人口，對這些人予取予求。在貢榜國王的統治下，曼德勒與阿瓦兩地是最容易「榨取」勞役與糧食的地區，而比較偏僻的地方，卻可以藉名義上的朝貢逃過勞役與糧食的負擔。如果我們記得落腳核心地帶的人口，有很大一部分都掌控在國王、官員與名門望族手上，就可以明白國家的負擔是不成比例地落在他們的奴僕身上。居住在核心地帶的人口當中，有許多人是記載於課稅清單上的俘虜與老百姓的後代，對整個王國來說這些人口就是一組「自體平衡裝置」（homeostatic device），因為強加在他們身上的壓力越大，他們就越有可能逃離國家，有時甚至會發動叛亂。

李伯曼提供了一些水稻國家殺雞取卵的例子。十六世紀末，勃固國王，也就是有名的王莽應龍（Bayin-naung）之子，遭外圍軍事進貢者遺棄，只好不顧一切向中心人口施壓，強迫僧侶從軍並且處決叛逃者。結果施壓越大，出走的人口越多。大批的耕種者搖身一變成為私人家僕、賣身奴僕，或者叛逃到高地與其他王國。結果勃固王朝沒了糧食生產者與士兵，在十六世紀末遭敵人殲滅。[102]近代水稻王國崩潰最有名的例子，大概算是十九世紀之交的緬甸王國，雍笈牙國王四處征戰，又從敵人手中大肆奪取，儘管戰爭讓王國內充滿戰俘且人力豐沛，但這些作戰軍人，卻也給王國帶來巨大的財政壓力，再加上連年旱災以及征戰暹羅失敗，進而造成國家中心人口大量流失。[103]十八世紀時，越南鄭氏王朝（Trinh）瓦解的原因也相去無幾。若是再加上有自主權的地方顯赫人士，他們不僅能夠抗拒被國王課稅，還能占用國家所能支配的勞力與財產，那麼「稅賦將會由更少的人承擔，而且這些人也是最無力繳稅的人」。[104]接下來，若在核心地區發生大規模的脫逃與叛亂，似乎就是必然。

國王的治國顧問肯定直接或隱約知道王國所面對的結構問題。一些涉及人力的治國警句、國王阻止人力與糧食流向官員的努力、被嚴格簿記的財政資源，以及為增加其他收益的各種嘗試等等，都是瞭解治國難題的重要線索。瞭解越多也就越能明白，最佳的治國方式必然是遊走在平衡邊緣，努力汲取資源，但不會超過人民所能忍受的程度，以免引起人民的出走或反抗。在無法一直連續成功征戰以斬獲戰俘或奴隸的情況下，這樣顯然是最合理的治國策略。[105]

前現代國家沒辦法採取上述的方式汲取資源的理由至少有三，每個理由相對有多重要皆難以判定，因為每一個個案的情況都不盡相同。第一個理由是，沒有充分的資訊足以讓國王們做出審慎的判斷，尤其是許多官員會動用各種理由欺瞞國王。農作物原則上是可辨的，但是官員卻是不可辨。第二個理由是人民的財政能耐差異很大。每一季的收成會因為天候、蟲害與農作物的疾病而波動，甚至是偷竊與強奪也會影響農業收入。由於穀類作物集中生長在土壤以上，所以不論是對國家，或是對小偷、叛賊與敵人來說，都是非強大的誘惑。如果允許農民根據每年的收成能力而上繳多寡不一的稅，王國就是為了農民的福祉而犧牲自己的財政需求。但是，所有證據皆顯示，情況與上述完全相反，前殖民與殖民國家會努力確保自己的利益，不怎麼讚乎人民利益會犧牲。[106]

證據顯示國家的人口情況與農業生態，讓國家更容易受到糧食不穩定以及疾病所影響，對此，我們將進一步仔細探索。簡單來說，單一作物比起分散、混合農業，更不容易承受環境的變化，卻更有可能產生農作物疾病，因為沒有環境上的緩衝更容易耕種失敗，尤其是單一作物更有利於害蟲繁殖。人與牲畜及家禽比鄰而居也同樣會出現更多疾病問題。我們知道大部分的傳染病都是透過動物傳染，或者人畜之間相互感染，我們也知道西方國家在十九世紀中葉之前，城市無法單靠生殖維持穩定人口。還有一些證據顯示，早期農業社會的穀類飲食營養不如那些為了種植穀類而被取代的雜食。最後，我們有大量的歷史材料證明，前殖民時期的東南亞常常收成欠佳，也常爆發飢荒與霍亂。雖然這樣說帶有一點臆測的味道，但是在國家空間裡集中稻米與人口，雖然可以帶來可觀的經濟與政治效益，卻也夾帶著很大的生態與疾病風險。

第三個理由是政治體系中，因國王（理論上）權力無所約束所帶來的不確定性。我們無法理解為何波道帕亞會在王國內發生飢荒之時出兵攻打占領暹羅，也想不透為何他會在一八〇〇年時調度大量勞役建造上百座佛寺，其中敏貢（Mingun）的佛寺還是全世界最大的一座佛寺。[107] 東南亞前殖民王朝之所以不穩定，除了結構與生態的因素之外，還要加上國王專制與暴君般的統治，一切都沒有制度化。

這也難怪水稻國家相當脆弱而且稍縱即逝。假如了解國家一路上所要克服的人口、結構、與個人等種種障礙，從長遠來看，令人驚訝的反而是這些國家居然偶而會長久維持下來，並且還能創造出某種明確的文化傳統。

第四章

文明與不受駕馭者

為什麼突然煩躁，感到混淆？
（人們的表情怎麼變得如此嚴肅）
為什麼街道和廣場瞬間空無一人？
每個人都回家百思不得其解
因為夜色已經低垂而野蠻人未至
那些從邊疆回來的人說
再也不會有野蠻人了
問題來了，沒有野蠻人，我們怎麼辦？
過去多虧了他們
——卡瓦菲（C. Cavafy），〈等待野蠻人〉（Waiting for the Babarians），一九一四年

事實上，最基本的做法是把這些散布四處的人們編成群組，最重要的是將他們變成可以掌控的人。只要能控制他們，我們就可以做到許多目前不可能做到的事，或許在掌

控他們的身體之後還可以控制他們的心智。

——法國官員，阿爾及利亞，一八四五年

這些人不曾專注於農業生產，除非把他們安置在保留地，否則根本無法期待他們這麼做……如果不給他們一個家園，就註定影響不了他們，無法讓他們接受文明或接受基督教信仰……使〔他們〕成為社會上有用的人。野蠻的印地安人就像野馬，必須關進保留區，才能用來工作。

——印地安人事務局駐休休尼族（Shoshone）辦事處，一八六五年

人口的定居與徵稅，可能是國家最古老的活動。文明的論述總是認為定居的人民，理所當然就可以提升自己的文化與道德水準。極端帝國主義者在談論異端的游牧民族時，不經意說出「文明化」與「基督徒化」等字眼時，這些詞彙聽在現代人耳中就顯得不適宜或粗鄙，認為那是指涉各種野蠻行為的委婉說法。但是，如果人們使用發展、進步與現代化來取代這些詞彙，這種換湯不換藥的作法至今顯然還是非常盛行。

令人吃驚的是，文明化的論述居然歷久不衰，即便那些照理來說應該撼動論述存在基礎的證據出現之後，這套文明化論述卻更為顯著。儘管我們明白，過去幾千年來，人們在「開化」、「尚未完全開化」或「完全未開化」所形成的半滲透區之間移動；儘管從社會與文化上來看，有許多社會長期存在並在我們所設想、開化與未開化的兩種空間之間生存；儘管有大量的證據說明開化與未開化有雙向

文化借鑑與交流；儘管經濟上互補使開化與未開化空間被整合為一個經濟單元——但這種文明化的論述依舊屹立不搖。

所謂的「開化」，成為「漢人」或是完全成為「泰」或「緬」，實際的意思大部分都是指完全被收編、登記成為國家納稅的臣民，然後被消磨殆盡。反之，所謂的「未開化」則完全是另一回事，指的是生活在國家範圍之外。因此，這一章主要考察，國家形成之後如何創造由「部落人群」形成的野蠻邊疆，在這樣的邊界中，國家既是得以對照的文明標竿，同時也自居為解決野蠻狀態的解藥。

低地國家，高地人群：黑暗的雙胞胎

以現在的說法，賦予東南亞的古典國家合法性的，是一種「強行推銷」的概念。古典國家這個專有概念，並不是從當地統治概念發展出來的，而是跟現代國家一樣，基本上是一個文化與政治的舶來品。印度化的天子概念，提供了意識型態的工具，支援特定政治背景下所宣稱的最高統治形式，特色為強人之間的競爭以及假定的平等。在宮中婆羅門的協助下，十世紀到十四世紀之間，野心勃勃的宮廷開始提出浩瀚的宇宙觀，想辦法要把偏遠地區的地方教派，吸納到帝國儀式的大傘之下。[1]這個效果就有如十八世紀聖彼得堡的俄羅斯宮廷模仿法國宮廷凡爾賽宮的儀態、言語與儀式。正如克利福德．吉爾茲（Clifford Geertz）所言，要使這樣的訴求「站得住腳」，不僅需要一套有說服力的劇本，也需要一群能以人力與糧食供給來強化宮廷訴求的核心區人群。在景深之處，支持這套體系運轉的，正是具有強制力的獵奴形式與勞工體系。簡單來說，古典國家絕非是一個自我合法化的國家，或許也是基於此原因，這類國家誇張的宇宙論（cosmological bluster）往往可以彌補他們在政治與軍事上的相對弱勢。[2]

由於這類國家是由生活在國家結構之外各式各樣的人群匯聚而成，所以代表「文明」存在的主要元素與水稻國家的生活正好吻合，這一點也就不令人意外：生活在固定的谷地村莊，實行定耕，偏好水稻，認可君王與僧人位居頂端的社會等級制度，並且信奉一個主要的救贖宗教，佛教、伊斯蘭或者像菲律賓所信奉的天主教。[3]想當然爾，所有這些特徵都與水稻國家周邊的高地人社會完全相反。

從水稻國家宮廷中心的角度來看，你所呼吸的空氣越稀薄，文明的程度也越低。我們可以毫不誇張地說，從谷地角度所假設的文明水準，往往被解讀為地理高度的函數。住在山頂的人是最落後、最沒有文明；居住在半山腰的人文化稍微好一些；居住在高原平地種植灌溉水稻的人往往具有先進文明，不過，絕對還是比生活在谷地國家中心的人還要差上一截，宮廷與國王位於文明頂端，谷地國家代表最精緻和最高層次的文明。

「高地的特性」本身正逐漸消解。因此，緬甸許多崩龍人都成為上座部佛教徒，穿得像個緬甸人，操著一口流利的緬甸語。但是，只要住在高地，就不會被視為開化的人。當代越南民族誌學者麥克·度羅（Mac Durong）說明的就是這種相互關係，這位學者以開創性且深具同理心的少數民族研究著稱，他認為有許多少數民族很久以前去到高地的原因，僅僅是因為越南人已經先占領了低地，所以他們只好來到這個地方。根據他的理解，這群人被稱為「蠻」(好幾個世紀以來這個詞的意思都代表「野蠻人」) 的原因非常清楚，正如派特裡夏・佩里（Patricia Pelley）所言：「過去有各種合理化高地人是野蠻人的說法，雖然沒有明說，但原因顯而易見：文明可以透過地理位置，尤其是海拔的高度來測量。低地的人群（越南族）是完全開化，中海拔的人是部分開化，而高地人還是野蠻人，海拔越高越野蠻。」[4]開闢梯田、開墾稻田並不足以稱為開化。越南北部分布於紅河上游的哈尼人即便開闢梯田、開墾稻田，依然被視為蠻夷。

海拔高低與文明高低成反比的觀念也出現在泰國。一生研究阿佧族（語言接近哈尼族）的荷蘭人類學家利奧・格索觀察到，生活在中間坡地的阿佧族，也被貼上未開化的汙名，雖然不像生活在最高地區的人群那樣完全未開化。他寫道：「這種情況是結構化的……跟泰國低地**沙第納**（Sakdina）這種等級制度完全相反，階級最低的在最高處，像是孟－高棉人群，包括佤族、布朗族、克木族、延族（Htin）、獨龍族（Dulong），而社會地位最高的人住在最低處的低地河谷或平原。」[5]

緬甸語和漢語的習慣用法，也反映了低地的文明中心象徵了高級文明。因此，前往首都或學校往往是「上」、「登」、或「升」（téq，တက်）。即使一個人住在山頂上，還是「上」曼德勒。同樣地，只要人們去鄉村或高地，一定是「下」或「降」（sin，ဆင်း），即使這個地方的海拔高度要比首都高出數千英尺。這與一些西方的情況類似，上與下跟海拔高度無關，每件事都跟文化的高度有關。[6]

如同生活在高地便被水稻國家貼上「野蠻」的印記，地理上的流動和分散也是如此。這也與地中海世界幾乎完全一致。基督教把高山區民族和游牧民族（更準確來說是那些遠遠躲開國家掌控的人群）看作異教徒和野蠻人。穆罕默德本人講得非常清楚，改信伊斯蘭教的游牧人必須定居下來或承諾要定居，這是他們改變信仰的條件。[7]伊斯蘭教屬於定居精英的信仰，他們認為不定居就不能成為合格的穆斯林。貝都因人被認為是「粗野的人」，與典型的麥加城市人恰好相反。在文明的語彙裡，游牧對於阿拉伯國家來說，就像海拔高度對水稻國家一樣。

東南亞國家也是如此，文明的觀念基本上是農業生態的符碼。看起來居無定所、老是四處遷徙捉摸不定的人，便落到文明範疇之外。文明的概念所蘊含的意義是，對於國家來說必須是「清晰可辨」，而且可以生產剩餘以備徵用。西方社會和東南亞一樣，也將那些居無定所的臣民貼上不文明的汙名，即使他們的族群與宗教也屬於主流社會，但他們被稱為乞丐、無家可歸的人、流浪漢與遊民。亞里斯多德的名言是，人天生就是城市的公民（polis），如果刻意選擇不屬於任何共同體（apolis），就是毫無價值的人。[8]如果整群人，例如游牧民族、吉普賽人、游耕民族主動選擇流動或是半流動（semi-itinerant）的謀生方式，那他們會被共同體視為威脅，或者整群會被汙名化。

越南人不論跑到多遠去找尋工作和土地，都會認為自己有一個最終會回歸的祖居之地。[9]沒有祖居地的人被污衊為「世界四個角落的人」。[10]進一步地說，高地人根本就是流浪漢社會，既可憐、危險又粗魯。國家發起許多運動，如「游牧民族定居運動」或「定耕定居運動」，都是為了剷除游耕，逼居住在高地的人從邊疆遷徙到平地，「教導」他們種植水稻，越南人對於這些運動深感共鳴。對於越南人還有他們的官員來說，他們正在從事一件偉大的事，他們要把落後和粗俗的人帶進越南文明之中。

緬甸人雖然不像越南人那麼關心祖居之地，但同樣會恐懼與輕蔑那些沒有固定居所的流浪漢。他們稱呼這樣的人為lu lè lu lwin（လူ ကဲ လူလွင့်），從字面意義來說就是「隨風四處漂泊的人」，泛指流浪漢、無家可歸的人以及遊民，這個詞也暗指了這些人都沒什麼用。[11]許多高地人在同樣的標準下被認為是落後、不可靠以及沒有文化的人。緬甸人和中國人一樣，從文明的角度把流離失所的人都視為可疑之人。至今，這種刻板印象還折磨著緬甸人。因此，當一位來自高地巴當－克倫（Padaung-Karen）的天主教徒，預備逃離一九八八年對民主運動的軍事鎮壓時，他非常猶豫要不要躲進叢林，擔心會因此被貼上標籤：

> 我擔心鄉民同胞直接把我視為叢林裡的逃犯。在緬甸的城市語言中，叢林（táw，တော）一詞至今仍帶有輕蔑之意。那些帶著少數民族叛亂分子逃難的人都被稱為叢林之子（táwkalé，တော ကလေး），這個稱呼帶有原始、無政府、暴力以及疾病的意味，而且被認為與緬甸人所厭惡的野生動物同樣令人討厭。我一直對於自己被視為原始部落的一分子感到相當痛苦，而我在東枝（Taunggyi）與曼德勒主要的抱負就是逃向文明。[12]

清朝的將軍鄂爾泰便將雲南的高地人民描述成與文明理想對立的「野蠻遊民」，此一說法並非贅詞，而是要表達出這種所有水稻國家統治者都相信的對立關係。[13]

對於中國、緬甸和暹羅三個國家來說，這些人部分賴以維生的方式以及實行的農業生態利基絕對是野蠻的。狩獵與採集還有游耕必須在森林裡進行，這些地方都位於國家之外。[14]十七世紀的中國文獻記載，拉祜族是「高山、森林與河流裡的人民」，[15]說他們吃生食，不埋葬屍體，簡直有如猩猩與猴子。這種奇想遠遠悖離了實情，正如安東尼・沃克（Anthony Walker）認為的，拉祜族是因為逃離河谷低地，才變成高山的游耕民族，但卻被當成貨真價實的原住民。他們原始和落後的證明，只是他們所有的習慣和日常生活，諸如居住方式、穿衣服（或者不穿衣服）、鞋子（或赤腳）、飲食、葬禮和行為舉止，與儒家文明的理想狀態截然不同。

閱讀漢人官員報告中西南地區高地人民的多樣性以及令人捉摸不透的模樣，在腦海中會留下兩種印象：第一個有如民族誌的「野禽圖冊」，拉祜族的穿著是如此如此顏色花俏，住在如此如此的地區，以如此如此的方式生存，使得官員認為他們簡直就是「飛過」頭頂的鳥。第二個印象是，他們都被置於進化和文明的順序之中，而漢族文明的理想狀態就是度量他們的標準。從這個角度來說，高山部落的範圍從「生荒」(原始)到「成熟」都有。這樣我們得出以下序列：「幾乎是漢人」、「正逐漸變成漢人」、「如果願意，最終會變成漢人」(只要我們想要他們改變)，最後則是「未開化」(比如「最野蠻」拉祜族的類型)，這當然也意味著「不算是真正的人」。

那些用來描寫居於國家權力邊陲區域的人的詞彙中，很少不帶有汙名貶低之意，如游耕民、高地人民、林居者，甚至在「偏遠」鄉間的農夫。在緬甸語中，中心地區的人將偏遠村民稱為「套韃」（táwthà，တောသား），按照字面的意思就是林居者，意味著鄉土、野蠻和粗笨（yaín，ရိုင်း）。[16]

低地國家必然連結定耕農業的情況，以及在此基礎上所形成、代表「文明」的貴族和平民之間半固定的社會秩序，卻帶來了弔詭的結果。那些選擇離開不平等和需要納稅的王國而前往高地的人，從定義來看是化外之民，海拔較高的地區則被打上「原始」的標籤。[17]此外，水田大大改變自然景觀，而高地農業在視覺上顯得較不突兀，因而將高地人視為與自然相依、抗拒文化的人群。這事實導致了一個常見但錯誤的比較：文明人改變世界，而野蠻人順勢而居。

對泰國和緬甸這兩個國家來說，信奉上座部佛教是將高地人民融入誘人文明圈的必要條件，但這並非充分條件。恰如馬來世界中的伊斯蘭教，這個主要救贖宗教的重要性，在於將這類社會與並無這種宗教試驗的漢族文明區分開來。[18]（在中國）即使是一九五〇年代的民族誌學者，基本上也是用漢族的技術與習俗，作為劃分貴州和雲南「部落」文明程度的標誌。比方說，他們是否耕種水田？他們是否犁地和使用農具？他們是否定居？他們是否可以說寫漢字？一九四八年以前，他們還會因為建立寺廟崇拜漢族神祇，特別是崇拜神農，藉此獲得肯定。[19]至今「少數民族」中的漢人特徵依然等同於「文明」。[20]

儘管有許多差別，泰國和緬甸文化中有關文明行為的宗教試驗，同樣與水稻耕作的技術和習俗密切相關。單從宗教來說，信奉上座部佛教並不需要改變重大儀式（雖然有可能會鼓勵這樣做）；佛教出現前的萬物泛靈信仰（緬甸崇拜和祭祀**納**〔*nat*〕與暹羅崇拜和祭祀**菲**〔*phi*〕），甚至是教義，隨時可以容納到綜合的佛教體系之中。然而，耕作技術與習俗卻與宗教和族群認同的改變息息相關。正如奧康納對泰人社會的觀察：「生活在主要大陸的人把宗教與農業、農業與儀式、儀式與族群認同聯繫在一起。當克倫、拉瓦（Lawa，又稱魯阿人）、克欽等高山農民種植水稻以後，他們發現若要適時的耕作就需要泰族的儀式。實際上，農業的選擇會併入族群整體之中，即農業文化複合體。因此複合體之間的實際上轉變始於儀式調整，最終會成為族群的改變。」[21] 奧康納筆下「族群的改變」也可以寫成「宗教的改變」，因為在這裡兩者密不可分。這就像中國一樣，我們在此再度面對文明化論述的悖論點。比方說，改信佛教本身雖然算是跨出正確的一步，但是一旦改變宗教信仰結合了某些「高地特徵」，比如游耕和居無定所，便如同我們在崩龍族的案例中看見的，這依然不是很有說服力的文明化步伐，雖然方向正確。但是，這一步不僅使得改變信仰更有可能發生，在歷史上也成為「變成」泰族或緬甸人的標誌，也就是改變信仰意味著成為水稻國家的臣民。因此，在谷地國家的觀點，完全的文明化就是變成和漢族、泰人和緬甸人一模一樣，緊接著從定義上來看，就是接受被國家吸納成為的臣民。[22] 如我們所見，停留在國家之外就會被標記為「不文明」。

蠻夷的經濟需求

大大小小的低地國家，儘管瞧不起他們的高地鄰居，仍因緊密的經濟依賴關係和高地綁在一塊。兩者之間牢不可破的依存關係，因為各自占據不同的農業生態區位產生的互補性，而進一步強化。谷地和高地人民不僅是經濟夥伴也經常是政治盟友，國家核心與邊疆腹地之間，也相互提供基本的商品和服務。他們也代表了一個穩定相互利用的交流系統。事實上，谷地國家依賴高地國家的產品的狀況，遠超過高地國家對於谷地國家的依賴，特別是人力。但是任何一方如果缺少這天生的貿易夥伴，經濟就會陷入困頓。

馬來世界流域所採取的**上游**與**下游**交換形式，詳盡展現了此種經濟共存樣態。這種上下游交換制度的基礎，源於農業經濟區位的不同，使得上下游產品可以互補。這種情況歷時已久。正如我們所見，馬來的低地中心往往位於河口和兩河交會處。地理位置控制了重要通商路線的隘口，形成一種天然的壟斷，掌握此襟要就可以控制整個流域的貿易。低地中心的功能就像是個免稅貨棧（entrepôt），拿低地產品和海外產品交換上游流下來的林業產品。[23]

雖然低地中心有地理優勢，但並未真正支配貿易走向。高度流動的社群，特別是在上游，往往相當靠近其他流域，因此只要他們願意，就可以把貿易轉移到其他相鄰流域的貿易棧。就算不這麼做，上游人群也不至於過於依賴下游政體的商品，當發現貿易條件帶來太多政治和經濟困擾時，他們會大規模撤出下游市場。掌握貿易站的政治領袖，也無法藉著軍事手段強行進入充滿反抗力量的內陸上游。上游人口高度分散、四處為家，讓他們可以免受征討，也可以輕易逃過體制壓迫。因此，港口型政權必須彼此競爭內陸盟友以及與其貿易所帶來的利益。由於缺少強制對方的工具，低地政體被迫重新分配貿易收益來吸引對方效忠，包括代表名望的物品、珠寶和奢華的禮品，而上游的領袖接著又會將這些物品重新分配給下屬，進一步鼓勵他們的忠誠和貿易。

對於東南亞大陸的國家，特別是高地或山區小國，高地與谷地的共生關係十分普遍，但這種共生關係並非清楚沿著單一流域。平心而論，這些國家的繁榮主要建立在把周邊高地人民的產品吸引到自身市場的能力，因四周高地人口往往比國家核心的人口還多。如果要把高地人民帶下來的商品清單（用於出售、以物易物交換、還債和進貢）列得一清二處，可能要花費不少篇幅。我在這裡僅僅點出這些商品種類琳瑯滿目、五花八門，更別忘了，貿易品會隨歲月更迭不斷變化，有時候瞬息萬變，通常會隨著陸上與海上到中國的貿易路線，以及對商品的需求而改變。

至少從九世紀開始，高地居民就在山裡不斷尋找可以讓他們帶去谷地和沿海市場交易獲利的商品。此類產品大部分屬於廣泛的國際奢侈品貿易，是可以採收的天然林業品，包括稀有或帶有香氣的木材（比如沉香木、檀香木、蘇木和樟木）、藥物（犀牛角、牛黃、風乾的森林動物器官、沉香），各種樹脂（桐油），以及乳膠（杜仲、橡膠），還有少見的犀鳥羽毛，可用的燕窩、蜂蜜、蜂蠟、茶、鴉片和胡椒。這些都是屬於重量輕、體積小而價值高的產品。這也意味著，即使他們必須費盡心力把這些貨物翻山越嶺徒步帶到市場，也能從中獲利。在一四五〇至一六五〇年這段時期，胡椒交易相當鼎盛，胡椒是黃金和白銀以外價值最高的貿易品，當時年輕人只要頭上頂著一袋胡椒粒到沿海市場就可以大發利市。貴金屬和寶石（二十世紀還有鴉片）成為方便攜帶的貴重商品。由於高地人的地理移動能力強，如果潛在的賣家不滿意，他們可以輕易帶著這些貨物轉移到其他政治實體所控制的市場來買賣。

此外，還有許多笨重而且價值較低的高山產品，除非可以輕易使用水運，否則無法長距離運送至其他市場，像是藤條、竹子、木材、原木（這些都需要漂浮運送）、牛、皮革、棉花、高山水果，以及高地旱稻、蕎麥、玉米、馬鈴薯和紅薯（最後三項產品來自美洲新大陸)。然而,這些產品就算任其生長也可長期儲存,因此賣方可以根據價格高低決定保留或賣出這些產品。

即使是前殖民時期,東南亞較大王國的繁榮也依賴高地所出口的貨物。一七八四年,拉瑪一世朱拉洛(Ramal I Chulalongkorn)首次派往北京的泰國使節團,便攜帶了令中國人眼花繚亂的奢華品,而這些產品幾乎都是由高地的克倫人提供,包括:大象、沉香木、黑檀木、犀牛角、象牙、豆蔻油、華撥、琥珀、檀香木、孔雀羽毛、翠鳥羽毛、紅寶石、藍寶石、兒茶、藤黃(一種樹膠脂)、蘇木、達瑪脂、大風子,以及各種香料。[24]前殖民時代柬埔寨出口的貨品,也同樣是加萊山民的抵押品。這些低地國家出口的貨物大多「來自高地的林產品,這可從越南和柬埔寨的歷史文獻記載,和中國和歐洲作家的遊記之中看到」。[25]較小的撣族國家也依賴附近的高地人民,包括谷地生活所需的高山物產,以及重要的出口物資。時至今日,只要看到山民帶著形形色色的產品到撣邦參加五天一次的市集,就會讚嘆撣邦的飲食、建材、牲畜,及撣邦跟外頭廣大世界的貿易,但基本上撣邦的繁榮主要仰賴和內陸地區的頻繁貿易。雷曼甚至認為,對於高地的克耶族和撣族來說,撣邦統治者的主要目的就是管理貿易並從中獲利。[26]撣族和克耶兩族都充分利用本身的生態利基大量獲利,但是情勢也很明白,這些國家對高山產品的依賴,遠超過高地人對谷地產品的依賴。

谷地市場提供給高地人民想要但在山上得不到的東西,其中最重要的像是鹽、魚乾以及鐵器,而其他像是陶器、瓷器、成衣、針線、繩索,以及武器、毛毯、火柴、煤油等,都是高地盤商特別想要的關鍵商品。[27]在對高地人民有利的交易條件之下,頻繁的貿易連結了高地和谷地經濟，並透過一批中間商推波助瀾，像是商人、小販、掮客、借貸人和投機客，更不用說還有各式各樣的納貢。如果情況不利，低地河谷的統治者也無法強迫高地人將貨品送過來。低地的政治實體，特別是小國，地理位置比較固定，對高山貿易的依賴更深，對他們來說，高地貿易夥伴背叛是揮之不去的夢魘。

不過，僅僅列出商品清單，便會遺漏低地河谷中心徹底依賴高地的最重要產品：高地的人口。長遠來看，泰族和緬甸宮廷周邊水稻核心區的形成，及其集中的人力，都是藉由同化高地人而來，只是強迫和自願程度不同。低地政權最需要的是高地的人力。正如我們所見，無法以貿易優勢和文化機會吸引高地人民的低地帝國，只能藉著獵奴行動或戰爭來捕獲人力。因此，所有商品之中，高地社會可以拒絕賣給低地的東西，亦即高地社會的王牌，也就是人力。深受壓迫的低地臣民逃離國家中心，以及高地人民遷移至難以捕獲之地，都是低地國家致命的阿基里斯腱。

不過，一旦兩邊情況好的時候，高地人和低地人的共生關係不但經得起考驗，彼此也相互認可，可以將兩批「人馬」看成是生命共同體。經濟上互賴經常反映在政治結盟的型態，在馬來世界中清晰可見。當地大大小小的貿易港口都會與「高山的」(hilly）或海上的無國籍人民合作，其中後者提供馬來國家大部分貿易需求品。儘管這些人一般不被認為是馬來人，他們不信奉伊斯蘭教，也不是馬來拉賈（Malay Raja）的直屬臣民，但是歷史上的馬來人顯然很多是這批人的後代。同樣地，來自內陸或海洋的人群也會為了這些貿易中心從事商業徵集，也會因為這些貿易中心帶來的機會，讓商業徵集更旺盛。也就是說，許多內陸人口選擇遷徙或長期居留此地的原因，可能是因為當地貨物徵集所帶來的經濟利益，或者因為當地可以提供政治上的自主空間，甚至是二者兼具。大量資料顯示，人們會在這些類別中反覆移動，也同時指出商業徵集是一種非原始狀態的「次級適應」。從概念上來看，我們最好將上游人口都視為複合經濟社會系統中的「高山」。[28]雖然從低地河谷的角度來看，這些人基本上與自己不同，開化程度較低，也生活在宗教圈子之外。

此類結盟關係在東南亞大陸也頗為常見。比方說，緬甸低地的波克倫人（Pwo Karen）便與孟族的水稻國家結盟。波克倫人通常夾雜在孟族中間，但往往集中在上游的林區，並與孟族結盟，形成一個成功的經濟交換圈。如果從歷史記錄來看，孟族似乎並未把他們當成有清楚界線的特定族群，而是皆位於擁有相同習俗與日常實踐的連續光譜上，而這個連續光譜一端是純粹的水稻種植者，另一端則是純粹的游耕和採集者。[29]事實上，所有泰／撣王國都表現出水稻國家與相鄰高地國家類似的共生關係，他們與高地國家貿易，從而獲得人力，並經常與之結盟。這種結盟如果有在文獻中被特別註記（都是低地河谷的文獻），便被視為進貢關係，高地盟友成為小老弟。但事實上，高地人經常占上風，從低地宮廷中獲得恩賜或「保護費」。即使是低地宮廷占優勢之處，如越南和加萊，高地民族對於宮廷的繁華也同樣不可或缺，而且他們供奉自然界無常之靈的儀式角色，也被宮廷認可。[30]

規模較小的低地王國相當依賴高地貿易和森林產品，這種依賴有時影響低地文化同化高地人群的腳步。他們擔心一旦高地人民信仰了谷地宗教、穿著谷地服裝、定居下來並種植水稻，就毫無價值，並且會失去高地產品供應者的身分。文化差異及隨之促成的經濟特長，乃是高地相對優勢的基礎。儘管低地國家或許可以從高地捕獲奴隸，但他們也強烈需要保障自身所依賴的高地貿易生態利基。[31]

發明蠻夷

如果符號學（semiotics）有教我們什麼，那就是用詞之間與生俱來的相關性。只有透過關係才能「思考」(更不用說理解）詞語間隱含的排斥和對比。[32]**文明**與**野蠻**這兩個詞就是如此。正如拉鐵摩爾的解釋，中國古代「蠻夷」這個詞的社會淵源，和谷地水稻灌溉中心的興起密不可分，也和水稻中心連結的國家結構有關。古代中國的黃土高原核心地區灌溉的「回報驚人」，因此生產和人口還有軍隊都集中在一塊，這樣的農業－政治複合體可以不斷往外擴散，推及所有適合的地區。在擴張的過程中，農政複合體吸收一些鄰近的人口，並排除另外一些人。遭到排除的人便遷移到山地、森林、沼澤和叢林，並保持隨性、粗放和分散的謀生方式。簡而言之，種植水稻的國家核心，從定義上創造了一種新人口、新生態和新政治的邊疆。隨著水稻國家一步步把自己標誌為漢華（Han-Chinese）這種獨特的文化和文明，那些尚未吸納或拒絕被吸納的人就被標誌為「蠻夷」。生活在中國宮廷眼中邊疆之處的蠻夷，便被稱為「內陸」蠻夷，而「從原先疆域中分離出來，從而成為部分草原游牧社會一員的民族」則被稱為「外部」蠻夷。大約從西元六世紀開始，「漢族就居住在平原和較大的谷地，而蠻夷則居於高地和較小的谷地」。在中國西南我們稱為贊米亞的地區，拉鐵摩爾的公式不斷流傳，「中國和印度古代高度文明的影響力，在農業和大城市集中的低地平原流傳甚遠，但是卻無法影響及於海拔較高的地區」。[33]

拉鐵摩爾口中以集約農業和國家建構為存在條件的中國母體，創造了一個生態和人口的邊疆。早在母體與邊疆尚未涇渭分明的時候，邊疆就已經成為文明和族群的邊界。早期中國有充分的策略目的，要以清楚的文明論述來標誌這個新邊界，甚至在有些地方還建立實體分隔線，像是長城和西南的苗長城。人們很容易忘記，大約到了一七〇〇年之後，在邊疆地區，中國就已經面臨東南亞國家政權的經典治國問題：如何把人群圍進國家空間？因此，長城和文明詞彙不只是為了防止不堪稅賦的中國農民「投奔蠻夷」，也是為了把蠻夷限制在原地。[34]

國家在谷地權力形構的過程，產生一個典型的（以及群族意義上的）文明邊疆。此過程並不侷限在漢人的國家。暹羅、爪哇、越南、緬甸和馬來等低地河谷政治實體都有相同的形式，儘管各自的文化內容並不相同。霍里佛・榮松論及泰國北部綿（瑤）族時指出，把「高地民族」視為一個社會建構類型，是基於國家建立在谷地農業和谷地人群。當他提及暹羅之中講印度語的政體，特別是哈瑞普納（Haripunyai，七至十世紀在泰國北部的小國）時點出，這些政體的宇宙觀所展現的普世觀點，製造了一個蠻夷居住的邊陲：「政權形成過程，便是先接管從事集約農業的低地，而低地則形塑了從宮廷中心到地區城鎮再到農業村莊的等級結構，構成一個整體領域。整體領域的形成部分源於對領域之外的想像，像是：叢林的荒野。位於領域內的人想像領域外的人如動物般的生存。」[35]整齊的水稻田同樣也成為爪哇國家和文化的基礎，而雜亂無章的林地以及居住其中的人，則與未開化和野蠻邊疆劃上等號。[36]馬來亞的*orang asli*（一般翻譯為原住民）是「馬來性」(Malayness）的反義詞。傑佛瑞·班傑明和辛西亞·周（Cynthia Chou）點出，伊斯蘭是一個新的元素，是伊斯蘭創造了「部落」(tribals)，「從前根本無須透過法律來界定何謂『馬來人』，許多非穆斯林與穆斯林同樣是馬來人……但是，一八七四年之後的馬來性概念，竟然在一夕之間把這些人變成我們現在所稱的『原住民』。」[37]

所有古代的東南亞國家都想像，在控制範圍外的高地、林區和沼澤，有個野蠻的內陸。他們一方面需要蠻夷邊疆，另一方面又有一股衝動，想要使用一套統一的宇宙觀來收編邊疆並加以改變。接下來討論的主題就是這兩種需求，在符號上與經濟上所產生的衝突。

華麗外來語的本地化：一路暢通

柬埔寨和爪哇最早的宮廷中心，以及後來的緬甸與暹羅，不論從儀式上或宇宙觀來看，都是從印度次大陸進口的舶來品。藉著印度商人以及隨之而來的宮廷婆羅門貴族所提供的儀式技術，低地小宮廷的儀式地位超越潛在對手。在奧利佛·沃爾特斯所稱的「自我梵化」(self-Hinduization）過程中，地方統治者引進了婆羅門的禮儀和儀式。梵語化的人名和地名取代了本地的名字。魔幻般的婆羅門儀式把君王神聖化，並建立神秘的家族譜系，回溯君王的神聖起源。印度的肖像學（iconography）和史詩，隨著印度南部王國宮廷的複雜儀式一起引入。[38]但是梵文化似乎沒有高度滲入宮廷周邊地區的低地文化。按照喬治·克代斯的說法，這是一個「浮華的表象」，「一個與老百姓毫無關係的貴族宗教」。[39]沃特斯也將早期王室文本中綻放的梵文化，以及越南文本中活躍的漢文化，稱為「裝飾效果」，只是為了在當地日常生活增添一點莊嚴和學識氣氛。[40]梅爾・克萊弗斯（M. C. Ricklefs）偏好的另一種詮釋則是認為，王國不可分割的概念，事實上是用來加強某種意識型態，也就是我前面所說的誇飾宇宙論，目的是用來抵抗權力難免支離破碎的現實。[41]

雖然類似的模仿較難提升低地宮廷權力，但是卻大大影響高地與谷地的關係結構。首先，這將低地政權與其君主連接了一個普及化、普世化的魅力領袖中心。正如羅馬人使用希臘語，早期法國宮廷使用拉丁語，俄國貴族和宮廷使用法語，以及越南宮廷使用漢字、尊崇儒教一樣，採用梵文化的形式，清楚表明了它們位於超越族群、區域，超越歷史的文明之中。[42]即使本土語言文字在第一個千禧年後就已出現，梵文仍然持續蓬勃發展，翻譯梵文和峇里文的世界經典遠遠超過翻譯佛教教義的著作。東南亞的印度宮廷不同於從既存的本土傳統意識和信仰發展出來的宮廷文化（像南印度），它們是有自覺地模仿外在普世中心的模式。

低地貴族透過吸收南印度的儀式精華，大幅拉抬地位，也把平庸的老百姓和內陸甩在後頭。正如沃特斯所言：「他們自認位於印度社會文明的中心，因此覺得內陸在世界秩序的地位較低。」[43]

梵化也讓不久前也是「蠻夷」之人開始發明蠻夷。高棉文化原本與高原叢林相綁，可是當印度文化中心形成後，就開始傳播「野生與馴化的對立，一方是黑暗和幽閉的原始林區，另一方是人居的開放空間，這構成高棉文化意識的主旨。」[44]這誇大了定居的精緻宮廷中心，以及其控制範圍之外、粗野和未開化林區及山地間的文化差距，用大衛・錢德勒（David Chandler）貼切地說法，文明是「停留在林區外的藝術」。[45]

我們在規模比較小的王國和高地，也可以看到類似的符號轉換，以及透過外部文化來確認等級制度的過程。至少在西元一三〇〇年前，每個沿海平原都有立足於印度忠誠概念上的微型王國。那些小領主，哪怕只有半點虛榮心，也會亦步亦趨地遵循這套公式。[46]我們可以說高地比谷地更需要這些擴展性的儀式符號。由於位處財產共有的邊疆，分散、居無定所和游耕的高地民族。幾乎少見承襲而來的不平等，也缺少當地的傳統以確立超村莊權威（supravillage authority）的正當性。實際上確實有為了貿易和戰爭所組成的村莊聯盟，但這些都是表面平等的鬆散聯盟，並未訴諸永久的權威。如果最終要使用一種超村莊的權威模式，它們只能借自低地的印度宮廷，或是北方發號施令的中華帝國。訴諸魅力領袖或個人權威的模式，原本就存在於高地，但是普世性、印度式的國家建構模式，意味著設法將這套統治模式變成一種永久制度，將擁有追隨者的領袖變成掌握臣民的統治者。

印度和中國的國家觀念已在高地流傳甚廣。從歷史來看，這些觀念像是外來的碎片，一片片從低地流傳上來，例如王室徽章，神話般的特許令，國王的服飾、頭銜、儀式、族譜的訴求，以及神聖的建築。國家觀念之所以有吸引力至少有兩點原因。第一點也是最明顯一點，就是國家觀念可以為成功和野心勃勃的高地首領提供獨一無二的基礎，也是唯一的文化形式，讓他可以把元老（primus inter pares）的影響力，轉化成有君王、貴族和平民的小國統治者。李區已經說服大家，這樣的舉動有可能使那些害怕將永遠被統治的人起身反抗，選擇逃跑和反叛。然而，高地的首領，即使只是名義上的首領，有時也會發揮許多實質功能，比如扮演與低地首腦談判的中間人，組織納貢或貿易，抵抗低地的獵奴活動。這些成功的外交手腕也是決定高地族群間競爭的關鍵。[47]

站在谷地的角度，不論是前殖民、殖民或後殖民時代，都特別偏愛高地穩定的權威結構。穩定的權威結構可以提供間接統治的施力點、談判的夥伴、遇到麻煩時可以負責（或充當人質）的人。因此，谷地的統治者，包括殖民者，都有一種「高地領袖崇拜」（hill-chieffetish）的心態。他們在沒有領袖的地區找出類似領袖者，在確實有領袖的地方誇大該領袖的權力，並且依照自己的形象，努力創造出類似部落與首領地域的統治單位。國家對於領袖的渴望與高地強人的野心經常不謀而合，所以高地創造了類似國家形成的過程，儘管取得的成果往往無法持續太久。地方首領有充分的理由尋求強權授予的封印、徽章和封號，他們可以藉此嚇唬對手，並且壟斷有利可圖的貿易和進貢。高地一方面認可低地王國的帝國魅力，另一方面又瞧不起低地王國的臣民，也不願受其管轄，兩者並存、毫無抵觸。

國家魅力在高地的影響非常明顯。詹姆士・喬治・斯科特在一八九〇年代撣邦的軍事戰役中，遇到許多帶著貢品前來的佤族「首領」。他們認為斯科特是盟友，勸他加盟，一起圍剿附近的撣族村莊。佤族的勸說並未成功，他們「叫嚷著要拿一些肉眼可辨識的標記，來證明他們是英國的臣民。……我給了他們每人一張紙條，上面寫著當地的地名還有我的簽名，並貼上半安那（half-anna）郵票。……他們簡直高興死了，跑出去砍了一些竹子來收藏這些紙條。……他們對我說，孟連（Monglem）日漸侵占他們的地盤已有十到十二年了」。[48]當時斯科特正在動亂的山區尋找願意歸順和納貢的人，這些佤族「首領」則到處尋找盟友來達成政治目的。一八三六年，撣邦高地名義上還在緬甸管轄之下，在那裡李區也記錄了類似的進貢和尋找盟友的戲碼。首先，當撣邦迎接一名緬甸官員並準備好接待晚宴時，十位克欽和撣族的頭目突然現身表示團結，使阿瓦王國的統治規則獲得認可。但是李區點出參加宴會的首領有幾位水火不容，也提醒我們要理解儀式背後的國家影響力：

> 我所有的例子顯示，富昆谷地（Hukawng Valley）的緬甸人、撣人和克欽人有共同的儀式語言，他們都懂得如何使用這種共同的「語言」讓人理解。當然這並不代表使用這種「語言」所說的話，在政治現實中是「正確」的。儀式預設的是一個理想、穩定的撣國，上頭有莫蓋統治者（saphpa of Mogaing），而富昆谷地的克欽和撣族首領都是他忠誠的臣子。但沒有任何證據表明，曾有莫蓋統治者運用過這樣的權威，而且事實上我們也很清楚，在這些特定儀式舉行的將近八十年以來，根本就沒有真正的莫蓋統治者。隱藏在這些儀式背後的，並不是真實的國家政治結構，而是「彷彿」（as if）的理想國家結構。[49]

「彷彿」的理想國家結構，已經被高地既有政權，以及那些「即將出現」的高地國家框架吸納。撣邦的小國有自己的水稻中心人口，儘管人數不多，但他們和鄰近的暹羅和緬甸等國家一樣信奉上座部佛教，同時複製鄰國建築。莫里斯・克利斯（Maurice Collis）訪問賓德亞（Pindaya）的撣族宮殿（撣邦的*haw*）以後，認為這座宮殿完全是緬甸首都的小型複製品：「兩層樓的木造房屋，一樓是柱子支撐的大廳，其上是角樓，或者被稱為**帕雅塊**（*pya-that*），五片小屋頂層層疊疊，最高點是鍍金的頂尖。」克利斯觀察到：「這是縮小版的曼德勒宮廷。」[50]當地的寺院建築、送葬儀式和王權徽章也同樣是模仿鄰國。王國越小，模仿得就越粗糙，範圍也越小。克欽的**小首領**（*duwa*）也想擁有撣邦式權威，但他們那座彷彿小人國般的宮殿，變暗指了他們渺小的實權。對此，李區明說，克欽並不覺得撣邦是不同的族群，而是認為撣邦是一個等級森嚴的國家傳統承載者，在適當的條件下，他們自己也可以模仿。[51]克欽人借用了撣族的國家形式。

克耶人是撣邦高地克倫族的一個分支，他們宣稱在自治過程中，複製了他們所設想的撣邦和緬甸模式的政治制度。在這個例子當中，由於多數克耶人並非佛教徒，所以在複製過程中就刪除了上座部佛教的元素。雷曼指出，每一位克耶領袖，不論是篡位者、反叛者、平常的村民或者千年先知，都追隨從撣邦低地宮廷引進的國家形式：封號、日常器皿、假想出來的皇族譜系，以及建築。[52]這些領袖總會透過林林總總的方式宣稱他們實際上與那些「假設的」、理想上大一統的緬甸國家有點關係。儘管實際上可能算是反叛關係，但這種象徵性從屬關係便表明了，這些象徵符號成為國家性的表現模式，也就是訴諸高於村莊權力的唯一語言。由於克耶領袖的權力往往相當有限，因此這套語言與實踐的權力可能截然不同。

事實上，高地民族採用兩種截然不同的國家權威模式：南邊的印度宮廷和北邊的中國宮廷。因此，許多克欽首領致力於追隨撣邦模式來打造自己的「宮殿」、儀式、服飾和宇宙觀，而撣邦又是模仿中國宮廷模式。克欽的主要傳統，不論是符號空間和敬奉「天神」與「地神」的儀式，都與北京古老帝國的儀式極為相似。[53]非國家的阿佧族並未受到泰／撣的權威模式影響，卻受到道教、儒家和西藏模式的系譜學、權威和宇宙論影響，而佛教的元素則或多或少遭到捨棄。[54]當他們可以同時採用前述兩種國家的傳統時，可能會在模仿中形成一種外來的混合體。然而，不論是哪一種，他們都會把神聖、普世君王所代表的概念與象徵語言，轉為統治者的語言或儀式行為，他們實際的統治範圍可能不會超出村莊的界線。

文明化的使命

贊米亞邊陲所有的宮廷文化或多或少都在他們眼中的「文明人」與「野蠻人」之間劃出一條涇渭分明界線，各種詞彙用來表達「野蠻」，像是生人、高地人、林地人、河流和洞穴中的人。如同我們所見，**文明**和**野蠻**兩個詞難以分割獨立，兩者相互定義，相生相隨，就像**黑暗**和**光明**，任何一方都不能脫離相反的孿生體而單獨存在。一方往往從另一方推斷而來。因此在漢代，匈奴人被描述為「無文字，無家庭，也不會尊老」的蠻夷，沒有城市和永久居所，也不懂得定耕農業，匈奴人所缺乏的正是文明的漢人所擁有的。[55]可想而知，就像大部分的二分法，想要將這種方法應用在現實之中，經常會遇到許多無法適用於這種簡單分類的實例。這種模糊不清的情況並未威脅到這種文明二分法，一如種族二元框架般難以撼動。

根據暹羅、緬甸、高棉、馬來，特別是中國和越南宮廷文化中的標準文明化論述，野蠻人隨著時間流轉會逐漸被閃耀且充滿磁吸力量的中心同化。但是吸納絕對不是全部，野蠻的邊疆總會存在，否則文明化中心的概念便不再有任何實際意義。

如果認為蠻夷本質上與「我們相同」，只是較為落後且尚未開化，那麼在概念上讓高地人開化的可行性就越高。以越南為例，芒族（Muong）和岱族（Tay）從字面上理解是「我們活著的祖先」。正如凱斯・泰勒和派特裡夏・佩里指出的，芒族「普遍被視為受到中國影響之前的越南人（直到現在都還是如此）」。[56]他們仔細爬梳芒族的圖騰、居住型態、農業活動、語言和文學，主要藉此探索越南人的起源與發展。[57]

將蠻夷看成更早期的人，而不是徹頭徹尾的他者，原則上也就會認為蠻夷最終能夠完全開化。這也是孔子的信念。當弟子問孔子如何想像居住在九夷的生活，子曰：「君子居之，何陋之有？」[58]此處的文明論述，顯然單指某個文明，只攸關如何提升至單一文化的頂峰。一般來說人們無法認同兩種內涵不同但價值相同的文明，因此雙元文化主義（biculturalism）根本難以想像。

十九世紀初期，越南明命帝透過言語（如果不是行動）大方闡述這項文明化使命的哲學。

> 這片土地（加萊〔Jalai〕和拉德〔Rhadé〕）是遙遠偏僻之處，是一個靠結繩記事的地方，是一個當地人以游耕和收割水稻維生的地方，是一個傳統**依然**古老又簡單的地方。當然，他們的頭上有毛，嘴裡有牙，他們有自然給予的天賦。那麼他們不應該做點好事嗎？因此，我們輝煌的祖先帶給他們中國文明藉以移風易俗。[59]

柬埔寨東部和中部原先繼承的是古代高棉文化，但越南明命帝占領之後，隨即命令官員教導當地人越南的風俗和語言，示範種植更多稻米和桑樹，飼養牲畜和家禽的方法。最終，官員還得簡化並壓制任何野蠻的習俗，「彷彿把泥巴裡打滾的柬埔寨人帶進溫暖的羽毛被窩。」[60]

不論遵循的是中國還是越南文明之路，選擇文明者所看到的舒適和奢華，與武力反抗者所遭受到的無情鎮壓，兩者天遙地遠。十九世紀貴州大起義之前，中國最大的軍事戰役就是韓雍（一四六五年）帶領鎮壓，以及六十年後也就是一五二六年，由明朝大學者王陽明將軍指揮鎮壓的苗瑤大起義之戰。明朝軍隊第一次在藤峽大獲全勝時，奪走至少六萬條人命，其中有八百人送往北京公開斬首示眾。[61]王陽明獲勝之後，隨即協助恢復史上眾所皆知、或說是惡名昭彰的土司制度，採取「以夷制夷」之計，他認為蠻夷有如「未曾打磨的寶石」，只要仔細琢磨塑型就可以完全開化。[62]他對於直接統治蠻夷何以帶來巨大禍害的解釋令人難忘且相當到位：「蓋蠻夷之性，譬猶禽獸麋鹿，必欲制以中土之郡縣，而繩之以流官之法，是群麋鹿於堂室之中，而欲其馴擾帖服，終必觸樽俎，翻幾席，狂跳而駭擲矣。故必放之閒曠之區，以順適其獷野之性；今所以仍土官之舊者，是順適其獷野之性也。」[63]

帝國中心宣傳所信仰的文明論述是一回事，而事實又是另外一回事。這種自我理想化與京畿生活毫無關係，和帝國邊疆的艱苦更是摸不著邊。這和《論語》的描述也截然不同，書裡充滿探險家、盜賊、投機者、全副的武裝商人、解甲的士兵、貧困的移民、流犯、貪污的官員、三教九流和難民匯集的龍蛇雜處之地。一九四一年，有一份針對西南邊疆的報告區分出三種漢人：無家可歸、倉皇逃亡的難民；「尋找運氣的投機鬼」，如小工匠和商人；以及官員。「位階高的……生活懶散，往往是傲慢的大煙鬼，無視政府的條令……而下級官員則沉湎於小筆賄賂，並且從鴉片和鹽的走私中搜刮罰金，只要有一點利益可圖，他們無處不鑽。這些活動勢必激起他們與受壓迫之邊疆部落民族間的敵意。」[64]如同在任何一個殖民地或帝國之下，臣民的經驗，總是和那些上層結構試圖把整個帝國事業神聖化的意識型態大相徑庭。在這種情況下，在大部分的臣民眼中所謂的「虔誠」就像一則殘酷的笑話。[65]

二十世紀的東南亞大陸仍然盛行文明化計畫。一九六〇年代後期，泰國北部發生赫蒙族／苗族的暴動，巴博將軍不但採行各種鎮暴策略，包括燃燒彈和空投炸彈，還藉著蓋學校、移民、設立診所和提供定耕的農業技術來「開化」反叛者。尼古拉斯・塔普觀察到，巴博將軍的文化戰役，實際上就是一九三〇年代國民政府「猺族安化局」在廣東推動專案的翻版。[66]以當代中國為例，儘管原來蒙受汙名的少數民族已經漂白，但是漢族和無數少數民族之間的鴻溝仍然存在。「生」和「熟」已被「發展」、「進步」和「教育」等委婉說法取代了，但是背後仍然預設了，少數民族的社會和文化是「社會化石」，不久就會消失。[67]

由於各個宮廷文化不同，因此什麼被視為文明，什麼被汙名化為野蠻，也就不盡相同。儘管每一個文明都代表上升的階梯，但是許多梯級卻是非常特殊獨特。以暹羅和緬甸為例，上座部佛教是文明的重要標誌。[68]在越南和中國，識字能力以及更進一步了解經典作品，是文明重要的關鍵。而在馬來世界，上游的人一如王陽明對苗族的描述，也就是「尚未完成」的馬來人，如果要變成「完成」(就是中國所謂的「熟」) 的馬來人，信仰伊斯蘭教是關鍵一步。然而，儘管各個文化不同，但是這些梯子至少有兩階雷同。作為文明的條件，他們勢必實行定耕並居住在國家空間之中。

這種文明的趨中心敘事（centripetal narrative），意旨非國家民族一步步往山下遷移、接受水稻農業、語言和文化同化，本質上並沒有錯誤。它所描述的是一個歷史過程。李區和奧康納都同意，撣族，亦即定居撣邦的臣民，大致上就是接受谷地生活方式的高地族群後代。[69]馬來性同樣也是非國家的各族群，在成為港口小國臣民的過程中混合而成。同樣地，在緬甸的第一個王朝蒲甘也是許多族群的混合體。[70]因此，敘事本身雖然片面，但並非錯誤，只是為了配合宮廷中心而自述。

文明是規則

如果我們仔細探究文明的趨中心敘事，就會十分訝異「被文明化」的實際意涵，很大程度就是成為水稻國家的臣民。要成為受統治的臣民，還是游離於國家之外，兩者之間的區別事關重大且影響後續發展，往往會因為認同轉移（經常是族群認同）而成為歷史標記。在不同時空脈絡遷移到水稻核心區並進入森嚴的國家等級結構之中，就意味著成為泰國人、緬甸人或馬來人。這在中國的西南邊疆就表示從「生」番變成「熟」的文明狀態，最終也假定接受了漢族身分認同。

十二世紀海南留下的一份檔案，清楚表明臣屬關係與成「熟」

之間的關係，「熟」的意義可以從各方理解，像是受教化、馴化或是法語中的**進化**（évolué）：「那些服從並從屬於縣或鄉政權的人就是『熟』黎，而那些住在山洞卻不受我們懲罰，且不提供傜役的就是生黎。這些生黎有時跑出來和接受統治的人以貨易貨。」熟黎占據閾限（liminal）空間，他們不再是生黎，但尚未被同化成漢族。地方官員懷疑他們只是表面順從，私下會與外面的生黎「狼狽」為奸，「侵犯官府的土地，並且到處流竄搶劫旅客」。儘管擔心「熟番」背叛，但是熟番代表政治（國家的）秩序，而生番則代表紛亂。因此，「生佤搶劫掠奪」，而熟佤則「保護道路」。馬思中強調，官員錯誤認為所謂的**生**就等於原始或接近自然。雖然假定一切「原始」都是生的，但並非所有已開化的蠻夷都屬於「熟」的，生熟的關鍵在於是否服從漢族政權。地處川滇交界的諾蘇人（現為彝族的一個分支），儘管有種姓般的階級結構，而且自豪擁有文字，但是他們不願被吸納，所以多數仍然被劃分為生番。但同樣也有一小部分諾蘇人因為接受了中國統治，所以被歸為熟番。簡單地說，「所謂『生』番就是在國家機構強制管轄範圍之外的人」。[71]如果伊沛霞（Patricia Ebrey）是正確的，這套判斷標準甚至可以上溯至東周（西元前八世紀到西元前三世紀），當時就已經區分服從周朝統治的族群就是華夏，不服從的就是蠻夷。[72]

回到十八世紀海南的高地和黎族，就會發現宣示效忠並臣服於清朝統治的蠻夷會被「納入版圖」。他們宣示效忠之後，彷彿經過政治微波爐加熱，立刻成為「熟的」，儘管他們的風俗習慣依舊不變，「**熟**和**生**的定義關鍵主要在於政治，不大有文化意涵」。[73]「納入版圖」即吸收納進官僚系統，背後所隱含的意思是，這些人已經準備好接受成為漢人臣民，接受文明規範的文化移入過程，而且認定他們是急於擁抱「文明化」。[74]不過，這個過程的關鍵起點是政治行政地位變為熟，「開始走向登記、賦稅、提供徭役的『順民』之路…除了『不受法律規範』外，『蠻夷』並無固定指涉。它僅僅指那些**隨時**都被認為與眾不同以及任何生活在邊陲的民族，他們滿足（或被認為滿足）作為非臣民的最低標準，操著迥異的民族語言，散布在邊陲。」[75]

我們應該從行政控制的角度理解邊疆少數族群分類的出現，而不是依照各族群本身的文化差異來區分。十五世紀界定廣東瑤族的是公民地位，也就是否被納入版圖。那些接受登記納稅並提供徭役的人，直接從定居權獲益，變成了**民**（公民、臣民），而沒有登記和繳稅的人就變成了瑤族。「創造出來」的瑤族與登記納稅的平民並無文化區別，但是隨著時間流轉，瑤這個標籤就在漢族的行政體系下一步步「族群化」。[76]「苗」在清朝行政體系當中基本上也是相同的情況，苗乃複雜混合的詞，涵蓋數十個語言不通的群體，他們共同的特色就是拒絕變成「財政人口」。久而久之，一個原本並無共同文化內涵的指稱，逐漸代表一種族群認同。[77]

因此，野蠻在明清代表的是和國家相對應的政治位置，是一種相對的地位關係。非屬蠻夷之人，由宮廷完全吸納成為納稅人口，基本上採用漢族的風俗、服裝和語言。蠻夷分成兩類，分別是熟夷和生夷，這種分類也是一組對應關係。熟夷有獨特的文化，雖然還保有當地的領袖，但已接受漢族政權登記和統治。人們也認為熟夷已踏上文化統合之路，最終將成為漢族。相反的是，生夷則是完全處於國家之外，是不可或缺的「他者」（other），帶有濃濃的族群特性。

離開國家，投向蠻夷

遷移到國家範圍之外的人，也因此跨越了文明和野蠻概念的界線。同樣的，離開受治之「民」或受監督的熟夷而前往生荒地區的人，也進入一片清楚的族群化區域。

從歷史上來看，變成蠻夷的過程頗為常見，有時候變成蠻夷甚至比文明化更加普遍，只要離開國家空間，便足以被視為是蠻夷，且被貼上族群化的「部落」民族標籤。早在西元九世紀，中國官員的報告就指出，西南地區人稱尚（Shang）的族群最初也是漢人，這些人後來逐漸與「西南蠻夷」融合。[78]此外，世人所知的山越族也是一般的「民」，為了避稅而逃跑成為蠻夷。十四世紀初，官吏的報告認為山越人既危險又缺乏秩序，但是沒有任何跡象顯示他們與納稅且接受統治的人在種族和文化上有任何差異（暫時不管原住民）。但是經過一段時間之後，他們生活在國家權力之外，逐漸成為山越族。[79]凡是因為某些緣故逃離國家權力的人，包括逃避納稅、兵役、瘟疫、貧窮、監禁，或是為了貿易及搶奪，都是把自己部落化。我要再次指出，族群始於統治和稅賦權力到不了的地方。官員之所以會害怕且污衊蠻夷的族群區域，正是因為這些地方處於王權之外，像塊磁石吸引了許多基於林林總總理由而想逃離國家的人。

其他地方也有相同的機制。以馬來世界為例，班雅明筆下的「部落化」（tribalization）和「再部落化」（re-tribalization）就是指原先不屬於部落的人遷移到馬來國家的管轄範圍之外（再加上馬來國家本身頻繁地解體），因而創造一片短暫的腹地。[80]外界用以汙名化無國家族群的詞彙，也帶有缺少有效統治之意。比方說加里曼丹的梅拉圖斯人（Meratus），因為天生不受管轄且居無定所，而被貼上「尚未安排／管制」的標籤。[81] 十七世紀中葉，有位在菲律賓的西班牙官員描述奇科河（Chico River）山民時，在貶抑山民的無國家狀態時，也帶著一絲欣羨：「他們自由自在，眼中沒有上帝和法律，沒有國王或任何需要尊重的人，他們放縱自己的欲望和熱情。」[82] 對於那些背負汙名的人來說，谷地官員眼中所見的悲慘落後，或許恰好代表了可以自治、流動和免稅的政治空間。

文明化的序列，即由民、熟番、生番依序排列，同時也是國家吸納由強到弱的政治序列。阿拉伯柏柏爾的文明化序列也頗為雷同。**化外之地**（*siba*）是阿拉伯國家控制之外的地區，而**國家管轄區**（*makhazem*）則在阿拉伯控制範圍之內。生活在化外之地的人就是（或是變成）柏柏爾人。正如處理生夷和熟夷一樣，王朝統治的任務就是擴大支持王朝的**部落**（*guish*）圈，擴大國家權力範圍。蓋爾納認為，*siba*最好被翻譯成「制度化的反抗區」（institutionalized dissidence），當地居民遭受蔑視並被稱為「柏柏爾」。部落社會從定義來看存在於非部落社會邊緣，與黑暗對應並生。[83] 這裡與東南亞不同的是，中東和北非的「部落」與受國家統治之人信仰相同宗教，儘管儀式上可能有些差異。在這些情況下，人們根本難以清楚辨析何謂「柏柏爾王國」（Berberdom），除非知道所謂的「柏柏爾」不過是阿拉伯人稱呼逃避國家控制以及拒絕納進等級體制之人的方式。[84]

所以，蠻夷是一種國家效應，唯有從相對於國家的「位置」來看，才能理解蠻夷的存在。我大力推薦班尼特・布朗森（Bennet Bronson）有關蠻夷的抽象定義和簡單定義，他說：「（蠻夷）僅僅是一個政治單元，它和國家直接接觸，但本身並不是國家。」依此可知，假如從識字、技術技能、熟悉周邊如羅馬或漢族中國等「大傳統」等方面考量，蠻夷可能也相當「開化」。由這個角度思索這些非國家民族，如愛爾蘭人或是東南亞的海島族群米南佳保人（Minangkabau）和巴塔克（Batak）人，他們或許擁有比鄰國更強大的軍事力量，所以有能力掠奪國家或索求納貢。在此脈絡下，也可以想想唐朝的蒙古人、摩洛人（Moros）、貝都因人、蘇格蘭人、阿爾巴尼亞人、高加索人、帕坦人（Pathans），以及歷史上很長一段時間的阿富汗人。這些「蠻夷」社會越強大，越可能有系統地掠奪鄰近國家空間的財富、糧食、商品和奴隸。布朗森認為，印度和蘇門答臘儘管有良好的農業生態環境，但國家形構歷史卻相對弱，正是因為鄰近有強大的非國家掠奪者。[85]

所有帝國作為「文化－政治」的複合體都必須實行分類。因此，如果粗略理解羅馬帝國的特色，其實和那些侵犯贊米亞的國家沒什麼不同。[86]奴隸制度對於羅馬有多重要，對緬甸、泰國和早期的漢邦就有多重要。每次軍事行動都會有商賈相伴，目的是購買戰俘並轉售到羅馬一帶。許多蠻夷間的戰爭都是為了搶奪戰俘交易的利益。有別於羅馬公民的一致性，由多省分形成的羅馬文化會因吸收的「蠻夷」文化而有不同面貌。

就像中國和東南亞大陸國家一樣，羅馬也推崇蠻夷首領王國（chiefdom fetish）。凡是有機會拓展疆土之處，他們都會恣意地宣稱該地具有族群特色，並指定或承認一位當地首領，不論這位首領是否這樣自稱，他都會成為羅馬權威在當地的載體，負責維持當地「人民」的良好行為。然後，這些民族按照文明的進化程度排列，高盧的凱爾特人（Celts）最貼近羅馬權力中心，他們沒有國家，但是有著獨特文化，有碉堡圍成的城鎮與農業，彷彿漢人帝國框架下的熟夷。生活在萊茵河外的各日耳曼族屬於生夷，遊走在羅馬和黑海間的匈奴人是最生的生夷。而在不列顛的羅馬省，北方哈德良長城外的皮克特人（Picts）是生夷中的生夷，或者是「最後的自由人」，一切取決於你怎麼看。[87]

我要再次強調，民族與帝國統治的相對位置，是文明程度的重要標誌。羅馬統治的省分是接受管轄的蠻夷（熟夷），一旦像農民一樣可以提供可靠的稅收和徭役，也就會失去了族群之名。這個範圍外的人都被族群化，有自己的首領，而且他們擔負的是**納貢**（*obsequium*）而非納稅之責，尤其在其他人眼中他們並未種植穀物。當這些「省民」（provincials）反叛羅馬統治的時候，羅馬直接統治與如何畫界野蠻狀態之間的聯繫，也就表露無遺。此時，這些省民被重新族群化（重新野蠻化！），意味著文明可能倒退，而且野蠻絕對是種政治分類。根據情況，羅馬人可能以逃兵、商人、移民和亡命之徒的身分搬到野蠻地區，而「蠻夷」也可以進入羅馬領域，儘管集體遷移需要得到批准。雖然兩者會跨界往來，但是分界線仍然涇渭分明。此處，「蠻夷」同樣是國家效應。「唯有征服才能真正瞭解蠻夷世界，但遭到征服後的蠻夷就不再是蠻夷。從概念上來說，蠻夷也就永遠退出羅馬人的理解範疇。」[88]

族群化的蠻夷乃政治位置，生活在國家之外又緊鄰國家，是挑釁中央權威的永遠象徵。由於蠻夷的地域位置、散居的習慣、碎片化的組織以及游居多變的謀生方式利於防禦，所以幾乎無法根除蠻夷，且從符號上來看，蠻夷的存在對於文明的文化觀念不可或缺。他們依然是國家等級制度和稅賦之外的社會組織，也是一種選項和誘惑。可以想像，十八世紀那位佛教徒在雲南反抗清朝統治時，已經理解「蠻夷性」的訴求，他勸告人民的聖歌說：「阿毗（Api）的信徒無須納稅，他們自耕自食。」[89] 對於鄰國的官員來說，蠻夷是罪犯、叛亂者和逃稅臣民的避難所。

「成為蠻夷」之所以能吸引人，就是因為居住在國家管轄範圍之外（更不用說遺棄文明），但對於本書所關注的四個主要文明，也就是中國、越南、緬甸和暹羅等國家的官方敘事來說，這種說法根本站不住腳。一切有「如預期般走向無可避免的單向同化」。以漢族為例，**生**和**熟**兩個詞隱含不可逆之意：生肉可以煮熟，但是熟肉無法再「回生」，儘管它有可能腐敗變質！此處並未提供雙向通行或倒退之路。國家的官方敘事也絕不會容忍這個無可爭辯的事實：那些試圖同化他者的核心文明，本身也是組成多元的文化綜合體。[90]

一個文明的敘事如果認定自己的文化和社會帶有吸引力，認為進入自己的文化習俗是眾所渴望的上升過程，那此文明本身就不大可能記載（更不用說解釋）大規模的逃亡事實。但這已是歷史上的普遍現象，官方的敘事一定看不到叛逃，因此那些遷移到非國家空間的人，那些適應當地農業生態的人，都被族群化為一種蠻夷，並且認定他們自古以來就生活在那裡。十五世紀中葉，官府軍隊壓倒瑤族之前，情況似乎是「漢人有很大一部分更名為非漢人，而不是反過來……邊疆的移民在政府控制較弱的地方支持盤瓠王（族群神話）的象徵，附近瑤族也承諾給予幫助。他們與那些到宮廷納貢，並對文明表示敬佩的『蠻夷』完全相反。從國家的角度來看，反叛者背叛文明，並依附於蠻夷」。[91] 在文明的論述中，帶著貢品來的蠻夷還享有榮耀的地位，但奔向蠻夷的漢族臣民就沒有了！根據清朝的文獻，他們被污衊成「漢奸」，這是個至今都還帶有強烈民族共鳴之詞。[92]

「自我蠻夷化」的方式極多。那些想進行貿易、逃避納稅、逃避法律或者尋找新土地的中原人口不斷湧入蠻夷地區。一旦到那裡，他們可能學習當地語言，與當地人通婚，並且尋求蠻夷首領保護。叛亂失敗後的殘部（最著名的是十九世紀的太平天國），和被顛覆的王朝及剩餘追隨者（比如清初的明代遺民）便成為向蠻夷地區流動的人群。有時當地的蠻夷王朝勢力強大，譬如南詔，也可能捕獲、買賣並進而將中原人口吸納進蠻夷王朝中。奉命鎮守蠻夷地區的中原將軍，也經常會組建地方聯盟，娶當地妻子，有時還跟當地首領一樣宣布獨立。最後，有一種自我蠻夷化的形式，清楚說明受中原統治與文明化之間的關係。當漢人統治下的熟夷區域起義成功以後，他們就會被重新劃入生夷的範疇，恢復成「蠻夷」。但發生改變的，並不是他們的文化，而是他們與漢族統治之間的從屬關係。[93]

威廉・羅維（William Rowe）聲稱，或許是因為影響實在太大，「投向蠻夷」可能是常態而非例外：「幾個世紀以來的歷史事實一直是……逐步適應原住民生活的中原人，遠比適應中國文明的原住民更多。」[94]所有完整紀錄人口變遷的著作都顯示，在這樣特殊背景脈絡之下，文明的倒退頗為普遍，甚至相當頻繁，但在官方敘事中卻都沒有容忍空間。在王朝衰落、自然災害、戰爭、瘟疫和極度專制的統治時期，冒險家、商賈、罪犯和拓荒者穩定外流，都造成國家人口大失血。可以想像，許多邊疆附近的人，可以看出自己處於文化兩棲的優勢位置，審視情勢游走於兩邊。即便現今中國的西南邊疆，少數民族也就是蠻夷，仍然擁有相當的優勢。比如逃避「一胎」

的計劃生育政策，逃過一些稅，還能從惠及少數族群的「優惠行動」項目中受益。當地漢族或混血後代想方設法要登記為苗族、傣族、瑤族和壯族等少數民族。

第五章

遠離國家，集聚高地

寶塔蓋好了，國家也毀了。

——緬甸諺語

擴張的社區在接管新領土後，未把原有居民吸納到自己的社會而是驅逐全部人（或一部分人），逃走的人在他們所散布的新土地上，形成一種新的社會。

——拉鐵摩爾，〈歷史上的邊疆〉

美國九一一調查委員會對二〇〇一年紐約世貿中心恐怖攻擊的調查報告，引起世人關心恐怖分子威脅的新座標。他們並非來自敵對的國家，而是來自委員會口中「最無政府最無法紀」、「最偏遠」和「沒有警員龐大地區」的庇護所。[1]他們點出幾個特定的庇護所，例如巴基斯坦與阿富汗邊界的托拉博拉（Tora Bora）和沙伊克特（Shah-i-Kot），菲律賓和印尼南部「不見警政」的島嶼。委員會清楚知道地理位置遙遠，地勢險峻，最重要的是相對缺乏國家權力等因素，使得這些人有辦法頑強抵制美國或其盟友所施展的權力。但他們忽略的是，許多人之所以生活在那裡，正是因為這些庇護所自古以來就是逃避國家權力的地區。

正如一個相對缺少國家權力的偏遠地區會成為賓拉登與黨羽的庇護所，我們稱之為贊米亞的東南亞高地在歷史上也為那些逃避國家的人提供了庇護所。因此，我們也可以把眼光放長遠，從一千五百年到兩千年之間來看，合理地將當代高地人民視為**逃亡奴隸**（*marronnage*）的後代子孫，亦即從谷地建國計畫脫逃的亡命之徒後代。他們的農耕方式、社會組織、治理結構、民間傳說以及文化組織，普遍都帶有逃避國家或遠離國家的清楚印記。

直到不久之前才出現人口匯聚高地源於移民逃避國家這種的說法，顯然和舊觀點大相逕庭，至今一般谷地民眾所持有的信念，多少還是舊觀點。舊觀點認為高地原住民因為各式各樣的因素以致於無法成功過渡到更文明的生活方式，具體來說就是無法定居、缺乏水稻農業、沒有低地的宗教，也未能成為更廣大政治社群的一員（臣民或公民）。最極端的看法是，認為高地人群乃是深陷在某種高地文化污泥之中，是難以被改變的異類，所以文化不可能進步。目前比較仁慈的說法是，認為高地人群在文化和物質上「比較落後」（甚至是「我們活祖先」），我們理應投入並發展這群人，意圖將他們整合到國家的文化和經濟生活之中。

相反地，如果說比較準確的看法是：把贊米亞的人群看成一個人口複合體，他們在某個歷史時間點上選擇遠離國家權力能輕易滲透的地方，那麼舊觀點所隱含的進化序列也就站不住腳。高地特性（Hilliness）反而應是種國家效應，是那些因各種理由離開國家權力直接控制範圍之人，所創造出來有明確特徵的社會。我們將會見到，把高地人群看成是抵制國家的社會，甚至是反國家的社會，更有利於理解高地的農耕方式、文化價值和社會結構。

儘管早期的相關證據不太明確且極為不足，但是人口匯聚高地的主要邏輯已經相當清楚明白。強大的谷地水稻國家帶著人口和軍事優勢崛起，推動人口雙向流動：一方面是吸收和同化，另一方面驅逐和逃避。那些被吸收的社會都會失去特色，儘管他們已經把自身文化色彩融入代表谷地文化的混合體之中。遭到驅逐和逃避國家的人，則奔向內陸位於高海拔地區的庇護所，雖然他們所找到的避難所並非荒地，但久而久之，逃避國家的移民與移民後代的數量越來越大。從歷史長河來看，此一過程斷斷續續。王朝和平與商業擴展時期，還有帝國盛世的擴張時期，生活在國家權威庇護下的人口也會增加。「文明化過程」的標準敘事，還算是可以代表這段年代的特徵，儘管不像官方美好景象那樣溫和與一廂情願。但是遭逢戰爭、糧食歉收、饑荒、稅賦過重、經濟緊縮或軍事征服的時候，生活在谷地國家勢力範圍之外極具吸引力。谷地人口流向這些地區（往往是山地），地形阻力形塑了逃避國家統治的庇護所，成為贊米亞匯聚人口以及建構反叛國家的社會之關鍵。兩千多年來，類似的移民規模有大有小。每波移民都會遇到更早一步過來或在山區居住已久的人群。在這個統治鬆散的空間裡，身分認同的衝突、融合和重塑，造就贊米亞族群的複雜性。谷地國家自我表述的文本中，並未賦予這種流動現象合法的表述空間，更別提被記錄下來。不過，直到二十世紀，這些現象還相當普遍。即使到了今天，我們依然可見類似的情況依然存在，只是規模變小了。

一個企圖淩駕他者的國家，便是造成人口遷移與吸納遺民的動力來源。至少從漢代往南方的長江流域擴張開始，從中國首次成為大型農業帝國（西元前二〇二年至西元後二二〇年）一直到清朝，以及繼任的中華民國和中華人民共和國，逃避王朝吸納的人，就陸續往南疆、西部，以及西南地區的贊米亞遷移，包括雲南、貴州、廣西和東南亞。其他稍晚建立的水稻國家，則是小規模地仿效，並不時在策略上阻礙中國擴張。其中以緬甸、暹羅、鄭氏王國和西藏最為突出，然而還有許多小型的水稻國家，曾在歷史上做出相同行為，在此僅舉幾個例子，例如：南詔、驃國、南奔／哈利班超王國（Haripunjaya）和景棟等，雖然它們都已走進歷史。他們彷彿一台捕捉和吸收人口的機器，以同樣的方式不斷把逃避的人口吐往山地，並開創自己的「野蠻」邊疆。

也有人關注到高地作為逃避臣民負擔的避難所。如米肖的觀察，「山民可以視為因戰爭產生的流亡難民，他們選擇生活在國家權威想要直接控制勞工、徵稅以及穩定取得人力（軍人、男女奴僕和奴隸）的地區之外。這意味著山民一直在流亡。」[2]假如從歷史、農業生態和民族誌的角度來看，米肖的觀察提供了我們理解贊米亞的有力透鏡。本章及接下來的後兩章都是通過上述透鏡的強大解析能力，進而整理廣泛的論點。

其他避難區

我們理解贊米亞的視角並不新奇。在世界各地有許多地方或大或小都有類似的案例，在擴張王國的逼迫下，受到威脅的人民只能在同化和抵抗之間二擇一。一旦受到威脅的人自己組成國家，抵抗就可能形成軍事衝突。只要落敗，被征服者就會被吸收或自願遷徙至他處。如果受威脅的是無國家的人群，他們的選擇只剩下被吸收或者逃亡，逃離過程總是伴隨著武裝衝突，有時是為了阻止後方追殺，有時是為求生存打家劫舍。[3]

大約三十年前，貝爾特蘭對於拉丁美洲也提出類似的論點。他在《避難區》（*Regions of Refuge*）一書指出，在遠離西班牙控制中心且難以通行的偏遠地區，可能還存在一些被征服前的社會。他們選擇地點的考量有兩項重點：第一，這些地區對於西班牙殖民者來說經濟價值不大，甚至毫無經濟價值。其次，這些地點所在的地理位置險峻，距離阻力特別大。貝爾特蘭指出，這些地區「是地勢不平的鄉間地帶，地理困難且交通隔絕，地勢嚴峻，農產量很低」。符合這些條件的三種環境分別是沙漠、熱帶叢林與山脊，每一種環境都是「不利於人類活動且難以進入」的地區。[4]按照貝爾特蘭的陳述，當地原住民大多是殘存者，不是從被迫進入或逃入這些地區，而是被置之不理的人，這些區域之所以逃過被征服的命運，是因為對於西班牙人來說，這裡既不能帶來經濟利益，也不構成軍事威脅。

貝爾特蘭基本上同意，有些原住民會因為西班牙人掠奪他們的土地而被迫放棄田園，撤退至拉地諾（Ladino）開墾者最不想要的土地上。[5]後續的研究更加凸顯了逃跑和退避在這段過程中的重要性。從歷史長河中切入，貝爾特蘭書中所說的「原住民」，就算不是全部，至少有部分曾經是定居農民，生活在階級森嚴的社會中，由於西班牙施壓和瘟疫造成大量死亡，迫使他們重構社會，提高群體的適應性和流動性。因此，施瓦茨和所羅門寫道，「縮小標準群體的規模，讓親屬關係的安排更有彈性，以及削弱社會／政治集權程度」，從而使居住在岸邊的居民複合體轉變成「各村涇渭分明的村民」。那些後來被視為落後甚至是新石器時代的部落人口圖像，應該更準確地將其視為適應政治威脅後所產生的一種全新人口圖像。[6]

如施瓦茨和所羅門的記載，當代已經將此過程理解為一場龐大的人口遷移和族群重組。以巴西為例，由殖民**歸化區**（*reducciones*）和強制勞動中逃離出來的原住民，包括「落敗村莊的殘存者、混血兒（mestizos）、逃兵，以及逃亡的黑奴」，都經常在邊境地區聯合起來，有時會沿用移居地當地人的民族認同，有時會形成新的認同。[7] 正如亞洲水稻國家，西班牙和葡萄牙的統治計畫也需要在國家空間內掌控可用人力。強迫定居引發的逃亡，最終創造出兩個彷彿楚河漢界的區域，一方是國家，另一方則是地理位置位於國家勢力範圍之外、且經常位於高海拔的反抗區。新世界特有的人口大量出逃，與東南亞的相似之處令人吃驚。針對一五七〇年的歸化區，施瓦茨和所羅門宣稱西班牙：

> 在人口減少和需要大量殖民勞動力時，強制人民定居在各個核心教區。這項計畫使得成千上萬的印第安人流離失所，過去印加王國的四方子民被重置。儘管集中分散的農牧據點以打造歐式小鎮的計畫未如事前規劃那樣地成功，但結果卻相差不遠，包括周邊和高地原住民與「文明」教區中心的持久對立……人口減少，沉重的納貢以及強制勞動配額制度，導致成千上萬人離鄉背景，還有整個人口的重組。[8]

在安地斯山區，文明中心與「原住民邊境」(native outlands) 之間南轅北轍的差異，也存在於被征服以前的印加宮廷與邊陲人群之間，只不過後者的地理相對高度和前者相反。印加王國位處高海拔，而邊陲卻位在低海拔潮濕的赤道熱帶雨林之中，當地居民長久以來反抗印加的統治。兩者的地理相對高度相反，提醒了我們，前現代國家建構的關鍵是耕地和人力的集中，而非絕對的地理高度。東南亞大片、可耕種的水稻田都位於低海拔，而秘魯則不同，位於二千七百米以下的耕地比較罕見，而在此高度以上的耕地，耕種方式與灌溉水稻不同，新大陸的主要糧食如玉米和馬鈴薯在耕地上都相當茂盛。[9]儘管在印加文明中，地理高度的關係相反，但無論是印加或西班牙都促使抵抗國家的「野蠻」邊陲興起。以西班牙為例，最引人注意且最具啟發之處，在於多數野蠻邊陲是由逃離複雜定居社會的人所組成，他們刻意落腳在能夠遠離國家危險和壓迫之地。如此一來往往表示他們放棄定耕田地、簡化社會結構，並分裂成更小且更有流動性的群體。諷刺的是，他們甚至成功騙過上一代的民族誌學者，讓他們相信雅諾馬諾人（Yanomamo）、西里奧諾人（Siriono）和土頗－瓜拉尼人（Tupo-Guarani）等散居各處的人，都是原始人的活化石。

那群曾經組織反抗歐洲人統治爭取自由的人群，逐漸變成最能夠代表拒絕服從地區的人群。這些破碎地帶，尤其是物饒豐沛的地方，就像塊磁鐵吸引那些奔向殖民強權範圍外尋找庇護所的個人、小群體和整個社群。施瓦茨和所羅門說明了，那些打敗歐洲人並控制亞馬遜上游數條支流的希瓦羅人（Jívaro）及附近的匝帕羅人（Záparo）變成吸引庇護者之所的過程。[10]人口流入後的必然結果乃成為多數避難區的共同特點，即：拼貼式的身分認同、族群性和文化融合，構成令人迷惑的複合體。

從十七世紀晚期到十八世紀絕大多數時期，英法兩國忙著拉攏他們在美洲的原住民盟友，尤其是易洛魁人（Iroquois）和阿岡昆人（Algonquin），藉此競爭在美洲地區的優勢地位，北美大湖區因此成為避難和人口流入區，湧進了來自各地、背景迥異的逃亡者和難民。理查・懷特將此地區稱為「碎片組成的世界」：背景南轅北轍的村莊比鄰而立，還有許多人口混雜的定居點。[11] 在這樣的地域下，即使是小村落的權威也極為脆弱，每一個定居點本身也都非常不穩定。

由於歐洲的征服者無法成功將美洲原住民變成奴隸，新大陸避難區裡瘋狂拼貼的族群序列，又因進口新人力（也就是黑奴）而變得更加複雜。奴隸是多語言人群，他們外逃以躲避奴役，來到已經被當地原住民所占據的避難區。在佛羅里達、巴西、哥倫比亞和加勒比海等地區，兩方相遇產生了無法以三言兩語說清的混雜人群。奴隸和原住民並不是唯二被遠離國家的生活所吸引的人群。各個邊疆常見的冒險家、商人、盜賊、亡命之徒和流放者也經常遊蕩至此，增添整個地方的複雜程度。

行文至此，一種大致像是「歷史模式」的輪廓開始出現。國家擴張總是牽涉到強制勞動，因此，在地理條件允許的情況下，就會孕育出國家外的逃脫區和避難區。這些地區的居民往往由逃亡者和早已定居的族群所組成。歐洲的殖民擴張無疑是此模式的最佳紀錄，不過這個模式也同樣適用於早期的現代歐洲。從十五世紀以來，逃避俄國農奴身分的流民所創建的哥薩克邊疆，恰恰是我們稍後會再回頭探討的例子。

第二個例子也極具啟發性，那就是十七世紀晚期和十八世紀早期，介於普魯士和布蘭登堡等農業國家以及威尼斯、熱那亞和馬賽（Marseille）等海上強權之間的「亡命走廊」。[12]農業國家對徵兵的強烈需求，使他們持續掃蕩「流浪漢」（基本上就是居無定所的人）來滿足驚人的徵兵數額。吉普賽人是受到侮辱和蹂躪最深的貧窮流浪者，他們和犯罪劃上等號，成為惡名昭彰「獵巫」（*Zegeuner Jagt*）行動瞄準的對象。在西南部，同樣殘酷的競爭也在海洋國家間發生，他們從貧窮的流浪者之中擄人充當海上奴隸。不論是農業國家或海權國家，都承認軍隊和船上的苦役可以代替死刑，因此擄獲流浪者便牽動著軍隊的人力需求。

不過，在這兩塊蓄奴區之間，有一片相對自由的縫隙，許多一無所有的流浪者，尤其是吉普賽人，都逃向那裡。這塊人煙稀少的土地，是狹窄的避難區，更成為眾所皆知的「亡命走廊」。亡命走廊乃「巴拉汀（Palatine）和薩克森（Saxony）之間的移民聚集區，這裡遠離普魯士－布蘭登堡徵兵區，也和地中海有段距離（將一名奴隸從地中海運來的運費，甚至比奴隸本身的價格還高）」。[13]一如貝爾特蘭所描述的避難區和逃亡的黑人社區，亡命走廊是國家效應所造成的結果，也是一種透過有意識的回應以及拒絕臣服，而形成的抵抗國家的社會空間。[14]

在我們返回贊米亞之前，東南亞另外兩個逃避國家控制的「山地」避難區也值得簡單考察。第一個是東爪哇的騰格爾高地，當地倖存的文化與宗教，似乎深刻影響了移民動機。[15]第二個是呂宋島北部，這個例子則可以視為極端案例，因為那些逃亡者所修復的避難區原本幾乎無人居住。

騰格爾高地獨特之處在於它是爪哇非伊斯蘭地區的重要堡壘，也是在十六世紀初最後一個印度教王國滿者伯夷（Majapahit）崩解以後，唯一一個躲過伊斯蘭化浪潮，並保留印度濕婆祭司的地區。根據當地的文獻紀錄，有一些落敗者逃到峇里島，另一些則試著逃到高地避難。如赫夫納所指出的：「有趣的是，現在騰格爾高地的人緊緊依附印度祭司，但是絲毫沒有其他印度教特色，如種姓制度、宮廷和貴族統治。」[16]低地國家出走避難的移民浪潮，每個一段時間就會重新添補高地人口數量。七世紀的谷地王國馬塔蘭興起後，不斷派遣遠征軍進入山區捕抓奴隸，逼使那些躲避抓補的人爬上更高的陡坡，抵達相對安全的高地。一六七〇年代，有一位馬杜勒斯（Madurese）王子起兵反抗荷蘭庇護的馬塔蘭，反叛失敗之後，潰散的叛亂者比荷蘭追捕者搶先一步逃進高山區。另外一位反叛者是名為蘇拉巴蒂（Surapati）的前奴隸，也是岩望（Pasuruan）的奠基者，雖然他被荷蘭人打敗，但是他的繼任者卻能靠著騰格爾高地的堡壘持續抵抗多年。騰格爾高地的情況令人震驚，赫夫納認為這裡是二百五十年政治暴力的產物，是在荷蘭統治下，結合了奴隸、戰敗者、逃稅的人、以及逃避文化同化和逃離強迫農耕的人等等，他們共同形塑的區域。

到了十八世紀末，大批人口已經遷移到地勢最高、最難通行，所以最容易防禦的地方，縱然這裡經濟相當不穩定。非穆斯林的高地人每年都會紀念這段逃亡史，他們把牲祭投人火山，紀念抵抗穆斯林軍隊的逃脫行動。儘管帶有印度教痕跡，但這段獨特的傳統體現在家戶自主與自立的現象，以及推動反階級的力量之中。首次造訪此地的林葉官員對高地和低地型態的對比印象深刻：「你分辨不出富人與窮人。無論地位高低，每個人說話的語氣一模一樣，應對的方式也都如出一轍。小孩面對父母，甚至是村長說話也只是使用日常說話的**語氣**（*ngoko*）。沒有一個人會對其他人卑躬屈膝。」[17]這就像赫夫納眼中所見，騰格爾高地人民的最大目標是避免「任人差遣」；他們刻意要與那些階級制度嚴格，行為深受社會地位約束的低地爪哇人天差地遠。因此持平而論，騰格爾高地的人口圖像和文化氣質也可說是國家效應，過去五百年來，這個地方被一波又一波逃離低地國家的難民所占據，他們的印度教儀式以及標榜的平等價值，都是刻意與有階級意識的低地伊斯蘭人完全背道而馳。[18]

第二個歷史個案是東南亞海島呂宋島的北部山區。當地結構與我想研究的贊米亞大致相同，呂宋島北部與騰格爾高地一樣，可視為一個較小型的贊米亞，占據此地的大多是逃離低地國家的難民。

菲立克斯・基辛（Felix Keesing）在《呂宋北部民族史》（*Ethnohistory of Northern Luzon*）書中，鉅細靡遺地記載，並努力解釋高地和低地民族之間的文化和族群差異。他反對將兩個民族的差異視為本質如此或者天性使然，因為這種看法將導致人們必須分別用兩段獨立的移民史，來解釋這兩個民族如何遷徙到呂宋。他反而認為區別兩者的關鍵應該追溯至西班牙占領時期，以及「作用在最初同一批人的生態和文化動力」。[19]當然，整體圖像再次顯示，這種逃亡遷徙可以一路追溯回五百年以前。

在西班牙人十六世紀登陸之前，有些島民就已經向內陸遷移，逃離沿海伊斯蘭奴隸販子的捕捉範圍。那些仍然留在沿海附近的人經常建造瞭望塔，每當奴隸販子靠近時就會發出警報。可是，當西班牙人出現後，逃避奴役的理由馬上倍增。如同水稻國家，將人口和農業生產集中到特定空間是建造國家的關鍵。[20]當地情況有如拉丁美洲的歸化區，在歸化區裡，修道院的地產是一個假託「基督教文明」的強制勞動系統；而在呂宋島上，人民由孕育低地強權的「溫床」逃向內陸和山地。基辛相信當時這些地方都還是人煙罕至之處，他主張文獻資料證實「表明有路可逃的族群，如何面對兩個不同的選擇，一是接受外人的控制，二是退向內陸。有些人向內陸撤退，也有一些在不斷反抗西班牙統治的過程中，一步步退至山地……在西班牙統治下，向山地撤退成為呂宋北部九個區域的最重要的歷史研究主題」。[21]

大多數的高地人都曾經是低地人，他們逃向高海拔地區，展開精細且複雜的分化。[22]面對新的生態環境，各個逃難群體也要採取新的日常謀生方式。對於伊富高省人來說，這就表示他們得在比較高海拔的地區，精心設計一套複雜的梯田制度，才能夠繼續種植水稻。對於其他多數族群來說，這意味著他們的生產方式必須從定耕轉變到游耕或採集。久而久之，外地人就以為這些族群的本質獨特，不曾從「原始」的謀生技巧中進化。基辛就曾經警告過，簡單認定現今的採集者在一百年前也一定是採集者，顯然毫無道理，因為他們有可能也曾經是農民。基辛相信，不同時間點來到此地的移民浪潮，他們所在的地點高度以及他們的生存模式，可以解釋山地族群景觀的多樣性，和谷地相對同質一致的族群景觀形成強烈的對比。他提出一套解釋族群分化如何發生的理論：「最簡單的理論圖像……這些人是原初人群，部分仍然留在低地，部分遷移到山地。兩群人相繼經歷族群重構，後來就變成不同民族。只要彼此之間持續接觸，可能透過貿易，甚至是戰爭，都會互相影響。移居高地的人群會分裂，定居在不同生態區，一如定居在不同的海拔高度，從而使山地出現各式各樣的重組機會。」[23]山地和谷地一分為二，是建立在低地國家部分人口外逃的歷史事實之上。山地的文化、語言和族群多樣性，部分源於高地衝突和各色各樣的生態區位，以及因地形阻隔讓彼此之間相對孤立。

如同其他大多數個案，山地與低地的生活方式都被賦予了文化上的符碼與價值對立的意涵。呂宋島的低地往往與天主教、洗禮、歸順（納稅和徭役），以及「文明」相關。從谷地角度看，山地則與異教、改宗、原始野蠻、殘暴以及不服從和反叛密切相關。長久以來，洗禮被視為服從新統治者的公開行為，而脫逃則是一種反叛形式（那些逃離的人被稱為*remontados*）。如其他地方，低地河谷中心也將他們的山地鄰居區分成「野蠻的」和「馴服的」山地人，就像美國騎兵會區分「友好的」和「充滿敵意的」印第安人一樣。在呂宋島，人群因政治選擇而分裂，一方選擇成為谷地政體的臣民，另一方則是選擇在山地可以過著相對自主的生活，人群的不同選擇，卻被重新建構為本質與原生的差異，變成一邊是開化與進步的人民，另一邊則是原始與落後的人群。

贊米亞人口的增加：漫長的行程

> 許多作者用野蠻人（savages）一詞來稱呼印度支那的山地部落，這非常不準確，也嚴重誤導，因為這些部落比起平原國家中納稅的人更文明且更具人性，事實上他們只不

過是那曾經盛世的帝國遺民。

——柯樂洪(Archibald Ross Colquhoun),《在撣邦》(*Amongst the Shans*),一八八五年

贊米亞的人口匯聚基本上是國家效應的結果。人們從長江和珠江盆地以及四川和西藏高原的遷移,差不多有兩千年的歷史,這個過程難以三言兩語說清楚,也非我的能力所及。理論和傳說不勝枚舉,但可以證明的事實卻少之又少,原因很可能在於我們所討論的「這群人」,被貼上這麼多截然不同又相互矛盾的標籤,造成我們很難確定具體指稱的對象為何。比方說,我們無法想像十五世紀時候所說的苗族(這也是外來稱呼),與十八世紀漢人統治者所稱的苗有任何關係。混淆的情況並不限於專有名詞。面對不斷移動和複雜的文化碰撞所產生的亂象,一群人接著一群人快速地重組和轉變,我們沒有理由假定這些人有長期的系譜和語言連續性。

由於身分認同的不確定性非常大,可能很難概括出一般遷移的模式。如同中原王朝跨越自身核心區,從不種水稻的黃河流域擴張到新的水稻國家區域(也就是長江和珠江盆地),並沿著河流和平原繼續向西擴張。因此,原本住在這些擴張區域的人便會面臨三種選擇:被吸納同化、反叛或逃跑(經常是反抗失敗後的選擇)。不同省分及各個朝代不斷變換的反叛節奏,大概反映出國家擴張的地理和歷史尺度。反叛往往發生在漢族擴張壓力最強烈之處。以下這張摘自《中國大百科全書》(*Great Chinese Encyclopedia*)的叛亂統計表,足以說明許多事。

表2《中國大百科全書》中有關中國西南各省至十七世紀中葉的叛亂情況

	西元前722 ｜ 西元前207	西元前206 ｜ 西元264	西元265 ｜ 617	西元618 ｜ 959	西元960 ｜ 1279	西元1280 ｜ 1367	西元1368 ｜ 1644
四川	0	2	1	0	46	0	3
湖南	5	20	18	10	112	6	16
廣西	0	0	0	14	51	5	218
廣東	0	4	3	5	23	17	52
雲南	1	3	3	53	0	7	2
貴州	0	0	0	0	0	0	91

資料來源：Herold J. Wiens, *China's March toward the Tropics: A Discussion of the Southward Penetration of China's Culture, Peoples, and Political Control in Relation to the Non-Han-Chinese Peoples of South China in the Perspective of Historical and Cultural Geography* (Hamden, Conn.: Shoe String, 1954), 187.

表2反映唐代初期多努力出兵進入四川，以及接下來宋朝又如何試圖控制四川、廣西和湖南。這些地區在十四世紀後期被三十萬明軍入侵，明王朝在此設有軍事屯兵以持續打擊元軍的殘存勢力，讓此地暫時相對平穩。然而，大批入侵者像過去的元兵一樣定居下來，卻激起諸多反叛，尤其是在廣西和廣州的苗族和瑤族。[24]儘管上表中並未呈現，但帝國入侵和武裝抵抗一直持續到滿清。清朝的統治方式從土司進貢改成由漢人流官直接統治，又激起更多的反抗和逃亡。一七〇〇至一八五〇年之間，大約有三百萬漢族移民和士兵進入西南省分，使得兩千萬人口之中的漢人比例迅速增加至百分之六十。[25]

每一個漢人擴張階段，都會有些人或多或少會服從漢人的統治，並最終被吸收成為王朝下納稅的臣民。儘管這些族群會將自己難以磨滅的印記留在所謂的「漢人」身上，但是名字和自我辨識的族群都消失了。[26]然而，只要還有開放的土地供那些想待在國家之外的人逃亡，移民的可能性始終存在。習慣灌溉水稻耕作的族群，其中最著名的是傣族／佬族，他們逃到高山谷地最適合種水稻的地方去。其他人群則撤退到更偏僻的坡地和峽谷，在漢人官員眼中，這些地方對財政稅收毫無貢獻，農業上也毫無前途可言，因此，撤退到此地的這群人仍有機會維持獨立。這正是贊米亞高地幾個世紀以來得以匯聚人口匯聚的主因。正如最早記載大遷徙歷史的赫羅斯．溫斯（Herold Wiens）所述：

> 入侵的結果是漢人在不同時期來到中國的南方落腳，從長江流域向西南的雲南邊疆遷移，華南的部落從原來居住的地方搬遷，被迫離開較好的農地。決心保持生活方式的部落，前進人煙稀少的邊疆，潮濕、炎熱和充滿瘴氣的環境不適合漢人居住，保證可以阻止漢人快速推進。第二個遷移方向是垂直進入環境更加惡劣的高山地區，這些地方大部分不適合種植稻米，漢族農民並不喜歡。採行第一個方向的是居住在谷地、種稻且親水的傣族人。採行第二個方向的是在高地流動採取火耕或游耕的農民，包括苗族、瑤族、倮倮族（Lolo）以及與他們保持聯繫的務農民族。然而垂直移動中，這些流離失所的山地部落人群沒辦法找到足夠的空間，因此其中還有一大批人遷移到南方和西南邊疆地區，甚至跨過邊境到達越南與寮國接壤地區以及泰國和緬甸北部。[27]

在雲南、貴州一帶以及廣西西北的高地，高山地形妨礙中原王朝的擴張與殖民，距離帶來的阻力阻撓了國家推進。由於崎嶇的地形持續向南部延伸，跨越現今國家交界之處，進入東南亞大陸國家的北部和印度的東北部，這些地區也必須視為我們所說的贊米亞。精確地說，正是這個對抗國家擴張的地理堡壘，成了那些試圖逃避被納入統治的人群被迫遷入的地區。久而久之，他們會適應高山環境，並且如同我們所見，他們將會發展出一整套逃避統合的社會結構和謀生方式，成為今日鄰近低地人眼中貧困、落後的部落民族，缺少文明所需的才能。但是正如溫斯的解釋：「毫無疑問，現今『山地部落』的祖先也曾占據過低地平原……直到不久之前，苗族與瑤族才以高地居民之姿，與其他人群嚴明區分。這樣的發展並非必然，而是部落希望逃脫宰制或消滅而偏好的選擇。」[28]

由於這些人一再重組，所以試圖透過歷史深入且準確地掌握特定人群的遷移敘事相當困難。不過，溫斯已經設法拼湊出漢族口中的苗（他們部分自稱赫蒙）這個大族群的歷史框架。大概在西元六世紀前後，具有仕紳階級（gentry）的「苗蠻」（意為蠻夷），軍事上嚴重威脅長江以北漢人所居的低地，他們在西元四〇三到六一〇年之間就發動超過四十起叛亂。後來，他們被擊潰，而那些未被吸納的人就散居各處無人領導。很長一段時間「苗」都是直接用來指稱中原邊疆地區各個群龍無首的民族，實際上跟「蠻夷」劃上等號。過去五百年來，也就是明清統治時期，同化或「壓制和消滅」的行動幾乎沒有停過。隨著一六九八年、一七三二年和一七九四年的動亂以及隨之而來的鎮壓，尤其是一八五五年貴州的動亂，造成苗族四方逃竄，包括逃向中國西南和東南亞大陸等。溫斯說這些驅逐和消滅行動，和「美國人對待印第安人」的行動如出一轍。[29]

苗族狂逃的結果之一，就是全族分散在整個贊米亞。儘管海拔比較高的地區一般會種植鴉片和玉米，但是在海拔不高不低的地方，苗族／赫蒙人仍然種植了水稻，並且實行採集和遊耕。溫斯認為當地的多樣性，是源於大家抵達特定區域的時間不同，還有相對於其他競爭族群的實力強弱。[30]如果晚到的族群軍力較強，他們就順勢占據谷地，迫使原先的族群遷往更高的地方，形成一種齒輪效應。[31]如果晚到的族群比較弱，他們只能落腳在那些別人看不上眼的小地塊，往往是海拔比較高的坡地。不管是前者或後者，每一座高山或整個山脈都形塑「族群垂直堆疊」。因此在西南地區的雲南，孟族分布在一千五百米以下，傣族落腳在高達一千七百米高的山中盆地，而苗族和瑤族甚至在更高的地方，最後是被認為是當地最弱的阿佧族，他們住在最靠近山頂的地方，海拔有一千八百米。

逃向西部或西南贊米亞山地的文化和族群中，傣族絕對是人數最多也最突出的一群。泛泰語社群包括了傣族和低地的佬族、緬甸的撣族、中國西南的壯族，以及從越南北部直到印度阿薩姆邦（Assam）的許多相連族群。從各方面來看，傣族（但並非全部傣族）與贊米亞其他族群之間的區別，在於他們似乎一直追求建構國家。也就是說，傣族長期種植水稻，實行專制統治的社會結構且軍力強大，他們在許多地方都有一個共同的宗教在推動形構國家權力。從歷史上來看，「傣民族性」事實上完全可以視為「馬來民族性」，也就是由少數軍事精英／貴族組成的上層階級，帶著建國技術進入該區，並花費大量時間同化許多異族。他們最大的建國成就，是在雲南建立南詔王國和其後繼者的大理王國（七三七至一一五三年），他們擊退唐朝的入侵，甚至還一度控制四川首府成都。[32]這個權力中心在被蒙古人摧毀之前，已經征服緬甸中部的驃國，並且將勢力延伸到泰國北部和寮國。蒙古的勝利造成東南亞高地及周邊地區更多人群離散。整片高地，凡是有適合種水稻的平原，就很容易發現仿造泰族模式的小國。除了像清邁和景棟等環境比較好的地方之外，大多數小國都受到生態的限制而規模很小。一般而言，他們彼此競爭人口和貿易通道，如同某位英國人的中肯的觀察描述，緬甸東部山區就像是「撣族雜亂小國所組成的瘋人院」。[33]

複雜的人口遷徙、族群重組、謀生方式，以及長期小國林立，這些林林總總全讓贊米亞令人畏懼。儘管有一群人最初是為了躲避中原王朝或緬甸的壓迫而逃往高山，但是後來可能是出於各式各樣的原因而不斷遷徙和分裂，比如與其他高地人群的競爭、缺少游耕的土地、人與人之間的摩擦，或者因地方神靈不再眷顧而厄運不斷、又或者為了逃避獵奴者等等因素，都會促使更多遷徙與分裂。此外，所有大規模的遷移都會引起連鎖效應，第一次的遷移會引發後續遷移，像是草原民族的入侵帶動其他民族移動，而草原民族本身也是受到其他人的影響而遷徙，最終導致羅馬帝國衰亡。或者，我們可以用一個當代的例子來說明，就像賽道上的碰碰車，每次碰撞都會讓之前的衝擊更加嚴重。[34]

無處不在的逃亡及原因

許多緬甸人和勃固人已經無法再忍受沉重的壓迫以及繁複的徭役及賦稅，因此帶著家人離開自己的土地。不僅軍

> 隊甚至王國的人口因此大幅度下降……當我第一次到達勃固，阿瓦河（伊洛瓦底江）的每一個河灣都代表一長串的居所，但是當我再度回到那裡，整條沿岸都看不到什麼村莊。
>
> ——聖傑爾馬諾神父，一八〇〇年

將近兩千年以來，中原王朝與漢人不斷地往贊米亞的推進（斷斷續續但一直持續進行），這絕對是把人驅往山地最重要的單一歷史進程。然而，絕不能說這是唯一的動力。其他國家中心的擴大，像是驃、勃固、南詔、清邁和許多緬甸和泰國，都會導致人口移動，並迫使許多人離開國家勢力範圍。國家「正常的」進程，如徵稅、勞役、戰爭與反叛、宗教異端，甚至是建國造成的生態影響，經常導致兩種結果：一種是國家控制範圍內的臣民經常性向外逃脫，另一種是在某些特定的歷史時刻、在特殊條件下引發了大規模的脫逃行動。

我們根本無須誇大東南亞農民（不論是平原或高地）的自由程度。早期歐洲的造訪者、殖民官員，以及區域史學家都注意到，這裡的村民一旦對生活條件不滿，或者覺得新的地方有更多機會，就會往外遷徙。《上緬甸和撣諸國志》（*The Gazetteer of Upper Burma and the Shan States*）一書針對數千個村莊和小鎮的簡述足以證明上述論點。[35]編撰者一次又一次證實，不論是最近或是幾代之前所建立的村莊，往往是各地人群為了逃避戰爭和壓迫而建。[36]此外，繁華一時的城鎮現在不是完全廢棄，就是淪為殘留些許人口的小村寨。所有證據都表明，前殖民時代人口更替和遷移是常態而非例外。東南亞農民（包括種植水稻者）遷徙的頻率出乎意料的頻繁，與原本「農家長久以來定居在某處的刻板印象」完全相反。正如羅伯特・埃爾森（Robert Elson）所言：「無論是這個（殖民）時代還是在此之前，農民生活的基調都是移動而非定居。」[37]

毫無疑問，大部分的遷徙都發生在低地，從王國中心到邊陲，從資源貧乏往資源富裕之處。[38]但正如我們所見，這些遷徙大部分還是往山區及高海拔地區移動，從而進入低地國家控制之外的地區。十九世紀早期緬甸入侵阿薩姆邦並在此處徵兵與徵稅，欽敦江上游谷地的蒙匡族（Möng Hkawn）便逃至更高的地方，「為了避免一直處於壓迫底下，撣族人到欽敦江沿岸峽谷和谷地找地方避難，而克欽族則躲到流域最東處的山坳裡避難」。[39]詹姆士・喬治・斯科特便將這個模式，描述為：「山地部落」是那些因戰敗而被發配到山區的人民，負責從事被（誤）以為是更繁重的農業生產。「這些困難的工作被留給溫和的原住民或其他部落，亦即很久前遭緬甸人欺壓而逃出肥沃平原的人。」[40]詹姆士・喬治・斯科特考量到山地族群的多樣性後，試圖將贊米亞概括成一大片避難區和「破碎區」。他的說法呼應溫斯的觀察，值得我整段引用：

> 印度支那（東南亞）似乎已經成為中國和印度逃亡部落的共同避難所。中華帝國的擴張（好幾個世紀都未跨越到長江南岸），再加上塞西亞（Scythian）部落對旃陀羅笈多帝國（Chandra-gupta）和阿育王的摩揭陀國的入侵，【兩股擴張勢力】一併發酵，把當地原住民驅趕到東北和西北部，這些人湊在一塊，在印度支那為生存而抗爭。唯有這

> 套理論才能解釋撣邦諸國及周邊地區隱掩蔽的谷地和高山樑脊，為什麼種族類別特別多，而且差異也特別顯著。[41]

我相信詹姆士・喬治・斯科特將贊米亞視為避難所是完全正確的。然而，這種說法誤導之處在於它所隱含的假設，似乎暗指殖民者所遭遇的山地民族，最初全部都是當地「原住民」，因此山地民族的系譜和語言可前後連貫並維持一致。然而，有許多山地人原本可能都是逃離國家空間的谷地人。還有一些是曾經「建國」的谷地人，例如許多泰族，他們輸給實力更強的國家，因而四散逃亡或者一起搬遷到山地。還有一些人是谷地國家的殘餘，例如：逃避徵兵的人、反叛者、落敗的軍隊、破產的農夫、逃避瘟疫和饑荒的村民、逃亡的僕役和奴隸、爭奪王位者及其擁護者，以及宗教異端的信徒。這些從谷地國家流出的人群，加上在遷移過程中山地人群不斷混合和重組，使得贊米亞的身分認同既混亂又令人困惑。[42]

我們很難判斷過去幾個世紀以來的大規模逃亡，如何影響山地人口的匯聚。我們還需要更多千年以前的山地人口資料才能釐清此事。然而，現有的考古資料雖然有限，倒也足以證明過去山地人口確實稀少。保羅・惠特利（Paul Wheatley）宣稱東南亞島國的山地可能就像基辛討論的呂宋島北部山區，直到現在都還是「杳無人煙」，因此這些地區「在十九世紀末之前對人類而言還是無關緊要」。[43]

谷地國家的臣民之所以自願或被迫逃離，並非三言兩語可交代清楚。以下所述是一些常見原因。不過，我們還是忽略了一個普遍的歷史現象，即：當國家權力收縮或核心崩潰時，人民無須遷徙，便會自動落在國家的勢力範圍之外。[44]

稅收和勞役

對東南亞的前殖民國家而言，國家治理的關鍵在於王國對臣民的壓迫必須有所節制，以免引爆臣民大規模逃亡，不論是打破或持守，壓迫的強弱限度永遠都是國家治理的關鍵。儘管在弱國競奪人力的地區，人民一般不會受到嚴重壓迫，不過，移民也可能會被糧食、役畜的吸引，而遷移到王國內人煙稀少之處。

統治廣大水稻核心區的大國，就像是個壟斷者，往往會把自己的優勢推到極限。特別是在核心區，一旦王國受到攻擊，或者是由一個窮兵黷武、大興土木的君主所統治時，情況更是如此。皎克西人住在緬甸王國傳統的農業核心區，因稅賦嚴苛而異常貧困。[45]尤其前殖民國家的治理特色，讓過度剝奪的風險大幅增加，包括：國家透過「課稅者」(tax farmers）收稅，而這些人付錢搶下收稅權利，更打定主意藉此大撈一筆；實際上國家內有將近半數人口是俘虜或俘虜後代，加上人們無法預測主要作物的年度產量，以及交通運輸所能承載的量。此外，針對家戶人口和土地所課徵的徭役及稅賦還不是全部，至少從理論上說，所有能想到的活動都可能被課稅，例如飼養牲畜、祭祀納的聖壇、結婚、伐木、捕魚網、樹脂（caulking pitch)、硝、蜂蠟、椰樹和檳榔樹以及大象，當然還包括市場和道路課徵的通行費。我要再次強調，王國臣民的實際意義並非族群，而是一種必須納稅和服役的公民條件。[46]

一旦被逼到臨界點，人民有多種選擇。最普遍的做法或許是避免服務皇室，最麻煩的是，從逃避轉向追隨其他也在競爭人力的有力人士或宗教權威。如果都沒辦法，另外一個選擇就是搬到附近其他王國。過去三個世紀以來，成千上萬的孟族、緬族和克倫族就是因此移入泰國疆域。另一種選擇則是完全遷出國家的勢力範圍，逃至內陸或山地。相較於公然反叛所承受的危險，以上這些選項比較受到歡迎，基本上唯有覬覦權位的精英才會選擇反叛。一九二一年，面對泰國政府課徵勞役的強大壓力，瑤人和苗人便遁入森林隱藏，從官方的眼中消失不見。我們可以推測他們是刻意這樣做。[47]奧斯卡．薩爾銘珂（Oscar Salemink）的書甚至說，山地人為了逃避越南官員和幹部課稅，一批又一批逃到更偏遠、更高海拔的山區。[48]

如前所述，人口流失彷彿是校準儀，是一種能夠削弱王國權力的平衡裝置。人口流失是代表臣民耐受力已到達極限的初步信號。從歷史記載不難發現，出現「流動」人口是最能顯露問題的跡象，他們不是成為乞丐，就是因絕望而淪為小偷或土匪。在困頓時期，唯有搬離才是逃避臣民沉重負擔唯一可靠的出路。大多數的遷徙是從水稻區搬到游耕或狩獵採集區，雖然很難說這種現象有多麼普遍，但是由山地人回憶低地農耕生活的口述歷史來判斷，顯然不能輕忽。[49]

戰爭與反叛

> 我們就像螻蟻，從多災多難的地方逃到安全之所，為了安全我們拋棄所有只能從頭來過。
>
> ——逃亡到泰國的孟族村民，一九九五年

> 叛亂不斷，以及與勃固、緬甸和撣族之間的戰爭……這些種種已經困擾這個國家五百年了。倖存下來的人，有些

> 被無情的侵略者逼得遠走他方，或者被拉去為國王打仗…有時候那些有產者（農夫）被殺光，沒被殺的則避走荒地，不管他們有多麼留戀不捨，都無法保有祖先所遺留的財產。
>
> ——詹姆士．喬治．斯科特（筆名施韋．尤義），《緬甸人》

查爾斯・蒂利的名言「國家製造戰爭，戰爭製造國家」，這句話同樣適用於東南亞和早期的現代歐洲。[50]針對此處的討論，蒂利的名言可以引伸為：「國家製造戰爭，而戰爭製造大量移民。」東南亞戰爭的破壞力與同一時期的歐洲相比，有過之而無不及。不僅軍事戰役動員的成年人遠比歐洲更多，戰敗王國中的瘟疫（特別是霍亂和傷寒）、饑荒、土地荒蕪和人口減少的情況也不遑多讓。緬甸兩次成功入侵暹羅，嚴峻衝擊當地人口（一五四九至一五六九年、一七六〇年代），圍繞暹羅城的核心人口在戰敗以後幾乎消失殆盡，一小部分人被當成戰俘送回緬甸核心區，其餘多數都潰散逃跑到更安全的區域。直到一九二〇年，暹羅核心區的人口才恢復到入侵前的水準。[51]戰爭如此艱難，即使是打勝仗的一方，蒙受的損失也不亞於戰敗方。緬甸國王王莽應龍侵略暹羅首都的軍事動員，幾乎耗盡勃固周邊三角洲的糧食和人力。一五八一年他去世之後，阿拉坎（Arakan）、阿瑜陀耶王朝和東吁王朝與緬甸宮廷之間的連年戰爭，把勃固附近的區域變成了「渺無人煙的荒漠」。[52]

戰爭對於平民的傷害，尤其是在部隊行經路線上的平民，更甚於對士兵的傷害。如果說十七世紀晚期歐洲六萬人的軍隊需要四萬匹馬和一百輛以上的補給車，而且每天幾乎要一百萬磅的軍糧，就不難想像東南亞的軍隊會在行軍路線上留下多少燒殺擄掠的痕跡。[53]因此，侵略的路線很少是筆直的捷徑，而是尋找那些可以提供最多人力、食物、車輛、役畜和飼料的路線，更別提還有私下的搶劫。只要簡單的估算，就可以明白戰爭的毀滅程度。假如我們像約翰・林恩（John A. Lynn）那樣，假定一支軍隊行進時要向左右各掠奪八公里、每天可以前進十六公里，那麼戰爭期間每天會波及二百六十平方公里的土地。同一支軍隊連續行軍十天會影響二千六百平方公里。[54]在人力匱乏的王國中，經年累月的戰事帶來最大的威脅未必是失去性命，因為在「掠奪式資本主義」下，一名幸運的戰士或許更想直接逮人當作奴隸販賣賺錢。因此，對於位在行軍路線上的村莊來說，真正的危險是村莊被徹底摧毀，村裡的人不是被俘虜就是逃跑，丟下所有家當留給軍隊處置。軍隊的後勤需求沒有「本國的」或鄰國的差別，不論本國還是鄰國軍隊，都用一樣的方式處置老百姓和財產。最聳人聽聞的例子就是緬甸與印度曼尼普爾邦從十六世紀一直打到十八世紀的戰爭。一次次的摧毀迫使欽米佐（Chin-Mizo）平原上的居民從卡巴－卡扣谷地（Kabe-Kabaw Valley）往上遷移到山地，自此之後他們就成為大家口中的「山地人」，甚至被誤以為他們是「一直都在那裡」的民族。

十八世紀晚期，緬甸貢榜王朝國王波道帕亞（一七八二至一八一九年在位）為了滿足其征服鄰國以及建造祭壇等好大喜功夢想，動員大量資源，王國也因此陷入險境。首先，一七八五至一七八六年侵略暹羅失敗，三十萬大軍損失一半；其後又大張旗鼓建築世界上最大的佛塔，在此之前還整軍擊退傣族的反抗軍，並擴大密鐵拉（Meik tila）的灌溉系統；最後，為了對抗泰國從土瓦（Tavoy）入侵，又一次全國性也是災難性的動員，導致全國人民陷入動盪不安。有一位英國人觀察到，下緬甸人口因恐懼徵兵和軍隊掠奪，紛紛逃到「其他國家」。各地隨處可見搶劫與反叛，但典型的反應還是逃到遠離國家核心區的地方，還要避開四處掃蕩的國王軍隊。**聽聞**軍隊到來的謠言，無論敵我皆使平民百姓陷入擔憂和喪命的恐懼之中，因為就算是自家軍隊，「與敵軍在行軍中的行徑也完全一樣」。[55]一場大戰不僅包含了王國與王國之間數不盡的戰役，也有不少發生在王國內部的王位爭奪戰。比如：位於錫袍（Hsi-paw）的宋賽（Hsum Hsai）原是撣王國底下的小邦國，一八八六年發生的內戰摧毀了整個邦國，此後整個地區一片荒蕪。十九世紀後期，撣地區的另一個小國新維（Hsen Wi），國內各方人馬為了爭奪控制權連年內戰，最終導致「這個（曾是）現代撣邦最繁榮之國，陷入敗壞，連舊城的小集市都比不上」。[56]

身為一介平民的首要目標是逃避徵兵。戰爭動員期間每個地方都有徵兵配額。隨著徵兵配額逐步增加（比如，剛開始是每兩百戶徵一個，後來變成五十戶一名，再後來是十戶，最終變成每戶都要徵兵），逃避兵役的現象也就日漸頻繁。徵兵名額很少能夠招滿，入伍的士兵都要刺青以方便辨認。貢邦（Kon-bamxg）時代晚期，有些人藉著賄賂逃避徵兵，可能在這之前就有這種案例。不過，逃避徵兵最可靠的方法是逃出水稻國家的核心區，並且遠離軍隊的行軍路線。十八世紀晚期的緬甸／暹羅之戰，斯高克倫族和波克倫族不幸居住在入侵（與撤退）的路線上，其中波克倫族的案例特別悲慘。羅納德・雷納德（Ronald Renard）指出，正是這段時間，他們沿著薩爾溫江散布在整個山區，沿著山脊居住在容易防守的長屋中，即使後來有些人接受泰族統治，他們也拒絕打造永久住所，「他們至今仍然比較喜歡四處遊蕩和游耕的生活，宣稱這是避免因附著於特定土地而有弱點」。[57]

在成軍之後，戰事得靠一些謀略才能維持軍隊完整。十六世紀晚期，有位來自歐洲的旅人就注意到在緬甸／暹羅之戰中，「放火搶劫」的情況十分常見，他補充道：「每次班師回朝，就減少一半士兵。」[58]我們知道這場戰役並非特別血腥，所以大量人口流失很可能是因為逃跑。《琉璃宮史》裡對緬甸圍攻失敗的記載，證實了上述的推測。攻城的軍隊在圍城五個月後，物資開始捉襟見肘，並且出現了傳染病。根據歷史記載，大軍起初有二十五萬人，後來全部瓦解，在一場慘敗之後撤退，「國王只帶著一小班部隊回到都城。」[59]我們可以想像，軍隊在圍攻僵持不下，接著傳染病爆發，陸續有大批逃跑士兵，不是逃回家鄉，就是逃到比較安全的地方展開新生活。斯科特介紹十九世紀晚期緬甸軍隊攻打撣族，談到負責的軍事將領「完全沒在做戰爭相關的事情，有謠言說他整天忙著防止部隊逃跑，根本沒時間打仗」。[60]前現代的軍隊的實際逃兵比例很高，特別是遇上戰敗的時候。[61]儘管我們難以判斷有多少逃兵最終進入山地或者蠻荒地帶，不過因為許多軍人是被強行徵兵，或者是奴隸與奴隸後代被迫充軍，他們原本的村莊早就因為戰爭而殘破荒蕪，可想而知，許多逃跑的人會選擇在家鄉以外的其他地方展開新生活。[62]

一些零碎的證據表明，戰事帶來的危險以及導致的流離失所，逼使許多進入內陸和高海拔地區的水稻農夫，必須採取新的謀生方式。比方說，現在顯然是少數民族的格南（Ganan），有超過八千人生活在穆河上游（緬甸實皆〔Sagaing〕地區），海拔大約三千英呎山峰堆疊的險峻地帶。[63]但是在九至十四世紀之間，他們的中心尚未遭到孟族、緬甸和南詔軍隊的搶劫和破壞之前，那時候的格南似乎曾經是，或已經是低地人生存的空間，而且隸屬於驃人水稻國家。他們逃到穆河流域，因為那裡「遠離戰場」，在那裡成為游耕和採集者，一直持續至今。他們不再有文字，信仰非正統的佛教。我們將會見到，他們對歷史的解釋與現代很多山民一樣，都宣稱自己曾經生活在低地。

不論在何處，都有越來越多證據顯示山民是「躲避追捕以及逃避戰爭掠奪而逃到山上的人」。斯科特相信，現在分布在薩爾溫江以東緬甸景棟／清屯一帶的山地人群，曾經定居在景棟附近的平原，後來是因為泰國入侵才被迫進入現在的游耕之處。[64]查理．凱斯引用十九世紀一名傳教士的紀錄，指出與世隔絕的克倫部落是為了躲避暹羅人，才從原本居住的低窪地區逃到北標府（Saraburi）和呵叻高原之間那些幾乎無法通行的峽谷地區。[65]北方欽族則是為了逃避十八和十九世紀撣緬戰爭而倉皇逃到更偏遠山地，有時候這些地方也會成為那些謀反諸侯躲避國王軍隊的避難所。[66]

值得注意的是在戰爭背景下，就政治權力與生態而言，水稻核心區的毀壞將導致整個國家空間被掏空。下面有關緬甸入侵清邁以後的描述，雖然有些誇大，但所形容的情況仍深具啟發：「城市變成叢林，稻田長滿荒草，土地有大象，森林成為老虎的棲身之地，那裡不可能再建成國家。」[67]人們或許會傾向相信，這些低地居民既然已擺脫作為國家臣民的重負，便可以繼續留在原地，但問題在於王國落敗後，鄰國和獵奴者會更加肆無忌憚地洗劫國家空間裡的剩餘人口。只有從平原地區逃到軍隊和掠奴者都難於觸及的地點，才能給這些逃亡者一個自主和獨立的合理機會。利奧・凡格索指出，這正是「自古以來」被視為高地人的阿佧族和其他民族的經歷：

> 因此，過去幾個世紀以來，雲南以及周邊的越南、寮國、緬甸山地等特別難通行的地方，變成部落群體的避難所，這些部落群體被占據低地的諸侯小國邊緣化。在這個被邊緣化的過程中，哈尼、阿佧等部落群體會選擇落腳於地勢較高和森林圍繞之處，讓軍人、強盜和收稅官難以進入，這個過程被稱為「(膠)囊化」(encapsulation)。[68]

搶劫和奴役

> 搶劫就是我們的農業。
>
> ——柏柏爾諺語

如我們所見，在正常的情況下，集中的人民和集約農業是國家權力形構的必要條件，卻也因水稻農業地區能夠提供建國者潛在盈餘，這些地方往往也是掠奪者覬覦的對象。除了最大的宮廷中心之外，對幾乎所有地方而言，來自販奴者和強盜的威脅，才算是真正切身的危險。殖民初期，對馬來獵奴者的恐懼，造成緬甸和暹羅許多沿海地區的人口減少，克倫族還因此避免經過道路或者出現在海邊。久而久之，就會演變成為一種掠奪及順服體系。這種情況在上欽敦江的庫伯（Kubo）谷地非常普遍，住在高山的欽族，讓自己成為谷地撣族的主人，從中帶走許多撣族人充當奴隸。[69]因此，一度曾有五百戶人家和三十七座廟宇的大城鎮，到了一九六〇年就是以這種方式減少到只剩下二十八戶人家。

一般來說，山地民族為了自身利益控制鄰近谷地時，會保護谷地村落的貿易並固定索取納貢，承平時期雙方會發展出一種勒索和保護的關係。有時候克欽等山地族群也會發現，保護這群「在山腳下平原和河谷」落腳的低地人有利於自身，正如柏柏爾人所說，定居者的納貢正是「我們的農業」。因此，沿著伊洛瓦底江上游的八莫（Bhamo）一帶，緬人和撣人的頭目都是由克欽人指定，「整個八莫地區，每個村莊似乎被克欽人保護，克欽人才是國家實際的主人」。[70]這種安排在最平靜且生活規律的時候，非常像是一個成功的前現代國家，提供壟斷性保護，雖然有點像是敲詐，但只要汲取的租金不超過交易所能容忍的上限，就能夠有效地保持和平、促進生產和貿易。

然而常見的情況是，山地人搶劫谷地村落的程度，與「殺雞取卵」毫無二致，只留下一片荒蕪且無人居住的平原。[71]何以如此？我相信答案就在高地的政治結構特色就是多個相互競爭的小政體。每個高地小政體都可以與一片自己所保護的谷地「相連」。簡而言之，如果用圖表達大致上就像圖2。

因為克欽族A距離自己保護的村莊有三、四天的路程，克欽族B在搶劫被A所保護的村莊之後，還能夠在A抵達之前及時撤退。當搶劫的消息傳開，A為了報復可能會搶劫另一個由B所保護的低地殖民點。當然，這樣可能會挑起高地之間的仇恨，除非彼此能達成某種協定。[72]

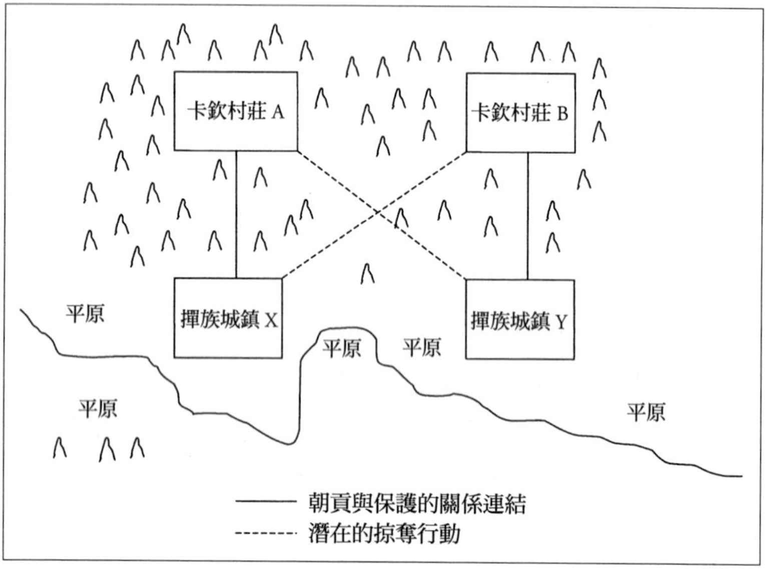

圖 2：高地與谷地的掠奪和進貢關係圖

這種山地政治模式會帶來的幾個結果，得以證實我所提出的論點。首先，從谷地民族角度看來，山地部落看似毫無特別之處的掠奪行為，卻帶有山地政治非常細緻清楚的政治展演。其次，如果這一模式擴散開來，就會導致大面積的人口流失，而那些容易受到傷害的低地人在這種情況下，會撤退到更遠離山地，為了更靠近容易逃跑的河流。最後，也許是最重要的，這些掠奪的首要目的是帶走奴隸，大部分奴隸會被克欽族保留，或是賣給其他高山族群或奴隸販子。掠奪一旦成功，就表示人口會轉移到山地。這是谷地人口變成山地人口的另外一種過程，山地文化也因此變得更加豐富多元。

有些山地民族以獵奴者著稱，甚至是聲名狼藉。撣邦諸國之中，克倫尼人（也就是紅色克倫族）尤其令人聞風喪膽。有些地方在每年收成之後幾乎都會出現搶劫奴隸的案例。[73]「因此，在大多數克倫尼村莊之中，都會發現克倫、甬達林（Yondalines）、巴當（Padaungs）、來塔（Let-htas）等撣邦西北山區的族人，他們處於毫無希望的奴役狀態……先是被賣給甬人（Yons，清邁撣人），又被轉賣給暹羅人。」[74]克倫尼人的戰俘名單便清楚說明了此事，名單上不僅有高山民族，也有谷地人民。像克倫尼人這樣的獵奴民族專精於最有價值的貿易品，也就是人，他們不僅綁架谷地居民，把他們吸納到山地社會或轉手賣到谷地市場，還綁架脆弱的高地人，把他們變成奴隸或轉手賣出去。可以說，他們是雙向的人力傳送帶，有時為谷地的建國計畫輸送原料，有時又為了補足自己的人力需求而打劫脆弱的谷地村落。無論如何，此模式有助於解釋，為什麼平原的居民擔心入侵者，以及為何軟弱的山地人會撤退到窒礙難行之處，經常躲在有防禦工事、隱蔽在山脊上的寨子，盡量低調過日子。[75]

逃到山地的反叛者和異教徒

對於村民來說，低地的叛亂和內戰，與征服及入侵所帶來的戰爭同樣恐怖，也同樣會引發類似的逃亡，使人民狂亂地遷移到想像中比較安全的地方。然而值得注意的是，這些逃亡的劇碼有一套邏輯，主要取決於階級，或者更確切地說，是取決於一個人的地位、財產和生命受到國家權力日常運作影響的程度。一九五四到一九六五年越南南部的戰爭初期，逃亡路線分成好幾條，從中可以清楚窺探出上述邏輯。越來越多地主、精英和官員因擔心個人安全，而離開鄉村進入省城，並隨著衝突逐步加遽最終進入西貢。他們的移動似乎說明離國家中心越近也就越安全。反之，許多普通農民會從比較大的村莊搬到比較偏遠、國家難以觸及的地方，從定居生活變為移動生活。換句話說，在國家中心的社會裡，當脆弱的社會契約瓦解後，精英會進入國家強制力最強的中心，而脆弱的非精英則會進入國家強制力最弱的邊緣地帶。

當然，除非反叛者的實力非常強大，不然他們絕對有更多強而有力的理由往山區遷移。正如哈迪（Andrew Hardy）的解釋，印度支那戰爭的初期（一九四六至一九五四年），「大批越人從紅河三角洲遷移到北部高地偏遠地帶。在靠近寮國邊界的奠邊府（Dien Bien Phu），森林提供谷地革命多種庇護。」[76]這種模式在越南等地歷史久遠，至少可以追溯到大規模的西山起義（Tay Son，一七七一至一八〇二年）。西山村有三個兄弟為了安全而逃到附近山地，並在那招兵買馬。這一場反抗持續很長一段時間，從越南殖民初期的勤王運動（Can Vuong），歷經一九三〇年的義靜（Nghệ Tĩnh）起義，直到越南獨立同盟會（Việt Minh）在少數民族土族（Tho）的地方建立山地根據地，反抗才告一段落。[77]受到威脅的反叛者和平民選擇逃避國家，也代表他們會搬到新的生態環境，並且採取嶄新的日常生活方式。這些新的生活方式不僅更適合新的居住點，往往也更多元、更有流動性，國家也就更難掌控這些人。

如同一般戰爭，叛亂失敗者往往被驅逐到邊疆。反叛的規模越大，流離失所的人數也就越多。從這一點來看，中國在十九世紀後半段經歷了大動盪，因而出現數十萬的逃難者，大多數人躲避到遠離中原權力之處。其中規模最大的一場動亂就是一八五一至一八六四年爆發的太平天國起義，這也是世界史上最大的農民叛亂。第二場大規模叛亂發生在滇黔，史稱雲南回變／杜文秀之亂，時間從一八五四年一直到一八七三年，其中「叛變」的有漢族也有苗族。儘管這場苗亂的規模，根本比不上造成兩千萬人喪命的太平天國之亂，但是這場持續了近二十年的叛亂還是留下深遠影響。太平軍失敗後，落敗的反叛者、家人以及整個社群迅速逃到贊米亞，而苗軍失敗後則逃到贊米亞南部更偏遠的深山。在逃避漢人統治的過程中，這些遷移者不但沿途打家劫舍摧毀一切，還讓原本就已經非常多元的山地族群景觀，因此變得更加複雜。有如齒輪效應，逃跑的人經常會趕走比他們早到的人。頌差・威尼差恭宣稱，十九世紀晚期進入暹羅北部的許多中國人，正是太平軍的殘餘勢力。[78]落敗的苗軍向南推進，許多未參與反叛的拉祜和阿佧族，也被推著同行，或者早他們一步向南遷移以免遭到波及。[79]到了二十世紀，中國共產黨革命引發新移民潮，敗走他鄉的國民黨部隊定居在如今稱為金三角一帶，也就是寮國、緬甸、中國和泰國交界之處，他們與山地盟友共同控制了此區絕大多數的鴉片交易。由於地理位置偏遠，地形阻力使得這個地區成為四國行政轄區的三不管地帶，他們便利用此項政治優勢。[80]不過，他們還不算是最晚來到贊米亞避難的現代移民。一九五八年，在中共幹部與共軍的壓力下，有三分之一佤族跨過邊界進入緬甸避難。[81]文化大革命時期又再度出現移民浪潮。

國民黨軍隊撤退到金三角地區這件事，提醒了我們，高山（特別是贊米亞）是覆朝官員、謀反的王侯後代、和宮廷鬥爭失敗者撤退（或是整軍待發）的終點，這在歷史上屢見不鮮。因此在滿清初期，明朝君王及遺民為了安全就撤退到貴州甚至更遠的地方。在緬甸，撣邦和欽族山地在前殖民時代和殖民時代早期，就已經是反叛的貴族和**緬甸**（*mín laún*）王位繼承人的落腳之處。

我們很難清楚劃分政治異議分子與宗教異端或叛教者，尤其是在十九世紀之前，他們經常混在一塊。然而，在此需要強調，山地較常與宗教異端掛勾，而低地則更常和反叛及政治異議分子相連。[82]這樣的差別應該不令人意外。由於**僧侶**（*sangha*）在緬甸和暹羅等信奉上座部佛教的國家影響力很大，而佛教的宇宙觀可以在無形之中將統治者變成「印度－佛教」的神王（god-king）。對國王而言，控制領地內的僧侶跟控制領地內的王公同樣重要，而且一樣困難，因為國王可以施展宗教權力的範圍，與施展政治權力和徵稅的範圍並無二致。這些範圍大小會隨著地形而有所不同，有時候也會隨著宮廷權力和凝聚力的強弱而有所差異。正統宗教很難施加影響力到「邊疆」之外，與其說邊將是指特定區域或是有明確的邊界，不如說這是一種與國家權力間的關係，亦即所謂邊疆，就是國家正統性無法有效施行、**權力逐漸衰退的邊緣**。

在典型的谷地國家空間裡，種植水稻的河谷和平原不只地勢平坦，而且文化、語言和宗教等方面也都是平面的。相較於山地所見的服飾、語言、儀式、耕作和宗教儀式的豐富多樣，谷地文化相對一致讓所有觀察者感到吃驚。這種文化的一致性絕對是國家效應的展現。比起在上座部佛教傳播之前就已經存在的地方神祇（**納**跟**菲**），標榜普世教條的上座部佛教可說是一種國家集權宗教。雖然上座部佛教的僧侶願意融合並吸納泛靈信仰儀式，但是只要有機會，他們就會排斥非正統的僧侶和寺廟，禁止印度泛靈信仰的諸多儀式（一些通常是由女性或有變裝癖好者所控制的儀式），只傳播在自己眼中看來是「純潔」的教義。[83]因此，去除宗教儀式差異乃是水稻國家的計畫，目的是為了確保那個在王國建制之外、卻遍及王國菁英的制度，也能被王國掌控。後來出現了比較一致的宗教實踐，還得歸功於在大寺院負責分配盈餘的精英，大寺院的繁榮和王國一樣，主要靠國家中心可用的豐富物產和相對集中的人力資源。

權力集中可以完美的解釋核心區域的正統宗教，但卻很難完善說明山地宗教的多樣性。山地的宗教異端本是一種國家效應。除了位在國家權力可以輕鬆滲透的範圍之外，山地人口分散、多元而且經常相互隔絕。有佛教僧侶的地方，一般更分散、更分權、更貧困，加上缺少皇室庇護和監督，所以更依賴當地人口的支持。如果當地人信奉異端（經常如此），那僧侶也會同樣信奉異端。[84]因此，教派分裂更可能在山地發軔。在這種情況下，由於位處國家權力邊緣，一旦異端興起就很難被壓制。然而，還有兩個關鍵因素。第一個是經文上的佛教、記載佛陀前世故事的本生經（Jataka），以及須彌山（Mount Meru）的宇宙論三者結合，合理化了逃避行為。隱士、行腳僧以及森林裡的廟堂正因為處在社會體制之外的邊緣，而帶有神秘魅力（或克里斯瑪）和神靈知識。[85]第二個關鍵因素是，在谷地遭到禁止的宗教異端，為了避險遁入山地。山地的人口特性和地理特徵不僅會促發宗教異端，也為在谷地被迫害的教派提供庇護。

緬甸的撣邦是一片高地，在這片山裡有幾個由信仰佛教、種植水稻的民族所創立的小型谷地國家，可以清楚說明我們所要討論的問題。麥可・孟德爾松（Michael Mendelson）對於緬甸僧侶的研究，提到緬甸佛教的改良派札烏蒂（*Zawti*）似乎在十九世紀晚期就已經被「逐出緬甸的正統教派」，落腳在撣邦山區。[86]他們採用了一些撣族特有的佛教習俗，還有撣族的經書和**神像**（iconography）。同時，他們也遵循十九世紀初波道帕亞國王曾經短期推崇的一些帕拉麥特

（Paramats）教派異端儀式。孟德爾松對此教派的簡短敘述，以一段類似於「避難區」觀點的直覺總結：「學者應該繼續探查的是，幾個世紀以來，撣地的諸小國可能提供因信奉異端邪說而遭逐出緬甸的教派避難空間。」[87] 撣邦的人們在十六世紀晚期才成為佛教徒，因為是大批從緬甸核心區出逃的宗教異端，影響了撣邦的人們改宗。在這個脈絡下，艾德蒙．李區指出撣邦全部都是佛教徒，因為事實上這就是一種撣族性，但他急忙補充說：「顯然，大多數人並不是非常虔誠，而且顯而易見的是，很多撣邦佛教徒信奉的是宗教異端。」[88] 斯科特很早以前就在《上緬甸和撣諸國志》這本著作中描述，撣邦僧侶像是全副武裝的貿易商，位居要塞、抽著煙，還戴著無邊帽。他接著引述一位庫欣（Cushing）博士的說法，指出距離緬甸權力中心越遠，異端的程度就越高。[89] 一九八〇年代一名暗中穿越撣邦諸國的記者曾經提到，中國邊境有些佛教僧侶與女人上床、抽鴉片，而且還住在戒備森嚴的寺院之中。[90] 這些片段證據似乎表明，撣邦的佛教徒可能是活生生的歷史遺跡，象徵著過去幾個世紀以來遭到緬甸核心區域壓迫和排斥的佛教異端。

贊米亞成為低地的反叛者和敗軍避難之處，也成了宗教異端的收容所。回顧幾個世紀以來的發展，就可以看到贊米亞逐漸成為水稻大國某種影子社會的複製品，儘管兩地宇宙觀元素大致相同。這裡成為了集水區，匯聚了國家建造過程中直接受害的人們與觀念，更收容了在王朝架構下間接受害的龐大事物。在山地可以充分見到遭受谷地驅逐的多元主義，許多零散的證據告訴我們，被低地王國趕出谷地的人是誰，也說明了在別的情況下他們可能變成的模樣。

包括山地、沙漠和繁密森林的邊陲地區，經常等同於宗教異端，這種現象太過普遍以致於難以忽視。俄國沙皇的哥薩克邊疆不僅因其平等的社會結構而著名，也因為是舊禮儀派的堡壘而聞名，他們的教義在拉辛（Razin）和普加喬夫（Pugachev）的大型農民起義中至關重要。瑞士長期以來的特徵是平等主義和宗教異端。梵蒂岡的教廷普遍認為阿爾卑斯山是異端邪說的搖籃。瓦勒度派（Waldensians）將此地視為避難所，當十七世紀中葉沙維斯（Savoy）公爵威脅他們改宗時，這些人立即遷徙到最高的山谷。在宗教改革席捲阿爾卑斯山區時，由於地形破碎，瑞士的宗教也出現區域分裂，日內瓦變成喀爾文教派（Calvinist），而巴塞爾是慈運理教派（Zwinglian）。[91]

我們可以簡單地將山地的異端，視為政治和地理邊緣化的結果，受迫害的少數民族撤退到此處修生養息。不過這個觀點並沒有認知到構成山地差異的辯證本質。山地的差異是一種文化選擇，人們將這種選擇視為展現獨特和對立最好的方式。我們注意到，山地柏柏爾人經常重塑宗教歧異，藉此暗中表達他們對周邊統治者的不滿：「當控制非洲易弗里基葉（Ifriqiya）羅馬省的羅馬人接受基督教以後，山地的柏柏爾人（他們不曾完全臣服）也同樣成為基督徒，不過是成為多納圖斯派（Donatist）和阿里烏斯（Arian）異端，這樣他們才能與羅馬教會有所區別。當伊斯蘭橫掃這塊區域的時候，柏柏爾人變成了穆斯林，但不久之後，他們就不滿阿拉伯穆斯林統治下的眾多不平等，因此又變成哈瓦利吉派（Khawarij）的異端。」羅伯特坎·菲爾德（Robert LeRoy Canfield）仔細追蹤阿富汗興都庫什山地區中經過設計的伊斯蘭異端模式。[92]遜尼派控制當地主要的農業谷地中心，而鄰近的山地人主要信奉伊瑪米（Imami）教派（什葉派的變種），在偏僻深山的人們則是信奉伊斯瑪儀派（Ismaili）。人們所信仰的教派往往取決於生態環境，因此常橫跨不同語言和族群界線。兩種異端形式都強烈表示人民並未服從於以正統遜尼派自居的國家。在這些例子中，宗教認同成為自我選擇的邊界，意圖強化政治和社會的差異。我們在第八章將會考察高地的千禧年信仰在東南亞大陸如何發揮相同作用。

國家空間中的擁擠、健康和生態

> 農民【相較於狩獵採集者】往往會呼出更可怕的病菌，他們擁有較好的武器和盔甲，掌握一般說來較有威力的技術，而且生活在更能夠發動征服戰爭的集權政府之下。
>
> ——賈德・戴蒙（Jared Diamond），《槍炮、細菌和鋼鐵》（*Guns, Germs, and Steel*）

顯然，固定的糧食種植和飼養家畜（豬、雞、鵝、鴨、牛、馬等）是造成傳染病迅速發展傳播的原因。人所感染的許多致命傳染病，如天花、流感、肺結核、鼠疫、麻疹和霍亂，都是由家畜疾病逐漸進化而來的動物疾病。擁擠是非常關鍵的因素。擁擠不僅表示人口集中，同時也意味著家畜和勢必伴隨而來的「專性」（obligate）寄生物的害蟲也隨之集中，例如家鼠、田鼠、扁虱、蚊子、跳蚤、蟎蟲等。如果傳染病是通過近身接觸（咳嗽、觸碰、公用水源）或專性寄生物的害蟲傳播，人口密度越高就越可能讓傳染病迅速傳播。早期現代歐洲城市的死亡率遠超過自然增長率，直到十九世紀中葉，城市開始實施衛生標準與提供清潔用水，才讓居高不下的死亡率減少一半。我們沒有理由相信東南亞城市會比歐洲城市更健康。這些疾病大部分都可以被視為是「文明病」，因為它們在史冊中現身的同時，往往也伴隨著種植穀物、匯聚動物、植物和昆蟲的核心區。[93]

水稻國家的歷史和早期來自歐洲的造訪者的證言都表明，前現代東南亞的大城市裡頭，接連不斷地出現致命傳染病。[94]大衛・亨利（David Henley）一項針對蘇拉威西（Sulawesi）北部和中部的全面且詳細研究中，指出傳染病（特別是天花）是影響人口增長的主要障礙。沿海城市的人口可能因為過於擁擠且靠近商貿路線，身體看起來比不上「外表更健康也更強壯的山地人」。[95]

所有人都明白在傳染病肆虐的情況下，最安全的方式是立即離開城市，分散到農村或高地。人民或許不見得知道真正的疾病帶原者為何，但是他們隱約覺得分散和隔離有助於減緩疾病散布。山地人一般認為低地人並不健康。生活在海拔一千公尺以上的民族，會將瘧疾與較低海拔地區聯想在一起，這也反映出他們恐懼城市傳染病和商人隨著船隻帶來的疾病。生活在呂宋島低海拔的伊哥洛特人（Igorot）知道，當傳染病爆發時，如果要躲過一劫，就必須回到山上分散開來並且封閉道路。[96]我們根本無法得知會有多少人為了躲避瘟疫跑到山地，或者有不少人在瘟疫期間逃走，等到瘟疫浪潮結束後再回去。但如果把乾旱和饑荒造成的逃難列入計算，人口遷移可能造成極大衝擊。

所有農業都是有風險的。水稻農業絕對比山地農業，特別是採集，承受更多風險，只有一項重要例外。灌溉水稻唯一優勢就是引用來自河流的灌溉用水，在特定時間內可以抵禦乾旱。[97]但另外一方面，山地的游耕和採集相當多元，可以提供各種營養來源，因此就算一兩樣作物歉收，也比較不會導致太大後果。重點在於，就如人類群居會衍生許多問題，單一作物密集栽培的結果，就是會造成傳染病盛行。穀物相對有限的遺傳基因，提供昆蟲、真菌、銹病和專性害蟲（例如水稻的害蟲）理想的溫床。以水稻為主的灌溉平原，一旦害蟲增長，便可能會瞬間演變成大型災害。

一旦缺少雨水或出現蟲害，農作物就非常可能欠收甚至絕收，正如缺少免疫力的病人可能感染任何疾病，受乾旱威脅的作物更容易受到病蟲害。十六世紀後期，下緬甸的汗達瓦底（Hanthawaddy）受鼠害摧毀，老鼠啃光大部分存糧。[98]糧食一旦被吃光，居民只得紛紛逃離。鼠害之所以可以持續好一陣子，顯然是因為當地還有許多存糧。不過，一八〇五至一八一三年之間衝擊上緬甸的饑荒，背後導致農作物欠收的原因就不是那麼清楚，按照吳丹敏的說法，乾旱似乎是主因，就如馬爾薩斯人口學理論所言，農業核心區的糧食生產限制人口增長。[99]不論確切原因為何，饑荒都大大加速人口外流，尤其是促使大量人口「轉向游耕」，導致許多水稻田荒蕪，使得貢邦的稅吏必須發明一份新的地籍清冊（cadastral category）記錄土地變化。我們不知道逃亡的臣民是否搬到偏遠山區，但有一點很清楚：人民成群結隊放棄水稻中心區。[100]

前面提出核心區的馬爾薩斯人口壓力，正恰巧點出一個有趣的可能，即水稻核心區域可能在生態與財政上自我設限，這正是查爾斯・凱頓（Charles Keeton）的論點。[101]他認為敏東王（King Mindon）在乾旱區大規模砍伐森林，導致徑流變多，灌溉用水塘與水道的淤積增加。因此，許多水道遭到棄置。降雨量本來就很少的地方（每年大約五十到六十五毫米），只要降雨量稍微下滑，就會引發乾旱和人口外流。從這個觀點來看，乾旱區的生態環境退化且脆弱，穀物收成經常不佳。有些逃避饑荒的人已經跑到山上，而多數人民在十九世紀末湧入迅速發展且開放的伊洛瓦底江三角洲邊疆。無論如何，他們都離開了水稻核心區。

抵抗穀物

前殖民地時代的東南亞水稻國家在自我敘事，以及明清兩朝的官方記錄中，總是呈現各族群和諧地聚集一起欣欣向榮的景象。英明的官員帶領著未開化的人群，朝向識字、佛教或儒教的宮廷中心邁進，定居的水稻耕作與成為王國臣民是文明的標誌。如同所有充滿意識型態的自我表述，他們所描述的那幅黑格爾式的理想藍圖一如在越南戰爭中使用**平定**（*pacification*）一詞，絕對是真實經驗的殘酷諧擬，對邊疆地區而言更是如此。

即使我們暫且忽略「文明」是如何被用來呈現這個大問題，這幅自畫像還是犯了至少兩方面的嚴重錯誤。首先，人口集中聚合絕對不是一個平順和自願趨向文明的過程。核心區域的人口大部分是俘虜，他們是戰利品，被掠奪並驅趕到國家核心區域，或是由獵奴的遠征部隊整批或分批把他們賣給最需要人力的國家。一六五〇年在阿瓦首都半徑兩百公里的範圍內，世襲的**阿穆旦軍團**占人口的百分之四十。一七六〇年到一七八〇年之間，宮廷為了振興當時已經奄奄一息的阿穆旦軍團，展開大規模遷徙，將來自中曼尼普爾邦、撣邦高地和下緬甸大量戰俘強制移入。暹羅是更加令人吃驚的戰俘王國。根據觀察，十七世紀晚期暹羅中部有三分之一人口，主要是由「外來的佬族和孟族戰俘所組成」。由於當地人口因緬甸入侵大量減少，暹羅在十九世紀早期開始了一場大規模捕捉戰俘的軍事行動，結果是「眾所皆知，在中央盆地，佬族人、孟族人、高棉人和緬甸人的數量，與那些自認為暹羅人的數量幾乎不相上下」。[102]這一切並不是要否定在歲月靜好時，邊陲地區為數眾多的人口不會被核心區域的機會和利益所吸引，我想要表明的是在這樣的人口格局下，如果沒有掠奪人口和獵奴，建國根本就難以想像。

這幅自畫像第二個更令人驚訝之處，在於完全忽視大批人民逃離國家核心區的證據。當然，認清這一點顯然會違背文明化的論述，畢竟為什麼會有人居然選擇離開水稻核心區而「跨入野蠻」呢？歷史觀狹隘的人犯此錯誤或許情有可原，因為過去六十幾年以來人口移動的特色，一直是城市與核心區域的人口大量增加，以及現代國家對山地控制的逐步增強。然而，在這之前的一千多年，我們可以很清楚地看到，人們逃離國家和進入國家的情況同樣普遍。這個過程並沒有什麼規律可循，有時候水稻核心區實際上完全空無一人，有時又被人占滿，搖擺幅度可說是相當劇烈。

逃離國家核心的動機有很多，但可以大致分類。文明論述認定，好像只要不是在掠奪型國家裡，所有人都會比較喜歡在低地種植水稻，但是有很多理由相信人們偏好游耕或採集更勝於種植水稻。只要有足夠的空地，有些地方直到不久前都還是偏好游耕或採集，因為遊耕的勞動回報比種植水稻的效率更高。遊耕提供的養分更多樣化，環境普遍也比較健康。最後，因為採集和狩獵的物品在低地和國際市場裡價值不斐，也可以事半功倍。這種生活可以結合社會自主與商業交換的優點。在多數情況下，人們並不需要以物質損失為代價，來換取選擇前往山地或者繼續留在高地的自由。

饑荒、瘟疫或戰爭導致人口大量減少後，如果有人幸運存活下來，游耕也可能成為水稻平原的常態。抵抗國家的空間並非是地圖上的固定地點，而是一個與權力相對立的位置，可能由成功的挑釁行動、農業技術的轉變和無法預料的自然災害所共同形塑。同一個地方可能會反覆處在高壓統治和相對獨立狀態之間，一切取決於水稻國家的權力滲透和未來臣民的反抗程度。

針對實際的逃亡情況，我們或許可以好好區分出兩種類型，一種是緩慢、逐步、日常以及年復一年的人口流出，另一種是導致大量人口逃亡的重大事件。前者多半由於野心勃勃的統治者不斷增加賦稅和勞役，造成受到損害的臣民穩定外流，逃到國家權力之外。宗教上的異議分子、派系鬥爭中的失敗者、被村莊放逐的人、罪犯和冒險家，同樣遷移到邊疆地區。如我們將見到的，這些**移民**（*emigrés*）隨時會被原有的高地社會所吸收。

長遠來看，我們很難判定對核心地區的人口損失影響更大的，究竟是臣民穩定逐漸離開，還是造成大量人口外流的危機事件。前者因為無聲無息，所以比較有可能呈現在納稅記錄而不是史冊記載。戰爭、饑荒、火災和瘟疫因為更具報導價值，在史冊和歷史檔案中也就比較容易被突顯出來。戰爭、饑荒、火災和瘟疫再加上暴政，就構成緬甸民間所說的五大災難。[103]這些災難是人口大規模遷徙的主要原因：從一國遷移到另外一國、從水稻核心區遷移到國家權力邊緣，以及在山區內部的遷徙。

我們完全無法預測戰爭、饑荒和瘟疫會帶來的災難，也無法預知災難持續的時間與嚴重程度。基本上，這些事件一旦發生，就會引發騷亂、劇烈的恐慌和逃亡。這些災難已經成為前殖民時代的部分東南亞景觀，可以想像許多人都有「災難的日常習慣」，就像缺糧的農民會知道要吃些什麼能撐過饑荒。疏散、逃跑路線和日常維生的替代方式，已經構成核心區域大多數農民的危機知識。[104]

因為反叛、搶劫而造成大批人口外流，經常出現在大多數東南亞國家前殖民時代史。我們在此可能要區分兩種不同人口外流的類型，一種是大規模災難迫使核心地區的人口流到另一個國家、邊陲地帶和高地，以尋求安身立命之所；另一種是首次遭野心勃勃的王朝強行吸納到國家而反抗和逃跑的人。兩種人口外流的類型在十四世紀至十六世紀的北越南都可以找到證據。從一三四〇到一四〇〇年之間，乾旱、反叛和入侵導致在紅河三角洲種植水稻的人口潰散。由於大量難民逃亡到山地，人口一下子減少了八十萬到一百六十萬人。十六世紀初，核心地區的人口重新恢復，核心試圖把權力擴展到「越南京城的西部、北部和東北部的山區」。一連串叛亂，其中甚至有些是由懂得作法的僧侶和道士領導，展現山地人的抵抗決心，導致成千上萬人出逃，可以想見其中有許多人逃到更遠的高地。十九世紀初期，暹羅宮廷想要將勢力範圍擴展到寮國南部、強制繳稅的人刺青（「烙鐵」政策）、徵用更多勞役或者「支持或推動高地和部落的人全部變成奴隸」時，都遭遇到山地人的頑強抵抗。[105]我們可以想像一旦叛亂遭到平復，那些設法想逃避國家吸納的人就會避走高地，害怕獵奴部隊的人會逃到更遠的山地，淡出國家視線。從十三世紀到十五世紀蒙古入侵時，上緬甸歷經混亂和饑荒。根據昂特文（Michael Aung-Thwin）的說法，這段期間「大量人口從傳統的安全地區遷移到安全的飛地。」[106]我們不太清楚這些難民具體遷移到何處，但可以肯定的是他們多數散居到遠離王朝權力的最近邊陲地帶，這些地方大部分位於高地。只有在十九世紀，早年同樣充當避難所的下緬甸三角洲，才成為逃避緬甸權力核心者的典型落腳之處。

人口究竟是在水稻核心區的國家管制之下，或是在國家掌控的範圍之外，儘管資料相當零碎，我們還是可以針對擺動的模式大膽提出一兩個猜測。從與王朝權力的遠近來看，我們可以想像有個連續光譜，一端是處於中心受到嚴格管控的水稻種植者，另一端則是居住在山脊搭起護欄遠離國家勢力範圍的人。兩者之間的過渡地帶，則是居住在中心邊緣以及靠近多山內地的人。大致而言，人一旦遭逢包圍，就會遷移到附近最安全的地方。因此，核心地區的人一旦遇上戰爭和饑荒，首先會遷移到核心區邊緣，而位居核心區邊緣的人會為了脫離國家財政負擔而啟動自我防衛，以避免受到中心動盪的波及。[107] 萬一此策略無效，他們就遷移到附近的內陸和山地。那些在內陸或山地的人，一旦國家試圖干涉或獵奴者想要擴張權力，就只好反抗或逃逸，或是**先**反抗**然後**逃逸，也許是跑到更偏僻或更高的山區。[108] 每一區的人一旦受到威脅，必然沿著光譜往下一個更遠離國家權力的方向遷徙。如果核心地區的情況比較穩定良好時，遷徙的方向就會反過來，許多人會往核心區域遷移，藉此利用當地貿易和身分地位帶來的機會。

奧利佛·沃爾特討論了東南亞「手風琴」的曼陀羅國家，我們可以將此譬喻延伸至曼陀羅的人口遷徙，這些人時而靠近、時而遠離國家的勢力範圍，一切取決於危險和報酬的權衡。在這個意義上人口可視為是政治上的兩棲動物。之所以能長時間在國家與無國家之間搖擺，仰賴的正是一大片開放的邊疆，以及是否能輕易掌握新環境的社會結構和謀生知識。不過對於遷徙的人們而言，邊疆地區是否為一片嶄新陌生的生態區位呢？也許我們還記得，這些人大部分是戰俘和戰俘後代，大部分是從山地捕捉而來，因此對於一些人來說，從國家逃到山地或許就像回家。

距離阻力：國家和文化

> 再沒有什麼事情是比征服那些沒有任何需求，而且以森林、叢山峻嶺以及無法穿越的荒野為屏障的人（伊哥洛特人）更困難的了。
>
> ——十八世紀菲律賓的西班牙官員

前殖民地和殖民地的官員都明白，征服偏遠的高地充滿各種危險和阻礙。那裡有崎嶇不平的地形和居無定所且帶有敵意的人，這一切都表示，即使是懲罰性的征討都非常危險，更不用說全面占領了。《琉璃宮史》指出在某次行動中，「奉命追討孟拱蘇巴（Sawbwa of Mogaung）的馬哈帕亞紮（Mahaupayaza）和阿瓦國王被召回，因為冰雪阻擋，濃霧在中午之後才會散去，因此要在山區追人絕對是困難重重。」[109]斯科特曾在十九世紀末在緬甸北部率領執行一次武裝精良的軍事行動，他點出軍隊行動的困難與征服一地要耗費多少時間：「那些尚未開墾的林地覆蓋廣闊區域，到處積水，瘴氣籠罩，灌木叢盤根錯節，還有山澗峽谷，都提供盜匪安全的撤退之所，這種地方需要一兩年，甚至要更長的時間才能掃蕩夷平。」[110]對於在越南的法國人來說，情況也是大同小異。一九〇一年的報告便警告，如果要在「由深山和叢林所保護」的山區裡頭控制反抗力量並解決麻煩，絕對會遇到很多阻撓。[111]

當然上面只是從谷地國家的觀點來看。如果從那些退居山地者的角度來看，這裡有可利用的天然優勢。他們可以像伊哥洛特人一樣切斷山路，必要時一步步往深山撤退。一般來說，山地有利防禦作戰，有許多地點能夠以小博大、以少擊多。山裡最深的山凹是國家無法直接控制的地區，因為即使從最近的低地中心到深山山凹，也要穿越阻力最大之處。這樣的地方，很能體現**高山要塞**（*mountain fastness*）的字面意思。英國人認為位處泰國、中國和緬甸撣邦東部「生」佤所居住的地區就是這樣的要塞。根據某位殖民地官員的說法，世紀之交勾勒的地圖，根本無法反映當地實際的困難，那裡的主要山脈「因陡峭的山峰而危機四伏」。[112]甚至直到今日，人口超過二百萬的佤族「所住之處無疑是現代世界的最後一座荒野大山」。[113]

地理景觀的阻力大小不能僅僅從地形上解讀。基本上，社會設計與操控會擴大或降低地理阻力。英國人如何把權力投射到山地，大致反映了縮短距離的技術如何發展：橋樑、不受氣候影響的馬路、砍伐森林、鉅細靡遺的地圖和電報。先進的樹木脫葉技術、直升機、飛機和現代的衛星攝影都更進一步消除阻力。因此，阻力並非像機械一樣就只是固定「在那」，而是為了各種目的不斷加工改造。希望盡量擴大地理阻力的人，有各式各樣可以用來反制的策略：破壞橋樑、埋伏、在小路和峽谷中設置陷阱、沿途砍倒樹木、砍斷電話和電報線等等。大量文獻中記載的游擊戰，都是捍衛自身利益而管理地景（不包括那些獲取情報的技術）。

那些管控地理阻力背後的軍事邏輯，同樣決定了社會和文化影響力。大致釐清軍事邏輯帶來的結果，助於我們理解高地社會和水稻國家之間的社會差別。東南亞有許多重大的文化影響都是外來的，透過海上貿易商帶進來。婆羅門印度教、佛教和後來的伊斯蘭教都是透過這種方式傳入。從他們登陸的沿海為起點，往往沿著人們通商和遷移的主要管道散布影響力，如平原和河谷，順著低地人口移動的軌跡傳播。我們可以想像有如慢動作攝影，文化影響力在一些地理阻力最小和人口來往最多的地方傳播開來。

由於上述原因，請特別留意，有些距離阻力大的地方，如濕地、沼澤、峽谷、崎嶇的山地、荒野和沙漠，從直線距離來看非常接近國家中心，但相對來說可能還是難以通行，因此成為不同政治和文化區域。如果我們把垂直的海拔高度加上長期和緩慢的時間維度，就可在高山地區輕易看到文化分層如何發展而成。一個文化複合體，例如印度濕婆教派，隨國家權力和商業交換活動從海邊沿著河道和耕地向內陸移動。那些因各種因素選擇不加入文化複合體的人，譬如崇信萬物有靈的人，就會遷徙或被迫移到上游去，前往更偏遠的內陸。如果我們想像另外一個文化複合體，譬如佛教或伊斯蘭教，取代了第一個文化複合體，這個新的動能（也許同樣由國家支持），會將那些不希望遭同化的印度濕婆教信徒推向更上游之處，接著又把前頭信奉萬物有靈論的避難者，推向更高或更深的內地。在這種情況下，我們很容易就可以看到前述的騰格爾高地所見的情況：遠方來的文化脈動在不同地理高度沉澱下來，最古老（最偏遠的）在最高處，最新的（最淺的）在低地平原。當然移民的實際情況要比這更複雜得多，而且在二十世紀的東南亞大陸，基督教傳教士一如既往「跳過」平原直接進入高地。但是，這個粗略的框架確實有助於我們理解，那些居住在國家難於進人的高地或偏遠地區的人民，他們為何會有不同的文化，歷史上為何也有不同的分層。[114]

微型贊米亞：乾旱與潮溼

截至目前為止，本書的焦點一直是我稱為贊米亞的一大片連綿山地。但是，距離阻力的原則、避難區和抵抗國家的地形，在其他規模比較小的地方也會產生影響。歷史上有一個重要的例子就是緬甸的勃固山地，這塊山地長四百公里，寬六十五到兩百公里，森林覆蓋，在伊洛瓦底江和錫唐河之間，貫穿了緬甸的心臟。

勃固山地是最貼近富饒平原的反抗區，是逃亡者、反叛者和盜賊的堡壘。這一帶叢林密布，有著隱蔽山谷，最重要的是這裡與盛產水稻的村莊距離不遠，正如克勞斯維特爵士（Sir Charles Crosthwaite）所言：「對於盜匪來說，沒有比這更好的地方了。」[115]但是，由於當地擁有少數僅存的大片柚木森林，在二十世紀初殖民時期這裡是緬甸重要的財政收入來源，因此被視為是一塊寶地。儘管國家投入資源設法控制勃固山區，但是第二次英緬戰爭（一八八五至一八八七年）與薩耶山起義（Hsaya San Uprising，一九三〇至一九三二年）期間，當地都曾脫離英國控制，最終在第二次世界大戰爆發時才徹底脫離。直到一九七五年，也就是二戰後有將近三十年的時間，這裡都是緬甸共產黨（Communist Party Burma，CPB）和南方克倫族反叛的大本營，他們也幾乎推翻了仰光政府。由於這片根據地相當安全，緬共將此視為緬甸的延安，並把高地堡壘的中央馬列黨校稱為「北京金城」。[116]這裡在一九七五年遭到徹底掃蕩之後，緬共和克倫國民統一黨（Karen National United Party，KNUP）都失去可近距離攻擊中央平原和中央政府的最後根據地。人煙稀少的勃固山區，從各方面來看都適合作為緬甸的反抗國家空間。[117]

博巴丘陵（Poppa Hill），或稱博巴山（Mount Poppa）位於勃固山地的最北端，如今已是佛教信徒朝聖之地，但在不久前還是著名的反抗區。這座標高一千五百米的陡峭山峰就位於曼德勒的西南部，介於密鐵拉（Meiktila）和稍埠（Chauk）之間，四周是一座座山谷和灌木林。這裡因面積不夠大，無法充當主要的避難區和革命根據地，但由於靠近貿易路線和谷地人口，所以可以充當匪幫和牛賊的藏身之處。在英國占領之後，這裡仍有一股勢力頑抗了整整十年。[118]簡單地說，博巴只是英國人口中數百個難以征服和占領的堡壘之一。這些堡壘裡藏著謀反的王室成員、異端教派、反叛者和盜匪。每一個反抗國家空間的地區，都有其獨特的歷史。那些出於各種原因希望遠離國家的人，都知道這裡有可能是避難所。這些地方的共同之處在於，都具備利於抵抗和撤退的複雜地形，並且有非常少數居無定所且無國家傳統的人。

如果要完整描述反抗國家的空間，不僅要花許多篇幅描寫山區堡壘，還有低窪、潮濕之處，像沼澤、濕地、荒野、三角洲、紅樹林海岸和複雜水路及群島等等，這些難以治理的地方。由於這些地方海拔不高，恰好又位處水稻旺盛區，威脅低地政治秩序的程度可能更大。十七世紀初，長江三角洲南邊的嘉興就是這麼一塊無序的地方，迷宮般的小溪和水路，展現了政治秩序幾乎無法克服的難關。負責掌控當地的官員寫道：「這些大河被許多湖泊、濕地、入湖口和寬闊的下游河床分隔，形成一片水鄉澤國，綿延不知多少公里，此處是各地盜匪聚集的避難所，他們來無影也去無蹤。」[119]

濕地既可以充當國家中心的自然防衛線，一如威尼斯和阿姆斯特丹，同樣也可以是反叛者、土匪和海盜的庇護所。十三世紀中國

圖7：勃固山脈的海拔示意圖

古典名著《水滸傳》一書描寫的，就是遭到罷黜和背叛官府的官員，以及一大群土匪聚在水泊的故事。[120]中東底格裡斯河與幼發拉底河之間的美索不達米亞濕地（現今伊拉克和伊朗之間的邊界上）的歷史甚至更久遠，超過三千年。這片一萬五千平方公里的濕地，隨著季節變化而改變形狀，生活在水上島嶼、遠離任何國家的眾多人口，不久前還以此為家。探險家塞西格（Wilfred Thesiger）的《沼澤中的阿拉伯》（*The Marsh Arabs*）一書中，首度引起英語世界對此地的關注，他寫道：「蘆葦床裡有如迷宮一般的沼澤，人們只能搭船穿梭，從很久很久以前開始，這裡就已是落敗民族殘餘勢力的避難所，也就成了罪犯與叛徒的中心。」[121]對未受過訓練的外來者來說，這裡水路錯綜複雜難以辨識、隨著季節變化多端，讓當地居無定所的人民在面對官方的入侵者時占有絕對優勢。官員如果真要嚴管此地，如同控制其他沼澤反抗區，唯一的方式是把水抽乾，徹底破壞這塊棲息地。兩伊戰爭時伊拉克在此區慘敗，之後海珊（Saddam Hussein）排乾大型沼澤和濕地，終於完成擴展國家空間的龐大工程。然而，這個被用來消滅反抗和叛亂潛在基地的解決方案，在山地避難所派不上用場。[122]

在白人移民統治下的北美洲，沼澤、山地和邊疆同樣是反叛和逃亡的避難所。酋長奧西奧拉（Chief Osceola）帶領著塞米諾爾人（Seminoles）與逃亡的奴隸盟友，對抗那些一心一意要執行美國傑克遜總統（Andrew Jackson）清除印第安人政策的聯邦政府軍，這場戰役為期長達七年之久。[123]東維吉尼亞和北卡羅來納邊界的迪斯默爾大沼澤（Great Dismal Swamp），幾世代以來都是上千名逃亡奴隸的家，「就位在南方奴隸制最強的社區之間」。[124]再加上叛逃的白人、逃兵的南方人、躲避徵兵、亡命之徒、以及私釀酒、狩獵、盜林和設陷阱捕獸的人，此處猶如《水滸傳》中水泊梁山附近的沼澤，也成為文學作品的主軸，例如亨利・朗費羅（Henry Wadsworth Longfellow）的詩《迪斯默爾沼澤的奴隸》（*A Slave in the Dismal Swamp*）和史妥威夫人（Harriet Beecher Stowe）的《德雷德：一個悲傷沼澤的故事》（*Dred: A Tale of the Dismal Swamp*）。這裡就和阿拉伯的沼澤避難所一樣，不斷有人要求把迪斯默爾大沼澤抽乾，因為沼澤讓「最下層的人」找到自由和獨立。[125]

沿海地區，尤其是東南亞的沿海地區，也掩護了叛亂及亟欲逃避國家的人。東南亞大陸幾條大河流（湄公河、湄南河、伊洛瓦底江）型塑的河口三角洲隨時在變動，加上許多隨潮汐改變的小溪與入海口，使得當地幾乎無法駐警或監管。逃亡者非常熟悉這塊水域，只要官方稍微不留神，就可以把握機會徹底消失，政府即使有武力也無可奈何。由於擔心地理環境會滋養革命，法國和美國所支持的西貢政權，都指出山地和濕地需要嚴加看管：「中部高地和湄公河三角洲西部的濕地平原（大巴薩河地區〔Trans-Bassac〕）是最容易受到共產黨滲透，因此亟需關注。」[126]反抗緬甸政府的克倫人也會利用「難以穿越的地區，像是大片紅樹林沼澤地、森林保留區、泥濘的河流和隱蔽的小溪等，政府軍隊在此的前進速度非常緩慢。」[127]

除非經驗老道，不然任何人面對紅樹林和曲折蜿蜒的林中小路時，都會非常困惑，這些地方恰恰也是理想的逃避所，再也沒有比這裡更好的掩護了。「蜿蜒的溝渠和小溪被泥巴和沙堆阻隔，若任何人藏匿在植被後頭便根本看不到。紅樹林迷宮般的窄路，塞滿樹枝以及長長的棕櫚葉（*nipah*）。在這個地方，生活在水上、熟悉當地複雜地理環境的人，一旦嗅到危險就可以立即成功脫逃。」[128]

適合隱藏和逃跑的地理環境，對於掠奪者來說也同樣有利。紅樹林靠近水道，有如勃固山區靠近繁榮的低地。掠奪者可以快速進出，搶劫船隻、襲擊沿海居民並捕捉奴隸。他們是彷彿維京海盜的海上吉普賽人，像是兩棲動物般生存，既是商人也是強盜。他們就像是維京人，開的是快速、吃水比較淺的**小船**（*perahu*），可以逃進大船到不了的小河道，夜裡也可以襲擊毫無防備的上游居民。他們利用紅樹林優勢，甚至曾是荷蘭和英國在東南亞沿海貿易的主要威脅。即使在今日，他們的子孫依然全副武裝且移動迅速，干擾往返馬六甲海峽的巨型油輪。[129]

就像山地一樣，濕地、沼澤和紅樹林都是整裝待發和發動攻擊的潛在地點。最重要的是這裡沒有國家，所以出於各種原因逃離國家命令的人，都可以在此找到避難之處。

投向蠻夷

> 我們知道，有些邊境的漢人開始走上與主流社會不同的發展道路，也就是轉向畜牧遊牧生活，而建造長城的目的，正是為了防止漢人脫離中國、同時阻擋這些新型態的「野蠻人」進入中國。
>
> ——拉鐵摩爾，〈歷史上的邊疆〉

過往的敘事與低地的民間說法，多半將少數民族的身分和起源視為原住民族或原住民，而谷地人則是他們的後代。但是，當代贊米亞的少數民族史學家和民族學者的敘事，往往將少數民族描繪為移民，最初是因為戰敗、受迫害和邊緣化而移居於此。一般來說，這種受害者的故事往往不甚公允，背後隱含兩個假設。第一，每個山地人都可當谷地農夫，因為多數都曾經住在低地，只因突然發生的外力迫使他們不情願地搬到山上。第二個假設是山地人理所當然想擺脫外頭強加在他們身上「野蠻」和落後的汙名。野蠻是逃逸之後自然而然的結果。按照低地標準，文明的民族是種植水稻並向國家納稅的臣民，因此離開這種狀態，搬遷到國家運行範圍之外並採取新的日常謀生方式，就是將自己置於文明之外了。

如果故事只說到這裡，就忽略了這些遷徙者的重要意圖，也就是能動性。位居擁有開闊的土地、又能和低地居民做生意的邊疆，山地人不需要太過辛勞就可以過上相對豐潤的生活，更不用說還可以免除徭役。如拉鐵摩爾所說，中國北方和西部邊疆有許多牧民，原本都是來自四面八方的農夫，「他們決定脫離貧困的農業，爭取更穩定的牧民生活」，因此如果從狹隘的個人經濟利益來說，移居山地從事游耕或採集經常是出於自願。[130]如果我們在個人經濟利益的考量上，加上產量增加和勞動力減少的事實，那麼單就物質角度來看，遠離國家權力的理由就已經相當具有說服力了。

從谷地的角度來看，搬到高地生活往往代表屈尊就卑，根本難以想像會是出於自願。根據谷地的記載，山地人如果不是未開化的原住民，就是從低地被迫遷徙的人（這只不過是比較同情的說法）。由於山地人一直覺得自己受到谷地人輕視，所以許多部落民族的口述史在解釋自己的居住地點和地位時，也結合了受害、背叛和忽略。然而，每個山地族群顯然也在自身世系中，納入了大量「文明的叛徒」。這些叛徒中有許多漢人，他們發現離開文明前往山地很方便，如我們所見，儒家漢人治國的自我敘事中根本不存在所謂的對立敘事。長城以及湖南的抗苗牆是官府抵禦蠻夷的屏障，但事實上修築長城只是為了把那些納稅、定居的農民，牢牢地綁在國家的權力範圍之內。正如馬思中所言：「過去想像中的野蠻人和十九世紀中葉的『苗族叛軍』，事實上有許多是逃避主流社會納稅義務和遭到通緝的漢人。」[131]貿易、尋找土地、通婚等因素，也許是漢族與其他高山移民發現加入山地社會有利可圖的原因之一。這種自我邊緣化，或以谷地的話來說「自我蠻夷化」，有時候相當普遍，只是文明化的論述讓我們難以想像這些行為。[132]

事實上，如果人民選擇不要和谷地國家的文化與日常生活方式同化，如果他們刻意在空間與文化上與文明保持距離，我們就需要用另一種方式描述這種過程，不能再將自我邊緣化視為流失或貶抑。傑佛瑞・班傑明為了掌握馬來半島的高地族群如何在生態、經濟和文化方面與國家區隔對立，創造了「差異化」（*dissimilation*）一詞。[133]不能搞混差異化跟**掩飾**（*dissimulation*）。差異化多少是刻意在社會之間創造文化距離，這可能包括採取並維持語言上的差異、獨特的歷史，甚至不同的服飾、喪葬、婚姻儀式、建築風格、耕作形式，和居住在不同的海拔高度。由於這些文化符號是為了跟其他人劃清界線，因而符碼彼此之間勢必互相連動。差異化可以使他們在整個山地谷地經濟系統中，把賭注壓在具有獨特性的利基，例如「我們是叢林中的採集者，不碰耕田的犁」。當然，隨著時間流逝與複雜化，差異化最終會生成一個特定族群，我們將在第七章中討論這個主題。

然而，本章最後一節，我想在人民遠離國家核心的移民歷史背景下，強調差異化對於高地人群來說最重要的面向。差異化最重要的行動在於強調：「我們不是國家的人，我們在山上游耕和採集，是因為我們自己想要跟谷地國家保持距離」。

自主即認同，逃避國家的族群

對於眾多高地人來說，差異化就是劃定兩個社會之間的不同和距離，也就表示自己和低地國家之間的真實距離。因此，這個過程太過武斷，甚至有點套套邏輯。我們可以想想移民的長期過程。低地較弱小或軍事力量比較弱的一族，發現自己即將落敗或屈服（更可能是兩者兼具）。這群被包圍的人有一些會屈服，留在原地不走，過一段時間遭到同化。另外，有些人則是撤退，遷徙到內陸或山地以維持自主性，不過這可能需要改變原本的謀生方式。我們再進一步假定，這個族群有自己的名稱，比如我們稱之為野雲雀（Meadowlarks）。留下來的野雲雀將被吸納進入低地主流文化，即便野雲雀也會在主流文化中留下一點痕跡，但很快就不再稱為「野雲雀」，而是成為「漢族」、「緬族」、「暹羅人」或者「泰族」。但是許多離開的人，儘管也會有所改變，甚至變化更大，但在別人眼中還是野雲雀，離開谷地國家更變成野雲雀歷史上很重要的事件。此外，從谷地國家角度來看，「野雲雀」將象徵著逃亡和躲避國家。如果整個過程重複好幾次，逃避國家就可能成為「野雲雀」的基本特徵。

好幾位民族誌學者和歷史學家大致將此過程視為成是苗族／赫蒙的典型經驗，尤其是苗族與赫蒙過去三個世紀的叛亂和逃亡。尼古拉斯．塔普形容此過程為分歧。其中有些人成為所謂的「熟」苗或「漢苗」，他們接受漢族統治，使用漢名，實行定耕，多數人隨時間流轉被吸納進漢文化；另外一支則成為「生」苗，或者說是「苗子」，他們遷至（或者留在）高地，進行游耕和掠奪，和中國王權保持距離。[134]另外二位苗族歷史學者相信，「當赫蒙人因土地不夠，缺乏森林，稅賦過重且不公，甚至遭官員和地主虐待的時候，大多數人會試著適應新局面。有些人會起身反抗準備作戰，而也有些人會選擇遷徙到新的行政區或其他國家。但移民只是其中一個選擇，大多數赫蒙人仍然選擇留下來並改變自己。」[135]因此，逃亡以及無國家的赫蒙人，身上永遠有著逃跑和拒絕「進入版圖」的印記。不過這些人只是殘餘，歷史上曾被叫做赫蒙的人，大部分已經被吸收成為中原王朝的臣民，自此消失、難以分辨。如果我們同意，那些與赫蒙一起反叛或逃亡的人會被吸收成為赫蒙人，那這些殘餘部落的系譜延續下來的比例就更少了，更不用說基因了。也就是說，赫蒙民族性的延續主要表現在共同的反叛與逃亡史，而不是大家所假定的祖先血緣關係。

贊米亞多數民族（但並非全部）都可能有類似的故事。佤族、阿佧、拉祜、傈僳、克木、崩龍、巴當、拉棉，還有克倫人似乎都有類似的歷史經歷，在反叛之後一些人留下來，另外一些人逃了出去，沿途不斷吸收其他移民。杜姍姍相信，過去三個世紀以來，拉祜族參與了約二十次的反叛，反叛後一部分「仍然留在漢人王朝的控制區，而另外一些人則在遭到鎮壓之後遷移到南方更邊緣或山區」。[136]在克倫人複雜的歷史中，也有不少類似的事，尤其是波克倫人。克倫人曾與孟族結盟，在十八世紀中葉勃固覆滅以後更與暹羅結盟，所以克倫人數度被孟族、暹羅、撣族和緬甸的政權吸收。我們現在口中的克倫人，許多是選擇逃跑或者留在山地的人，他們是無國家且自主的民族，可能很容易受到迫害。[137]過去的克倫、拉祜和赫蒙人，大多數在歷史事件中被同化成為國家臣民，成為低地一分子，但出逃的少數人，則保留獨特的認同，因而寫出了一部遷移和無國家的歷史。[138]

「以逃離國家作為身分認同」最詳細闡述的事例，可能是已故的利奧・凡格索在作品中所描述的阿佧人。阿佧人包括哈尼族，大約有二百五十多萬人，住在越南北部，屬藏／緬語系，過去被認為是「黑骨頭（生）」、及未漢化的彝倮倮（Yi-Lolo）。現今他們住在雲南南部（西雙版納），旁邊就是寮國、緬甸和泰國。過去兩個世紀以來，他們因為戰爭、獵奴和尋找新的遊耕地點，而被迫向更南方遷徙。他們主要往來的兩個低地王國是漢和泰，其中漢族影響他們的文化活動和信仰程度，顯然比較深。

為了回應我們的目的，最重要的是阿佧人通過族內的**吟遊詩人**（*phima*）保留詳細（但不見得可靠）的系譜和歷史。有些歷史似乎可以成為文件記載。但不論記載與否，口述史可以用來分析那些以遷徙和無國家為明確特徵的民族。他們相信自己最初是高地人，逐漸往下游遷徙、種植水稻，但他們顯然不是國家臣民。接著，泰族的戰士們代表國家挺進滇南，吸收部分阿佧人，並把剩下的阿佧人、崩龍（Palaung）和其他族群趕上高山。凡格索指出，這個故事與泰國首位泰仂（Tai-Lue）戰士芭珍（Ba Zhen）在十二世紀建立第一個**城邦**並逼走許多居民的歷史相吻合。接著，蒙古人也就是元朝，在十三世紀中葉入侵，在此區擴張國家權力。從這個角度來看，阿佧人認為自己是逃避國家的民族，選擇了自己的生活地點和謀生方式，使「軍隊、土匪和稅吏難以找到他們」。[139]儘管他們逃亡，但是從基因的角度來看他們並沒有與世隔絕。按照凡格索的計算，他們採用靈活彈性的收養原則以及極具創意的譜系，吸收許多泰族、漢族，以及其他高地民族，像是拉祜、崩龍、克木和佤族。

阿佧人的歷史和宇宙觀也帶有逃亡和無國家特色。阿佧族傳說裡的要角是十三世紀亟欲成為阿佧國王達仔加邦（Dzjawbang），他實行人口統計（這是稅收和建國重要宣示！），但被自己的人民所殺。他的兒子邦・達仔覺（Bang Dzjui），有如希臘神話中騎著魔馬的伊卡洛斯，用蜂蠟粘上了翅膀，卻因飛得太靠近太陽而喪命。這兩個傳說故事提醒我們注意等級制度和國家權力形構。薩滿教的標準治療儀式，是想要在身體裡重新安置遊蕩的靈魂，這和逃避國家的寓意相同：「一趟到這個九層靈界的旅行，被描述為從高山到低地的遷徙過程，人的靈魂在『龍的迷宮』裡被捕抓，被詛咒要為了生存而做徭役或奴隸。如果要恢復一個人的靈魂，就需要獻上一頭豬，或其他大型牲畜，如水牛……這與平常奴隸貿易的作法根本完全一樣。」[140]即便在我們可稱之為「宗教」的層面上，也延續著相同的原則。除了尊敬專家、尊敬系譜很長的耆老和鐵匠以外，阿佧人堅信沒有更高的神存在，簡單地說就是，他們不會向任何人鞠躬低頭。我們很難想像會有一個民族的口述史、日常實踐和宇宙觀，能夠比阿佧人更全面的呈現出對國家與固定階級制度的反抗。

第六章

逃避國家和防禦國家：

逃避的文化和農業

請再次想像自己是東南亞的科爾貝爾，但此次的任務不是設計一塊可供徵用的理想國家空間，而是完全相反。想想看，你要如何設計出一種地形、一種謀生策略和一種社會結構，可以盡其所能抵禦國家的建立和徵收。

我相信你所設計出來的空間基本上會與水稻國家相反。你會設計出崎嶇不平的景觀，讓「地形阻力」高得嚇人，以取代平坦、相對無地形阻力的沖積平原。你會傾向可以不同時間收成的游耕、種植多樣與分散的根莖作物，替代會同時收成的集約型糧食作物。你會規劃一種分散和移動的生存方式，以及流動以及無首領的社會結構，藉由比較容易分散和集中的性質，來取代長期定居且固定的政權。

整體而言，這正是人們在贊米亞所見的，一種「厭惡國家」的居住、農業和社會結構模式。換句話說，這代表一種不利於國家積聚人力和從事農業的生態環境。我們可從兩方面看出這點：首先也是最明顯的是，現存的國家不大願意吸納這類地區，因為在當地徵用人力和糧食的行政和軍事成本大於回報。可以要求這些地方進貢，但無法直接統治。厭惡國家的第二個特徵在於，此空間完全不可能產生一個原住民的國家。這裡基本上缺少國家仰仗的人力、財富和穀物的集中。此外，不利於國家徵收人口和農業的條件，也會妨礙其他徵收形式，特別是掠奪。不論是獵奴遠征軍、沿途搜刮的軍隊、土匪，還是餓到要搶劫的人，他們就和國家一樣，發現搶劫「國家空間」的好處，遠大於在欠缺永久權威結構，且荒蕪、流動和種植根莖植物的社會裡那些微的採收。因此，這個高地社會不僅僅是厭惡國家，而且也抵制所有徵收。

我在此刻意使用科爾貝爾的策略工具和「設計」理念。許多有關東南亞大陸高地人群的歷史和民族誌，往往間接或直接將高地人群的位置、居住模式、農業和社會結構視為理所當然，視為受限於傳統和生態限制的既定結果。我並不否認這些限制存在，而是希望強調歷史和策略上的選擇。展望歷史長河，驚人的是高地和谷地的居住方式、社會結構、農業型態和族群認同的流動和變化。乍看之下似乎靜止甚至完全不受時間影響的模式，只要我們往後退一步把歷史的鏡頭擴展到幾個世代，就會展現出驚人的可塑性，更不用說以數百年甚至上千年為尺度來觀察。我認為這些證據表明，我們應把高地社會解讀為是社會和歷史選擇的結果，包括所在地點、居住方式、農業技術、親屬實踐以及政治組織，這些基本上都是設計用來維持與谷地國家及其他周邊高地族群的相對位置。

極端的例子：克倫人的「藏匿村」

極端情況經常讓我們得以用最突出的案例，說明社會過程的基本動能。緬甸軍隊在廣大克倫族地區殘酷鎮壓叛亂的策略就是一例。這裡圍繞軍事基地形成的「國家空間」不僅是一個徵收區，更是一個發展成熟的集中營。反之，「非國家空間」不僅僅在稅吏有效控制區之外，更是人民為了生存而前往的避難所。[1]

按照喬治・奧威爾（George Orwell）的委婉之詞，緬甸軍隊控制的克倫平民區可稱為和平村，而在勢力範圍之外逃亡者的庇護所可以稱為藏匿村。官方的描述認為「和平村」代表村莊首領承諾不再支援叛亂，而且會輪流提供免費的勞役給政府軍隊，而軍隊的回報就是不再燒毀民宅或強制搬遷。事實上，和平村經常被強行遷至軍營旁邊，提供大量可差遣的勞力和人質。和平村的居民都要登記並領身分證。他們的農地、檳榔樹和小豆蔻叢都要接受軍事稅收和徵用的評估。我們在第三章考察的小型和軍事化的水稻國家核心區，基地的指揮官往往從最貼近指揮中心的和平村汲取所需的勞力、資金和糧食。村民心裡明白人口集中與強制勞動之間的關係。在許多文獻記載的事件中，有一起是關於七個村莊併入兵營附近的兩個村莊：克萊拉（Kler Lah）和塔卡德（Thay Kaw Der）。正如某位居民所言：「當他們找不到人去做挑夫，就把克萊拉和塔卡德所有村民拉去充當挑夫。不論男女，他們都要帶走。……SPDC（政府）在一九九八年強制他們搬遷至此，如此一來就可以很輕易強迫他們去幹活和當挑夫（因為集中在一起）。」[2]在另一個類似的安置區，有位村民也點出集中在軍營附近使他們更容易受到剝削。「我認為他們要求村民遷移到此的目的，就是要他們幹活。……如果村民都待在一個地方，緬甸人就很容易強迫他們工作。」[3]

軍隊被迫要從當地徵集軍糧，並帶著腐敗和擄掠的傳統，把移民區變成了超級徵用區。「理想型」的軍事空間是一塊沿著幹道的平坦和開放區塊（沒有埋伏！），周邊都是已經登記並移居到當地的居民，在容易監督的地方種植水稻，這些居民可充當絆網或人質，同時也是勞力、現金和食物的來源。緬甸軍隊在強化的水稻國家，大力壓榨俘虜來的人力和資源，因此有相當多俘虜最終在絕望中逃跑。[4]

正如被集中安置在軍營周邊的村民，生活在一種拙劣模仿的國家空間中，那些逃避負擔的人排斥國家的技巧，也正是本章將要考察的極端化版本。簡單地說，這些策略包括逃到窒礙難行的地區、分裂成越來越小的群體、尋求隱蔽和不具侵略性的謀生技巧。

一般而言，最立即可用的避難所，就是更上游或海拔更高的山地。克倫族的老人說：「如果必須逃亡，就要逃到山裡。」如果有人在後頭追，他們就會撤退到更高的上游地區。「當他們來找我們的時候，我們就只能往上游逃。」而且「他們第三次來的時候，我們就逃到這個海拔高度了」。[5]這樣逃的路線有個好處，那就是他們避難的地方與原來的村莊和農田的直線距離並不遠，但卻能遠離任何道路，成為實質上到不了的邊陲地區。隨著軍事壓力提高，這些所謂的隱蔽村（ywa poun，ရွာပုန်း）分裂成更小的單元。他們原來住的村莊可能有十五至二十五戶人家，而隱蔽村通常不會超過七戶，如果危險還在，戶數就會再減少。特定群體分裂得越小就越不起眼，也就更難以追蹤、捕抓或殺害。如此一來，在最後的分析中，村民會冒險跋涉到泰國邊境，進入當地難民營，徹底遠離緬甸國家的管轄範圍之外。

選擇留在高地者所採取的生存策略，則是要讓自己躲過偵察，盡量擴大地理流動性，以免很快就露餡被迫再次逃亡。採集森林的食物是最不引人注意的謀生策略，因為除了採集者的腳印，不會留下任何痕跡，但是光是採集並不足以為生。[6]如某位隱身高地的村民所說：「村裡的人必須吃樹根和樹葉，就像我在森林裡吃的一樣。我必須靠根和葉撐個四到五天……有一次我在森林裡的小屋生活了一年，因為我不敢待在村裡。我種了香蕉樹，吃樹根和蔬菜。」[7]許多逃到森林的人都盡可能帶著米，分成一小份一小份藏起來。一旦找到落腳之處，不管停留多久，都會開墾一小塊地種植玉蜀黍、木薯、馬鈴薯和一些小豆蔻。通常都是開墾許多分散和隱密的小地塊，因為分散和隱蔽這一套相同的準則，管控著難民的行為，也同樣影響了他們的農業選擇。只要可能，他們就會選擇無須太過費心、生長期比較短的根莖作物，這些作物不容易被破壞和搶走，還可以利用閒暇收成。人、耕地和作物的配置原則都是避免被搶走。村民都很清楚自己是為了維持生存而犧牲。村莊的儀式、學校教育、運動、貿易和宗教活動就算沒有完全消除，也都遭到簡化，以避免淪為超國家空間（hyperstate space）的軍事奴隸。

絕望的克倫村民採取的逃避技術代表了一種極端策略，大致刻畫出整個贊米亞的歷史和社會組織特徵。我認為我們眼中許多的「山地」農業、「山地」社會結構，以及「山地」位置本身，很大程度是由逃避（和防禦）國家的型態所決定。這些策略是在與低地水稻國家（包括殖民政權），好幾個世紀以來持續的「互動」中，逐漸制定出來並日益周詳的策略。[8]這些互動中許多重要面向，是由高地社會和水稻國家共同構成。每一種都代表謀生策略、社會組織和權力的另一種型態，每一種也都在模仿和矛盾的複雜關係中「遮蔽」了另一方。高地社會在低地國家的陰影下運行。同樣，凡是東南亞有低地國家存在的時候，也會受到高地、沼澤，以及迷宮般複雜水路中相對自由的社群所包圍，這些社群同時也代表著威脅、「蠻夷」、誘惑、避難所和貴重物品的來源。

地點、地點、地點和移動性

難以抵達和分散是徵收的天敵。徵用是部隊行軍和國家存活的關鍵。「整支軍隊不斷追趕**逃走的**（*sic*）國王，但是行軍必然受情勢所逼，而且在前不著村後不著店的行軍路線上，人煙稀少，無法提供足夠的糧食給軍人和動物所組成的軍隊，結果他們不僅因連續行軍而疲憊不堪，還因為無法固定吃飯而都處於半饑餓狀態。許多人病死或餓死，因饑餓而身心俱疲，但是仍要持續追趕。」[9]

逃避的優先原則是地點。由於地形阻力，有些地方就連鄰近（比如直線距離不遠）的國家也難以到達。事實上，人們大致可計算出從任何一個特定的水稻國家開始，到達各個地點的困難程度。這種國家權力遞減的尺度，在吉爾茲對峇里島上「劇場國家」（theatre-state）勢力範圍的描述中，隱隱可見。他點出「高地領主」因為住在較崎嶇不平的鄉間，「因而有抵禦軍事施壓的天然優勢」。[10]甚至在更遠的山區，「海拔最高的地方，有些平時從事旱作農業的社區就座落在任何領主都鞭長莫及之處」。就贊米亞本身而言，光從地理條件來看，貴州省的西南部可能是最封閉、最難於進入的地方。按照貴州俗語的說法是「天無三日晴，地無三里平，人無三兩銀」。十九世紀晚期有位旅行家指出，自己在貴州行走期間未曾見過任何一輛車，「所以貿易都是靠著人扛或獸馱」。許多只有猴子才能到達的地方，實際是匪徒和叛亂者的避難所。[11] 在此情況之下，地點只是國家權力邊緣化的一種表現形式。如我們將見到的，人的流動、謀生方式、社會組織和居住型態的設計，經常是綜合考量，用以遠離國家徵用。

從更長期的歷史觀點來看，國家權力邊陲的地點必須視為一種社會選擇，而非既定的文化和生態。地點就如同日常謀生方式和社會組織，會有各式各樣的變化。這些變遷隨著時間都被記錄下來，大致代表與國家權力的「相對位置」。

舉例來說，近來的學術研究一直要打破將「無國家」的族群視為馬來西亞「原住民」（*orang asli*）這種本質化的理解。過去他們被視為早期移民的後代，技術發展比不上後來在半島上統治他們的太平洋南部島民（Austronesian）。然而，基因上的證據並不支持一波又一波分別遷移的理論。西蠻（Semang）、特穆安（Temuan）、賈昆（Jakun）、羅越人等原住民，與馬來人不應看成進化的先後順序，而是應該看成一個政治序列：針對這種觀點，班傑明有最好的證明和闡述。[12] 對於班傑明來說，**部落特性**（*tribality*）這個詞在此脈絡下只是逃避國家的策略，而與部落性相對的詞是**農民特性**（*peasantry*），可以理解為被吸納到國家的耕種系統。根據他的理解，大多數「部落」原住民就只是半島上那批拒絕被國家吸納的人。包括西蠻、西諾伊（Senoi），以及使用馬來語的（特穆安、奧郎勞特和賈昆）族群，每個「部落」都有各自稍有差異的逃避國家策略，而且任何人只要實際採用相關策略，也就成為西蠻、西諾伊或任何部落的人。這些無國家的族群一直都可以選擇成為馬來人，在伊斯蘭信仰到來之前便是如此。事實上，許多族群也已經這樣做，從馬來民族性中，也可以看到文化吸收的痕跡。所有原住民也一直藉著交換和貿易與低地市場維持聯繫。

站在我們的角度，很重要的一點是相對於國家的邊緣位置乃是一種政治策略。如同班傑明所指出的：

> 首先……部落特性主要是來自於選擇，第二……國家文明（包括現代和前現代）的現狀是做此選擇的重大因素……
>
> 因此，我們更要記住，許多部落人口都是自己選擇落腳在地理偏僻之處，這是他們遠離國家的策略之一。[13]

逃避的第二個原則是**移動性**（mobility），也就是改變地點的能力。如果一個社會除了位處權力邊陲之外，還能輕易遷移到更偏遠、更有利的地點，那麼難以接近的程度也就更大。正如同遠離國家中心的距離不一，我們也可以想像有不同程度的移動性，從相對移動自如，到相對動彈不得。地理移動的經典案例，絕對是草原遊牧。多數時間他們都是帶著畜群在移動，儘管受到逐水草而居的限制，但是他們快速且遠距離移動的能力卻無與倫比。同時，他們的移動性顯然特別適合去掠奪國家和定居人口。事實上，遊牧民聚集成「部落」聯盟以後，其軍事力量經常嚴重威脅到實行定耕的國家。[14]然而在我看來，重點是遊牧落實了逃避國家權力的策略。舉例來說，落腳於波斯國家權力邊陲的約穆特土庫曼族（Yomut Turkmen），即利用遊牧的移動性，同時掠奪農村並逃避波斯政權的稅賦和兵役。一旦有人派大軍攻打約穆特族，他們就會帶著牲畜與家人，撤退到國家勢力範圍之外的草原沙漠區。「因此，流動性是他們對抗波斯政府的最後一道防線，避免納入有效控制的政治事務之中。」[15]雖然他們所處的環境隨時有其他謀生方式，但他們仍然維持遊牧以保有策略優勢，如維持政治自主、搶劫的自由，以及逃避稅吏和抓壯丁當兵。

受到生態影響，東南亞高地並沒有太多牧民。從移動的角度來看，四處移動的採集者最接近遊牧民族。多數高地人的謀生方式都包括採集和狩獵，一旦受到壓迫時，這些謀生方式就特別重要。但是，那些專門採集的人，不但需要居住在遠離國家權力之處，其生存模式也需要地理上的移動，因為一旦威脅來臨，這種習性也就特別管用。這些人在歷史學家與低地人眼中，會被從進化的觀點來理解，認為他們就是原始「部落」遺留下來的人。當代的學者推翻了這樣的判定。採集在現代社會主要被視為一種政治選擇，或者一種躲避國家捕獵的策略，根本就不是落後的歷史遺留。泰瑞・蘭博（Terry Rambo）的著作寫到馬來半島從事採集的西蠻人，清楚陳述了這項新的共識：「西蠻人看起來很原始，原因不在於他們是舊石器時代殘餘者，被迫躲到與世隔絕、邊緣避難區。對一個處於防禦弱勢的少數族群來說，一旦住在軍事強權且帶有敵意的農業社會旁邊，走向游牧與採集活動是好處最多也最安全的策略，……從安全的角度來看，這樣做也相當合理，因為游移的人比定居的農民更難捕獲。」[16]

不過，這並不表示住得越分散就越安全。族群數量有個底線，如果低於此線就會浮現新的危險和缺點。首先，他們需要一個小社群來抵抗掠奪，特別是獵奴。一塊孤伶伶的游耕地，比一群同時成熟的游耕地更容易受到害蟲、禽類和其他野獸的侵害。此外，由於疾病、意外死亡和缺糧等風險時常同時匯集，因此也需要族群人口至少有個最小的規模，才能抵抗。克倫難民逃至緬甸的軍隊如原子般分散就是個極端的例子，最終他們只撐了很短一段時間。即便是在逃亡，至少也需要幾個家庭一起組成小團體來長期防衛。

一旦我們將此謀生策略視為各種生計之中的政治選擇，就必須將特定謀生方式所提供的移動性納入考量。採集和遊牧對那些希望與國家保持安全距離的人來說，是移動性最高的選擇。輪種（游耕）的移動性比採集小，但比定耕大，更不用說和灌溉稻作相比了。對於國家空間的設計者來說，凡是從種植水稻的核心區大規模遷往偏僻邊陲地帶採集，便會威脅國家權力所仰賴的人力和糧食。

因此，沒有理由認定游耕者和採集者落腳與世隔絕的山區，是因為他們原本就住在那裡或是落後。反而有充分證據顯示，他們住在自己想住的地方，做自己想做的事情。事實上這是歷史的選擇，原來居住在平原的人，因受到苛稅壓迫，或出現更強的人威脅他們提供勞役，因而選擇逃到山上。他們的意圖表現在行為上，也可以說他們沒有和其他人一樣選擇與低地社會同化。這樣做的目的之一是避免被國家或國家代理人抓去當奴隸或臣民。早在九世紀的時候，中國西南部的官員就看出不可能把「蠻夷」遷移到漢人政權的權力中心附近，因為這些人散布在森林和溝壑之中，並且「想方設法躲避追捕」。[17]我們也不應該忽視山地普遍的自主性和相對平等的社會關係的吸引力，這和逃避勞役和徵稅一樣重要。

渴望自主並非高地人選擇逃避的唯一理由。我們透過當代和考古的資料中得知，除了在最惡劣的環境，採集者都比集中定居的社群更強壯、更健康，也更不容易染上疾病，尤其是那些動物傳染的疾病。總之，農業剛開始出現時，似乎是降低而非提高人類福祉。[18]推而廣之，輪耕因為多樣性和人口分散，只要有夠多土地可用，就可能益於人口健康。因此，人們可能出於健康和休閒的原因，而更喜歡高地的生活方式。伊懋可（Mark Elvin）提到中華帝國早期禁止臣民從事採集和游耕的說法，可能反映了國家偏好可控制的生活模式；正如山地人普遍相信低地不利於健康，也反應了山地人的生活偏好。這種生活信念並不僅僅是因為，在海拔九百公尺以上的地方長期少見到傳播瘧疾的蚊子而已。

儘管前現代的人對於疾病傳染的方法和媒介一無所知，但他們一向明白散居會提高存活的可能。丹尼爾・狄福（Daniel Defoe）在《瘟疫年鑒》（*Journal of the Plague Year*）提到，有管道的人會在黑死病稍見端倪時，就離開倫敦避走郊區。黑死病來襲時，牛津大學和劍橋大學把學生疏散到郊區的避難所。威廉・斯科特（William Henry Scott）報告說，出於相同的原因，呂宋島北部居住在低地並「臣服的」伊哥洛特人，選擇遷徙到山地分散開來以躲避傳染病。早已經居住在高山的伊哥洛特人，知道應該散開來生活，並且封閉高山的通道，以避免疾病蔓延。[19]因此，我們絕對有理由相信，低地國家帶來的威脅，不僅僅局限在掠奴與索取納貢，也進一步延伸到看不見的微生物。這成為選擇居住在水稻國家勢力範圍之外的另一項有力理由。

逃避的農業

別種植葡萄園，你會被綁住
別種穀物，你會被絆住
牽著你的駱駝，趕著你的羊
有一天，你會稱王

——遊牧人的詩

新大陸觀

若把社會結構和日常謀生方式當作深思熟慮之政治選擇，那當我們檢視歷史時，勢必會產生與權力文明敘事相左的觀點。這種文明的敘事涵蓋一系列經濟、社會和文化進步的歷史進程。從最原始至最先進，謀生的策略大致排成：採集／狩獵採集、遊牧、園藝／游耕、定耕、灌溉農業、工業化農業。社會結構方面，同樣從最原始排至最先進，依序是森林或大草原上的小聚落、小村落、村莊、小鎮、城市和大城市。這兩個序列本質上相同，勾勒出農業生產（單位土地產量）和人口在越來越大的村落中不斷集中。在十八世紀初，政治哲學家喬瓦尼・維科（Giovanni Battista Vico）早已詳述此過程，這種說法後來之所以成為壓倒性的說法，一方面是與社會達爾文主義一致，但更重要的是它所勾畫的現實，與大多數國家和文明本身所講述的故事十分吻合。這個框架假定，人們只會往越來越集中，穀物集約越來越普及，他們無法想像會有反向運動，因為每跨出一步都是不可逆轉的進步。

這套框架從經驗上描述過去兩個世紀（在貧窮國家則是過去半

個世紀）以來，現代工業世界中人口和農業的走向，有甚多言外之意。為了實際目的，歐洲的無國家（「部落的」）人口，在十八世紀之前已經消失無蹤，而在貧窮國家中的非國家人口，也正一步步消失或是危機四伏。

但是，不管是用來描述前現代歐洲國家、二十世紀多數窮國，或是東南亞大陸高地（贊米亞），這套框架都深深誤導了大眾。實際上，此框架的描述不僅是透過規範性描述呈現進步的自我陶醉，也呈現了人口逐漸被吸納到國家結構中的連續階段。此外，各個文明階段也是自主性和自由逐漸消失的標示。直到不久前，許多社會和群體還放棄了定耕，重新採取游耕和採集。出於相同原因，他們改變自身的親屬制度和社會結構，而且分散在越來越小的居住點。根據東南亞半島實際的考古資料顯示，這裡根據不同的條件，有很長一段時間擺盪在採集和農業之間。[20]對於當地人來說，維科眼中可悲的倒退和衰敗，乃是一種策略的選擇，用以迴避國家權力帶來的不便。

我們一直到最近才逐漸理解，許多看似明顯較為原始的族群，都是刻意拋棄定耕和政治上的從屬地位，以求得更多的自主性。如我們前面指出，馬來西亞許多原住民就是如此。然而，征服新大陸以後，紀錄下許多更令人吃驚的例子。法國人類學家皮耶・克拉斯特最先指出，許多南美洲的狩獵和採集「部落」一點都不落後，他們曾在國家權力形構過程中生活，從事定耕農業。他們刻意放棄一切，以逃避俯首稱臣。[21]他認為這些人足以生產大量的經濟剩餘，並建立大規模的政治秩序，但是他們選擇留在國家結構之外。西班牙人把這些族群貶成「沒有上帝、法律和國王」（與印加、瑪雅和阿茲特克人不同），但是就克拉斯特看來，他們是自願選擇生活在一個社會秩序相對平等，首領權力很小或毫無權力的社會之中。

關於這些群體為何分成更小群以從事採集的確切原因有一些爭論。但是，有幾個因素在發酵。第一點也是最重要的一點是，源自歐洲的疾病導致人口毀滅性減少，有些地方死亡率高達九成。這不僅意味著已確立的社會結構遭到摧毀，也表示存活下來的人可以用來採集和游耕的土地面積大大增加。[22]在此同時，許多人逃出西班牙人用來抓奴隸的歸化區，同時也逃避因人口集中而常見的瘟疫。

典型的案例是霍姆伯格（Allan Holmberg）最初在人類學經典著作《長弓的流浪者》（*Nomads of the Longbow*）中所描述的東玻利維亞西里奧諾人。顯然，他們欠缺用火和縫衣服的能力，住在簡陋的茅棚中，不懂算數，也沒有家畜和成熟的宇宙觀。霍姆伯格寫道，他們是舊石器時代的活化石，活在真正的自然狀態之中。[23]我們現在可以毫無疑問地肯定，西里奧諾人一直到一九二〇年還在種植作物為生，結果流感和天花襲擊，導致村落大批村民過世。由於數度受到強敵攻擊，加上要逃避潛在奴役，西里奧諾人顯然放棄種植作物，加上他們的人數也不足以保護作物。在這種情況下，他們為了獨立和生存需要分成許多小團體，每當遇到威脅時，就能各自從事採集和遷徙。他們偶爾會襲擊定居者以獲取斧頭、輕便斧和砍刀，但同時又害怕出去掠奪的人，會把致命疾病帶回來。他們選擇成為非定居者來逃避疾病和追捕。[24]

克拉斯特考察了許多類似案例，原本的定居者因受到奴役、強制勞役和傳染病的威脅，轉而採取游牧民族的謀生策略以逃避侵害。比方說，十七世紀的土頗－瓜拉尼族顯然曾是集中生活的務農民族，為了躲避耶穌會的歸化區、避免被葡萄牙人強迫送到沿海農場、防禦混血後代獵奴者的攻擊，以及逃離瘟疫等多重威脅，成千上萬的土頗－瓜拉尼人紛紛走避。[25]很久之後，欠缺歷史觀的人便會認為，他們似乎是落後和技術簡單的族群，是原始部落殘留下來的人。事實上，他們已經改採更靈活的生活方式，藉此逃避文明帶來的奴役和疾病。

還有另一個離我們比較近的例子是新大陸逃避農業。逃奴社區（maroon communities）就是一例，這是逃跑的非洲奴隸在奴隸主的勢力範圍外所打造的社區。這些社區包括大至兩萬居民的巴西帕爾馬里斯和規模相似的荷屬圭亞那（Dutch Guiana，也就是蘇立南），還有更多、更小、廣泛分布在加勒比海各地的逃難者定居點，範圍擴及牙買加、古巴、墨西哥、聖多明哥，還有佛羅里達、維吉尼亞和北卡羅萊納邊境的大迪斯默爾沼澤。「逃避農業」理論更為複雜，但此處只是點出逃奴社區採行農業策略的整體概況。[26]我們在描述東南亞高地族群時，就會碰到和逃奴社區相似的情況。

逃亡的奴隸聚集在不易遭人發現的偏遠地區，諸如沼澤、崎嶇不平的山區、幽深的森林、無路的荒地。他們一有機會就會選擇易守之地，這些地方僅有一條小徑可通，可用刺或陷阱把路封鎖起來，而且可以輕易觀察情勢。他們和盜匪一樣，會事先留好遭人發現或守不住時的退路。游耕加上採集、貿易和偷竊，是逃奴最常見的生產方式。他們偏好種植塊根（比如樹薯／木薯、山藥和馬鈴薯）等不引人注目的作物，放在土地上任由生長，閒暇時再來收割。他們也會依據當地安全程度，種植一些可以重複生長的作物，像是香蕉、芭蕉、旱稻、玉蜀黍、落花生、菜瓜和蔬菜，但是這些作物比較容易被搶劫或毀壞。有些社區存在時間不長，有些則可以綿延好幾個世代。逃亡社區定義上根本就是無法無天的地方，因此許多社區有時會靠著搶劫附近的定居點和農場維生。他們看起來無法自給自足，許多逃奴社區會占據一塊生產珍貴產品的特殊農業／生態區，通過私下或公開的貿易來販售，因而整合至更大的經濟體之中。

游耕作為「逃避農業」

> 採取游耕並非必要，而是特殊政治的一部分。
>
> ——斯卡瑞亞（*Ajay Skaria*）《混合的歷史》（*Hybrid Histories*），一九九九

輪作是東南亞山地最普遍的農耕方式，人們很少理解游耕者的選擇，更不用說是政治選擇了。這種技術被低地官員，包括那些從事山地發展計畫的官員，看成是原始、對環境有害的耕作方式。進一步說，游耕者也被打上落後的印記。這背後隱含的假設是，如果有技能和機會，他們就會放棄游耕，轉向定居並從事定耕（最好是灌溉稻作）。從游耕轉向水稻，也同樣被認為是單向與進化的過程。

我的觀點與此相反，我認為游耕絕對是一種政治選擇，此觀點並非由我所提出，我依據那些仔細研究過此議題的歷史學家和民族學家的判斷，進行以下論證。中國雲南游耕技術與民族的研究權威，斷然否認了這樣的說法，他並不認為游耕是一種更早或更原始的耕種技術形式，更不認可一旦耕作者掌握了灌溉技術就注定揚棄游耕：「但此處必須強調的是，認為雲南的游耕代表農業歷史的原始『階段』的觀點並不正確。雲南的游耕、砍刀和斧頭與鋤頭和犁並存，每一

項有不同的用途和功能。很難說哪個更早哪個更晚……但事情的關鍵在於，沒有任何理由認為『純粹』的游耕農業屬於初始階段。」[27]

選擇游耕，或是基於同樣理由選擇採集或遊牧，就是選擇停留在國家空間之外。在歷史上，這樣的選擇奠定了東南亞老百姓的自由基礎。奧康納指出，傣族的高山小國勐裡的人民，一直有兩個替代選項。一是遷徙，加入其他條件更好的勐，「另一個是逃到山地去耕種而非稻田」。奧康納指出：「山地農民不必承擔勞役。」[28]推而廣之，游耕促進地理移動，按照讓·米肖的說法，游耕也可以「視為中國的赫蒙或倮倮族等流動族群的逃避或生存策略……這些曾經定居的族群，由於災禍、戰爭、氣候變遷，以及故鄉土地承受不了人口壓力等緣故而開始流動」。[29]游耕一般來說落於國家徵稅和人力徵用的機制之外，哪怕是最小的國家也控制不了游耕。正因如此，東南亞大陸歷史上的國家代表都眾口一辭地打壓或是責備游耕。游耕是一種在財政上毫無收益的農耕方式：多樣、分散、難以監督、不易課稅和徵收。游耕農本身也是零星散布，不好監督，也難於徵用勞役和兵役。這些被國家所詬病的游耕特色，正是那些逃避國家的人們被吸引之處。[30]

水稻與游耕並不是暫時、進化的序列，也不是互斥的選項。[31]許多高地人同時種水稻與從事游耕，並根據政治和經濟優勢，調整兩者的比重。谷地居民過去也曾以游耕取代灌溉稻作，尤其是幫瘟疫蔓延，或大量人口外移，使得可耕地大量出現的時候。許多地理環境都可以從事游耕、旱作或水稻，只要修建梯田，若有可靠的泉水或小溪，水稻就可以在海拔相對較高而且比較陡峭的地方生長。越南紅河上游的哈尼族和呂宋北部伊富高省的複雜水稻梯田就是最好的例子。在克倫人和阿佧人生活的地方，也可以看見泉水和小溪灌溉的水稻梯田。爪哇和峇里島所發現最早的水稻耕作考古遺跡並非來自低地，而是位於高山和火山圍繞的高地半山腰，當地源源不絕的泉水和明顯的乾季，讓水稻得以於此生長。[32]

不論是殖民時期還是當代的低地官員，不但把游耕視為原始的謀生方式，而且認為從嚴格的新古典經濟學來說游耕毫無效率可言。不過，就某方面來說這是毫無根據的推論，他們認為相較於單一作物的水稻，游耕顯得無序且紛亂。然而在更深的層面上，這呈現出對效率概念的誤解。毫無疑問，水稻的單位面積產量高於游耕，但是按照每單位勞動力來計算，水稻產量反而比較低。兩個系統究竟哪個更有效率，主要取決於再生產過程中土地和勞動力兩項要素的稀缺性。當土地相對充裕而勞動力短缺的時候，就像歷史上大部分的東南亞大陸一樣，游耕的單位產出比較節省勞力，因此也就更有效率。但是奴隸在國家建構中的重要性，便證明必須透過強制力才能捕獲漂泊的耕作者，並將他們遷移到勞力密集且有辦法課稅的水稻區。

每項農業技術的相對效率不但因人口情況而不同，也取決於農業生態的條件。每年河流氾濫帶來肥沃淤泥之處，在氾濫退去後便可以種植水稻，比起需要複雜灌溉工程或水池（水槽）的地方，這裡的勞力密集度較低。反之，如果地形陡峭，水源不穩定，灌溉稻作的勞動力成本幾乎高到難以想像。然而，從要素成本的角度評估相對效率，就完全忽視關鍵的政治背景。儘管梯田的建設和維護需要投入大量勞動力，但是在高山打造精緻的灌溉稻作梯田，仍然違反了一切看似合理的新古典經濟學邏輯。看來，政治性因素成為主因。李區對克欽的梯田感到驚奇，他得出的結論認為梯田建設是出於軍事原因：為了保衛要道以及控制貿易與通行費的隘口，就需要集中並且能自給自足的軍事要塞。[33]事實上這意味著，需要費力在山地塑造一個小型農業生態空間，以支撐一個小國。還有一些例子，梯田就像殖民初期的旅行家所陳述的，有如修建在山脊上的碉堡，用以防衛低地國家的掠奪，並能阻止那些急於滿足人力需求的獵奴遠征軍。這仍然是政治邏輯，而不是經濟邏輯。要成功抵禦獵奴行動，不但需要一個比較難到達的地點，也需要集中一批捍衛者，唯有如此才有機會戰勝任何敵人，除了最強大和最堅決的敵人之外。[34]米肖認為越南北部哈尼族不但想定居又希望遠離國家中心，才會修建高地水稻梯田。[35]

不過在大多數情況下，游耕都是抵抗掠奪、國家建構和國家徵用最常見的農業政治（agropolitical）策略。如果可以把崎嶇不平的地形看作距離阻力，那麼認為游耕代表一種回應徵用的阻力策略，也同樣合理。游耕的決定優勢，就是天生帶有抵制徵用性質，是能帶來經濟利益的政治優勢。

為了說明政治優勢為何，讓我們想像一種人口和農業生態條件，那裡可以從事游耕也可以種植水稻，而且兩種技術在效率上無顯著差別。在這種情況下，就變成政治和社會文化的選擇。游耕的絕對政治優勢在於人口分散（適合逃避而不是抵抗），同時可以種植多種成熟期緩慢的作物，並且多半種植生長於地下直至收穫的塊根作物。對於國家或掠奪方來說，它代表的是難以預測農業剩餘和人口數量，更不用說掠奪了。[36]除了採集以外，游耕是徵收阻力最大的農業技術如果人們選擇種植水稻，他們就成為國家（或掠奪者）輕易鎖定的目標。國家或掠奪者可以清楚知道如何找到這些人和他們的作物、戰車、耕畜和財產。一個人或農作物越有可能被充公或破壞，那徵收的阻力就越小。

所以，即使從純經濟的角度評估游耕，也必須顧及它所帶來的政治優勢，像是逃避稅收和勞役，還有減少掠奪的收益。如果稻作農業的總收益和游耕的收益差不多，那麼稻作的淨收益還不如游耕，因為在稻作農業中，農民必須以勞役或穀物的形式繳納「租金」。因此，游耕有兩項優勢：讓人們相對自主和自由（儘管也有自身的危險），並允許農民配置自己的勞動力以及勞動成果，這兩者都是基本的政治優勢。

從事高地農業就是選擇遠離國家框架的社會與政治生活。[37]人類學家邁克爾・多夫（Michael Dove）針對爪哇諸國與農業的分析中，清楚強調這是深思熟慮的政治選擇：「清空耕地和爪哇諸國及文化的興起相關，而森林與未開化、無法無天以及可怕的力量連結在一起……這種恐懼源自歷史經驗，因為古代爪哇的游耕者不但不屬於統治者宮廷文化，最重要的是，他們也不在宮廷的控制之下。」[38]霍里佛・榮松針對中泰邊境地區瑤／綿的研究中更提出，從事游耕大致上是為了維持在國家勢力範圍之外的生活。他指出國家認同水稻，使原本毫無政治色彩的農業技術選擇出現了政治意義。「這兩種農業技術在歷史上可能同時並行，但是國家控制力，強迫人民站在國家這一邊，成為種稻的農民、手工藝者或士兵之類的人，而那些沒有站國家這一邊的人，就成為游耕者。」[39]

赫蒙／苗族就是極具啟發性的例子。他們是典型代表性的高地族群，以游耕種植鴉片、玉蜀黍、粟、塊根作物、蕎麥和其他各種高地作物為主，生活在海拔九百公尺以上的山上。但事實上，赫蒙使用的農業技術變化多端。正如一位農民所說：「我們赫蒙人有些只耕（旱）地，有些只種水稻，還有一些同時耕作旱田和水田。」[40]這種運作，是基於社群應遠離國家多遠的政治判斷。在國家威脅尚不清楚且尚未顯現的地方，或者當國家有著難以抗拒的吸引力之時（儘管這種情況非常少見），選擇就不會充滿政治色彩。但是當國家左右文化與政治選擇時，農業技術的選擇，也就代表是要做國家臣民還是「山地部落」，或者不安穩地搖擺於兩邊。由於游耕的特色就是能阻礙徵用（阻力），當農民可以選擇自己的生存策略，游耕也就成為抵制國家最常見的選項。

逃避農業：選擇作物

逃避農業的邏輯和徵收的阻力不僅僅適用於整個技術複合體（比如游耕），也適用於特定的農作物。當然，游耕對國家徵收的抵制效果，整體來說取決於高山所在的位置和散居的型態，也來自於游耕帶來的農作多樣性。對於游耕者來說，種植、照料和培育多達六十種或更多品種的農作物的情況並不少見。我們可以想像在這種情境下，即使最有幹勁的稅吏，若想登記各項品種，會面臨多少麻煩，更不用說估價和徵稅了。[41]正是出於此原因，詹姆士．喬治．斯科特點出，高地人群「對國家毫無用處」，而且「在官員眼中，想要搞清楚這些家庭甚至村子的數量都是浪費精力」。[42]除此之外，幾乎所有的游耕者也同時會在附近森林打獵、捕魚和採集，藉著擴大更多謀生策略來分散風險，確保能擁有豐富而有營養的飲食。對於任何想控制他們的國家來說，他們有如難於控制且無法理解的象形文字。[43]這也就是為什麼東南亞國家不得不捕捉游耕者，並將他們遷移到確立的國家空間。[44]

作物的特色多少決定對國家徵收的抵抗力道。無法久放、容易變質的品種（如新鮮水果或蔬菜），或是那些單位重量或體積價值比較低的品種（像是大部分瓜類和塊莖類品種），對於稅吏來說都是得不償失。

一般而言，塊根和塊莖類等作物，如山藥、地瓜、馬鈴薯和木薯／樹薯／絲蘭（yucca）等作物幾乎都不利於徵收，可以安全地留在土裡長達兩年之久，需要的時候就挖出一小塊。因此，這裡沒有劫匪可搶的穀倉。舉例來說，如果軍隊或稅吏想要徵用馬鈴薯，他們只能一個一個挖出來。一九八〇年代，由於作物歉收，加上緬甸軍政府所訂定的收購價格過低，許多農民就偷偷種植遭到禁種的地瓜。他們之所以改種地瓜，就是因為它很容易藏，幾乎無法徵用。[45]十九世紀初愛爾蘭人種植馬鈴薯，不僅是因為農民在自家小塊土地上只能種植熱量充分的馬鈴薯，也因為它們無法被徵收或燒毀，除此之外，馬鈴薯是一小堆一小堆長在一起，當（英國的）騎兵穿越這些土地的時候，很可能會傷及馬腿。可憐的愛爾蘭人，他們只能選擇新大陸來的馬鈴薯品種，而且幾乎完全依靠馬鈴薯和牛奶維生。

靠塊根作物過活，尤其是靠馬鈴薯維生，讓這些人與國家保持距離，也可以使無國家的人可以反抗戰爭的掠奪和國家的徵收。威廉・麥克尼爾（William McNeill）認為，十八世紀初普魯士崛起要歸功於馬鈴薯。敵方軍隊可以搶走或毀壞農田、牲畜和地上的飼料作物，但是他們對於低矮的馬鈴薯卻無能為力，因此腓特烈・威廉（Frederick William）及其後繼的腓特烈二世（Frederick II）都積極鼓勵種植馬鈴薯。馬鈴薯讓普魯士具備不受外來者入侵的獨特抵抗力。當穀物種植者面臨穀倉或作物遭到徵收或破壞時，他們也別無選擇，只能散居各處或挨餓，而種植塊莖的農民，在軍事威脅結束後可以馬上回去挖自己的食物，每餐挖一次。[46]

此外，同樣重要的是，生長在荒郊野外和高海拔的農作物（比如玉蜀黍）有利於逃避，因為它們提供耕作者更大的散居或逃跑的空間。那些無須太多照料和／或成熟期短的品種，也有助於抵制國家，因為比起那些勞力密集和長成熟期長的作物，這些食物帶給人們更多流動可能。[47]還有那些低矮跟周邊自然植被類似的作物，因為不會引人注目所以也可以逃過徵收。[48]農作物分散得越廣，也就越難收集；同樣的道理，人口越分散，也就越難捕捉。當一個游耕者種植越多這類作物，就越不可能提供國家或掠奪者有用的財政收入，因此被視為是「不值得費心」的地方，換句話說，就是一個非國家的空間。

逃避農業：東南亞的游耕

一旦我們誤以為在歷史上游耕一定比定耕來得更早、更原始且更無效率，這就會進一步產生錯覺。我們會誤以為游耕是相對靜止的技術，在過去一千年並沒有太多變化。但實際上，游耕還有採集所經歷的技術變化，要大於水稻耕作。有些學者宣稱，我們所熟悉的游耕是鐵器時代的產物，後來鋼刀時代的游耕，已經大幅減少清理游耕地所需的勞動力。[49]然而，我們可以肯定的是，在過去難以清理的地方以及大致上不需要費力的地方，光是使用鋼斧，便能實現逃避和游耕。

游耕的改變至少還受到其他兩個歷史因素影響。第一個是貴重物品的國際貿易，至少從八世紀開始，游耕和採集活動就已經與國際市場連結。胡椒就是最顯著的例子：一四五〇年到一六五〇年之間，胡椒是世界貿易中除黃金和奴隸以外最有價值的商品。在此之前，世界與中國貿易的主要物品是草藥、樹脂、動物內臟、羽毛、象牙和香木。婆羅洲一位專家甚至認為，游耕的最主要目的就是要留下一些人搜尋森林中的貴重商品以進行貿易。[50]改變游耕的最後一個因素是十六世紀來自新大陸的整批植物，大大擴展了游耕的範圍並使游耕更為便利。因此，撇開政治自主的好處，游耕相對於水稻的比較經濟優勢，在十六世紀到十九世紀之間也大幅增加，比起定耕，游耕能夠提供更符合國際貿易需求的物品。

我們無法確知的是，上述因素中，有多少實際影響了十九世紀初生活在國家核心區的緬甸人大規模遷移並轉至游耕。然而，這個事件能夠說明我們所討論的問題。一般都認為游耕只限於少數民族。不過這個例子卻是緬甸水稻國家的人口轉到游耕。他們離開的核心區環境，幾乎已經達到稅收和勞役衝突的極限閾值。如第五章中所說，十九世紀初波道帕亞國王大張旗鼓對外征戰、興建寶塔和公共建設，造成大量臣民貧困，順勢而來的就是反叛、盜匪橫行以及最重要的就是毅然逃亡。核心區的土地被耕種者大量棄置，使得官員必須開始登記大片的荒廢土地。「面對這些苛捐雜稅，許多家庭逃亡至難以通行的農村地區。」如威廉・科尼格所說，這造成整批人「轉往游耕」。[51]隨著臣民大量逃出國王勢力範圍，以及／或實行難以征占的耕種方式，便造成大規模的人口重新調配。

我們有充分的理由相信，許多原來定居、信奉上座部佛教、從事水稻耕作的孟族人，因為十八世紀中反抗緬甸阿瓦宮廷帶來的連番戰事和叛亂，而捨棄自己的水田。他們跟著盟友克倫人一起從混亂和戰敗中落荒而逃，似乎也同時回到游耕生活，以保護糧食供應。[52]

當殖民國家的索求令人難以忍受時，逃走和從事游耕也是一種常見的選擇。孔多米納點出，寮國的法國殖民官員經常抱怨「村民的負擔過於沉重時，整個村莊就會搬遷。舉例來說，如果村莊位於道路附近，那這個村莊就被認為必須經常維護這個道路」。[53]遷徙往往與游耕聯繫在一起，因為寮族、泰族和越南農民都知道，游耕不易辨識，很有機會逃過徵用。

訴諸游耕和採集以逃避戰爭所引發的致命風險，不僅是古代才有。第二次世界大戰期間以及後續在東南亞鎮壓各種暴亂的戰事之中，人們常常選擇退居到河川的上游以避開潛在損害。砂拉越（Sarawak）的普南盧松（Punan Lusong）在一九四〇年之前就開始種水稻，但在日本人入侵後，他們躲到森林重新採集和游耕，直到一九六一年才又回到定居農業。從這點來看，他們與鄰近的肯雅（Kenyah）和西波（Sebop）農民相同。肯雅和西波農民有時會放下耕作兩、三年，在森林裡遊蕩，只依靠西米棕櫚和打獵維生。儘管戰爭期間貿易點都關閉了，但這種適應方式也未必代表著貧窮，因為西米棕櫚所提供的熱量，至少是回去輪種高山水稻的兩倍。[54]在西馬來西亞的半島上，馬來亞原住民賈昆人逃到靈貴河（Sungei Linggui）上游，避免撞上日本軍隊或遭日本軍捕獲。由於賈昆人對森林瞭若指掌，因此日本軍隊，以及後來非常時期的英國軍隊和共產黨叛軍，都強迫他們擔任嚮導和挑夫。他們在逃跑的路上只能依靠木薯、馬鈴薯、香蕉、一些蔬菜，以及專為老人和孩子準備的少量稻米維生。他們吃掉那些愛叫的公雞，防止雞啼會暴露行蹤。[55]

東南亞的逃避作物

「逃避作物」至少都具有一項或好幾項特徵，有助於躲過國家或強盜的掠奪。許多情況下，選擇它們只是因為這些作物非常適應那些難以定位和控制的生態環境，諸如高地、崎嶇不平的山脈、沼澤、三角洲、紅樹林、海岸等。此外，如果這些作物成熟緩慢但生長迅速，並且易於藏匿，再加上無須費心照料、每單位重量或單位體積的價值不高，又是生長於地底下，逃避價值就非常高。許多這類植物都相當適合游耕習性，更進一步提升了逃避價值。[56]

在引進新大陸的作物之前，只有一些生長於高海拔地區的穀物，讓那些逃離國家尋求自主的人擁有逃避的機會。燕麥、大麥、快熟粟（fast-growing millets）以及蕎麥，都是耐得住貧瘠土壤、適合高山、生長週期短的作物，還有甘藍菜和蘿蔔，比起高山水稻，這些作物允許人們得以落腳在更高海拔的地區。舊大陸的塊根和塊莖類作物，包括芋頭和山藥，以及西米棕櫚，也同樣受到無國家的人所喜愛。[57]芋頭儘管需要潮濕和肥沃的土壤，但可以生長在比較高的地方。芋頭隨時可以種植，成熟期很短，無須費心照顧，食用前也不需要太多準備，而且成熟之後還可以留在土裡，有需要的時候再挖出來吃。野生的山藥也具有同樣的優勢，甚至有更多的優點。雖然山藥比較費功夫，必須在雨季末期種植，但它們很少面臨病蟲害，能夠在各種不同環境下生長，可以在市場上當現金作物出售。直到這兩種作物都被新大陸的品種替代之前，山藥往往會取代芋頭，因為如彼得·

布姆加德（Peter Boomgaard）所相信，適合種植芋頭的土地很容易被用來種植灌溉水稻，而山藥更適合乾旱的山坡地。西米棕櫚（並非真正的棕櫚）以及裂開的樹幹裡頭的澱粉，都適合當逃避食物，經過打碎、擠壓、搓揉、水洗和研磨樹心後，便能提煉出澱粉。這種植物自然生長，而且生長迅速，所需的勞動力比高山稻穀甚至木薯都還要少，適合在沼澤地生長。西米棕櫚的澱粉也和山藥一樣，可以出售或是以物易物，只是很難生長在海拔九百公尺以上的地區。[58] 這些全部都被認為是「饑荒」食品。即使是種水稻的人在新一輪收成前面臨糧食不足時，也常常需要依靠這些食物。但是對其他人來說，這些是基本糧食，可以使他們避免被國家徵用。

自十六世紀從新大陸引進作物之後，逃避農業開始急劇變化。玉蜀黍和木薯在這一轉變中成為關鍵，因此值得單獨討論。不管怎麼說，新大陸作物的一些共通的特性特別明顯。最重要的一點，玉蜀黍和木薯就和許多「外來物種」一樣，改種到全新的生態環境一開始並不會有像在家鄉那樣受到天然害蟲與疾病的困擾，因此可以在新的環境中蓬勃發展。這項優勢很大程度上解釋了為什麼東南亞大部分地區很快就採用了這些作物，尤其是那些希望擺脫國家控制的人們。地瓜就是一個突出的例子。荷蘭偉大的植物學家和插畫家格奧爾格·艾伯赫·郎弗安斯（Georg Eberhard Rumphius）驚訝地發現，到了一六七〇年地瓜已經迅速傳播到整個荷屬東印度群島。地瓜的優勢包括產量高、抗病蟲、高營養價值又美味，不過，它之所以成為逃避作物，取決於三項特徵：成熟快、每單位勞動力所提供的熱量高過當地的塊根和塊莖作物，而最關鍵之處可能在於生長的海拔高於山藥和芋頭。布姆加德表示地瓜有利於逃跑，不但能夠養活高地人口，高地人也會像新幾內亞一樣，經常把地瓜種植結合養豬。生活在布魯島（Buru）這類難以進入之地的游牧或半定居人口也普遍種植地瓜。[59]在菲律賓地瓜作為逃避作物的地位更為明顯。西班牙的殖民者一直將無法算清以及安置伊哥洛特遊牧民族的責任推給地瓜：「他們從一個地方搬到另一個地方，沒辦法讓他們停下來，房子本來應該可以引起他們注意，但現在他們隨便用一捆乾草就可以在任何地方搭房子了。他們帶著山藥和地瓜，從一個地方搬遷到另一個地方。有了山藥和地瓜，生存就沒有太大問題，這些作物可以連根拔起，插到任何想種的地方。」[60]凡是能夠幫助人們進入窒礙難行的地區，並能成功餵飽人的作物，勢必會被國家的汙名化。

討論糧食作物時要記住很重要一點，不論高地人或逃奴社區有多麼與世隔絕，他們都從沒有完全自給自足過。事實上，這群人也在種植、獵捕或採集可在低地市場以物易物或出售的貴重商品，目標是擁有貿易與交換的優勢，並同時保持政治獨立。歷史上的貿易作物包括棉花、咖啡、煙草、茶，還有更重要的鴉片。這些農作物比較費工，也具有定居特徵，但是如果種植這些作物的社群在國家勢力範圍之外，這些作物就能夠融入政治獨立的目標。

我們可以粗略估算任何一種作物有多適合達成逃避國家的目標，表3是依照此標準比較各種糧食作物（除了鴉片和棉花）。[61]考慮到農作物的勞力密集程度、耐寒程度和儲存程度全都欠缺全面衡量單位，制定一個「逃避能力」的度量表就不切實際。但是，如果把範圍限制在一個特定農業生態中，就有可能從表面上來比較。以下考察玉蜀黍和木薯（也被稱作樹薯或絲蘭）這兩種同樣來自新大陸的作物，分析其逃避作物的特徵，也就足以補充表3在全球層面上比較時勢必欠缺的歷史背景。

玉蜀黍

十五世紀時，葡萄牙人把玉蜀黍帶進東南亞後，玉蜀黍迅速傳播開來。[62]十七世紀晚期，玉蜀黍已經在東南亞沿海地區站穩腳跟，到了一九三〇年代已經占了小農作物種植大約四分之一的比例。由於玉蜀黍種植相當穩定，而且已經融入當地的宇宙觀，因此東南亞大多數人都以為玉蜀黍以及同樣來自新大陸的辣椒是東南亞的本土作物。

玉蜀黍大概是最好的逃避糧食了。玉蜀黍的優點遠勝高地稻米。比起高地稻米，在相同單位勞動力和單位面積的前提下，玉蜀黍不僅能夠產生更多熱量，產量也相對穩定，而且玉蜀黍能夠在多變的天氣中存活下來，很容易與其他作物品種混種。再加上玉蜀黍成熟期很短，可以用作飼料，曬乾以後很容易保存，而且營養比高地稻米還高。然而，最重要的是「可以種在那些太高、太乾和太瘠薄，連高山稻米也無法生長的地方」。[63]這些優點使高地和低地河谷的人可以開墾過去無法生存的地方。他們可以進入流域更高之處，落腳在海拔一千二百公尺以上的地方，還有穩定的食物。人們可以進入陡峭、難於通行之地，藉由地理產生的距離阻力營造某種安全感，在遠離國家的控制圈外建立一種半定居的生存方式。在長期種植灌溉水稻的高原，玉蜀黍讓人們得以在水稻核心區域之外的山地定居。

有了玉蜀黍後，生活在水稻國家之外的自主生活，突然變得很容易而且更吸引人了。許多人抓住此機會，使得人口大幅洗牌。布姆加德指出：「玉蜀黍讓那些因政治、宗教、經濟或健康因素，而想

表3：作物的逃避特徵

作物	易儲存程度	勞力密集程度	氣候／土壤（溼／乾）	易有蟲害	海拔範圍	單位重量和體積的價值（以現金計算）	是否可以儲存在地下
芋頭	低	中到高，由灌溉決定	溫與溼	二十世紀	中低海拔（0-1800米）	低	短期可以
木薯	低，但是可以曬乾	低	熱，可以忍受乾燥的土壤	二十世紀	中低海拔（0-2000米）	低	是
鴉片	高，但要先加工	高	可以忍受	是	通常是高海拔	很高，加工以後	否
玉米	中	中	溼熱	二十世紀	高海拔（0-3600米）	低	否
山藥	高	中到高	非常溼熱	否	低海拔（0-900米）	低	是
地瓜	中（潮濕下六個月）	低	喜歡潮濕的環境	是	低海拔（熱帶低區0-1000米）	低	是
燕麥	高	中到高	潮溼	是	低海拔與中海拔	低	否
高粱	高	中到高	看情況，但最好的是乾熱的天氣	否	低海拔與高海拔，但偏好低海拔	低	否
白薯	中	低	很能適應環境，但最好是在有寒夜的氣候	十九與二十世紀	生長的海拔範圍很廣（0-4200米）	低	是
薏仁	高	中到高	各種氣候	否	低海拔與中海拔	低	否
大麥	高	中到高	適應的生態環境比其他穀物都廣，尤其是寒冷的氣候	二十世紀	低海拔與高海拔	中到低	否
棉花	高	高	熱	是	低海拔	中	否

資料來源：D. E. Briggs, *Barley* (London: Chapman and Hall, 1978).
D. G. Coursey, *Yams: An Account of the Nature, Origins, Cultivation, and Utilisation of the Useful Members of the Dioscoreaceae* (London: Longman' s, 1967).
Henry Hobhouse, *Seeds of Change: Five Plants That Transformed Mankind* (New York: Harper and Row, 1965).
L. D. Kapoor, *Opium Poppy: Botany, Chemistry, and Pharmacology* (New York: Haworth, 1995).
Franklin W. Martin, ed., *CRC Handbook of Tropical Food Crops* (Boca Raton: CRC Press, 1984).
A. N. Prentice, *Cotton, with Special Reference to Africa* (London: Longman' s, 1970).
Purdue University, New Crop Online Research Program, http://www.hort.purdue.edu/newcrop/default.html.
Jonathan D. Sauer, *Historical Geography of Crop Plants: A Select Roster* (New York: Lewis, 1993).
W. Simmonds, *Bananas* (London: Longman' s, 1959).
United Nations Food and Agriculture Organization. *The World Cassava Economy: Facts, Trends, and Outlook* (New York: UNFAO, 2000).

離開低地中心或高地村莊的人群或個人，可以在人口稀少的山區存活甚至蓬勃發展。」[64]更有人認為，玉蜀黍的供應，推動了高地非國家社會建立。羅伯特・郝夫納相信，東爪哇騰格爾高地一帶的印度爪哇人，在「穆斯林完全征服印度滿者伯夷王朝之後，（玉蜀黍）便促使印度農民一步步撤往騰格爾高地窒礙難行之處」。[65]此外，玉蜀黍以及其他高地作物（馬鈴薯、木薯）都影響了高地人口出現，這些作物更標誌高地不同於低地國家的政治和文化獨特性。逃離國家空間的原因南轅北轍，像是宗教分裂、戰爭、徭役、殖民統治下強迫耕作、瘟疫、逃脫奴役束縛等，但是玉蜀黍的供應，對於那些想要逃跑的人來說，是一種全新、有價值的工具。[66]

過去兩個世紀以來，泰國和寮國附近的高地赫蒙人，一直在逃避漢族的軍事施壓，當他們反抗漢族與在東京（Tonkin，譯按：越南北部）反抗法國人失敗後，甚至得躲避叛亂失敗後的報復性鎮壓。他們都住在海拔約一千公尺以上的地區，靠著種植玉蜀黍、豆類、根塊作物、葫蘆和鴉片罌粟維生，絕對是無國家的人民。玉蜀黍尤其是他們能夠成功逃跑的重要工具。高山的稻米一般無法在海拔一千公尺以上生長；反之，鴉片罌粟只有在海拔九百公尺以上才會長得好。如果赫蒙人只把高山稻米和鴉片當作主要作物，也就會被限制在海拔九百到一千米的狹窄地帶。但是有了玉蜀黍，他們可以往上增加三百公尺的活動空間；在這個區塊，玉蜀黍和鴉片罌粟可以生意盎然，而且不大會引起國家的注意。

木薯／樹薯／絲蘭

新大陸逃避作物的最佳選擇絕對是木薯。[67]木薯和玉蜀黍一樣，迅速傳播到東南亞的沿海和大陸地區。它幾乎可以在任何地方、各種條件下生長。這種巨大的塊根作物不但非常耐寒而且可以長得很好，很容易種植生命力也強。[68]木薯很適合用來開墾土地，極為耐旱，甚至能長在其他作物不能生長的地方。木薯與來自新大陸的其他作物品種一樣，不大有天敵，連野豬也比較不感興趣，因為牠們更喜歡吃芋頭和地瓜。[69]如果要說木薯的缺點，那就是木薯不像玉蜀黍和馬鈴薯那樣，在海拔最高的地方生命力也很旺盛，除此之外，它都不會限制人的定居或游居處。

木薯與其他塊根或塊莖作物同樣具有逃避作物的特徵。儘管它不像地瓜等作物那麼快成熟，但是木薯成熟之後可以留在土地裡，等到有需要時候再挖出來用。由於木薯的用途繁多且生命力頑強，另外，只有長在地面上的部分才會被火燒毀，因此在西班牙語世界中，木薯獲得「游擊戰的糧食」(*farina de guerra*)之名，基本上就是戰爭的主食或麵粉來源。畢竟游擊隊便象徵著逃避國家流動之人的極端情況。木薯的另外一項優點在於一旦收成之後，可以馬上加工製成木薯粉，然後存放一段時間。木薯的塊根和粉都可以在市場上販賣。

或許木薯最令人驚訝的優點在於絕對是勞動力最少而報酬最大的作物。因此，遊牧之人很喜歡種木薯，他們可以種了之後離開，隔年或第三年再挖出來吃。除此之外，木薯葉子也可以食用。木薯可以種植在任何生態環境，不僅可以隨意種植，也不需要大量繁重的勞動。由於木薯的優勢非常突出，已經成為最常見的塊根作物，再度取代了原先已取代山藥的地瓜。

對於水稻國家來說，不管是前殖民時期還是殖民時期，這種容易取得且節省勞動力的維生作物，儘管在饑荒時極富價值，但仍然成為國家建構的眼中釘。水稻種植面積越大就越能符合國家利益，如果不能全部種植水稻，也要靠奴隸種植重要的經濟作物與出口作物，像是棉花、靛青、甘蔗和橡膠等。當美洲的逃避作物被引進，便使得逃避帶來的經濟意義，和政治意義一樣有吸引力。殖民官員經常把玉蜀黍和木薯汙蔑為懶惰原住民的作物，主張種植的主要目的是為了逃避勞動。新大陸也是一樣，那些負責把當地人趕進工廠或農場的人，同樣譴責這些作物，因為它們讓自由的小農得以自主。中美洲的大種植園主指出，因為有木薯，農民只需要一把獵槍和魚鉤，就可以不再為了工資而每天工作。[70]

木薯跟其他許多塊根作物一樣，深刻衝擊了社會結構，使人民可以逃離國家。這種衝擊使木薯與一般的穀物文化，特別是水稻文化形成了鮮明的對比。[71]水稻社群的生活節奏非常單一。種植、移栽和收割以及與這些活動相關的儀式，每個階段環環相扣，水利控制也是如此。隨著灌溉、照料作物和勞動力交換的過程每日發生，無論是否出於上頭的命令，合作帶來的收益就是比較大。但地瓜和木薯等塊根作物則不然，可以按照每戶人家的選擇和需要，斷斷續續地種植和收穫。這些作物本身的農業特性，幾乎不太需要或根本就不需要群體合作。相較於種稻者，種植塊根和塊莖作物的社會可以分散得更廣、合作也更少，從而可以形成一種更有能力抵制國家吸納，或許也更有辦法抵抗等級制度和從屬關係的社會結構。

逃避的社會結構

水稻國家需要並打造一片明晰可辨的水稻田，以及與之相隨的集中人口。這種易於取得的經濟與人口結構，或許可稱為可徵收的地貌（appropriable landscape）。正如這些經濟性的地貌使他們處於容易受監視和被徵收的狀態，社會結構也容易讓他們陷入受控制、徵收和從屬的地位。反之亦然。正如我們所見，有些反抗徵收的農業技術及作物結構，就會遭到國家的排斥。同樣也有一些社會及政治組織型態可以抵抗監督和從屬。游耕和種植木薯代表和國家的「相對位置」，不同的社會組織形式也同樣代表跟國家之間不同的策略位置。社會結構和農業技術一樣並非與生俱來，因為它基本上是一種選擇，特別是一種會隨著時間改變的選擇。從廣義上來說，這種幾乎等同於政治選擇。在此，我們需從辯證的角度理解社會組織。以東南亞大陸為例，邊緣地區的政治結構不斷在適應周遭環境的國家體系。在某些情況下，帶動政治結構的人類會調整政治結構，以促進與鄰近國家的結盟，或是融入到周邊國家。其他時候，他們可能會建立新模式，以削弱納貢或被吸納的關係。

從這個角度來看，社會結構不應該被視為特定社群永遠固定不變的社會特點，而應看作一種變數（variable），目的之一是調整與周邊權力場域的關係。F．K．雷曼（又名漆萊）針對東緬甸克耶人的研究，清楚地表述這種相對關係。雷曼和之前的李區一樣，點出社會組織會隨著時間擺盪，他專注理解這些擺動的轉型規律：「事實上，如果無法從前面所說的角度考慮社會系統的問題，也就不可能理解克耶人，或其他東南亞高地民族。這看起似乎是這些社會形成的前提，即要不斷改變社會結構，有時候甚至要改變『族群』認同，以回應與鄰近文明之間關係的週期變化。」[72]

廣義地說，每當整體或部分社會選擇避免被吸納或徵用的時候，就會走向更簡單、規模更小和更分散的社會單元，也就是我們前面所說的社會組織基礎形式。反抗徵用最有效的社會結構是，數個家庭集合成一個沒有首領的小團體，儘管這也妨礙了他們採取任何集體行動。此種社會組織形式，連同抵制徵收的耕種和居住方式，總是遭到低地水稻「文明」貼上「野蠻」、「原始」或「落後」的標籤。衡量農業和社會組織文明程度的指標，與適合徵用和臣屬的程度一致，這絕非偶然。

「部落性」

國家與部落的關係儘管在羅馬帝國和軍團之間就已經存在，但已從歐洲的編年史消失很長一段時間。歐洲最後的獨立部落民族，像是瑞士人、威爾斯人、蘇格蘭人、愛爾蘭人、黑山人（Montenegrins）、俄羅斯南方草原的遊牧民族等，一個接一個相繼被吸納進入更強大的國家，以及這些國家所主導的宗教和文化之中。然而，部落和國家的議題至今在中東依然十分活躍。因此，我們可以從研究「部落／國家」關係的民族誌學者和歷史學家切入，找到一些方向。

他們同意部落和國家是相互組成的社會實體，部落並非先於國家，兩者並不是進化的序列關係。反之，部落的社會型態，取決於它與國家之間的關係。「如果說中東的統治者一直關注於『部落問題』……那麼也可以說，部落常年存在『國家問題』。」[73]

部落之所以經常顯得穩定、持久，出現一致的系譜和文化，原因之一就是這是國家的期盼，並且隨著時間逐漸形塑的結果。部落的萌生可能是基於政治的創業精神，也可能由國家施加一套獎懲架構，藉由施加政治認同和「互動模式」來建構符合他們期待的部落。不論是哪一種情況，部落的存在都取決於與國家的特定關係。統治者和國家制度需要一個穩定、可靠、等級森嚴和「可以掌握的」社會結構，藉此協商或統治。他們需要一個談話對象、一個伙伴，可以一起獲利、爭取他們的忠誠，國家可以透過這些人傳達指令、要求他們為政治秩序負責，這些人更可以提供糧食和納貢。從定義上來看，部落人群是指不受國家直接管理的對象，如果他們要接受統治，就必須透過可以為他們發言的首領來實施，必要時首領還可以充當人質。「部落」所代表的社會實體很少以國家想像的方式存在。這種錯誤的呈現，不僅來自於國家加工後的官方認同，而且也是因為民族誌學者和歷史學家需要一套前後一貫的社會認同，以便他們描述和分析。一個時而清晰、時而模糊的社會有機體，很難摸得清，更不用說統治了。

無國家的民族（即部落），在面對被吸納到國家體系時必然產生的政治和社會壓力，可能有各種回應方式。所有或部分部落人們也許會被國家吸納，變成一個納貢社會，並由國家任命部落首領（間接統治），彼此的關係有可能鬆散或是緊密。當然，他們也可能會逃跑以捍衛自主性，如果是武裝的遊牧民族更會如此。他們也許會遷移到偏遠地方。最後，他們還會藉著分裂、散開和／或改變謀生策略，讓自己消失無蹤或不再有吸引力，從而不再是國家徵用的對象。

前面三種策略都是反抗或逃避的選項。除了少數例外，東南亞無國家空間的民族都不大會採取軍事手段。[74]因此，通常會逃到比較偏遠的地方採取我們前面談過的游耕和採集。我們尚未考察的逃避選項只有最後一種，也就是社會重組的策略。這種策略包括將社會解體至最小單元（往往是家庭），同時伴隨著採用適合小型、分散團體的謀生策略。蓋爾納用了一句口號描述柏柏爾人深思熟慮之後的選擇：「分開尚未受統治的人」。這句諺語極為出色，因為這表明羅馬的「分而治之」口號，當社會分裂成比原子更小的單位時，就無法發揮作用。馬爾科姆・亞普（Malcolm Yapp）將相同的策略稱為**水母部落**（*jellyfish tribes*），這恰恰點出，當社會解體使潛在的統治者必須面對一個無組織、無結構的人群時，統治者遍缺乏一個可以進入或者是施力的點。[75]鄂圖曼人更發現處理結構緊密的社群，比處理那些群龍無首及無組織的異端社群容易得多，不論他們是基督徒或猶太人，都一樣困難。最令人恐懼的是這種自主與反叛形式，例如神秘的伊斯蘭教苦行僧，似乎刻意迴避任何採取集體定居的方式，或避免有明確的領袖，而這正是為了逃避奧托曼帝國警察的監視。[76]面對此種情況，國家經常會設法找到合作者並拱出一位首領，畢竟總是有些人想要抓住此契機滿足自己的利益，但如我們所見，沒有任何東西可以阻止這些潛在臣民忽視這位首領。

部落結構的基本單元就像是磚塊，可以散在各處或雜亂疊在一塊，也可以好好地砌在一起，組成大型有時甚至是龐大的部落聯盟。這就如政治學者洛伊絲・貝克（Lois Beck）精心考察伊朗卡什加人（Qashqai）結盟過程後描述：「部落是忽大忽小，比方說，國家想要限制他們取得資源，或者外敵派軍隊攻擊他們的時候，有些部落就會結合成更大的部落，而大的部落可能會分裂成小的部落，以閃避國家的注視，並躲避國家權力的滲透。部落間的遷徙【即改變族群認同】相當普遍，也屬於部落形成和解體的過程。」這就像是皮耶・克拉斯特提出的拉丁美洲論點的中東版，貝克指出耕種者轉向遊牧，以及他們形構的社會組織和謀生策略，這些全都是政治選擇，有時他們就是利用其不可辨的特性（illegibility）。「許多人眼中的原始和傳統，經常是為了回應或反射出更複雜的社會體系而創造出來。」貝克接著補充說：「這樣的地方制度會適應、挑戰那些試圖宰制他們的制度，或是跟這些制度保持距離。」[77]換句話說，社會結構基本上是國家運作的產物，也是一種被選擇的策略，而其中一個可能的選擇，就是讓國家創建者看不到和／或看不清楚的社會結構。

這種社會型態轉變的主題，在游牧和採集民族的描述中被闡述的非常詳細。拉鐵摩爾認為蒙古人欠缺固定形式且具有「中樞神經」的社會結構，是為了阻止中國的殖民。[78]理查・懷特詳細分析北美殖民地印第安人的政治時，特別強調部落結構和認同的高度不穩定性、地方群體的自主性，還有他們轉移到新領土和快速改變謀生策略的能力。[79]懷特所考察的族群以及移民散布區與贊米亞有很多相通的特點，其中一項就是真的有非常多樣化的認同。與其說這群人完全改變認同，不如說是從原本就包含多種潛在身分的文化與語言組合中，選擇性地強調其中一個面向。模糊、多元且可替代的身分認同與社會單元都有某些政治優點，取決於與國家和其他族群之間交往和疏離的各種情況。[80]對於草原游牧民族的研究，例如伊朗和俄羅斯邊界的土庫曼，或是俄羅斯的卡爾梅克（Kalmyk），全都強調了這些部落在有利的情況下就會分裂成小型的自主部落。[81]有位卡爾梅克的歷史學家引用了馬歇爾・薩林斯（Marshall Sahlins）對於部落人民的描述：「政體可能會保留原始有機體的一些特徵，表面是被酋長權威的保護架，但內部基本上是簡單且分裂的單元。」[82]

此類社會的幾項特徵似乎得以促進（在某些情況下可能需要）一種既可以分解又可以重新組合的社會結構。牧場、狩獵場和潛在游耕地等產權得以共享的資源存在，使這些群體可以獨立發展，同時又可阻止可繼承的私有財產出現，避免財富和社會地位出現龐大和永久的差距。另一個同樣重要的特徵是，混合多種謀生策略，包括採集、游耕、狩獵、貿易、畜牧和定耕。每一種謀生方式都有一套與之相關的合作形式、群體規模和居住型態，為各種社會組織形式提供實際經驗或實踐。各種謀生技能彼此結合，產生了混雜的社會結構，這個結構可以依據政治與經濟上的利益而隨時調整。[83]

逃避國家特性和永久的階級制度

每一個野心勃勃想控制部分贊米亞的國家，不論是雲南和貴州的行政官員、阿瑜陀耶的泰國宮廷、阿瓦的緬甸宮廷、撣族頭人（蘇巴，Sawbwa），還是英國殖民和獨立以後的國家政府，都試著找出能夠打交道的酋邦，如果找不到就會自己扶植。李區指出英國人殖民緬甸時，比較喜歡那些能夠協商且地理分布集中的專制「部落」政權；反之，他們討厭那些欠缺明確代言人、無政府且平等的族群。「在克欽山地……以及諸多人口密度較低的地方，有許許多多非常小的獨立村莊，每個村莊的頭目都聲稱自己是一個完全有獨邦（*du baw*）地位的首領……這一事實已被反覆提及，而且更引人注目的是，英國政府一直反對散居。」[84]世紀之交的另一名英國官員警告觀察者，不要過於相信克欽小頭目表面上的順服，「在表面服從的背後，每個村莊都宣稱自己獨立，而且只承認自己的首領」。他強調如李區所預測，即使是最小的社會單元，也有獨立的特徵，這些社會單元「甚至往下延伸到家庭和屋主，如果家庭裡的某個人不同意自己的首領，可能會毅然離開到任何地方去蓋房子，自任蘇巴」。[85]因此，英國與其他國家一樣，往往把將這些自由自在、無政府的民族描寫成「野蠻」、「生」和「原始」(yaín)，藉此區別更「溫馴」、「熟」、「有文化」且專制的鄰居，即使「生」與「熟」都說著相同的語言、擁有相同的文化。針對無政府的「水母」部落實行穩定且間接的統治幾乎不大可能，就連想要平定它們也非常困難，很難長久維持。英國從一八八七至一八九〇年在緬甸的最高專員就注意到征服克欽和崩龍地區，必須要「逐山逐嶺」完成，因為當地的民族「不曾屈服於任何中央控制」。在他看來，欽族同樣令人沮喪。「那裡唯一的政府體系就是村莊首領，頂多就是幾個村莊組成的小群體，因此幾乎完全不可能把欽族視為一個民族進行協商。」[86]

英國人受到欽人的頑強抵制和狡猾所震懾，開始在「民主的」欽族地區扶植首領，並強化其統治地位。在殖民政權的支持下，首領得以在部落舉辦誇富宴，在一個「盛宴社會」(feasting society)之中，強調他與平民之間的相對地位高低。盛宴刺激了一種新的融合教派出現，他們反對集體誇富宴，並延續傳統提高個人地位而非首領地位的個人盛宴。這個稱為鮑欽豪（Pau Chin Hau）的儀式短時間便受到整個贊尼特地區（Zanniat，民主的部落地區），以及此區超過四分之一的欽族人採用。[87]由此可見，就像很多地方的情況一樣，保持獨立的狀態，也就是跟國家或類似國家的組織保持距離似乎「比經濟繁榮更受重視」。[88]以獵人頭著稱的佤族可能是高地最凶悍的民族，他們和「民主的」欽族或貢老克欽人（gumlao Kachin）一樣具有強烈的平等主義，他們強調人人都可以平等地參加盛宴和競爭地位，拒絕讓那些已經非常顯赫或太富有的人做出更多的貢獻，以免他們覬覦酋長的地位。一切有如馬思中所指出的，平等主義被打造成為抵禦國家的策略：「中國人或其他進化論者誤以為是『原始』社會的佤族平等主義，也可以理解成他們在面對強權威脅逼近時，為了避免失去自主性所採取的途徑。這些潛伏的強權政體，正是那些準備徵稅或要求朝貢的國家勢力，而國家在邊境設立的中介緩衝區，便扮演了中國其他地區常見的防蠻防禦體系。」[89]

為了回應國家打造政治結構所帶來的壓力，另一種方式就是虛偽，藉由製造出一個看似權威的主導力量來表示順從，但其實只是個空殼子。泰國北部的傈僳族似乎就是如此。為了取悅低地統治者，他們指定了一個首領，此人的本質是拿來唬人的波將金村莊（Potemkin，譯按：波將金村莊是為了欺騙凱薩琳二世而建立的虛假村莊），因為指定的首領顯然都是村落中毫無實權之人，有財富有能力且備受尊重的耆老，都不會雀屏中選。[90]據說，殖民時期的寮國山寨也有類似模式，當地基於需求而製造假的地方官員和顯赫之士，但地方受尊敬的人仍然繼續指揮地方大小事，包括指揮這些假官員的表現！[91]於此，所謂「逃避的社會結構」並非是為了逃避國家控制而發明的社會制度，而是透過一套精心設計的階級制度表演，來保護一個平等、既存的社會結構。

贊米亞高地人群最著名的民族誌，是李區針對克欽族所寫的《緬甸高地的政治體系》。李區的分析受到近兩代學者前所未有的深入研究和批判。顯然，他刻意忽視衝擊克欽社會組織背後更大的政治和經濟變化（特別是英國殖民統治和鴉片經濟），而偏好用自行擺動平衡（oscillating equilibrium）的結構主義觀念來理解。[92]他也似乎嚴重誤解克欽族婚姻結盟的地方諺語，還有此制度如何影響世系社會的地位持續性。近來，在佛朗索瓦．羅賓（Frangois Robinne）和曼薩丹合編的一本書中，當代民族誌學者便批判性地考察了李區的研究貢獻。[93]

但是，這些出色的批判文獻中，並沒有質疑以下事實：不同克欽社會體系在開放性與平等程度上確實存在重要差異；而在上個世紀末，也的確出現過一種運動，目的是刺殺、廢黜或拋棄那些較為專制的酋長。李區民族誌的核心是分析逃避的社會結構，這是一種經過設計的社會組織形式，目的是為了避免被那些想模仿撣邦王朝權力和等級結構的撣族小國或克欽**小首領**捕捉和徵收。簡單且概括地說，李區認為克欽地區有三種政治組織的模式：撣邦、**貢薩**（*gumsa*）和**貢老**（*gumlao*）。撣邦模式擁有類似國家的財產和等級制度，原則上有世襲的領袖以及規劃完善的稅和勞役。另一種極端是貢老模式，貢老否定任何世襲權威和階級差異，但不否定個人地位的差異。英國人不承認的貢老屬於獨立村莊，通常有儀式組織和守護神，以強化平等和自主性。李區認為撣邦和貢老模式相對穩定。這裡要特別強調，兩者的區別並非研究對象在主觀上所理解的族群區分。朝「撣邦」方向靠攏，就是走向國家一般的社會型態（包括階級制度、儀式與機會），而朝貢老方向的移動，正是與撣邦國家及國家活動保持距離。從歷史上看，人民一直在這兩種模式和制度之間搖擺。

第三種貢薩模式則介於兩者之間，此模式理論上有著僵硬和階層化的宗族系譜，娶妻的宗族不論是社會地位與禮教都要勝過給妻的宗族，因此也就有平民百姓與貴族之分。[94]李區認為此模式特別不穩定。[95]貢薩制度裡地位最高的族長，正逐步把自己轉為一個小型的撣族統治者。[96]同時，他努力讓自己的地位永垂不朽，並且把地位較低的宗族變成下人，但這會激起反叛和逃跑，因此又使他們邁向貢老的平等模式。[97]李區對於克欽的民族誌描述，說明他們身邊隨時有一種平等的社會組織模式，可以阻止或逃避國家型態。李區寫到，在三種模式之間擺動是克欽社會的一貫特色。然而，貢老模式基本上可視為特定歷史革命的產物。《上緬甸志》有如下的記載，有兩個人追求**小首領**的千金不成（如果成功就可以提高自己以及家族的地位），之後就爆發了貢老的「反叛」。[98]他們殺掉首領以及千金的未婚夫，然後又帶著一批人摘掉好幾個首領的頭，其中有些首領主動放棄頭銜和特權來躲過殺生之禍與放逐。這個故事與李區所表達的觀點一致，貢薩的階層結構，澆熄底層宗族往上爬的渴望（這種渴望原則上跟盛宴息息相關）。[99]李區對於這場反叛理由的解釋更細緻也更詳盡，但其核心論點還是因為他們拒絕提供徭役，再加上首領享有獨占牲畜大腿的特權。[100]

貢老村莊形成源於以下兩種方式。首先，如上文所述，它們是透過小範圍齊頭式革命（leveling revolutions）以建立小型平民共和國（commoner republics）而產生的結果。第二種或許是更常見的方式，有一些家庭或宗族從階層嚴密的村莊中遷出，建立一個更為平等的新村。貢老村莊起源的神話強調地方式，不是第一種就是第二種。針對這一點，李區提出貢老村莊本身並不穩定，因為隨著不平等日益嚴重，優勢者會努力透過貢薩的特徵與制度，將這自身優勢合法化並制度化。但是另一種可能的詮釋是：貢老社群通常是源於分裂而生，一旦不平等的程度越來越令人難以忍受，地位平等的小家庭群體就會自行出走。分裂有如小規模的革命，同樣深受更大世界的人口和發展狀況影響。在英國的壓力下，商隊的收入和獵奴都逐漸減少，不平等現象也就更令人難以忍受。邊疆地區因蓬勃發展的鴉片市場變得更具吸引力。人口壓力較小再加上有更多可供游耕的土地，分裂的可能性就遠遠大於反叛。[101]貢老是國家的眼中釘。早期有個英國人比較了克欽兩種不同地區，一種是容易通過的村莊，有著樂於助人的世襲首領，另一種難以通過的「貢老村莊，實際上就是一個小共和國，不論首領多麼友善，都難以控制那些懷抱敵意的村民」。[102]貢老的社會組織透過各種方式抵制國家，它的意識型態勸退或者殺掉有封建傾向的未來世襲首領，更抵制鄰近撣邦小國的納貢與控制。總而言之，貢老代表了一種平等，是一種相對棘手的無政府狀態，難以招安，更不用說控制了。

我花了相當多篇幅來描述作為逃避社會結構的貢老村莊，這不僅僅是因為李區為我們提供豐富詳盡的記錄。有不少證據表明，許多（如果不是大多數）高地人都會分成兩元甚至三元的社會組織模式：一種接近平等主義的貢老克欽模式，一種接近等級制的貢薩模式，有的時候還會有成為類似小型撣族的王國。李區指出「近來緬甸邊疆地區阿薩姆邦充斥南轅北轍的政府理論」，並且引用針對欽、西瑪（Sema）、康亞克（Konyak）和那伽人（Nagas）等民族的研究。[103]我們還可以加上最近有關克倫和佤族的研究。[104]看來，就像東南亞高地人群可能在經濟上採用逃避的作物和逃避農業，他們也同樣可能在政治上採取阻撓國家運作的社會模式。

國家的陰影下，山地的陰影下

緬甸快獨立之前，做了一次調查，並召集了部落代表。有人問偏遠北方佤邦的部落蒙盟族（Mongmon）頭目支持何種行政制度。他的回答聽起來相當合理：「我們是野蠻人所以沒有想過這個問題。」[105]他顯然比發問的官員更清楚重點，那就是身為佤族人，根本不應該受到任何行政管理。

這種判斷的誤解彰顯了一項關鍵事實，大多數的高地社會是「影子」或「鏡像」社會。我的意思是說高地社會在政治、文化、經濟和宗教結構上，經常刻意和周遭更像國家的鄰居，維持形式與價值的對立。按照李區的說法，挑戰鄰居往往要付出一些經濟代價。他總結說：「克欽人往往認為獨立比經濟利益更加重要。」[106]同時，那些遷移到低地社會並同化融入的人（從歷史上來看這樣的人很多），進入了低地河谷社會的最底層。按照雷曼的解釋，如果從短期地位來看，欽族人進入緬甸社會面臨的兩種選擇，是成為有缺陷的緬甸人或是成功的欽族人。[107]

高地人的身分認同，其實是一場關於「該如何生活」的不明言對話與辯論。對話者是周邊對立的文明。以苗／赫蒙為例，他們的口述歷史有很長一段時間都是記錄與中國／漢人國家的戰爭，這場對話才是最重要的。赫蒙人說到自己的故事時，都會提到他們與漢族與漢人國家辯論時的姿態、防禦以及位置。有些赫蒙人的爭論點是：他們有皇帝而我們所有人（全國）平等；他們納稅給君王而我們不用；他們有文字和書籍而我們在逃跑時都失傳了；他們擠在一起住在低地河谷中心，而我們無拘無束散居於高地；他們是奴隸而我們是自由之身。[108]

因此，有人可能會忍不住地說，高地的「意識型態」完全是從谷地意識型態衍生而來。基於以下兩點，我們可以說這完全不對。第一，高地意識型態不僅與谷地社會對話，也與相鄰的高地民族對話，此外，還有其他一些重大的事情需要處理，例如系譜、精神的撫慰以及高地人的起源，這些事比較少受到與谷地中心的爭論所影響。第二點可能更為重要，如果說高地的意識型態是受到低地國家左右，那麼低地國家的意識型態也同樣受高地影響，因為歷史上低地國家是由不同的民族匯聚而成，但他們卻一心想要解釋自己的「文明」高於他們「野蠻」的鄰居。

在高地人的敘事和自我定位中，不斷出現三個主題，分別是平等、自主和移動，想要理解這三者，就要掌握相對角度。當然，如果涉及實踐，三個主題都會隱藏在高地的物質生活裡，包括遠離低地國家、散居、共有產權、游耕以及農作物的選擇。雷曼已經指出，透過選擇，高地族群「實行緬甸國家制度無法利用的經濟，因而也不曾被認為是緬甸王國的一部分」。[109]正如同「水稻意指對政體的臣屬關係，在普世政體與森林高地這樣的二元區域文化中，從事游耕也可以視為一種宣言，展現一種政治立場。」[110]

如我們所見的，貢老克欽人的歷史常常藉著廢黜和暗殺過度膨脹的首領來維持群體的平等主義。我們可以想像，這些歷史以及伴隨歷史而來的敘事，對那些有著獨裁野心的宗族首領來說，就像令人恐懼的警世寓言。整個克倫、克耶和克欽地區，都因反叛傳統而廣為人知。[111]在克欽，即便是有首領的地區，首領也經常遭到忽視，得不到任何特別禮遇。其他民族也有類似的傳統。傈僳族「討厭獨斷和專制的首領」，而且「傈僳族講述謀殺首領的故事數不勝數」。[112]這些故事是否千真萬確並不重要，重要的是故事彰顯出來的權力關係規範。[113]同樣的故事也在拉祜族之間流傳。他們的社會在民族誌學者的口中「極為平等」，另一位學者則聲稱，從性別角度來看，他們與世上所有人一樣平等。[114]阿佧人透過獨有的神話，強化自身平等的生活方式。故事中的首領和兒子騎著用蜂蠟黏上翅膀的神馬。一旦他們飛得太高，翅膀便會融化，人也掉下來摔得粉身碎骨（彷彿伊卡洛斯神話）。人們講故事的方式「『華麗』誇張」，「清楚表現出他們有多厭惡階級森嚴的酋邦和國家權力形構」。[115]

高地民族群要從固定的內部階級制度和國家形構下保有自主性，幾乎要完全依賴流動。從這個角度來看，貢老的反叛雖然是個特例，卻反而證明了這項規則。逃跑才是高地自由的基礎，而不是反叛；更為平等的村落是來從逃跑中建立，而不是透過革命所建。如同李區所說：「以撣邦為例，村民被束縛在自己的水稻田上，因為稻田意味著資本投入。克欽人不會投資在輪番墾殖（*taungya*，游耕，字面意思是「高地耕作」）的土地上。如果克欽人不喜歡自己的首領，他們大可離去。」[116]高地民族有能力馬上離開，實際上他們也會這樣做，他們可以迅雷不及掩耳、隨時以最微不足道的藉口離開，這使東南亞的殖民政府與國家大為苦惱。儘管贊米亞多數地區都可妥切地形容為躲避國家形構的一大片逃難區，但是贊米亞內部，人們仍然不斷從等級比較分明和類似國家的地區，遷移往更平等的邊疆地區。

高地的克倫族就是一個清楚的例子。他們的小聚落有可能集體或部分遷移到新的地點，不僅是為了清理出新的游耕地，還有許多非農業的原因。任何一點不祥之兆，包括一連串的疾病或死亡、派系分裂、納貢的壓力、一心擴張的首領、一場夢、備受尊崇宗教領袖的召喚……只要出現上述任何一個原因，都足以使他們立刻遷移。克倫人的持續分裂和移動，總是令那些想迫使他們定居以便加以利用的國家感到失望。十九世紀中，許多克倫族和盟友孟族一起逃離緬甸，並接受泰國統治，但並未如泰國官員所期待的那樣長期定居。[117]英國人試圖讓克倫族落腳勃古（Pegu）山脈政府補貼的「林地村莊」(forest villages）中，並在此實行一種有限制的游耕體制，順便要求他們充當珍貴柚木的守林員。這項計畫遭到克倫族的抵抗，接著他們就搬走了。[118]我們都清楚克倫族在歷史上如何恐懼被奴役，他們覺得自己是孤兒、是受迫害的民族，這些都展現在他們的社會結構和游耕技術，他們透過這些方法，讓自己保持安全距離並避免遭到捕捉。安全也意味著採用適應性強的社會結構來逃避國家、防範國家。高地的克倫族一般被描述為自主性比較高且結構比較鬆散的社會，很容易因經濟、社會和宗教問題而分裂。[119]

比較民主又無國家的高地民族，他們的社會結構可塑性很高，這點非同小可。外在形式的改變、分裂、瓦解、地理遷移、重組、謀生方式的轉變，往往令人眼花繚亂，以致於人類學家所熱衷的研究單元，像是村莊、宗族、部落和小聚落等單位，是否真的存在都受到質疑。歷史學家、人類學家還有行政官員應該將目光投向哪個單元，似乎變成一種形而上的議題。地位最低的高地民族似乎顯得特別多樣。他們使用更廣泛的語言和文化習俗，使他們可以迅速適應各種不同的情況。[120]研究拉祜尼（Lahu Nyi，紅拉祜）的民族學家安東尼．沃克筆下的村莊便經歷分裂、遷移、消失、分散到其他定居點及吸收新人，他還寫到新聚落突然形成。[121]看起來似乎沒什麼東西可以長時間留在原地，時間甚至無法長到足以讓人畫一張素描。紅拉祜族社會的基本單位並不是任何真正意義上的村莊。「拉祜尼的村莊社區，基本上就是幾個家庭組成的群體，這些人發現暫時住在同一個地方，有個大家或多或少能共同接受的首領會比較方便。」沃克寫到首領只是這些「相互猜忌的獨立家庭集體」的領頭人。[122]

我們此處討論的不僅僅是「水母式」的部落，還有「水母式」的宗族、村莊、酋邦，以及最小的單位——家庭。除了游耕，這種多樣性也極為適合他們逃避遭國家結構吸納。這些高地社會很少獨自挑戰國家，但是也不允許國家輕易進入並利用高地社會。每當遭遇威脅，他們就像難以固定的水銀一樣，迅速撤退、分散或分解，彷彿他們奉行的格言就是「分開就不會被統治」。

第六・五章

口述、書寫和文本

詩是人類的母語，就像園藝早於農田、圖畫早於書寫、唱歌早於演講、寓言早於推理、以物易物早於商業。

——查特文（Bruce Chatwin），《歌之版圖》（*Songlines*），引自阿曼（J. G. Hamann）

嚴格說來，法律就是文字。文字與法律站在一邊，法律存於文字；懂了其中一種，還說不懂另外一種就不可能了……文字刻在石頭上、畫在動物皮上，或者勾畫在紙莎草上，直接表明了法律的力量。

——皮耶・克拉斯特，《反抗國家的社會》

對低地河谷的精英來說，一項評估野蠻狀態的標誌性特徵就是不識字。高地人所背負的各種文明汙名中，最顯著的就是沒有文字和文本。發展型國家存在的前提就是將沒有文字的民族帶入文字和制式教育的世界。

從長遠的角度來看，如果許多民族並非處於**前**文字時代，而是處於凡格索所說的**後**文字時代，那情況是如何呢？[1]如果一群人沒有文字，是因為在逃跑、社會結構變遷以及謀生方式改變的過程中將文字丟棄，那結果會是如何呢？最極端的來說，如果他們主動或策略性放棄文本和文字的世界，那情況又會如何呢？然而，我們有非常完整且豐富的資料支撐最後這種可能。因此，也許加上個人膽怯之故，我把這部分從前面有關逃避的農業和逃避的社會結構中獨立出來討論。然而，「策略性」地保持（如果不是創造）無文字，與逃避型農業和逃避型社會結構有許多相似之處。如果說游耕和散居是為了阻止被徵用而採取的謀生策略，如果說社會分裂和缺乏首領是為了阻止遭到國家吸納，那同樣地，沒有文字和文本也使他們可以自由操縱歷史、系譜和身分辨認，使國家推動日常行政事務更加困難。假如游耕、平等主義和遷徙等代表難於理解的「水母式」經濟和社會形式，口述同樣也可以視為多變的「水母式」逃避文化。因此，口述在許多情況下也代表與國家結構和國家權力的「相對位置」。正如農業和居住方式在歷史上因為根據不同策略而不斷變動調整，文字和文本也基於同樣的理由被重複地採用、棄置、再採用。

我選擇採用無文字或口述兩個詞，而不是用文盲（*illiteracy*）一詞，是為了強調口述並不意味著欠缺，而是文化生活中不同且具潛在積極意義的媒介。我們現在所說的這種「口述」與原初的文盲並不相同。原初的文盲狀態是指在社會領域（social field）裡第一次遇到文字。但是，東南亞高地無文字民族並非如此，他們兩千多年來跟一個或數個識字的少數民族，或有文本和文字記錄的國家來往。他們必須將自己放在與這些國家的相對位置。最後，我們不需多加解釋的是，直到不久之前谷地國家裡的識字精英在臣民中比例也非常小。甚至在谷地國家中，大多數人也生活在口述文化中，只是會多少受到文字和文本影響。

書寫的口述史

由於高地人明白低地國家和殖民者在歷史上將他們的無文字狀態汙名化，因此大多數高地人都會留下口述傳說闡釋自己為何不寫字。這些傳說驚人的相似，不只是在東南亞大陸，在馬來世界，甚至在歐洲都很類似。這些故事圍繞同一主題：故事中的人過去曾經有文字，但因為缺少先見之明而丟失，或者是因為背叛者欺騙，才會導致他們失去文字。這些傳說有如族群認同，是面對其他族群的策略定位。我們有充分的理由相信，這些傳說和族群認同一樣，會隨著環境變化調整。這些傳說內容普遍相似的原因在於，相對於大型谷地王國，大多數無國家的高地民族有著相同的策略位置，這並非文化慣性。

阿佧人如何「失去」文字的通行說法可說是相當典型的傳說。他們說很久很久以前，他們住在谷地種植水稻並被國家吸納。一般的說法是他們為了逃避泰國軍方所控制的谷地，從四面八方分散逃出。逃跑的路上餓到受不了的時候，「他們吃掉水牛皮做的書，也因此失去了文字」。[2]阿佧的鄰居拉祜族，分布在緬甸、泰國和中國邊界，他們的敘事是說自己的文字是由神貴莎（Gui-sha）銘刻在一塊餅上，當他們把餅吃掉時，也就失去了文字。[3]佤族的故事也是大同小異。他們說自己原本把文字刻在牛皮上，饑荒沒東西吃的時候，他們啃掉牛皮，也因此失去了文字。另一個跟佤族有關的故事是說，族裡有個叫尼赫（Glieh Neh）的大騙子，他把所有男人都送出去打仗，然後自己留在後方與所有女人歡愉。後來被逮到、痛批後，大家要求把他和他的樂器裝進棺材，一起丟到水裡作為懲罰。他一路漂流還沿途演奏迷人的樂曲，河岸周圍所有生物都想幫他重獲自由。為了回報這些生物，他把自己一切技能教給低地人，包括書寫，而佤族也就成了文盲。在佤族看來，文字與這個大騙子有關，因為在佤族語言中，文字與貿易是同一個字，都隱含欺騙的意思。[4]克倫人的傳說有許多版本，基本上都是說三個兄弟（克倫、緬甸和漢或歐洲人）各自都有文字。緬甸和漢人保住自己的文字，而克倫人游耕時，把那些寫在獸皮上的文字留在樹樁頂上，後來被野生動物（家畜）吃掉了。這類故事幾乎是不勝枚舉，在讓－馬克・拉斯多夫（Jean-Marc Rastdorfer）有關克耶和克央（Kayan）身分認同的著作中，全面調查了克倫人的各種故事版本。[5]拉祜族也說自己曾經有文字，還談到一本失傳的書。事實上，大家都清楚他們會帶著連自己也看不懂的象形符號紙張。[6]這些神話的敘述，沾染了與其互動的國家及有文字的群體的色彩，這種現象不僅限於特定區域，進一步加深了這種印象。[7]

描述背叛與疏忽大意的故事都一樣常見。一個族群的故事可能同時包括兩種情況。每個版本可能都適合特定的聽眾和特定環境。克倫人有種說法是把文字丟失的責任推給緬甸國王，說他們找出並處決所有識字的克倫人，直到最後沒有人能教其他人文字為止。寮國克木（拉棉）的傳說中，文字消失與政治上淪為附庸有關：有七個村莊來到同一座山地游耕，他們發誓一起反抗泰族君主。他們將誓言寫在水牛的肋骨上，很慎重地埋在山頂上。但是水牛肋骨後來遭人挖出偷走了，「那天我們就失去文字，自此受**拉姆**（*lam*，泰國君主）的權力壓制。」[8]上世紀之交所搜集的欽族故事，也指責緬甸的欺騙導致他們變成文盲。欽族就像其他種族一樣也是來自一百零一顆蛋，由於是最後孵出來，所以也集三千寵愛於一身，但是土地都分完了，所以他們只分到剩下的山地和動物。奉命保護他們的緬甸護衛卻騙走他們的大象（皇家的象徵），把文字石板空白的背面拿給他們看，所以他們也就不識字了。[9]白赫蒙（White Hmong）有關文字的各種故事有疏忽也有欺騙。其中一種說法是，赫蒙逃避漢族的過程中睡著了，馬在他們沉睡時啃掉了他們的書，或是書被誤放到鍋裡燉著吃掉了。第二種更不祥的解釋是說，漢族把赫蒙人趕出谷地時，拿走並燒掉他們的書。識字的人逃到山上，但是他們去世以後也就沒有文字了。[10]

有些民族，比如赫蒙和瑤族，丟失文字的故事總是會結合他們曾為低地河谷國家的民族歷史。他們的故事總是含蓄指出：我們被趕出低地前有國王，種植灌溉水稻，而且會寫字，我們曾經擁有過那些我們現在遭污衊說沒有的東西。從這點來看，現在有文字和寫好的腳本並非新鮮事，只是重新拾回被丟失或遭人偷去的東西。難怪帶著《聖經》與當地方言手稿而來的傳教士，經常被認為是要重新恢復失去的文化財產，因為他們不是緬甸人也不是漢人，反而更受歡迎。

我們如何看待這些文字遺失的神話呢？假如我們再次從大歷史的角度來看，就可以看出這些神話蘊含著歷史的真實。泰族、赫蒙／苗和瑤／綿這幾個我們可以重建其移民史的民族，都來自低地，也曾經是水稻國家民族，甚至許多泰族本身就是建國者。[11]有好幾個民族即使未被吸納到谷地國家，在不久之前也與這些有識字精英的谷地國家關係密切。我們可以假定，那些從谷地遷移到高地的人，至少包含了一小群識字的人。赫蒙一小群識字的人如何逐漸消亡的傳說，可能有部分是真的，儘管傳說並沒有解釋這些知識為何沒有傳承下去。克倫人曾經與幾個有文字的水稻國家緊密聯繫，包括孟族的勃古國、泰族的南詔、緬甸和泰國，這些與國家的聯繫，顯然培育了一小群識字者。現在不識字的格南族生活在穆河（Mu River）上游，他們逃到山上的堡壘之前，絕對隸屬於有文字的驃王國。格南族和赫蒙族，一如許多高地民族，留下了他們曾密切往來的低地民族所實踐的文化和信仰。如我所說的，當代許多（即使不是大多數）高地民族有段「谷地」的過往，那麼出現此種文化延續性也就不足為奇。但是為什麼在大多數情況下他們並未帶著文字和文本同行呢？

識字的狹隘性和文字丟失的先例

所有標準的文明化敘事從來就不會提到丟失和放棄文字的事。掌握文字是趟單向旅程，就像從游耕轉為水稻耕作，更如從森林中小聚落變為村莊、城鎮和城市。然而，在前現代社會中，即使是最好的情況下，識字也只限於一小部分的人，基本上比例絕對少於百分之一。以漢人國家為例，文字只是抄寫員、有學問的僧人，以及少數仕紳階層的社會特權。在這樣的脈絡下，認定整個社會或民族都識字顯然有誤，因為在前現代的社會中，大多數人都是文盲，生活在口述文化裡，偶爾受到文本影響。從人口學的角度來看，我們基本上可以毫不誇張地說，文字很容易丟失。這不僅僅是因為識字的人僅限於一小撮菁英，更加上，文字的社會價值完全取決於國家官僚體制、僧侶組織和社會金字塔頂端的發展，在這些情況下，識字是提升社會地位的工具，也是地位的標誌。任何威脅這些制度結構的一切，也會威脅著文字的存亡。

大約從西元前一一〇〇年左右（特洛伊戰爭時代）至西元前七〇〇年，延續了四個世紀的「希臘黑暗時代」（Greek Dark Age）便出現非常雷同的制度崩潰。在這之前，基本上有少數希臘邁錫尼人（Mycenaean Greeks）已經採用非常難學的音節手寫體文字（B類線形文字，Linear B）做記錄，這些文字主要借自米諾斯（Minoans）文明，當時主要用來保留宮廷的行政事務和稅收記錄。因某些至今依然不明的原因，例如北方多利安人（Dorian）的入侵、內戰、生態危機和饑荒，甚至是伯羅奔尼薩的宮殿和城鎮遭到洗劫、燒毀和遺棄，導致長程貿易終止、難民逃亡以及人口大流散。這個時代之所以稱為黑暗時代，正是因為當時沒有留下任何文字記錄。在混亂和四處逃逸的時候，B類線形文字遭人遺棄。荷馬史詩《伊利亞德》和《奧德賽》是靠著口述吟游詩人接續傳承，再用文字紀錄下來，算是唯一記載黑暗時代的文化作品。大約西元前七五〇年，外部環境比較和平穩定時，希臘人才又重新識字，這時的文字是從腓尼基人借用的真正字母文字，可以用圖形表達實際的發聲。這段故事清楚明白的說明了，我們如何丟失又重新獲得文字。[12]

另外一個例子是西元六〇〇年左右，羅馬帝國分崩離析之後的一段時間，那時失去了大部分但並非所有的文字。羅馬帝國時期從事非軍人的職業時必須懂拉丁文，但拉丁文學起來花費不低，且在帝國崩解後，拉丁文除了做為點綴之外毫無價值。此時地方精英為了維持自身安全和鞏固權力，會為各地小國王打仗。識字的人減少，甚至原來高度羅馬化的高盧地區，也只剩下神職人員還識字。在比較遠的英國，羅馬文化和教育成就幾乎蒸發殆盡。羅馬的國家和制度，讓人們依篤信識字是「精英素質的核心」，就像古希臘邁錫尼人的社會秩序，讓數量有限且可以使用B類線形文字的人持續使用文字。一旦制度的聯繫瓦解，文字的社會基礎也就消失得無影無蹤。[13]

假設當代許多高地民族都曾經生活在低地國家附近或低地國家之中，具有某種程度的文字，我們甚至還可以合理地假設，他們之中有少部分的精英識字，比如會用漢字，那我們要如何解釋後來文字被丟失呢？再說一次，我們首先要記得漢族社會中識字的階層也相當稀少，更別提那些漢人在國家擴張時所遭遇的其他民族。我們所說的識字者可能數量很少。其次，那些懂得低地國家文字的人基本上都是精英，他們具備雙重文化的技能，使他們很容易成為低地國家的盟友和官員，他們做出這樣的選擇也就意味著他們選擇接受同化。進一步說，如果像許多歷史學家所推論的那樣，現今高地少數民族中的大派系，都是在漢族擴張中比較早接受吸納的人，那麼可以假定，識字的少數民族比較有可能是留在原地並接受同化的人，因為這樣做可以獲得最多好處。基於此假設，少數族群遷移或逃離低地權力中心的時候，大部分或所有識字的人都會留下來。再進一步推測，參與抵抗國家而遷移逃跑的少數識字者，與同伴之間的地位關係勢必會比較曖昧不清，因為他們熟知正在反抗的國家之文字，他們可能被視會提供對手幫助或有可能成為「內奸」。如果是後一種情況，他們可能會選擇遺棄自己的文字而不是傳授給其他人。

另外一種解釋認為，文字丟失只是在遷往高地的過程中，社會結構破碎、流動和分散後的必然結果。離開低地中心意味著為了遷移而脫離複雜的社會結構。在這個脈絡下，文字和文本幾乎不再管用，即便還留在記憶中也會慢慢沒人使用。[14]一如羅馬的情況，許多文字的使用都直接取決於特定國家以及官僚體制的存在：瞭解國家文件、法律條文、編年史、一般的紀錄、稅收與經濟活動，最重要的是瞭解官員職位的結構以及連結到國家的等級制度，這些種種因素讓識字成為一種大眾想追求的聲望。一旦此結構遭到遺棄，帶動識字需求和傳播的社會誘因也會迅速消失。

文字的劣勢以及口述的優勢

到目前為止，關於文字失落的討論，主要是建立在兩個原因上：一是識字者的消失，二是那些讓他們的書寫技能具備價值的社會情境也不復存在。我想可以用更有力的理由，說明口述文化轉移的正面優勢。這一結論基本上建立於口述傳統顯然比書寫傳統更彈性、適應性更強。

為了說明我的論點，我先排除藉由秘密書寫和銘刻來達到神奇效力的例子。[15]神秘的文字在這些地方很普遍。書寫用字母和符號的使用方式有如魔咒，人們也期待文字像符號一樣「在現實世界中起作用」。這有如身上的護身符或身體上的刺青，或許可能帶有和尚與巫師的祝福，用自己的法力來保護那些身上帶有這些東西的人，如此一來文字也被當作威力無窮的崇拜信物。雖然這些證明符咒文字的魔力，本身就值得深入研究，但這已經不是我們此處所理解的文字。這些地區還發現一些單純作為口述文化備忘錄的文字，我也將這些文字排除在外。舉例來說，據說湖南南方瑤／綿族在漢人到來之前，有一套簡單的書寫用字母，用以幫助他們記下悲痛之事並繡在布上。這類限定文字，並沒有永久的文本、文獻和檔案，但是不管使用這種文字有多吸引人，在一個基本上是口述文化的地方（好比荷馬借用手稿幫助他記憶並背誦《奧德賽》中難以記憶的段落），我的討論還是將這些摒除在外。[16]

特殊且受限的書寫形式，提醒我們從廣義來說文本有許多形式，而書籍和文件僅是其中兩種文本形式。因此，我認為當人們亟欲保持兩代之間穩定的階級制度時，必然會製造一些「文本」來宣稱自身的權威和權力。發明文字前，這些文本可以是各種實物，像是王冠、軍隊制服、獎品、斗篷、頭飾、皇家顏色、拜物、傳家寶、匾額、石碑等。國家是最想掌握文本的存在，因此會擴充文本來表明國家永垂不朽。早期國家利用石碑的持久性，結合文字或象形圖像，藉此宣揚國家永恆的權力。

石碑和書寫文本的一大缺點就是相對持久。雖然樹立石碑或寫下文本是偶然，但它們也就因此會變成一種社會化石，隨時有可能原封不動遭人挖出來。任何書寫的文本有可能都要製造一種正統，不論文本記載了民族來源的傳說、遷徙的解釋、宗譜，或是像《聖經》和《古蘭經》一樣的宗教文本，目的都是形塑正統。[17]當然，任何文本的意義，都無法完全清楚透明，當文本中存在越多相互矛盾之處，詮釋操弄的空間也就越大。雖然如此，文本仍是詮釋的固定出發點，使許多其他解讀看來可疑（即使不是完全不可能）。一旦文本被視為毫無爭議的參照點，也就成為某種度量標準，可以測量出與原點的差異。[18]一旦文本被公認為權威時，這個過程也就最為驚人。我們假定有個文本宣稱X族源於某處，是因某個低地國王徵收不公平的稅賦而逃亡，沿著某一條線路逃，崇拜特定的守護神，依照某種方式埋葬亡人。這樣的文本影響力很大，能加速正統和標準敘述的演變。透過文本，我們可以直接得知標準敘述，使能夠閱讀文本的識字階層擁有特權。後來出現的任何說法，就會根據它是否符合標準敘述，得以劃界各種不同程度的異端。反之，如果是在口述文化之中爭論這些說法是否可信時，就無法參考過去權威的文本。

就像所有的文件一樣，這類文件都出自於特定的歷史脈絡，反映當時的背景。這些文本「帶有利益」，表達特定的史觀。一旦文本被創造出來，就可以為某個群體的歷史提供有利解釋。但是如果情況天變萬化，文本的解釋變得不合時宜，那會發生什麼情況？如果昨日的敵人變成今日的盟友，或者是反過來，情況又是如何？如果文本充滿歧義，就可以重新詮釋以保持一致；如果不行，文本就只能燒掉或遺棄，甚至如果是碑刻，某些名字和記錄的事件就要鑿掉。[19]顯然，經過一段時間之後，固定的敘事，對於成功的外交來說可能成為一種束縛與阻礙。[20]

一般對高地和無國家的民族來說，書寫和文本的世界絕對和國家密不可分。低地水稻國家成為文字中心，不僅因為低地是世界宗教的儀式中心，也因為書寫是行政和國家統治的關鍵技術。假如缺少用以課稅的地籍圖、勞役人員的登記名單、收據、記錄、皇家的指令、法律條文、特定的協議與合同，以及各式名單——簡單地說也就是少了書寫，水稻國家還能夠存在嗎？[21]國家統治的基礎在於名冊和戶口調查，這是徵稅和徵兵的基礎。從古代美索不達米亞的烏魯克（Uruk）王國所發現的文獻得知，有百分之八十五都是經濟記錄。[22]正如克勞德·李維史陀（Claude Lévi-Strauss）所說：「集權與等級森嚴的國家會自我複製，書寫似乎不可或缺。書寫是件奇怪的事情……有現象顯示書寫絕對伴隨著城市和帝國的形成，書寫被整合到政治制度，也就是大量的個人被整合到種姓和奴隸的等級制度中……與其說這有助於人類的啟蒙，倒不如說是有助於剝削。」[23]

針對阿佧人遷移（「路途」）的普遍說法指出，他們曾是種水稻的谷地民族，受彝倮倮統治者高壓統治。這段敘事的關鍵人物是國王加百朗（Jabiolang），在他們眼中，這位王者最大的罪就是啟動年度人口普查。[24]**人口普查**（*jajitjieu*）的想法象徵了國家權力機器。早期殖民歷史中充滿了當地人反抗殖民統治者第一次人口普查，因為農民和部落人口完全明白，人口普查必然是稅收和徭役的前奏。

在農民反抗殖民地國家的歷史中，他們對文字和記錄保存的厭惡隨處可見。農民發怒的第一個對象不見得是殖民地官員，而是文獻檔案，包括地契、稅務名單、人口記錄等等，這些官員用來統治的手段。雖然沒有明說，但反叛者似乎認為燒毀這些官方記錄本身就預示著解放。書寫與壓迫之間的關係，並不限於殖民地與殖民政府。英國內戰時期，以掘地派（Diggers）和平等派（Levelers）為代表的基進派就認為，法律和教士使用的拉丁語乃故弄玄虛用以欺壓百姓的伎倆。單單是認識字母就足以讓人懷疑。[25]

早期建立國家政權的過程，基本上就是為那些沒有名字或曾經是流動的社會單元命名的過程，像是村莊、地區、宗族、部落、首領、家庭和田地。命名的過程一旦結合國家的行政權力，就會製造出原本不存在的實體。對於漢族的官員來說，「蠻夷」獨特之處在於他們並不沿用祖父輩的姓。漢族本身穩定的姓名是源於更早期的國家政權建設。從這個意義來看，身分以及每一個地方單元，本身就具有獨特的系譜和歷史，它們被賦予帶有官方色彩且穩定的形式，這正是國家效應與書寫結合的結果。

對於許多無國家、前文字或後文字時代的民族來說，文字和書寫的世界不僅僅提醒他們缺少權力、知識及因缺少文字帶來的汙名，同時也是提醒他們一種清楚存在的危險。文字的取得與國家權力密不可分，而且可以輕易藉此使人失去權力或取得權力。拒絕或是放棄書寫和文字，是逃避國家權力滲透所採取的各種策略之一。依賴「抵制官僚法律體制的知識」似乎顯得謹慎。[26]

對於那些夾在強大的低地國家之間，把適應能力、模仿、創新和調整當作重要生存技能的無國家民族來說，口述和本土文化的吸引力都很明顯。口述文化底下，並不存在單一的權威性系譜或歷史作為正統說法的絕對標準。如果有兩個或更多的解釋，那麼哪一種解釋更可信，主要取決於那個「吟遊詩人」的立場，以及這一解釋有多契合聽眾的利益和喜好。

整體來說，口述文化本質上至少有兩點要比書寫傳統更加民主。首先，閱讀與書寫的能力分布基本上不如講故事的能力來得普遍。[27]其次，各式各樣的口述歷史之中，幾乎不存在一個「判定真偽」的簡單方法，當然沒有一套固定文本來比較真實性。就算是口頭的交流，甚至是推出「官方」的遊吟詩人，嚴格來說都會受限於聽眾的數量。口語表達一如語言本身，是一種集體活動，因為在口語傳遞的「慣例，必須透過社會上不同大小的團體共享之後，語言的意義才能傳達到社會中的個人。」[28]口述的文本這種特定表現形式，透過書寫被固定下來進而保存之後，就抹除了口述原本的特性，包括韻律、語調、停頓、相伴的音樂和舞蹈、聽眾的反應、身體和臉部的表情等，若我們想要理解口述最初的意義，上述任何一項都是不可或缺的要素。[29]事實上，不論是口述歷史和敘事，「最初」這概念根本沒有任何意義。[30]唯有在特定的時間和地點面對感興趣的聽眾，口述文化才得以通過獨一無二的展演存在與保留。這些表演內容當然遠比記錄下來的口說文稿來得豐富，包括背景、姿勢、表演者的表達、聽眾的反應，以及表演的時機。因此口述文化有著無可取代的臨場感，如果聽眾不再感興趣、如果不能滿足他們，口述文化也就會逐漸消失。書寫的記錄則完全相反，可以默默地存在上千年，然後突然被發掘出來，搖身一變成為權威。因此口述傳統與書寫傳統的關係，就如同游耕與灌溉水稻的關係，也如同以散居的小親屬群體對比集中定居的社會。口述傳統彷彿「水母」，外形變化多端，習俗、歷史和法律都可以改變。他們允許自身歷史的內容和重點隨著時間流轉而「漂移」，也就是一個團體的歷史，可以在考量自身利益後策略性調整，可以刻意遺漏有些事件，特別強調另外一些事件，以及「記住」某些事件。如果一群經歷相同的團體分裂成兩個或三個小群體，一旦其中任何一個群體發現自己所處的物質經歷不同，他們的口述文化也將出現分歧。當不同的口述傳統在不知不覺間往各自方向漂移時，就缺少一個如書寫文本可以提供的參照點，可以藉此判斷每個傳統偏離當初共同的解釋有多遠，以及用什麼樣的方式偏離。由於口述傳統唯有透過一再重述才得以保存，因此在傳遞的過程中就逐步累積了各種詮釋。每一次講述勢必會反映當時的利益、權力關係和當時周邊社會和親屬群體的觀點。芭芭拉・安達亞描寫蘇門答臘的口述傳統（占碑和巴領旁）時，捕捉到這種調整和修正的過程。「在社群的默許之下，與當下無關的細節逐漸從傳說中流失，取而代之的是新的相關元素，這些被併入且成為先人知識的新元素，使過去持續有意義。」[31]

如果背負特定傳統的群體如此期待，口述傳統完全有能力在許多世代之間忠實地傳承群體歷史。我們透過塞爾維亞口述史詩的開創研究，可以更加瞭解吟游詩人的傳統，再更進一步透過荷馬史詩的研究，瞭解韻腳、節奏、格律以及長時間學習，如何讓那些史詩鉅篇如實傳遞。[32]以阿佧人為例，他們有一種特殊的種姓叫費瑪（*phima*），亦即教師和朗誦者（reciters），保存了複雜的朗誦詩，內容涵蓋長久的系譜、阿佧族史上的大事以及習俗法令，他們會在一些儀式中演唱這些詩歌。阿佧族內部完全隔離且使用不同方言的群體，幾乎保留相同的口述文本，足以見證口述技巧的效力。更令人吃驚的是，阿佧與哈尼早在八百多年前就已經分裂，但兩者留下的口述文本至今多數還是可以相互理解。[33]

我在緬甸撣邦卡勞（Kalaw）往東步行兩天抵達一個稱為帕歐（PaO）的村莊，聽到當代一則詳盡的口述史，令我印象深刻。有次晚飯結束後，幾個村民請一位耆老吟唱烏昂達（U Aung Tha）的故事，烏昂達可能是二戰以後帕歐最著名的政治人物。一九四八年，烏昂達在東枝附近遭到不知名的兇手暗殺。老人吟唱了兩個多小時，我現場錄了音。故事內容與我想像的那些歌頌英雄、神氣活現的史詩大不相同，通過翻譯我瞭解這篇史詩更世俗，鉅細靡遺地記載烏昂達生命中的最後幾天。這內容就像一篇一絲不苟的警員報告，詳細陳述烏昂達抵達村莊的時間、跟誰一起來、他們身上的衣著、吉普車的顏色、跟誰說話、什麼時候洗澡、什麼時候來了幾個人問哪裡可以找到他，這些來找他的人穿的衣服、開的吉普車、他們對烏昂達的妻子說了什麼，在哪裡發現烏昂達的屍體、他當時穿什麼衣服、辨出他身分的戒指、驗屍的發現等。詩吟唱到最後，唱歌的人勸告聽眾：「以這個真實事件為例，是要防止任何事情的損失或差錯」。這個故事被小心翼翼地透過口頭傳誦半個世紀，他們似乎拼盡全力保存所有的證據和完整的事實，彷彿做過嚴謹的刑事調查！我非常驚訝整個帕歐地區的吟游詩人都會受雇到婚禮和葬禮上唱烏昂達遭人謀殺的故事。儘管表演很短而且以描述事實的細節為主，這卻是一個受人喜愛和尊敬的故事。[34]

有些情況下，口述傳統似乎能夠像文字一樣產出精確且固定的書寫文本，同時又有彈性可以策略性調整與改變。如同過去，口述傳統也可以左右逢源，可以宣稱是原始文本的內容，但事實上卻是新的內容，而我們也無法評估這種說法。

口述傳統之所以可以依據策略和機會調整，是由多重因素造成。一旦我們完全意識到任何習俗、系譜或歷史都是特定脈絡以及特定利益的說法，必定可以理解這些都會隨著時間變化。以克欽人為例，講故事是職業祭司和遊吟詩人的工作，「每一篇聽起來專業的故事都有不同的版本，每一種版本往往支持的是不同既得利益者的說法」。克欽各宗族對於彼此地位以及誰是貴族的說法相互矛盾，有關克欽人起源、歷史、神靈崇拜的各種故事，都帶有支持某個特定宗族利益的色彩。而且，正如李區所警告：「克欽傳統沒有所謂的『官方版』，只有一些故事，講述的神話角色大致相同，使用的結構象徵也是同一類……但是講的人不同，最關鍵的細節也會不同。」[35]親屬團體和宗族間出現的這種現象，也發生在更大的社會單元中，比如族群。情況會隨著時間而變化，利益也發生改變，因此闡述歷史、習俗甚至神靈的敘述也都會改變。我們可以想像克欽人現在生活在不同的環境，有的靠近孟族，有的靠近泰、緬甸或撣邦，也就會因所處的環境差異，發展出不同的口述傳統。如果他們不穩定的政治地位要應對突如其來的劇烈變化，口述文化傳統能屈能伸的特質就可以發揮優勢。如果像雷納德所主張，克倫文化能像汽車一樣「急轉彎」，可以充分適應旅行和變遷，為此，他們的口述傳統至少有助於游耕和搬遷。[36]這不是操弄阿Q心態，也絕非憑空捏造，口述傳統的游移不定很有可能是在不知不覺中發生，由那些不認為自己編造真相的遊吟詩人所發起。出於選擇性的強調和省略，某些敘述看起來對目前的情況更重要而且更相關。我們可以使用**就地取材**（*bricolage*）一詞來表述，各種不同版本的口述文化經常有相同的基本元素，但是元素的安排、強調的重點，以及所承載的道德因素都傳達不同的含義。[37]傳唱宗族歷史使高地民族與其他人建立聯盟或敵對關係就是一例。一個人有很多祖先，所以人們可以建立各種系譜上的連結。如果往上回溯八代父系就可能有二百五十五個直系祖先，如果計算父母雙方的系譜，就可能有五百一十個祖先。在這些祖先支脈中，要省略、追溯和強調哪些人基本上都很隨意。只要不斷追溯，美國總統林肯（Abraham Lincoln）就會是大多數美國人的祖先。其實很多人也可能具有刺殺林肯的刺客約翰·布思（John Wilkes Booth）的血統，只是他們不大可能去發現這層關係並加以強調！只要策略性地選擇並強調特定祖先，也就有可能建立一個真實的系譜，來幫助他們確立眼前聯盟的正當性。因此，精心設計的系譜是一張偌大且潛在的關係網，儘管多數都隱藏在陰影下，一旦有需要就可以召喚出來。社會環境越混亂，族群的分裂和重組就越頻繁，也就會有更多原本被隱匿的祖先出來攪局。據說柏柏爾人出於政治、放牧或是戰爭需要，能夠和任何盟友建立系譜連結。[38]反之，書寫下來的系譜會讓不斷進化的口述故事固定在某一個版本，不再隨著時間變化，後代也只能看到這個版本。日本第一個（西元七一二年）有文字書寫的政治記錄是大家族的系譜史，經過「虛假」的剪裁、記憶傳承，後來書寫下來成為官方傳統的基礎文件。文字紀錄的目的在於把各種不同口述傳統編纂成一個經過篩選並符合自身利益的糖衣，並將之頒布成永恆的神聖歷史。[39]自此以後，其他的版本就成為異端。創造出來的官方、王朝系譜就與政治集權劃上等號。望加錫（Makassar）各個小王國之中，其中一個王國之所以可以崛起並成為眾所周知的霸權，事實上就是透過頒布一份廣為傳播的「書面」系譜，並透過這份文本，傳播了統治家族那近乎不可侵犯的神聖性。[40]早期文字書寫的系譜撰寫，幾乎全是為了確立訴求權力的正當性，如果僅透過口頭傳述就可以避免權力被誰長期掌握的狀況。瑪格麗特・尼克（Margaret Nieke）檢視蘇格蘭早期歷史首部文字系譜後，掌握了口述與文字的差異：

> 口述傳統的社會中，只要刻意操弄證據，就可以輕鬆製造出合適的系譜，因為不論提出什麼說法，幾乎都無法從外部驗證……一旦透過文件形式記錄下來，系譜就會確立某個人或某個家族是統治者，情況比過去任何時候都還要

> 穩固。如果要製造另一種說法來挑戰這些人的權力和地位，那也就必須取得這個現存的紀錄文本，同時擁有製造替代版本的技術。[41]

一個群體所能影響的歷史檔案，基本上就如同他們所能支配的系譜範疇。這裡也有可能出現篩選、強調和省略。以英美關係這個老掉牙的故事為例。美國與英國曾經打過兩場仗（獨立戰爭和一八一二年的戰爭），但是這些歷史因二十世紀的世界大戰和「冷戰」時期美英結盟而遭到弱化。假如美國現在是英國的死對頭，可以想像流傳的將是另一種歷史說法。

可以斷言，文字書寫的歷史和系譜與口述一樣豐富，區別在於口述傳統之中，選擇性的遺忘和記憶比較不會引人注意而且更為順暢無阻。口述傳統妨礙創新的阻力較小，而且那些很新奇的想法，可以被當作源自於傳統而流傳下去，無須擔心矛盾衝突。

沒有歷史的優勢

如果口述的歷史和系譜比起文字書寫的歷史及系譜有更多的操弄空間，或許最極端的策略是宣稱完全沒有所謂的歷史和系譜。從這個角度，霍里佛．榮松認為傈僳族和魯阿族（Lua）及綿族完全相反。傈僳族不僅殺掉獨裁首領，還有特別濃縮的口述史。榮松指出：「傈僳人的遺忘就像魯阿族和綿族的記憶一樣主動。」他意指傈僳人實際上是自己選擇揚棄歷史，結果就是「不給那些凌駕家庭的結構，例如村莊或是在儀式生活、社會組織、或動員人民注意力或資源的村落，任何進一步發展的空間」。[42]

傈僳族的策略從兩方面徹底擴展操縱空間。首先，任何歷史和系譜即使是口述，都代表自身與其他群體的相對策略位置，而這種相對位置，只是各種可能策略中的其中一種。某種特定的歷史選擇有時可能會變得不利於生存，而面臨這種狀況時，卻很難即時調整定位，即使只是口述形式，依然非常困難。除了有自治傳統，傈僳族根本不會讓自己綁上任何歷史束縛，也就沒有需要調整位置的可能性。他們操縱的空間實際上可以完全不受限。但是從第二種意義來看，傈僳族無歷史的特性極為徹底。除了對外人而言，他們徹底否認「傈僳性」（Lisuness）是一種身分認同。藉著否認歷史，也就是不夾帶打造群體認同所需的共同歷史和系譜，傈僳族否認了任何超越家庭的文化認同單位。我們或許可以這樣說，傈僳族藉著把自己完全安放在特定位置，因而建立起最極端的「水母」文化和認同。這個選擇似乎去除他們集體抵抗的可能性，但也同時不斷擴大適應紛亂的能力。

我曾經指出，相對無權力的高地民族可能完全瞭解，藉由避免甚至完全放棄書寫傳統和固定文本，高山民族得以擴大自己文化操控的空間，而這有利於高山民族生存。系譜和歷史越精簡，必須解釋的內容就越少，也就越能夠即席發揮。歐洲吉普賽人即是一例。由於吉普賽人四處受到迫害，所以他們沒有固定的文字語言，但是他們有豐富的口述傳統，因此講故事的人也備受尊重。他們沒有固定的歷史，沒有談論起源的故事，也沒有故事會提及即將走向的樂土。他們沒有聖壇、沒有聖歌、沒有遺址，也沒有紀念碑。如果有一個民族必須小心翼翼地迴避自己是誰與從哪裡來的問題，那絕對是吉普賽人。他們在各國之間遊蕩，受到最嚴酷的蹂躪，吉普賽人不得不為了生存而不斷調整自己的歷史和認同。他們是最忙於閃躲的人。

一個民族有多需要或想要多少「歷史」？這個關於口頭和書面歷史考察的簡短探究，提出了一個更大的問題，不論歷史是口述或書面，承載歷史的社會單元究竟是什麼？

由於有集權政府和統治王朝存在，統治者顯然要透過系譜、宮廷傳說、詩歌、史詩和讚美詩，來滿足統治者所需的合法性和古老性（ancientness），不論這些是否為編造皆然。我們很難想像，假如統治者並未從歷史找答案（不管是口述或書面歷史），他們如何從制度宣稱統治的自然而然（naturalness，天命依歸）和必然性？事實上類似的例子還有社會階級制度。假如想要宣稱某個宗族的地位要比其他宗族來得高，或者某個城鎮有淩駕於其他城鎮之上的特權，而且要讓這些宣稱看起來並非專斷而是有天然權力（raw power）為本，也就必須透過歷史和傳說來印證。人們甚至可以說，凡是有人要聲稱地位超凡或是合理化不平等，就必須有歷史的根據。這些訴求無須寫下來或說出來，有如高地經常看到的情況，它們依靠的是擁有珍貴的王權標誌、鑼鼓、印章、祖傳遺物，甚至頭顱等在儀式代表訴求的展示品。定居的社群，即使沒有嚴密的階級制度，也很有可能具留有關於他們起源和歷史的故事，而且也會為自己擴張土地和居住地的說法賦予豐富的歷史，只要特定資源或物品變得珍貴，他們也會急著將歷史記憶套在這些資源上頭。

然而，那些生活在國家邊緣，宗族無高低之分，而且像游耕者經常移動的人通常會怎麼做？難道這批人不也是喜歡口述歷史的彈性也根本不需要歷史的民族嗎？首先，「承載歷史的單位」(history-bearing unit)，往往是不斷流動且充滿不確定，就連宗族也是如此。其次，不論「承載歷史的單位」是什麼，游耕者根本沒有什麼既有的歷史特權需要捍衛，反而有許多策略理由讓他們傾向保有歷史彈性以便即興發揮。

歷史學家簡・范西納(Jan Vansina)在有關口述史的經典著作中，提出一個很有說服力的個案，他比較了蒲隆地(Burundi)和盧安達(Rwanda)兩個相鄰地區的口述傳統。儘管兩地有諸多雷同之處，但是蒲隆地沒什麼階級和集權制度，因此范西納說蒲隆地的口述歷史比集權的盧安達少很多。蒲隆地不像盧安達，沒有皇家系譜、宮廷頌歌和王朝詩歌：

> 整個政治體系的流動性驚人。沒有任何東西支持鉅細靡遺的口述傳統，沒有地方歷史，因為地方並不穩定；沒有重要家族的歷史，因為除了皇家（一個沒有權威的篡權者）之外沒有任何重要家族；因為沒有集權的政府，所以沒有官方史吏……忘掉過去對每個人都有利。曾任國家資深攝政的人告訴我，在宮廷中無人對歷史感興趣，因此實際上也沒有歷史記錄，原因就是政治系統不穩定。[43]

書寫和口述文化並非完全相斥，因為沒有一種口述文化不受文本影響，也沒有一個以文本為基礎的社會，會缺少與文本併行，有時甚至與文本相抵觸的口述傳統。正如水稻和游耕，也一如階級制度與相對平等的社會形式，與其將書寫和口述文化視為對立的兩端，不如將之視為一種來回擺動的狀態還更符合現實。一旦以文本為基礎的社會優勢越來越大，無國家的社會就會逐漸走向識字和書寫的方向；當這些優勢消失時，無國家的民族就會保持或轉向更徹底的口述傳統。

民族、親屬團體和社群與自身歷史的關係，可以判斷出他們與國家特性的關係。所有的群體都有歷史與故事，藉此表明他們是誰以及他們如何會於此地安置下來。除此共通之處以外，也就沒有相似點了。邊陲的、群龍無首的群體，往往強調移動的路線、戰敗、遷移與景觀。反之，集權和（未來）國家權力形構的歷史內容，則強調等級、英雄般的起源及領土的訴求。傳統形式也是千變萬化。在永恆不變的政治集權和行政管理過程中，書寫傳統極有價值。相較之下，對那些必須迅速調整以應對多變而充滿威脅的政治環境的族群而言，口述傳統顯然比較有優勢。最後，我們還可以看到一個民族會選擇保有多少歷史也是一個差異點。比方說，傈僳和克倫人傾向於輕裝前進，旅途中盡可能減少攜帶沉重的歷史行囊。這有如汽船船長，他們從經驗中得知無法預知下一個停靠的港口在何方。

無國家的民族基本上遭到相鄰文化貼上「無歷史的族群」之汙名，有如缺少文明的根本特質，也就是缺乏所謂的歷史性。[44]然而上述指控有兩點錯誤，首先，汙名化預設唯有書寫的歷史，才能記載身分認同和共同歷史。第二點也是更重要的一點，一個民族沒有歷史絕不是代表他們是需要進化的低級階段，這是一種主動選擇的結果，藉此策略性區隔自己與強大、有文字的鄰居。

第七章

族群形成和進化：

一個激進的建構主義案例

一個世紀之前，雷南（Ernest Renan）就已經正確地指出：「遺忘，甚至所謂的歷史錯誤，乃是國族產生根源。因此，歷史研究的推進往往對國族（nationality）構成了威脅。」也就是說，我相信歷史學家的細緻工作會挑戰國族的神話。

——霍布斯邦，《一七八〇年以來的民族與民族主義》

沒有什麼比古老認同的傳播者更具有普遍的現代性。

——查爾斯．金恩（Charles King）

部落絕對不會在個別的殖民地聚在一塊，而是彼此混雜難以區分。比如，克欽族人的村子裡也有德昂族、拉族、佤族、漢族以及少數撣族。

——詹姆士．喬治．斯科特，《上緬甸和撣諸國志》

部落與族裔特性的不一致

英國就像所有獲得大筆財產的繼承者一樣，也開始清點在緬甸所承接的新資產，正如他們在其他地方所進行的一切。如果地籍調查是清點不動產的工具，那人口普查就是清點被征服民族的工具。

一旦他們來到高地，負責進行一九一一年以降的人口普查官員，就要面對盤根錯節的複雜性，這會澆熄他們建立分類秩序的狂熱。當大多數的「部落」之名是由外人所給予，而有此名稱的部落本身根本就不會使用這樣的名號時，這樣人口普查要如何進行？況且不同的外人往往會賦予同一個部落不同的名稱。此外，這些外來名稱或是帶有貶義（「奴隸」、「食狗者」），或一般來說帶有地理含意（「高地人」、「住上游的人」）。以詹姆士・喬治・斯科特在《上緬甸和撣諸國志》中的馬魯斯人（Marus）為例，他們居住在北撣邦與中國邊境，並不說自己為克欽人，「當局」也不這麼叫，但是他們周邊的人卻堅持說他們確實是「克欽」。他們的穿著與克欽人（景頗〔Jingpo〕）相同，也和他們通婚，但他們的語言卻更接近緬甸語而不是景頗語（Jingpaw）。[1]那麼在人口普查中應該如何稱呼他們呢？

一九一一年和一九三一年進行的人口普查中，「種族」這一概念實際上是透過語言來加以操作與分類的。根據當時的語言學理論，大家普遍接受的教條是「使用同一種語言的人形成一個特定單元，而此單元有自身特定的文化和歷史」。[2]當「部落」（tribe）或「種族」（race）（人口普查裡兩個詞經常交換使用）跟「母語」劃上等號，有趣的事也就出現。培訓員必須仔細說明，母語是「從出生就使用的語言，而「不是平常在家裡講的話」，因此後者應記錄成輔助性語言。除了在水稻國家中心的緬甸人屬於單一語言之外，高地的少數民族會講兩種語言是常態而非例外。那些以克倫、撣還有其他（非緬甸語的）藏緬語系為母語的人，一般都使用兩種到三種語言。[3]這種複雜性即便是在單一村莊這種微觀層級，也絲毫沒有簡化。一個僅有一百三十戶人家的「克欽」村莊中至少有六種「母語」，儘管村民平時用的是和馬來及斯華西里語類似的景頗語。[4]

將母語和部落及歷史劃上等號，隱含著口語就像一條固定、不變的線，能把一個民族縫在一塊。然而普查者卻不遺餘力地強調「緬甸的語言和種族的區分極為不穩定」。人口普查有份附錄〈緬甸原住民的筆記〉，這份附錄雖然令人惱火，但卻很有啟發性，甚至還不失娛樂性。J・H・格林（J.H. Green）進一步寫道：

> 緬甸的一些種族或「部落」改變語言的頻率有如換衣服。他們的語言因征服、吸收以及與世隔絕而改變，往往也會因採用周邊更強大、人口更多以及更進步的部落或種族的語言而改變……種族越來越混雜，這些界線的糾纏也越來越難釐清解開。
>
> 這份普查可以明顯看出根據語言區分種族有多麼不可靠。[5]

這段話的結論就是語言群體並非源自遺傳，也絕非穩定不變，就算普查的設計者不清楚這一點，但艾德蒙・李區可是相當明白。因此，根據語言推斷歷史是「無稽之談」，大多數仔細研究過此問題的人都得出了這樣的結論。[6]

我們一次又一次地看到這些想要建立人群清單的人，在高地遇到哪些挫折，令他們更沮喪的是還要對抗一片混亂。他們相信要建立整齊、客觀和系統性的部落分類，一個部落成員必須有一個或好幾個共享的，且有別於其他部落成員的獨有特徵。事實證明，如果母語無法成為區分的特徵，那大多數其他特徵也同樣不行。顯然有克欽、克倫和欽族，但是三者之間的界限則相當模糊，不知道他們上一代是否就是克欽、克倫和欽，也不知道下一代是否依然還是。

人數眾多的苗族（光在中國就有七百五十萬人），以及和苗族有關且分布在泰國及寮國的赫蒙族，就是一個很好的例子。他們主要使用三種語言，而且每種語言內都有彼此無法互通的方言。除此以外，大多數苗族男子和許多苗族女子會說三種或更多的語言。有一些自稱為苗族的人在谷地裡種植水稻，也有一些在高海拔燒荒輪耕（罌粟、玉米、蕎麥、燕麥、馬鈴薯）、採集以及狩獵。還有些苗族採行漢人的衣著、儀式和語言，另有一些苗族住在偏遠與世隔絕之處，卻仍然保留中國古代的文化特徵，使得他們的文化與低海拔的谷地不同。就連在單一村莊這樣微觀層級上，同樣的文化「蔓延」相當明顯。苗族和其他民族（克木、傈僳、漢、傣、克倫、瑤等）之間的通婚非常普遍，收養其他群體的子女也十分常見。[7]即使許多苗族自以為獨特的文化特徵，例如用牛做牲禮和簧管，事實上其他族群也有。這種文化蔓延有一大部分要歸因於，在中國許多地方，漢族官員會以**苗**來稱呼不服漢族統治的亂族。久而久之，這個稱呼在國家施政慣例之下便被強化、就此定型。「苗族」是指那些被有權者，也就是有能力建立並實施分類的人，稱為苗的人。

克倫人的多樣性也同樣驚人，他們沒有像是宗教、服裝、葬禮的單一特徵，甚至沒有一種所有人都理解的語言。每一個克倫族的分支也表現神奇的多樣性。有如馬丁・史密斯（Martin Smith）所說，「現在『斯高克倫』（Sgaw Karen）這個詞，可以指一個講緬甸語、畢業於仰光大學，而且出生成長在三角洲城市勃生（Bassein）的人，也可以指落腳泰國邊境的達瓦那山脈（Dawna Range）、不識字、信仰有靈論，甚至從來沒有見過緬甸人的高地部落成員。」[8]儘管克倫族跨族群的收養以及通婚，不如苗族和瑤族那樣普遍，但也算是常見。「克倫性」（Karenness）似乎也未必是一種排他的族群認同。按照查理・凱斯（Charles Keyes）的說法，至少在泰國，一個人在家裡、村莊和教堂的情境可能是「克倫族」，而在市場、政治和與泰族人打交道的時候可能是「泰族」。他相信在泰族與漢族、泰族和高棉、泰族和寮族之間的認同流動，基本上長年順暢無阻。克倫與其他許多少數族群一樣，有如族群的兩棲動物，可以在各種不同的認同之間自在轉換，不覺得有任何衝突。兩棲族群與其他文化複合體唇齒相依，通常可以完美地展現出每種環境下所需的表現方式。凱斯同時指出那些從事遊耕、信仰萬物有靈的魯阿／拉瓦族人，他們在家裡講孟／高棉語，但是也相當熟悉泰語、低地耕作技術和佛教，因此當他們遷移到低地河谷時，一夕之間就能變成泰族人。凱斯在處理克倫族群特性中的文化多元樣貌時，也就順理成章的盡量降低共有文化特徵的重要性，並且宣稱族群特性是一場自我製造的計畫。如他所言：「族群認同本身（即自我宣稱）提供了界定族群的文化特徵。」那些採納此族群認同的人，認定其他克倫人也會接受，也就成為「真的」克倫人。[9]

以特徵為基礎來區分族群在東南亞高地毫無疑問地根本行不

通，甚至用生活在高地、遊耕和散居等特徵來區分也不能令人完全滿意。確實，大多數克欽、苗和克倫人都居住在高地遊耕。他們的許多儀式來自於「刀耕火種」，也來自狩獵和採集。但同時，有相當多自認為克欽人、苗族人和克倫人的群體，卻採取南轅北轍的謀生方式，包括定耕、種植灌溉水稻，並採用其他谷地居民特有的方式，包括使用水稻國家中心的語言。

將特徵視為族群和部落認同的基礎，完全無法反映實際關係，其中的一大原因在於，高地人群作為一種人力系統會盡可能吸納所有人。這種吸納能力導致高地社會內部文化的多樣性。迅速吸收外來者、讓戰俘能快速參與社會流動，加上在系譜上巧妙地動手腳而培育出，具有文化調節能力的高地制度。就連克欽人獨特的等級分割世系也毫不僵硬，可以吸納周邊的傈僳族和漢族。恰如人類學家佛朗索瓦·羅賓所言，此彰顯了多元民族的包容性。[10]

任何一項或一組特徵都無法劃出清晰的「種族」界限，這解釋了當工作人員嘗試依照林奈分類（Linnaean classification）劃分當地民族所產生的困惑。因此，我們可以說，當殖民官員遭遇印緬邊境那伽高地種族多樣性時，經常陷入困境與掙扎，「理解他們在周遭察覺到的人種誌混亂：數百個小村莊（甚至上千個）看起來類似，卻又有很大差異，他們的習俗、政治制度、藝術還有語言都完全不同。」[11]這種困惑是真實的，帶有四種含義。第一，任何看似獨特的特徵，都可能屬於不同村莊或人群之間漸層且有時是連續無縫的變化。由於儀式、服裝、建築風格甚至語言絕非涇渭分明，所以任何分界線都顯得過於武斷。第二，如果有人真的一絲不苟記錄下每個微小變化，並據此認真解釋某個特徵的界線，就會浮現另一個難以克服的問題：特徵A、B和C的界線彼此對不上，每一種特徵會出現不同的界線，也產生不同的「族群特性」。第三，也是致命的困難在於，任何一種根據特定特徵劃分出的種族分類，往往無法吻合那些被劃分群體自身在生活中對身分的主觀理解。殖民地的民族誌分類說他們是A，但他們卻說自己是B，而且一直以來都是這樣。這怎可能無所謂呢？即使分類的方式經得起以上三點考驗，第四個難題，也就是時間，絕對會帶來致命一擊。只要對歷史變化有點了解的人就知道，不論是就特徵或自身認定來看，現在的A不久之前還是B，而令人吃驚的是他們似乎正往C轉變。一個族群、部落，怎麼可能不斷隨著時間改變，但仍然是同一個民族呢？

就某種意義上來說，身分認同的徹底轉變並不令人意外。贊米亞從古至今一直是國家建構的「破碎區」，就像高加索和巴爾幹山區一樣。過去兩千年來，因入侵、掠奴、傳染病和強迫勞役等因素，一波又一波人群從國家中心撤退或逃亡而來，因此一直有人聚集於此。他們到此加入住在地形崎嶇又相對孤立的高地人民，加速方言、習俗與認同的流動。謀生技術方式的多樣性很大程度取決於海拔高度，進一步又促進了多樣性擴張。除此之外，高地因奴役、掠奪、通婚和收養所造成的人口交流，以及身分認同的複雜性，有助於解釋殖民者所見到的拼貼型態。傑佛瑞．班傑明和辛西亞．周研究馬來半島類似的人口流動而得到的結論，也同樣適用於贊米亞：「基因、觀念和語言的流動是如此密集且眾多面向，因此要想藉著一組完全清楚的地理、語言、生物性以及文化歷史特色來區分各個『民族』，勢必都將徒勞無功。」[12] 這種徹底否定區分的說法，似乎會讓我們陷入僵局。顯然，嚴格來說沒有所謂的「部落」，沒有一套客觀的系譜、遺傳、語言或者文化公式，可以明確區分一個部落和另一個部落。但是，我們或許可以問到底是誰感到困惑了？歷史學家和殖民地負責種族分類的官員可能會感到糊塗。緬甸北部交雜的村莊「對那些喜歡整齊劃一的官僚來說是個詛咒」，這些官員一直到帝國統治的最後一刻，還在白費力氣想把克欽和撣族劃出一條行政界線。[13]但是高地人民一點也沒搞混，他們完全知道自己是誰，也知道自己不是誰！高地人並不像研究者或政府官員那麼熱衷於找出一套相互排斥且鉅細靡遺的分類標準，因此認同隨著時間變遷呈現多元與變化的情況，並沒有讓他們陷入困境。反之，如我們所見，從過去到現代，模糊且可輕易滲透的身分認同對他們來說是種政治資源。

當然，高地民族的生活經驗裡有所謂的「部落」。自認是克倫、克欽，赫蒙以及其他族群的人，一直誓死捍衛身分認同，許多人相信他們的認同有著淵遠流長且連貫的歷史，但這很可能經不起仔細推敲。從這個角度看，這些強烈的身分認同與當今世界大多數的民族認同一樣是虛構和被建構的產物。

唯一可行的分析選項，則是以這些自我認同為出發點。就像近四十年前所提出的，我們必須將部落的區分視為一種「政治本質論」，意味著族群認同是個政治計畫。當時邁克爾・莫爾曼（Michael Moerman）指出，泰國的高地人群，如克倫、泰族、拉瓦、崩龍和丁族（T' in）在所處的生態情景，允許他們得以選擇「主要居住處、宗教與耕作方式等族群符號，還有方言、飲食和服裝等標誌」時，問題就變成，影響他們選擇的考量是什麼。[14]這裡採用和闡述的觀點是，一種基進的建構主義者觀點：高地族群認同來自政治上的精心設計，目的是讓自己與其他群體在爭奪權力和資源時擁有優勢。

在一個擠滿其他行動者的世界之中，大多數行動者，比如現代國家，都比他們更強大，因此他們創作故事的自由受到嚴格限制。以馬克思的話來說，他們精心打造自己的身分認同，卻無法隨心所欲地選擇。最重要的是，他們所考量的定位，是根據自己和谷地國家和其他高地居民所處的相對位置。這也就是高地身分認同的功能。過去幾個世紀以來，那些選擇遷居贊米亞的人，實際上是拒絕與低地國家同化、成為農民的人。來到高地，他們加入一群不曾被谷地國家同化，或是很久前就已經離開國家統治的人群。他們只能在無國家或是融入之間做出抉擇。當然，每個選擇之中還存在著數種可能的變化。霍里佛・榮松已經提出令人信服的闡述，他在針對泰北綿族的重要研究中提到：「人如何在國家臣民以及和森林中的非國家臣民之間流動，以及如何從自給自足的高地人分成兩種社會方向，有些成為國家統治對象，有些放棄村莊生活、分成一小群一小群進行採集。這和社會格局變遷的普遍情況有關，以及人們如何在不同的結構分類中流動轉變，反覆加入語退出某些特定關係，反覆重組身分認同、社區和歷史的參數。」[15]根據此觀點，在行政官員和普查員眼中令人頭大的混亂不清情況，將其視為利用謀生方式、社會結構和認同，來表達面對主要低地國家的「相對位置」的證據，可以更好理解此種現象。

十九世紀和多數二十世紀時間裡，族群和「部落」認同都和民族主義及追求國家獨立（儘管經常失敗）聯繫在一起。今天，民族國家作為一種政治單元完全是一種制度霸權，鼓舞著贊米亞許多族群追求建立獨立國家。然而，比較新奇且值得注意的是，高地居民漫長的歷史中，多數時間裡族群和部落認同不僅是用來追求自治，更用於保持無國家狀態。這種「反國家的民族主義」(antistate nationalism)的矛盾詞彙(如果可以這麼稱呼的話),基本上遭到忽略。但這種情況一直是身分認同普遍的基礎,甚至可能是最普遍的基礎,一直到十九世紀,生活在國家之外才首度成為一種無可救藥的烏托邦想像。霍布斯邦針對民族主義敏銳的研究,點出了這些重要的例外:「甚至可以說,那些具有強烈和恒久部落族群觀念的人,不僅僅抗拒現代國家所強加的統治,不論統治形態是民族國家還是其他任何國家形式,皆是如此。這些人包括阿富汗內部與周邊的普什圖人(Pushtun)、西元一七四五年之前的蘇格蘭高地人、亞特拉斯山的柏柏爾人和其他能想得到的人。」[16]當然,最容易想到的絕對是,那些一千多年來在贊米亞生活、長期逃避國家統治的無數高地人民。或許是因為他們是以各種不同的名稱、在不同的地點對抗與逃避各式各樣的國家,包括傳統的、殖民的和現代的國家,因此他們的抗爭缺乏了一面讓人可以一目了然的旗幟。

國家建構彷彿海納百川

早期水稻國家的立國者必須從當時尚無國家的人群中聚集臣民。當國家瓦解(這種情況經常發生),後繼的建國者必須透過掠奪其他國家人口,或是吸納無國家的高地居民,從四分五裂的情況中重新聚集臣民。早期移民「潮」理論認為,一大批來自北方的緬甸人和泰人湧入適合種植灌溉水稻的沖積高原,擊敗或是趕走更早的居民。現在這種觀點因缺乏證據備受質疑,它所隱含的假設是緬甸人和泰族是整個社會(包括統治者也有臣民)一起遷徙,作為征服者建立自己的政權與國家。現在看來，比較可信的說法是，來到此地的緬甸人和泰族乃軍事和政治上老練的開拓精英，擁有組織和支配水稻核心區的技巧。按此理解，他們的臣民是從周邊無國家的高地吸收而來，收納整合到我們稱之為水稻國家的權力節點。如果我們用長遠的眼光看，今天被稱為撣族的大多數人，原本是無國家的山民，隨著時間推移，他們完全被吸納，融入到撣邦的谷地政體之中。今天的緬甸人大多數是高地和谷地非緬甸人（撣、克欽、孟、高棉、驃、欽、克倫等）的後代，有些來得早，有些來得遲。同樣地，大多數泰人都曾是高地人民，從長遠來看，「漢族性」的創造應該是有史以來最成功、歷時最久遠的國家人口吸納。早期對勞動力的需求如此之大，導致國家沒有太多能力對臣民的出身過於苛求挑剔。

針對馬來西亞海上貿易中心**尼格瑞**（*negeri*，意思為「州」）的研究，乃是對此最詳細觀察與闡述的模範，主要是因為歐洲人自十六世紀前就如此描述這個地方。尼格瑞是一個精細設計的「夾縫」政體，夾在高地的採集者和國際貿易之間，為了捍衛自己的戰略地位，尼格瑞既靠著武力也靠著商業利潤來吸引人口流入、積累勞動力。它在海上的掠奴航線覆蓋甚廣，被俘虜的奴隸全都被吸納到尼格瑞社會。要完全融入的門檻極低，包括成為馬來西亞族長的僕從（retainer），信奉伊斯蘭教，講馬來語（在群島間貿易使用的一種混合語言）。尼格瑞比較不像是一個族裔，而是政治上成員身分。由於貿易和掠奪的反覆無常，每一群進行貿易的馬來尼格瑞都呈現出不同的文化面貌，這取決於不同時間所吸納進來人群：米南佳保人、巴塔克人、普吉斯人（Bugis）、亞齊人（Acehnese）、爪哇人（Javanese）、印度和阿拉伯的商賈等。頂盛時期，像馬六甲這樣的尼格瑞，能吸引遠渡重洋的貿易者，媲美威尼斯。然而，過度依賴波動起伏甚大的越洋貿易，讓尼格瑞變得非常脆弱。

儘管規模較小的泰族或撣族的「勐」(*muang*，省)，比較不會受到貿易財富劇烈波動的影響，但許多方面也與尼格瑞相似。[17]勐一直和周圍鄰居還有比較大的國家競爭勞動力，俘虜和接納臣民時，也不會考慮其出身背景。雖然勐也是高度等級分化嚴明的社會，但也允許快速的社會流動。如果要完全成為該社會的一分子，就必須皈依上座部佛教，這是另外一種普世宗教、從事水稻耕作，效忠泰族領主，也要能夠說當地的泰語。

這些泰族與撣族小國遍布越南北部，橫跨贊米亞到整個印度東北部。由於它們多如繁星，規模又小，我們可以視之為觀察許多水稻國家發展的實驗室，而這些過程歷史上也曾在緬甸、泰國（最成功的泰族國家），甚至是漢族各國中發生過。

幾乎每一個歷史學家或民族誌學者或多或少皆提過許多泰國和撣邦的老百姓，如艾德蒙．李區所說，都是「高地部落的後裔，即使他們不久前才同化進入複雜的佛教－撣文化」。[18]喬治．孔多米納後來也重申了此觀點：「特別是在撣邦諸國和其他泰族公國(principalities)，大量的人口仍然由非泰族所組成。」[19]為了保持勐的開放性，生活在那個地方的非泰族人，可以講泰語，也可以講自己的語言並保留自己的習俗。

奴隸制加上不固定的社會流動，以及從原本的高地人搖身一變成為谷地的撣或泰人（或者緬甸人）的神奇力量，使得歷史學家要小心翼翼地將這種奴役形式與北美類似的奴隸制度區別開來。[20]艾德蒙．李區描述了這種通過奴役成為一個種族的典型過程。克欽族一個或一群人受撣族雇用成為勞動者或者戰士，並因此獲得回報娶了撣族妻子。他們在谷地落腳定居並採用新地方的各種儀式（比如撣族妻子當地的守護神或精靈），他們切斷和克欽族親人的聯繫，進人撣族的社會階級體系的最底部。撣語中表示克欽人的詞，往往加上一個有奴隸（*kha*）之意的字首，李區估計「基本上一切低等撣族」都是「有克欽血統的奴隸（戰俘）或者老百姓」。[21]孔多米納持續觀察更久，發現過去的高地人民以奴隸之身加入泰族體系，不久之後就成為和其他泰族一樣的平民。如果其中有人能夠在權力鬥爭中順利獲勝，就會被冠上一個尊貴的泰族名字，他的系譜也會被重寫，讓出身背景與權力相符。[22]所以泰族有句諺語說：「泰族和奴隸的差別，有如奴隸與猴子的不同。」但是在這個競爭激烈的政體之中，制訂關於公民身分資格的規則要避開任何有可能將人口趕走的作法。

然而，全面的掠奪和奴隸制可能會引發政體更快速轉變。一八三六年，有一名清邁的訪客描述撣族頭目的二十八個妻子全部是戰俘，而他的屬下也有許多人搶女俘虜為妻。由於大多數的妻子都是外族人，詹姆士．喬治．斯科特說：「當地居民的外形特徵在幾代人之間就可能徹底改變，語言也是，因為大都是由母親來教導下一代。」他接著指出，撣族多年來的傳統是頭目娶「漢族、緬甸、克倫和克欽族人為妻，這些妻子有些來自俘獲，有些是買來，還有一些是禮物。有時候，異族通婚之後下一代掌權的問題就是部落的頭目和大多數臣民不屬於同一種族」。[23]

另一條通往「撣族特性」（Shanness）或「泰族特性」（Tainess）的路，也就是等級制度和國家，改變更徹底與全面。這項改變的典型狀況是，一個成功的克欽頭目，把自己「地位相對開放」的統治區，變成一個類似撣族的小王國。李區的經典作品中有許多篇幅都在討論這項主題。這類策略通常是如下演變：克欽首領娶了一位具有撣族貴族血統的女性為妻，這場婚姻讓克欽首領一夕之間變成撣族親王，他不會繼續為其他克欽族人配婚以免傷害自身撣族親王的地位。這阻止了他的克欽族人藉由和首領的家族聯姻來提升地位。他的克欽追隨者面臨選擇，一是接受改變成為撣族老百姓，或是反抗殺死或趕走首領，又或者離開去建立一個新的社區。艾德蒙·李區在著作中細究這套邏輯的來龍去脈。[24]每當克欽首領察覺自己有機會固定向商販和谷地人收取貢品，他都會試著讓自己看來像個撣族頭目蘇巴，雖然這樣做未必總能成功。

顯然，小國創建以及把高地民族轉為谷地民族的過程可以輕易逆轉。泰／撣諸小國至少與大型水稻國家一樣容易受入侵、饑荒、暴君統治、掠奪和王位繼承的內戰等瓦解力量影響。小國崩潰之後，散布各處的人結果如何？有證據顯示許多人搬到附近較友好宜居的撣族國家去了。還有許多人，尤其是「最近」才變成撣族的前克欽和前傈僳人，肯定是回到高地，重新過游耕的生活，並且重拾原來的身分認同。這是一種相對容易且熟悉的選項，同時又不會妨礙他們將來在安全無虞的情況下重返水稻中心區。至少在西元二十世紀之前，把種族轉換視為雙向路徑以及將族群認同視為雙重或兩棲，是非常合理的判斷。

對東南亞許多高地民族來說，身邊最近的低地國家認同就是泰族的勐，它們算是那些距離較遠、比較「高貴」的漢族、緬甸和泰國宮廷的低階廟庭版。一個成功的谷地國家會吸引克欽、傈僳、阿佧、佤、克木、仂（Lue）、綿和許多其他高地居民形成新的身分認同，人們會質疑這種認同不如成為一個更大王國的臣民的認同那麼明確或永久。對某些群體而言，夾在兩個或多個水稻國家之間，會帶來更多風險與更多機會。克倫人的情形似乎就是如此，特別是位於孟、緬甸和泰等水稻國家之間的波克倫人。下緬甸有許多緬甸人無疑都有來自孟族和克倫族的血統，在文化、戰略和地理位置上處於三個谷地國家之間的克倫族，他們幾乎可以毫無任何阻礙的從一種認同轉換到另一種認同。[25]克倫人既利用了這種中間位置獲利，也為此付出慘痛代價。儘管他們自誇為泰國王室的代理人與代言人，藉此用輓歌般的語氣向其他高地居民強索貢品：「我們的政府手段高壓，稅賦沉重，當人民背著竹籃奉上貢品，吊帶像吉他弦一樣鳴響。」當緬甸血洗暹羅的時候，人們懷疑克倫人是泰族的「第五縱隊」，使他們率先付出了代價。[26]

顯然，如果族群間的界限可以互相滲透，身分認同彈性多變，我們可以預期隨著有些族群漸居上風，有些族群將落居劣勢，身分認同也會隨時間而轉移。近年來講泰語的壯族顯然就是一個例子，壯族已經是當今中國官方認定的最大少數民族之一。他們或許像其族群一樣，都是受到漢族擴張影響而遷徙至中國西南部山區，因此他們也像其他泰族一樣認為自己是谷地人。他們一般落腳的海拔高度低於游耕的彝族、苗族和瑤族。他們到此是為了占據，或者更確切地說是創造一個介於漢族以及海拔更高民族之間的文化利基空間。有句話說：「苗族住山頭、壯族住河頭、漢族住街頭。」[27]隨著時間流轉，一直被汙名的壯族為自己創造了一種神秘的漢族起源，實際上，他們在那些高海拔的少數民族面前是宛如漢族的角色。但是，革命政府根據史達林的標準重新實施民族區分，基本上根據語言將他們標誌為「壯族」。這項作法乍看之下似乎是一種新的汙名化，大部分傳統壯族都反對這種分類方式，他們聲稱自己是「會說壯族語的漢族」。在一九五三年的人口普查之中，大多數會說壯語的人並不認為自己是壯族人。儘管當地民間的理解與壯族行政區劃分有所差異，但共產黨還是設立了壯族自治區。

但是，在新的少數民族政策下，「壯族」的身分顯然帶來了許多新優勢：新的政治和行政職位，技術院校和高校優先入學，無須遵守「獨生子女政策」。官方的壯族身分在一夕之間身價飛漲，足以彌補少數民族身分可能背負的汙名，而新的身分認同也就此確立。當然，「壯族漢人」(Zhuang-Han) 白話來說依然是指「壯族和漢人」，但他們的雙重認同中，被官方認同的一面卻變得更有價值。這種新的管理政策逆轉了「壯族」逐漸漢化的過程。

將谷地國家的成長都看成是某種都會人口聚集技術的產物，並認定有些技術較具有強制性有些則不然，這將顛覆傳統的「中心化」的觀點，有助於修正早期歷史學以及民族主義史偏向從族群的角度瞭解國家建構的眼光。艾德蒙・李區的結論指出，撣族的文化「不應被視為從外部某處引進的現成的複合體，儘管大部分權威人士似乎認為就是如此。事實上，撣族文化是源於小規模軍事殖民地與高地原住民經歷長期經濟互動中發展出來的當地文化」。[28] 殖民前的緬甸和泰族國家在全盛時期大致也是如此。每一個國家都是一套有效的政治公式，將語言和文化起源不同的人集中並留在水稻核心區，製造一批有利於國家建設的集中及生產力量。如前文所述，緬甸人與暹羅人對於他們所吸納進來眾多形形色色的人口來說，就如同英國本地人眼中那兩千個入侵的諾曼民族家庭。

因此，緬甸和泰國的政體最好視為國家建構的配方，而不是族群計畫。第一，似乎沒有北方的大規模入侵來消滅或替代當地的原居民。第二，如果我們稍微換個角度看前殖民地水稻國家的文化基礎，就可以清楚看出那是一個國家空間框架，而非族群印記。當然，一切最重要的關鍵就是讓水稻核心區成為可能的水稻灌溉耕作技術。然而，這並非緬甸和暹羅獨有的技術，因為它早就是之前克木、驃和孟族等宮廷的基礎。印加宮廷中心的宇宙觀和建築風格，可以說是為了滿足國家建構的目的，成為一套支撐「君權神授」的意識形態上層建築。另一個從外部傳入的上座部佛教則是充當普世領域，藉此把「各族的神靈」集合在一個新的神權之下，有如將各種不同種族的臣民集合在水稻國家的權力統治之下。地方神靈**納**與**非**被吸納成為輔佐的小神靈，如同天主教以聖徒之名包容那些異端神靈。就連緬甸語和泰語的文字（從梵文到巴利語）等建國者的語言，也連結到佛教和印度國家合法的宇宙觀。許多認為是撣邦、緬甸人和泰族文化中的族群特殊性或獨有特徵，都與國家建設的基礎工具息息相關。換句話說，「國家性」被植入成為族群特性的基礎。在撣、緬甸人和泰族看來，那些還深居高山未受國家圈養的人口所呈現的族群特性，恰恰表現在他們的無國家性。

谷地變平

從文化角度來看，谷地王國和高地人之間最大的差異在於谷地社會的宗教、語言竟驚人地一致，而且隨著時間變化，族群性也逐漸一致。人群匯聚的歷史過程是一場全球事業，因此聚集在一塊的人口，逐漸共享一套共同的文化實踐和制度。我們可以在水稻國家旅行數百英哩，仍然可以發現各地的宗教習俗、建築、階級結構、治理形式、服裝、語言和儀式竟然都非常類似。反之，在山區裡就算是近在咫尺，你所接觸到的語言、儀式和認同也是五花八門。按照霍里佛·榮松的說法，谷地的制度是向心圓，而高地的制度則是離心圓。他堅持「谷地的整齊劃一和高地令人眼花繚亂的多樣性，兩者形成鮮明對比」，這並非不同人口遷移的結果，而是一種等級封閉制度的向心趨勢，與另一種等級開放制度的離心趨勢，兩者所產生的系統性社會差異。[29]

這種文化差異不僅把高地民族從緬甸、泰、漢和越南的谷地王國標識出來，也同樣把撣邦小國和高地鄰居的反差凸顯出來。艾德蒙·李區早在半個世紀之前就強調這種差別，並指出了可能的原因：

> 撣邦附近的高地人呈現驚人的文化多樣性，撣邦如此分散且散居各處，卻保持了高度的一致性。我認為撣邦文化的一致性與撣邦政治組織的統一性脫不了關係，而政治組織的統一性又幾乎受到撣邦特定的經濟因素所決定。我的歷史假設是，幾世紀以來各處的谷地撣族一直在同化鄰近的高地人，但是由於這種情境下的經濟因素維持不變，意味著各地的同化模式都非常相似。撣邦文化本身幾乎毫無改變。[30]

正如艾德蒙·李區所暗示的，撣邦小王國的一致性，是根植於它們不論在地理、經濟或是政治上都是小型的國家空間。

撣邦各小國一般位於海拔六百到九百公尺之間的谷地或平原上，「有些形狀狹長，有些像個圓杯子，有些則扁平得像個茶盤，有些廣闊得彷彿像一個迷你版的伊洛瓦底谷地」。[31]如同較大的谷地，每個撣邦區域都適合種植水稻，撣民族性就與水稻種植劃上等號。人口和穀物密集於狹小的核心區域，也就使一個相對小的地域有可能形成國家。然而，水稻種植還有其他決定性的社會效應。就像在大型谷地一樣，仰賴單一作物主導了大多數人的工作作息和社會組織。每個家庭幾乎都在同一時間採取相同的方式種植、移栽、除草和收割同一種作物。協調灌溉用水也需要某種程度的合作和協調紛爭。農業高度一致又圍繞著水稻種植，促成水稻種植、收割和灌溉的相同儀式。水稻種植社會也形塑共同的物質文化，飲食、烹飪、務農工具、役畜和房屋建築等等。[32]

永久的稻田耕作也促成土地所有權和繼承制，以及由此帶來社會階級的差異。光不平等本身並不能做為區別谷地與高地的差異。高地也同樣充滿了地位差別及不平等，但與水稻國家的不平等相比，山區的不平等不是世襲的不平等，也不需要通過建國的強制力來強化不平等。共同農業體制和階級制度的均質化效果經常因反叛而中斷，結果往往是在新的管理下再複製過去的社會秩序。所以，結構上的唯一替代方案，是逃進高地的共有財產體制以及等級的開放制度。

谷地國家的社會和文化同質性，也是為了在一塊地形摩擦力很低的水稻區實現政治影響的人為產物。這種同質性使得建立維持公共制度的秩序成為可能，同時提升密集的貿易和交換，從而促進文化融合。權力投射在水稻空間遠比投射在雜亂無章的高地更為容易。

正是因為撣邦國家發揮的功能有如谷地大國（雖然規模極小），它的宮廷、儀式與宇宙觀，也因此構成了一種對阿瓦、阿瑪拉普拉與曼德勒等王都的宮廷、儀式與宇宙觀的地方性仿效。

維克多・李伯曼指稱，整個東南亞谷地同質化的過程在一六〇〇至一八四〇年之間，由於國家權力越來越集中而大幅推進。效法西方的國家建構模式加上因國際貿易而擴大的財政收人，使得大陸國家可以排除宗教異端，創造一個更一致且有效的稅收體制和行政體制，並促進整個王國的經濟整合與軍事化。[33]火器、軍事組織、地籍調查、記錄留存和文本傳播的革新，大致與後來在十九世紀的鐵路、蒸汽機和電報一樣都有消除距離的效果。當谷地國家忙於編織一群更一致的緬甸人、暹羅人、越南人和撣邦人的時候，高地則在繼續進一步製造差別、異質性和新的身分認同。

認同：滲透、多元、流動

在殖民政府堅持對東南亞大陸的高地人民分類之前，這些人並沒有我們所謂「適當」的族群認同。他們經常以地名來建立自己的認同，比如X山谷的人，或者Y流域的人，或者以親屬團體或宗族來建立認同。可以確認的是，他們的身分認同會根據講話的對象而有所不同。許多名字都隱含著關係，比如「高山」人、「西部山脊」人，而且唯有從關係理解他們的稱謂才有意義。還有一些名字是外地人所用的外來名（exonyms），比如經常提到的苗族，這些名稱如果離開具體情境與脈絡，就不再有其他意涵了。更複雜的原因是認同有多重性，大多數高地人有多重認同，在不同脈絡會使用不同身分。

這些認同也會改變：「東南亞大陸的族群認同與語言差異一直處於流動狀態。一群人會因為與其他民族的密切接觸，促使**雙方**在相對較短的時間內改變。」[34] 身分認同具有一定的可塑性，此乃依據前殖民時代的權力關係所建立。不論是低地民族或是高地民族，都發現自己夾在兩個或更多的權力中心之間，這些權力中心影響力的消長，直接影響他們世界的形成。在現代國家的地域統治以及互斥的主權和族群性出現之前，這種模擬兩可的身分認同十分常見。

具有彈性的認同也是社會階層化體系的特色，在此體系之中地位較低的人試圖仿效或至少是遵從其他位高權重的人。格蘭特・埃文斯（Grant Evans）分析越南北部傣族地區時就注意到雙重認同及其運用的方式。[35] 那些黑傣族（Black-Tai）眼中的奴隸且社會地位卑微的盛滿人（Sing Moon），除了說自己的語言之外，也會說泰語，他們同時有傣族名字和本「族」的名字，而且大致上模仿泰族。黑傣仿效越南官員的衣著並吸收越南的詞彙，而地位較高的白傣則是進一步採用越南的葬禮儀式，並藉由通婚融入越南社會。埃文斯的研究顯示，傣族的精英一般在文化上兩棲：當他們對地位相當或次一等的傣族施展權力的時候，會展現出自己強烈的傣族認同，而當他們和地位更高的人打交道時則表現越南人的一面。他認為身分認同是多元的，而認同在系統中的位置是取決於權力和聲望的關係。霍里佛・榮松在分析泰國北部綿（瑤）族時，非常詳盡闡述了這些綿族人都有各種不同的自我呈現，每一種都會根據不同脈絡來策略性調整。[36]

除了殖民官員和人口調查官員的困惑之外，後來研究緬甸的民族誌學者和歷史學家證實了艾德蒙・李區早先的論斷，認為族群之間的界限不穩、相互滲透且大多是人為形塑。比方說，不同的觀察者可能把同一個族群歸為「克倫」、「拉瓦」或「傣」，一切取決於分類的標準，以及分類的目的。當不同的民族長時間近距離生活在一起，他們常常能毫無縫隙地相互融合，因此區分彼此顯得既武斷又無意義。[37]而且如我們前面所說，游耕的魯阿／拉瓦民族是一個講孟／高棉語且信仰萬物有靈的民族，他們非常熟悉泰語、水稻耕作和佛教，可以毫不誇張地說，他們能在週一讓人相信他們是拉瓦人，週二則是讓人相信他們是泰族，所以將他們歸入一個族群範疇沒有太大意義。更恰當的描述或許是說X族有各種不同的特徵和認同，可以視情況所需，採用或展現這些特徵與認同。從這個意義上來說，一個人的族群認同就是他在各種脈絡中所有可能的展演。[38]

另一種看清行動者認同有多廣泛或豐富的方法，亦即認定他們同時在幾個不同的社會體制之中擁有地位身分，就如艾德蒙・李區所做的一樣。由於這相當普遍，所以人類學家F・K・雷曼相信一切地域的族群性，根本不是「與生俱來」，而是一種選擇，「整個社群被迫有意識地選擇要歸屬哪個群體。」[39]這看來似乎幫助我們理解多重認同的有用方法，只要我們牢記三個條件。第一，強大的外來者，尤其是國家，限制了大多數行動者認同選擇的範圍。第二，往某一方向認同並不排除萬一情況改變，而逆轉方向的可能。最後，當然也是最重要的一點，我們絕不能把外部觀察者理解的重大改變，和內部行動者本身的生活體驗混為一談。艾德蒙・李區指出，不管是主張平等主義或社會階層制的「克欽」社群，皆與撣族社群有著共同的儀式語言，儘管對此他們有不同的詮釋。如果有個經濟狀況較好的克欽小政體變成撣邦，在外部觀察者看來，似乎覺得克欽族已經變成撣族人了。這雖然千真萬確，但是對於行動者來說，「這樣的變化根本微不足道。為了變得更加「世故」，他只需要把從前僅有克欽含義的儀式賦予撣族的價值就是了。只有外部觀察者「習慣認定一個群體的文化和社會組織的變動勢必定具有令人震驚的意義」。[40]

任何對認同變遷的分析與理解，如果和實際行動者的體驗大不相同，肯定有缺陷。我相信族群變化能夠以不同的方式形成，以便更能納入在行動者的自我認知。如果我們假定，許多高地族群都有多元認同的腳本，那結果也就如我們所見，腳本裡頭的各種細節，會因特定社會脈絡的行動而改變。換句話說，表現出來的認同完全依情境而定。舉例來說，有著各種「克倫／泰」認同的人，在泰族市集上的穿著、交談和舉止，會與他在克倫村莊的慶典上的表現完全不同。當然，沒有理由說哪個部分更正統或「真實」。基本上，一個人所呈現或表達出來的認同，取決於其所處的社會脈絡，不同的認同面向會依據合適程度而有不同的出現頻率。也就是說，如果前面提及的「克倫／泰」搬進泰族主導的低地種植水稻，如此一來符合泰族的社會和文化脈絡的認同就會比較常出現，也就是說認同腳本中泰族的部分會占上風。外部觀察者眼中的族群認同變化，只不過是認同腳本中帶有泰族符碼那一面使用次數變多罷了。這個變化可能是漸進的，而且若從這樣的角度來理解，它並不一定會帶來主觀上顯著的認同錯置或失落感。

同在谷地種植水稻的孟族和緬甸人之間的歷史關係，不僅說明了身分的多重性與展演性質，也說明擁有多種認同背後隱藏的可供操作策略價值。十八世紀初，孟人（稍占優勢）和緬甸人共同生活在伊洛瓦底江三角洲。他們之間的主要區別在於紋身（緬甸人在腰部以下紋身）、髮式（孟人前額剪得圓圓，而緬甸人留長髮盤髻），衣著和語言。改變認同就只是替換這些符碼，更何況三角洲地帶孟人和緬甸人混居，大家都會說對方的語言，認同改變就相對簡單。當阿瓦政權興盛、採用緬甸文化之際，使得講緬甸話以及在大腿上紋身的人口比例也相應增加。當勃古的權力興起，權力範圍內的緬甸人剪去髮髻改講孟話。名義上向阿瓦或勃古進貢的獨立自治區也會變換他們效忠的對象。雖然我們可以清楚地看到，衝突本身使得後來被視為族群的文化標誌逐漸具體並帶有政治意涵，但這些衝突的起源絕對跟族群無關。

我們可以在此脈絡下看到認同的調適價值。[41]依據不同情況而有辦法讓自己像孟族人或緬甸人，在勃固與阿瓦之間的戰爭中，對許多無辜的旁觀者或被俘的戰俘而言，能夠根據情境自我表述為「緬人」或「孟人」，可能正是他們得以保命的關鍵。我們很容易會將這種掌握多重身分組合的能力，視為一種文化上的保險機制，一種逃避性的社會結構。這就像變色龍會隨著背景改變膚色，模糊不定且不斷改變的認同可以帶來強大的保護力，因此，對於那些覺得身分明確且固定可能會造成致命影響的族群來說，他們或許會積極構建這種模擬兩可的族群認同。這就像前面所描述的「水母」部落，這種可塑性使外來者難以建立制度化措施。

激進的建構主義：部落的死與永生

如果從字面上來看，嚴格定義的「部落」根本不曾存在。我說的「嚴格」定義就是把部落視為特殊的、界限清楚和整體的社會單元。如果所謂的「部落性」(tribeness)是指這個群體的系譜和基因都是世代連綿，是自成獨特的語言社群，是一個統一和有界限的政治單元，以及一個文化獨特及內在一致的實體，那麼幾乎所有的「部落」都無法通過測試標準。[42]如同前文所述，文化實踐、社會整合、語言和生態區域的實際情況，很少會出現清楚的界線，即使出現界限，各種界限所劃定的範圍彼此之間絕對不會吻合。「部落」也不如人們曾經想像的那樣，屬於某個進化系列，比如說：小群體→部落→酋邦→國家（band-tribe-chiefdom-state），或者是部落→奴隸制→封建制→資本主義（tribe-slavery-feudalism-capitalism）。

傳統上認為國家和帝國一直是由部落民族所創建，包括成吉思汗、查理曼大帝、奧斯曼、滿清等。然而，比較正確的說法應該是，國家創造部落而不是部落建立了國家。

部落就是所謂的「次生形式」(secondary form)，只有在國家或帝國的統治語境下，才會透過兩種方式產生。部落的反義詞或者對立面是農民。當然，兩者不同之處在於，農民已經是完全被整合進國家中，成為國家的耕種者，但是部落卻是那些在國家邊陲、還未被完全納入國家統治並（或）選擇逃避國家的人。殖民帝國和現代國家一直最善於創造各種部落，但是在早期的帝國，例如羅馬、唐代中，甚至小規模的馬來貿易國家，把部落置於邊緣地帶已經相當普遍。

「部落」也可被稱為統治模組（module of rule)。為部落命名是一種分類技巧，在一定程度上，也是管理非農民以及尚未完全成為農民之人的手段。一旦劃定某一部落和部落區，就可以作為一個人力和物品的進貢單位，得以指定一名公認的首領為部落的行為負責，還可作為一塊綏靖區。不論如何，為了維持官僚秩序，不論這一切是否只是人為恣意創造，創造出一個有名無實的民族並將其固定在特定位置，皆有利於官僚制度，否則這個地方就會充斥著大量難以識別的居民以及雜亂無章的民族。

國家和帝國創建部落，就是為了解決當地流動和表述不清的社會關係。地方性的差異確實存在，比如遊耕者與採集者、海上和陸上生活的人、穀物生產者與園藝生產者之間的差別。然而，這些差異與語言、習俗和歷史等其他差異交織一塊，因此基本上是一層一層的漸進過程，而非突如其來的斷裂，也很少會成為政治權威的基礎。從某種程度上來說，部落的創造是否恣意而為並不重要，重要的是如何給流動區劃上一條管理的邊界，藉此設立治理和談判的單位。所以，羅馬人堅持將這些蠻夷命名，指派首領管理並劃入疆界，原則上首領必須對這些人的行為負責。這種官僚網絡非常必要，「因為在社會連結和蠻夷的內部政治中充滿著流動性」。[43]這些部落稱號對當地人來說是否有其意義根本無關緊要。在滿清末年和中華民國時期的西南邊陲，政府對於頻頻反抗的苗族分支劃分相當隨性，只是大致依照女性的衣著來區分，根本與當地人對自己的認同毫無關連。[44]

殖民統治者也面臨相同原住民身分認同的「無政府狀態」，同樣靠著恣意劃分行政部落來解決此問題。在越南的法國人在人種學家和社會進化決定論的指引下，不僅替那些自身都還模糊難辨的部落劃定了邊界，還指派首領便於通過他們來管理，並且將當地人按社會進化的尺度分級。[45]荷蘭人在印尼也施展了類似的行政管理魔法，分辨出各種不同的地方習俗法傳統，進一步編成法典，並以此為基礎指派首領進行間接統治。如同塔尼亞·李所言：「在設法建構『習俗法社區』(adapt community) 概念的同時，也假定依照算是穩定的『傳統』將農村的人口分成不同名稱的族群……可以作為團體身分認同的定義，並且將權力集中到一個具有公認領袖的政治結構之中。」[46]

這種統治技術提出嶄新明確的民族劃分，同時認同一種普世、等級制、有領袖的秩序。信奉人人平等、在小村莊和家族之外沒有首領或者穩定持久政治結構的族群，在這個新的編制中是沒有立足之地。[47]不管他們願不願意，也無論他們喜不喜歡，全被強迫進入一個有首領的世界。生活在平等主義秩序中的本地族群，缺少了一套便於統治的制度權柄。如果有必要，必須透過外力強制的手段來建立這些制度。英國殖民者在後來成為東緬甸的撣邦國家中，他們面對的人群有一半是沒有首領且強調平等的族群（貢老克欽、拉祜、帕歐、巴當和克耶族）。英國人為了尋求等級制度以做為間接統治的政治切入點，自然而然會選擇依靠四十多個撣邦蘇巴，這些人多半只是在理論上聲稱對屬地有管轄權，但實質上卻沒有。雖然這項選擇在當時和後來都曾引起反抗，卻是英國人僅有且可用的制度輸送帶。

然而，部落一旦創造出來，就開始有了自己的生命。一個部落被創造出來充當政治統治結構的單元，也就成為進行政治抗爭與競爭性自我主張的詞彙。它成為一種宣示自治、資源、土地、貿易路線和其他有價物品的公認方式，這一切都需要有一個像國家一樣的主權宣示。在國家內部的訴求所公認的詞彙是訴諸階級和地位——農民、商人、神職人員，而在國家空間之外所公認的詞彙則是訴諸部落身分和相關權利。這在白人移民定居的北美洲殖民地最為明顯。正如克柔伯（Alfred Kroeber）巧妙地寫道：「我們對美洲原住民的觀察越多，就越不確定任何變得越來越一致的現象，和我們對傳統的部落概念是否相符合，這像是白人為了方便討論印第安人、和他們談判或者管理他們而發明出來的概念，最終通過我們的優勢強加到印第安人的自我思維中……現在也許是該檢視這些概念是否只是硬建構出來的時候了。」[48]從這種次生的含義來說，被命名的部落具有身分自我意識是絕對存在的。但他們並不是源於自然，而是在與其他「部落」和國家的對話和競爭過程中人為建構而成，是一種政治計畫。由於人種差異相當多元，他們的邊界最初就是人隨意劃定。那些渴望開創的政治企業家，不管是不是官員，全都基於一廂情願的文化差異來標示出不同的認同，而不是發現一種社會界線，從眾多的文化差異中選出一個作為劃分依據。不管強調哪一種文化差異（方言、衣著、飲食、生存方式、推測的血統），都會製造出一個文化和人種學上所約定的界限，從而把「我們」和「他們」區分開來。這就是為什麼我們最好把部落的發明理解為一種政治計畫。[49]選定的邊界是一種策略性選擇，因為它選擇以某種方式而不是另外一種方式來組織差異性，也因為它是一種團體形構的政治手段。要決定誰是X以及誰是Y，唯一合乎正當性的方式就是從接受部落人民對自己的稱呼開始。

部落的造就

國家以好幾種方法編造部落。最明顯的方式就是將把部落創造成一個行政秩序和政治控制的範本。但令人訝異的是，部落或族群認同往往在邊緣地區產生，常常是為了在政治上要求自治或索取資源。

從起源來看，哥薩克人之所以形成自覺的族群完全是憑空而生，這啟發了我們理解東南亞族群的起源。所謂的哥薩克人大都來自俄國於歐洲領土上的逃奴和亡命者。多數人在十六世紀逃到頓河草原，「逃離或躲避莫斯科大親王國（Muscovite Russia）的社會和政治災難」。[50]這些人除了有受到奴役和逃離家園的經歷之外，沒有任何共同之處。在廣大的俄國內陸，從西伯利亞和黑龍江到頓河盆地和亞速海（Azov Sea），這些人在地理上分裂為二十二個哥薩克「領主」。

他們之所以在邊疆成為「民族」的原因，主要是新的生態環境和日常維生方式。他們會依落腳處定居在韃靼人（Tatars）、切爾克斯人（Circassians）和卡爾梅克人（Kalmyks）之間，他們採用卡爾梅克人騎馬的習慣和定居模式、穿著切爾克斯人的服裝。這些人有著豐富的土地可用於放牧或農耕，這也意味著早期的移民住在一片共有的土地上，家家戶戶可以各自獨立選擇謀生方式，並享受完全的行動和居住自由。經歷過奴役之苦的人們渴望獨立與平等的精神，支撐這種精神的，正是邊疆生態環境下的政治經濟格局。

這個階段的哥薩克社會僅反應出沙皇俄國的奴役和等級制度。三次威脅帝國的大型農民起義都始於哥薩克地區。這裡就像是贊米亞地區，無國家的邊疆也吸引了宗教異端人士，其中最突出的就是舊禮儀派（Old Believers），他們認為宗教改革與奴役有關。[51]一七〇七至一七〇八年的布拉溫（Bulavin）起義遭到鎮壓之後，哥薩克人以向沙皇的軍隊供應全副武裝的騎兵，來交換自治。軍事上殘忍地鎮壓那些和普加喬夫叛亂（Pugachev rebellion ，一七七三至一七七四年）有密切聯繫的哥薩克人之後，萌芽中的哥薩克民主政體被擁有頭銜、掌握土地且帶著多數來自烏克蘭之農奴的哥薩克貴族所取代。

誰能想像哥薩克從一開始就完全稱不上一個緊密結合的「民族」，今天竟成為俄國最團結的少數「族群」。誠然，他們充當「軍事少數族群」（martial minority）促進了族群誕生，就像南亞和東南亞的克倫族、克欽族、欽族和廓爾喀族（Gurkha）的傭兵一樣。[52]但是，這個民族並非由此發軔。哥薩克是一個發明出來的族群，過程雖然令人吃驚，但並不是獨一無二的。所謂的逃奴社區後來發展成為具有獨特性與自我意識的族群，這種例子相當普遍。蘇利南（Surinam）逃跑的奴隸也和哥薩克的情況一樣，他們至少發展出六個不同的「部落」，每一個部落都有自己的方言、飲食、居住和婚姻模式。[53]北美的塞米諾爾人（Seminoles）或歐洲的吉普賽人／羅姆人（Roma）也是源自於一些前途黯淡、社會所不容的族群，或者因共同的生態和經濟地位以及迫害，而彼此融合，形成一個族群。

所有的族群特性和部落認同必然相關。因為每個族群與部落都畫地為界，彼此互斥，藉著一個或更多落腳族群邊界之外的團體，來間接傳達自身的位置（或地點）。我們可以將許多這樣的族群視為結構上的兩元對立面：農奴對比自由的哥薩克人、文明對比野蠻、高地（*hulu*）對比谷地（*hilir*）、上游對比下游，遊牧對比定居，放牧對比種植，濕地對比旱地，生產者對比貿易者，等級森嚴的（撣族、貢薩制）對比平等主義的（克欽族、貢老制）。

「相對位置」和農業經濟區位的重要性，是族群邊界形成的常見要素，所以族群特性最初的表現方式，往往是呈現位置或維生方式的詞語。以贊米亞和馬來世界為例，他們用山裡的居住位置來表示族群特性的頻率相當驚人，比如巴當（Padaung）、唐祜（Taungthu）、巴克坦（Buikitan）、奧朗巴克（Orang Bukit），奧朗忽盧（Orang Hulu）、米佐（Mizo），台洛（Tai Loi）都成為部落的實際名稱。許多這樣的叫法，肯定是來自與高地人交易的谷地國家所使用的外來語，帶有粗魯和野蠻之意。隨著時間推移，這些名字被當地人所接受，並且成為他們引以為傲的自稱。人類學家經常注意到一群人活動謀生的生態區，和其族群邊界常常吻合，以至於麥克爾・漢南（Michael Hannan）聲稱：「均衡狀態之下，族群界線和生態區位的邊界是吻合的。」[54]

蠻夷與種植穀物的漢人之間的不同，或許正是這種最根本的差別。隨著早期漢人帝國的擴張，那些留在這，或者逃往王國裡「連綿山地、沼澤、叢林或森林裡」的人，逐漸有各種不同的名字，但正如我們所見，他們被統稱為「內蠻」，而那些被趕至草原邊緣，也就是無法從事定居農業或無法靠農業獲利的人，也就稱為「外蠻」。每一個例子中，生態的界線也構成了各個民族的有效邊界。曼弗雷德・李希霍芬（Baron von Richtofen）在一八七〇年代生動地刻畫出地理和人群邊界的突然變動：「跨過幾塊黃土地之後，最終來到最高點，你將訝異眼前突然出現一大片波浪般上下起伏的廣闊草原……在分界處佇立著最後一個漢人的村莊，然後就是一個個蒙古包的草原。」[55]拉鐵摩爾證明蒙古人並不是什麼原初族群，其內部的人口組成根本就南轅北轍，包括很多原漢人。也可以從中看到了生態的支配地位：「不同的土壤類型之間、農耕和放牧、漢人和蒙古人之間的三種邊界完全吻合。」[56]

由於生態區位可以用來區分不同日常謀生方式、儀式和物質文化，因此族群的誕生和進化也可能因此差異而生。但是生態區位對於族群和部落的形成，既非必要條件也非充分條件。由於區分標記的產生是政治計畫，因此他們當然也可以為了其他目的，比如占據珍貴的資源，而將完全沒有任何內在重要性的特色，攬在自己身上。把克耶／克倫尼「部落」從周邊的克倫人區分出來成為一個獨特的民族就是一個明顯的例子。[57]

克倫尼族誕生於十九世紀初，為期不久，足以讓我們據此對「部落」的起源做些有憑有據的推測。大約在一八二〇年代，有一群冒稱是撣邦千禧年親王的克倫人，來到這個原本平等、不信仰佛教的社區。下一章我們就會看到，在高地新社群誕生的過程中，千禧年遷徙尤其非比尋常。這次的遷移，創造出一個具有自身蘇巴的撣式王國，「成功地把原本只藏在一堆克倫方言中的民族，轉化成一個具有獨特性的克耶社會和文化系統」。[58]這種模仿式國家建構絕非罕見，不過特別之處是，這個國家在政治和文化上都成功，關鍵原因是建立在一個幸運事實：新成立的克耶小國是全國最珍貴的柚木產地。

新部落認同得到確立，加上小規模的國家機器，有助於壟斷當地柚木交易。魅力型領袖把原本鬆散的克耶社群，組成一個類似於股份公司的組織，「以便能從他們一直為之工作的撣族手中，搶奪利潤日益豐厚的柚木生意控制權。」[59]克耶族企業家的國家治理模式，借自附近的撣族水稻國家，而撣族也是仿自緬甸的君主國，有利於他們對柚木進行主權宣告，並且保護這門生意。作為一種創造認同和控制資源的策略，這無疑相當成功。

顯然，許多族群認同上的琢磨都是出於類似目的：為了保護貿易路線上的重要戰略地點，宣示對水、礦藏或沃土的唯一所有權，聲稱擁有某項商品的所有權，護衛捕魚和狩獵的權利，確保取得一些有利可圖的工作或要求儀式特權。從這意義上來看，部落和族群之所以產生，也許可以稱為無國家人民與國家打交道過程中提出訴求的標準方式。對於這些社會來說，建立族群認同，與現代社會組織工會、公司和手工業行會的目的，並無二致。[60]那些憑藉此基礎，而成功獲得資源訴求的人，也就有強大的理由來擁抱新認同。同理，他們也藉此防止其他人取得相同的資源。那些因此遭到排除或被迫進入更惡劣環境的人，也經常有相對應的族群化。[61]

如同所有殖民地，非洲部落的劃分也是官方帝國計畫。一小群專家忙著劃出族群邊界、整編習俗，分配領地並任命首領以創建易於管理的帝國統治單位，統治的對象經常是那些無國家的人群。必須對這些令人眼花繚亂的文化多樣性施加某種分類的標準，以便將那些進貢、納稅和行政管理單元，加上易於辨認的命名。威爾姆森（Edwin Wilmsen）寫道：「預示部落存在的自我實現預言，是透過行政指令創造而不是透過被發現而分類。」一旦確立部落是代表無國家人民唯一適當的社會形式，很快就會形成霸權。不論這套形式有多任意或虛構，「當地人明白他們必須將自己納入部落」，才能在殖民地框架中發揮作用。[62]這起把當地人分劃成相互排斥、邊界清晰之部落的舉措，並非笛卡爾啟蒙思想所獨有的行政狂熱，也不是盎格魯－撒克遜或者喀爾文主義者對整齊的偏好。你只需讀一讀凱撒的《高盧戰記》（*Gallic Wars*）就會注意到同樣的部落秩序，不管與實際情況有多麼的不符，每位羅馬統治者只要一聽眼睛都會為之一亮。

漢族中華帝國計畫也帶有同樣的行政運行痕跡，包括指定納貢的土司以及為野蠻人命名。土司系統（以夷制夷）創立於元代（一二七一至一三六八年），一直到十八世紀在帝國無法直接統治或是難有稅收的區域依然盛行。[63]

在國家費心落實的恣意分類之下，反映的是當地人對資源、聲望和權力永無止境的爭奪。這些衝突不斷製造新的社會和文化裂痕，例如針對儀式的爭吵、各派努力控制沃土、宗族之間搶奪聯姻，甚至是當地領導階層的繼承之爭。換句話說，全新和相互競爭的社會單元背後的基礎，正日復一日地再生產。

我們依據麥克斯・格拉克曼（Max Gluckman）的創見，大致可以區分出向心和離心兩種不同的衝突。[64]當各派為了首領權力爭得你死我活，也就間接同意戰利品為何，並且重申了部落本身的重要性，因此這是一種集權的衝突；而當某個派系脫離或者退出去建立另一個群體，則是分權的或離心的衝突。在此脈絡下，贊米亞的人口和地理背景推了離心衝突一把。因為一旦搶奪領導權落敗，要離開現在的部落開墾出一片新的游耕地和落腳之處，便相對簡單。這也是相對平等主義的選擇，否則就意味著承認隸屬以及永遠的階級關係。距離的摩擦力也表示分散的社群通常相對孤立，尤其相較於谷地社會更是如此。隨著時間推移，崎嶇的地勢和相對孤立的狀態，促成方言之間的差異不斷增加，這是一種語系形成的過程，所以贊米亞的環境也鼓勵文化差異的繁衍和定型。這些文化上的漂移和分化過程，常成為部落特色的原始素材。但我們絕對不能把文化差異和部落或族群認同混為一談。部落和族群的命名是種政治計畫，這個計劃有時也會利用文化差異。然而，許多顯著的文化差異從未被政治化，所以常常會在同一個部落政體中容納這些顯著的文化差異。

一旦踏出第一步，「部落」作為一個政治化的實體，就會發動重建和強化文化差異的社會過程。可以說，他們能創造出自己存在的理由。身分認同的政治制度化如果成功，便能藉著重塑社會生活來創造自我存在。班尼迪克．安德森使用的「交流模式」這個概念來描述荷蘭殖民政權在印尼如何憑空創造出一個「華人」族群。[65]在巴達維亞，荷蘭人依據自己的預想，區分出一個華人少數群體。然而，這個混合群體不認為自己是華人，他們的邊界和其他巴達維亞人相融毫無隔閡，並且自由通婚。可是，一旦荷蘭人區分出這個少數群體，在行政上便成功虛構這樣的區別，甚至加以制度化。他們著手劃定「華人」的地盤，選拔「華人」官員，按照他們所認為的華人習俗設立地方法庭，建立華人學校，一般來說是確保落在此分類之中的大小事都貼近殖民政權所建立的巴達維亞「華人區」。這個一開始只是荷蘭帝國想像出來的虛構事物，透過制度的交流模式變成社會學上的實體。耶！大約六十年後，真的有了一個擁有自我意識的華人社群。借用威爾姆森的話來說，荷蘭人藉由行政命令，製造出他們不可能發現的群體。

一旦「部落」作為一種政治身分被制度化，就是一個擁有權利、土地和地方領袖代表的單元，對於許多成員來說，認同的維護和鞏固就變得至關重要。傑佛瑞．班傑明已經證明，高地群體像西諾伊人和西蠻人是如何讓自己變得更加「部落化」，也就是透過制訂一套促進散居和採集的婚姻習俗，以回應殖民政權和馬來政府的誘惑以及危險。禁止使用犁的文化禁忌，更進一步阻礙了定居農耕。[66]某個身分越是能成功取得資源和聲望，成員就會更積極守護邊界，因此邊界也會益加清晰。[67]這裡的重點是，族群一旦被創造出來，制度上的身分認同就需要自己的歷史。這段歷史越漫長、越深刻，也越像是民族主義的編織神話和選擇性遺忘的特徵。隨著時間過去，這個認同起源無論如何虛構，都會呈現出本質主義的特徵，而且能夠激發強烈的忠誠。

家族顏面

我認為在一個被認定是部落的平等社會中，判斷世系最盛行的模式通常是約定。

——莫頓．弗萊德（Morton Fried），《部落的觀念》（*The Notion of Tribe*）

從某種意義上來說，早期的殖民地官員在高地「尋找」部落是可以被原諒的。[68]因為這不只是他們所期待，許多高地人群的自我表現也強化了這種期待。沒有國家的地方，社會凝聚的原則是根據親屬、系譜和宗族。當然，這些原則恰恰是殖民地官員希望從部落中發現的東西。儘管政治上的現實包括競爭、篡權、反抗、遷移、社會分裂和波動，多元的身分認同極其複雜令人目眩，而且不斷變動，但馬克思主義者所謂意識形態的上層建築，卻維持一個井然有序、歷史連貫的世系團體的表象。繼承、血統和優先權所扮演的正式角色，透過一些系譜和歷史的障眼法得以保存下來。如果連續性和象徵性秩序，對既有的狀態非常重要，那麼這個過程就就非常有意義。無論如何，高地政治分裂與動盪帶來的各種突發事件是無法預見，更別說有秩序了。也就是說，要調整和詮釋一起成功的奪權或一樁不尋常婚姻的結果要容易的多，這樣能巧妙證明，規則仍然一直被遵守、難以動搖。

在我看來，所有的高地民族都有改寫其系譜來吸收外來人的經驗，幾乎無一例外。高地社會也是人力系統，藉著吸收新移民、收養、通婚，以及購買和獵奴統合外來人口，以便壯大勢力。新的人力受到歡迎不僅是因為他們可以開墾新的遊耕地，也因為他們能增強加入群體的政治和軍事實力。谷地社會同樣需要人力，隨時準備把新來者納入等級秩序中，通常是放到最底層階級。相較之下，高地社會一般會把新來者納入到最有權勢的家族和親屬中。

大家都知道克倫人比其他的高地人更不願意跨族通婚，但是，由於他們在許多強鄰之間夾縫生存，所以他們實際上非常善於吸收新成員，他們所納入的新成員包括漢、撣、拉棉、傈僳、拉祜、阿佧、緬甸、孟、寮和仂族，而這還只是其中的一部分。[69]阿佧人住在高地和谷地之間，海拔比他們低的是谷地社會，而其他高地民族則住在他們上方，他們有一套確立已久的同化體系。這個社會以具有悠久長遠的口述家譜聞名，與該社會通婚的男子只要落實祭祖、有子嗣以及講阿佧語等條件，就會被接受成為一個新（年輕）家族的創始人。許多系譜相對較短的家族（只有十五到二十代），實際上可以回想起自己祖先原有的身分：可能是雲南漢族、佤族、傣族。受俘的奴隸會被加入主人的家譜，或者相近的一支譜系。根據利奧・凡格索的說法，吸納新人的戲碼由來已久而且稀鬆平常，隨著時間推移，阿佧人雖然還是阿佧人，但顯然在基因上因為新成員注入已經煥然一新了。[70]然而，從系譜的角度來說，由於所有移民很快就被「歸化」，被巧妙地編入既有的血緣結構與族裔織理中，混亂也隨即消失。

同樣的系譜手法也被用來改寫首領的世系，讓權力調合成符合血統意識形態。克欽首領的世系可能有四十代甚至更長的族譜。艾德蒙・李區認為這些家譜實屬「杜撰」、「毫無作為歷史事實證據的價值」。一旦某個世系掌握權勢，其他平民家族都會想要重寫自己的系譜，在新的族譜中，為了自己的利益而特別強調自己與名門望族的親近性。克欽族世系真正的權力來源在於滿足儀式所需的豪華盛宴，藉此確立所有虧欠主人恩情的人，都要顯示忠心和貢獻勞力（人力）。任何成功履行貴族義務的人也就成為公認的貴族，不論實際血統為何。[71]艾德蒙・李區非常清楚地表明，人們可以藉由編造家譜，替任何實際權力關係披上正當性的外衣：「社會地位提高是雙重過程的產物。個人首先透過慷慨地履行儀式義務而取得聲望，然後，這種聲望反過來會往前追溯確認其家族的等級以確定家族地位。家族地位等級又是操縱家族系譜傳統的結果。克欽繼承規則令人眼花撩亂的本質，使操控尤其容易。」另外，「任何名門望族都能為了自己的優勢而重新打造早年的宗族系譜」。儘管原則上「一個人的地位……應該一出生時就已經確定，但實際應用時卻有無限可能」。[72]

因此，藉由精心改寫的系譜神話來鼓吹高地社會的「部落性」是必要的，以便透過家系使得社會實際的權力分配有了合法性。傳奇的講述者，便是把傳說與現實聯繫起來的專家。殖民地官員受到短視和管理方便的目的驅使，不斷地尋找等級制度和部落特性，而精心設計的血緣傳承神話，正好迎合官員所需。他們在階級鬆散的社會建立撣邦國家。在克欽人之中，他們非常偏愛貴族、首領和專制之類型，最討厭的是「無政府」、民主的貢老克欽。[73]

克倫尼人也是一樣，領袖階層的招募很大程度取決於個人魅力、盛宴以及政治和軍事技巧。遺傳以及血統的重要性設下了一道障礙，讓政治要成功，就必須屈服於血統純正這項意識形態規則。雷曼解釋說，「即使是篡位者，一旦奪權之後，也會設法證明自己的祖先有個皇親國戚，哪怕篡位者只是個平民百姓。」由於克倫尼和克倫社會一般都遵循血族型親屬關係，即包含父系和母系的家系，因此沾親帶故找個有需要的關係比克欽人要容易得多。如果殖民者所尋找的是井然有序的血統規則和歷史悠久的部落，那他們所遇到的這些高地人會非常樂意追溯自己的系譜來滿足他們，也藉此掩蓋他們動盪的政治。[74]

部落作為一種正式的社會制度，似乎有更多的證據說明部落更像是一種意識形態的骨架，而不是政治現況的實用指南，在其他地區也是如此。歷史上最著名的部落之一是奧斯曼，也就是鄂圖曼帝國的創立者。這個部落事實上是不同民族和宗教為了政治目的混合而成的大雜燴，而這也並非特例。魯迪．林德納（Rudi Paul Lindner）透過調查證據聲稱：「現代人類學家在中東的田野調查顯示，部落、氏族甚至成員身分，比起部落方言或意識形態所顯示的意義更為開放。」[75]在奧斯曼的例子中，部落是把土耳其遊牧人群和拜占庭定居者團結起來的有用工具。如果認定血緣關係意味著部落是近親團體相符，那麼就可以藉由回溯氏族系譜來建立遠親關係。毫無疑問，分割化的世系模型是一種常見的部落意識形態，但在部落的實踐卻不常見，除非是為了面子。[76]

血緣連帶的主導地位和家族傳承的原則，成為社會凝聚的唯一正當基礎，儘管事實上並非如此，但卻能強有力地支配著他們自我呈現的方式。對高地人來說，這是證明實際權力唯一的方法。就像狄更斯（Charles Dickens）筆下的維尼翁（Veneerings）夫婦，他們堅持要在鄰居面前維持體面，因此這種模仿並不是憤世嫉俗的策略，而是推論社會關係遠近的模式。我們甚至可以將血緣連帶理解成一種民主機制，也就是社群成員將往昔的正當性，賦予那些遵循酋長儀式責任與慷慨大方的首領。從此特殊意義來看，部落的想法深深鑲嵌在高地的意識形態之中，正如同鑲嵌在殖民者的想像裡。

由於我們瞭解族群認同的模糊不清、族群邊界的滲透性、不同身分認同的產生和消亡，以及看似相對平靜的系譜延續性，背後有著暗潮洶湧的「權力政治」，因此，對於高地的身分認同勢必會保持激進的建構主義立場。至少，高地人民可以採取五花八門的社會形式，有如艾德蒙．李區筆下的克欽人。然而如我們所見，變動中最終固定下來的形式，有不少是帝國想像的加工品。湯瑪士．科奇（Thomas Kirsch）沿著艾德蒙．李區的思考邏輯，把焦點放在社會組織的變化，將其視為需要解釋的重要現象。他認為「記載在東南亞民族誌傳統的所有高地民族，都不具備（或曾經擁有）任何永恆或不變的民族地位。相反的，他們都持續不斷變動。」[77]

高地社會形式的不確定性、歷史和系譜的延展性以及語言和人口組成有如巴洛克風格的複雜程度，不但對統治者、民族學家和歷史學家是個難題，也是高地社會的構成特徵。首先，人們可能會預期在避難區裡，例如拉丁美洲部分地區，看到各種移民、逃亡者、破產佃農、造反者和存在已久的高地雜亂社會匯集在一起。高地的地形本身就有利於促進和維護當地的文化和語言的多樣性。但是，如果將此不確定性看成一種適應外界突然發生無法預測的根本變化，因而採取的應對策略也屬合情合理。羅納德・雷納德注意到克倫人廣布於不同生態區，與許多強大的谷地國家為鄰，因此相信他們社會結構具有卓越靈活的適應性，他們的口述歷史、親屬血緣關係模式、生存技能、飲食和建築都是為了適合遷徙和變化。一旦需要，大多數克倫族群可以立即採取行動調整，這種強烈的適應力，對他們非常有幫助。[78]

因為高地人永遠無從得知自己未來需要扮演什麼角色、適應何種情境，因此符合自己最佳利益的方式是盡可能發展最廣泛的文化技能。霍里佛・榮松指這套文化技能的大部分內容是「部落認同形成」，並特別指出「部落性」事實上是描述跨村莊行動的唯一習慣用語，也是這套文化技能中的一項元素。

他令人信服地把高地人群各種社會和經濟的實踐置於分析核心：「人民在國家臣民和森林中非國家臣民兩種身分之間搖擺不定，也從自主的高地人往兩個方向分裂，有些成為國家臣民，有些則是放棄鄉村生活，走向鬆散的群體採集生活。這說明了在一個變動的社會景觀中，人們會在各種結構分類之間移動，進出不同的社會關係，不斷地重新建構他們的身分、社群與歷史的界線。」[79]

我認為我們能夠分辨出人民選擇時遵循的兩條軸線，雖然在霍里佛・榮松的分析中已經提出，只是不夠明確。第一條軸線是平等與等級制，第二條是無國家狀態與「國家性」或國家特徵。採集維生的選擇是平等和無國家狀態，而吸納進入谷地國家則代表著等級制和臣民狀態。介於兩者之間的是階級開放的社會，有些有首領、有些沒有首領，有些有等級制度、有些沒有等級制度，並偶爾向國家進貢。任何沿著這兩條軸線分布的半隨機位置，沒有一個是穩定或永久不變的。每一個相對位置都代表著視情況所需而決定採用或放棄所做的調整。現在我們終於可以開始分析這些選擇的結構。

相對位置

漆萊（也就是F・K・雷曼）在解釋克倫尼／克耶如何一步步成為一種身分認同和小國時，他得出的結論是，他們的身分認同只能理解為一種相對位置和策略關係，因為他們夾在一大群講克倫尼語族群之中，並且緊鄰水稻國家（尤其是撣族和緬甸人）。當周邊諸多族群轉變或解體之際，克倫尼人也會相應地調整自身的社會結構甚至是族群認同。[80]

如果我們把雷曼總結出來的系統比喻成太陽系，就可以大致討論組成太陽系不同星球，以及星球之間的相對距離，以及每個星球施加在其他星球上的重力。依照此比喻來說，系統中最大的幾個星球就是水稻國家。它們經歷盛衰，發也可能因彼此競爭而形成制衡，而其中最小的國家，甚至可能受制於其鄰近的山地部族，但總的來說，水稻國家集中了人力、物質文化以及象徵中心，而成為政治重力的中心。

然而，一旦水稻國家既可以作為引力，也可以作為斥力，能夠施加許多不同的影響時，上述的比喻也就不適用了。水稻國家的文化魅力、象徵意義遠比它所發揮的任何其他力量都要強大。即使在最偏遠的高地村落，我們仍能看到從谷地國家漂浮過來權威象徵和權力標誌的碎片：長袍、帽子、儀式權杖、名冊、仿宮廷建築、特定的用語、宮廷儀式的片段。在高地任何超越村莊的權威宣告，都必須借助帶有世界主義色彩的象徵裝飾，來強化真實性。漢政權和上座部佛教的象徵勢力範圍重疊之處，這兩種來自低地系統的碎片經常相互混雜。這些輕如羽毛的象徵權力碎片，輕易地流傳至高地，因為大部分用來裝飾，展現了一種宇宙論虛張聲勢。這些碎片以縮影的形式，重現了神聖王權的觀念及象徵技術如何從印度南部流傳到東南亞古典宮廷。

水稻國家在經濟上的吸引力幾乎同樣廣泛。一千多年來，東南亞大陸的低地宮廷（像馬來地區），一直是國際奢侈品貿易出口地，其中高地產品最有價值。如前文所探討的，高地和谷地屬於不同生態區，所以彼此之間形成緊密的經濟依存關係。整體而言，這種貿易無法強迫。在以納貢為基礎的交換中，雖然高地的貢品在谷地文獻記載中相對處於劣勢，但實際上卻都是上等物品。交納貢品的關係對雙方都有利，所以頗受歡迎。高地和谷地經濟上的融合相當廣泛，因為是自願非強迫性的交易，而且雙方互蒙其利。

但是，如果論及直接、政治行政上的控制，東南亞水稻國家的權力滲透範圍實屬有限。地形、軍事技術、人口稀少和開放的邊境，共同將國家的強制力限縮在一個相對小規模的核心區域。強制力僅僅在派遣掠奴遠征軍去捕捉或是安置一大群人在一個狹小的控制領域時才會發揮作用，而逃跑會使強制力的效果打折扣。

由於這些明顯的限制，幾乎每個谷地國家都會和一個或多個相鄰高地人群結盟，有時還是很正式的來往。對於一些高地人群來說，緊鄰谷地核心區，利用谷地與高地之間往往富饒的生態混合地帶，並試圖充當中間人控制雙方的貿易，以主導貿易發展。以設有漢族宮廷的瑤／綿族以及有清邁及景棟宮廷的拉瓦人為例，這種同盟顯然採用了書面法令和規章。[81]基本上，雙方的「協定」描述是一種討價還價的結果。只要按時納貢不越軌（不造反）就可以獲得回報。以瑤族為例，高地人可以「跨過高山」尋找新的遊耕地，免除賦稅、徭役和過路費，也不需要在皇帝和官員面前下跪。這些文件中充滿文明的論述，並且把瑤族和拉瓦族排除在文明生活的「魔力圈」之外。正如霍里佛・榮松已經敏銳地指出，這些文件實際上也有為民族命名和建立穩定流動的認同之效，對於宮廷來說，也間接免除宮廷授予土地和流動的權利，進一步劃出「部落領土」，並認定其將有掌握大權的首領。至少用漢人的話來說，這些文件可以視為是「開化野蠻人」的標準處方。

我認為這些谷地國家給高地人的特許文件，也可以被解讀為違反常理的。對於谷地宮廷來說，與鄰近的高地進行結盟攸關生死，在谷地核心以及山區另一頭谷地國家的敵人之間，兩者的結盟形成重要的緩衝地帶以及早期的預警系統。[82]這些高地盟友能捍衛重要的貿易路線、居間調停與其他高地民族的貿易和外交關係。最後，他們自己還能成為奴隸掠奪者，協助補充核心區不穩定的人口。雖然這些安排看起來像是向谷地官員屈從臣服，但這也可能被視為高地人的成就，堅持自己同意的結盟條件，且不必在谷地國家官員面前卑躬屈膝。事實上，真正「熟」的野蠻人理應磕頭鞠躬。從瑤／綿人向谷地官員與外人炫耀這份文件的方式來看，兩者之間的結盟就是如此。[83]

類似的安排不勝枚舉。一群又一群克倫族落腳在幾個谷地王國之間，有時候他們也相互結盟。他們在十八世紀中孟－勃古首度戰勝阿瓦人的戰爭中功不可沒，他們派出一支由克倫族或「孟－克倫族」混血的偽領袖所帶領的三千人大軍。這一帶的波克倫族被稱為孟－克倫（Talaing-Kariang），完全不同於更北的斯高－克倫人（Sgaw Karen），後者有時又稱為緬甸－克倫人（Burman-Karen）。當勃古王國遭到擊潰，國內大部分人口顛沛流離，克倫人跟隨孟人逃亡，尋求泰族庇護。泰族把克倫族「安插」在邊境作為預警系統，成為緬甸人眼中的「第五縱隊」。對於泰族的清邁王國而言，克倫人被認為是「森林守護者」，是這片土地的原住民以及寶貴的盟友和交易夥伴，在儀式上非常有意義。因此，不同克倫族群的身分認同，乃根據他們所隸屬的低地社會之地點與時間而定。[84]

每一個「文明的」低地水稻國家都需要一個或多個住在山地能夠互蒙其利的野蠻人盟友。阿佧人一直與景棟和西雙版納的傣族政權結盟、欽族與緬甸宮廷結盟、拉瓦人和清邁的泰阮人（Tai Yuan）結盟、佤族和多個撣／泰國家結盟、波克倫人與孟人結盟、拉瓦人現在與蘭納而過去與南奔國、加萊族與京族、崩龍人與撣族、高地傣人和寮族克欽與撣，而西北部的那伽人據說是曼尼普爾人宮廷的高地附屬。[85]每個同盟都形成一種文化共生關係，高地盟友（不論是全部或部分）越來越像他們的谷地夥伴。

這聽起來確實很像是一種「開化」野蠻人的處方。不僅如此，更是一種吸收和同化的方式。如前面所說，假如少數泰人和緬甸人以軍事殖民者之姿來到高地，那麼其他谷地人也會採取同樣的方式組成。[86]關係緊密的高地聯盟越來越有可能會由與谷地有聯繫的首領來統治，而且上下的等級關係也會越來越鮮明。這樣他們就像是漢族在「開化蠻夷」了。漢族文明化的系列是從生番、熟番到完全的臣民、「進人版圖」，結構上與艾德蒙．李區勾勒的撣族文明化系列相似：從主張平等主義的貢老制，到階層嚴明的貢薩制，最後再到撣。[87]艾德蒙．李區描繪的族群演變是漸進過程。在所有的水稻國家與鄰近的高地聯盟之間都可以看到類似的進程。畢竟，這是高地人成為谷地居民的社會和文化路徑，先是地理上接近，接著交換和接觸、語言融合、儀式挪用，而最經典的例子就是水稻耕作。我必須強調這是一條漸進之路，不是一連串突然翻轉的改變，從族群更迭的角度來看，這過程甚至無法被察覺！

如果我們能把族群的演變更迭想像成一件相對流暢的事，那麼一旦方向逆轉時也應該同樣流暢。走向低地「文明」的道路也是通向高地自治的路，中間有無數的驛站。儘管戰爭或瘟疫時期，轉型可能就在一瞬間（雖然這個前提很常見），但這一直以來都是個漸進且不易察覺的過程，一如水稻國家的衰落、貿易路徑的變化或賦稅的日益繁重。通往谷地國家的路是一條雙向道，離開未必比進入更令人不悅或傷痛。

平等主義：預防國家

> 要不用大炮把我們炸翻，要不把我們一萬八千人都變成穆斯林聖人納瓦卜（Nawabs）。
>
> ——普什圖（Pashtun）長老對英國人說的話

> 拉蔑人根本無法理解「首領」這個概念。
>
> ——卡爾．伊茲考維茲（Karl Gustav Izikowitz），《拉蔑人》（*Lamet*）

> 由於貝都因人（Bedouins）的野蠻，他們是所有民族之中最不願意向彼此低頭的人，因為他們粗魯、驕傲、野心勃勃而且渴望成為領袖。
>
> ——伊本·赫勒敦

艾德蒙·李區的著作《緬甸高地的政治體系》之所以成為歷久不衰的經典，主要原因就是他發現，克欽人稱為專制派和民主平等派對立的情況，也普遍存在於其他民族誌的脈絡之中。對於生活在國家邊緣的無國家之人來說，這似乎代表落腳處的基礎選擇。艾德蒙·李區仔細爬梳了當時的文獻，尤其是針對阿薩姆邦－緬甸邊界一帶的研究，他發現在當地族群內部中有許多例子體現民主平等和君主專制的對立。他引用了針對欽人、西瑪人、康亞克人和那伽人所做的研究。[88]除此之外，如果我們對全面檢索，應該還能夠加上克倫人、拉祜人、佤人、克倫尼人以及其他更多好的例子。[89]

英國人領導的「綏靖」部隊在平等至上的克欽地區遭遇抵抗並深受打擊。「我們在這裡的對手是貢老克欽人，他們的主要特點就是沒有任何具有權威的首領，即使在單一村莊中也是如此」。[90]據稱，他們「沒有任何表示敬意或服從的方式」。像貢老制這種群龍無首的族群，對英國或是任何其他政府而言都意味著顛覆，因為他們沒有任何制度上的竅門或手段來進入社群、與之協議，或者是藉此治理。因此，殖民當局只承認「克欽**小首領**領導下井然有序的地區」，並且提醒官員們即使在這些村莊，也要隨時留意「獨立的精神」，並儘早鎮壓。[91]因此，那些自豪於本身民主傳統的《方志》（*Gazetteer*）編纂者毫無諷刺地寫道：「緬甸政府的管轄範圍內不再允許此類共和或民主社群的存在。」[92]

以克耶邦為例，如F・K・雷曼所證明，民主和專制原則鑲嵌在「兩個共存的儀式圈和各種人事安排中」。[93]所謂的貴族儀式，便是使用當地罕見的象徵姿勢，並且特別採用撣邦王國以及定都曼德勒的緬甸皇室才有的裝飾物和符號。儀式中心就是村莊中心，代表高耶村莊的柚木柱在中心聳立，有如在撣族和緬甸寶塔上所見到的旗杆（象徵地方神靈歸屬佛陀），柱頂有多數佛教建築上都有的傘狀**頂飾**（*hti*）。信奉這一教派的世襲教士向上神獻祭，而上神的名字來自撣語的上帝之意，就像**蘇巴**（*sawbwa*）一詞一樣。這些教士不得與其他教派的教士來往、通婚或者接受他們的供品，因為他們膜拜的是地方神靈**納**（*nat*），尤其是森林之神。

對我們的目的而言，重要的是克耶人的整套儀式高度兩棲性。民主和專制的要素同時存在，但在儀式上卻是彼此分離。一套模仿低地國家的儀式，帶來蘇巴和國家形構的意識形態與上層建築，而另一套儀式則是純粹帶有地方色彩，完全不涉及任何首領權威。如果認同會流動，也就是人們能「快速轉換」，包含從等級制到非等級制，那麼克耶邦人的儀式似乎已經為這兩種情況做了充分準備。

最後，透過平等主義和等級制等社會形構，我們可以發現一些文化實踐方式阻礙國家和權力發展出永久的等級制度。高地社會中，等級結構相對嚴明的拉瓦族以及相對平等的傈僳族便具體闡釋了這一點。拉瓦社會強調**精英家族**（*samang*），在儀式和宴會上高人一等，這些精英家族也同時控制了土地使用權。[94]這些統治家族有著千絲萬縷和淵遠流長的家族血統，以強調他們的地位以及他們與強大的谷地宮廷（尤其是清邁）之間的關連。最突出的關係就是他們擁有類似綿族人的「特許」，免除徭役、徵兵，不需要提供大象和馬的飼料，同時確保了遊耕的權利。與此相反，傈僳社會強調所有家族享有平等的競爭性宴席，土地共用，且等級和地位沒有本質上區別。

然而，對我們而言，平等的傈僳族有兩項特質值得關注。第一，他們的系譜都很簡短而且遭到裁剪，這無異於拒絕歷史。畢竟，大多數家族史的目的，不論是口述還是文字，都是為了建立一種區別和等級的宣稱，或者說是為了這些訴求而建立一個「家系」。那麼，如果家族歷史被簡化或完全忽視，就等於是從文化上打消（即使不是完全禁止）主張歷史上的優越地位。幾乎沒有或根本沒有歷史，就意味著將撫平血緣團體的地位差異。我們已經詳盡地考察過，對於下層群體來說，缺乏文字記錄的歷史和系譜可能具有一些策略和適應上的優勢。口述系譜，不論如何編撰創作也是為了這些訴求，而否認口述系譜就是要邁向更加平等的一步。人們經常準確地指出，以文字為基礎的文明始終將他們掌控之外的無國家人民視為沒有歷史的人。[95]但這裡我們所看到的，是他們主動阻止等級制度，並拒絕經常隨著等級制度而來的國家形構。所謂傈僳族無史並不是因為他們沒有能力書寫歷史，而是因為他們選擇避掉歷史所帶來的不便。

由此看來，歷史缺失促成了在平等的群體之中，每個世系或者說每個家族，都有自己獨特的習俗和做法。然而，還有一個大多數傈僳人引以為傲的「傳統」，那就是殺掉變得過於專制的頭目。如同保羅．杜然伯格（Paul Durrenberger）所說，「傈僳人痛恨……獨斷專制的頭目」，而且「傈僳族講到頭目遭到殺害的故事不計其數」。[96]在許多崇尚平等主義的高地民族中都能見到這些傳統。我們難以確定這些傳統有多常被實踐，雖然文獻中貢老族最初反抗克欽頭目的記載可以看成是某種政治運動的例證。無論如何，這些寓言故事是一種平等的、結構性的預防措施，警告那些一心想要鞏固自己世系權力的專制獨裁者，他們可能的下場。

等級嚴明的拉瓦社會之中，世系有高低之分，彼此競逐地位，而競爭又有部分取決於各種編造出來的家族起源和系譜有多優越。傈僳人與貢老克欽人一樣，否認家族排序和宴席上的位階，否認歷史，而且更直接阻止任何有野心想帶領大家走向那個方向的頭目出現。平等主義的傈僳人實際上創造了一種全面預防國家出現的文化。

將平等主義和等級制兩種社會組織模式同時納入一個清晰可辨的文化之中，絕不僅限於克欽和撣邦。這種情況在東南亞相當普遍。[97]進一步思考，我們有理由認定許多無國家的民族，生活在國家邊界是一種結構常態。所以羅伯特·蒙塔哥尼（Robert Montagne）關於摩洛哥柏柏爾人社會的經典論文提出，「柏柏爾社會在兩種相互競爭的社會形式之間搖擺，一邊是由議會或議會等級制所統治的民主或寡頭部落共和國，另一邊是短暫的部落獨裁，近代的例子就是南部大酋長（Caids of the South）。」[98]柏柏爾人與克欽人一樣都沒有自己本土的國家建構模型，所以當他們的國家首次出現時，他們採用的是緊鄰的希臘國家形式。我可以從眾多例子中再提出一個，麥克爾·科達考夫斯基（Michael Khodarkovsky）針對卡爾梅克（Kalmyk）遊牧民族和俄國政權的研究也提出類似的搖擺論述。名義上的統治家族結合了神職人員，致力開創一個世襲制和中央集權的王朝。其他的部落首領則更傾向分權，並維持不確定的繼承規則，即開放的等級制。「兩種結構上針鋒相對，一種是推動社會頂層不斷加強中央集權，另一種則是鞏固分離，這也許可以解釋遊牧社會為何常常發生無止盡的內戰循環。」[99] 然而，科達考夫斯基清楚表明，集權傾向往往與順從鄰國息息相關。所以俄國沙皇政權提拔卡爾梅克的可汗，便是透過制度來聯繫和控制。就像英國和中華帝國一樣，沙皇對於部落的群龍無首的狀態深惡痛絕。中央集權與專制仰賴的是沙皇國家權力（包括它所給予的利益）結合了卡爾梅克可汗的政治野心。

國家邊緣地帶平等且群龍無首的民族非常難控制，也難以捉摸。如果你的指令是「帶我去見你們的頭目」，那你不會得到直接的答案。如果想征服和吸納這些民族就只能一步一步做，一次一個村，甚至可能要一戶一戶進行，而且完成之後也不甚穩定。沒有人可以為其他人答覆，這就像前面描述的中東地區「水母部落」，無首領狀態本身就是一種逃避的社會結構。無首領狀態的必然結果基本上就是無法統一，除非在非常特殊的情況下（例如，魅力型宗教領袖和短暫的軍事同盟）。一個社會結構能阻止外來國家吞併，同樣也能抑制內部形成類似國家的結構。

如此平等的社會結構，背後靠的是什麼樣的物質條件？貢老克欽、傈僳、柏柏爾和卡爾梅克的情況能夠說明這一點。邊疆地區開放的公有財產似乎是關鍵。正如固定的、可繼承的土地財產權促成了階級世襲，邊疆公有財產使所有人都可以取得謀生資源，並且容許村莊和世系頻繁分裂，這似乎是維持平等主義的核心。從地形阻力角度來看，這些民族生活的地方離國家中心越遠，他們日常維生的方式就越機動，例如採集、遊牧和輪耕，也因此他們就越有可能保有平等和無國家的選項。不論任何地方，國家圈用與侵占公共用地都會對他們造成威脅。

想要高地異常複雜且有如棋盤的身分認同，以及認同不斷轉變的現象，最好將其背後的邏輯，理解成高地面對低地國家時的戰略性選擇。相對的海拔高度和農業經濟區位，往往表示高地人所選的立場。這一點從谷地國家為了自己行政管理之便而創造出來的民族認同最為明顯。明朝中期「猺亂」之後，那些與帝國合作並接受皇帝統治的人成為「民」或臣民，而那些不願意合作和定居的人則定義為「猺族」。[100]這個族群名稱除了指涉不納稅的高地人之外，最初與任何文化和語言無關。如我們所見，**苗族**這個詞也經常用來稱呼那些落腳在國家掌控區之外的人。當然，生的和熟的、野蠻和馴化、叢林和屋內（對克倫人的分類）等詞彙，都可以理解為僅是代表政治屈服的程度。

不同於國家套上的外來名稱，族群身分、分支，甚至像在貢老和貢薩克欽的村莊之名，都是藉由他們相對於國家等級制度的結構以及彼此之間的連結，而逐漸打開名號。根據凡格索的說法，高地阿佧人選擇了能夠實現最大限度自主性的謀生方式，特別是他們選擇在可以國家和掠奴者難以輕易到達的地方落腳生活。[101]

我們在此應該區分所謂的排斥國家（state-repelling）和預防國家（state-preventing）兩種特徵，兩者相關但並不完全相同。排斥國家的特徵是指國家難以奪取或吸納此團體並對其統治，或者是難以有系統的占有他們的物質生產。而預防國家的特徵是指一個團體不大可能從內部發展出一個持久、等級制且類似國家的結構。

我們在前面分析中不斷指出排斥國家的特徵，可以概括為以下幾點。第一，一個社會如果居無定所，四處分散，而且有可能分裂成全新和更小的單元，顯然相對不容易被國家奪取。[102]其次，這些特徵與謀生方式的選擇的關係，就算不是絕對有關，至少也是高度相關。掠奪、打獵和採集（陸地或海上）都鼓勵移動、分散和分裂。從採集到游耕，再到定耕和水稻，人們可以輕易畫出逐漸流動、分散和分裂的漸層。如我們在第六章所述，種植多用途、不顯眼且成熟緩慢的根莖植物的社會，比起種植成熟期統一之地上作物的社會，顯然更排斥國家。在東南亞之外，這一序列還包括具有快速流動和高度分散優勢的遊牧畜牧業。

排斥國家的第三個特徵是高度平等的社會結構，使得國家很難藉由當地的首領和頭目來擴大國家統治。平等結構的關鍵物質條件之一是開放和平等取用生存資源，儘管這只是必要條件而非充分條件。由此看來，土地公有和開放的邊疆，是支持平等主義的物質條件。事實上，狩獵和游耕這兩種排斥國家的主要維生方式都促進流動和分散，如果沒有開放的、共有的邊疆，這樣的謀生日常幾乎是難以想像。而開放的公共邊疆消失，對自治乃是致命一擊。

最後一個排斥國家的策略是遠離國家中心，以我們的話來說叫地理阻力產生的偏僻性。一直到二十世紀之前，偏僻這個因素就足以把一些人群隔在國家的權力滲透範圍之外。偏僻是一種製造距離感的策略，事實上距離一遠，就可以代替其他排斥國家的策略。哈尼和伊富高人之所以能安穩地在他們偏遠的高地梯田上種植水稻，正是因為他們距離國家中心如此遙遠。

有些民族長期具有排斥國家的特點，以至於只要一提到他們的名字就會使人想到無國家狀態，經常被附近的國家貼上「粗野」、「生」或「野蠻」的標籤。拉祜人、傈僳人、貢老克欽人、阿佧人、佤人、克木人和赫蒙人大致符合這樣的描述，這些還只是一部分。如果考慮隨時間而出現的變異，以及許多族群有各種分支，只要願意設計出一套衡量排斥國家特徵的標準，任何特定族群都可以藉此依序排列。

這套度量標準的另一端是「適應國家」(state-adapted)的特徵：人口密集、定居、種植穀物的社會，特色在於土地財產權以及由此帶來的權力和財富不均。這些特徵當然會透過社會運作而進入國家空間。有些民族由於具備適應國家特性而被烙上不可抹滅的國家印記，像是撣人、緬甸人、泰人、孟人、驃人、高棉人、京人／越南人。以布勞岱爾的話來說，所有在兩端之間來回移動的人，也不可能抹去這些難以磨滅的聯想：在無國家的那一端，我們可以看到分散和居無定所的採集者，或是遠離國家中心沿著偏遠山脊落腳的一小群人；而另一端則是在國家中心附近納稅和種植水稻的農民。

顯然，族群相對於國家的位置，最重要的無疑是個人在這些位置之間的不斷移動，以及隨著時間的變化，諸如「克倫尼人」、「拉祜尼人」和「克欽人」等這些身分所代表的意義也會改變。在歷史上任何時刻，可供選擇的族群認同都可以看成是調節個人與國家關係的各種可能，也就是說隨著時間變化，身分認同的改變可能是為了配合主流的經濟和政治條件。當然，一旦樹脂、藥材或者燕窩的價格飆漲時，種植稻田者會放棄一切轉做採集，這在經濟上顯然相當合理。但是，改做採集也可以單純看成是逃避國家的策略。同樣地，種水稻和游耕之間的選擇，更有可能是政治選擇，而不僅僅是比較每單位勞動力所消耗的熱量哪個比較低。由於謀生方式、居住高度和社會結構的選擇都與特定的文化認同以及跟低地國家的「相對位置」有關，因此族群認同的變化可能首先代表的是一種政治抉擇，只不過這項選擇正好對文化認同也產生了影響。[103]比方說，有些拉祜人搬到偏遠的山區開始以採集為生，有時則是定居在村莊從事耕作。在不久前的一九七三年，許多拉祜人在反抗緬甸政權強行徵稅和徭役的叛亂失敗之後，離開緬甸景棟進入山區。[104]克木人也有類似的歷史，雖然叛亂並未如此激烈，但有些人當時放棄村莊生活轉為採集，有些人則搬到谷地成為信奉佛教的稻農。[105]當然，還有如艾德蒙．李區所發現，很多克欽人也遊走在不同的社會形式之間，每種形式代表了克欽人與撣族谷地國家及等級制度的一種相對位置，絕不是任何重大的文化轉變。我要重申一件現在看來顯而易見的事，東南亞在過去幾個世紀以來所實行的游耕和採集，並不是如某些社會進化論所說的是水稻種植前的一個階段；事實上，這些都是「次級適應」，很大程度上表明了是一種政治抉擇。[106]

霍里佛．榮松敏銳地指出：「族群特色主要取決與各族群與低地之間的關係。」因此從這方面來看，他宣稱，「族群並沒有一個（固定的）社會組織」，也就是說某一特定名稱的族群，其實在生計方式、文化歸屬、內部階序，尤其是在與低地國家之間的關係上，內部都可能有極大的差異。[107]換句話說，不僅個人或團體因為自我定位而在不同的族群認同之間轉換，這些族群認同本身也是不穩定的，因為這些認同者所做的一連串的決定，會影響並重新定義族群認同的真正意義。

如果高地人擁有多種族群認同，而且每一種認同都代表和谷地國家的不同關係，又要如何奢談所謂的歷史潮流？過去半個世紀以來發生了很大的變化。在此之前，正如我們所見，贊米亞基本上是逃離或選擇脫離谷地國家社會或社會碎片的避難區。各種令人眼花撩亂拼湊的族群認同，見證了以反叛、戰爭和文化重組為標誌的遷徙與再遷徙，所留下漫長而複雜的歷史。贊米亞的大多數人原本來自低地，尤其是來自中國，然而他們來的時候就帶著族群名稱。他們保留此名稱基本上是因為他們已經離開國家權力的勢力範圍。那些留下來的人（可能是大多數）就融入了谷地文化混合體，而且不再被稱為苗、瑤或傣。這段歷史再加上當地特殊的生態多樣性與地理分隔，造就了一片也許是世界上最大（相對）無國家人群的混合區。

然而，過去半個世紀以來，各種可供選擇的族群認同已經完全傾向於不同程度的國家控制。「生」番被帶進文明的經典敘述，已經被發展和國家建構的敘事所再製。由於國家權力的限制，舊的敘事表達更多的是一種渴望而非現實，而新的說法顯得更有力，理由至少有三點。第一，現代觀念認為民族國家擁有完全主權，以及具備實現主權所需的行政與軍隊手段，這表示國家可以只靠吹灰之力就將權力貫穿直到鄰近國家邊界。曾經幾乎遍布整個贊米亞地區，這塊交疊、模糊或者沒有主權的地帶正在逐漸消失。第二，平等、無首領的社會是以土地公有為物質基礎，這基礎正被國家分配土地權利或個人土地私有權所取代。最後，低地人口的大幅成長推動由國家支持或慫恿的大規模且日益增長的高地殖民。這些殖民者把自己的作物、社會組織，以及國家帶來高地，推動了世界上最後一場大型的圈地運動。

第八章

復興的先知

既然為那些在緬甸佛教中尋求救贖的人命名有好處，不論他如何難以分類，同樣受到韋伯說法的啟發，我們何不直接叫他**世界的巫師**（*enchanter of the world*）。

——吉拉姆·盧森貝（Guillaume Rozenberg），《放棄與權力》（*Renoncement et puissance*）

但是這個世界永遠在尋求魔力的機會，而且隨時要找出那些瞬息萬變的線索加以因應：不僅是英國首相東尼·布萊爾（Tony Blair）的青春、活力和果斷，或是阿諾·史瓦辛格（Arnold Schwarzenegger）戲劇般的活力，還有義大利總理西爾維奧·貝魯斯科尼（Silvio Berlusconi）有如企業家的動力。

——鄧恩，《讓人民自由》（*Setting the People Free*）

僅僅列出過去兩千年來高地人發動的數百場（對，不是數千場）

反叛國家之亂就不是件簡單的事。如果想依照林奈圖書分類法（Linnaean classification）有條不紊的排列就更令人頭痛。

這些起義的領袖，往往是那些自稱（以及／或者被別人認為）創造奇跡的先知，這些起義能否在歷史記載中顯露鋒芒，主要是看在檔案中的紀載分量而定。正是因為這些起義威脅到行政的日常運行和進貢關係，也違反各民族乃和平聚集的文明敘事，因此引起不少關注。每一場動亂都引發了軍事和警察報告、大量的相互指責、審判和處決、調查委員會、政策改變和行政革新等一連串的事件。因此在漢人、越南、暹羅和緬甸的檔案中，出現的大多數高地人要不是對進貢、徭役和稅收的日常有貢獻，就是公開反叛國家的野蠻人。這些和叛亂有關的大量書面資料，有可能讓那些不夠嚴謹的學者將許多高地人的歷史大致寫成一本反叛史，當然，他們基本上也是站在鎮壓者的角度來敘述這段歷史。

如我們所見，研究贊米亞地區的叛亂讓我們瞭解他們如何抵抗低地國家。但是，關注這些衝突點會使我們忽略那些對高地社會進化同樣重要（卻比較不戲劇性）的過程。比如說，這樣會忽視遷徙和逃亡的深層歷史，這些行動有時候是反叛的餘波，但更多時候是軍事對抗之外的另一種選擇。這樣也忽視了同等重要的適應，和融入低地社會與民族認同的過程。那些選擇同化的人，通常會隨著時間流轉而變成了泰、孟、漢、緬甸和京人，而從克倫、赫蒙、綿、撣等族群會從歷史中消失無蹤。但我們毫無理由認定他們的人數會比那些仍認同高地社會的人數還少。最後，過度專注於反叛就會忽視那些一起跟谷地國家鎮壓反叛的高地盟友、附庸以及傭兵。假如我們沒有被那些書面資料所迷惑，一味認定高地人民永遠都在叛亂，如此一來那些激發高地反抗低地國家的預言和想法，就是利於理解國家與邊陲民族之間激烈對話的實證。

以預言與叛亂為職志：赫蒙、克倫和拉祜

有些高地民族似乎很願意聽從先知，為反叛獻身。從文獻上判斷，克倫和拉祜均屬此類。他們的叛亂也記載最詳盡，對於人數將近九百萬的苗／赫蒙人以及人數超過四百萬的克倫人來說，這或許有一部分是因為他們的人數比其他少數民族多而產生的人為結果，例如拉祜（大約六十五萬人）和克木（大約五十六萬八千人）也同樣有叛亂的傾向，但因為人數較少所以次數也沒那麼多。

赫蒙族

歷史上最深刻的叛亂紀錄無疑屬於苗／赫蒙族叛亂。[1]他們把本族與漢族的衝突回溯至西元前三千年，傳說中漢族的黃帝打敗苗族的國王蚩尤。根據赫羅斯．溫斯估計，西元四〇〇年之後的兩個世紀，苗族發動了四十多起叛亂，都是為了與漢族爭奪黃河與長江流域之間的低地。之後還有其他叛亂，而大多數權威之士也都認為，苗族過去兩千年的歷史就是一長串反叛、落敗、遷徙和逃亡的歷史。[2]直到十四世紀中，苗族的歷史還有許多猜測成分，因為**苗**這個詞，乃泛指許多抵制漢族統治的無國家人群。此外，這段時期苗族與瑤／綿族之間的界限也尚未截然劃分。[3]

然而，自從一四一三年明朝著手擴大對貴州的控制並推行大規模屯兵，反叛、鎮壓和逃亡就接連不斷的發生。明清兩朝（一三六八

至一九一一年），「幾乎是無時無刻⋯⋯都在鎮壓和綏靖苗族和瑤族叛亂」。[4]兩位研究明清的歷史學家將這些運動描述為「滅絕」戰役，這絕非誇大之詞。[5]一六九八年、一七三三至一七三七年還有一七九五至一八〇三年之間都有大規模的苗族叛亂，最後在一八五四到一八七三年間發生一場橫掃貴州聲勢浩大的「苗民起義」，時間與中國歷史上最大規模的農民起義太平天國之亂相重合。苗民叛亂的鎮壓過程頗為艱難，有些地方甚至被叛軍控制了十多年。苗民起義失敗後又引發赫蒙和太平天國殘餘勢力大規模流亡到越南北部、寮國和泰國的山區。

赫蒙人逃離強制同化，跨越中國南部邊境尋求自治，卻發現自己同樣被印度支那的法國人和泰國北部暹羅人的威脅。因此在一九〇四年、一九一一年、一九一七至一九一八年、一九二五年、一九三六年和一九四三年陸續發起反抗法國人的叛亂，以及在一九〇一至一九〇二年和一九二一年反對暹羅統治者的叛亂。[6]這些叛亂和之後我們會討論的拉祜與克倫人的叛亂，都有兩項特點值得強調：這些叛亂的領袖，通常是訴諸千禧年願景的先知，同時也往往能夠吸引其他鄰近的高地民族。

克倫族

克倫族有著同樣令人印象深刻的反叛和先知率領的歷史，儘管留下的記錄未如此詳盡。他們的歷史說明這種由低地國家的宇宙觀所塑造的解放和尊嚴文化相當普遍。克倫人有近四百五十萬，分布在緬泰邊界，算是這兩個國家人數最多的高地少數民族。有些克倫人是佛教徒，有一些是萬物有靈論者，還有一些是基督徒。克倫族裡頭各群體之間的文化確實五花八門，因此許多克倫族的相關研究，一開始就指出他們之間缺乏任何一項共同的特徵。然而浸信會的傳教士布雷頓（D. L. Brayton）卻不同意這種看法，他指出：「克倫族的民族性，就是在他們之中會有先知嶄露頭角。」[7]不論他們的宗教信仰為何，克倫人已經不斷表明他們多虔誠追隨那些創造奇跡、具有領袖魅力的異端巫師、先知和未來之王。如同一九八〇年代後期在克倫反叛者陣營擔任過護士的喬納森・法亞（Jonathan Falla）注意到，這樣的傳統仍然相當活躍：「他們是千禧年信徒，不斷地催生出各種英勇的領袖、秘密教派、『白人僧侶』和先知，所有人都在自我說服克倫王國會再一次來臨。萬物有靈論者談伊娃（Y'wa）的到來，而浸信會教士則說基督降臨，佛教徒則是期待未來佛的降臨。某人即將來臨，拓梅帕（Toh Meh Pah）即將到來，某事即將發生。『喬，請記得埃及的以色列人，他們經過四十年的荒野生活，最終進入應允之地。四十年過去，同樣的事情也會發生在克倫人身上。』」[8]

浸信會的牧師有幸把《聖經》帶給了那些長期以來都相信救世主的人。但是他們錯在認為浸信會的彌賽亞就是克倫人亟需的最後一個救世主。

克倫人滿懷熱情擁抱的每一個預言傳統，都設想想像著了一個嶄新的世俗秩序，準備迎接神的到來。所以經常出現的情況是一個聖人，不管是巫醫，還是牧師、隱士（yà thè，ရသေ့）或僧侶，這個聖人將成為未來新秩序的先驅，並被視為一塊由信徒聚集的「福田」（field of merit）。[9]根據不同的情況所到來的先行者，也許是未來之王（mín laún，မင်းလောင်း），或者是孕育中的佛、彌勒佛（轉世王），或許是克倫王／救世主，如拓梅帕、伊娃、之前的叛軍首領段高／

瓦高（DuaiGaw／Gwae Gaw）或是其他人。事實上，這些充滿領袖魅力的宇宙觀也在低地存在。緬甸未來之王（Mín laún）的叛亂與暹羅的**普密蓬**（phu mi bun）「聖人」之亂非常類似，持平來說這也構成了緬甸和暹羅的「永恆之王」（once-and-future-king）傳統。克倫王國祈求白銀城市和黃金宮殿出現，而正義之士將會在千禧年來臨之際前往那裡。十九世紀中葉傳教士記錄下來的克倫人預言詩反映了這些期望：

> 彼時克倫王將出現
> 塔蘭（Talain，即孟）王已經過去
> 緬甸王也已經過去
> 而且所有外來王都將過去
> 但是克倫王一定會出現
> 當克倫王到來
> 就只有一個君主
> 當克倫王到來
> 不再有貧賤之分
> 當克倫王到來
> 一切生物都將幸福
> 獅子和獵豹也不再野蠻[10]

由於人們普遍抱有風水輪流轉以及十年河東十年河西的觀念，以及相信克倫人將會輪到掌握權力、財富、興建宮廷以及城市的信念，激發了長期以來的反叛傳統。

克倫族未來之王叛亂的典型事蹟似乎可以追溯到十八世紀中期，當時正值緬甸南部勃古／巴過（Bago）的孟王國與緬甸北部的阿瓦王國之間紛爭不斷的時期。[11]一七四〇年，勃古北部的克倫村莊來了一個未來之王，他的名字叫塔拉（Tha Hla），雖然大家都叫他圭敏（Gwe Min）。[12]不論他是否是克倫人，但毫無疑問有許多克倫人追隨他。[13]這場起義最初是為了反抗緬甸統治者所課徵的沉重賦稅，最終正式宣布圭敏為汗達瓦底（Hanthawaddy，勃古地區）之王，並且採用正式的頭銜：佛陀福田（S' min Dhaw Buddahekheti dammaraja）。圭敏稱王的時間雖然不長，但他是「他們的」王。一七四七年，他遭到第一任的首相廢黜，在這之後發生一系列阿瓦／勃古戰爭，最終以一七五七年緬甸國王雍笈牙徹底擊敗勃古劃下句點。根據克倫的口述傳統，這一段災難期史稱「雍笈牙獵殺」（Alaunghpaya Hunger），數以千計的孟族人和克倫族人為了逃避迫害，紛紛撤退到東部偏遠的高地或尋求暹羅人的保護。

自此之後，未來之王與反叛接踵而至。另一個與圭敏差不多同年代的未來王是劭犬仁（Saw Quai Ren），也是王朝至少十個未來之王之中的第一個王。[14]後續的未來之王及追隨者都期望劭犬仁帶著其軍隊再現。一八二五至一八二六年間，有一個克倫先知宣稱伊娃即將回歸，並利用緬甸在第一次英緬戰爭（總共三次）落敗時的機會推翻緬甸的統治四年，最終被擊敗。一八三三年，早期的傳教士後來創辦仰光大學的阿多奈拉姆・賈德森（Adoniram Judson）遇到有許多追隨者的斯高克倫先知阿瑞瑪代（Areemaday）。這位先知預測有會一場大戰，大戰之後國王將恢復佛教的寧靜。先知及追隨者抵抗基督教傳教士的迫害之後，一起建立了一個小型的宗教秩序區，後來又與一位克耶王子結盟，於一八四四至一八四六年間共同對抗緬甸軍隊。自稱未來之王的阿瑞瑪代最終與許多追隨者共同戰死在戰場上。一八五六年，在薩爾溫山區（Salween Hill）另一位克倫族即將登基的國王聚集了一批撣族和克倫士兵，在剛建立不久的英國殖民地，拒絕向緬甸官員納稅。[15]此外，一八六七年，**帕潘**（Papun）山區一帶還冒出另一位自封未來之王的克倫人，儘管殖民地政府將他污衊為土匪。未來之王往往藉著君王特權，也就是藉由修建一座寶塔並升起塔頂的塔尖（t'í，ထီး）來稱王。

人們可以想像，還有許多小規模的先知因為在政治上並不積極，追隨者不多，因此沒有資格在殖民地歷史檔案裡中有一席之地，儘管他們在克倫族的佛教徒中也很活躍，卻沒有引起人們的注意。他們已經成為二十世紀克倫佛教社會的一道宗教特色。日本入侵前不久，一名自稱普圭苟（Phu Gwe Gou）的克倫人在薩爾溫地區發起了一場千禧年主義運動。他在戰爭過程中遭到英國所組織的一三六部隊（Force 136）暗殺。

凱爾・格力弗斯清楚點出緬泰邊界克倫族人有兩種截然不同的千禧教宇宙觀。其中一種是自稱黃線運動的波克倫，他們追隨為自己制定儀式和行動準則的隱士。除了其他特徵外，他們還禁止養豬和飲酒，戴七彩線編織成的腕帶，他們打造寶塔並在前面豎立旗杆敬拜大地女神（Hsong Th' Rwi），大地女神是在未來佛（Ariya）到來之前保護佛教徒福祉的人。這種傳統被稱為**陸邦**（Lu Baung），各地的領袖是隱士的追隨者，他們有時候會自封未來王興風作浪。甚至到了二〇〇〇年，陸邦的克倫村民與泰國邊界的巡邏警察衝突，造成五名員警身亡。[16]

第二種在克倫流傳的千禧佛教宇宙觀是**特拉克宏**（Telakhoung）傳統。雖然此傳統與陸邦有許多共同之處，但它獨特之處在於它源自最初的隱士先知紹尤（SawYoh）留下的「王朝」世系，以及不准女性參加儀式。格力弗斯認為，特拉克宏只是上下等級較為嚴明的「谷地」陸邦，具有類似國家的結構，相信所有宗教在未來都會統一。就像高地人經常有的雙重社會結構，有些較平等，有些較強調等級，他們的先知運動也有著類似的雙重結構。

拉祜族

拉祜族屬藏緬語系，口音與阿佧、哈尼、傈僳和倮倮（彝）相似，在高地從事游耕，核心地區在雲南西南邊陲。六十五萬的拉祜族人口，大約有九成分布在薩爾溫江（怒江）和紅河上游之間的緬甸西部和雲南。即使從高地的標準來看，他們也是一個異常平等的社會，除了沒幾戶人家的小村寨，幾乎沒有任何統一政治，而且根據最熟悉他們的民族學者來判斷，寨裡頭也幾乎沒有有效權威。[17]然而，他們確實擁有為數眾多的先知和深厚的先知傳統。他們將大乘佛教、萬物有靈論，以及現在的基督教因素融合到本身的先知傳統以便支援他們對抗各種低地來的敵人：漢人、泰人、英國人和緬甸人。

前面簡單描述拉祜人的先知傳統主要有三個目的：首先，它在激勵拉祜先知與追隨者的宇宙觀下，奠定一種必要（雖然簡潔）的歷史和民族誌基礎。第二，它也說明一套重塑並融合各種宗教的觀點（其中許多都來自國家中心），以及從低地國家模仿來的制度形式，藉此來反抗低地國家設定的進程。最後，它也說明這些觀念和觀念的承載者有時候如何提供集體行動所不可缺的社會凝聚力，不僅僅影響原子化的拉祜社會內部，也影響他們與佤族、克倫、傈僳，甚至泰族等高地社會之間的互動。

過去四個世紀以來，拉祜人往南方和更高的地方遷徙，主要是為了回應漢人政權和移民所帶來的壓力，這種說法基本上已經獲得證實。之前，明朝（一三六八至一六四四年）初期，似乎至少有一個拉祜分支黑拉祜（Lahu Na）曾經與傣族爭奪控制雲南西南部瀾滄江沿岸肥沃富饒的谷地。傣族最終獲勝，拉祜族則被趕到高地，其中有許多人落腳當地之後成為更大的傣族政體的附庸。因此，正如其他有些高地人，現在已經成為游耕者和鴉片種植者的拉祜人，可能只是因為落敗後為了避免被傣族吸收成為奴隸而變成游耕者。

對於拉祜族來說，清朝初期的積極擴張的威脅更大、更危險。根據更早的史料記載，清代初期對拉祜族的敘述，清楚表現出漢族官員對拉祜人的蔑視：「他們皮膚黝黑、面容醜陋且腦袋愚蠢。他們吃的是蕎麥，還有樹皮、野菜、藤、蛇、昆蟲、馬蜂、螞蟻、蟬、老鼠和野鳥。他們不會築房，住在岩洞之中。他們和野人無異。」[18]漢族之間也流傳一種普遍的說法，拉祜人出生時就有尾巴，一個月以後才脫落。

在明代「以夷制夷」的政策下，拉祜人大致接受朝廷任命的泰族首領溫和的統治。這種狀況到了清朝開始驟變，朝廷採取新的政策派遣漢人的行政長官直接管理拉祜地區。為了實施直接統治，官方解除泰族官員的權力，根據土壤肥沃程度實行地籍調查，並且藉由戶籍登記實施有系統的納稅制度。這項政策始於一七二五年，並且在一七二八年觸發了持續六年之久的一系列叛亂。加入叛亂的祜、泰、哈尼、洛龐（Lopang）和彝族等組成跨族群聯盟，反抗新稅制和漢族移民的滲透，以及帝國對茶葉的壟斷。在這些叛亂的後期，拉祜族由一名泰族神職人員領導，他自稱「有超能力可以帶領他們逃脫鎮壓」。[19]

那些創造奇蹟的僧侶或稱拉祜為「神的使者」的人，在世紀之交，由拉祜、佤和布郎（Bulang）族發起的一系列起義中扮演主角，這是為了反抗殘餘的泰族領主所施加的稅賦及徭役。有位受人敬重的漢族大乘佛教僧侶，也是當地人口中的「銅金僧侶」（Copper and Gold Monk），號召拉祜人一起叛亂。帝國的軍隊鎮壓了這次叛亂之後，似乎引發大規模的人口向南遷移進入緬甸撣邦地區。那些繼續留在原來叛亂地區的拉祜人隨後則是逐漸漢化。

到了一八〇〇年，拉祜族數之不盡的叛亂已有一套文化框架可循。他們幾乎都是由拉祜族眼中的聖人上帝之王領導，他有能力治癒疾病、淨化社區，並且構成佛教的「福田」。由於安東尼・沃克仔細重構拉祜族此文化複合體，我們可以從拉祜族的宇宙觀辨識出組成這個混合物的關鍵元素。

就像克欽、傈僳和阿佧等拉祜周邊的高地社會一樣，拉祜也有一個傳說中雌雄同體的造物主，創造了天與地。[20]最遲在十九世紀中期，這項佛教傳統與大乘佛教（非泰族的上座部佛教）已徹底融合，因為一批有領袖魅力的僧侶在拉祜族山區建立**寺廟**（fofang）而改信佛教。傳說中，第二個僧侶艾沙（A-sha）和姐姐打敗佤族，使佤族改信大乘佛教，服從拉祜人。大乘佛教帶來了黃金樂園（Golden Land）的傳統，也就是一個平等、和平、富裕，不受外人統治壓迫的國度。除了帶來千禧年信仰外，大乘佛教的寺院結構也成為泛拉祜組織網借鑒的對象，不但充當解決糾紛的社會機制，同時也是反叛者可以利用的超越村莊的網路。師徒關係在大乘佛教和密宗（Tantric Buddhism）是如此重要，最受尊崇的僧侶所建的寺廟成為主寺廟，遵循其教義的則成為「子」寺廟。

自此之後，拉祜族的先知幾乎都是有領袖魅力的僧侶，他們把自己視為造物神貴莎（Gei-sha）與佛陀釋迦牟尼的化身，並得到大家認可，準備回來重建一個道德和平的世界。這個即將來臨的神，同時代表拉祜族祖先的精神，也是即將來征服他們的轉輪王（wheel-turning）佛陀。一切如沃克所理解，這是「拉祜經驗反覆出現的現象，經常打亂儀式慣例……他是一個聖人，貴莎神唯一的傳人，他試圖超越村莊層面社會組織的限制，挑戰外來政治控制的霸權」。[21] 如同克倫人的先知，拉祜族先知的出現既是為了恢復傳統的道德準則，也是為了抵抗對谷地國家，也就是漢族和泰族的臣服。

拉祜族先知運動的頻率使我們有辦法辨別出某種「生涯軌跡」，即便演變為「神的使者」這種無規律可循的活動也不例外。當地村莊的巫師具有神秘的經驗（或許是一場大病導致的結果），宣稱自己通靈及附身，有治療疾病的能力。如果大家認可這種能力，而且有許多其他村莊的追隨者，他就會聲稱（或者信徒聲稱）他具有貴莎神的能力。接下來，他很有可能堅持儀式和教義的改革（飲食、祈禱、禁忌）以淨化社區並準備建立新秩序。最後，他主張新的秩序並組織信徒挑戰低地國家，這最後一步勢必讓他載入低地鄰國的史冊，甚至可能最終導致先知死亡。

沃克還講了許多二十世紀被載入史冊的神的使者。一九〇三年，中國記載一個拉祜族先知領導的起義，在起義之前，他以一個多月的時間，以葫蘆笙舞蹈和吟誦經文來匯聚人群。這位先知於隨後的戰鬥中被殺死。美國浸信會教士楊恩（Harold Young）的一位克倫族助手，報告自己在景棟北部遇到的一位拉祜人：「他聲稱自己是救世主」，追隨者包括阿卡族、撣族和拉祜族。一九一八年，拉祜族叛軍襲擊中國的衙門，其中一些反叛者還帶著彌勒佛的紙畫像。一九二〇年代，基督教開始進入拉祜社會，美國傳教士報告有一位改信基督教的雲南人號稱可以預言和治病，藉此吸引大批信徒，並為他們制定新的飲食戒律。儘管記錄相當零碎，但看得出這位信奉基督教的神的使者與之前信奉佛教的拉祜先知上演的是同一齣戲碼。

一九二九年，景棟附近有個拉祜巫醫，身旁圍繞著各族信徒，他突然在村莊修築堡壘，拒絕納稅，並且準備為了拉祜族，攻擊和占領泰族小國芒山特（Muang Hsat）英國殖民軍隊此時介人，摧毀他的堡壘並驅散他身邊帶有武器的信徒。另外一個拉祜族先知活躍於一九三〇年到一九三二年，他攻擊當地的佤族首領，然後帶著他的隨從撤退到人跡罕至的阿郎山區（Awng Lawng）。他在那裡統治了一個半獨立的王國。

儘管從國家角度記錄的檔案經常把叛亂和起義描述成毫無理性的行動，但是我們不難重建更合理的誘發原因，例如想要反對谷地國家的入侵以捍衛自治。一九七三年緬甸軍政府和景棟附近拉祜族的大規模衝突顯然就是一個典型案例。[22]這場行動的領袖正是拉祜族的精神與世俗領袖茂納泡庫（Maw Na Pau Khu），過去六十年來他備受尊重，帶有貴莎神的特質，也是拉祜道德秩序的守護者。雙方衝突的原因可能是緬甸軍隊打算發動戰爭解除拉祜人的武力，接管鴉片貿易，並針對家庭、牲畜和屠宰牲畜徵稅。對於緬甸當局來說，先知代表了一個他們難以容忍的自治區，必須除之後快。兩名拉祜商賈被虜以後，戰事隨即爆發。數千名拉祜人參與戰爭，有數百人被殺，因為有些人最初堅信自己可以刀槍不入。緬甸軍隊在隨後的五十幾場戰事中也損失慘重。這次反叛甚至和一九七六年雲南的反漢人先知運動有關。[23]

基督徒，尤其是浸信會教徒，在拉祜族中吸引了大量的信徒，這並不令人意外。許多拉祜人信奉先知，他們將基督教浸信會派視為通往**健康**（永生）的途徑，也是他們多年來擺脫中原民族和泰族宰制的強力盟友。開辦學校和取得預言書，讓他們有望能與那些污蔑其落後的谷地社會平起平坐。事實上，早期許多改信基督教的拉祜人，聽過楊恩布道，都認為他是另一個創造神蹟的神人，有如他們過去追隨的先知，呼籲道德的回歸（戒酒、戒毒和戒賭），準備迎接新的差遣。換句話說，那些改信基督教的人事實上保留了原有的宇宙觀和對先知的預期，無須任何改變。楊恩許下了把拉祜族從泰族和漢族的君主統治下解放出來是最高的承諾，兩個長老會的觀察者都敏銳地記下楊恩成功的原因：「我們首先要提到運動的政治階段，因為我們判斷接受洗禮的大多數拉祜族心中最重要的考量是政治因素，比如免除稅負、減少強制勞役和不必再向〔泰族〕統治者進貢。」[24]

邊緣人和一無所有者的神義論（Theodicy）

在這個處處與邊緣人為敵的世界中，一個令人震驚的事實是，高地人和一無所有的人始終堅信救贖即將來臨，並以此信念採取行動。儘管他們的行動常以悲劇告終，但他們頑固的信念，堅信世界正朝著他們希望的方向發展，這本身就值得我們認真看待，甚至是值得我們欽佩。我們很難想像那些明知道自己難以翻身、一無所有的人，如果都是不帶情感的現實主義者，那這個世界會變成什麼樣子。雖然馬克思的著作帶著對宗教的批評，卻也表現出一些尊重。下面這段話通常只被引用最後一句，馬克思寫道：「但**人**並不是抽象地棲息在世界以外的東西。人就是**人的世界**，就是國家，社會。國家，社會產生了宗教，即**顛倒的世界觀**，因為他們本身就是**顛倒的世界**。……**宗教裡**的苦難既是現實苦難的**表現**，也是對這種現實苦難的**抗議**。宗教是被壓迫之生靈的歎息，是無情世界的感情，是無靈魂狀態的靈魂。宗教是人民的**鴉片**。」[25]

這麼多高地人群不斷堅持按照自己的喜好理解世界，堅信解放之日就在眼前，這與其他一無所有又遭污衊人群的期待都非常相似：宗教改革戰爭的再洗禮派（Anabaptists）、美拉尼西亞的**貨物崇拜**（cargo cults）、相信沙皇已經頒布解放令的俄國農奴、相信救世主就在身邊的新大陸奴隸，以及數百個期待千禧年的君王或天神降臨（回來）的人，而且不限於猶太／基督教的背景。諷刺的是，他們對世界的誤解有時是如此普遍且影響深遠，以致於引發了叛亂，並進而改變雙方的機運。

有鑑於這些運動中有神聖性的介入與魔力等因素，我們很容易就將這些運動披上宗教的外衣，令其奇異化。但這是一個應該被抗拒的思考誘惑。因為在十八世紀的最後二十五年之前，凡是現在被認為是「革命」的人民奪權抗爭，在當時都是以宗教的語彙來動員。一般大眾的政治學就是宗教，反過來宗教就是政治。按照馬克・布洛赫（Marc Bloch）的看法，我們可以這麼說，千禧年反叛對封建社會來說，有如罷工對大規模資本主義來說一樣自然而然。[26]在一七七六年的美國和一七八九年的法國發生的兩場最早的世俗革命之前，幾乎所有的大眾政治運動都透過宗教術語來表達訴求。關於正義和權利的觀念，以及我們今天所說的「階級意識」，都是採宗教修辭。如果我們細看群眾的願望和底層政治，我們就會發現這些很少完全披著世俗的外衣。我們將會看到一切渴望都採取了超越世俗的形式，這實非小事。不過平心而論，政治難道不是一直以來就都是關於道德秩序的神學辯論嗎？

民間宗教強大且延續不斷的萬物有靈論基礎（並未排除佛教、基督教和伊斯蘭教等救贖宗教），也都確認「真實存在的現實宗教並未忽視世俗的需求。畢竟，萬物有靈論的宗教實踐主要是要影響世俗事務，諸如保證五穀豐收、治療疾病、幫助打獵、贏得愛情和戰爭、阻止各方敵人、考試順利和確保子孫綿延。救贖宗教的實踐幾乎都不是那些高等的教義，多數救世宗教實際上的信仰實踐，更反映出對世俗效果的泛靈信仰式關懷。緬甸與新羅的上座部佛教對地方神祇**納**（nat）和**菲**（phi）的崇拜根深蒂固，以致於普通的修行者幾乎不會感覺到民間萬物有靈與正統佛教之間有任何衝突。[27]

先知比比皆是

顯然，先知起義運動經常以有超凡魅力的核心人物先知的名字命名，比如一九三〇至一九三一年下緬甸的薩亞森〔Saya San〕起義。在我看來，如此命名很不幸地放錯重點。首先，雖然大部分的先知運動確實都圍繞著一位充滿領袖魅力的先知人物，但許多時候一場廣義的千禧年運動並沒有任何領袖，或者是有一大串的領袖，但其中似乎沒有任何人看起來像是關鍵人物。

第二個也是更重要的理由是，先知實在太多比比皆是。但只有那些活動達到一定規模，能夠被寫入檔案、報紙、警方或宮廷的記錄，才引起我們的重視。紀堯姆・盧森貝（Guillaume Rozenberg）在一個緬甸隱居僧侶的例子中注意到：「我們甚至不曾想過那些前仆後繼的失敗者，這批森林裡的無名僧侶渴望成為聖徒，儘管渴望也徒勞無功⋯⋯毫無疑問，追求成為聖徒的過程必然有許多人會失敗，但那些失敗者默默無名的命運遠比那些光榮勝利者驚天動地的軌跡更難掌握。」[28] 據說西元一世紀初，羅馬帝國巴勒斯坦省（Palestine）自稱為彌賽亞（救世主）的人實在太多，每一個都相信自己在實現古代猶太的預言。[29] 然而，只有一個人，也就是拿撒勒耶穌（Jesus of Nazareth）的崇拜後來制度化成為世界宗教。

首先，領袖魅力最重要的是未來的先知人物和潛在信眾之間一種特定的文化關係。因為它是一種關係或人際間的共鳴，我們沒辦法像說一個人口袋裡有金幣這樣聲稱一個人有領袖魅力。所謂的領袖魅力從何而來經常難以捉摸，在某種文化中有領袖魅力，在另一種文化背景下就不一定同樣具有魅力，而且在某一個歷史時刻有領袖魅力，到了另一個時刻可能根本難以理解其魅力何在。因此，支撐一個人的天賦或閃耀的性格的是更久遠的文化期待與渴望，是這些創造出一種適合先知演出的劇碼。由此看來，領袖魅力的源頭可以視為一群特定的人，正在尋求一個可以全心全意擁抱其信條並相信此人值得信任的布道者。就好像目的地大致清楚也很具體（不管這看起來多麼野心勃勃），群眾在尋找的是可靠的交通工具。從這意義來看，先知就是載體。同樣的道理，一則特定的預言並不誘人，例如當五十座白塔蓋好之後新世界就會降臨，因為這樣的預言難以證實，比較吸引人的是心裡準備好迎接某種未來。這種隨時準備的狀態有著結構和歷史原因，很可能在特定預言失敗之後仍然繼續存在，並以新的形式再度浮現。換句話說，為什麼有些群體似乎有千禧年期望的天性？為什麼有如此多的高地社會都是製作烏托邦的小村？許多高地社會似乎與生俱來就有一些可以產生預言的能力。

事實上，一個成功的先知所在的社會，都已經寫好劇本的基本架構，準備讓先知把戲演完。從這個角度來看，我們或許可以寫出一套拉祜族先知標準的生涯型態。這個相互影響的過程，彷彿聽眾對中世紀吟遊詩人的影響。讓我們想像一個吟遊詩人，他的生活完全依賴市場上老百姓的自願捐獻，為了論證之便，讓我們預設喜歡聽他歌唱的人都給他一枚外觀一模一樣的小「銅板」。想到吟遊詩人可能希望取悅廣大的聽眾，再讓我們想像這位吟遊詩人擁有一千首歌曲和故事可供選擇。如果他的聽眾有著明確的喜好，可想而知，隨著吟遊詩人逐漸瞭解了聽眾的口味，那麼他在廣場上所唱的歌，甚至是唱歌的順序和風格，都會更貼近聽眾的品味。就算我們的吟遊詩人不擅於解讀群眾的表情和熱情，市場上表演結束時拿到多少的銅板，也會促使他調整節目。

就像所有的類比都有局限，上述的比喻幾乎沒有賦予先知太多創意空間，也不讓他有增加戲碼和改變聽眾口味的能力。藉著街頭唱歌這一個顯得有些陳腐的比喻，我肯定忽略了激發先知運動的巨大賭注和高度熱情。儘管如此，這個類比確實說明了，具有領袖魅力的公眾人物承受了怎樣的文化期望和歷史理解，而這樣的乘載如何成為影響成功先知劇本的關鍵，而又如何被誤解成是受到先知周遭的人所影響。這種逐步調整的隨機過程極為常見，也是大部分成功的政治家和布道者慣用的手法。[30]

「遲早……」

凡是一個社會有等級制度，必然帶來財富、特權和榮譽的分層。每個分層的規則都可能會產生不太一樣的排序：儒家的學者或佛教方丈可能在聲望方面名列前茅，但在物質上可能很貧窮。當然，對於大多數社會來說，排序之間高度相關，並且以金融的詞彙來說，隨著時間推移不同的階層排序都可以替代。這種社會階級可以透過慶典、儀式和消費模式等所謂的文明行為表現出來。一些婚禮和葬禮的方式、服飾、房屋風格，還有宴請、儀式、宗教行為和娛樂模式，逐漸被視為適當且有價值的事。那些有辦法按照這些標準彰顯個人榮光之人，會認為自己比那些缺乏能力仿效的人更值得作為表率，也更值得尊敬，而其他人也這樣看待他們。[31]

當韋伯寫下「無特權階級的宗教」時，他腦中想的是這類社會和文化差異。在社會分層的排序之中，無特權階級經歷的汙名和恥辱無關溫飽和財富，而是地位和社會尊重。他們的飲食、儀式、喪葬，以及其他種種每天都在提醒他們，自己比那些特權階層略遜一籌。有如韋伯所說：「此事相當明顯，救贖（從這個詞最寬鬆的定義來看）的焦點之一……是無特權階級。」反之，「富足和特權階層對救贖的需求微乎其微，而且武士、官僚和富豪也無須救贖。」[32]

沒有特權的人最不想維持現有的地位和財富分配，而是希望透過激進的社會秩序重組獲得利益。想當然耳，那些承諾建立全新時代的運動和宗教，更加吸引他們。在一個「上下顛倒的世界」中，無特權階層的日常興趣便反映了猶太人禧年（Jubilee Year）的傳統，了這一年一切債務得到豁免，奴隸被贖回，罪犯則獲得釋放。《舊約》傳達的訊息，像是從埃及的奴役逃脫前往應許之地，傳到北美奴隸的心中，他們完全相信禧年的解放和救贖。這種傾向也可以從每年的反轉儀式中一探究竟，如天主教國家的狂歡節（Carnivaal），印度教中的新年胡里節（Holi），以及東南亞的潑水節，在這些儀式短暫時間內，正常的社會秩序暫時擱置或是完全翻轉。這些儀式並非只是為了宣洩緊張的安全閥，好讓階級制度在一年內的其他時間可以更有效的實行，事實上儀式舉行之處充滿鬥爭，隨時處於爆發真正革命的臨界點。[33]

韋伯試著更精確地指出，在那些沒有特權的群體之中，最有可能相信「遲早會出現一個偉大的英雄或神，帶領追隨者去到更值得他們待的地方」。比如，他相信在農民之間，革命性宗教的吸引力對處於邊緣的人來說最大，亦即那些「受到國內勢力（金融、農業和領主）或國外政治勢力威脅，可能淪為奴隸或無產階級的人」。也就是說，促使農民參加激進的宗教團體的原因並非貧窮，而是因為即將失去獨立小農地位的威脅，或是他們即將淪為依附於人的無產勞工，甚至更慘的淪為別人的奴隸。由於本來就沒有特定的宗教信仰，更沒有什麼正統教義，當他們的經濟和社會獨立性受到威脅時，農民（從語源學上說，pagan是指不信的人，直接取自拉丁文paganus，意思是鄉下的居民）變成反建置的革命教派。其中，韋伯指出了羅馬時期北非的多納圖派（Donatist）、十五世紀早期波西米亞塔波爾派（Taborites，也稱胡斯運動〔Hussites〕）、英國內戰爭時期的掘地派、俄國的農民派，都是農民激進主義先知傳統的例子。[34]

當我們仔細討論高地先知運動時，韋伯的洞見顯得相當實用。眼下，那些已統合到國家秩序之中的農民社區，只要村莊的自主秩序，諸如解決地方爭議的方式、管理放牧和共有地以及選擇領袖，這些權力受到侵入性集權國家的威脅時，他們往往就會支持激烈的先知運動。這也再次表明問題的癥結點，不在收入和食物而是自主性。[35]

至至少從歷史上來說，帶有千禧年運動色彩的宗教異端和先知運動，不論是在低地或已是低地國家的人口之間，都與在高地一樣普遍。事實上，如前文所述，高地盛行的千禧教觀念大部分是由谷地國家流傳過來的碎片拼湊而成。

如果我們把緬甸看成上座部佛教的典型，當地顯然有完整的異端活動和信仰，悠久的維克紮（weikza）傳統（擅長煉金術、巫術、飛行和長生不老），隱居的僧侶（yà thè）、懂得靈魂出竅與附身的巫醫、占星家（bedin saya）、黑巫師（auk lan saya）、創造奇跡的僧侶，全都可能看成將來會轉為佛陀、察克瓦迪（Chakaveddi）或彌勒佛的人。[36]

一方是森林裡的僧侶或隱修僧侶，另一方是落腳寺院遵循九戒之一的僧侶，這是上座部佛教普遍存在的對立現象。[37]當一名僧侶決定要成為隱士追尋自己的精神力量，不但意味著他要離開灌溉農業和政府，而且伴隨而來的往往是極大的苦行、嚴格的齋戒，以及在墓地死屍邊的冥想；這也意味著他進入了強大神靈且原始自然的危險世界。那些成為世人尊崇的對象而眾所皆知的森林僧侶，被認為獲得了不可思議的神力：可以預測未來（包括樂透的中獎號碼！）、長生不死等待下一個佛陀的到來、開出威力無窮的藥物和護身符、精通煉金術、飛天遁地還可以為信徒祈福。低地居民認定要取得神力，唯有離開國家空間和灌溉水稻區，回到森林和荒野，這隱含著敬拜落在水稻國家權力運作範圍外的力量。許多森林僧侶本身並不是緬甸人，這一事實也證明了高山異端的吸引力。[38]

這些所有角色可以被統稱為佛教活動中具有領袖魅力的異端派。由於他們依靠神靈感應和領袖魅力，被認為威脅到制度化與等級森嚴的僧侶（sangha），因此一直受到阻撓。就像羅馬政府偏愛阿波羅（他只在最好的社會運行），禁止信奉酒神（Dionysus）的狂歡儀式（受婦女和底層男性所愛），上座部佛教的高層也同樣禁止具領袖魅力的僧侶。[39]佛教日常儀式中的警告，便暗示了這些行動將構成永遠威脅信仰：「再次強調，族人們不能妄稱自己有超凡的天賦或達到超自然的完美境界，或出於虛榮心而自稱為聖人，比如退隱遠離塵世，或者假裝已經成為聖者阿利耶（Ariya），最終甚至擅自教導其他人超凡入聖之道。」[40]十八世紀貢邦王朝的建立者雍笈牙非常在意這樣的威脅，因此僧侶如果未能完成規定的宗教學習將遭到紋身並驅逐，「可以由身上的符號確認他們異端的身分」[41]

我們該如何理解緬甸低地國家各種宗教混雜背後的邏輯？我們或許可以從麥可．孟德爾松的觀察開始，他發現佛教僧侶聚集最密集的地方就是財富和水稻耕作集中之處，也就是最適合國家建設的地方。富有的老百姓、王國和官方的僧侶修行中心都集中在這些地方。除了這種緊密的聯繫，孟德爾松還發現，相較於其他本地宗教傳統（比如萬物有靈論），佛教的力量直接聯繫到皇室權威的力量，也就是君主國家的力量。如果我們把非正統佛教中受戒儀式上禁止的活動、**納**（nat）崇拜，以及其他萬物有靈論的儀式，看作是國家建構歷史過程中出現的縫隙、斷裂與裂縫，那我們就能看到其中的邏輯。各式各樣的宗教活動和信徒代表的是堅持差異以及不同意見的區域，至少代表了國家所推動的宗教無法吸納或馴服的區域。

就像英國議會中反對黨組成的影子內閣，複製一個真正的內閣，等著上台執政，官方的正統佛教也有一組可以替換的制度，既是正統佛教的影子也是異端。代表性的僧侶派別的替代是落腳於國家之外，逃避僧侶戒律的隱士和林居僧侶。替代官方佛教的千禧教派的是承諾信徒可以更快進入極樂世界的巫醫、未來之王、彌勒佛和世界之王；替代中心地區的佛塔和佛殿的是地方的神祇（精靈的儀式）；替代積德行善獲得救贖的是世俗的、貼近時代的技術，來改善個人現世的命運；除了科層制、考試選拔的僧侶，更有具領袖魅力的僧侶聚集獨立的信徒。大多數緬甸的佛教徒都可以輕鬆自若、毫無意識地遊走在家中的神靈信仰和佛寺的三藏（Tripitika，即佛教的經典）之間，因此我所提出的界線基本上是為了分析之便。

人們通常能夠從崇拜的替代形式，看出在建國過程中已經逐漸縫合但依然明顯的裂縫，最明顯的證據可見於神靈（也就是**納**）崇拜。世人認為多數神靈是肉身靈魂，這些人英年早逝，死後留下法力無邊的靈魂，可以保護人也可以傷害人。令人驚奇的是，圍繞在許多著名神靈的生前傳說，都象徵了抗拒服從國王或叛亂。[42]其中最著名的兩個神靈是坦格巴雍兄弟（Taimgbyon brothers）。據說兩人是喜好玩樂的穆斯林，儘管他們協助國王獲得了一件很重要的佛教遺跡，但卻因為整天沈迷於玩彈珠，沒有時間搬磚塊建造佛塔來存放這塊遺跡。由於這項冒犯國王的行為，使國王下令打碎兩人的睪丸賜死。每年在曼德勒以北二十公里的坦格巴雍村都會舉行紀念兩人的慶典，那是一場貨真價實的狂歡節，人們吃喝玩樂、賭博和盡情享受性交，隨時處於失控的邊緣。美國人類學家麥爾福德・斯皮羅（Melford Spiro）推測，地方神靈是那些遭到國王征服的人群和地區的保護神，他也注意到，坦格巴雍儀式擁有政治與宗教上的反抗意味：這個神靈「象徵著反對權威。當舉行崇拜儀式時……人們表達了對權威的反抗。但是那些神靈……也同樣象徵著反對宗教權威……神靈的信徒獲得機會表達他們對佛教的敵意，並滿足遭到佛教所禁止的慾望」。[43]除此之外，神靈還包括那些冤死於國王刀下的人，比如一般家庭都有神龕祭祀的馬哈吉利神靈（Mahagirinats）兄妹二人，以及至少三名弒君者和幾位反對佛界行為的浪子。

那裡還有一個集中建造的中央萬神殿，殿裡供奉三十七個神靈，這個數字符合當地的宇宙觀，包括提婆（devas）及從屬的納貢王國共三十七個。孟德爾松相信，萬神殿竭力將各個地方神祇置於君主的佛教保護傘之下，就像天主教國家特定的聖徒崇拜都與前基督時代的神明有關一樣。這樣做的目的是將這些具有強大力量但基本上分裂的神靈，置於一個集權的君主之下。[44]但是要追求結盟並非易事，因為神靈崇拜仍然代表著反抗佛教權威和王國。如孟德爾松總結道：「有證據使我們相信，每當佛教強盛時，神靈崇拜就會減弱，例如禁止地方神靈崇拜的舉措。因此佛教與強大的中央君主制相伴而生，而萬物有靈的信仰卻與地方勢力和反叛者的勝利相呼應。」[45]因此，緬甸人的儀式生活，同樣反映了國家建構中懸而未決的衝突。

除了精靈崇拜之外，有兩種類型的神職人員，一方是韋伯所說的領袖魅力常態化，也就是科層制、登記與通過考試的神職人員，另一方是創造奇跡、治病與發放護身符的神職人員，兩者分歧非常明顯。許多居住在村莊中的僧侶為了滿足世俗信眾的期望，往往是上述二者的混合體。當國家遭遇危機的時候，就會湧現許多代表世俗渴望的先知。事實上，如果要撰寫一部令人信服的二十世紀緬甸民族主義史，就不能忽視先知傳統。緬甸被英國殖民征服後不久，烏·奧托瑪（U Ottama）宣布自己是未來之王，並因為反英而被絞死，那裡接二連三出現許多號稱未來佛教世界之王的人，等待佛陀轉世，一直延續到一九三〇年的薩亞森起義。儘管這次起義以他的名字載入史冊，而他也因初萌民族主義而成為國家認可的英雄，但是仍然要記住，他只是這場叛亂中的三四個「未來王」之一。[46]當然，當今那些「未被馴化」的僧侶，代表了世俗大眾的民主期望，而那些受困的神職人員則需要依靠軍方高層獲得個人和寺廟的大禮來維持秩序。[47]當緬甸總統尼溫（Ne Win）還在位時，禁止任何提及神靈崇拜的電影。可以說神靈崇拜和佛教中的先知對於有組織和馴化的僧侶來說，就像是游耕和塊根作物相對於灌溉的水稻耕作。前者難以辨識並抵制國家的吸納，後者則易於接受中央集權統治。

高海拔地區的先知主義

直到最近，低地的先知運動仍然和高地一樣普遍。兩者的差異或許在於低地的先知運動是在一個有共識的文化母體下進行對壓迫和不平等的反抗。儘管如此，這樣的策略可能也同樣痛苦漫長，但從某種意義上來看，它們有點像是情侶間的吵架。如果用西方的概念來說，這是關於社會契約的條件，而不是先確定是否需要社會契約。至少從十二世紀以來，谷地社會的文化、語言和宗教日益穩定，這是得來不易的國家效應，留下了一定的痕跡，但是少有人赤裸裸追求文化和政治的分裂。在這個文化母體之中，激烈的反抗依然是貧人和背負汙名化的人所能想像的選擇。激烈的重新洗牌，讓現存的階級差別與地位高低之分徹底消失也是可以想像。但是打個比方，這是在現有的牌局中重新分牌的問題，而不是考慮要不要上牌桌或者徹底推翻牌桌的問題。[48]

這些與先知和千禧教相關的促成條件如此多樣，無法對其進行簡單的解釋。簡而言之，每一種都包含了一種難以抵抗的集體災禍，因此預言以及為了實現預言所採取的行動，就是一種嘗試補救的措施。這裡所說的災禍可以是自然災害，比如洪水、作物歉收、瘟疫、地震、龍捲風，但通常情況是神靈和上帝的作為，例如《舊約聖經》中的猶太人。風險也絕對可以來自人為，比如戰爭、入侵、難以承受的賦稅和勞役，這是大部分國家人民不可或缺的歷史。

不過，相對自主的高地人在歷史上所面對的，都是國家權力不斷入侵所強加給他們的艱難選擇。這可能意味著是選擇受人奴役還是倉皇逃亡，是選擇失去對自己社區與維生活動的直接控制，還是公開的反叛；是選擇被迫定居，還是四處逃散。比起谷地居民所面臨的選擇，我不敢說高地族群的選擇有革命性，但至少在相較之下更加嚴峻，而且能供他們做出選擇的相關資訊也很少。舉一個當代的例子，一九六〇年代赫蒙人的重大選擇分別是與美國人結盟，支持寮國的左翼運動巴特寮（Pathet Lao），或是逃亡。高地人與谷地權力打交道的時候絕非無知，但是他們經常面對難以理解又對他們的生活方式造成重大影響的威脅。

我們可以從十七世紀晚期暹羅／寮國邊界爆發的各種反叛，發現一些不同之處。十七世紀末的反叛主要是因為平民對苛捐雜稅、歉收，以及為暹羅服務的中國稅務官員湧入等現象感到不滿。雖然這些反叛是由那些「想實現地方自主和社會平等創造奇跡的聖人」所領導，但實際上是國家人民的反抗，他們決意要迫使國家重新討論接受吸納的條件。[49]然而到了十九世紀後期，窮兵黷武的卻克裡國王（Chakkri）想要把勢力擴展到高地，奴役大量人口，屠殺反抗者，將直接行政管理強壓在高地人身上。因此，先知的叛亂爆發，並且在阿諾王（Anauvong）領導的大規模叛亂中達到顛峰，以永珍為中心，反抗暹羅的統治。這些後期的叛亂與早期平民的叛亂不同，可以稱為「處女地的反叛」，因為許多相對獨立自主的人都是第一次面臨被國家吸納的威脅。因此，問題的關鍵不是改革吸納的條件，而是這些人口是否接受統治。

為了避免讓人誤以為文中所提的高地人，就像十六世紀突然面對更高技術組織與武力的「新世界」原住民一樣無知無備，要特別強調，高地人並不天真無知。他們早已熟悉低地國家。在這個脈絡下，請別忘記國家在象徵、經濟和政治滲透的範圍各不相同。這些人頑強抵抗國家的政治吸納，但很久之前他們就已經對低地宇宙觀趨之若鶩，因此借用低地的傳統創造自己的反叛傳統。象徵性的貿易可以迅速蓬勃發展，可能因為貨品幾乎沒什麼重量，也不受距離阻力的影響。由於高地和谷地的生態互補，彼此都有對方所需要的產品，所以經濟交換也非常迅速。他們天生就是夥伴。高地人長久以來就一直享受著自願的象徵性交換及經濟交換所帶來的利益，同時也會盡可能逃避政治從屬所帶來的不便，多半就是擺脫奴隸身分。

他們所抵制的只是這種來自國家的非自願性「進口」。

順帶一提，先知、聖人的反叛並非只是為了反抗低地國家入侵。高地內部和同一個族群內也會有反叛，防止國家產生。這在艾德蒙．李區分析克欽人反對殘暴的村莊首領也隱約可見。湯瑪士．科奇對於混合欽族的「民主」信徒所進行的描述也很清楚，他們成功抗拒由首領壟斷的村莊宴，恢復允許每個人可以競爭儀式地位的「私人」盛宴。先知運動的文化技術既可以用來防止國家產生，也可以逃避國家。

聖人在高地領導的反叛可以視為阻止國家吸納的幾種技巧之一。前文詳細討論的標準且低風險的技巧，包括游耕、逃避型作物、社會分裂和分散，也許還包括口述傳統等高地逃避國家的武器，這些在他們使用的策略中，約占半數。另一半的武器（或許也是放手一搏的高風險技術），則是叛亂及叛亂背後的先知宇宙觀。這正是米凱爾．格力弗斯作品中對克倫人的描述。他說：

> 克倫族在谷地和高地之間模擬兩可的策略可說是一種雙重策略，一方面是防守，即逃避稅負、勞役和政治壓迫，以及依靠游耕、狩獵和採集維生；另外一方面是進攻，模仿皇室權力以反抗國家的統治和脅迫，並打造自己的政體。兩種策略都在尋找一個依靠佛教倫理的道德領袖，同時包含對佛教國家的模仿，並且是對周邊的君主政體和國家的一種文化批評。[50]

對話、模仿和連結

我們可以把高地社會的傳說、儀式和政治，理解成是高地國家與想像中日益強大的谷地國家之間的唇槍舌戰。國家越靠近、越強大，其所掌控的話語權份量就越多。高地社會大部分的起源神話都十分混雜，或暗示某種親屬關係。有時是陌生人和外來者與當地女性原住民結合，他們的後代就是高地人。還有一些傳說，高地人和谷地人是從同樣的父母不同的卵孵出來的，因此是兄弟姊妹。高地人和低地人之間一開始處於某種平等關係，已經成為敘事的一部分。高地人在許多傳說中都聲稱自己曾經有國王、書籍、文字，也在谷地中種植水稻，這實際上是宣稱他們最初的地位平等，只不過後來平等地位逐漸流失，遭人背叛或是被偷走了。許多先知的核心承諾都是要成為一個糾正這種不公、恢復平等地位的國王，甚至是徹底翻轉局勢。赫蒙人就是一個最明顯的例子。根據傳說，赫蒙的首領蚩尤就是被中原王朝建立者黃帝所殺。終有一天，一位新的君王將會崛起解放赫蒙族，開創一個黃金時代。[51]

至少還有兩個其他原因，使得我們必須預設高地與谷地文化總是不斷地在對話。第一，高地與谷地就像是運行在一個廣大銀河體系（印度或中華）中相互影響的行星。高地人在政治上或許不是谷地的臣民，但他們積極參與經濟體系貿易，甚至參與全世界的觀念、符號、宇宙觀、頭銜、政治規則、藥方和傳說的廣泛的傳播。正如前面對於民俗文化的討論，高地人「不斷被吸納進入複雜的知識傳統，成為很重要的一員……它們是超文化區域的一環」。[52]相較於貿易，文化交流的阻力較小、成本較低且完全出於自願，高地社會可以從文化自助餐中選擇自己想吃的食物，並按照自己的方式加以利用。

除此之外，高地與谷地也因為共同的歷史而緊密相連。我們不能忘記，許多高地人就是谷地國家人民的後裔，有些甚至不久之前才離開谷地。他們離開時帶著原生地盛行的文化和信仰。例如，阿帕拉契與世隔絕的谷地，保存了發源地都已經消失許久的古英國和蘇格蘭方言、音樂和舞蹈，高地社會也構成一個活生生的歷史檔案，保存著他們的祖先在漫長遷徙途中帶來或習得的信仰與儀式。比如赫蒙的占卜術似乎忠實複製了幾個世紀之前漢族的卜卦。他們遵循的權威、等級標誌、頭銜和主要服飾，可能就是谷地博物館展覽的古物。說來奇怪，谷地人心中的偏見認為高地人代表「我們的過去」，這種想法其實部分正確。高地人本身並非社會化石，而是從這些谷地帶來並保存了谷地古老的生活方式。如果我們把那些受到迫害，不斷逃往高地的宗教異端、隱居僧侶、政治異議分子、謀反的貴族與隨從、罪犯也放進來，就能看到高地社會確實反映了谷地社會中經常被打壓的那段歷史過往。

尤其是說到宇宙觀和宗教時，高地的異端與魅力型領袖的宗教運動似乎和國家內部的非特權階層之間有關。奧斯卡・薩爾銘珂很敏銳地指出：雖然高地人大致上與東南亞國家中心的宗教（佛教、伊斯蘭教）有段差異，高地宗教「儘管經常被貼上『萬物有靈論』的標籤，卻與低地民間宗教有許多相同的信仰和儀式」。[53]如果我們留意，當低地宗教傳入山區，例如克倫族與撣族的佛教形式，這些信仰往往會轉化為異端且充滿魅力的樣貌，我們便會看到一條光譜逐漸浮現，從國家邊緣階層以象徵性方式表達反抗的信仰模式，一路延伸到相對自主的山地社會的宗教崇拜。正是在這些一無所有、處於邊緣的人群才會最迷戀那些反動以及「顛覆世界」的預言。當然，高地民族最有可能接觸到的是谷地邊緣地區的人民。高地人為了貿易與工作來到谷地，往往與谷地社會底層走得最近。所以，谷地社會底層以及那些由僧侶和隱士組成「流氓知識分子」，也是最有可能搬到高地的人。因此無論從結構位置還是社會聯繫方面來看，我們都應該認為，谷地激進的宗教運動與高地的先知運動，只是程度差異，而不是本質差異。兩者都強調救贖宗教的世俗功能，也都有聖王或佛陀轉世的神話，都有充分的理由（儘管理由不盡相同）憎恨谷地國家。最終，兩種運動都是志在摧毀國家的宇宙觀與實踐的社會歷史檔案。

幾乎所有先知運動的目標都是建立新國家和新秩序，這自然需要打破現有的秩序。表面看來，這些運動都是反叛。他們以一種象徵性的柔術（symbolic jujitsu）挪用谷地國家的權力、魔法、徽章和制度魅力，進而攻擊谷地國家。新國王或彌勒佛帶來烏托邦的理想，其本質可以理解為對國家壓迫的反抗，追求人人平等，沒有勞役、稅賦和進貢，沒有人貧困，戰爭和殺戮將會劃下句點，緬甸、漢族或泰族的壓迫者都應該離開或被摧毀等。人民可以從美好未來的承諾推斷出當前的問題。那些期盼新烏托邦的人絕非被動消極，他們往往已經做好儀式性準備，宣布自己不再效忠，拒絕納稅並發動攻擊。在前現代的東南亞，以先知為主軸的動員，是國家形構與反叛的慣用語，統治者以及統治者的參謀都非常熟悉此類凶兆。

已經有大量文章探討，如果主要的儀式論述在象徵意義上源自國家儀式，那麼使用這樣的論述，例如克倫的千禧年主義佛教反對緬甸，赫蒙人反對漢族帝國統治，這樣是否還稱得上是顛覆呢？[54]我認為這個問題不過是一個爭論者的觀點，而答案將越來越清晰。當然，除了少數村莊之外，既有唯一關於政治秩序的論述，肯定是君主制論述，不論是人治還是神治。但是，直到十八世紀末之前歐洲的叛亂仍是如此。[55]幾乎所有的國家都是君主制，遇到昏君的補救之道就是換上一個更好的君王。

東南亞大陸前殖民、殖民和後殖民的國家（還有中國）絕對不會懷疑製造神蹟的謀位者，及其隨從所帶來的威脅。只要一有威脅，國家會立即派遣軍隊鎮壓反叛，並在當地支持正式、正統以及有宗教意涵的等級制度，讓他們可以從國家中心監控。正如韋伯的預言，國家對於魅力領袖帶有政治意涵的感召，始終懷有難以化解的敵意。因此，潛在的反叛者即便採用了佛教的宇宙觀和王國的徽章，也根本不能讓國家官員放心。[56]

我們常常可以察覺一條長長的模仿鍊，從吳哥和蒲甘一直延伸到越來越小的國家，直到另一端是那些聲勢最小的村寨首領，例如拉祜和克欽。古典國家也同樣效法南亞國家，可以稱為「帝國儀式的在地化」。[57]儘管他們模仿的宮廷建築、官銜、徽章和儀式往往來自最近的大國，但仍然是一個滲透的過程。對於本書的目的來說，重點在於模仿與權力實際行使範圍毫無關係。克利福德・吉爾茲甚至還說，「所謂的高度集權正是代表制度的高度分散」，彷彿象徵性集權是為了平衡不足的「硬」權力。[58]

我認為反叛的象徵語言以及地方對統治地位的訴求中，大概也是相同的運作過程。這就像「公開取用的軟體」，凡是聲稱要爭取「下一位和未來之王」的反叛者，都可以自由使用，但他能否聚集大量的追隨者就是另一個問題了。不過，從結構來看，拉祜的先知成為世界君主的機會和佤族村寨的首領成為帝王的機會同樣很小，儘管他們都懷抱這樣的宇宙觀。人口和農業生產的分散，加上地理條件妨礙（即便沒有完全阻止）社會大規模的動員，都不利於他們的成功。[59]雷曼一針見血地點出：「超地方（supra-local）政治體系試圖按照其周邊文明鄰國提供的模式發展，但自身資源和組織能力卻無法真正實現這一目標。」[60]魅魅力型領袖可以在高地建立小國（比如緬甸的克耶），而谷地先知可以建立較大的王國（雍籍牙），但這些都是證明規則的例外。當這種宇宙觀怒吼時，先知使用的是方言，也是主張超地方權威唯一可用的語言。這種觀念肯定是帝國傳說，即便與帝國現實不符，這些國家仍是本質不變的「仿似」之國。這個「仿似」之國宣稱自己是宇宙觀的霸權中心，這樣說基本上是為了掩蓋當地分崩離析的政治現實，而且也絕對不是只有高地的強人才這樣做。這種儀式主權（ritual sovereignty）在谷地王國頗為常見。事實上，這似乎也一直是南印度的常態，東南亞谷地王國就是從南印度的軌跡中，衍生出自有的宇宙觀。[61]

「仿似」國家透過借用，模仿宮廷建築、儀式規則，讓宇宙觀走向正確的方式，這背後絕對有一種共感魔力（sympathetic magic）。對對於那些基本上不受王國權力直接控制的大批人群來說，偉大的國家中心以象徵性碎片的形式出現似乎非常適當。這種情形與明治維新初期赴西方考察的日本官員有諸多相似之處，他們想像西方進步關鍵在於憲法，所以就此推斷，如果有一套好的憲法，國家的進步基本上是水到渠成。學來的規則本身被認為可以發揮作用。有了此信念，高地人似乎與低地國家的創建者或篡位者沒有太大不同，低地國家的婆羅門管理者確保自己的宮廷、徽章、譜系和誓言從上到下每一個細節都完全正確。這就像咒語一樣，必須「完美無缺」。

也許因為谷地國家帶著象徵性吸引力，高地的魅力領袖無論是否叛亂，總是希望表現出自己有世界觀，並且與外部世界有所聯繫。他們每個人都是地方的世界主義者，無一例外。也就是說，他們有地方的淵源，但通常會雲游四方，講多種語言，交友廣闊，互為結盟，並且深知谷地宗教的神聖儀式及教義，是一個精幹的演講者與八方玲瓏的調節人。不論從那一方面來看（經常是在許多方面），用美洲原住民的話來說，他們都是內行的人。事實上，特別之處在於，這樣如此概括的方式在各地都可以適用。不論是太平天國叛亂，太平洋島嶼發生的數百起貨物崇拜起義，還是新大陸先知反對歐洲人的叛亂，這些運動中的關鍵人物經常是文化兩棲的翻譯者，他們可以相對輕鬆地在各個世界之間穿梭。斯圖爾特・施瓦茨和法蘭克・所羅門描寫早期南美殖民地叛亂時，他們得出的結論就是最好的例子：「幾乎無一例外，救世主或千禧教運動在邊疆起義的領袖竟然都是選擇印第安人生活方式的混血兒（mestizos）；或者在安第斯山，全都是社會條件與混血兒類似有雙重文化的印第安人。」[62]

由於高山地區的方言相當多元，文化間的轉譯有時候就是語言的翻譯。尼古拉斯・塔普描述了泰國北部赫蒙村莊一位頗具威望的首領，這個人精通克倫語、拉祜語、漢語、撣族語和泰國北部方言而廣受欽佩。[63]然而，許多時候所謂的世界主義就是瞭解低地的宗教和宇宙觀。這解釋了為什麼大部分先知是僧侶、神學校的畢業生、傳教士、巫醫、商人和邊疆的地方神職人員。根據葛蘭西主義（Gramscian）的理解，被剝奪權利和被邊緣化的主要知識分子。這樣的概括適用性很廣。馬克・布洛赫注意到中世紀歐洲鄉村牧師在農民起義中扮演要角。他們「吃的苦並不比教區居民少，但他們的思想更能接受自己的悲慘是為了整體的苦難，他們非常適合扮演德高望重的知識分子」。[64]韋伯將這個階級定義為「賤民知識分子」(pariah intellectuals)，並且成為「撬動社會傳統的阿基米德支點……最早看透宇宙的意義」。[65]在高地，這些宗教人物基本上扮演同樣的角色，他們清楚表達社群的渴望，同時也能控制（或至少是化解）國家的象徵技術。

這些領袖一腳內一腳外的兩棲身分，使得他們有潛在的危險。從結構上說，他們有可能成為吃裡扒外的叛軍「第五縱隊」。人類學家埃里克・米格勒（Erik Mueggler）描述雲南有個彝族村莊就意識到這種危險，採取特別的儀式與實際的行動來防範。[66]當地最重要和具有潛在破壞性的任務是接待漢族官員，提供飲食，有時候還有數百名部隊相隨，這項任務由地方上少數富裕人家輪流承擔。在這一年服務期間，主人夫婦的行為要像個純正的拉祜人，避免任何帶有漢族文化色彩的東西。他們的衣著一定要沿襲拉祜祖先的衣著，他們吃喝用木碗而不是瓷器，只喝自家釀造的小麥酒，不吃任何與低地飲食有關的肉類（狗、馬和牛），而且在輪值接待的一整年不能講任何漢語。我們很難想像會有比這更全面的禁令，目的在於確保接待者超像拉祜人，並且與漢族保持距離。幾乎所有和漢族的往來都指派給一名「發言人」，他可以在主人家免費居住一年。相較之下，他可以與客人同吃同喝，穿著得體，舉止也更有世界觀，能講一口流利的漢語，往往可以讓那些危險的客人有賓至如歸之感。我們可以說，發言人是一個村莊裡的外交部長，他們的工作是安撫客人、滿足他們的需求，而且是外界與村莊內部事務之間的文化屏障。拉祜人相當清楚一位力量強大且八面玲瓏的地方中間人，可能是資產也可能是負擔，因此他們煞費苦心將這兩種角色分開，從而將危險降到最低。

靈活的轉變：最終的社會逃避結構

接下來，我打算對東南亞高地的先知運動進行「去奇異化」（deexoticize）。一般而言，東南亞高地的先知運動往往被視為是自成一格的現象，徹底打破了一般的行動邏輯，即使稱不上是精神病，也是某種集體錯亂。[67]這種看法很不恰當，原因有二：第一，它忽視了西方直到今天都一直持續存在、精彩的千禧教運動史。第二，在此脈絡下也是更密切相關的一點，它忽視了在某種程度上先知活動與傳統的巫醫治療和村莊遷徙或分裂的決定是有連續性的。我相信先知行動就像是一種激烈且集體的日常活動，程度上有所不同卻未必有本質上的差異。

薩滿教的巫師或傳統巫醫往往通過出神（trance）和附體（possession）來陷入困境或生病的患者治療。薩滿巫師先是確認問題起因，然後舉行儀式說服纏住病人的靈魂離開。不過在先知事例中，其實是整個社區都不對勁。一般來說，危機與威脅的產生，通常是因為正常文化獲得尊嚴與敬重的途徑，例如農民的勤奮、勇敢、宴請、純熟的狩獵技巧、結婚和生子等在當地普遍受人尊敬的行為，都已經不能適應特殊的狀況。正是在這種背景下，整整個社群的生活世界來到生死關頭，微小的調整已經不足以解決問題。就像泰普所說：「如果薩滿巫師關注的是個別病人和家庭的健康和福祉，那麼救世主先知的終極關懷就是整個赫蒙社會的救贖。」[68]他們的角色更宏大，病人是整個集體，所以風險也更大，但是先知必須是（或應該是）所有陷入困境社區的薩滿。

當我們把先知運動全部看成特殊現象，難免忽略那些與先知引發的變化本質相同的「小規模」變動，而且這種變化與現存村莊的分裂及遷徙有關。雖然這些小規模的變動不是每天都會發生，但也算是相當普遍，足以稱為一種「文化常態」。各種充分合理的理由都可能導致村莊與農田分裂和遷移，像是土壤耗竭、人口增長、收成不佳、周邊人群或國家的政治壓力、猝死或流產、瘟疫、派系衝突，以及惡靈的到來等等。不論背後原因為何，村莊可能遷移有兩點值得關注。首先，遷徙總伴隨著巨大的不確定性、焦慮和社會緊張。他們通常已經選定了新的落腳之處，即便如此潛在的危險還是非常顯著，就像歷史上的結盟和決定是否要打仗一樣。因此，大多數情況下都是根據先知的夢來做抉擇並宣告。以赫蒙為例，經常是一位有地位的女人或男人，通常就是薩滿巫師，會夢到該遷徙到新地方。如果是村莊分裂的問題，「做夢的人」就會帶著追隨者收拾行李離開，有時會在不遠的地方建立一個「女兒」村。[69]赫蒙人深信占卜，對他們來說，每一次環境變化就是改變運氣。

克倫村莊遷移和分裂的情況也大同小異。如果有什麼特別之處，那就是克倫村莊就和拉祜村莊一樣，似乎特別脆弱，也更容易因為一些原因而分裂。他們和赫蒙人一樣，村莊分裂往往是以先知的願景、夢境或徵兆來宣布。因此，先知並非以世界征服者的態勢出現，或是完全不出現。先知運動比較是一種日常經驗，和重要的但並不是那麼驚天動地的決定有關。從這個方面來說，能在檔案中留下記載的先知不光只是先知，還要是能帶領更多的追隨者，追求更大膽目標的「大聯盟」（major league）先知才行。

大型的千禧年信仰運動與小規模的先知運動的不同之處在於，大型運動的追隨者經常在先知指示下，勇往直前不留任何退路。他們與那些遷徙之後還希望在更好的條件下恢復原先習慣的人不同，千禧年信仰運動的追隨者，等著建立一個新世界。他們往往會徹底放棄過去的生活方式，不再耕種，賣掉米和土地，散盡家產，殺掉牲畜，徹底改變飲食習慣，穿上全新的衣服和護身符，燒毀房屋，並打破神聖的禁忌。一旦切斷後路，也就很難回頭了。[70]由此可見，如此規模強大的革命性行動徹底打破農村原有的社會等級制度。在新的秩序下，原有的地位和聲望已經毫無意義，舊秩序下處於底層的先知及追隨者的地位，現在都獲得提升。不管這些先知運動是否為外在世界掀起革命，但毫無疑問的是，對於經歷這些的社會來說，它都是一場真正意義上的革命。

這種千禧年主義是種社會過程，屬於高階的社會逃避結構。儘管以運動所展現的功能並不足以解釋千禧年信仰運動，但是有一點我們必須思考，這樣的運動是否有助於快速且大規模地適應急劇變遷的環境？雷曼也表達類似想法：「斯高克倫的傳統習慣…發動千禧教運動以及產生一個領袖，似乎可以使這些人徹底重新適應新的社會與文化關係的脈絡中。」他還指出，克倫族的千禧教運動推動了族群誕生：「改變他們的宗教幾乎等於改變了他們的族群身分來回應團體之間關係的變動。」[71]

米凱爾・格力弗斯在討論東南部蘇札納（U Thuzana）領導下的

克倫佛教派崛起時，強調這些克倫人因此重新落腳在戰爭地區，並進行大規模的遷移：「這些運動表示不斷重新評價宇宙觀和族群認同，目標的是建立秩序和克服危機。」[72]相對於每一個成功帶領追隨者到達一個相對平靜、穩定和維生之地的先知，有更多先知失敗了。然而，這些運動發生之時正好也是經濟、政治和軍事危機來臨之際，因此可以把它們視為孤注一擲的社會實驗，有如在毫無勝算的情況下擲骰子。

事實上，我們都知道魅力型運動能夠並且已經導致新的國家、新的族群與政治認同的產生，其中最引人注目且最詳盡記載的是十九世紀兩個克耶國家的建立，即寶喀克（Bawkahke）和坎塔拉瓦底（Kantarawaddy），前者後來成為緬甸克耶／克倫尼邦新疆域的基礎，並重組新的族群認同。這段歷史「清楚顯示兩國的建立者都來自南方，都是典型魅力型領袖，善於利用外部世界的知識。他們建立了新的宗教派別（克耶政權即是以此為基礎），與信奉佛教的孟人和緬甸人以及平原克倫人的千禧年意識形態極為類似，在這個時期，既是佛教徒也是萬物有靈論者」。[73]這裡頭當然也有世俗考量，尤其是如同我們前面所提到，此地是世界上最後一塊擁有大量貴重柚木的蘊藏地，然而，這是克倫尼族內部一場重要的族群洗牌，而且是由一位富有領袖魅力的先知所發起。

拉祜人就像許多高地族群一樣，也是通過顏色區分成許多不同的分支，比如紅拉祜、黃拉祜、黑拉祜等。這些分支的起源已消失在時間和傳說的迷霧中，但是安東尼．沃克相信，「其中有一些肯定是源於救世主般的首領」。[74]從歷史來看，高地族群重組的主要模式可能就是先知運動。若真是如此，這個過程與村莊的分裂類似，只是規模更大也更激烈，本質基本上並無不同。

正如村莊的分裂，政治的重組也牽涉到重新定位與周邊族群和谷地國家的關係。克倫佛教的領袖蘇札納希望為追隨者創造和平地區。他也果斷將人民重新安置到更靠近緬甸國家的地方，以致於他的戰士民主克倫佛教軍（the Democratic Karen Buddhist Army，DKBA）便是緬甸軍隊監視下的傭兵和逐利者。而其他的分裂、其他由魅力領袖所率領的運動，也都促使族群進一步退居高山、長途遷移，並改變他們的文化以適應新的環境。

不論如何，贊米亞許多高地人面對的生死情境，以及社會組織、族群聯繫和宗教認同的可塑性和適應性之間，至少存有韋伯所說的選擇性親近（elective affinity）。這些隨時移動、追求平等和處於邊緣的民族，多數都經歷過長期打壓，不斷逃跑，同時要面對強大的國家機器，同時幾乎毫無機會影響國家政策。他們就像市場上的小販，只能「接受價格」而無法出價或定價，因此他們必須在變化多端與危機四伏的權力格局中摸索前進，基本上他們大多只是當別人馬前卒。面對獵奴、索貢、軍隊入侵、瘟疫和三不五時的作物歉收，他們不僅要發展出一套特定的維生方式與國家保持距離，也要奉行一種多變的社會和宗教組織，可以妥善適應動盪的環境。在多數的高地社會之中，宗教異端、隱居的僧侶、篡位者以及未來先知的集中，使他們許多人非常有彈性，能夠視情況改變重新塑造自己。[75]

綜合以上所述，我們會驚訝於高地民族幾乎能夠在一夕之間開拓新領域的能力（不論是社會、宗教或種族領域），並欣賞這群相對邊緣又無權無勢的人們表現出令人難以置信的世界主義觀。他們絕對不是落後傳統的、受習俗與習慣束縛的民族，他們似乎很努力地把自己想像成一個千變萬化的新人（甚至可以是加州人）。

族群合作的宇宙觀

高地社會的觀察者注意到的第一件事就是，高地在短短幾公尺內，就會出現令人眼花撩亂的語言和政治型態。如果我們以「慢速攝影」把歷史定格，便會高地與谷地社會最主要的差別在於多樣性。「微小差異的自戀」是人們一開始用來呈現巴爾幹民族主義的說法，但其實更適合用來形容贊米亞。事實上，所有的谷地國家，從古典國家到殖民政權，再到美國特種部隊、中央情報局（CIA）和當今緬甸的軍政府，都會利用這些差異來達成自己的目的。

這條規則有個重大且顯然已經存在多時的例外，便是一些具有魅力的領袖，運用了來自平地社會的部分千禧年宇宙觀，便能夠動員跨越族群界線的人群。在這種背景下，領袖魅力實際上是一種社會凝聚力，但與習俗、傳統、親屬關係和古老儀式帶來的凝聚效果截然不同。以帕安（Pa-an）為根據地的著名僧侶塔曼亞（Sayadaw Thamanya）為例，在他於二〇〇七年過世之前，身邊聚集包含各個族群共約兩萬多名信徒。塔曼亞出生在帕歐，但是身邊的追隨者卻包括克倫人、撣族、孟族和緬甸人，所有人都衷心期盼進入他所創造的佛教福地。儘管他小心翼翼地隱藏反對仰光軍人政權的態度，但這場運動一度成為自一九八八年大規模民主暴動以來最強勁的反政府情緒宣洩。這場暴動，與歷史和殖民檔案中數以百計的起義一樣，似乎只有魅力型的宗教先知才能克服高地社會的四分五裂，吸引超越族群、世系和方言的眾多追隨者。

漢人政權在中國西南邊疆的擴張以及殖民政權對贊米亞的控制，所面臨的最大挑戰來自於跨族群的聯盟，每個聯盟都因先知宣布會有個公正的君王或黃金時代到來，而有不同的組成。三場典型的反叛可以說明這類動員的潛在巨大規模。

十九世紀中，貴州的苗亂（一八五四至一八七三年）是有數百萬人參與的多族群起義，這場叛亂持續近二十年，造成高達五百萬人喪生。這場叛亂正好與另一些反對清朝統治的大規模起義同時發生，這些叛亂融合各種宗教信仰，如一八五一至一八六八年的以江西為中心的捻軍之亂、一八五五至一八七三年雲南的回亂、一八五一至一八六四年的太平天國農民起義。由於叛亂時間很長、範圍很廣，因此這場起義必然是各立山頭，結合各方不同勢力，包括盜匪、探險者、失意的漢人官員等等。有近乎半數的參與者名義上可能是漢人，其他大多則來自高地的少數族群，其中以苗族人數最多。穆斯林漢人（回族）也參與其中。顯然，這些來自五湖四海的人們之所以能結合在一起，主要的意識形態因素就在於對入世宗教救贖的共同信念：「影響漢族和少數民族起義的最後一個因素是千禧年信仰。由此看來，信仰民間宗教的群體跨越了族群界線。不少苗族信奉漢人所領導的宗派，反過來的情況也有，儘管人數少一些。」[76]我們似乎可以清楚地看到激進的先知宗教，吸引了無數國家底層（這例子主要是挖礦的漢人）和邊緣高地人。他們的理想國度無疑南轅北轍，但卻都渴望近在眼前的解放。

泛族群先知運動的第二個例子，是發生於一九三七年，震撼越南中部高地與柬埔寨部分地區的蟒神（Dieu-python）之亂。[77]召喚出叛亂者的信念，是他們都相信高地信仰的蟒神即將重返大地，開啟一個黃金時代。蟒神會擊敗法國人，大家再也不用納稅與勞役，而那些遵循儀式的人將進入黃金時代，共享法國人留下的財物。雖然這場運動也有位先知布拉姆（Sam Bram），負責分發神聖圖和聖水，但是這場運動卻擴散到那些先知未曾去過的高原地區，許多高地人群，特別是加萊人，都曾一度停止耕作。

讓法國人極為驚訝的是，這場起義者族群多樣卻具有一致的宇宙觀。殖民地的民族學家曾經費盡苦心把中央高地的不同「部落」分類登記，但是這些不同且分散的民族（其中有些名義上還是天主教徒）有相同的叛亂宇宙觀，這項事實不但讓分類登記者大吃一驚，也讓他們相當頭痛。叛亂的先知運動色彩濃厚，並不表示事件發生的地理區域，不會沿著社會經濟差異的軸線而擴散。暴力往往發生在法國軍隊凶狠鎮壓的高原地區，這也是上座部佛教影響最明顯、且高地人生計最直接受到威脅的地方。然而，從意識形態來說奧斯卡．薩爾銘珂認為這只是「聖人」反叛的歷史之一，可以回溯到法國人來之前。一八二〇年，在寮國僧侶的帶領下，整個高地爆發了一場抵抗寮國君王的救世主反叛。此外，蟒神起義之前不久，還有兩場先知叛亂被鎮壓：一次是闊曼達姆（Ong Kommodam，發明反抗訊息傳遞密碼）領導的佛教聖人叛亂，也稱為波羅芬（Boloven）高原的卡叛亂（Kha Rebellion）；第二次是發生在柬埔寨、克欽與安南邊界上的起義，起義隊伍攻擊法國人的駐紮地。[78]蟒神起義是法國政府發動焦土政策和空中轟炸才被擊潰。但是，反叛並未就此畫下句點。三場起義中許多領袖在一代之後又參加了共產黨組織的巴特寮和越南獨立同盟。社會主義進入越南以後，並不意味著千禧年運動的平息。越南獨立同盟在高地勢力的支持下，於奠邊府大敗法軍，後來高地少數民族又在一九五六年爆發大規模的千禧年主義運動，越南獨立同盟耗時兩年才將運動鎮壓下來。整個村莊都停止了耕種，賣掉耕牛，攻擊政府處所，一起避居寮國，等待聖王降臨。[79]

最後，幾乎每一場留下紀錄的克倫族先知運動，追隨者都是來自各個族群。一七四〇年前殖民時期發生在勃古／巴過（Pegu／Bago）附近的克倫／孟人起義就是一例，起義者包括緬甸、撣族、帕歐人。而在殖民時期，一八六七年帕潘（Papun）附近的反叛就集結了克耶、撣族、孟人和帕歐人；還有一九七〇年代反對泰國的「白僧侶」（White Monk）運動也是有不同族群參加；而時間最近的就是帕歐附近的塔曼亞（Hsayadaw Thamanya）運動，領袖是帕歐人，但卻吸引許多高地和谷地族群。當他們一起掛上聖人運動的旗幟，便意味著那些人類學家和官員鍾愛的族群特徵及語言差異的分界，絲毫不會影響他們的合作。

值得注意的是，先知運動的領袖往往會超越普通親屬血緣關係，至少會超越家族血緣關係。薩滿巫師與僧侶靠著特殊的才能和地位，凌駕家庭和宗族政治。不同於其他人，他們一般並不被視為是為了所屬社群的狹隘私利而賣命。[80]有時候，特別是赫蒙人和克倫人，那些先成為英雄且最終成為君王的孤兒，也負起類似的責任。孤兒成長的過程中沒有家庭，完全自食其力，僅憑自己的智慧發跡，因此具有獨特的地位，可以成為跨越宗族和族群的統一者。

不論在贊米亞或其他地方，都可以看到一次又一次出現由聖人領導的多族群反叛，這是一種典型的反抗形式。儘管我並沒有做過有系統的調查，但依然可以看得出邊疆化外之地與這類運動有多相似。以南美洲為例，我們看到橫跨兩種文化的領袖在邊疆地區帶領流離失所的人發起救世主運動。而在中東，歷史學家艾拉．拉普德斯（Ira Lapidus）堅持在征服運動中，「親屬關係比較次要」。拉普德斯寫道：「這些運動並非以血統為基礎，而是集合了各式各樣的族群，包括個人、受庇護的人、虔誠的宗教信徒及宗族分支……最常見的集合形式就是在充滿魅力的宗教及政治領袖下所建立的宗教小國」[81]湯姆士．巴菲爾德也注意到聖人領導的跨族群反叛，他補充說：「在阿富汗和巴基斯坦西北邊疆省的族群分裂地帶，反抗往往是由極具遠見的宗教領袖領導，他們自稱根據上帝指令行事，推動上帝所啟發的改變……魅力型的神職人員通過煽動部落反抗而登上政治舞台，宣稱他們的勝利來自神的旨意。」[82]

不論是佛教、基督教，回教還是萬物有靈崇拜，帶有救世主意味的聖人反叛似乎在各個宗教中都相當普遍。因此，我們有必要思考以下的命題：這類抵抗運動是小規模、分裂和無首領社會的特有形式，且沒有中央政府來協調共同的行動。社會越集權越有能力以現有的制度組織抵抗和反叛。[83]無首領的社會，特別是那些平等、可滲透的和散居各處的社會，或許是因為大家都是普通人無法集體抵抗，或者即使有抵抗，多半也是暫時、非預先計畫以及魅力型的抵抗。

換言之，人們可能會說，在各個平起平坐的團體之間，逃避社會結構的多變與簡化，使他們失去採取協調行動的結構工具。唯有藉助超越世系或毫無親屬關係的魅力型先知才有可能動員。此外，這種為特殊目的促成的合作，背後唯一的宇宙觀，或者說唯一的觀念架構，也是從低地救贖宗教挪用過來普遍君主制的概念。

相較之下，精靈崇拜是難以移轉的；人一旦離開熟悉的地方，精靈就會變成有潛在危險的異物。唯有普世的谷地宗教才能宣稱有個無處不在的庇護所，可以不受限制的移動。[84]高地社會大都帶有避難、散居、游耕、採集和分裂的色彩，但是潛在的暴力先知運動隨時隨地都可能發生，這卻也說明，一旦常見的逃避模式被阻礙且「無路可退」時，他們便會從其他地方挪用比較完整的宇宙觀，並藉此做為凝聚跨族群叛亂的力量。但是，他們建立「仿似」國家的目的，仍然是異端和反抗，也就是反抗低地政體的吸納，這使我們難以想像他們會受到低地宇宙觀的霸權掌控。

基督教：保持距離和現代性的資源

十九世紀末至二十世紀初，基督教傳教士來到高地時，高地民族有機會接受新的救贖宗教。許多高地人把握了機會。基督教兩個很大的優勢：首先，它有自己的千禧年宇宙觀；其次，它與高地社會希望保持距離的低地國家毫無任何淵源。基督教是一個有力的替代品，基本上與谷地宇宙觀相反，帶有現代意涵。基督教大大改變贊米亞高地人信仰，除了越南少數地方之外，基督教在谷地人之間再也無法如此成功。

在南亞和東南亞大部分地區，高地民族、底層種姓和邊緣及少數族群長期以來普遍維持或採納與核心國家不同的宗教認同，這些人的文化往往與他們受到汙名化有關。因此，我們可以在谷地發現印度教，也可能在高地看到萬物有靈論、伊斯蘭教、基督教，或者佛教。在爪哇，我們也許能在谷地發現伊斯蘭教，而在高地看到基督教、萬物有靈論和印度教。而在馬來西亞，統治者是穆斯林，而許多高地少數民族信奉基督教、萬物有靈或巴哈伊教（Baha' i）。就算高地民族真的信奉低地流行的宗教，也經常是低地宗教眼中的異端版本。基本上，高地人為了自身目的借用低地的宇宙觀，通常也會選擇在宗教上與低地人有所區別。

我們還可以進一步說明，高地的基督教從兩方面反映高地與谷地之間的關係。首先，它代表了現代認同，賦予（高地社會）「外部世界拒絕承認的獨特性和尊嚴」。[85]如我們所見，這種新認同承諾要讓高地人識字、接受教育、擁有現代醫療和物質繁榮。此外，基督教內在的千禧年宇宙觀，承諾自己的救世主即將到來，不但會消滅惡人，還會提升有德之人。第二，基督教的出現既是一種制度也是一種意識形態，可說是群體形成的額外力量和資源。基督教使一個群體（或至少是部分群體），可以在支離破碎的族群拼貼中重新找到自己的定位。如同村莊分裂、政黨、革命組織、族群運動等更現代的社會認同，基督教提供了一個強而有力的途徑，為新精英創造空間，也為社會動員創造制度網絡。每種技巧都可以用於保持和突出高地與谷地之間的區別（也就是一種高地民族主義），也可以用於來縮小差異，儘管後者幾乎很少發生。

直到基督教傳教士進入當地之前，赫蒙先知的反叛依靠的是自己豐富的傳說，傳說中偉大君王有一天將會回來拯救他的人民，然後再補充一些以這些期待相符的大乘佛教與道教的元素。隨著越來越多的赫蒙人熟悉基督教的經文，基督、瑪利亞和三位一體（Holy Trinity）等基督教元素，可以很輕易地融入到赫蒙人對於解放即將來臨的觀點之中。有些地方常常可以看到先知宣稱自己是耶穌、瑪利亞、聖靈或者三位一體，這與宣稱自己是古代赫蒙王塔依斯（Huab

Tais）的情況一樣常見。[86]《聖經》所傳達的末世預言與赫蒙人千禧年信仰極為相似，所以幾乎不需要做任何調整。

承諾讓人民識字以及經書（《聖經》）提及救世主回歸，對於赫蒙人有很大的吸引力。根據傳說，赫蒙的經書被漢人偷走，也可能是不見了，他們希望找回經書，破除低地人群（包括漢人和泰人）對赫蒙的藐視。基本上，正因為上述原因，美國浸信會派傳教士伯格理（Samuel Pollard），便因為創造至今仍在使用的赫蒙文字而被視為救世主。現在赫蒙人不僅有文字，而且是有自己的文字。當赫蒙認同被理解為一系列與漢族相反的事物時，伯格理成功使赫蒙人原則上普遍識字，而且使用的文字並非漢字。過去赫蒙人必須通過漢人與泰人的低地，才能達到現代性、世界主義和識字的世俗三位一體。現在，基督教使他們有機會掌握現代性、世界主義和文字，但仍然是赫蒙人的機會。

不論如何，赫蒙經歷了明清政府大力的剷除運動，到兵荒馬亂大規模的移民，再到不幸與美國中央情報局在密戰（Secret War）結盟，赫蒙人長期以來的悲慘和不幸實在令人瞠目結舌。過去五個世紀以來，赫蒙人就和這一帶叫得出名號的其他民族一樣，早逝以及被迫逃亡的情況非常嚴重。[87]有鑑於此，他們如此善於在瞬息萬變的情況下行動，重組內部的社會組織，在各種形式的千禧教夢想和反叛之間轉換，也就不足為奇了。從某種意義上來看，這些都是人們想要改變命運所進行高風險的社會認同實驗。隨著他們的處境每況愈下，他們已經把逃避的社會結構發展成為一種藝術形式。

二十世紀初，雲南、緬甸和泰國的許多拉祜人也已經改信基督教。根據拉祜的傳說，佤－拉枯人的宗教首領在第一個傳教士威廉·

楊（William Young）來到當地的十年前，就已經預示他的到來。上帝和耶穌立刻被視為是預言中即將重返的拉祜造物主貴莎神。基督教來之前的神被視為《聖經》人物，是因為拉祜人借用基督教故事，更是因為傳教士努力把他們的神，納入到他們所知的拉祜傳說。拉祜人就像新大陸的非洲奴隸，發現自己與當年以色列人的處境類似，四處流浪、備受打壓，當然還有最終同樣獲得解放。[88]

此外，耶穌復活也被看作拉祜人即將獲得解放的先兆。傳教士在緬甸和泰國傳教告捷後不久，有位拉祜族先知受到基督教啟示和大乘佛教預言的啟發，立即宣布一九〇七年是拉祜向景棟的撣族頭目納貢的最後一年，因為拉祜有了新的君王。這名先知把許多拉祜人帶進教會，但是當他自稱上帝並娶妻納妾之後，教會將他「免職」了，最後他領導了一場反基督教運動。[89]，在拉祜、赫蒙和克倫族的例子中很明顯可見，基督教做為一種信念與制度，文化上的挪用是為了滿足高地需求，經常是為了抵抗谷地的對手甚至是傳教士。底下是一本拉祜（或拉祜－佤）小冊子裡頭有關耶穌誕生的簡單故事，從中可以看到文化的相互借用：

> 耶穌基督……是一個寡婦之子。在他出生之前，有些先知就告訴他母親，她會生個孩子，而孩子會強大到足以征服世界。當地方首領得知此事，非常的生氣，決定殺掉耶穌的母親。在村民的幫助下，瑪利亞逃到了馬廄並在馬槽中生下耶穌。耶穌的母親將他帶回家之後，他立刻從媽媽的懷裡跳下來，他一踏到地上……就出現了一把供他坐下的黃金椅。[90]

回顧這段具有深遠歷史意義與傳播廣泛的千禧年活動，現實主義者大概會把這整個記錄看成是巫術解決問題的失敗記錄。畢竟千禧教的承諾從未實現，而那些回應召喚的人就算能夠保住性命，也是落敗、毀滅和四處逃逸。從這個角度來看，數個世紀以來連綿不斷的先知運動，本身就足以表明所有運動都是徒勞無功。

然而，許多歷史學家和人類學家考察這種希望破滅（frustrated hopes）的意識形態景象，並試圖從中得出一些正面意義後，發現其中的原初民族主義，甚至是原初共產主義，成為後來的世俗運動普及的原因。這些世俗運動的目標與以前一樣，只是他們對於如何達到目標的想法沒有那麼神奇，因而就更令人相信。霍布斯邦在《原始叛亂》（Primitive Rebels）這本經典著作也是如此評價。他在書中點出基督徒千禧年主義運動的革命方案，恰恰缺乏了現實主義元素。[91] 以無產階級的先鋒政黨取代貴莎、上帝、彌勒佛、佛陀、赫蒙皇帝塔依斯和救世主馬赫迪（Mahdi），就是現實了。

如果我們把對千禧教的熱情視為逃避社會結構最全面也最有野心的形式，那麼它就會呈現出不同的面向。它代表的是大膽竊取低地的意識形態結構，引領運動來抵制或摧毀那些受到竊取的國家。可以肯定的是，千禧年不曾到來。然而，這些運動創造了新的社會群體，重組和聚集族群特性，協助建立新的村莊和國家，徹底改變謀生的方式與習俗，掀起長距離的遷徙，更重要的是這些運動在幾乎毫無勝算的情況下，使人們保有對尊嚴、和平和富足生活的希望。

可以說，高地人已經抓住他們所能取得的各種意識形態材料，藉此提出自己的訴求，並與低地國家保持距離。首先，原料一方面是他們自己的傳說和神靈，另一方面他們也可以從低地的宗教，特別是大乘和上座部佛教中，拼湊出解放的訊息。當基督教成為可以建構夢想的骨架時，它也注入了相同的先知訊息。在不同的時間點，社會主義和民族主義都提供了同樣的承諾。現今，各種國際宣言、條約和堅實非政府組織支持的「原住民主義」(indigenism)，也提供了一些相同的願景來建構認同與訴求。[92]終點大致相同，但運輸工具已經改變。每一個想像的共同體都滿懷著烏托邦期待。但是大部分運動都無法實現，其中有一些運動至少和千禧年主義起義一樣慘敗。模仿、拜物主義(fetishism)和烏托邦理想並非專屬於高地。

第九章

結論

野蠻已成為他們的人格和本性。他們喜歡野蠻，因為這代表著自由自在無視權威，也不必奉承領導者。這種自然狀態是對文明的否定，也是文明的對立面。

——伊本·赫勒敦論遊牧

隨著奇風異俗和高地異域風情在博物館展示，媒體、遊客和公眾，或者是只有城市的中產階級，才漸漸從他們曾經是什麼，以及現在不是什麼來瞭解他們

——理查德·奧康納

本書試圖描述和理解的世界正迅速消失。這似乎離他們所生活的世界相去甚遠。在當今世界，我們未來的自由取決於馴化巨靈利維坦（Leviathan），而非逃避它，而這是一項令人畏懼的工作。生活在一個完全受控制且制度模組日益標準化的世界，其中以北大西洋個人永久產權和民族國家為兩個最具霸權的模組，我們對抗前者造

成巨大的財富和權力不平等，也同時對抗後者對我們相互依賴生活的嚴重干擾。正如鄧恩（John Dunn）清楚指出，人們從未像現在這樣「如此卑微地依賴統治者的技能與善意，來獲得安全和繁榮」。[1] 他進一步補充，我們唯一馴服利維坦的脆弱工具就是另一個來自北大西洋，自希臘時代以來的制度模組：代議制民主。

反之，本書所討論的世界與此不同，國家還沒有像現在這樣貼近橫掃一切。從長遠來看，那個世界是大多數人不久前還生活的世界。簡單地說，我們可以清楚看出四個時代：（1）無國家的時代（截至目前為止時間最長的時代）；（2）小國時代，周遭被龐大且可輕易進入的無國家邊陲所包圍；（3）國家權力擴張使得邊陲地區逐漸萎縮和受困的時代；（4）整個地球幾乎都是「行政空間」（administered space）的時代，此時邊陲地區不過是民間傳說殘留下來的東西。從一個時代邁向另一個時代時，發展的空間（中國和歐洲比東南亞和非洲更早熟）和時間（邊疆地區的消長取決於國家政權建設的強弱）都相當不平均，但是從長期趨勢來看，過程絕對是如此。

我們選擇的贊米亞高地邊疆地區，碰巧代表世界上存在時間最長、面積最大的人口避難區之一，這裡的人們生活在國家的陰影之下，但尚未完全被國家吸納。然而，過去大約半個世紀，超凡的技術和統治者的野心使得原本相對自主的贊米亞人也要低頭，以致於我的分析比較無法說明此區在二次世界大戰後的發展情況。從二次世界大戰以來，大批的低地人口有計畫或是自發地遷移到高地，包括漢族、京族、泰族和緬甸人。這樣的遷移同時滿足兩個目標，首先輸送一批被視為忠誠的王國之民塞滿邊疆，生產出口的經濟作物，同時緩解谷地的人口壓力。由人口學觀點來看，這是一種有意識的計謀，先是吞併，然後完全吸收。[2]

然而，直到最近，高地依然是許多人對抗民族國家霸權時所面臨的基本政治抉擇。這項選擇不在於如何馴化躲不了的巨靈利維坦，而是如何定位自己與谷地國家的相對關係。他們的選項一邊是落腳偏遠、平等的山頂，從事遊耕和採集，也就是盡可能遠離國家中心，另一邊則是靠近谷地國家成為等級森嚴的群體，利用納貢、貿易的掠奪機會。不論如何，這些選擇都是可逆的。一群人可以改變落腳之處、社會結構、習俗和維生方式，以調整自己和國家之間的距離。即使不改變生活方式和習俗，他們與鄰國之間的距離也會因為王朝的興衰、戰爭和人口壓力而改變。

誰是贊米亞人？當然，東南亞大陸的人最初都是贊米亞人，不論住在高地或谷地，他們基本上都不是任何國家的臣民。一旦第一批印度化曼陀羅小國形成，絕大多數尚未被吸納為臣民的人，自然而然成為現在已包括許多小國的地區中最早的自治民族。事實上，考古研究使我們瞭解這些無國家之人。這些發現顯示儘管當地的工藝相當專業複雜，但所處的環境似乎是政治分權與相對平等的狀態（約略可以從「陪葬品」的平等看出這一點）。這些發現與一些考古學家口中的「多序」（heterarchy）一致：社會與經濟複雜，沒有一致的等級制度。[3]我們的證據顯示高地的人口稀少，而且那些無國家之人大部分居住在可耕種的高原或低地，很少居住在容易遭受洪水氾濫平原。

隨著早期的國家（特別是中原國家）向適合稻作的谷地擴張，他們至少製造了兩類「難民」，這些難民隨著時間推移逐漸成為高地主力。第一種是平原上迄今為止仍無國家的民族（其中許多是游耕者)，他們主要生活在水稻國家水平擴張的路線上。其中有一些人成為水稻國家最初聚集的臣民。那些出於各種理由而不希望被國家吸納為臣民之人，必須把自己置於國家的範圍之外，不是在遠離核心區的平原，就是在進出不易的高地。如此看來，有一批早已經落腳高地並躲避早期國家的非國家臣民，從未被直接吸納到國家的結構之中。但是隨著時間拉長，高地人口顯然會因為一波波的移民不斷增加，這些國家臣民因為各種與國家建構直接相關的理由而逃離谷地王國，像是逃避徭役、徵稅、徵兵、戰爭、爭奪王位與宗教異端等。一旦爆發戰爭、收成不佳或瘟疫造成國家滅亡或逼迫人民遷徙求生，人們會突然發現自己變成無國家之人。如果有縮時攝影，一波波的移民看起來就像是瘋狂的碰碰車遊戲，每一波新的移民都會影響前一波的移民，而原有的移民不是反過來抵抗，就是進一步遷徙到先前更早移民的落腳處。這個過程創造了所謂的「破碎區」，並充分解釋了高地不斷重新塑造認同與不斷搬遷而形成的拼湊型態。

綜上所述，贊米亞是一種「國家效應」，更精確地說是一種國家建構和國家擴張的效應。破碎區和避難區是谷地國家建構計畫中無法迴避的「暗黑雙胞胎」。國家以及國家帶來的破碎區便是暗黑雙包的典型案例，兩者相互確立，各自站在對方的陰影下，並且因對方而產生自己的文化特徵。谷地國家的精英藉由那些他們無法掌控的人來界定自己的文明定位，同時又依靠他們進行貿易以及增加其臣民的人數（透過捕捉和引誘）。反過來，高地也依靠谷地國家提供重要的貿易物品，並盡可能與谷地王國緊密相連，充分利用賺錢和打劫的機會，而且通常會落腳在谷地直接控制的範圍之外。其他高地民族住得更偏僻，內部也更平等，形成的結構似乎和谷地的等級制度和權威結構相反。谷地和高地民族代表兩個截然不同的政治領域，谷地代表著集中與同質，高地則是代表著分散與異質，但是不論是谷地或高地都不穩定，也不時會從另一方拉進人口。

高地社會並非是形塑國家和「文明」最初與原始的「物材」，而是國家建構的反身性產物，最初設計正是為了盡可能不引人注意，以免被國家占有。那些希望離開定耕國家，又想要利用定耕國家的貿易與掠奪機會的人，現在往往把游牧看成一種次級適應，游耕基本上也是。游耕使得人口分散各地，缺乏一個國家能更掌握的「神經中樞」。生產捉摸不定的本質，使國家難以徵收。高地社會刻意遠離中心、混合各種語言和文化認同，擁有各種不同的謀生方式，像中東地區「水母」部落一樣具備分裂和分散的能力，並且靠著谷地國家的宇宙觀迅速形成一種新的抵抗身分，因此高地社會組成的時候彷彿就是要成為國家建構者與殖民地官員最大的夢魘。事實上，大部分的情況確實確實如此。

從分析的角度說，我們必須回到高地社會最基本的單元：小村寨、分裂的宗族、核心家庭與游耕群體。高地社會的認同和社會單元的獨特性、多元性和可替代性，都不是建構國家的好材料。這些基本單元有時候可能會為了戰爭與貿易，組成小型聯邦或聯盟，並且接受一個有領袖魅力的先知領導，但是只要事情一過，便立即會分裂成基本單元。如果有意建國的人對此感到失望，歷史學家和人類學家同樣受到打擊。佛朗索瓦·羅賓和曼薩丹注意到高地的流動性，尤其是主要族群認同的空想本質（chimerical nature），因此他們最近提出，從民族誌的角度來說，更正確的作法是把分析的焦點放在村莊、家庭和交換網絡，建議大家別再獨尊族群性，「（它不是）

一種涵蓋其他文化符號的高一級文物，而只是各種文化符號中的一種」。[4]由於族群的邊界相互滲透，任何特定認同都會有令人眼花繚亂的各種變形，再加上成為「克欽人」或「克倫人」在歷史上有不同的含意，因此以一種不可知的態度看待人群分類似乎才是明智之舉。如果我們同意羅賓和曼薩丹的忠告，我猜想一旦我們把高地的社會秩序與認同重組，視為各村莊、群體以及網路在政治、經濟與象徵層面重新調整自己與谷地國家中心的相對位置，這樣就可以解釋大部分的遷徙以及明顯的混亂

逃避國家、防禦國家：全球－地方性

我認為與其將贊米亞或者山地的研究，看成是針對民族的研究，不如看成人民試著逃避國家，或是遭到國家驅逐的世界歷史片斷。理想上，這樣的任務顯然超出我的能力，最好是由許多傑出學者一起合作完成。光是東南亞，包含的內容也已經遠超出我在本書所做的分析。我認為至少還應該把海上吉普賽人的歷史也納進來，因為他們逃避國家的方式就是乘船出海。他們分散在海上，隱身於群島間的複雜水域，逃避獵奴者和國家，同時也會搶劫、奴役，有時候則是充當傭兵。有一段時間，對於馬六甲的馬來蘇丹來說，他們就像水上哥薩克（俄國沙皇的部隊）。他們的歷史與紅樹林海岸的居民糾纏，也和東南亞幾條主要河流形塑的多變三角洲上的居民糾纏不清。這些地方每一處都是國家行政的巨大障礙，因此也成為避難區。

我順便舉了一些例子，說明在世界史上同樣屬於超國家空間的民族和地形。吉普賽人、哥薩克人、柏柏爾人、蒙古人和另外一些

遊牧民族都是國家邊陲歷史不可或缺的一部分。正如在美洲新大陸、俄國、羅馬和伊斯蘭世界歷史一樣，國家建構過程中有奴隸的地方，逃奴社區就會形成另一面世界歷史，更別提一開始就躲避掠奴的非洲人，例如多貢族（Dogon）。當然在每一個殖民地，凡是受到滅族威脅或是被迫離開原本家園落腳新地點的原住民，在歷史篇章中也不容忽視。[5]儘管他們散居各處、文化繁雜，而且時間前後不一，但是比較各個避難區的情況還是可以發現許多共同之處。即便這些避難地帶在地理、文化與歷史時序上分散各異，對其進行比較研究，仍可辨識出幾項共同且具有意義的特徵。這些民族除了落腳在進出不易的邊疆與邊陲地帶，也很可能會讓自己的日常謀生方式盡量分散、流動並抵抗徵用。他們的社會結構也較適合散居、分裂以及重組，外人看起來就像是一個雜亂無章的社會，這讓想要統一統治的實行計畫缺乏明確的著力點。最後，許多落在超國家空間的群體（當然不是全部），不論是在村莊或是家庭層次，似乎都有很濃厚甚至是激烈的平等主義與自主傳統，這也是對暴政和等級世襲制度的有效屏障。

大部分住在山地的民族都具備相當全面的文化技巧，使得他們可以逃避國家的吸納，並且可以同時靠著地理之便利用鄰近地區帶來的經濟與文化機會。其中一項技巧就是他們隨著時間變化保持一種身分認同的流動及模糊。這項特徵相當明顯，而國家官員也倍感困擾。因此奧康納就建議，雖然我們的分析起點通常是預設一個民族會有一個族群認同，但是在東南亞，「人可以頻繁變化族群認同和地方認同，所以我們最好說一個族群認同造就一個民族」。[6]破碎區在不穩定的國家體系縫隙之間，其中一項特徵或許就是相當重視認同的適應性（adaptability）。大部分的高地文化可以說是已經準備好行李，隨時可以啟程，也隨時可以改變認同，或者說一口氣改變兩者。他們有多種語言、廣泛的族群聯盟、重新發明預言的能力、短暫與（或）口述的系譜，還有不斷分裂的天分，全都構成他們強大旅行裝備的元素。

有鑑於此，我們也許要再思索布勞岱爾對高地民族的論斷：「他們的歷史一片空白，一直是文明大潮邊上的浪花。」[7]至少當人們認識贊米亞後，便會想要徹底改變此觀點。比較好的說法應該是，他們有多重歷史，能夠視情況決定採取一種或者合併多種。他們可以像阿佧和克欽人一樣寫出悠久和精細的系譜，也可以像傈僳和克倫人一樣只保留最簡短的系譜和遷徙史。如果他們看似沒有明確的歷史，那是因為他們學會在不知道下一個目的地時便輕裝前進。他們並非活在時間之外，也不是缺乏歷史。他們更像一艘沒有固定航線或航期的貨輪和吉普賽人，分別穿梭在廣大的貿易航線和國家間的縫隙，成功完全取決能多靈活。他們會盡可能維持更多開放的選擇，採取哪一套歷史只是眾多選項之一，完全取決於需要什麼樣的歷史。

我們可以肯定地說，文化的相對位置、地理位置偏僻、人員流動、作物選擇和耕作技術，還有經常看見的「無人操控」、群龍無首的社會結構，全都是逃避國家的方法。但是，我們必須瞭解到很關鍵的一點，他們不是在逃避與國家的互動，而是在逃避淪為臣民這種身分地位。國家邊陲地帶的高地民族要逃避的是財政國家的硬權力（hard power），例如國家從臣民汲取直接稅和勞役的能力。然而，他們事實上也試著（有時候是非常急迫）和谷地國家互動，但這不能影響高地人的政治自主性。有時候，許多政治衝突的背後其實是想爭取成為低地所青睞的貿易對象。正如我們所見，高地與谷地在農業生態的利基屬於互補。這也就表示相鄰的谷地國家實際上會競爭高地的產品和人口。

一旦確立了互惠關係，就可能形成正式的進貢關係，無論在儀式上或是谷地國家紀錄中是否不對等的關係，但實際運作時卻是高地占上風。關鍵是我們絕對不能只看谷地國家表面的陳述。除了徵稅與徭役等硬權力所涵蓋的狹小範圍，還要看模糊但持久的經濟交換網絡，而這種網絡經常是以納貢的方式呈現。除了極少數的例外，這個交換網絡代表的是貿易上各蒙其利的雙向連結，並不意味任何政治上的永遠順服。商品越小、越輕、價值越高，經濟交換的網絡就越大，如寶石、稀有藥材和鴉片的交換區都非常大。[8]

談到谷地王國的象徵權力和宇宙觀的滲透，影響範圍都非常廣大，但同時也相當淺薄。不論是中國還是印度文化，有時候是外來混合物，凡是讓超越單一村莊的權威合法化的觀念，基本上都是從低地借來的。然而，這些觀念脫離了低地的束縛之後，在山地進行重組以符合當地的需求。用**拼裝**（*bricolage*）這詞特別適合描述這個過程，低地的宇宙觀、徽章、服飾、建築和頭銜等碎片，都被先知、巫醫和野心勃勃的首領重新安排並組合成為獨一無二的混合物。象徵性的原料雖然是從低地進口，但這並不會妨礙高地先知把原料拼湊成為千禧年的期望，並以此來反抗低地的文化與政治霸權。[9]

更大膽地說，低地的宇宙觀之所以得以促使集體行動、降低社會分裂所產生的交易成本，可能與逃避國家的整個論點有關。高地社會有助於逃避國家吸納的各種特徵，例如散居、不斷移動、族群複雜、小型游耕群體以及平等主義等，都會進一步促成分裂，嚴重妨礙集體的組織和集體行動。諷刺的是，這類合作唯一的社會資源竟是來自低地，因為在低地，等級制度以及隨之而來的宇宙觀都被視為理所當然。

幾乎所有的高地社會都會展現一連串逃避國家的行為。在有些社會，這些特徵可以和內部的等級制度共存，不時會模仿國家建構。而在其他社會，逃避國家的同時往往伴隨著一些可以稱之為防止內部國家建構的行為。相對來說，有一些具有強烈平等傳統和反對永久等級制度且沒有領導者的群體，像是阿佧、拉祜、傈僳和佤族就屬於這一類。那些避免國家的社會都有一些共同特徵，他們很有可能會防止藉著聯姻而形成任何永久的世系，他們的村莊更有可能流傳著跋扈的首領遭到暗殺或驅逐的警世傳說。最後，當不平等有可能永遠不變時，他們的村莊與世系就有可能分裂成更小且更平等的碎片。

脫離和適應的坡地

當我們嘗試描述贊米亞這樣的碎片區和避難區時遇到一種矛盾。為了勾勒高地社會的流動和彈性，我們必須先找到一個出發點，即使「這個出發點」本身也是不斷移動。我討論「克倫族」、「撣族」和「赫蒙族」的時候，肯定都把他們當成一種堅實、靜態的社會組織。但只要經過一段比較長期的時間觀察就知道，這些人實際上並非如此。因此，儘管要冒著讓讀者和自己更加眼花撩亂的風險，我們仍然有必要回想這裡的流動變化有多麼劇烈。歷史上，低地的亡命之徒就一直在補足高地人口，而高地人也是有史以來就不斷同化融入谷地國家社會之中。儘管谷地和山地人群之間的往來十分活躍，但兩者之間的本質「界線」仍然存在。高地社會本身充滿得以滲透的縫隙，一層又一層逐漸淡化的認同，使得任何固定的「認同邊界」都顯得過於武斷。當高地社會重組時，高地裡的個人、親屬團體和整個族群，也會隨之重組。所以，當高地社會調整自己與谷地國家計畫的相對位置時，也是在調整自己與高地鄰居在這個複雜多民族叢聚區的相對位置。[10]這並沒有什麼特殊之處，調整位置與相互適應的過程，基本上就是高地政治的主軸。如果這使我們感到頭暈目眩，那值得慰的是殖民者和國家官員也為此頭暈腦漲，但是這些行動者，他們並不會困惑自己的身分以及所作所為，也不覺得神秘。

適應鄰近政體所施加的危險與誘惑，並不僅限於落腳國家邊陲的民族。國家中心的農民也會發展出一套常規，以便利用政治中心的發展，保護自己免受動盪衝擊。施堅雅（G. William Skinner）詳細描述明清時期中國農民面對王朝的覆滅、穩定、繁榮時，所採取的各種應對行動。[11]對於我們的分析來說，這些行動的獨特之處在於他們代表那些留在王朝之中並持續採行定耕農業的農民實施的防禦之道，說明了在嚴格受限的情況下，農民如何自我防禦。觀察核心地區的農民調適之道，有助於我們瞭解落腳於國家邊陲的民族可以有如此多的運作方式。

施堅雅認為在王朝鞏固、承平與貿易繁榮時期，當地社群會開啟並適應盛世提供的各種機會。隨著社群利用外部機會，經濟也會逐步專業化，貿易以及行政與政治的聯繫也會蓬勃發展。反之，當王朝崩潰、百業蕭條、民間反抗和盜匪橫行時期，社群就會縮回自己的殼中以自我保護。根據施堅雅的描述，社群退縮可以分成以下幾種模式：首先是規範性的撤退（normative withdrawal），然後是經濟封閉，最後是防禦型的軍事封閉。專業人士和外出經商的人們紛紛返家，經濟專業化程度下降，人們會優先守衛當地的食品供應，驅逐外地人，形成一種守護作物的社會，包括修建柵欄並設立地方民兵組織。[12]當逃跑和反叛顯然並非可行之道時，面對外部的威脅，地方社群所能做的就是脫離規範、經濟和軍事。他們毫不妥協地嘗試創造一個自主和自給自足的空間，也就是在危險尚未解除前，宣布獨立於整個社會之外。隨著威脅逐步退去，地方社群會以相反的順序重新開放：首先是軍事，接下來是經濟，最後則是重新加入規範的行列。

以一種更大的比較視野來說，贊米亞的高地社會可以選擇各種不同的樣態，他們能夠更貼近鄰近的政體進行整合，也可以和他們保持安全距離。不同於施堅雅口中「陷在水稻田」的中國農民，高地人四處為家，能夠遠距離移動，也掌握各種謀生技能，並可以視情況決定採取一種或多種謀生方式。高地社會畢竟是一群分離主義者所建，他們完全有能力調整與拿捏分開的距離與方向。高地社會的調整可以涵蓋多個面向進行，而國家中心的農民就很難這樣做。第一個面向是地點：他們住得越高越偏僻，一般來說也就離國家中心、掠奪奴隸和徵稅越遠。第二個面向是規模和分散程度，聚居的規模越小越分散，也就越不會成為掠奪者和國家瞄準的對象。最後，他們可以調整謀生技能，每一技能都體現他們與國家、等級制度和政治吸納的相對位置，而且他們也確實這樣做。

在此脈絡下，霍里佛・榮松對比三種謀生策略：（1）狩獵和採集；（2）游耕；（3）定耕。[13]採集基本上無法徵收，不會造成社會不平等；遊耕抵抗徵收，不過也可能創造經濟剩餘，並帶來短暫的內部等級關係。[14]定耕，特別是水稻定耕，有利於徵收和掠奪，而且往往和大規模定居及持久的等級制度密不可分。三種策略可以視情況調整比重，並隨著時間調整，但是對於瑤／綿族來說，選擇不同的比重，都代表一種政治選擇。採集者和游耕者都認為採集和遊耕是為了在政治上脫離低地國家，只不過採集更為激進，也離國家更遠。[15]

不論是可能的落腳之處，還是社會與農業生態的結構，高地族群都有各式各樣的選擇。他們的選擇廣泛，從一端是在平原地區種植水稻，並像農民一樣融入谷地國家；另一端是則是在偏遠、不易進攻的山頂上實行採集和游耕，同時樹立起消滅入侵者的名聲。在這兩個極端之間存在各種不同混合的可能性。在任何特定時期，實際上會採用哪一種選項，取決於外部條件，就如同施堅雅筆下的中國農民。在承平、經濟擴張以及國家鼓勵定居的時候，高地族群更有可能採取定耕，遷移到更貼近國家中心的地方，尋求建立進貢與貿易關係，並且在族群與語言上也更往谷地文化靠攏。而在戰爭、動亂、苛捐雜稅和獵奴時期，高地族群就會反方向移動，而且極可能會有逃離國家核心區的難民加入他們。

任何一個高地民族不論何時何地，都有可能採取一種特定型態，例如山頂上的游耕者以及鴉片種植者。他們的文化似乎也會將他們限定在此型態之中。但是隨著時間流逝，他們的移動可能相當明顯，往往是因為同一個族群各個不同的分支，發現各自的處境已經大不相同。不過，我們也沒有任何理由認為遷移只會往一個方向走。[16]從長遠的角度來看，就可以理解歷史會有各式各樣的重組和調整，不論是走向谷地國家，或是逃離谷地國家，這些變化最終都被成功吸納進具高度彈性的口述文化之中，並被形塑為所謂的「傳統」。

我想要再次強調，大多數的採集者和遊牧民族，可能還包括游耕者，都不是僅存的古老原住民，而是為了在國家陰影下生存所產生的適應性產物。正如皮耶·克拉斯特的猜想，採集者和游耕者之所以生活在群龍無首的社會，全都經過精心設計，一方面利用農業生態優勢與周邊國家貿易，另一方面又要避免成為順服的臣民。如果你是社會達爾文主義者，你可能會發現高地人的流動性、分散的社群、無世襲的階級制度、口述文化、豐富的謀生與認同策略，甚至他們熱衷於預言的傾向，都特別適合動盪的環境。他們適合以非臣民的身分在國家的政治環境中生存，而不是創造自己的國家。

文明及其不滿

英國和法國殖民地的官員為了合理化向臣民課徵新稅，經常解釋說，繳稅是生活在「文明社會」裡必須付出的代價。官員靠著言語上的詭辯，很巧妙地耍了三種把戲：他們說自己的臣民實際上「未開化」；他們把君王的理想換成殖民的現實；最重要的是，他們將「文明」和國家建構混在一起。

在文明「理當如此」的故事中，往往需要一個野蠻未經馴化的對手，這些人經常落腳在權力未及之處，最終受到馴服和吸納。我們討論時所假設的文明，不論是法國人、漢人、緬甸人、京族、英國人還是暹羅人，都是透過否定它者而得以確認。這也充分解釋了為何部落和族群性的起點是統治和納稅的終點。

人們只要一看就知道，為什麼「理當如此」的敘事，可以強化統治者的信心和凝聚力，但是在帝國的邊疆卻較無說服力。比如說，我們可以想像儒家經典中的教育，包括孝悌、守禮、忠君、愛民、知恥、清廉，放到十九世紀中葉雲南和貴州的邊疆，那會是何等景象？假如人們看到帝國的想像與明清邊疆實情的差別，怎麼不會大吃一驚呢？「活生生」的邊疆與論述中的邊疆截然不同，充斥著以權謀私的貪官污吏、軍事冒險家、盜匪，放逐的官員和罪犯，土地侵吞者，走私犯和絕望的漢族拓荒者。[17]難怪漢族的文明理想在此毫無吸引力。不論是對當地人還是深思熟慮的帝國官員來說，理想與現實之間的矛盾已足以讓他們相信，文明的論述就只是一場騙局。[18]

中原帝國與東南亞的上座部佛教王國對於理想、「開化」臣民的認知稍有不同。以中國來說，雖然父權家庭、祖先牌位和文字知識就已經意味著族群同化，但文明無須經過宗教考驗。在緬甸或泰國，佛教和**僧侶**（*sangha*）崇拜已經構成宗教考驗，儘管東南亞大陸人力匱乏的國家在族群挑選上也無法過於追毛求疵。印度式古王國和中國一樣有等級制度，但是族群包容性很高。

然而因為急迫的財政與軍事，這些國家全部都是水稻國家。因此，水稻國家實際運作時，會竭盡所能鼓勵人口集中，並靠著種植灌溉水稻來達成這個目的。由於臣民生活在同質性高的社群中，以大致相同的方式種植類似的穀物，不論是土地估價、徵稅還是行政管理的任務也變得相對容易得多。以中原地區為例，父權家庭在法律上成為財產與行政管理的基本單位，也進一步強化了社會控制。水稻國家的理想臣民也代表自然景觀和人類定居的願景，也就是開墾的灌溉水稻平原以及定居其中的人類社群，這逐漸代表了一種經過教化與文化的理想。

另一方面，水稻國家的官員肯定用盡一切甜頭，阻止人民以居住、謀生以及社會組織的形式形塑難以徵用的地貌。只要有辦法，他們會勸退並且禁止狩獵、採集、游耕以及遷離國家中心。如果稻田代表著一種可以適當組織臣民與生產的文明景觀，那些居住在偏遠地區、高山與森林，且不斷變換農田與經常遷徙，以及組成或重組平等的小村寨的人，就是未開化的民族。當然，這裡最引人注意的是文明景觀和人口狀態的理想，竟然如此契合最適合國家建構的景觀及居民，而不適合國家徵收的景觀以及住在此地的人，也因此都被認為是不文明與野蠻的民族。由此看來，判斷文明與不文明的有效座標，只不過是適不適合國家徵收的農業生態特徵而已。

按照谷地精英的觀點，生活在國家邊緣，幾乎意味著原始與落後。只要把國家難以掌控的景觀與民族最突出的特點列出來，就立即產生一份「何謂原始」的清單。居住在人跡罕至的森林和山頂代表著不文明。採集、森林中撿拾（即使是為了賺錢）、游耕都被視為的落後。按照此種定義，散居和小規模定居也算落後。居無定所、四處為家以及可以妥協的身分認同，這些都原始又危險。如果不信谷地的宗教，或者不想成為君主與教士之下納稅以及上繳什一稅的臣民，這個人也就在文明之外。

按照谷地的想像，這些都是社會進化的初期特徵，而坐在進化頂端的就是精英。高地民族屬於進化更早期，他們幾乎處於一切事物之前（*pre-*），有水稻之前，有城鎮之前，有宗教之前，有文字之前，以及成為谷地臣民之前。然而，如我們已經詳細討論過，高地民族被汙名化的特徵，正是逃避國家之人為了避免屈服而鼓勵與追求的特徵。谷地對於歷史的想像有誤。高地民族並不是存在於任何事情出現之前。事實上，我們應該把他們理解為在什麼事情出現之後：在灌溉水稻出現之後，有了定居之後、有了臣民之後，甚至可能有文字之後。當我們把時間拉長，他們代表的是一群既要適應國家也同時要脫離國家牢牢掌控的族群，這是一種刻意形成的無國家狀態。

谷地人所理解的逃避民族其實並沒有特別錯誤，可以說他們理解高地農業生態、社會組織與流動性的方式，只是把這些人分門別類。除了完全搞錯歷史順序之外，他們所貼的標籤也錯了，但只要用「國家臣民」來代替「文明的人」，用「非國家臣民」來替代「不文明的人」，基本上也就正確不少了。

名詞解釋

這裡的名詞解釋大部分是在原著的許可下，逐字取自Jean Michaud, *Historical Dictionary of the Peoples of the Southeast Asian Massif* (Latham, Md.: Scarecrow, 2006)。

阿佧（**Akha**）。這是高山專家給源自雲南南部藏緬語族人的名字，泰國叫做Ikaw、緬甸叫Kaw、寮國叫Ko、越南叫Ha Nhi而中國叫哈尼。如此一來，阿佧族大約有一百七十五萬人，其中百分之八十住在中國。

阿瓦（**Ava**）。阿瓦是緬甸一三六四至一八四一年的首都，由國王他拖彌婆耶（Thadominbya）在伊洛瓦底江與米界河（Myitnge）交會處的一座人工島上所建，挖了一條運河把兩條江連接起來。在此之前，首都位於實皆，但是實皆落入撣族之後，宮廷就搬到河對岸的阿瓦。蒙古忽必烈入侵之後，國王阿努律陀（Anawrahta）在一〇五七年所建立的緬甸第一王朝劃下句點，阿瓦的國王著手恢復蒲甘瓦解之後的緬甸主權。

欽（**Chin**）。緬甸西南部邊境若開山脈的欽山（Chin Hills）藏緬語系族群，緬甸語又稱為Khyang（發音是tchng）。欽族在二〇〇四年的人口約二十五萬八千人。緬甸大部分的欽族住在欽邦，從伊洛瓦底平原西緣開始擴散。

欽山（**Chin Hills**）。緬甸西北部的山脈，延伸到印度的曼尼普爾邦，又稱為若開山脈（Arakan Yoma）。

貴州。貴州在二〇〇〇年的總人口約三千五百萬，屬中國西南部四個高原省分之一。根據二〇〇〇年的普查，貴州大約有百分之三十四點七的人口，也就是一千二百萬人是官方認定的少數民族，分屬二十個少數民族，其中以苗族人數最多。

漢族。取自中國的漢朝盛世（西元前二〇二年至西元二二二年），通常自稱為漢民族，二〇〇一年人數超過十一億，約占中國百分之九十一點五的人口。漢族講的是漢藏語系的漢語分支，又可以分為官話（中文）、廣東話、客家話、吳語、粵語、湘語等。

哈尼（**Hani**），又叫倭泥。中國藏緬語系很重要的少數民族，二〇〇〇年的官方統計人數約一百四十萬。哈尼族主要住在雲南東南部的紅河哈尼族彝族自治州，包括紅河、元陽、綠春與金平等縣，沿著紅河與旁邊的附庸國。哈尼也散布到亞洲西南，在那一般稱為阿佧。

赫蒙族（**Hmong**）。人口大約四百萬，是東南亞高山最主要的高山少數民族之一。此外，在更大的泰語系之中，赫蒙族是現今六個國家中唯一的高山少數民族。赫蒙是苗族之中人數最多的一支。

克欽族（**Kachin**）。緬甸的克欽也就是中國的景頗族。緬甸的克欽主要住在緬甸北部的克欽邦，二〇〇四年大約有四十四萬六千人，大約是中國景頗族的三倍。克欽族屬於藏緬語系，克欽語屬於其中的一支。

克倫族（**Karen**）。藏緬語系的大族，人口超過四百三十萬，主要是在緬甸（二〇〇四年有三百九十萬人）與泰國（二〇〇二年約四十三萬八千人，如果加入緬甸來的難民就是兩倍）。他們講的是藏緬語系的分支克倫語。

克耶／克倫尼族（**Kayah／Karenni**）。屬藏緬語系，主要住在緬甸，剩下的部分住在泰國。他們在緬甸名義上統治克耶邦（一九五二年從克倫尼改過來的名字），橫跨薩爾溫江，首都是壘固（Loikaw）。

高棉族（**Khmer**）。柬埔寨的族群，大約占全國總人口九成，屬於孟高棉語系（Mon-Khmer）的高棉分支。越南、寮國與泰國講高棉語的少數民族，官方的名稱也是高棉族。

克木族（**Khmu**）。孟高棉語系，屬於克木分支，人口約五十六萬八千人，住在東南亞大陸的高山。克木主要住在寮國（百分之八十八）、越南（百分之十）與泰國（百分之二），名稱的拼法隨著時間而有所不同，像是Khamu、Khmu、Kho-mu、Kmhmu、Khmou、Khomu、Kamu、Khamuk。

京族（**Kinh／Viet**）。字面意思是京城，延伸成「京城的人」。越南社會主義共和國時期官方人數最多的民族，一九九九年超過六千五百萬人，占總人口的百分之八十七。大部分的越南人比較喜歡說自己是Kinh，區分低地其他主流認同，像是中國的漢族、泰國的泰族以及寮國的寮族等等。但是Viet又普遍喜歡用Kinh來稱呼鄰近國家同樣住在高山的京族。

拉祜族（**Lahu**）。藏緬語系，源於中國南部，過去兩三個世紀以來逐步遷徙到高山。現在，東南亞大陸五個國家都可以看到拉祜的身影，總數約六十五萬人，其中中國占七成（二〇〇〇年是四十五萬人），住在雲南南部怒江（薩爾溫江）與瀾滄江（湄公河）之間。

拉蔑族（**Lamet**）。孟高棉語系，屬佤德昂語支（Palaungic），一九九五年大約有一萬六千七百四十人住在寮國，平均分布在寮國西北邊的琅南塔省（Luangnamtha）與博喬省（Bokeo）之間。他們過去又稱為Kha Lamet，現在也稱為Rameet。社會科學家之所以知道這個民族，要特別感謝瑞典人類學家卡爾·古斯塔夫·伊茲科維茨（Karl Gustav Izikowitz）於一九五一年出版的經典作品：《拉蔑族：法屬印度的高山農民》（*Lamet: Hill Peasants in French Indochina*）。

蘭納（**Lan Na／Lanna**）。字面的意義是「百萬稻田」。一個重要的泰族王國，十四世紀到十六世紀之間活躍於泰阮（Tai Yuan）的中心清邁城，範圍涵蓋現在泰國大部分的領土。蘭納王國的高地有許多高地族群定居，政治與經濟都仰賴泰族的勐。

寮族（**Lao**）。種族標籤，壯侗語族（Tai-Kadai）西南的寮語分支，分布在好幾個國家。泰國是亞洲兩千八百萬的寮族主要聚集地，大約有兩千五百萬集中在東北部依善（Isan）的認同大傘下。有些寮族也在鄰近的國家註冊，越南西北部在一九九九年有一萬一千六百一十一人，柬埔寨北部在一九九五年有一萬九千八百一十九人。

魯阿族（**Lawa／Lua**）。泰國也稱做Lua (Lua')，拉瓦是官方的高地少數民族，人口大約有二萬兩千人（二〇〇二年），分布在五個省，主要住在清邁、湄洪順（Mae Hong Son）與清萊（Chiang Rai）。語言學家與民族學者曾經建議，因魯阿族跟中國、緬甸境內的佤（Wa）特徵相同，因此可以重新合併，都算是佤德昂語（Palaung-Wa）分支。

傈僳族（**Lisu／Lisaw**）。少數民族，人口大約一百萬，屬於藏緬語系。傈僳來自中國，目前百分之八十三都住在中國，還有少部分主在緬甸（百分之十）與泰國（百分之七）。

仂族（Lue／Lu／Lü／Leu／Pai-i）。講泰語，東南亞山區少數幾個高地民族之一。語言學家認為中國南方講仂語的大約有二十六萬人，當地稱為擺夷（傣），另外八萬七千人住在緬甸，泰國有七萬人，一九九五年寮國官方登記有十一萬九千人，越南則是有四千人（一九九九年），寮國與越南都把仂登記為官方的少數民族。

曼德勒（Mandalay）。緬甸第二大城，人口約九十二萬七千（二〇〇五年），大曼德勒地區大約有兩百五十萬人。在英國一八八五年入侵之前緬甸最後一個王朝的都城（一八六〇至一八八五年），現在是曼德勒省的省會。曼德勒西邊有伊洛瓦底江，大約在仰光（二〇〇七年之前緬甸的首度與最大城）北邊七百一十六公里。

苗族（Miao）。中國最大的少數民族之一 ，二〇〇〇年的時候人口將近九百萬，全部都屬於苗瑤語系。大約有一半的苗族落腳貴州，也是當地最主要的少數族群。苗族也是雲南、湖南、廣西、四川與湖北重要的少數民族。赫蒙是苗族在東南亞人數最多的分支，尤其是泰國、越南與寮國等地。

綿族（Mien）。東南亞大陸山區有許多地方都以**綿**來稱瑤族。以泰國、寮國為例，瑤族會說自己是尤綿族（In Mien），越南的瑤族則說自己是金綿（Kim Mien）。美國有些語言學家認為，既然綿族是瑤族最大的分支，因此「苗瑤語系」應該改為「苗綿語系」。

孟族（Mon）。勃固王朝的人民，現在住在下緬甸。

芒族（Muong）。講芒語的越南人，屬於南亞語系的越芒分支。芒族大約有一百一十萬人（一九九九年），屬於越南的第三大少數民族，僅次於岱族（Tay）與傣族。

南詔（Nan Chao／Chau）。南方省分或南方王朝。八世紀到十三世紀之間，長江、紅河、湄公河與薩爾溫江與伊洛瓦底江上游的封建高地王國，位於現在的雲南西部和緬甸東北部。

馬來西亞原住民（Orang Asli）。馬來語最初以及最早的民族，用來指所有屬於南亞語系的少數民族亞斯里（Aslian）、西蠻與西諾伊分支，以及南島語系的馬來分支，曾經被認為是馬來半島的原住民，總人口大約十萬人。

巴當族（Padaung）。藏緬語系的克倫尼分支，屬緬甸克耶的分支（紅克倫、克倫尼），而且不能跟孟高棉語系的巴當族（Mon-Khmer Palaung）混淆。雖然巴當族並不是正式獲得緬甸官方的認可，但是緬甸應該是巴當族主要的居住地。泰國的巴當族大約有三萬人，全部住在湄洪順省。某些巴當族由於女性脖子上戴的銅環，為了滿足遊客的好奇心而遭到剝削。

崩龍族（Palaung）。屬孟高棉語系，主要在緬甸，二〇〇四年大約有四十萬人，分成兩群集中在撣邦最北端與高海拔地區。崩龍族自稱為Ta-ang。雖然證據不多，歷史學家相信崩龍族早在撣族與克欽之前就已經住在當地。

勃固山脈（Pegu Yoma）。緬甸中南部的山脈，綿延四百三十五公里，從北到南介於伊洛瓦底江與錫當河（Sittang）之間。山脈的平均高度是六百公尺，最高點在波巴山的北邊，一座高一千五百一十八公尺的死火山。當地的少數族群從事游耕，種植高山稻米、玉米與栗。一九六〇年代期間，勃固山脈是克倫族與共產主義游擊隊的避難所。

撣族（Shan）。泰語系的西南分支，主要住在上緬甸，二〇〇四年的時候總人數是二百六十萬人。緬甸的撣族與撣邦關係密切，首府在東枝，但是據說撣族只占撣邦人口的一半。緬甸的撣族說稱自己叫「泰夷」（大泰）。撣族在緬甸的聚落以及邊陲地區都是十三至十六世紀（可能更古老）之間泰族封建王國或是芒的殘餘，迅速從中國散布到山區中海拔的土地，並在那靠著水稻經濟建立封建領地。一九四七年，有一個撣邦吸收了過去的佤族，並且吸納大量的克欽、拉祜、阿佧與德昂族及其他族群，藉由新獨立的緬甸憲法以及至今仍存在的其他高地族群國家（*pyi ne*）而建立。

撣邦（Shan state）。撣邦是緬甸的行政部門，以當地其中一個族群撣族來命名。撣邦是當地十四個行政單位之中最大的一個，其中只有三個算得上是城市，分別是臘戍（Lashio）、景棟以及省府東枝。撣邦北鄰中國，東靠寮國，南邊則是泰國，而且與緬甸五個行政區接壤。撣邦的面積大約有十五萬五千八百平方公里，大約是緬甸總面積的四分之一。撣邦大部分都是高山平原，北邊與南邊有高山，中間則是有薩爾溫江河谷貫穿。

傣族（Tai／Thai）。勿跟泰國的主要族群且人數更多的泰族混淆。傣族是西南方講泰語的族群，也是越南第二大的少數民族。一九九九年，越南西北部大約有一百三十萬傣族，聚集在黑水河與馬江的上游，一路延伸到西邊的紅河盆地。這群人沿著寮國的邊界，生活在中國到南部的義安省（Nghe An）的多數中部地區。一般人相信越南的傣族人是至少一千年以前就從中國遷徙過來的，並且從那時開始定居在越南西北部。

佤族（Wa）。孟高棉語系的德昂佤分支，居住在中國、緬甸、寮國與泰國的邊境。中國大約有三十九萬六千個佤族，主要定居在雲南的西南邊尤其是西雙版納傣族自治州。有些人相信泰國北部的拉佤（一九九五年有一萬五千七百一十一人）也應該納入德昂佤語系。

瑤族／綿族（Yao／Mien）。瑤族和苗族組成苗瑤語系，總人數大約有三百三十萬人，散布在東南亞大陸的山區。瑤族源自中國，可能是湖南的南部，瑤族受到沿海漢族的施壓而一步步往西邊散布。

彝族（Yi）。中國官方的正式名稱有時候叫倮倮，南亞則叫Lo Lo。根據官方在二〇〇〇年所做的普查，彝族的人口有七百七十萬人。依據人口統計，彝族是中國十六個藏緬語系的民族中，算是人口最多，分布最廣。

雲南。「彩雲之南」，中國最靠近西南部的省分，二〇〇〇年時人口有四千三百萬，顯然與越南、寮國、緬甸的國土接壤，也是西藏、四川、貴州與廣西的省界。不論是地理上還是文化上，雲南算是東南亞大陸高山的心臟地帶。當地有許多高地少數民族，而且官方宣布是中國二十五個少數民族的根據地。

壯族（Zhuang）。中國最大的高地少數民族，也是中南半島人數最多的高地少數民族。二〇〇〇年大約有一千六百萬人，是寮國人口的三倍，或是寮國與柬埔寨人口的總和。

註釋

第一章　山區、低地與國家

1. *Guiyang Prefectural Gazetteer,* quoted in Mark Elvin, *The Retreat of the Elephants: An Environmental History of China* (New Haven: Yale University Press, 2004), 236-37.
2. *Gazetteer of Upper Burma and the Shan States,* compiled from official papers by J. George Scott, assisted by J. P. Hardiman, vol. 1, part 1 (Rangoon: Government Printing Office, 1893), 1: 154.
3. Elizabeth R. Hooker, *Religion in the Highlands: Native Churches and Missionary Enterprises in the Southern Appalachian Area* (New York: Home Missions Council, 1933), 64–65.
4. 谷地的居民和國家可以進一步區分地方差異，有些人定居在村莊裡，但住在森林的另一些人，被認為是游牧民族。
5. 十四世紀阿拉伯偉大歷史學家和哲學家伊本·赫勒敦的著作中，大量討論貝都因游牧民族與城鎮阿拉伯人的關係，因其關係著國家建構和文明。
6. 最近的考古學證據顯示，到處可見的銅礦開採以及達到工業規模的冶金，在其他地方往往與國家形構有關，但是在泰國北部不過是工匠在農閒季節的一種手工業，只是規模比較驚人，但和國家中心毫無關連。請見：Vincent Pigott, "Prehistoric Copper Mining in Northeast

Thailand in the Context of Emerging Community Craft Specialization," in *Social Approaches to an Industrial Past: The Archaeology and Anthropology of Mining,* ed. A. B. Knapp,V. Pigott, and E. Herbert (London: Routledge, 1998), 205–25。我要感謝馬思中提醒我這件事。

7. Anthony Reid, *Southeast Asia in the Age of Commerce, 1450–1680,* vol. 1, *The Lands Below the Winds* (New Haven: Yale University Press, 1988), 15。中國扣掉西藏的話，那時候是每平方公里 37 個人，這比東南亞的大陸的 32 個人還要密集。而當時的歐洲大約是每平方公里 11 個人。
8. Richard A. O'Connor, "Founders' Cults in Regional and Historical Perspective," in*Founders' Cults in Southeast Asia: Polity, and Identity,* ed. Nicola Tannenbaum and Cornelia Ann Kammerer, Yale Southeast Asia Monograph Series no. 52 (New Haven: Yale University Press, 2003), 269–311, 引文在 281-82 頁。與此不同且從非線性模式解釋國家興起的著作，請見：Allen W. Johnson and Timothy Earle, *The Evolution of Human Societies: From Foraging Group to Agrarian State,* 2nd ed. (Stanford: Stanford University Press, 2000)。
9. Richard A. O'Connor, "Agricultural Change and Ethnic Succession in Southeast Asian States: A Case for Regional Anthropology," *Journal of Asian Studies* 54 (1995): 968–96.
10. Michael Mann, *The Sources of Social Power* (Cambridge: Cambridge University Press, 1986), 63–70.
11. Charles Tilly, *Coercion, Capital, and European States, AD 990–1992* (Cambridge, Mass.:Blackwell, 1990), 162.
12. 鼓勵定居可能是最古老的「國家計畫」，這與納稅這項第二古老的國家計畫密切相關。數千年來，中國統治技藝的核心始終是促進定居，一直到毛澤東時期，數萬個人民解放軍開墾梯田以便「讓野蠻的佤族種植水稻」。
13. Hugh Brody, *The Other Side of Eden: Hunters, Farmers, and the Shaping of the World* (Vancouver: Douglas and McIntyre, 2000).
14. Sanjay Subramanyum, "Connected Histories: Notes toward a Reconfiguration

of Early Modern Eurasia," *Modern Asian Studies* 31 (1997): 735–62.

15. 針對越南和印尼強制移民過程的精彩敘述，請見：Rodolphe de Koninck, "On the Geopolitics of Land Colonization: Order and Disorder on the Frontier of Vietnam and Indonesia," *Moussons* 9 (2006): 33–59。

16. 殖民統治或後殖民統治初期的政權，就像古典國家，把這些地區看作**無主之地**（*terra nullius*）或**無用地**（*inutile*），如同傳統上區別對法國有用（*La France utile*）或對法國無用（*La France inutile*），無用就是無法用穀物或歲入償還行政費。儘管森林和高地的產出可能有價值，當地的人民也可以抓來當奴隸，但是仍然被認為落在直接管理和有利可圖的穀物核心之外，而這是國家權力和歲入的基礎。在殖民統治之下，這些地區基本上就是透過所謂的間接統治進行治理，當地傳統的權威受到監督，要求他們納貢而不是把他們撤換掉。我們可以看到從元朝到明朝大部分時間，中原政權的管理下，這些地區透過土司制度統治，這是中國式的間接統治。

17. 高地居民很少會因為自己的因素而採用低地宗教作為自己的宗教。但是，低地的宗教象徵性挪用，未必代表高地融入低地國家。請見：Nigel Brailey, "A Reinvestigation of the Gwe of Eighteenth Century Burma," *Journal of Southeast Asian Studies* 1, no. 2 (1970): 33–47。另見本書第八章。

18. Patricia M. Pelley, *Post-Colonial Vietnam: New Histories of the National Past* (Durham: Duke University Press, 2002), 96–97。

19. 這個官方說法顯然與凱斯・泰勒的說法衝突，請參考：Keith Taylor's "Surface Orientations in Vietnam: Beyond Histories of Nation and Region," *Journal of Asian Studies* 57 (1998): 949–78。

20. 這四個群體現在各由一民族國家代表，它們已經吸收這一區柬埔寨和寮國以外的所有早期國家，寮國和柬埔寨則是吸納區內的無國家空間。

21. Geoff Wade, "The Bai-Yi Zhuan: A Chinese Account of Tai Society in the 14th century," paper presented at the 14th IAHA Conference, Bangkok, May, 1996, appendix 2, 8. Cited in Barbara Andaya, *The Flaming Womb:*

Repositioning Women in Early Modern Southeast Asia (Honolulu: University of Hawai'i Press, 2006), 12.

22. Willem van Schendel, "Geographies of Knowing, Geographies of Ignorance: Southeast Asia from the Fringes," a paper for the workshop Locating Southeast Asia: Genealogies, Concepts, Comparisons and Prospects, Amsterdam, March 29–31, 2001.
23. Jean Michaud, *Historical Dictionary of the Peoples of the Southeast Asian Massif* (Lan-ham, Md.: Scarecrow, 2006), 5. See also Jean Michaud, ed., *Turbulent Times and Enduring Peoples: Mountain Minorities in the Southeast Asian Massif* (Richmond, England: Curzon,2000).
24. 如果現在算高地裡的低地人口，這個數字可能會再增加五千萬，而且每天都在增加。
25. Ernest Gellner, "Tribalism and the State in the Middle East," in *Tribes and State Formation in the Middle East,* ed. Philip Khoury and Joseph Kostiner (Berkeley: University of California Press, 1990), 109–26, 引自 124 頁。這與普什圖人（Pashtuns）、庫爾族和柏柏爾人類比並不恰當，因為這三個例子都有共同的文化，或者更精確地說是被認定有共同的文化。但是這裡所討論的高地王國卻缺乏這樣的文化凝聚力，儘管其中一些民族（比如傣族、赫蒙族和阿佧／哈尼族）狂散在這一區。但是，針對高地伊斯蘭宗派主義（sectarianism）的詳細解釋，請參見：Robert LeRoy Canfield, *Faction and Conversion in a Plural Society: Religious Alignments in the Hindu-Kush,* Anthropological Papers, Museum of Anthropology,University of Michigan, 50 (Ann Arbor: University of Michigan, 1973)。
26. 寮國是目前為止的一個特例，就像瑞士一樣，寮國基本上是個「山地國家」，僅有一個沿著湄公河與泰國共有的小河谷平原。
27. 針對這一點，請參考 Sidney Pollard 極具啟發的著作：*Marginal Europe: The Contribution of Marginal Lands since the Middle Ages* (Oxford: Clarendon, 1997)。
28. 其他明確支持邊陲地區來的系統觀點，還包括：Michaud, *Turbulent*

Times and Enduring Peoples，特別是 Michaud 與 John McKinnon 寫的導論，1–25 頁，另見：Hjorleifur Jonsson, *Mien Relations: Mountain Peoples, Ethnography, and State Control* (Ithaca: Cornell University Press, 2005)。

29. F. K. L. Chit Hlaing〔F. K. Lehman〕, "Some Remarks upon Ethnicity Theory and Southeast Asia, with Special Reference to the Kayah and Kachin," in *Exploring Ethnic Diversity in Burma,* ed. Mikael Gravers (Copenhagen: NIAS Press, 2007), 107–22, esp. 109–10.
30. Fernand Braudel, *The Mediterranean and the Mediterranean World in the Age of Philip II,* vol. 1, trans. Sian Reynolds (New York: Harper and Row, 1966).
31. Reid, *Southeast Asia in the Age of Commerce,* vol. 1.
32. Van Schendel, "Geographies of Knowing," 10，文中清楚地指出：「如果海洋能夠激發學者建構起布勞岱爾所言之區域世界，為什麼全世界最大的高地不行？」但的確沒有。儘管針對贊米亞各個地區的傑出研究源源不決，但並未給讀者一種「贊米亞學派」（Zomianists）的感覺，他們甚至也沒有企圖心要構建一個贊米亞的觀點，以提供社會科學新的問題和方法論。
33. 當然，所謂的「無政府」狀態只是旁觀者的角度，即使殖民地官員還是分不清楚，高地民族肯定知道自己是誰。
34. E. R. Leach, "The Frontiers of Burma," *Comparative Studies in Society and History* 3 (1960): 49–68.
35. 關於拉祜族性別的出色分析，請參考：Shanshan Du, *Chopsticks Only Work in Pairs: Gender Unity and Gender Equality among the Lahu of Southwest China* (New York: Columbia University Press, 2002)。
36. 南詔與後來的繼承者大理國，大約是九世紀到十三世紀在雲南南部；景棟橫跨薩爾溫江／怒江，屬於緬甸東撣的王國，大約在十四世紀獨立，十七世紀被緬甸人征服。南（Nan）是泰國北部南河（Nan River）河谷中的一個小國。蘭納，靠近現在的泰國清邁，大約在十三世紀到十八世紀維持獨立。值得研究的是，這些小國都是由種植水稻並講泰語的民族所統治，往往與高地的國家建構有關。
37. Janet Sturgeon, "Border Practices, Boundaries, and the Control of Resource

Access: A Case from China, Thailand, and Burma," *Development and Change* 35 (2004): 463–84.

38. Van Schendel, "Geographies of Knowing," 12.

39. Braudel, *The Mediterranean,* 1: 32, 33。我認為布勞岱爾忽視那些走到哪裡就把文明帶到哪裡的人，例如羅馬的吉普賽人和猶太人。

40. Ibn Khaldun, *The Muqaddimah: An Introduction to History,* 3 vols., trans. Franz Rosenthal, Bollinger Series 43 (New York: Pantheon, 1958), 1: 302.

41. O. W. Wolters, *History, Culture, and Region in Southeast Asian Perspectives* (Singapore: Institute for Southeast Asian Studies, 1982), 32. Wolters's citation is from Paul Wheatley, "Satyanrta in Suvarnadvipa: From Reciprocity to Redistribution in Ancient Southeast Asia," in *Ancient Trade and Civilization,* ed. J. A. Sabloff et al. (Albuquerque: University of New Mexico Press, 1975), 251.

42. Quoted in Andrew Hardy, *Red Hills: Migrants and the State in the Highlands of Vietnam* (Honolulu: University of Hawai'i Press, 2003), 4.

43. Owen Lattimore, "The Frontier in History," in *Studies in Frontier History: Collected Papers, 1928–1958* (Oxford: Oxford University Press, 1962), 469–91, quotation from 475.

44. Edmund Leach, *The Political Systems of Highland Burma: A Study of Kachin Social Structure* (Cambridge: Harvard University Press, 1954).

45. Thomas Barfield, "The Shadow Empires: Imperial State Formation along the Chinese- Nomad Frontier," in *Empires: Perspectives from Archaeology and History,* ed. Susan E. Alcock, Terrance N. D'Altroy, et al. (Cambridge: Cambridge University Press, 2001), 11–41。馬克思說這種在羅馬帝國邊緣從事獵奴和搶劫的寄生和軍事化邊陲地區是「日耳曼的生產模式」。針對佤族的次級國家形構，最好的說明請見：Magnus Fiskesjö, "The Fate of Sacrifice and the Making of Wa History," Ph.D. thesis, University of Chicago, 2000。

46. 這個詞借自干沙路・貝爾特蘭，他認為我們可以在「特別敵視或無法進行人口遷徙」的地區以及殖民經濟的邊緣地區，發現西屬美洲在征服之後的大部分原住民。針對這一點，他指的大部分是陡峭的山區，儘管也包括熱帶叢林和沙漠。貝爾崔往往把這些地方看成是前殖民時代人口的「遺留」（survival），而非人們逃亡或被迫遷移的環境。請見：*Regions of Refuge,* Society of Applied Anthropology Monograph Series, 12 (Washington, D.C., 1979), 23 and passim.

47. Michaud, *Historical Dictionary,* 180，引文來自該書 199 頁。此外，讓·米肖在寫到越南的高地人群的時候，也會呼應這個主題。「基本上，越南的高地人群可以視為因戰爭而造成的難民，他們選擇落腳國家權威直接控制之外的地方，國家試著控制勞動力，對生產資源課稅，並且確保可以靠近人群，實行徵募士兵、僕人、婢妾和奴隸。這表示越南的高地人群一直都在逃亡。」請見：Michaud, *Turbulent Times and Enduring Peoples,* 11。

48. See Christine Ward Gailey and Thomas C. Patterson, "State Formation and Uneven Development," in *State and Society: The Emergence and Development of Social Hierarchy and Political Centralization,* ed. J. Gledhill, B. Bender, and M. T. Larsen (London: Routledge, 1988), 77–90.

49. Fiskesjö, "Fate of Sacrifice," 56.

50. 針對此觀點進行闡述的經典作品如下：Pierre Clastres, *Society against the State: Essays in Political Anthropology,* trans. Robert Hurley (New York: Zone, 1987); Aguirre Beltrán, *Regions of Refuge;* Stuart Schwartz and Frank Salomon, "New Peoples and New Kinds of People: Adaptation, Adjustment, and Ethnogenesis in South American Indigenous Societies (Colonial Era)," in *The Cambridge History of Native Peoples of the Americas,* ed. Stuart Schwartz and Frank Salomon (Cambridge: Cambridge University Press, 1999), 443–502. For a review of recent evidence, see Charles C. Mann, *1491: New Revelations of the Americas before Columbus* (New York: Knopf, 2005)。

51. Felix M. Keesing, *The Ethno-history of Northern Luzon* (Stanford: Stanford University Press, 1976); William Henry Scott, *The Discovery of the Igorots: Spanish Contacts with the Pagans of Northern Luzon,* rev. ed. (Quezon City: New Day, 1974).

52. See, for example, Bruce W. Menning, "The Emergence of a Military-Administrative Elite in the Don Cossack Land, 1708–1836," in *Russian Officialdom: The Bureaucratization of Russian Society from the Seventeenth to the Twentieth Century,* ed. Walter MacKenzie Pinter and Don Karl Rowney (Chapel Hill: University of North Carolina Press, 1980), 130–61.
53. Leo Lucassen, Wim Willems, and Annemarie Cottaar, *Gypsies and Other Itinerant Groups: A Socio-historical Approach* (London: Macmillan, 1998).
54. 請參考：Martin A. Klein, in "The Slave Trade and Decentralized Societies, *Journal of African History* 42 (2001): 49–65。作者觀察到集權的非洲社會經常出現掠奪式獵奴者（進一步強化集權的傾向），而分權的社會只要一有機會，經常是退居到高地和森林的避難所，而且固守他們的居住地躲避獵奴。另見 J .F. Searing, "'No Kings, No Lords, No Slaves': Ethnicity and Religion among the Sereer-Safèn of Western Bawol (Senegal), 1700–1914," *Journal of African History* 43 (2002): 407–29; Dennis D. Cordell, "The Myth of Inevitability and Invincibility: Resistance to Slavers and the Slave Trade in Central Africa, 1850–1910," in *Fighting the Slave Trade: West African Strategies,* ed. Sylviane A. Diouf (Athens: Ohio University Press, 2003), 50–61; 也有人對此進行統計的量化分析，請參考：Nathan Nunn and Diego Puga, "Ruggedness: The Blessing of Bad Geography," special section of the *American Historical Review* devoted to "Geography, History, and Institutional Change: The Causes and Consequences of Africa's Slave Trade," March 2007。
55. **曼陀羅**（*mandala*）一詞借自於印度南部，描述宮廷中心透過聯盟和領袖魅力把權力向外輻射而形成的政治景觀，但是沒有固定的邊界。這個詞本身就是複數，因為它所呈現是許多相互競爭的曼陀羅爭取納貢和結盟，每一個曼陀羅的影響力忽大忽小，或者是完全消失，一切取決於當下的情況。請見：I. W. Mabbett, "Kingship at Angkor, *Journal of the Siam Society* 66 (1978): 1058, and, especially, Wolters, *History, Culture, and Region.*
56. 整體來說，針對東南亞的學術作品，在這方面所要承受的責難，小於研究印度或中國的學術作品。在這個交匯處與接觸區，絕對不能忽視當地對於源於其他地方的宗教信仰、權威符號以及政治組織形式的借用與適應。曼陀羅的精英也常炫耀這些標誌，不過高地對於谷地的文化和社會組織的影響基本上無人關注。

57. 印尼蘇門答臘的米南佳保人和巴塔克人早就已經從事水稻灌溉，創造精緻的文化，但一直沒有形成國家。這提醒我們灌溉水稻雖然是國家形成的先決條件，但卻不是充分條件。

58. 以我們對於更早的漢族國家體系形成的理解，似乎也是同樣的過程。

59. Gilles Deleuze and Felix Guattari, *A Thousand Plateaus: Capitalism and Schizophrenia,* trans. Brian Massum (Minneapolis: University of Minnesota Press, 1987), 360.

60. 非洲有許多類似的破碎帶，隨著人口受到奴隸貿易捕捉奴隸的威脅，逃到相對安全的地區之後發展起來。其中一個例子就是目前幾內亞－賴比瑞亞邊界拉米語區（Lame-speaking），請參考我和麥戈文的通信，2007 年 11 月。

61. M. P. Griaznov, *The Ancient Civilization of Southern Siberia,* trans. James Hogarth (New York: Cowles, 1969), 97–98, 131–33, cited in Deleuze and Guattari, *A Thousand Plateaus,*430.

62. Lattimore, "Frontier in History," 472.

63. Ernest Gellner, *Saints of the Atlas* (London: Weidenfeld and Nicolson, 1969), 1–2.

64. Ibid., 1–2, 14, 31.

65. See Richard Tapper, "Anthropologists, Historians, and Tribespeople on Tribe and State Formation in the Middle East," in *Tribes and State Formation in the Middle East,* ed. Philip Khoury and Joseph Kostiner (Berkeley: University of California Press, 1990), 48–73, quotation from 66。

66. 有證據顯示，拿掉複雜的社會結構，採取簡單和最小的形式，更能適應多變的自然和政治環境，就像採取多樣和移動的謀生方式以及流動的認同。請參考：Robert E. Ehrenreich, Carole L. Crumley, and Janet E. Levy, eds., *Heterarchy and the Analysis of Complex Societies,* Archeological

Papers of the American Anthropological Society, no. 6 (1995)。

67. 我認為針對東南亞古國較依賴貿易還是人力的持續辯論中，其實忽略了這一點。河流交匯處、高山的隘口、玉或紅寶石礦等有利的位置，都需要以軍事對抗競爭者的搶奪。
68. Georges Coedès, *The Indianized States of Southeast Asia* (Honolulu: East-West Center Press, 1968), originally published in France in 1948.
69. J. C. van Leur, *Indonesian Trade and Society* (The Hague: V. van Hoeve, 1955), 261.
70. John Smail, "On the Possibility of an Autonomous History of Modern Southeast Asia," *Journal of Southeast Asian History* 2 (1961): 72–102.
71. Peter Bellwood, "Southeast Asia before History," chapter 2 of *The Cambridge History of Southeast Asia,* ed. Nicholas Tarling, vol. 1, *From Early Times to 1800* (Cambridge: Cambridge University Press, 1992), 90.
72. 相較於其他文化區，河流三角洲或附近的東南亞沿海國家並未留下什麼實體證據。長期尋找三佛齊（Srivijay）遺址可能是最引人注意的例子。請參考：Jean Michaud, *Historical Dictionary*,9。他注意到高地居民留下來的建築遺產和墓葬活動很少被考古發現。有關這方面還需要指出，即使在低地區域，一般都禁止老百姓使用磚、石、甚至柚木建築房屋，以避免成為潛在的反叛堡壘。請參考與霍里佛・榮松的通信，2007 年 6 月 6 日。
73. 這項事實的另外一面是，沒有留下書面遺跡的王國可能就完全沒有記錄。喬治・孔多米納注意到，高地的魯阿王國和東南亞的高棉，儘管因為魯阿王與帶來佛教的孟族王后通婚留下起源的遺跡和傳說，卻因為沒有文字，幾乎沒有留下任何痕跡。請參考：*From Lawa to Mon, from Saa' to Thai: Historical and Anthropological Aspects of Southeast Asian Social Spaces,* trans. Stephanie Anderson et al., an Occasional Paper of Anthropology in Association with the Thai-Yunnan Project, Research School of Pacific Studies (Canberra: Australian National University, 1990)。
74. 這些編年史只是國家的象徵性作品，感謝查特傑為我指出這點。
75. 我們在緬甸錫唐發現了一個重要的例外，那裡的行政檔案主要是針對可以課稅的財產、經濟活動和人民的納稅地位而形成的目錄。請參考：Frank N. Trager and William J. Koenig, with the assistance of Yi Yi, *Burmese Sit-tàns, 1784–1826: Records of Rural Life and Administration,* Association of Asian Studies monograph no. 36 (Tucson: University of Arizona Press, 1979).

76. Richard A. O'Connor, "Review of Thongchai Winichakul, *Siam Mapped: A History of the Geo-body of a Nation*" (Honolulu: University of Hawai'i Press, 1994), *Journal of Asian Studies* 56 (1997): 280. 一則生動的實例是緬甸宮廷保存中國皇帝所寫的一封正式外交文書。信中中國皇帝是做為東方的皇帝，緬甸則是西方的皇帝平等對待，二人共同支配文明世界。如同丹頓（Than Tun）所說：「這封緬甸宮廷保存的信，中國皇帝所講的話可能與原信有所不同，但是對這時完全不承認有君王在他之上的緬甸國王，這是比較可以接受的版本。」*Royal Orders of Burma, A.D. 1598–1885,* part 1, *A.D. 1598–1648,* ed. Than Tun (Kyoto: Center for Southeast Asian Studies, 1983), 3: 1。宮廷的歷史使我想起來中學時候的校刊《日晷》（*The Sun Dial*）上的格言：「我們只記錄那些閃耀的時刻。」

77. 我們發現最早努力糾正此一目光短淺之錯的作品之一可能是 Taylor, "Surface Orientations"。我們還應該點出，針對民族國家歷史揭秘的重要工作總算已經在東南亞展開。

78. Walter Benjamin, "Theses on the Philosophy of History," in *Illuminations,* ed. Hannah Arendt (New York: Schocken, 1968), 255–56。我還要感謝查爾斯・萊斯（Charles Lesch）提醒我他這篇尚未發表的作品，請參考 "Anarchist Dialectics and Primitive Utopias: Walter Benjamin, Pierre Clastres, and the Violence of Historical Progress," 2008。

79. See Herman Kulke, "The Early and Imperial Kingdom in Southeast Asian History," in *Southeast Asia in the 9th to 14th Centuries,* ed. David G. Marr and A. C. Milner (Singapore: Institute for Southeast Asian Studies, 1986), 1–22.。班尼特・布朗森也有類似的觀點，南亞北部三分之二的地方在過去三千年產生「兩個比較持久且跨地域的國家，分別是笈多

（Gupta）和蒙兀兒（Mughal）。除了這兩個國家外，任何小國延續時間不曾超過兩個世紀，而期間無政府狀態的間隔卻是比較漫長而且隨處可見」。請參考：Bennett Bronson, "The Role of Barbarians in the Fall of States," in *The Collapse of Ancient States and Civilizations,* ed. Norman Yoffee and George L. Cowgill (Tucson: University of Arizona Press, 1988), 196–218。

80. Anthony Day, "Ties That (Un)Bind: Families and States in Pre-modern Southeast Asia," *Journal of Asian Studies* 55 (1996): 398. 安東尼・戴這裡批評的是安東尼・瑞德和維克多・李伯曼等人重要的史學史作品中的國家中心觀。

81. 請見：Taylor, "Surface Orientations"。凱斯・泰勒極具想像力地考察現在越南一帶早期歷史，他小心翼翼地避免重複那些缺乏當代證據的現代民族國家和地區敘事，

82. 針對這一點，請參考莎拉・戴維斯（Sara Davis）對於孔多米納的批評，見："Premodern Flows and Postmodern China: Globalization and the Sipsongpanna Tai," *Modern China* 29 (2003): 187。「村民在村莊和城鎮之間遷徙，村莊與國家的結盟不斷分裂並重組，貴族有時候必須走很遠、在更大的範圍，來保有支持者⋯⋯這樣持續不斷的移動和變化，使得這個區域很難被歸納出特點，雖然我們可以指出三種常態：村莊的密切聯繫，強烈的獨立傳統和自由的移動。」

83. Anthony Reid, "'Tradition' in Indonesia: The One and the Many," *Asian Studies Review* 22 (1998): 32.

84. Akin Rabibhadana, "The Organization of Thai Society in the Early Bangkok Period, 1782–1873," Cornell University, Thailand Project, Interim Report Series, no. 12 (July 1969),27.

85. Richard White, *The Middle Ground: Indians, Empires, and Republics in the Great Lakes Region, 1650–1815*(Cambridge: Cambridge University Press, 1991).

86. Thucydides, *The Peloponnesian War,* trans. Rex Warner (New York: Penguin, 1972).

87. Basile Nikitina, quoted, in French, by Tapper in "Anthropologists, Historians, and Tribespeople," 55; my translation.
88. Sir Stamford Raffles, cited by Reid in "'Tradition' in Indonesia," 31.

第二章　國家空間：治理區與調度區

1. 引自：Yong Xue, "Agrarian Urbanization: Social and Economic Changes in Jiangnan from the 8th to the 19th Century," Ph.D. diss., Yale University, 2006, 102。這裡所用的邏輯直接來自邱念（Johann Heinrich von Thünen）、克里斯塔勒（Walter Christaller）和施堅雅「中地理論」（central-place theory）的標準闡述。這一邏輯恰恰因為過於簡單，因此偶爾會出錯。比如說，如果運輸途中有充足的春草，結果會是如何？在這種情況下，役畜沿途可能不用另外花費就能逐漸長大，而且如果他們到了目的地之後可以賣掉，他們可能也是運送貨物的一部分。
2. 正像彼得・貝爾伍德（Peter Bellwood）所注意到，水稻種植區的人口密度是游耕／刀耕火種、雨澆地和高地稻作的十倍。如我們所見，這對國家非常重要。請見："Southeast Asia before History," in *The Cambridge History of Southeast Asia,* ed. Nicholas Tarling, vol. 1, *From Early Times to 1800* (Cambridge: Cambridge University Press, 1992), 1: 90。
3. 當然，如果官員要懲罰那些農夫或整個村莊，也可以把田地中已經乾燥、成熟的作物全部燒個精光。
4. 同時，由於穀物方便儲藏，軍隊在長征中可以養活自己（比如凱撒的軍團），反過來，國家中心的要塞一旦遭到包圍，也可以撐得更久。前現代的入侵經常要安排在收成時節，如此一來軍隊沿途就可以餵飽自己，而無須馱運大量糧食。
5. 請參考：Jonathan Rigg, *The Gift of Water: Water Management, Cosmology,and the State in Southeast Asia* (London: School of Oriental and African Studies, 1992), and, especially, in that volume, Philip Stott, "Ankor: Shifting the Hydraulic Paradigm," 47–58, and Janice Staargardt, "Water for Courts or Countryside: Archeological Evidence from Burma and Thailand

Revisited," 59–72。這本書的觀點部分建立在魏特夫（Karl Wittfogel）所提出的水利社會，請參考：*Oriental Despotism: A Comparative Study of Total Power* (New Haven: Yale University Press, 1976, 9th ed.)，不論如何這也適用在東南亞。除此之外，人口的實際情況與逃跑的可能性，都阻止了強制勞動力的大規模動員。吉爾茲有關峇厘島複雜的梯田和灌溉系統的考察，清楚表達學者的共識，「事實上，國家在建設的角色……根本微不足道，首先，農田灌溉系統的成長是一步步相當緩慢，並非由權威來協調大量人力所進行的集體一次性勞動。十九世紀的時候，這一系統基本已經完成，但甚至在十九世紀之前，他們的擴張也是緩慢、穩定、甚至難以察覺。之所以認為灌溉工作需要高度集權的國家來修建，主要是忽視了這類工作並非一蹴可及。請參考：*Negara: The Theatre State in Nineteenth-Century Bali* (Princeton: Princeton University Press, 1980), 197。另見吉爾茲作品中的參考資料，針對峇厘島的情況，請見：Stephen Lansing, *Priests and Programmers: Technologies of Power and the Engineered Landscape of Bali* (Princeton: Princeton University Press, 1991)。

6. Barbara Watson Andaya, "Political Development between the Sixteenth and Eighteenth Centuries," in Tarling, *Cambridge History,* 1: 402–59, quotation from 426.
7. Jan Wisseman Christie, "Water from the Ancestors: Irrigation in Early Java and Bali," in Rigg, *Gift of Water,* 7–25, quotation from 12.
8. Andaya, "Political Development," 426.
9. 我要感謝愛德華・福克斯洞見，請參考：*History in Geographical Perspective: The Other France* (New York: Norton, 1971), 25。
10. 我們可以想像大象在戰爭中的「震撼和恐懼」效應，其價值遠大於大象的運輸功能。我要感謝凱瑟琳・鮑威提醒我大象在戰爭中的角色。
11. *The Man Shu (Book of the Southern Barbarians),* trans. Gordon H. Luce, ed. G. P. Oey, data paper no. 44, Southeast Asia Program, Cornell University, December 1961, 4–11.
12. 見表 1。我要感謝亞歷山大・李整理並計算這些資訊。請參考：C.

Ainslie, *Report on a Tour through the Trans-Salween Shan States, Season 1892–'93* (Rangoon: Superintendent, Government Printing, 1893). 我選擇了兩條路線，和恩斯里所調查的盤央（Pan Yang）至孟盤（Man Pan）這條路差不多。他指出「還有一條路是經過龍洛（Long Lawk），但是需要爬很高的山，據說路況更壞，更不用說對全副武裝的人了。」恩斯里還標註是否有駐紮地。許多好的駐紮地（乾淨、平坦又靠近水源）雨季時就會淹水。表上的標準單位是「驛站間距」或一天的行程。

13. 徒步旅行和挑夫及牛車負載能力的數據來自 Anthony Reid, *Southeast Asia in the Age of Commerce, 1450–1680,* vol. 2, *Expansion and Crisis* (New Haven: Yale University Press, 1993), 57。根據傑里克・布萊克（Jeremy Black）對於十七世紀歐洲行軍的估算，當時最高的行軍速度是每天二十四公里，請參考：European Warfare, 1660–1815 (New Haven: Yale University Press, 1994), 37。大型的部隊如果需要行李車，平均每天是十六公里，這凸顯快速移動的騎兵在戰略上的重要性。請參考：John A. Lynn, ed., *Feeding Mars: Logistics in Western Warfare from the Middle Ages to the Present* (Boulder: Westview, 1993), 21。
14. 有關四匹馬拉車距離的計算，請參考：Lynn, *Feeding Mars,* 19。或許是羅馬帝國聞名的路況，彼得・希瑟（Peter Heather）的計算結果是牛每天可以走四十公里。戴克里先的價格法令（Diocletian's Price Edict）記載，每多運八十公里，每車小麥的價格就會翻倍。見 Peter Heather, *The Fall of the Roman Empire: A New History of Rome and the Barbarians* (Oxford: Oxford University Press, 2006), 107, 111。
15. Fox, *History in Geographical Perspective,* 25.
16. F. K. Lehman (Chit Hlaing), "Burma: Kayah Society as a Function of the Shan-Burma-Karen Context," in *Contemporary Change in Traditional Society,* 3 vols., ed. Julian Steward (Urbana: University of Illinois Press, 1967), 1: 1–104, quotation from 13.
17. Reid, *Southeast Asia in the Age of Commerce,* 2: 54.
18. Charles Tilly, "War Making and State Making as Organized Crime," in *Bringing the State Back In,* ed. Peter Evans, Dietrich Rueschmeyer, and Theda

Skocpol (Cambridge: Cambridge University Press, 1985), 178.

19. George Fitzherbert, review of Melvyn C. Goldstein, *A History of Modern Tibet,* vol. 2, *The Calm before the Storm, 1951–1955* (Berkeley: University of California Press, 2008), *Times Literary Supplement,* March 28, 2008, 24.

20. 「像烏鴉在飛」這個比喻充分表達出一種幾乎沒有摩擦力的飛行情況，但是空氣中有風暴、氣流和風，所以絕對不是毫無摩擦力。

21. Thongchai Winichakul, *Siam Mapped: A History of the Geo-Body of a Nation* (Honolulu: University of Hawai'i Press, 1994), 31.

22. Fernand Braudel, *The Mediterranean and the Mediterranean World in the Age of Philip II,*2 vols., trans. Sian Reynolds (New York: Harper and Row, 1966).

23. 大不列顛的威廉入侵是此一規則的例外，因為大不列顛的大部分地區都靠近大海的航道。

路段	**距離（公里）**	**橫越河流數量**	**主要高程變化**	**備註**
Pang Yang → Nam Nge Lam	11.25	1	760公尺下降、215公尺上升、365公尺下降	因地勢變化：「雨天行軍艱難」
Nam Nge Lam → Man Kat	15.25	3（其中一處需渡船）	550公尺上升、「非常陡峭」下降、120公尺上升、120公尺下降	「雨天此段行軍將極為困難」，因須涉溪流
Man Kat → Lau Kiu	14.5	3	上升 1,200公尺、下降 1,200公尺、不明高度上升、275公尺「非常陡峭」上升、「非常平緩」下降	河流：「洪水期間水勢湍急且難以通行」
Lau Kiu → Ta Pong	19.25	2	沿河前行，無重大高程變化，但有數處陡坡	—
Ta Pong → Man Pan	7.25	1	小幅上升、大幅下降	小撣邦首都的入口
Ta Mat Long → Pang Wo	13.25	1	「輕鬆」850公尺上升（90公尺下降再取水上爬）	「薩爾溫江水位上升時無路可通」

路段	距離（公里）	橫越河流數量	主要高程變化	備註
Pang Wo → Pak Long	13.25	0	150公尺下降、150公尺「緩坡上升」、2,400公尺「下降（部分地段陡峭）」	村內儲有大量稻米
Pak Long → Nam Wa	10.5	1	350公尺下降、245公尺上升、335公尺「陡峭下降」	—
Nam Wa → Nam Nge Lam	14.5	2	455公尺「初段非常陡峭」上升、610公尺下降	—

表1：撣邦東部步行時間（1892–93年）

24. Andaya, "Political Development," 427. 芭芭拉·安達亞還引述爪哇馬塔蘭和緬甸阿瓦的全副武裝的人力資料，這些資料也同樣驚人。

25. 從過去到現在，河流邊上一直有氾濫型農業，但是它們似乎不如灌溉及常流河那樣穩定可靠。請參考：Staargardt, "Water for Courts or Countryside." 這對於魏特夫普遍受質疑的觀點無疑下了一個有諷刺之意的註腳，雖然大規模的灌溉可以（而且已經）不靠國家就建起來，但是三角洲低地為了耕種所需的大規模排水，事實上需要的是一個「水利國家」（hydraulic-state）並為拓荒者提供信用。

26. E. R. Leach, "The Frontiers of Burma," *Comparative Studies in Society and History* 3 (1960): 49–68, quotation from 58.

27. Ibid.

28. Ibid., 56.

29. 此處有關的是施堅雅從邱念和克里斯塔勒的作品發展出來的標準市場區域，並以此做為社會和文化整合單位。請參考："Chinese Peasants and the Closed Community: An Open and Shut Case," *Comparative Studies in Society and History* 13 (1971): 270–81。因為施堅雅的模型是以標準化的平原為基礎，因此受到不同河流或是沼澤地和山地的影響，模型都需要加以修正。舉例來說，宗教運動順流而下要比繞過高山容易得多，請參考查理·凱斯對於毛淡棉山區特拉克宏（Telakhon），也就是克倫人先知運動的描述，見：Keyes, ed., *Ethnic Adaptation and*

Identity: The Karen on the Thai Frontier with Burma (Philadelphia: ISHII, 1979), 66–67。

30. Leach, "Frontiers of Burma," 58.
31. Benedict Anderson, "The Idea of Power in Javanese Culture," in *Culture and Politics in Indonesia,* ed. Claire Holt et al. (Ithaca: Cornell University Press, 1972).
32. *Royal Orders of Burma, A.D. 1598–1885,* part 1, *A.D. 1598–1648,* ed. Than Tun (Kyoto: Center for Southeast Asian Studies, 1983), 72.
33. O. W. Wolters, *History, Culture, and Region in Southeast Asian Perspectives,* rev. ed. (Ithaca: Cornell University Press, in cooperation with the Institute of Southeast Asian Studies, Singapore, 1999), 28.
34. Thongchai, *Siam Mapped.*
35. Thongchai, ibid., 88。他說柬埔寨在十九世紀的策略想同時對暹羅和越南進貢。
36. 同上 73 和 86 頁。頌差・威尼差恭也也點出萊這個小國同時向中國、東京和朗龍坡邦進貢（100）。另外，Richard White, *The Middle Ground: Empires and Republics in the Great Lakes Region, 1650–1815* (Cambridge: Cambridge University Press, 1991)。這本書是現今研究這個主權分裂地區及其認同在社會和政治上的流動性，很經典的一部作品。
37. See *Royal Orders of Burma,* 3: vii.
38. 人們可以想像河流的航行是此規則的一大例外。不過，暴雨期間，主要的河流會氾濫，難以航行，更不用說返航時逆流所增加的難度了。
39. Desawarnana (Nagarakartagama), quoted in Wolters, *History, Culture, and Region,*36.
40. See, for example, "Glass Palace Chronicle: Excerpts Translated on Burmese Invasionsof Siam," compiled and annotated by Nai Thein, *Journal of the Siam Society* 5 (1908): 1–82 and 8 (1911): 1–119.
41. *Gazetteer of Upper Burma and the Shan States,* compiled from official papers by J. George Scott, assisted by J. P. Hardiman, vol. 1, part 1 (Rangoon:

Government Printing Office, 1893), 136.

42. 或許，最驚人的例子是北越軍隊在高地居民幫助下，攻陷法國奠邊府要塞，但是更有代表性的例子是威廉・斯科特對於伊哥洛特人在呂宋島北部對抗西班牙人策略的精彩描述，請參考：*The Discovery of the Igorots: Spanish Contacts with the Pagans of Northern Luzon,* rev. ed. (Quezon City: New Day, 1974), 31–36, 225–26。

第三章　人口和糧食的集中：奴隸與水稻

這段引文出自 Nicholas Gervaise, *The Natural and Political History of the Kingdom of Siam,* trans. John Villiers (Bangkok, 1987), 27，轉引自 Victor B. Lieberman, *Strange Parallels: Southeast Asia in Global Context, c. 800–1830,* vol. 1, *Integration on the Mainland* (Cambridge: Cambridge University Press, 2003), 27。

1. Anthony Reid, *Southeast Asia in the Age of Commerce, 1450–1680,* vol. 1, *The Lands Below the Winds* (New Haven: Yale University Press, 1988), 20。拉鐵摩爾討論國家中心和邊疆地區的時候，提出謀生策略的漸進模式，從最粗放的到最集約的依序是：狩獵採集、遊牧、靠雨水的農業，再到灌溉農業。他相信最後一種因為有集中人力和穀物的優點，最有利於國家建構。請參考：Owen Lattimore, "The Frontier in History," in *Studies in Frontier History: Collected Papers, 1928–1958* (Oxford: Oxford University Press, 1962), 469–91, esp. 474。

2. Richard A. O'Connor, "Agricultural Change and Ethnic Succession in Southeast Asian States: A Case for Regional Anthropology," *Journal of Asian Studies* 54 (1995): 988*n*11. O'Connor credits F. K. Lehman (Chit Hlaing), "Empiricist Method and Intentional Analysis in Burmese Historiography: William Koenig's *The Burmese Polity, 1752–1819,* a Review Article," *Crossroads: An Interdisciplinary Journal of Southeast Asian Studies* 6 (1991): 77–120.

3. 實際上，稻農有灌溉的水稻田，也有旱地和火耕。對於農夫來說，這種混合的謀生方式提供了一些彈性。他們可以少種抽重稅的水稻而改種其他輕稅的作物，以減少或完全逃避納稅。

4. Georges Condominas, *From Lawa to Mon, from Saa' to Thai: Historical and Anthropological Aspects of Southeast Asian Social Spaces,* trans. Stephanie Anderson et al., an Occasional Paper of the Department of Anthropology in Association with the Thai-Yunnan Project, Research School of Pacific Studies (Canberra: Australian National University, 1990)。曼恩（Michael Mann）用了「社會囚籠」（social cageing）這個驚人且相似的比喻來描述早期國家圈禁人口。參考：Michael Mann, *The Sources of Social Power,* (Cambridge: Cambridge University Press, 1986), 54–58。
5. Quoted in Mark Elvin, *The Retreat of the Elephants: An Environmental History of China* (New Haven: Yale University Press, 2004), 104.
6. See Frank N. Trager and William J. Koenig, with the assistance of Yi Yi, *Burmese Sit-tàns, 1784–1826: Records of Rural Life and Administration,* Association of Asian Studies monograph no. 36 (Tucson: University of Arizona Press, 1979). 這本書的作者指出，甚至前殖民時代的緬甸地方史都關注著他們所說的「王權的陰影」，在這樣的歷史底下，「內陸似乎主要是為了服務王朝中心的目標」（1）最明顯的例外是 *sit-tàns*，一般譯為「查詢」（inquests），它是管轄區域內的首領對地方情況的報告，包括播種的土地和作物，以及最重要的是每年提供給國王的歲入來源。這基本上是一份歲入清單，尤其重視那些最有利可圖的土地，也就是可以一年有兩到三次收穫的灌溉稻田。
7. Quoted ibid., 77–78.
8. The term is Robert Elson's in "International Commerce, the State, and Society: Eco-nomic and Social Change," chapter 3 of *The Cambridge History of Southeast Asia,* ed. Nicholas Tarling, vol. 2, *The Nineteenth and Twentieth Centuries* (Cambridge: Cambridge University Press, 1992), 131.
9. R. L. Carniero, "A Theory of the Origin of the State," *Science* 169 (1970): 733–38.
10. Clifford Geertz, *Negara: The Theatre State in Nineteenth-Century Bali* (Princeton: Princeton University Press, 1980), 24.

11. Thongchai Winichakul, *Siam Mapped: A History of the Geo-Body of a Nation* (Honolulu: University of Hawai'i Press, 1994), 164.
12. Barbara Watson Andaya, "Political Development between the Sixteenth and the Eighteenth Centuries" in Tarling, *Cambridge History,* vol. 1, *From Early Times to 1800,* 402–59, esp. 422–23. 馬來語中的 Dato／Datu 的意思是「有奴隸的主人」。村以上的緬甸官員往往被指定為地方財政收入的受益人（因此被稱做靠鎮吃飯的人）. 這與統治一個地區不同，這些財政收入常常分成許多份，交給不同的官員。同時這種身分一般也不可繼承。而且，那些統治一個地方或從地方財政收入獲益的官員，在統治的人口搬遷到其他地方以後，仍然管他們，並宣稱自己有權向他們徵稅。因此，英國人搞不懂的是一個地方的臣民會向不同的主人效忠，或是對不同的主人繳稅。
13. J. Kathirithamby-Wells, "The Age of Transition: The Mid-eighteenth Century to Early Nineteenth Centuries," in Tarling, *Cambridge History,* 1: 883–84.
14. Reid, *Southeast Asia in the Age of Commerce,* vol. 2, *Expansion and Crisis* (New Haven: Yale University Press, 1993), 108.
15. Quoted ibid., 1: 129.
16. 針對這一點，可參考桐谷健一蒐集的驚人證據，參考：Kenichi Kirigaya, "The Age of Commerce and the Tai Encroachments on the Irrawaddy Basin," draft paper, June 2008。至於中央與邊陲關係的模式，請見：Noboru Ishikawa, "Centering Peripheries: Flows and Interfaces in Southeast Asia," Kyoto Working Papers on Area Studies no. 10, JSPS Global COE Program, Series 7, *In Search of Sustainable Humanosphere in Asia and Africa,* Subseries 8, Center for Southeast Asian Studies, Kyoto University, December 2008。
17. Lieberman, *Strange Parallels,* 1: 88.
18. Amar Siamwalla, "Land, Labour, and Capital in Three Rice-growing Deltas of Southeast Asia, 1800–1840," Yale Economic Growth Center, discussion paper 150 (July 1972), 這篇文章強調以曼德勒、曼谷和河內為核心的

國家，努力防止人民遷徙到不受控制的南部三角洲。以「運輸經濟」最粗糙的定義來說，把人口遷居到肥沃的地區比較合理，而不是將肥沃土地上的產品搬到首都。因為人口比穀物容易搬動，人可以行走，而且一旦定居以後，就可以生產不必長途運輸的餘糧。

19. 請參考：Charles Tilly, *Coercion, Capital, and European States, AD 990–1992* (Cambridge, Mass.: Blackwell, 1990), chapter 5; Jeremy Black, *European Warfare, 1660–1815* (New Haven: Yale University Press, 1994), 9–15; and Richard Whiting Fox, *History in Geographical Perspective: The Other France* (New York: Norton, 1971), chapter 2。英格蘭是一個顯著的例外，如同傑里米・布萊克指出，英格蘭順利成為海上霸權主要是靠貿易帶來的大量財富，使它可以雇用其他人來打仗。

20. Quoted in Akin Rabibhadana, "The Organization of Society in the Early BangkokPeriod, 1782–1873," Cornell University Thailand Project, Interim Report Series, no. 12 (July, 1969), 16–18.

21. *The Glass Palace Chronicle of the Kings of Burma,* trans. Pe Maung Tin and G. H. Luce, issued by the Text Publication Fund of the Burma Research Society (Oxford: Oxford University Press, Humphrey Milford, 1923), 177.

22. Quoted in Rabibhadana, "Organization of Society," 16–18.

23. *Glass Palace Chronicle,* 177, 150.

24. 比方說，蒂魯桑德維（Thirusandevi）皇后很長的下屬名單，ibid., 95。

25. 1747 年巨港的一位統治者觀察到：「一個臣民要找個領主很容易，但是領主要找臣民就困難多了。」更多相關的格言可參考：Anthony Reid, "'Closed' and 'Open' Slave Systems in Precolonial Southeast Asia," in *Slavery, Bondage, and Dependency in Southeast Asia,* ed. Anthony Reid (New York: St. Martin's, 1983), 156–81, esp. 157–60。

26. Thucydides, *The Peloponnesian War,* trans. Rex Warner (New York: Penguin Books, 1972), e.g., 67, 96, 221, 513, and 535. 修昔底德高度讚揚斯巴達的布拉西達斯（Brasidas）將軍能夠勸其他城邦和平投降，不浪費斯巴達人的性命，並可增加城邦的稅基和人力。

27. Elvin, *Retreat of the Elephants,* 104, quoting the late-fourth-century BCE

Guanzijiping.

28. Ibid. 104, quoting from *The Book of the Lord of Shang.*
29. Jeffrey Herbst, *States and Power in Africa: Comparative Lessons in Authority and Control* (Princeton: Princeton University Press, 2000), 18.
30. Igor Kopytoff, *The African Frontier: The Reproduction of Traditional African Societies* (Bloomington: Indiana University Press, 1987), 40. 科匹托夫的傑出論文極有助於我們理解亟需人力的政治制度。
31. Quoted ibid., 62, 53.
32. Ibid., 62.
33. Richard A. O'Connor, "Rice, Rule, and the Tai State," in *State Power and Culture in Thailand,* ed. E. Paul Durrenberger, Yale Southeast Asia monograph no. 44 (New Haven, 1996), 68–99, quotation from 81.
34. Thant Myint U, "The Crisis of the Burmese State and the Foundations of British Colonial Rule in Upper Burma," Ph.D. diss., Cambridge University, 1995, 46–47.
35. 有關這個主題的內容，請參考我的作品：*Seeing Like a State: How Certain Schemes for Improving the Human Condition Have Failed* (New Haven: Yale University Press, 1998)。特別是該書的第一與第二章。
36. sit-tàns 提供了族群在農業生態專業化的證據。汗達瓦底／勃古的克倫族主要是游耕民和採集者，因為穀物產量很小，主要是徵用他們的蜜蜂、銀器。參考：Toshikatsu Ito, "Karens and the Kon-baung Polity in Myanmar," *Acta Asiatica* 92 (2007): 89–108。
37. John S. Furnivall, *The Fashioning of Leviathan: The Beginnings of British Rule in Burma,* ed. Gehan Wijeyewardene (1939; Canberra: Department of Anthropology, Research School of Pacific Studies, Australian National University, 1991), 116.
38. 養蜂的類比可能有助於理解。大約一個世紀以前，採集蜂蜜還是很困難的事情。即使將捕獲的蜂群養在麥草的蜂巢中，採集蜂蜜也必須用煙或火把蜂群攆走，過程中常會破壞蜂窩。由於蜂房與蜂蜜放置的結構複雜，每一個蜂槽也都不一樣，造成採蜜是一件繁瑣且浪費的工作。現代的蜂巢則不同，設計上就是為了解決養蜂人的問題。一個被稱為隔后板（queen-excluder）的裝置把蜂房隔在下頭，蜂蜜則留在上頭，因此可以防止女王蜂進入上層產卵。此外，蜂蜜層設計垂直整齊的框架，一個盒子包括九至十個框架，從而使人們可以很容易從一個個框架抽去蜂蜜、蜂蠟和蜂膠。只要觀察「蜜蜂空間」（bee space），也就是框架之間的精準距離（3/8 英寸），就可以決定取蜜的時間。蜜蜂會把這個距離空出來而不用蜂巢把各個框架連接。從養蜂人的角度看，現代的蜂房井然有序且「一清二楚」，他們可以觀察蜂巢和蜂王的情況，判斷蜂蜜的生產（通常按重量），按照標準單位擴大和縮小蜂房的大小，轉移到新的地方，而且更重要的是（在適度的氣溫下），採集適量的蜂蜜，保障蜜蜂安然過冬。蜂蜜過多的時候養蜂人就會搶奪蜂巢，入侵總是正好在旱季開始作物開始成熟，可以用來搶劫或補充軍需品的時候發生。（修昔底德注意到，入侵始於行軍路線的穀物成熟時，如果過早，穀物尚未成熟時入侵，那可能是致命的錯誤。如果入侵帶有懲罰意味，成熟的穀物就可能被燒得一乾二淨〔塊根的作物就不行了〕，也就可以讓敵人分散或是陷入貧窮。*Peloponnesian War*.173. 265. 267.）我們不需對此類比有過多說明，對於稅吏和軍隊招募人員來說，水稻生產中單一農業的集中和整齊劃一，就像養蜂人所使用的現代蜂房。

39. Andrew Hardy, *Red Hills: Migrants and the State in the Highlands of Vietnam* (Honolulu: University of Hawai'i Press, 2003), 288. 哈迪引用了麥克翁（Mai Khac Ung）以越南文所寫的作品，還有其他作品，像是：Masaya Shiraishi, "State, Villagers, and Vagabonds: Vietnamese Rural Society and the Phan Ba Vanh Rebellion," Senri Ethnological Studies 13 (1984):345–400。

40. 引自 Hardy, *Red Hills,* 240–55。Hardy 也充分討論了法國的政策，就像 Oscar Salemink, *The Ethnography of Vietnam's Central Highlanders: A Historical Contextualization, 1850–1990* (London: Routledge-Curzon, 2003)。另見：Jean Michaud, ed., *Turbulent Times and Enduring Peoples: Mountain Minorities in the Southeast Asian Masssif* (Richmond, England:

Curzon, 2000), and Pamela McElwee, "Becoming Socialist or Becoming Kinh: Government Policies for Ethnic Minorities in the Socialist Republic of Vietnam," in *Civilizing the Margins: Southeast Asian Government Policies for the Development of Minorities,* ed. Christopher R. Duncan (Ithaca: Cornell University Press, 2004), 182–21。針對運氣不佳的西貢政體所做的重新安置政策，請參考：Stan B-H Tan, "Dust beneath the Mist: State and Frontier Formation in the Central Highlands of Vietnam, the 1955–1961 Period," Ph.D. diss., Australian National University, 2006。

41. Pamela Kyle Crossley, Helen Siu, and Donald Sutton, eds., *Empire at the Margins: Culture and Frontier in Early Modern China* (Charlottesville: University of Virginia Press, 2006). See especially the contributions by John E. Herman, David Faure, Donald Sutton, Anne Csete, Wing-hoi Chan, and Helen Siu and Lui Zhiwei.
42. Grant Evans, "Central Highlands of Vietnam," chapter 2 of *Indigenous Peoples of Asia,* ed. R. H. Barnes, Andrew Gray, and Benedict Kingsbury, *Association of Asian Studies monograph* no. 48 (Ann Arbor: University of Michigan Press, 1995).
43. Nicholas Tapp, *Sovereignty and Rebellion: The White Hmong of Northern Thailand* (Singapore: Oxford University Press, 1990), 38. See also William Robert Geddes, *Migrants of the Mountains: The Cultural Ecology of the Blue Miao（Hmong Njua）of Thailand* (Oxford: Clarendon, 1976), 259.
44. Tapp, *Sovereignty and Rebellion,* 31, 34.
45. 南部的馬來世界也重複東南亞大陸的模式。馬來西亞霹靂州（Perak）的蘇丹一直堅持低地但不斷流動的閃邁（Semai）形成永久的居住點。在砂拉越，馬來西亞政府一直試圖「使普南族（Punan）遵循農業人口的規範」。「進步和發展意味著農民模式的標準化：種植水稻足以自給自足」。見：Geoffrey Benjamin and Cynthia Chou, eds., *Tribal Communities in the Malay World: Historical, Cultural, and Social Perspectives* (Singapore: Institute of Southeast Asian Studies, 2002), 47. See also Robert Knox Denton, Kirk Endicott, Alberto Gomes, and M. B. Hooker, *Malaysia*

and the Original People: A Case Study of the Impact of Development on Indigenous Peoples, Cultural Survival Studies in Ethnicity and Change (Boston: Allyn and Bacon, 1997); John D. Leary, *Violence and the Dream People: The Orang Asli and the Malayan Emergency, 1948–1960,* Ohio University Center for International Studies, Monographs in International Studies, Southeast Asian Studies no. 95 (Athens: Center for International Studies, Ohio University, 1995); and Bernard Sellato, *Nomads of the Borneo Rainforest: The Economics, Politics, and Ideology of Settling Down,* trans. Stephanie Morgan (Honolulu: University of Hawai'i Press, 1994), 171–73。

46. Kevin Malseed, "'We Have Hands the Same as Them': Struggles for Local Sovereignty and Livelihoods by Internally Displaced Karen Villagers in Burma," unpublished research paper, Karen Human Rights Group, 2006, 9.
47. O. W. Wolters, *History, Culture, and Region in Southeast Asian Perspectives,* rev. ed. (Ithaca: Cornell University Press, in cooperation with the Institute of Southeast Asian Studies, Singapore, 1999), passim, esp. 58–67.
48. Crossley, Siu, and Sutton, *Empire at the Margins,* especially Helen Siu and Liu Zhiwei, "Lineage, Market, Pirate, and Dan: Ethnicity in the Pearl River Delta," 285–331. 作者指出「丹族」(Dan)變成「漢族」(Han),是早期國家建構標準的過程。
49. Wolters, *History, Culture, and Region,* 86.
50. 泰語系的人群包括從越南北部到印度東北部的許多民族。在緬甸東部(撣邦)、泰國北部的大部地區和雲南南部,人們往往種植水稻,形成國家並信封佛教。這裡所說的泰族就是指這些人。整個地區還有很多不信奉佛教、生活在國家結構之外的游耕泰族,有時候稱為「高地泰」(hill Tai)。
51. David Wyatt, quoted in Wolters, *History, Culture, and Region,* 128*n*10.
52. Lieberman, *Strange Parallels,* 1: 271–73, 318–19.
53. Ibid., 1: 319. 我認為李伯曼對於族群和宗教意識可能講得太過頭了。認同實際上可能更有流動性,他們更有可能是熟練使用兩種以上語言,有多重認同,認同更多的來源地與居住地,而不是有一種固定的

語言和族群認同，

54. Peter Heather, *The Fall of the Roman Empire: A New History of Rome and the Barbarians* (Oxford: Oxford University Press, 2006), 201。彼得・希瑟（Peter Heather）用他的例子努力證明，羅馬人在其帝國邊緣的凱爾特（Celtic）區仍然無法在文化上普及，儘管凱爾特人數不多。
55. Condominas, *From Lawa to Mon,* 65–72.
56. Ibid., 41.
57. Mentioned in passing by Mandy Sadan in "Translating *gumlau:* History, the 'Kachin,' and Edmund Leach," in *Social Dynamics in the Highlands of Southeast Asia: ReconsideringPolitical Systems of Highland Burma* by E. R. Leach, ed. Francois Robinne and Mandy Sadan, Handbook of Oriental Studies, section 3, Southeast Asia (Leiden: Brill, 2007), 76.
58. Edmund Leach, *The Political Systems of Highland Burma: A Study of Kachin Social Structure* (1954; Boston: Beacon Press, 1968), 39.
59. 「在泰（Tay／Tai）族的社會結構中，只有首領和自耕農才有水稻田，非泰族沒有水稻田。」Condominas, *From Lawa to Mon,* 83.
60. 請參考以下精彩的分析：Jonathan Friedman, "Dynamique et transformations du système tribal, l'example des Katchins," *L'homme* 15 (1975): 63–98。在中國西南部，許多泰族小國的興起都是以肥沃的高原為根據地，海拔可能很高。中文裡頭把這些高原稱做「壩子」，意思是「谷地」或「平坦的山地高原」。感謝杜姍姍為我解釋這些詞彙。
61. 如果從渴求人力的角度比較前殖民時代的東南亞各國，馬來國家算是一個特例。它非常開放、多元化且具有同化力，同化的標準公式靠的是國家的聯合，而非厚實的文化認同。事實上，只要有能講馬來語（就像斯瓦希里語〔Swahili〕一樣是貿易用的語言），信奉伊斯蘭教，同時是馬來國家的臣民這三個條件，事實上也就夠了。在這個人力資源超強的國家中，包容並不會妨礙強制。馬六甲等馬來城邦負責這一區數量龐大且昂貴的奴隸貿易。儘管古典的馬來城邦一般都是充當森林產品貿易和國際貿易的中轉港口，但是船上最有價值的貨物是已經賣掉或者打算留下來當奴隸的俘虜。

十六世紀初（正好在被葡萄牙征服之前）的馬來國家有多麼國際化，可以從皮雷斯的說法看出端倪。他說在馬六甲街上可以聽到八十四種不同的語言。馬來國家的多樣性不但可以和威尼斯和君士坦丁堡匹敵甚至超越，而且它還是一個廣納人才的社會和政治系統。馬六甲最偉大的君主蘇丹滿速（Sultan Mansur）指定印度來的「異教徒之王」來管理財政，之後異教徒之王改變自己的信仰，並打造一個眾多宮廷顧問組成的黃金時代。同一個蘇丹也提拔了身邊一位來自巨港不信奉穆斯林的奴隸，這個奴隸後來建立強大的拉沙瑪（Laksama）王朝。正如安東尼．瑞德強調，外來者可以立即被吸納，並且嶄露頭角。「許多外國來的商賈，只要信奉相同的宗教，講相同的語言，就可以很快跨越彼此之間的界線，擠入當地的貴族，只要願意接受主流的宗教和文化，所有人都可以在一代人之間翻身。」

正如泰族的水稻國家，馬來**尼格瑞**（*negeri*）也是一個有效的人口向心機。以當代的說法來看，人口集中成功的一項結果就是所有馬來人都是有前綴的馬來人。孟加拉－馬來人（Bengali-Malays），爪哇－馬來人（Javanese-Malays），中國－馬來人（Chinese-Malays），米南佳保－馬來人（Minagkabau-Malays）等等。甚至那些最早定居馬來世界的人也是來自不同的族群，他們定居是為了利用貿易機會。每一個馬來**尼格瑞**都有各自的文化偏好，主要是由它所吸收的當地人口所決定，更不用說它所吸納的奴隸與商人。因此，馬來特性是後天達到的，是一種表現（有時候是強制下的表現！）：與其說這是一種族群認同，還不如說是在貿易國家及等級結構下，內部成員身分所需要的一種最小的文化和宗教條件。如果說有什麼不同，馬來的認同比泰族認同更加流動，但是核心仍然是成為國家的臣民，而國家的目標都是盡可能吸收臣民。

62. Michael Aung-Thwin, “Irrigation in the Heartland of Burma: Foundations of the Precolonial Burmese State,” Center for Southeast Asian Studies, Northern Illinois University, occasional paper 15 (1990), and Reid, *Southeast Asia in the Age of Commerce,* 1: 20, 22.

63. Lieberman, *Strange Parallels,* 1: 90.

64. Ibid. 在此我在想，李伯曼可能回頭重新劃分認同，因為雙語或三語以及地理流動之故，認同可能遠沒有這張清單那樣好決定。他在討論十八世紀緬族和孟族的認同時，也有同樣的建議。請參考："Ethnic Politics in Eighteenth-Century Burma," *Modern Asian Studies* 12 (1978): 455–82.
65. Lieberman, *Strange Parallels,* 1: 114.
66. See, for example, Thant Myint-U, "Crisis of the Burmese State," 35.
67. Reverend Father Sangermano, *A Description of the Burmese Empire,* trans. William Tandy (Rome: John Murray, 1883).
68. Lieberman, "Ethnic Politics in Eighteenth-Century Burma."
69. 這個例子不但可以也已經說明文化差異的歷史起源。而這樣的差異現今都被認為是本質差異且自古就有。因此，厄內斯特・蓋爾納宣稱，許多北非阿拉伯語地區也包括「大量阿拉伯化的柏柏爾人」。請參考：*Saints of the Atlas* (London: Weidenfeld and Nicolson, 1969), 13。尼古拉斯・塔普針對中國西南邊疆的研究也說：「漢化的過程…並非北方的漢族侵入西南的結果，而是當地人，尤其是低地的原住民，變成漢人的結果。」他寫道「這些地區的許多『漢人』從血統來說並非北方漢人的後代，反之，他們是因為變成漢人有利才接納漢人的角色。」請參考：*Sovereignty and Rebellion,* 172。
70. Richard A. O'Connor, "Agricultural Change and Ethnic Succession," passim.
71. Reid, Introduction to *Slavery, Bondage, and Dependency,* 27.
72. Thomas Gibson, "Raiding, Trading, and Tribal Autonomy in Insular Southeast Asia," in *An Anthropology of War,* ed. Jonathan Hess (New York: Cambridge University Press, 1990), 125–45.
73. This discussion comes from Katherine Bowie's fine article "Slavery in Nineteenth- Century Northern Thailand: Archival Anecdotes and Village Voices," in Durrenberger, *State Power and Culture,* 100–138.
74. Ibid., 110.
75. 1500 年至 1800 年之間，大量非洲奴隸（其中許多是有技術的工匠和水手）向東邊越過印度洋。這一段非洲跨大西洋的奴隸貿易少有人知，直到最近才有人研究。

76. Bowie, "Slavery in Nineteenth-Century Northern Thailand," quoting Archibald Ross Colquhoun, *Amongst the Shans* (London: Field and Tuer, 1885), 257–58.

77. 東南亞島嶼與此很類似，只是有兩點不同。第一，沿海的獵奴行動橫掃小島和海濱，清除戰俘，強迫其他人退向內地，經常是逆流直上進入山地。他們在海邊豎立起瞭望塔，警告沿岸的居民有海盜來抓奴隸。第二，穆斯林禁止把其他穆斯林變成奴隸，儘管這條嚴格的限制經常遭人違反。就我所知，還沒有人研究這條禁令是否鼓勵人們改信伊斯蘭教，但這肯定是一項強大的誘因。十七世紀早期，馬塔蘭也採行東南亞大陸的經文，摧毀反叛的朝貢國（比如潘姜〔Pajang〕與蘇臘巴亞〔Surabaya，泗水〕），並將其人口遷移到馬塔蘭。馬塔蘭洗劫了山地。「由於當地都不是伊斯蘭教徒，騰格爾高地成為獵奴的角逐場……1617 到 1650 年之間，馬塔蘭的軍隊衝進山區……抓捕奴隸。」Hefner, *Political Economy,* 37.

78. *Gazetteer of Upper Burma and the Shan States,* compiled from official papers by . George Scott, assisted by J. P. Hardiman, vol. 1, part 1 (Rangoon: Government Printing Office, 1893), 432.

79. Gibson, "Raiding, Trading, and Tribal Autonomy," 這篇文章把東南亞島嶼說得很清楚，說菲律賓的布希德族（Buhid）是一個掠奪的社會，伊班族（Iban）是有組織的掠奴者。探討海上奴隸最好的作品，請參考：James Francis Warren, *The Sulu Zone, 1768–1898: The Dynamics of External Trade, Slavery, and Ethnicity in the Transformation of a Southeast Asian Maritime State* (Singapore: Singapore University Press, 1981)。

80. Charles Crosthwaite, *The Pacification of Burma* (London: Edward Arnold, 1912), 318.

81. Condominas, *From Lawa to Mon,* 53.

82. Salemink, *Ethnography of Vietnam's Central Highlanders,* 28; Grant Evans, "Tai-ization: Ethnic Change in Northern Indochina," in *Civility and Savagery: Social Identity in Tai States,* ed. Andrew Turton (Richmond,

England: Curzon, 2000), 263–89, quotation from 4. See also Karl Gustav Izikowitz, *Lamet: Hill Peasants in French Indochina* (Gothenburg: Ethnografiska Museet, 1951), 29.

83. Peter Kunstadter, "Ethnic Group, Category, and Identity: Karen in North Thailand," in *Ethnic Adaptation and Identity: The Karen and the Thai Frontier with Burma,* ed. Charles F. Keyes (Philadelphia: ISHI, 1979), 154.

84. Izikowitz, *Lamet,* 24.

85. Leo Alting von Geusau, "Akha Internal History: Marginalization and the Ethnic Alliance System," chapter 6 in Turton, *Civility and Savagery,* 122–58。在東南亞海域地區，那些現在被稱為「高山部落」的群體，多數承載了一種文化記憶，對於綁架與奴隸非常恐懼。我們對於普南（Penan／Punan）和孟肯（Moken，船民也被稱為緬甸西部沿海的「海上吉普賽」）的瞭解顯示，他們生活模式的核心問題是如何避免被抓。文獻記載最多的就是所謂的原住民（*Orang Asli*，包括：塞麥伊〔Semai〕、西蠻、賈昆、巴泰克、西諾伊、特穆安），在一九二〇年代以前，仍然常受到獵捕。第二次世界大戰期間以及之後的馬來西亞緊急狀態，他們又面臨被抓的危險，那些人想要把他們抓去當預備軍人、縴夫、搬運工、或者正如他們所害怕的被強行圈禁或是定居戒備森嚴的營區，所以他們有理由再度逃走。許多族群早先就已想出了一套不發一語的以物易物方式，而且與低地人交易的時候，會小心翼翼地藏好返回森林的路線，避免被獵奴者盯上。

86. "Glass Palace Chronicle: Excerpts Translated on Burmese Invasions of Siam," compiled and annotated by Nai Thein, *Journal of the Siam Society* 8 (1911): 1–119, esp. 15.

87. 比方說，我們很難知道《琉璃宮史》中的數字是如何得出。其中記載了十六世紀晚期暹羅的一次入侵，宣稱有五十萬軍隊從汗達瓦底出發。就我們所知道的前現代的戰爭，這些數字表面看來荒謬可笑。這也許是我們後面要檢視的「宇宙觀的自吹自擂」。不久之後，曾經報告清邁有一次入侵的軍隊是 63 萬人，其中 12 萬來自阿瓦國王和撣邦附屬國，12 萬來自汗達瓦底，12 萬來自卑謬（Prome），15 萬來自阿努律陀的軍隊，還有 12 萬則是從各地而來。如此巧合的數字顯然是誇大了，而且我懷疑這也反應了外交辭令、編年史寫作慣例，同時也是占星術中的幸運數字。*Journal of the Siam Society* 5 (1908): 1–82, esp. 20, 32。

88. Ronald Duane Renard, "Kariang: History of Karen-Tai Relations from the Beginningsto 1923," Ph.D. diss., University of Hawai'i, 1979, 143–44.
89. See Trager and Koenig, *Burmese Sit-tàns,* and Victor B. Lieberman, *Burmese Administrative Cycles: Anarchy and Conquest, 1580–1760* (Princeton: Princeton University Press, 1984).
90. James Z. Lee, *The Political Economy of a Frontier Region: Southwest China, 1250–1800* (Cambridge: Harvard University Press, 2000).
91. William J. Koenig, *The Burmese Polity, 1752–1819: Politics, Administration, and Social Organization in the Early Kon-baung Period,* Center for South and Southeast Asian Studies, University of Michigan Papers on South and Southeast Asian Studies, no. 34 (Ann Arbor, 1990), 160.
92. For the richest documentation, see Lieberman, *Burmese Administrative Cycles,* esp.152–77.
93. Koenig, *Burmese Polity,* 224.
94. Quoted in A. Thomas Kirsch, "Cosmology and Ecology as Factors in Interpreting Early Thai Social Organization," *Journal of Southeast Asian Studies* 15 (1984): 253–65.
95. R. R. Langham-Carter, "The Burmese Army," *Journal of the Burma Research Society*27 (1937): 254–76.
96. 鄭信國王（King Taksin, 1768–82）把國王的臣民紋身，以免被諸侯和貴族重新占用。有關泰國社會背景下的身分識別技術，請參考以下這篇出色文章：Pingkaew Laungaramsri, "Contested Citizenship: Cards, Colours, and the Culture of Identification," manuscript, 2008。
97. Koenig, *Burmese Polity,* especially chapter 5, "The Officials."
98. Lieberman, *Strange Parallels,* 1: 61; Wolters, *History, Culture, and Region,* 141.
99. Quoted in Malseed, "'We Have Hands the Same as Them,' " 14.

100. Ibid., 14.

101. 維克多·李伯曼的作品對於這一點的闡述最詳細也最有說服力，請參考：Lieberman, *Burmese Administrative Cycles*。另見，Koenig, *Burmese Polity,* and Rabibhadana, "Organization of Society."

102. Lieberman, *Strange Parallels,* 1: 156.

103. Thant Myint-U, "Crisis of the Burmese State," 5.

104. Andaya, "Political Development," 447.

105. 早期人口比較少且人容易進入邊疆地區的時候，中國的國家統治技術也面臨相同的困境。有關漢朝人口控制的討論，請參考：Patricia Buckley Ebery, *The Cambridge Illustrated History of China* (Cambridge: Cambridge University Press, 1996), 73–75。

106. 更多細節請參考：James Scott, *The Moral Economy of the Peasant: Subsistence and Rebellion in Southeast Asia* (New Haven: Yale University Press, 1976)，尤其是第四章。

107. 丹瑞（Than Shwe）將軍突然決定將緬甸首都從仰光遷移到偏僻的奈比多（Nay Pyi Daw）也很難有一個簡單合理的解釋。

第四章　文明與不受駕馭者

這幾段引文出自：Charles Richard, "Etude sur l'insurrection du Dahra (1845–46)," in *Recognizing Islam: Religion and Society in the Modern Arab World,* ed. Michael Gilsenen (New York: Pantheon, 1982), 142, cited in Timothy Mitchell, *Colonizing Egypt* (Berkeley: University of California Press, 1988), 95; Mann to superintendent of Indian Affairs, September 28, 1865, rpt. in Dale Morgan, "Washakie and the Shoshone: A Selection of Documents from the Records of the Utah Superintendency of Indian Affairs," *Annals of Wyoming* 29 (1957): 215; Karl Jacoby, *Crimes against Nature: Squatters, Poachers, Thieves, and the Hidden History of American Conservation* (Berkeley: University of California Press, 2001), 87。

1. 這些宣稱絕對是宇宙論，因為它們所提出的說法，讓君王的宣稱得以確立。因此，也就出現滑稽的畫面，兩個自稱宇宙君王的人統治兩個相鄰的王國，不過所謂的王國勢力範圍只是幾個村莊由他們自認為的城牆隔開。

在緬甸和泰國，婆羅門藝術，尤其是占星術的影響在一般老百姓與貴族之間還是相當普遍，包括緬甸的軍事首領。請參考：A. Thomas Kirsch, "Complexity in the Thai Religious System: An Interpretation," *Journal of Asian Studies* 36 (1972): 241–66。Kirsch 認為民間的婆羅門教和神靈（納／菲）崇拜逐漸代表了救贖的上座部佛教「入世」與世俗的一面。見 Ni Ni Hlaing, "History of the Myanmar Ponna," M.A. thesis, University of Mandalay, 1999。

2. 弗雷德里克·雷曼指出，泰國和寮國是「銀河式」（galactic）國家，也就是說至高無上的國王下面還有許多小王，如同因陀羅（Indra）之下有三十二個神性較低的飛天女神（devatas），而緬甸則是一個較為統一的帝國。私人通信，2008 年 1 月。
3. 中原王朝是一個特例，中國人並不要求老百姓有特定宗教信仰，除非把儒教視為一種國家的宗教。
4. Patricia M. Pelley, *Post-Colonial Vietnam: New Histories of the National Past* (Durham: Duke University Press, 2002), 89。Durong 進一步解釋說苗／赫蒙的情況是，生活地方的海拔越高，文明程度越高。
5. Leo Alting von Geusau, "Akha Internal History: Marginalization and the Ethnic Alli-ance System," chapter 6 in *Civility and Savagery: Social Identity in Tai States,* ed. Andrew Turton (Richmond, England: Routledge-Curzon, 2000), 122–58, quotation from 141–42.
6. 以英國為例，即使學生來自威爾斯或蘇格蘭高地，他們也會說自己要「上」劍橋或牛津。
7. 當然。這個詞最初的意思是指穆罕默德從麥加逃到麥地那（Medina）。之後逐漸表示移居和採取新的生活方式，因此在柏柏爾人脈絡下，就代表永久定居。
8. Eric A. Havelock, *The Muse Learns to Write: Reflections on Orality and Literacy from Antiquity to the Present* (New Haven: Yale University Press, 1986), 105.
9. 這使人想到佛洛斯特（Robert Frost）〈雇工之死〉（The Death of the

Hired Man）這首詩中對家的描述，家是「任何地點任何時間時候你想要進去，一定被接受的地方」。

10. Andrew Hardy, *Red Hills: Migrants and the State in the Highlands of Vietnam* (Honolulu: University of Hawai'i Press, 2003), 25.
11. 在貢邦王朝，這些人的流浪與從宮廷奴僕轉出為私人奴僕密切相關。因此，這些流浪的背後原本都有很強的財政和行政因素。Lehman (Chit Hlaing), personal communication January 2008。
12. Pascal Khoo Thwe, *From the Land of the Green Ghosts* (London: HarperCollins, 2002), 184–85.
13. Quoted in Charles Patterson Giersch, "Qing China's Reluctant Subjects: Indigenous Communities and Empire along the Yunnan Frontier," Ph.D. thesis, Yale University, 1998, 75.
14. 或許是因為水稻國家的核心區都是遭到採集者和游耕者包圍，緬甸的國王們才會說自己的領土被「火圈」圍住。請見：Barbara Andaya, *The Flaming Womb: Repositioning Women in Early Modern Southeast Asia* (Honolulu: University of Hawai'i Press, 2006), 25。
15. Quoted in Anthony R. Walker, *Merit and the Millennium: Routine and Crisis in the Ritual Lives of the Lahu People* (Delhi: Hindustan Publishing, 2003), 69–71, 88, et seq. See also Richard von Glahn, *The Country of Streams and Grottoes: Expansion, Settlement, and the Civilizing of the Sichuan Frontier in Song Times* (Cambridge: Harvard University Press, 1987).
16. 緬甸語中對應「生」的詞是 *lu seín*（လူစိမ်း），對應 "熟" 的詞是 *lu c'eq*（လူကျက်）。前一個詞包含沒有經驗的生手和陌生人的意思，而後者包括煮熟或成熟的意思。
17. 干沙路・貝爾特蘭在新大陸也有同樣的觀察，人們逃離西班牙的殖民地到偏遠的山地。請見：*Regions of Refuge,* Society of Applied Anthropology Monograph Series, 12 (Washington, D.C., 1979), 87。
18. 不管個人家族儀式中的父系祖先崇拜，還是儒家公開提倡的禮教，都與此完全不同。
19. Giersch, "Q'ing China's Reluctant Subjects," 125–30.

20. Susan D. Blum, *Portraits of "Primitives": Ordering Human Kinds in the Chinese Nation* (Oxford: Rowman and Littlefield, 2001). 蘇珊・布盧姆（Susan D. Blum）在昆明漢族的調查顯示，遊牧、山地生活、赤腳走路，以及地理距離上的遙遠，一方面和少數族群的地位有關，另一方面也和文明程度或發展水準低有關，這又被看成是在追趕漢族。還有一些「民間的」少數民族，比如傣族，則是認為正一步步變成漢族；與此相對的是佤族，他們是最被嫌惡的民族，也是最生蠻的民族。最難歸類的是回族（穆斯林）和藏族，他們非常類似於與現代歐洲初期的猶太人，他們顯然識字有文明，但卻拒絕遭到同化。
21. Richard A. O'Connor, "Agricultural Change and Ethnic Succession in Southeast Asian States: A Case for Regional Anthropology," *Journal of Asian Studies* 54 (1995): 968–96, quotation from 986.
22. 一如所見，水稻國家需要人口，因此對於要吸納誰成為臣民時不能過於挑剔。一般認定，高地臣民會逐漸同化為緬甸的低地人。但是在宮廷層面，國王隨時歡迎印度人、葡萄牙人、美國人和漢人等文明的外國人，無須費力改變他們。
23. 這方面的文獻十分豐富複雜。針對此模式的概述，請見：Bennet Bronson, "Exchange at the Upstream and Downstream Ends: Notes toward a Functional Model of the Coastal State in Southeast Asia," in *Economic Exchange and Social Interaction in Southeast Asia: Perspectives from Prehistory, History, and Ethnography*, ed. Karl Hutterer (Ann Arbor: Center for Southeast Asian Studies, University of Michigan, 1977)。這裡我們集中討論上游和下游的關係是因為這個模式類似於內陸—大陸（inland-mainland）的交換模式。不過值得注意的是，**沿海國家**（*pasisir*）經常只是產品匯集處，既有海上民族（其中最著名的是**海上原住民**〔*orang laut*〕或還是海上吉普賽〔sea gypsies〕）搜刮來的東西，也有高地的產品。
24. Ronald Duane Renard, "The Role of the Karens in Thai Society during the Early Bangkok Period, 1782–1873," *Contributions to Asian Studies* 15 (1980): 15–28.
25. Oscar Salemink, *The Ethnography of Vietnam's Central Highlanders: A*

Historical Contextualization, 1850–1990 (London: Routledge-Curzon, 2003), 259–60.

26. F. K. Lehman (Chit Hlaing), "Burma: Kayah Society as a Function of the Shan- Burma-Karen Context," in *Contemporary Change in Traditional Society,* 3 vols., ed. Julian Haynes Steward (Urbana: University of Illinois Press, 1967), 1: 1–104, esp. 22–24.
27. 詹姆士．喬治．斯科特提供一份世紀之交周邊各國出口到東撣邦景棟的貨物清單。從緬甸來的有來自曼徹斯特和印度的廉價服裝，地毯、絲絨、緞子、苯胺染料、鏡子、火柴、煤油、煉乳、彩紙、蠟燭、肥皂、鉛筆盒琳琅器皿。從撣邦西部小國來的有：各種鐵質工具、漆器、魚膏、裹雪茄的葉子。從中國來的有：鹽、草帽、銅鍋和鐵鍋、絲綢、緞子、鴉片用具、燃料、茶葉、鉛和雷管。*Gazetteer of Upper Burma and the Shan States,* compiled from official papers by J. George Scott, assisted by J. P. Hardiman, vol. 1, part 2 (Rangoon: Government Printing Office, 1893), 424。
28. 過去二十年探討馬來歷史的作品，大部分都有這樣的詮釋。另見：Bernard Sellato, *Nomads of the Borneo Rainforest: The Economics, Politics, and Ideology of Settling Down,* trans. Stephanie Morgan (Honolulu: University of Hawai'i Press, 1994); Jane Drakard, *A Malay Frontier: Unity and Duality in a Sumatran Kingdom,* Studies on Southeast Asia (Ithaca: Cornell Southeast Asia Program, 1990); J. Peter Brosius, "Prior Transcripts: Resistance and Acquiescence to Logging in Sarawak," *Comparative Studies in Society and History* 39 (1997): 468–510; Carl L. Hoffman, "Punan Foragers in the Trading Networks of Southeast Asia," in *Past and Present in Hunter Gatherer Studies,* ed. Carmel Shrire (Orlando: Academic Press, 1984), 123–49。我想Hoffman的意見是比較有說服力的。他認為*Punan*是一個混合概念，包括了許多人群，他們各自與其下游交易夥伴的聯繫勝過彼此之間的聯繫。他進一步指出，這些人的謀生活動主要是集中商品，其他活動並不重要。換句話說，他們是商業上的投機客，依循著利益而去。
29. Ronald Duane Renard, "Kariang: History of Karen-Tai Relations from the

Beginnings to 1923," Ph.D. diss., University of Hawai'i, 1979, 22.

30. 整個地區都有一種「『創建者』儀式」的傳統，這項傳統承認土地上最早的定居者或清理者，在儀式（而非政治）中的重要作用，這個區域興盛和繁榮取決於他們與當地神靈的關係。見 F. K. Lehman (Chit Hlaing)'s "The Relevance of the Founders' Cults for Understanding the Political Systems of the Peoples of Northern Southeast Asia and its Chinese Borderlands," in *Founders' Cults in Southeast Asia: Ancestors, Polity, and Identity,* ed. Nicola Tannenbaum and Cornelia Ann Kammerer, monograph no. 52 (New Haven: Council on Southeast Asian Studies, 2003), 15–39.

31. Geoffrey Benjamin and Cynthia Chou, eds., *Tribal Communities in the Malay World: Historical, Cultural, and Social Perspectives* (Singapore: Institute of Southeast Asian Studies, 2002), 50; Sellato, *Nomads of the Borneo Rainforest,* 29, 39; William Henry Scott, *The Discovery of the Igorots: Spanish Contacts with the Pagans of Northern Luzon,* rev. ed. (Quezon City: New Day, 1974), 204.

32. 有一個老套但明顯的當代例子：汽車尾部的貼紙上寫著「身為美國人很驕傲」，這句話只可能理解成在回應「身為美國人很可恥」這個未明說但隱含在其中的主張，因為沒有後面這句，前面那句話也沒有理由存在。

33. Owen Lattimore, "The Frontier in History," in *Studies in Frontier History: Collected Papers, 1928–1958,* 469–91, quotations from 472–75. 拉鐵摩爾在解釋中並未注意到有大量無國家的人從黃河以南向西部和西南部遷移。其中最引人注意的可能是苗族的遷移，但絕對不是只有這個例子。請參考：Herold J. Wiens, *China's March toward the Tropics: A Discussion of the Southward Penetration of China's Culture, Peoples, and Political Control in Relation to the Non-Han-Chinese Peoples of South China in the Perspective of Historical and Cultural Geography* (Hamden, Conn.: Shoe String, 1954).

34. 注意到拉鐵摩爾是從北方長城的研究中得出此結論。針對苗長城的討論，可參考馬思中精彩的文章：Magnus Fiskesjö, "On the 'Raw' and the

'Cooked' Barbarians of Imperial China," *Inner Asia* 1 (1999): 139–68. 我要重申，一定要記住，漢文化本身就是多種文化元素調配出來的混合體。人們理所當然地認為漢族改變自然，而蠻夷「生活在自然中」。孟子說：「吾聞用夏變夷者，未聞變於夷者也。」馬思中大力反駁此一結論 (140)。

35. Hjorleifur Jonsson, "Shifting Social Landscape: Mien (Yao) Upland Communities and Histories in State-Client Settings," Ph.D. diss., Cornell University, 1996, 231.
36. Michael Dove, "On the Agro-Ecological Mythology of the Javanese and the Political Economy of Indonesia," *Indonesia* 39 (1985): 11–36, quotation from 35.
37. Benjamin and Chou, *Tribal Communities in the Malay World,* 44.
38. Paul Wheatley, *The Golden Khersonese: Studies in the Historical Geography of the Malay Peninsula before A.D. 1500* (Kuala Lumpur: University of Malaya Press, 1961), 186.
39. Georges Coedès, *The Indianized States of Southeast Asia,* trans. Susan Brown Cowing (Honolulu: East-West Center, 1968), 33. 然而，流行的占卜以及羅摩衍那（Ramayana）和磨恪婆羅多（Mahabharata）等史詩故事中流傳甚廣的是婆羅門的儀式和占星術。反之，雷曼相信，佛教的宇宙觀通過印度商人，早期已經在民眾之間建立威望，那些渴望王位的人發現，採用佛教或印度王室的儀式對他們有好處。Personal communication, January 2008。另外有些人，像奧利佛・沃爾特斯和保羅・惠特利相信宇宙觀一開始是吸引了野心勃勃領袖，強化他們的權威訴求，這有點類似自我催眠，只是到了後來才紮根於大眾文化。
40. Oliver Wolters, *History, Culture, and Region in Southeast Asian Perspective* (Singapore: Institute for Southeast Asian Studies, 1982), 64.
41. M. C. Ricklefs, *Jogjakarta under Sultan Mangkubumi, 1749–1792* (London: Oxford University Press, 1974). 362 Notes to pages 109 –12
42. Sheldon Pollack, "India in the Vernacular Millennium: Literature, Culture, Polity," *Daedalus* 197 (1998): 41–75.

43. Wolters, *History, Culture, and Region,* rev. ed. (Ithaca: Cornell University Press, in cooperation with the Institute of Southeast Asian Studies, Singapore, 1999), 161.
44. Ibid., quoting Ian Mabbett in Ian Mabbett and David Chandler, *The Khmers* (Oxford: Blackwell, 1995), 26.
45. Wolters, *History, Culture, and Region* (1999), 12*n*45, quoting David Chandler, *A History of Cambodia* (Boulder: Westview, 1992), 103.
46. 針對岸邊平原的現象，請參考：Wheatley, *Golden Kheronese,* 294。
47. Jonsson, "Shifting Social Landscape," 133。
48. G. E. Mitton(Lady Scott), *Scott of the Shan Hills: Orders and Impressions* (London: John Murray, 1936), 246。竹子因為輕又有韌性，所以也常常被低地的官員用來做為任命令的保護盒。
49. Edmund Leach, *The Political Systems of Highland Burma: A Study of Kachin Social Structure* (Cambridge: Harvard University Press, 1954), 281.
50. Maurice Collis, *Lords of the Sunset* (London: Faber and Faber, 1938), 83. See also comparable descriptions of the Shan palace at Mong Mit (203) and Kengtung (277).
51. Leach, *Political Systems of Highland Burma,* 286.
52. Lehman〔Chit Hliang〕, "Burma," 1: 15–18.
53. Leach, *Political Systems of Highland Burma,* 112–14.
54. Von Geusau, "Akha Internal History," 151.
55. Patricia Buckley Ebrey, *The Cambridge Illustrated History of China* (Cambridge: Cambridge University Press, 1999), 67.
56. 引自 Pelley, Post-Colonial Vietnam, 92. See also Keith Taylor, "On Being Muonged," Asian Ethnicity 1 (2001): 25–34. 凱斯・泰勒注意到，早期法國的民族學家把芒族看作京族的一種原型。見 Salemink, Ethnography of Vietnam's Central Highlanders, 285。
57. Pelley, *Post-Colonial Vietnam,* 92。如果大家覺得這樣的解釋讓人吃驚，我們可以回想在二十世紀之交的時候，美國學者普遍把阿帕拉契亞的高地人看作是「我們當代的祖先」。Dwight Billings and Kathleen Blee,

The Road to Poverty: The Making of Wealth and Hardship in Appalachia (Cambridge: Cambridge University Press, 2000), 8。

58. Quoted in Ebrey, *Cambridge Illustrated History,* 57.
59. Quoted in "Autonomy, Coalition, and Coerced Coordination: Themes in Highland- Lowland Relations up through the Vietnamese American War," mimeo; emphasis added.
60. 引自 Victor B. Lieberman, *Strange Parallels: Southeast Asia in Global Context, c. 800–1830,* vol. 1, *Integration on the Mainland* (Cambridge: Cambridge University Press, 2003), 431。下一個引自 Chandler, *History of Cambodia,* 126, 130。擔任閒職的比喻符合高地人機敏的回答，如同克欽有句話說：「石頭無法當枕，漢人不能為友。」引自：Zhushent Wang, *The Jingpo Kachin of the Yunnan Plateau,* Program for Southeast Asian Studies, Monograph Series (Tempe: Arizona State University Press, 1997), 241。
61. See David Faure, "The Yao Wars in the Mid-Ming and Their Impact on Yao Ethnicity," in *Empire at the Margins: Culture and Frontier in Early Modern China,* ed. Pamela Kyle Crossley, Helen Siu, and Donald Sutton (Charlottesville: University of Virginia Press, 2006), 171–89, and Ebrey, *Cambridge Illustrated History,* 195–97.
62. Alexander Woodside, "Territorial Order and Collective-Identity Tensions in Confucian Asia: China, Vietnam, Korea," *Daedalus* 127 (1998): 206–7. 這可以與彌爾（John Stuart Mill）的說法做比較，他認為巴斯克（Basque）或布列塔尼人（Breton）應該加入文明的法蘭西成為公民，而不是「氣憤地對著一堆自己的石頭，也就是過去留下的野蠻遺跡，在自己的精神小圈子裡打轉：既不參與也不感興趣外部世界整體運行」。請參考：*Utilitarianism, Liberty, and Representative Government* (London: Everyman, 1910), 363–64, quoted in E. J. Hobsbawm, *Nations and Nationalism since 1780,* 2nd ed. (Cambridge: Cambridge University Press, 1990), 34。我要特別感謝杜姍姍詳細解釋中國西南土司的歷史與運作，personal communication, July 2008。
63. Quoted in Wiens, *China's March toward the Tropics,* 219.

64. Quoted ibid., 251–52.
65. 歐威爾小說中筋疲力盡的主角弗洛拉，最反對就是這樣的虛偽：「擺出一副君子的姿態……謊稱是白人的負擔……事情很簡單，官員要緬甸人低頭，而商人則是淘空他們的口袋。」請見：*Burmese Days* (New York: Harcourt-Brace, 1962) (39–40)。
66. Nicholas Tapp, *Sovereignty and Rebellion: The White Hmong of Northern Thailand* (Singapore: Oxford University Press, 1990), 38.
67. 社會化石的說法來自馬思中，請見：Magnus Fiskesjö, "Rescuing the Empire: Chinese Nation-Building in the 20th Century," *European Journal of East Asian Studies* 5 (2006): 15– 44. 如同馬思中的觀察，由於大量漢族在高原地區定居包圍少數民族，加速少數民族社會被吸收過程。
68. 我相信人們可以從贊米亞這個粗略的文化流域，看出有許許多多不同語言的民族分散各地，北部和東部受漢族文化圈影響，南部與西部主要受到上座部佛教梵文化（Theravada-Sanskritic）的影響。隨著王朝與國家的興衰，界線也不斷移動，但是在兩個文化圈相互重疊的時空，高地民族可以在政治與文化上的操縱空間就比較大。
69. Leach, *Political Systems of Highland Burma,* 39, and O'Connor, "Agricultural Change and Ethnic Succession," 974–75.
70. Lieberman, *Strange Parallels,* 1: 114.
71. Fiskesjö, "On the 'Raw' and the 'Cooked' Barbarians," 143, 145, 148 我非常感謝馬思中對中原國家統治技術等詞彙清楚和精細的分析。
72. Ebrey, *Cambridge Illustrated History,* 56.
73. Anne Csete, "Ethnicity, Conflict, and the State in the Early to Mid-Qing: The Hainan Highlands, 1644–1800," in Crossley, Siu, and Sutton, *Empire at the Margins,* 229–52, quotation from 235.
74. 比方說，十五世紀一份有關滇緬邊界彝族的文件指出，這些蠻夷「興高彩烈迎接該地區州及縣算得一清二楚的那一天，而他們**終於被**明朝的官員統治的那一天。」引自 John E. Herman, "The Cant of Conquest: Tusi Offices and China's Political Incorporation of the Southwest Frontier," in Crossley, Siu, and Sutton, *Empire at the Margins,* 135–68, quotation from

145; 粗體是我加的。

75. Fiskesjö, "On the 'Raw' and the 'Cooked' Barbarians," 153.
76. Faure, "Yao Wars in the Mid-Ming." 另見，David Faure, "The Lineage as a Cultural Invention: The Case of the Pearl River Delta," *Modern China* 15 (1989): 4–36。根據他們保存的法令，瑤族向中國的皇帝要求特權，豁免他們的徭役和賦稅，而且承認他們在自己的區域內自由移動的權利。
77. Norma Diamond, "Defining the Miao: Ming, Qing, and Contemporary Views," in *Cultural Encounters on China's Ethnic Frontiers,* ed. Steven Harrell (Seattle: University of Washington Press, 1995), 92–119. 364
78. Gordon H. Luce, trans., *The Man Shu (Book of the Southern Barbarians),* 37.
79. Wing-hoi Chan, "Ethnic Labels in a Mountainous Region: The Case of the *She* Bandits," in Crossley, Siu, and Sutton, *Empire at the Margins,* 255–84. 陳永海也提出一個例子，眾所周知的移動族群客家的人種進化也可以從類似角度解釋。**佘**（**She**）族的名字山地旱稻田的意思。因此，「族群」的名字裡面也包括對其維生方式和居住「高地」的描述。
80. Benjamin and Chou, *Tribal Communities in the Malay World,* 36.
81. Anna Lowenhaupt Tsing, *In the Realm of the Diamond Queen: Marginality in an Outof- the-Way Place* (Princeton: Princeton University Press, 1993), 28. 梅拉圖斯（Meratus）的高山游耕也被描寫成一種尚無秩序的農業。(*pertanian yang tidak terator*).
82. Felix M. Keesing, *The Ethno-history of Northern Luzon* (Stanford: Stanford University Press, 1962), 224–25.
83. Ernest Gellner, *Saints of the Atlas* (London: Weidenfeld and Nicolson, 1969), chapter 1.
84. Lois Beck, "Tribes and the State in 19th- and 20th-Century Iran," in *Tribes and State Formation in the Middle East,* ed. Philip Khoury and Joseph Kostiner (Berkeley: University of California Press, 1990), 185–222.
85. Bennet Bronson, "The Role of Barbarians in the Fall of States," in *The Collapse of Ancient States and Civilizations,* ed. Norman Yoffee and George L.

Cowgill (Tucson: University of Arizona Press, 1991), 203–10。引為出自 20 頁。這一段的討論有很多是來自班尼特・布朗森的論點。

86. 這一段以及以下兩段來自：Thomas S. Burns's excellent *Rome and the Barbarians, 100 BC–AD 400* (Baltimore: Johns Hopkins University Press, 2003)。

87. Stephen T. Driscoll, "Power and Authority in Early Historic Scotland: Pictish Symbol Stones and other Documents," in *State and Society: The Emergence and Development of Social Hierarchy and Political Centralization,* ed. J. Gledhill, B. Bender, and M. T. Larsen (London: Routledge, 1988), 215.

88. Burns, *Rome and the Barbarians,* 182。塔西陀（Tacitus）通過戰敗的蘇格蘭將領客卡加卡斯（Calgacus）說：「他們謊稱帝國，以帝國的名義盜竊、屠殺和劫掠；他們製造一片荒野卻稱之為和平。」這些話清楚表明羅馬擴張對蠻族來說可能是很黑暗的一面。上引書，169。

89. Quoted in Charles Patterson Giersch, "Q'ing China's Reluctant Subjects: Indigenous Communities and Empire along the Yunnan Frontier," Ph.D. diss., Yale University, 1998, 97.

90. Crossley, Siu, and Sutton, Introduction to *Empire at the Margins,* 6.

91. Wing-hoi Chan, "Ethnic Labels in a Mountainous Region," 278.

92. Donald S. Sutton, "Ethnicity and the Miao Frontier in the Eighteenth Century," in Crossley, Siu, and Sutton, *Empire at the Margins,* 469–508, quotation from 493.

93. 珠江三角洲也可以看到漢族的直接統治與文明地位之間的密切關係。戶口登記（進入版圖）「把身分從外來人（夷）轉變成老百姓（民），……王朝面臨危機時，經常可以發現放棄戶口逃避納稅和兵役的家庭。在官方的記錄中，他們成為土匪、強盜和外國人。」Helen F. Siu and Liu Zhiwei, "Lineage, Marketing, Pirate, and Dan," in Crossley, Siu, and Sutton, *Empire at the Margins,* 285–310, quotation from 293.

94. 引自 Woodside, "Territorial Order and Collective Identity Tensions," 213. 越南人普遍遷移到高地社會而且同化到當地的文化中，請參考：Taylor, "On Being Muonged," 28。

第五章　遠離國家，集聚高地

第一段引文來自 Mark R. Woodward and Susan D. Russell, "Transformations in Ritual and Economy in Upland Southeast Asia," in *Ritual, Power, and Economy: Upland- Lowland Contrasts in Mainland Southeast Asia,* ed. Susan D. Russell, Monograph Series on Southeast Asia, Center for Southeast Asian Studies, Northern Illinois University, occasional paper no. 14 (1989), 1–26, 引自頁 9。這段話可以跟老子《道德經》進行比較：「大道甚夷，而人好徑。朝甚除，田甚蕪，倉甚虛。」參考：Michael LaFargue, *The Tao of the Tao Te Ching* (Albany: SUNY Press, 1992), 110.

第二段引文來自 Owen Lattimore, "The Frontier in History," *Studies in Frontier History: Collected Papers, 1928–58* (London: Oxford University Press, 1962), 469–91, quotation from 469–70. 接下來拉鐵摩爾還寫：「以邊疆為界的兩個不同社會，彼此之間的最大區別要在各自的中心尋找，……而非在他們接壤的邊陲地帶找。邊疆地區的人口處於邊緣……他們必然會建立自己的社會聯繫紐帶和共同的利益。雙邊的邊區人口……形成了『自己人』，對於他們來說，那些有國籍的人，特別是統治者，反而成為『他們』……我們可以說邊區的居民是一個共同社區，儘管這不是從制度來界定，而是從功能上得到的認知。」(470)

1. See *New York Times,* July 23, 2004 and *Final Report of the National Commission on Terrorist Attacks upon the United States* (Washington, D.C.: Government Printing Office, 2004), 340, 368, http://www.gpoaccess.gov/911/index.html。
2. Jean Michaud, ed., *Turbulent Times and Enduring Peoples: Mountain Minorities in the Southeast Asian Massif* (Richmond Surrey: Curzon, 2000), 11. Michaud 進一步指出，高地人有時也會啟動自己的國家建構計畫。
3. 長遠來看，國家直接擴張的地區，游擊隊的反抗鮮有成功，除非游擊隊和其他大國結盟。比如，法國的軍事支持才使許多美國原住民族群得以在一段時間內抵抗英國殖民者的擴張。
4. Gonzalo Aguirre Beltrán, *Regions of Refuge,* Society of Applied Anthropology

Monograph Series, no. 12 (Washington, D.C., 1979), 23, 25. 當山區有貴重資源，如波多西（Potosí）的白銀礦，就會被占領。

5. Ibid, 39.
6. Stuart Schwartz and Frank Salomon, "New Peoples and New Kinds of People: Adaptation, Adjustment, and Ethnogenesis in South America Indigenous Societies (Colonial Era)," in *The Cambridge History of Native Peoples of the Americas,* ed. Stuart Schwartz and Frank Salomon (Cambridge: Cambridge University Press, 1999), 443–502, quotation from 448。近期針對征服引起的人口變動，以及由此直接導致的移民和社會結構變遷，請參考：Charles C. Mann, *1491: New Revelations of the Americas before Columbus* (New York: Knopf, 2005)。儘管人口的實際情況已引起熱議，但新大陸的人口數量看來比原先預想的多出許多。那裡根本不是空蕩蕩的大陸，很可能是「每一個地方都有人」。值得注意的是，如果當時瘟疫帶來的死亡如現在所想的那樣嚴重，那麼採集和游耕就會成為更有優勢的農業生態策略，可以保證單位勞動力的回報高過定耕，因為有如此多的土地荒蕪著。Jared Diamond 說澳大利亞的「原住民」也是類似如此，原住民原來住在這個國家高產的地區（比方說，東南部的達林頓河（Darlington River）流域，人口密度也更大，後來被強迫進入歐洲人不想要的乾旱地區。請參考：*Guns, Germs, and Steel: The Fate of Human Societies* (New York: Norton, 1997), 310。
7. Schwartz and Salomon, "New Peoples," 452.
8. Ibid., 452. 有關逃避西班牙人的強迫定居而逃向安地斯山脈更詳細的解釋，請參考：Ann M. Wightman, *Indigenous Migration and Social Change: The Forasteros of Cuzco, 1570–1720* (Durham: Duke University Press, 1990), and John Howland Rowe, "The Incas under Spanish Colonial Institutions," *Hispanic American Historical Review* 37 (1957): 155–99。
9. Mann, *1491,* 225.
10. Schwartz and Salomon, "New Peoples," 460.
11. Richard White, *The Middle Ground: Indians, Empires, and Republics in the Great Lakes Region, 1650–1815* (Cambridge: Cambridge University Press,

1991), 1, 14. 傳染病以及流離失所的民族為了國家建構而引發的戰爭也是關鍵。

12. See the remarkable study by Leo Lucassen, Wim Willems, and Annemarie Cottaar, *Gypsies and Other Itinerant Groups: A Socio-historical Approach,* Centre for the History of Migrants, University of Amsterdam (London: Macmillan, 1998).
13. Ibid., 63. 想當然耳，當越來越多的難民湧入以後，那些遭到捕獵的群體經常會團結起來，襲擊當地的定居地點。地方政府的回應就是獵獲和殺害吉普賽人和其他流浪人口。作者記錄了吉普賽人（波西米亞人）在法國所受到的類似壓迫，他們在那被抓來做船工。
14. 「亡命之徒的走廊」和所謂的「佤族走廊」（Wa corridor），也就是湄公河和薩爾溫江／怒江上游間的中心區域，有許多耐人尋味的相似之處，深度分裂會有更多好處。Magnus Fiskesjö, "The Fate of Sacrifice and the Making of Wa History," Ph.D. thesis, University of Chicago, 2000, 51。
15. 這裡完全仰賴赫夫納精彩的描述，請參考：*The Political Economy of Mountain Java: An Interpretive History* (Berkeley: University of California Press, 1990)。詳細的文化分析，請參考他另外一本更早的作品：*Hindu Javanese: Tengger Tradition and Islam* (Princeton: Princeton University Press, 1985).
16. Hefner, *Political Economy,* 9.
17. Quoted ibid, 182; *ngoko* 的意思是「低等」爪哇人，講話時完全不用那些精美和帶有權力意涵的詞彙。
18. 不同於贊米亞，騰格爾這群反叛者並不帶有特定的族群符號。正如赫夫納所言，如果騰格爾更與世隔絕，經過一段更長的時間之後，那些差異可能被「族群化」。與此不同，騰格爾高地的民族覺得自己是爪哇人：他們穿得像爪哇人（雖然刻意不花俏），他們講爪哇語（但是在村裡講話時避免使用有地位身分的詞彙）。他們將自己看作**山地爪哇人**（*wong gunung*），因此是爪哇人之中的一個特殊群體。赫夫納提出，那些最近被吸納到東南亞海島國家的自主民族，仍然強烈地認為自己是特殊、且常常是更平等的社會，但是這種特殊性未必等於強烈的族群特徵（personal communication, February 2008）。請參考：Sven Cederroth, *The Spell of the Ancestors and the Power of Mekkah: A Sasak Community on Lombok* (Goteborg: Acta Universitatis Gothoburgensis, 1981), and Martin Rossler, *Striving for Modesty: Fundamentals of Religion and Social Organization of the Makassarese Patuntung* (Dordrecht: Floris, 1990)。

19. Felix M. Keesing, *The Ethnohistory of Northern Luzon* (Stanford: Stanford University Press, 1976), 4。這一段及下一段主要是菲立克斯・基辛的觀點。

20. William Henry Scott, *The Discovery of the Igorots: Spanish Contacts with the Pagans of Northern Luzon,* rev. ed. (Quezon City: New Day, 1974), 75。這本書也提出相同的觀點：「**歸化**（*reducciones*）自然需要四處分散的部落和半定居的農民重新安置到一個定居的社群之中，如此一來……僧侶、收進貢物品的官員及修路的領班都找得到他們。」

21. Keesing, *Ethnohistory of Northern Luzon,* 2, 304. This view accords in its broad outlines with the historical account of Scott in *Discovery of the Igorots,* 69–70.

22. 基辛認為其他原因，例如尋找黃金，亟欲收集和交換山地產品，逃避低地的糾紛和戰爭，以及瘟疫，也會導致人向山地撤退，藉此強化自己的觀點。當然他很清楚，逃逸的原因主要是西班牙的殖民勞動制度。這個觀點在這本書中得到認證：Scott, *Discovery of the Igorots*。斯科特還試圖將這種觀點擴大到呂宋北部之外的整個菲律賓，請見該書頁69-70。

23. Keesing, *Ethnohistory of Northern Luzon,* 3.

24. 瑤／苗起義的高潮是 1465 年在貴州的大藤峽戰役中落敗。勝利者把八千名戰俘送到北京斬首。不久之後，1512 年儒將王陽明便提出恢復「以夷制夷」的政策，也就是後來間接統治的**土司**制度。

25. C. Pat Giersch, "A Motley Throng: Social Change on Southwest China's Early Modern Frontier, 1700–1880," *Journal of Asian Studies* 60 (2001): 67–94, quotation from 74.

26. 理查德・格蘭（Richard von Glahn）很有把握地說，群龍無首的人群比那些可以動員大規模反抗的集權「部落」，如泰族或彝族，更少發生叛亂。這並不意味著群龍無首的人群更可能被吸收，而是說他們更有可能分散與逃走，而不是固守家園。事實上，一群人的社會結構越集中，階級越明確，他們也就越接近低地的規範，也就更容易同化到群眾之中。請參考：*The Country of Streams and Grottoes: Expansion Settlement, and the Civilizing of the Sichuan Frontier in Song Times,* Council on East Asian Studies, Harvard University (Cambridge: Harvard University Press, 1987), 213。另見：Mark Elvin, *The Retreat of the Elephants: An Environmental History of China* (New Haven: Yale University Press, 2004), 88。這本書點出「外移」經常是逃避徭役與宰制的唯一手段。

27. Wiens, *China's March toward the Tropics,* 186. 不同於赫羅斯・溫斯的預設，我相信當今高地人很久以前比較有可能是谷地的居民，因為適應環境而變成高地的農夫。有一點值得指出，中原的漢人向南方和西南施壓的同時，基本上也受到北方蒙古軍隊的壓力。
28. Ibid., 69.
29. Ibid., 81–88, 90. 這與赫羅斯・溫斯在調查報告中平時所表現出來的冷靜、公正無私的語調完全相反。
30. Ibid., 317.
31. 那些選擇留下來的人則是被吸收到即將到來的高地社會，正如漢族吸收他們所包圍的人群。
32. C. Backus, *The Nan-chao Kingdom and Tang China's Southwestern Frontier* (Cambridge: Cambridge University Press, 1981)。自從他的書出版之後，南詔的「泰族性」（Tainess）就已經有很大的爭議。Jean Michaud, personal communication, April 2008。
33. G. E. Harvey, cited in David Wyatt, *Thailand: A Short History* (New Haven: Yale University Press, 1986), 90.
34. 有時候，水稻國家在高地的軍事擴張也會迫使其他高地民族搬到谷地。從十三世紀開始，泰族的一支阿洪姆（Ahom）迫使敵對的第麻沙（Dimasa）王國進入到谷地，並且最終併入孟加拉的主要人群中。阿洪姆自己後來征服了布拉馬普特拉河谷（Brahmaputra Valley），融入印度－阿薩姆文化。見：Philippe Ramirez's fine article "Politico-Ritual Variation on the Assamese Fringes: Do Social Systems Exist?" in *Social Dynamics in the Highlands of Southeast Asia: Reconsidering Political Systems of Highland Burma by E. R. Leach,* ed. Fran is Robinne and Mandy Sadan, Handbook of Oriental Studies, section 3, Southeast Asia (Leiden: Brill, 2007), 91–107。

35. *Gazetteer of Upper Burma and the Shan States,* compiled from official papers by J. George Scott, assisted by J. P. Hardiman, 5 vols. (Rangoon: Government Printing Office, 1893). The epigraph of this section is from Reverend Father Sangermano, *A Description of the Burmese Empire,* trans. William Tandy (Rome: John Murray, 1883), 81, emphasis added.
36. 十七世紀的法令進一步確認此事，法令警告戰士在行軍過程不可「捕食鳥類和野獸、盜竊和搶劫、或騷擾女孩和年輕的已婚婦女」。*Royal Orders of Burma, A.D. 1598–1885,* part 1, *A.D. 1598–1648,* ed. Than Tun (Kyoto: Center for Southeast Asian Studies, 1983), 1: 87。
37. Robert E. Elson, "International Commerce, the State, and Society: Economic and Social Change," chapter 3 of *The Cambridge History of Southeast Asia,* ed. Nicholas Tarling, vol. 2, *The Nineteenth and Twentieth Centuries* (Cambridge: Cambridge University Press, 1992), 164.
38. 第一位指出這種作法是政治抗爭常見的方式的學者是邁克爾・艾達思，請參考他突破性的分析："From Avoidance to Confrontation: Peasant Protest in Pre-colonial and Colonial Southeast Asia," *Comparative Studies in Society and History* 23 (1981): 217–47。
39. Scott, *Gazetteer of Upper Burma,* vol. 1, part 2, 241.
40. J. G. Scott〔Shway Yoe〕, *The Burman: His Life and Notions* (1882; New York: Norton, 1963), 243.
41. Scott, *Gazetteer of Upper Burma,* vol. 1, part 1, 483.
42. 歷史上能和這裡所描述的情景比較的是十九世紀北美大湖區的避難區，請參考 Richard White，*The Middle Ground* 一書極為詳盡且費心的描述。

43. Paul Wheatley, *The Golden Kheronese: Studies in the Historical Geography of the Malay Peninsula before A.D. 1500* (Kuala Lumpur: University of Malaya Press, 1961), xxiv.

44. 但是還有其他的權力形式，如參戰的各派、盜匪和掠奴者會利用權力真空而橫掃暴露在外的人群。

45. Scott, *Gazetteer of Upper Burma,* vol. 1, part 2, 508. The epigraph of this section is from *The Glass Palace Chronicle of the Kings of Burma,* trans. Pe Maung Tin and G. H. Luce, issued by the Text Publication Fund of the Burma Research Society (Oxford: Oxford University Press, London: Humphrey Milford, 1923), 177.

46. 或者，換個說法，緬甸、泰國和中國族群特性的核心特徵是指可以課稅。我相信只有在這樣的背景下，苗族和瑤族珍藏的皇帝詔書提到永久讓他們不用像漢人一樣負擔稅收和勞役並且有權利隨心所欲搬到山地，這看起來才合理。準確地說，苗／瑤的族群特性就是非臣民。請參考以下精彩的研究：Hjorleifur Jonsson, *Mien Relations: Mountain People and State Control in Thailand* (Ithaca: Cornell University Press, 2005)。米肖還推測 苗／瑤可能在很久之前就被沿海的漢族逼往西走，離開雲南。請見：*Historical Dictionary of the Peoples of the Southeast Asian Massif* (Latham, Maryland: Scarecrow Press, 2006), 264。

47. Hjorleifur Jonsson, "Shifting Social Landscape: Mien (Yao) Upland Communities and Histories in State-Client Settings," Ph.D. diss., Cornell University, 1996, 274.

48. Oscar Salemink, *The Ethnography of Vietnam's Central Highlanders: A Historical Contextualization, 1850–1990* (London: Routledge-Curzon, 2003), 298. See also his "Sedentarization and Selective Preservation among the Montagnards in the Vietnamese Central Highlands," in Michaud, *Turbulent Times and Enduring Peoples,* 138–39.

49. 尹紹亭對於雲南德昂游耕農的描述就是轉移的例子。請參考：*People and Forests: Yunnan Swidden Agriculture in Human-Ecological Perspective,* trans. Magnus Fiskesj? (Kunming: Yunnan Educational Publishing, 2001),

68。

50. Charles Tilly, *Coercion, Capital, and European States, AD 990–1992* (Cambridge, Mass.: Blackwell, 1990), 14 and chapter 3. 第一段引文來自 Hazel J. Lang, *Fear and Sanctuary: Burmese Refugees in Thailand,* Studies in Southeast Asia no. 32 (Ithaca: Cornell Southeast Asia Program Publications, 2002), 79。比較一下這段話和蘇拉威西島的布吉人所言：「我們像群鳥坐在樹上，一旦樹倒了，我們就離開，去找另一棵大樹棲息。」引自 Leonard Andaya, "Interactions with the Outside World and Adaptation in Southeast Asia Society, 1500–1800," Tarling, *Cambridge History of Southeast Asia,* 1: 417. 第二段引來自 Scott（Shway Yoe）, *The Burman,* 533。
51. Anthony Reid, "Economic and Social Change, 1400–1800, in Tarling, *Cambridge History of Southeast Asia,* 1: 460–507, esp. 462.
52. Charles Keeton III, *King Thibaw and the Ecological Rape of Burma: The Political and Commercial Struggle between British India and French Indo-China in Burma, 1878–1886* (Delhi: Mahar Book Service, 1974), 3.
53. Jeremy Black, *European Warfare, 1600–1815* (New Haven: Yale University Press, 1994), 99, and Martin van Crevald, *Supplying War: Logistics from Wallenstein to Patton* (Cambridge: Cambridge University Press, 1977), cited in Charles Tilly, *Coercion, Capital, and European States,* 81. See also John A. Lynn, ed., *Feeding Mars: Logistics in Western Warfare from the Middle Ages to the Present* (Boulder: Westview, 1993).
54. Lynn, *Feeding Mars,* 21.
55. William J. Koenig, *The Burmese Polity, 1752–1819: Politics, Administration, and Social Organization in the Early Kon-baung Period,* Center for South and Southeast Asian Studies, University of Michigan Papers on South and Southeast Asian Studies, no. 34 (Ann Arbor, 1990), 34.
56. Scott, *Gazetteer of Upper Burma,* vol. 1, part 2, 231, part 1, 281.
57. Ronald Duane Renard, "Kariang: History of Karen-Tai Relations from the Beginnings to 1923," Ph.D. diss., University of Hawai'i, 1979, 78, 130 et seq.

58. Pierre du Jarric, *Histoire des choses plus memorables advenues tant ez Indes Orientales que autres païs de la descouverte des Portugois, en l'etablissement et progrez de la foy crestienne et catholique* (Bordeaux, 1608–14), 1: 620–21, cited in Reid, "Economic and Social Change," 462.
59. "Glass Palace Chronicle: Excerpts Translated on Burmese Invasions of Siam," compiled and annotated by Nai Thein, *Journal of the Siam Society* 8 (1911): 1–119, quotation from 43.
60. Scott（Shway Yoe）, *The Burman,* 494。叛變比逃亡還要危險，也就比較少見，儘管還是會發生。請見：Koenig, Burmese Polity, 19。這本書簡單描述了 1772 年攻打泰國的緬甸軍隊中孟族軍人的叛變。在我看來，這件事情請清楚表明那些已經得到足夠戰利品的軍隊，不想再繼續打仗，因此決定逃走。美國南北戰爭中南部邦聯瓦解的主要原因就是逃亡。我看到最激勵人心的東西是以逃跑人物為主角用紙漿做出的雕像，這是柏林圍牆倒塌不久後德國無政府主義者的作品「兩次大戰期間逃亡者的紀念碑」。紀念碑放在平板車運到前東德的各個城市巡迴展覽，受到地方政府追捧，直到最後在波恩（Bonn）短暫展出。
61. 這些軍隊大多數一開始都是強制徵兵，所以士兵會抓住任何一個機會逃跑。傑里米・布萊克（Jeremy Black）的報告指出，1717 至 1728 年之間薩克森的步兵逃跑比例高達 42%。請參考：*European Warfare,* 219。
62. 當軍隊遠離家鄉時更是如此。修昔底德針對雅典率領的軍隊在西西里島瓦解的解釋極有啟發性。「由於現在敵人與我們旗鼓相當，所以奴隸開始逃跑。而在我們部隊中服役的外國人，徵召來的人會盡快返回自己的城市；那些一開使被高薪吸引，認為自己是來撈錢而不是打仗的人……要不是逃跑就是通過各種方式消失。**西西里的區域廣大，所以逃跑並不難**。」請見：*The Peloponnesian War,* trans. Rex Warner (New York: Penguin, 1972), 485，粗體是我加的。
63. Khin Mar Swe, "Ganan: Their History and Culture," M.A. thesis, University of Mandalay, 1999.
64. Scott, *Gazetteer of Upper Burma,* vol. 1, part 1, 205–7.

65. Charles F. Keyes, ed., *Ethnic Adaptation and Identity: The Karen on the Thai Frontier with Burma* (Philadelphia: ISHI, 1979), 44.
66. F. K. Lehman (Chit Hlaing), "Empiricist Method and Intensional Analysis in Burmese Historiography: William Koenig's *The Burmese Polity, 1752–1819,* a Review Article," *Crossroads: An Interdisciplinary Journal of Southeast Asian Studies* 6 (1991): 77–120, esp. 86.
67. Renard, "Kariang," 44.
68. Leo Alting von Geusau, "Akha Internal History: Marginalization and the Ethnic Alliance System," chapter 6 in *Civility and Savagery: Social Identity in Tai States,* ed. Andrew Turton (Richmond, England: Curzon, 2000), 130.
69. Scott, *Gazetteer of Upper Burma,* vol. 1, part 2, 282–86.
70. Ibid., 49.
71. 一個十九世紀晚期訪問撣邦諸國的旅人發現，「我們得知，清邁附近高地部落人口稀少的主要原因，毫無疑問是他們過去像野牛一樣遭人有計畫的獵捕來供應奴隸市場」。請參考：Archibald Ross Colquhoun, *Amongst the Shans* (London: Field and Tuer, 1885), 257。
72. 在印度西部，高地掠奪平原是非常普遍的現象，因此到了十九世紀初，原來的 3,492 個村莊只剩下 1,836 個村莊還有人居住，其中 97 個村莊的地點甚至都不清楚了。請參考：Ajay Skaria, *Hybrid Histories: Forests, Frontiers, and Wildness in Western India* (Delhi: Oxford University Press, 1999), 130。我尚未在緬甸的資料中看到搶劫的物品清單，或許以下這一份印度西部高山掠奪平原的戰利品清單可以說明：77 頭小公牛、106 頭母牛、55 頭小牛、11 頭母水牛、54 件銅鍋、50 件衣服、9 條毯子、19 個鐵犁、65 把斧頭、還有裝飾品、糧食，請參加：Ibid., 132。
73. 有關整個巽他陸棚強制奴役的重要考察，請參考：Eric Tagliacozzo, "Ambiguous Commodities, Unstable Frontiers: The Case of Burma, Siam, and Imperial Britain, 1800–1900," *Comparative Studies in Society and History* 46 (2004): 354–77。
74. Scott, *Gazetteer of Upper Burma,* vol. 1, part 2, 315.

75. 佤族最著名的就是他們在山頂上蓋來嚇阻敵人獵「人頭」與奴隸的碉堡。請參考：Fiskesjö, "Fate of Sacrifice," 329。這種掠奪人力買賣人口的情況，也發生在東南亞海島。許多民族，最著名的是馬來人、伊拉怒（Illanu）、普吉斯人和巴瑤人（Bajau）等，走遍所有海島的臨海聚落，捕捉奴隸，將他們吸納到自己的社會或交易到其他地方。因此，容易受到襲擊的海上社群為了躲避抓人，會退到內陸，或是河流的上游，或者是乾脆搭船當海上游牧民族。海上遊牧民族主要住在船上，擅長補撈（海上採集），就相當於從山地跑到山脊的小族群。事實上，就有人懷疑賈昆（住在森林裡但語言和「海上游牧民族」很像的民族）就是這樣來的，有些人逃到山上，有些人搭著船到處跑。請參考以下有啟發的著作：David E. Sopher, *The Sea Nomads: A Study Based on the Literature of the Maritime Boat People of Southeast Asia,* Memoirs of the National Museum, no. 5 (1965), Government of Singapore; and Charles O. Frake, "The Genesis of Kinds of People in the Sulu Archipelago," in *Language and Cultural Description: Essays by Charles O. Frake* (Stanford: Stanford University Press, 1980), 311–32.。
76. Andrew Hardy, *Red Hills: Migrants and the State in the Highlands of Vietnam* (Honolulu: University of Hawai'i Press, 2003), 29.
77. Salemink, *Ethnography of North Vietnam's Central Highlanders,* 37.
78. Thongchai Winichakul, *Siam Mapped: A History of the Geo-Body of a Nation* (Honolulu: University of Hawai'i Press, 1994), 102.
79. See Christian Culas and Jean Michaud, "A Contribution to the Study of Hmong (Miao) Migration and History," in *Hmong/Miao in Asia,* ed. N. Tapp, J. Michaud, C. Culas, and G. Y. Lee (Chiang Mai: Silkworm, 2004), 61–96; and Jean Michaud, "From Southwest China to Upper Indochina: An Overview of Hmong (Miao) Migrations," *Asia-Pacific Viewpoint,* 38 (1997): 119–30. 事實上，有關十九世紀和二十世紀從中國西南遷移到東南亞大陸（尤其是越南、寮國、泰國）最全面的資料是讓・米肖編的《動盪的時代和堅韌的民族》（*Turbulent Times and Enduring Peoples*），特別是克里斯蒂安・庫拉斯（Christian Culas）和讓・米肖寫的幾章。

80. See the fine analysis of "small border powers" in Janet Sturgeon, *Border Landscapes: The Politics of Akha Land Use in China and Thailand* (Seattle: University of Washington Press, 2005).
81. Fiskesjö, "The Fate of Sacrifice," 370.
82. 克勞斯維特爵士描述英國征服上緬甸不久之後，反叛和爭奪王位者相融合的例子。有一名英國認可的撣邦統治者，因為占領附近的區域，因此遭到罷免。後來有人加入他，「赫梅塔亞（Hmethaya）國王的兩個兒子，明東（Mindon）國王的其中一個兒子……後來貴族的游擊軍領袖瑞燕（Shwe Yan）為他們領軍，並在阿瓦地區打出他們的旗號，大兒子索奈恩（Saw Naing）逃到信威（Hsen-wi），但卻找不到援手，他退居唐彭（Tawnpeng）與孟密（Mong-mit）交界的山區和困頓的鄉間。」請見：Charles Crosthwaite, *The Pacification of Burma* (London: Edward Arnold, 1912), 270。
83. See E. Michael Mendelson, "The Uses of Religious Skepticism in Burma," *Diogenes* 41 (1963): 94–116, and Victor B. Lieberman, "Local Integration and Eurasian Analogies: Structuring Southeast Asian History, c. 1350–c. 1830," *Modern Asian Studies* 27 (1993): 513.
84. 法國天主教會位在谷地的富裕修道院與法國大革命時期鄉間的貧窮神職人員是一組很有趣的參照。由於貪婪，加上未拿什一稅幫助窮人，前者成為民眾洩怒的對象（縱火和搶劫），但是鄉間貧窮、邊緣的神職人員則是備受愛戴，最後還成為旺代（Vendée）地區反革命的關鍵人物。請參考：Charles Tilly, *The Vendée* (Cambridge: Harvard University Press, 1964)。
85. 這方面的文獻相當豐富，請參考：Stanley Tambiah, *Buddhist Saints of the Forest and the Cult of Amulets* (New York: Cambridge University Press, 1984), and Kamala Tiyavanich, *Forest Recollections: Wandering Monks in Twentieth-Century Thailand* (Honolulu: University of Hawai'i Press, 1997).。森林教派和隱士是早期佛教徒「出家」的延伸……與世隔絕以讓心靈與身體達到八聖道分所要求的嚴格戒律。請參考：Reynaldo Ileto, "Religion and Anti-colonial Movements," in Tarling, *Cambridge History of Southeast Asia,* 2:

199。另見盧森貝最近對於當代有魅力的緬甸森林僧侶所做的研究，Guillaume Rozenberg, *Renoncement et puissance: La quête de la sainteté dans la Birmanie contemporaine* (Geneva: Editions Olizane, 2005)。

86. E. Michael Mendelson, *Sangha and State in Burma: A Study of Monastic Sectarianism and Leadership,* ed. John P. Ferguson (Ithaca: Cornell University Press, 1975), 233. 有關「聖徒」、森林僧侶以及信徒的當代傑出分析，請參考：Rozenberg, *Renoncement et puissance*。

87. Mendelson, *Sangha and State in Burma,* 233. See also Lehman (Chit Hlaing), "Empiricist Method and Intensional Analysis," 90。作者寫到僧侶和教士如何失寵，並且到「偏遠的鄉鎮與村莊」避難。

88. Edmund Leach, *The Political Systems of Highland Burma: A Study of Kachin Social Structure* (Cambridge: Harvard University Press, 1954), 30.

89. 也就是說在薩爾溫江的東岸，而不是西岸。Scott, *Gazetteer of Upper Burma,* vol. 1, part 1, 320。

90. Bertil Lindner, *Land of Jade: A Journey through Insurgent Burma* (Edinburgh: Kiscadale and White Lotus, 1990), 279. 針對一個世紀前撣邦佛教異端的比較，請參考：Archibald Ross Colquhoun, *Amongst the Shans* (London: Field and Tuer, 1885), p. 103。

91. Charles Tilly, *Contention and Democracy in Europe, 1650–2000* (Cambridge: Cambridge University Press, 2004), 168, et seq.

92. Robert LeRoy Canfield, *Faction and Conversion in a Plural Society: Religious Alignments in the Hindu—Kush,* Museum of Anthropology, University of Michigan, no. 50 (Ann Arbor: University of Michigan, 1973), quotation from 13。我特別感謝湯姆士．巴菲爾德提醒我注意到這篇文章的洞見以及精細的民族誌細節。

93. 這些疾病殺光比較沒有抵抗力的人之後，這些民族就成為傳染源。當他們在新大陸遇到對疾病毫無免疫力的天真民族（一開始比較健康），死亡率非常的驚人。此外，還要注意大城市的另外一個災難：火災。前現代城市是由可燃物建築的而成，照明與煮飯都要用火，所以火災每隔一段時間就會發生，而東南亞城市的歷史也充滿大火的記錄。請參考：Anthony Reid, *Southeast Asia in the Age of Commerce, 1450–1680,* vol. 2, *Expansion and Crisis* (New Haven: Yale University Press, 1993), 91; Scott, *Gazetteer of Upper Burma,* vol. 1, part 2, 1, on Amarapura; Koenig, *Burmese Polity,* 34–35。本段的引文來自 Jared Diamond, *Guns, Germs, and Steel* (New York: Norton, 1997), 195，而第一段主要也是參考賈德・戴蒙針對傳染病的討論。

94. Reid, *Southeast Asia in the Age of Commerce,* 2: 291–98. 瑞德匯集了乾旱以及隨後而來的飢荒之後造成的疾病，乾旱與飢荒之間的關係固然明顯，但是傳染病通常和飢荒無關。

95. David Henley, *Fertility, Food, and Fever: Population, Economy, and Environment in North and Central Sulawesi, 1600–1930* (Leiden: Kitlv, 2005), chapter 7 and p. 286.

96. Scott, *Discovery of the Igorots,* 90。斯科特並沒有告訴我們逃離的伊哥洛特人經常帶來傳染病，也沒跟我們說他們經常到達隘口才發現路已經封死。

97. 昂特文針對緬甸蒲甘時期心臟地帶灌溉所做的細緻研究指出，這有助於排除擁擠以及單一作物帶來的脆弱性。*Irrigation in the Heartland of Burma: Foundations of the Precolonial Burmese State,* occasional paper no. 15 (DeKalb: Council of Southeast Asian Studies of Northern Illinois University, 1990), 54。

98. Nai Thein, "Glass Palace Chronicle," 53.

99. Thant Myint-U, *The Making of Modern Burma* (Cambridge: Cambridge University Press, 2001), 43.

100. Koenig, *Burmese Polity,* 43.

101. Keeton, *King Thibaw and the Ecological Rape of Burma.*

102. Lieberman, *Strange Parallels,* 1: 163, 174, 318–19.

103. 一般認為，大量人口集中在國家核心地區，也就是所謂的政府，乃是饑荒、火災和瘟疫，特別是戰爭的主要原因。這一切都是國家的效應。皇家的法令規定了一系列措施，要求首都的所有居民必須採取措施防止火災，一旦火災發生必須撲滅。這些法令證明火災的確是一件值得關注的事。

104. 比方說，你可以想像美國的紐奧良每二、三十年就經歷一次像卡崔娜（Katrina）颶風那樣的緊急撤退。在這樣的情況下，危機臨時來的標準應對方式就會嵌入到大眾的記憶中。

105. Lieberman, *Strange Parallels,* 1: 369, 394, 312.

106. Aung-Thwin, *Irrigation in the Heartland of Burma,* 34.

107. 這種模式在施堅雅對中國農村的描述中有比較豐富的細節，請參考 G. William Skinner in "Chinese Peasants and the Closed Community: An Open and Shut Case," *Comparative Studies in Society and History* 13 (1971): 270–81.

108. 在此強調，高地一方面就是字面的意思，另一方面也是比喻為國家抵抗的空間。

109. Nai Thein, "Glass Palace Chronicle," 17. 這一段的引文取自 Scott, *Discovery of the Igorots,* 141。

110. Scott, *Gazetteer of Upper Burma,* vol. 1, part 1, 148.

111. Hardy, *Red Hills,* 134.

112. G. E. Mitton〔Lady Scott〕, *Scott of the Shan Hills: Orders and Impressions* (London: John Murray, 1930), 182. Scott 很努力地參與佤族的列人頭活動。

113. Martin Smith, *Burma: Insurgency and the Politics of Ethnicity* (London: Zed, 1991), 349.

114. 社會語言學家會覺得這類似遺世獨立的移民，特別是那些離開原生地的移民，在他們離開原本的文化很久之後，依然可能保留古老的方言。例如，魁北克人的法語、波爾人（Boer）的荷蘭語以及阿帕拉契山區的英語。

115. Crosthwaite, *Pacification of Burma,* 116.

116. Smith, *Burma,* 231.

117. 2006 年 3 月，我嘗試和朋友一起騎摩托車進入勃固山脈的南端，也就是洛瓦底城東部。剛出發不久，道路變成沙地，我們的摩托車幾乎動彈不得，只好靠著徒步前進。我們遇到一些裝載了木柴和木炭的牛車，經過半天的步行，我們到了一個大約有八、九間房子的聚居地，從遠處看，他們的樹彷彿罩上了白紗，但很快就知道那實際上是蚊帳。由於下山找食物的大象破壞小穀倉，吃光他們的香蕉樹苗，所以村民都睡在樹上。大象也會反叛，發現這個地方便於襲擊。

118. Scott, *Gazetteer of Upper Burma,* vol. 1, part 1, 133.

119. Elvin, *Retreat of the Elephants,* 190.

120. *Shih Nai-an,* trans. J. H. Jackson (Cambridge: C&T, 1976), originally published in Shanghai.

121. Wilfred Thesiger, *The Marsh Arabs* (Harmondsworth: Penguin, 1967), 99. 卡責尼針對十九世紀伊朗卡札爾（Qajar）精彩的論文指出，巴赫地亞里族（Bakhitari）落敗的軍事將領帶著家人逃到阿拉伯河（Shatt-al-Arab）附近的沼澤地，請見："Opening the Land: Tribes, States, and Ethnicity in Qajar Iran, 1800–1911," Ph.D. diss., Yale University, 2005。

122. 比方說，想一想普里佩特沼澤，涵蓋波蘭、白俄羅斯、與烏克蘭西北部共十萬平方公里，納粹曾經有想過要把此地抽乾，或是羅馬附近最終被墨索里尼抽乾的彭甸沼澤。我認為這不是巧合，同一趟文明化論述用在無國家的沼澤地居民，也用在無國家的高地民族。他們看起來都是原始的，甚至是退化的民族，只有通過劇烈的變遷改變其環境才能拯救他們，或是完全把他們消滅。

123. 參考 Robert Rimini, "The Second Seminole War," chapter 16 of *Andrew Jackson and His Indian Wars* (New York: Viking, 2001), 272–76。針對這個假定有個有趣的類比，馬來半島有些群體會往高地去以逃避國家與掠奴，而有一些則是搭船逃走。北美的切羅基人會逃到沼澤地，而有一些小族群則是會躲到北卡羅萊納州「山頂」。

124. Bland Simpson, *The Great Dismal: A Carolinians Swamp Memoir* (Chapel Hill: University of North Carolina Press, 1990), 69–73.

125. Mariana Upmeyer, "Swamped: Refuge and Subsistence on the Margin of the Solid Earth," term paper for graduate seminar, The Comparative Study of Agrarian Societies, Yale University, 2000.

126. Stan B-H Tan, "Dust beneath the Mist: State and Frontier Formation in the

Central Highlands of Vietnam, the 1955–61 Period," Ph.D. diss., Australian National University, 2006, 191.

127. Smith, *Burma,* 262.

128. Sopher, *Sea Nomads,* 42–43.

129. 有關海盜的精彩描述，請參考：Warren, *Sulu Zone, 1768–1868: The Dynamics of External Trade, Slavery, and Ethnicity in the Transformation of a Southeast Asian Maritime State* (Kent Ridge: Singapore University Press, 1981), and Nicholas Tarling, *Piracy and Politics in the Malay World: A Study of British Imperialism in Nineteenth-Century Southeast Asia* (Melbourne: F. W. Cheshire, 1963)。針對沿海的非法貿易、走私，還有海洋做為一種抵抗國家的區域，請參考：Eric Tagliacozzo, *Secret Trades, Porous Borders: Smuggling and States along a Southeast Asian Frontier, 1865–1915* (New Haven: Yale University Press, 2005)。

130. Owen Lattimore, *Nomads and Commissars: Mongolia Revisited* (Oxford: Oxford University Press, 1962), 35.

131. Magnus Fiskesjö, "Rescuing the Empire: Chinese Nation-Building in the 20th Century," *European Journal of East Asian Studies* 5 (2006), 15–44, quotations from 38.

132. 羅伯特・詹克斯（Robert D. Jenks）針對「苗族起義」的研究結論是，漢族的人數比苗族的人數多。不過，官方不承認如此會比較符合他們的利益，因為大家預期不論統治的好壞，少數民族都會叛亂，但是對於漢族叛亂的唯一解釋就是統治不好，如果是這樣，地方的政府就要負責任。請參考：*Insurgency and Social Disorder in Guizhou: The "Miao" Rebellion, 1854–1873* (Honolulu: University of Hawai'i Press, 1994), 4. 針對十八世紀末漢人參加苗族起義的詳細描述，請參考 Daniel McMahon, "Identity and Conflict in a Chinese Borderland: Yan Ruyi and Recruitment of the Gelao during the 1795–97 Miao Revolt," *Late Imperial China* 23 (2002): 53–86。

133. Geoffrey Benjamin and Cynthia Chou, eds., *Tribal Communities in the Malay World: Historical, Cultural, and Social Perspectives* (Singapore: Institute of

Southeast Asian Studies, 2002), 34。更詳細的描述，請參考：Geoffrey Benjamin, "The Malay World as a Regional Array," paper presented to the International Workshop on Scholarship in Malay Studies, Looking Back, Striding Forward, Leiden, August 26–28, 2004.。

134. Nicholas Tapp, *Sovereignty and Rebellion: The White Hmong of Northern Thailand* (Singapore: Oxford University Press, 1990), 173–77.
135. Michaud, *Turbulent Times and Enduring Peoples,* 41.
136. Shanshan Du, *Chopsticks Only Work in Pairs: Gender Unity and Gender Equality among the Lahu of Southwest China* (New York: Columbia University Press, 2002), 115.
137. Charles F. Keyes, ed., *Ethnic Adaptation and Identity: The Karen on the Thai Frontier with Burma* (Philadelphia: ISHI, 1979), 30–62. 這種粗淺的解釋，根本無法完全處理查理．凱斯在解釋克倫族流浪者的複雜性。克倫尼（紅色克倫）／克耶或許是一大例外，因為也曾試著要成立自己的國家，採取撣邦的國家統治之術，並且以掠奴者的姿態令人聞風喪膽。
138. 一套更複雜且準確的歷史解釋會證明，靠近國家或躲避國家之間的擺盪，主要取決於政治與經濟的條件。條件如果有利，無國家的民族可能會和低地打交道，國家臣民也會在情況不利時，試著離開谷地國家。我們前面所提出的選擇未必是「一勞永逸」的選擇。

    整個東南亞海域，許多社會實際上是因為逃避低地國家而形成。在馬來西亞散落各地的原住民，西諾伊和西蠻為了避免成為農民，改變自己的謀生方式。蘇拉威西的瓦那人（Wana）逃往更內陸，以逃避荷蘭人的強制定居。受到反砍伐森林的環保主義者喜愛、住在砂拉越的普南人，歷史上曾經有一段時間從事採集，如此就能跟低地國家保持距離，又同時和它貿易牟利。可能是長期受到獵奴之故，這些族群都在逃避和低地居民往來。如同明代的《百夷傳》（*Description of the Hundred Barbarians*）裡對佤族的描述：「他們生性軟弱，畏懼衙門。」請參考：Robert Knox Denton, Kirk Endicott, Alberto Gomes, and M. B. Hooker, *Malaysia and the Original People: A Case Study of the Impact of Development on Indigenous Peoples, Cultural Survival Studies in Ethnicity and*

Change (Boston: Allyn and Bacon, 1997); Jane Monnic Atkinson, *The Art and Politics of Wana Shamanship* (Berkeley: University of California Press, 1989); Peter Brosius, "Prior Transcripts, Divergent Paths: Resistance and Acquiescence to Logging in Sarawak East Malaysia," *Comparative Studies in Society and History* 39 (1997): 468–510; and Yin, *People and Forests,* 65。

139. Von Geusau, "Akha Internal History," 134.

140. Ibid., 135.

第六章　逃避國家和防禦國家：逃避的文化和農業

1. 本節的資料來自克倫人權小組的詳細報告（Karen Human Rights Group，以下簡稱 KHRG），見 "Peace Villages and Hiding Villages: Roads, Relocations, and the Campaign for Control of Toungoo District," October 15, 2000, KHRG report 2000–05。
2. Ibid., 24。軍隊的挑夫特別慘。挑夫在軍隊移動的時候搬到精疲力竭然後處決所以無法返程；在可能有地雷的地方逼他們走在緬甸部隊前面；或是有時候要他們穿上軍隊的制服，然後走在前面吸引叛軍的火力。挑夫是從人集中的地方抓來的：移民點、村莊、市場、放映廳、巴士站、渡輪口等。
3. KHRG, "Free Fire Zones in Southern Tenasserim," August 20, 1997, KHRG report 97-09, 7.
4. 當然，移民區裡的衛生與供水的情況也是當地健康的主要威脅。因此，這裡也和國家中心一樣普遍有傳染病的風險。
5. KHRG, "Free Fire Zones," 7, 10.
6. 參考 *Human Ecology* 19 (1991)，這一期的期刊各個專家都探討熱帶雨林中，單純的採集是否為可行的謀生策略。綜合各方說法之後，答案顯然是肯定的。
7. KHRG, "Abuses and Relocations in the Pa'an District," August 1, 1997, KHRG report 97-08。這些村民也希望可以返回到他們田裡去種植新作物。
8. 早期殖民者說隱蔽的村莊「一般都是狡猾地隱藏起來，像盤羊（*ovis*

Ammon）一樣不容易發現」，見 *Gazetteer of Upper Burma and the Shan States,* compiled from official papers by J. George Scott, assisted by J. P. Hardiman, vol. 1, part 2 (Rangoon: Government Printing Office, 1893), 195, 416。二十世紀初，英國平定克欽高地的行動和當代緬甸軍政府在少數民族地區的統治非常類似。英國軍隊燒毀敵對的村莊，摧毀他們的糧食和作物，要求進貢和傜役，並堅持要正式投降，且沒收全部武器。Ibid., vol. 1, part 1, 336。

9. "Glass Palace Chronicle: Excerpts Translated on Burmese Invasions of Siam," compiled and annotated by Nai Thein, *Journal of the Siam Society* 5 (1908): 1–82 and 8 (1911): 1– 119, quotation from 5: 74–75。上述的描述是十一世紀阿奴律陀（Anawhrata）對林城（Linzin，今永珍）征討的情形。
10. Clifford Geertz, *Negara: The Theatre State in Nineteenth-Century Bali* (Princeton: Princeton University Press, 1980), 23.
11. Robert D. Jenks, *Insurgency and Social Disorder in Guizhou: The "Miao" Rebellion, 1854–1873* (Honolulu: University of Hawai'i Press, 1994), 11, 21, 131.
12. 請參考：Geoffrey Benjamin and Cynthia Chou, eds., *Tribal Communities and the Malay World: Historical, Cultural, and Social Perspectives* (Singapore: Institute for Southeast Asian Studies, 2002)，特別是第二章，"On Being Tribal in the Malay World," 7–76。
13. Ibid. 傑佛瑞・班傑明對於「部落性」（tribality）的立場，大致是部落事實上由國家創造，這個觀點越來越受到人類學家和歷史學家的支持。他寫道：「按照這個觀點，凡是歷史學和民族誌報導的部落，都是一種次生的社會（secondary formations），主要的特色在於他們為了避免被國家機器（或是國家機器在偏遠地區的觸手）吸納而採取的積極作為，同時也經常刻意隱瞞他們的生活方式會因為國家的出現而改變，或是呈現出複雜化效果的任何事物。Ibid., 9。另外參考：Leonard Y. Andaya, "Orang Asli and Malayu in the History of the Malay Peninsula," *Journal of the Malaysian Branch of the Royal Asiatic Society* 75 (2002): 23–48.
14. 有關遊牧型態精彩概述，請見：Thomas J. Barfield, *The Nomadic*

Alternative (Englewood Cliffs, N.J.: Prentice-Hall, 1993)。

15. William Irons, "Nomadism as a Political Adaptation: The Case of the Yomut Turkmen," *American Ethnologist* 1 (1974): 635–58, quotation from 647.

16. A. Terry Rambo, "Why Are the Semang? Ecology and Ethnogenesis of Aboriginal Groups in Peninsular Malaysia," in *Ethnic Diversity and the Control of Natural Resources in Southeast Asia,* ed., A. T. Rambo, K. Gillogly, and K. Hutterer (Ann Arbor: Center for South and Southeast Asia, 1988), 19–58, quotation from 25. 針對砂拉越本南族類似的討論，請參考：Carl L. Hoffman, "Punan Foragers in the Trading Networks of Southeast Asia," in *Past and Present in Hunter-Gatherer Studies,* ed. Carmel Shrire (Orlando: Academic Press, 1984), 123–49。

17. *The Man Shu (Book of the Southern Barbarians),* trans. Gordon H. Luce, ed. G. P. Oey, data paper no. 44, Southeast Asia Program, Cornell University, December 1961, 35.

18. David Christian, *Maps of Time: An Introduction to Big History* (Berkeley: University of California Press, 2004), 186，考古學的證據非常清楚。「約翰·科茨沃斯（John Coatesworth）寫到：『在有骸骨遺留的地區，可以比較農業轉型前後人類生活的變化。生物考古學家發現農業轉型和營養大幅降低以及疾病增加、過度工作和暴力行為之間的關連。』當採集植物和狩獵更容易、更多樣、更大，並且更容易準備時，人們為何要去做痛苦的耕作，或是收集與準備種類比較少的草籽呢？」(223) 這個分析進一步支持了埃斯特·博塞魯普（Ester Boserup）的論文（*The Conditions of Agricultural Growth,* Chicago: Aldine-Atherton, 1972），他認為定居的糧食農業是因為人口擁擠和土地不足的一種痛苦的適應。這也證明馬歇爾·薩林斯說採集杜會是「最早的富裕社會」。見：*Stone Age Economics* (London: Tavistock, 1974), 1。

19. William Henry Scott, *The Discovery of the Igorots: Spanish Contacts with the Pagans of Northern Luzon,* rev. ed. (Quezon City: New Day, 1974), 90.

20. Graeme Barker, "Footsteps and Marks: Transitions to Farming in the Rainforests of Island Southeast Asia," paper prepared for the Program in

Agrarian Studies, Yale University, September 26, 2008, 3。這一段的引文來自：Arash Khazeni, "Opening the Land: Tribes, States, and Ethnicity in Qajar Iran, 1800–1911," Ph.D. diss., Yale University, 2005, 377。儘管那首詩的結尾是夢見國家征服軍事化的遊牧民族這種老套情節（就像伊朗的巴赫蒂亞里人），但我希望讀者注意定耕與壓迫之間的關係。我要感謝卡責尼的研究協助以及論文的洞見。

21. Pierre Clastres, *Society against the State: Essays in Political Anthropology,* trans. Robert Hurley (New York: Zone, 1987). Originally published as *La société contre l'état* (Paris: Editions de Minuit, 1974).

22. 現在有資料顯示新大陸被征服之前，人口密度遠高於我們過去的想像。我們現在通過大量考古資料知道，在技術支援下，新大陸大部分地區都有農業，所以人口數量可能遠遠大於西歐。請參考：Charles C. Mann, *1491: New Revelations of the Americas before Columbus* (New York: Knopf, 2005)。

23. A. R. Holmberg, *Nomads of the Longbow: The Siriono of Eastern Bolivia* (New York: Natural History, 1950).

24. 針對西里奧諾人的歷史重建，有一部分是參考學者對於附近族群的詳細研究，請參考：Allyn Mclean Stearman, "The Yukui Connection: Another Look at Siriono Deculturation," *American Anthropologist* 83 (1984): 630–50。

25. Clastres, "Elements of Amerindian Demography," in *Society against the State,* 79–99。北美也可以看到從定耕到狩獵和採集的變化，在那裡類似的人口銳減使得採集的區域更豐富，而且歐洲人帶來的金屬工具、火槍和馬使這裡的採集和狩獵更容易。見 Richard White, *The Middle Ground: Indians, Empires, and Republics in the Great Lakes Region, 1650–1815* (Cambridge: Cambridge University Press, 1991), passim。

26. 有關這方面的出色調查，請見 Richard Price(ed.), *Maroon Societies: Rebel Slave Communities in the Americas,* 2nd ed. (Baltimore: Johns Hopkins University Press, 1979)。

27. Yin Shao-ting, *People and Forests: Yunnan Swidden Agriculture in Human-*

Ecological Perspective, trans. Magnus Fiskesjö(Kunming: Yunnan Education Publishing House, 2001), 351.

28. Richard A. O'Connor, "A Regional Explanation of the Tai Müang as a City-State," in *A Comparative Study of Thirty City-States,* ed. Magnus Herman Hansen (Copenhagen: Royal Danish Academy of Sciences and Letters, 2000), 431–47, quotations from 434。另外，O'Connor 也引用 Georges Condominas's *From Lawa to Mon, from Saa' to Thai: Historical and Anthropological Aspects of Southeast Asian Social Spaces,* trans. Stephanie Anderson et al., an Occasional Paper of Anthropology in Association with the Thai-Yunnan Project, Research School of Pacific Studies (Canberra: Australian National University, 1990), 60, and E. P. Durrenberger and N. Tannenbaum, *Analytical Perspectives on Shan Agriculture and Village Economics* (New Haven: Yale University Southeast Asian Monographs, 1990), 4–5 等作品支持他的立場。

29. Jean Michaud, *Historical Dictionary of the Peoples of the Southeast Asian Massif* (Lanham, Md.: Scarecrow, 2006), 180.

30. 相關成果見 Herold J. Wiens, *China's March toward the Tropics: A Discussion of the Southward Penetration of China's Culture, Peoples, and Political Control in Relation to the Non-Han-Chinese Peoples of South China in the Perspective of Historical and Cultural Geography* (Hamden, Conn.: Shoe String, 1954), 215, and Jan Breman, "The VOC's Intrusion into the Hinterland: Mataram," unpublished paper。除了逃避政治控制和逃避徵稅的優點之外，我們還要增加一點，游耕的相對靈活性可以利用貿易和交換的新機會。貝爾納・塞拉托（Bernard Sellato）針對婆羅洲的研究脈絡，宣稱游耕實際上不僅安全，而且更能適應當地環境。它提供更穩定和多樣的食物，而且輕易適應盈利森林產品的「商業徵集」。總之，塞拉托相信「最終，系統的靈活性使他們可以更有效率地回應現代世界帶來的機會（如短期雇工），而稻農則是受限於田裡的工作」。*Nomads of the Borneo Rainforest: The Economics, Politics, and Ideology of Settling Down,* trans. Stephanie Morgan (Honolulu: University of Hawai'i Press, 1994), 186。

31. 中國著名農學家尹紹亭的著作針對這項事實做了極具說服力且細緻的說明。請參考：*People and Forests*，尤其是該書 351–52 頁。
32. Jan Wisseman Christie, "Water from the Ancestors: Irrigation in Early Java and Bali," in *The Gift of Water: Water Management, Cosmology, and the State in Southeast Asia,* ed. Jonathan Rigg (London: School of Oriental and African Studies, 1992), 7–25. See also J. Steven Lansing, *Priests and Programmers: Technologies of Power in the Engineered Landscape of Bali,* rev. ed. (Princeton: Princeton University Press, 1991, 2007).
33. Edmund Leach, *The Political Systems of Highland Burma: A Study of Kachin Social Structure* (Cambridge: Harvard University Press, 1954), 236–37.
34. 非洲貝南一帶著名的多貢人就是如此。他們逃到山地，一筐又一筐地把土運到山上，在石地上闢出永久的農田務農。這樣做效率肯定不高，但代表著自由與受補之別。一旦他們不再受到攻擊的威脅，他們立刻散開，並恢復游耕。
35. Michaud, *Historical Dictionary,* 100.
36. 由此看來盜匪猖獗的時候，游耕這種維生方式比種植穀物在地點上更為穩定。一旦作物或糧倉遭到搶劫或破壞，種糧食的人就必須遷移去找食物。反之，游耕者即使遭到掠奪，地下依然有足夠的塊根作物，同時地上的作物成熟期也各不相同，鋒頭過了之後，他們可以輕易回去繼續生活。
37. 如果反過來，情況就不一定成立。前面已經說過，不論是國家和非國家都可以種植水稻。
38. Michael Dove, "On the Agro-Ecological Mythology of the Javanese and the Political Economy of Indonesia," *Indonesia,* 39 (1985): 11–36, quotation from 14.
39. Hjorleifur Jonsson, "Yao Minority Identity and the Location of Difference in the South China Borderlands," *Ethnos* 65 (2000): 56–82，引自 67。另外，Jonsson 在 "Shifting Social Landscape: Mien (Yao) Upland Communities and Histories in State-Client Settings," Cornell University, 1996 這本論文中，從偏向文化的角度表達他對此事的看法：「我認為高地特性存在

的前提是國家接管低地領域……那些明顯位於國家之外而且世界觀與國家臣民截然不同的高地人，根據低地與森林的生態劃分來採取行動，而且行動會強化這種區分。在這個背景下，我提出適應森林的高地農耕方式。這不是未受干預的自然，而是國家設想的環境。」(195)

40. Nicholas Tapp, *Sovereignty and Rebellion: The White Hmong of Northern Thailand* (Singapore: Singapore University Press, 1990), 20, quoting from F. M. Savina, *Histoire des Miao* (Hong Kong: Imprimerie de la Société des Missions-Etrangères de Paris, 1930), 216.
41. 要仔細描述複雜社會之中的各種謀生行為，需要做一些巧妙且一絲不苟的民族誌工作。針對東南亞的首例，就是康克林的名著：*Hanunoo Agriculture: A Report on an Integral System of Shifting Cultivation in the Philippines* (Rome: Food and Agriculture Organization of the United Nations, 1957)。我們難以釐清我們對這份本書的敬畏，有多少是因為哈努諾族（Hanunoo）的知識與技能，又有多少是出於民族誌學者的觀察功力。
42. Scott, *Gazetteer of Upper Burma,* vol. 1, part 2, 416。根據詹姆士．喬治．斯科特的觀察，高山民族一旦繳稅或是「種植撣族人自己懶得種的作物」就很重要，但是接下來寫：「徵稅只有在面對消極抵抗的時候才能勉強落實，而且總是有大批人口逃亡的風險。」(416)
43. 因此在任何「文明」中心的飲食一定有穀物，而且經常是單一穀物，例如小麥、玉米、水稻或黑麥，這是中心的象徵主食。對於羅馬人來說，野蠻人最令人驚奇的地方在於他們的日常飲食，穀物相對於肉類和乳製品來說比較欠缺。
44. 另一種替代方案需要更高的國家權力，就是強迫某村莊在某一塊土地上種植國家指定的作物減少複雜性，方便國家徵收。荷蘭人在爪哇殖民地強行實施的「耕作制度」就是如此。
45. Mya Than and Nobuyoshi Nishizawa, “Agricultural Policy Reforms and Agricultural Development,” in *Myanmar Dilemmas and Options: The Challenge of Economic Transition in the 1990s,* ed. Mya Than and Joseph L. H. Tan (Singapore: Institute of Southeast Asian Studies), 89–116, quotation

from 102。請見中國大躍進期間一個令人驚奇的故事，有個村民建議其他人改種大頭菜，因為大頭菜不像穀物要課稅或增收。因此，這個村逃過了大飢荒，而不像鄰近的村子受飢。請參考：Peter J. Seybolt, *Throwing the Emperor from His Horse: Portrait of a Village Leader in China, 1923–1995* (Boulder: Westview, 1996), 57。

46. 由於有掠奪者與軍隊搜尋糧食的持續威脅，種植穀物的農民經常將穀物分成小份埋到地下，而塊根作物的優點在於它們已經是一小份一小份埋在地下了！請參考：William McNeill, "Frederick the Great and the Propagation of Potatoes" in *I Wish I'd Been There: Twenty Historians Revisit Key Moments in History,* ed. Byron Hollinshead and Theodore K. Rabb (London: Pan Macmillan, 2007). 176–89。

47. 傑佛瑞・班傑明注意到，馬來西亞原住民喜歡那些不需要太多勞動的作物，例如粟、塊莖類、西米、椰子、香蕉等，因為這些有利於他們的移動。請參考："Consciousness and Polity in Southeast Asia: The Long View," in *Local and Global: Social Transformation in Southeast Asia, Essays in Honour of Professor Syed Hussein Alatas,* ed. Riaz Hassan (Leiden: Brill, 2005), 261–89。

48. 在馬來亞緊急狀態期間，熱帶叢林的共產黨所採取的武裝戰略錯誤之一就是清理了林地而種植水稻，因此從空中很容易就可以發現他們的蹤跡。感謝邁克爾・多夫提醒我這一點。

49. 針對新大陸，這方面的辯論可參考查理斯・曼恩（Charles C. Mann）一書（*1491*）。針對東南亞，請參考 Sellato, *Nomads of the Borneo Rainforest,* 119 et seq。至於懷疑的觀點，請參考：Michael R. Dove, "The Transition from Stone to Steel in the Prehistoric Swidden Agricultural Technology of the Kantu' of Kalimantan, Indonesia," in *Foraging and Farming,* ed. David Harris and Gordon C. Hillman (London: Allen and Unwin, 1989), 667–77。

50. Hoffman, "Punan Foragers."

51. Ibid., 34, 143.

52. See Michael Adas, "Imperialist Rhetoric and Modern Historiography: The

Case of Lower Burma Before the Conquest," *Journal of Southeast Asian Studies* 3 (1972): 172–92, and Ronald Duane Renard, "The Role of the Karens in Thai Society during the Early Bangkok Period, 1782–1873," *Contributions to Asian Studies* 15 (1980): 15–28.

53. Condominas, *From Lawa to Mon,* 63.
54. Sellato, *Nomads of the Borneo Rainforest,* 174–80.
55. John D. Leary, *Violence and the Dream People: The Orang Asli in the Malayan Emergency, 1848–1960,* Monographs in International Studies, Southeast Asian Studies, no. 95 (Athens, Ohio: Center for International Studies, 1995), 63.
56. 參考 David Sweet, "Native Resistance in Eighteenth-Century Amazonia: The 'Abominable Muras,' in War and Peace," *Radical History Review* 53 (1992): 49–80。穆拉人（Muras）活躍在二萬五千平方公里的土地上，這塊土地河流縱橫交錯，每年洪水氾濫過後都會有變化。這裡吸引了一大批從葡萄牙強制勞動制度中逃亡的人。事實上，**穆拉**這個詞主要已經不是民族認同，而是表達「亡命之徒」的一個混合用語。他們在乾季時會在氾濫後的土地上種植一些生長期短的作物，比如玉米和樹薯。
57. 有關塊根、塊莖作物和玉米的大量討論，我要感謝 Peter Boomgaard 出色的歷史研究。請參考："In the Shadow of Rice: Roots and Tubers in Indonesian History, 1500–1950," *Agricultural History* 77 (2003): 582–610, and "Maize and Tobacco in Upland Indonesia, 1600–1940," in *Transforming the Indonesian Uplands: Marginality, Power, and Production,* ed. Tania Murray Li (Singapore: Harwood, 1999), 45–78。
58. 西谷米（Sago）主要長在地下，它和許多植物一樣，處於完全馴化和自然「野生」物種之間。西谷米顯然來自印尼東部，迅速往適合繁殖的地方傳播，在那裡受到鼓勵和照料，以單位勞動力所生產的熱量而言，西谷米甚至超過木薯。
59. Boomgaard, "In the Shadow of Rice," 590.
60. Scott, *Discovery of the Igorots,* 45.
61. 我特別感謝亞歷山大・李整理散亂的資料，使我可以進行比較。

62. 這一節的內容完全靠布姆加德的基礎性著作 "Maize and Tobacco."。

63. Ibid., 64.

64. Boomgaard, "Maize and Tobacco," 65.

65. Robert W. Hefner, *The Political Economy of Mountain Java* (Berkeley: University of California Press, 1990), 57。如果赫夫納的說法適用性更廣，而且如果鋼制工具真的改變游耕，也就不能用現代的游耕來解釋早期缺乏許多現代條件的游耕活動。

66. 玉米和馬鈴薯同樣可以使占統治地位的族群從谷地中遷移出來，然後殖民山地。中國西南部的情況就是如此，接受玉米和馬鈴薯種植的漢族深入山坡地，而中原統治者緊隨其後。其結果是強迫許多非漢族向更高山地和上游遷移。針對這一點，請參考：Norma Diamond, "Defining the Miao: Ming, Qing, and Contemporary Views," in *Cultural Encounters on China's Ethnic Frontier,* ed. Steven Harrell (Seattle: University of Washington Press, 1995), 92–119, quotation from 95, and Magnus Fiskesj?, "On the 'Raw' and the 'Cooked' Barbarians of Imperial China," *Inner Asia* 1 (1999): 139–68, esp. 142。

67. 這一段同樣是參考 Boomgaard, "In the Shadow of Rice"。

68. 曼恩提到自己遇到一個從聖塔倫（Santarém）來的巴西婦女，這個婦女告訴他，幾年前有一條柏油路被拆掉時，發現路下面有樹薯。請參考：*1491,* 298。

69. 哈根提醒我，至少在摩鹿加（Maluku），野豬並不會挑剔挖出並吃掉什麼塊莖，這些東西也許沒有多少區別，personal communication, February 2008。

70. Marc Edelman, "A Central American Genocide: Rubber, Slavery, Nationalism, and the Destruction of the Guatusos-Malekus," *Comparative Studies in Society and History* 40 (1998) : 356–90, quotation from 365。美國南北戰爭以後，原本倚賴共有財產的奴隸獲得解放，形成自由的小農經濟。有關這種小農經濟發展及後來減少，請見：Steven Hahn, "Hunting, Fishing, and Foraging: Common Rights and Class Relations in the Postbellum South," *Radical History Review* 26 (1982): 37–64。

71. 這個觀點獲得理查德・奧康納精彩且詳細地闡述。請見："Rice, Rule, and the Tai State," in *State Power and Culture in Thailand,* ed. E. Paul Durrenberger, Southeast Asia Monograph no. 44 (New Haven: Yale Southeast Asian Council, 1996), 68–99。

72. 72. F. K. Lehman (Chit Hlaing), "Burma: Kayah Society as a Function of the Shan- Burma-Karen Context," in *Contemporary Change in Traditional Society,* ed. Julian Steward (Urbana: University of Illinois Press, 1967), 1: 1–104, 引自 59。值得注意的是，雷曼將克耶人的政治環境看作一個太陽系，其中緬甸、撣族和克倫社會同時發揮吸引和抵制的雙重作用。

73. Ira Lapidus, "Tribes and State Formation in Islamic History," in *Tribes and State Formation in the Middle East,* ed. Philip S. Khoury and Joseph Kostiner (Berkeley: University of California Press, 1990), 48–73, quotation from 52.

74. 最明顯的例外包括赫蒙、克倫和克欽，後兩者在英國統治下就已經軍事化和基督教化。一個最引人注目的事件是 1854 至 1873 年中國西南貴州「苗／赫蒙之亂」。當然，撤退也經常有防禦的軍事行動。

75. Ernest Gellner, *Saints of the Atlas* (London: Weidenfeld and Nicholson, 1969), 41–49; Malcolm Yapp, *Tribes and States in the Khyber, 1838–1842* (Oxford; Clarendon, 1980), quoted in Richard Tapper, "Anthropologists, Historians, and Tribespeople on the Tribe and State Formation in the Middle East," in Khoury and Kostiner, *Tribes and State Formation,* 48–73, quotation from 66–67.

76. 請參考巴琪精彩的研究：*Empire of Difference: The Ottomans in Comparative Perspective* (Cambridge: Cambridge University Press, 2008), 155–67。她指出，鄂圖曼在對付伊斯蘭苦行僧（Dervish）時所遇到的困難，就和俄國沙皇政權對付舊信徒派（Old Believers）和東儀天主教徒（Uniates）時所遇到的類似。

77. Lois Beck, "Tribes and the State in 19th- and 20th-Century Iran," in Khoury and Kostiner, *Tribes and State Formation,* 185–222, quotations from 191, 192.

78. Owen Lattimore, "On the Wickedness of Being Nomads," *Studies in Frontier*

History: Collected Papers, 1928–1958 (London: Oxford University Press, 1962), 415–26, quotation from 415.

79. White, *Middle Ground.* 理查・懷特寫到：「很清楚，從社會和政治角度看，這是一個村莊世界……那些被稱為部落、民族和聯邦的單元只是鬆散的村莊聯盟……在高山地區（*pays d'en haut*），根本就不存在國家這樣的東西。」
80. Stuart Schwartz and Frank Salomon, "New Peoples and New Kinds of People: Adaptation, Adjustment, and Ethnogenesis in South American Indigenous Societies (Colonial Era)," in *The Cambridge History of Native Peoples of the Americas,* ed. Stuart Schwartz and Frank Salomon (Cambridge: Cambridge University Press, 1999), 443–502, esp. 460.
81. Irons, "Nomadism as a Political Adaptation," and Michael Khodarkovsky, *When Two Worlds Met: The Russian State and the Kalmyk Nomads, 1600–1771* (Ithaca: Cornell University Press, 1992).
82. Marshall Sahlins, *Tribesmen* (Englewood Cliffs, N.J.: Prentice-Hall, 1968), 45–46, quoted ibid., 64.
83. 針對安地斯山脈區前殖民時期的農業集約化和去集約化是一種政治選擇，最有說服力的解釋請參考：Clark Erickson, "Archeological Approaches to Ancient Agrarian Landscapes: Prehistoric Raised-Field Agriculture in the Andes and the Intensification of Agricultural Systems," paper presented to the Program in Agrarian Studies, Yale University, February 14, 1997。
84. Leach, *Political Systems of Highland Burma,* 171.
85. Scott, *Gazetteer of Upper Burma,* vol. 1, part 2, 246.
86. Charles Crosthwaite, *The Pacification of Burma* (London: Edward Arnold, 1912), 236, 287.
87. A. Thomas Kirsch, "Feasting and Society Oscillation, a Working Paper on Religion and Society in Upland Southeast Asia," data paper no. 92 (Ithaca: Southeast Asia Program, 1973), 32.
88. Leach, *Political Systems of Highland Burma,* 171。在大多數情況下，政治

上選擇讓自己脫離國家臣民和低地社會，往往也帶有一些文化議題。有關這方面的研究，請參考傑佛瑞・班傑明對於西蠻與西諾伊平等主義的描述。他認為平等主義是對馬來認同的「洩恨」，推動文化符號的「去同化」（dis-assimilation）。Benjamin and Chou, *Tribal Communities in the Malay World,* 24, 36。

89. Magnus Fiskesjö, "The Fate of Sacrifice and the Making of Wa History," Ph.D. thesis, University of Chicago, 2000, 217.
90. Alain Dessaint, "Lisu World View," *Contributions to Southeast Asian Ethnography,* no. 2 (1998): 27–50, quotation from 29, and Alain Dessaint, "Anarchy without Chaos: Judicial Process in an Atomistic Society, the Lisu of Northern Thailand," *Contributions to Southeast Asian Ethnography,* no. 12, special issue *Leadership, Justice, and Politics at the Grassroots,* ed. Anthony R. Walker (Columbus, Ohio: Anthony R. Walker, 2004), 15–34.
91. Jacques Dournes, "Sous couvert des maîtres," *Archive Européen de Sociologie* 14 (1973): 185–209.
92. Jonathan Friedman, "Dynamics and Transformation of a Tribal System: The Kachin Example," *L'Homme* 15 (1975): 63–98; Jonathan Friedman, *System, Structure, and Contradiction: The Evolution of Asiatic Social Formations* (Walnut Creek, Calif.: Altimira, 1979); David Nugent, "Closed Systems and Contradiction: The Kachin in and out of History," *Man* 17 (1982): 508–27.
93. Francois Robinne and Mandy Sadan, eds., *Social Dynamics in the Highlands of Southeast Asia: Reconsidering the Political Systems of Highland Burma by E. R. Leach,* Handbook of Oriental Studies, section 3, Southeast Asia (Leiden: Brill, 2007)。有關李區對貢薩（*gumsa*）和貢老（*gumlao*）兩個詞誤解的透徹批評，請參考：La Raw Maran, "On the Continuing Relevance of E. R. Leach's *Political Systems of Highland Burma* to Kachin Studies," 31–66, and F. K. L. Chit Hlaing〔F. K. Lehman〕, Introduction, "Notes on Edmund Leach's Analysis of Kachin Society and Its Further Applications," xxi–lii。
94. Maran, "Continuing Relevance,"。馬蘭・拉勞（La Raw Maran）說貢薩制度有許多不同的安排，但其中只有一種比較接近高壓統治的嚴格等級制度。李區將此與貢薩制度連結，他進一步指出沒有「真正的」貢老制度，全部都是多少較為民主的貢薩制度的變體。嚴格地說，最平等的貢薩貢老制度實際上是一種競爭的盛宴寡頭政治，凡是可以帶來許多追隨者的人都可以加入。顯然，由於李區帶有結構主義的趨向，他的錯誤在於假定分支世系和不對稱的婚姻聯盟必然會帶來固定的地位和等級。馬蘭表明實際情況並非如此，就像漆萊在導論中所說那樣。Cornelia Ann Kammerer, "Spirit Cults among Akha Highlanders of Northern Thailand," in *Founders' Cults in Southeast Asia: Ancestors, Polity, and Identity,* ed. Nicola Tannenbaum and Cornelia Ann Kammerer, monograph no. 52 (New Haven: Council on Southeast Asian Studies, 2003), 40–68。這篇文章表明，主要的儀式壟斷政體和不對稱的婚姻聯盟制度，並不影響高度的平等。

95. 正像大衛・紐金特（David Nugent）等人所強調，克欽等級制度中比較獨裁的形式，並不只限定在於底層世系與無繼承權的兒子所產生的內部緊張。鴉片的大量種植，以及接下來爭奪新的鴉片種植土地，還有英國人減少對貿易商隊的主要稅收（稅收是為了代替搶劫）、停止把奴隸作為克欽的歲入和人力來源，或許才是我們瞭解克欽社會組織中那些等級更明顯變數的關鍵因素。有關這方面，見：Vanina Bouté, "Political Hierarchical Processes among Some Highlanders of Laos," in Robinne and Sadan, *Social Dynamics in the Highlands,* 187–208。

96. 李區之所以徹底高估貢薩制度中的威權特徵，原因之一是貢薩首領前往撣邦的時候，都會採用撣邦的君王頭銜，行為也很像撣邦的貴族。但同一個貢薩的首領回到自己人民之間的時候，可能只有少數幾個臣民，甚至可能一個都沒有，而且表面上也不像個世襲的獨裁首領，因此李區可能誤以為這種虛張聲勢是實際的情況。見 Chit Hlaing (Lehman), Introduction。

97. 在東南亞的背景下，貢老和貢薩村莊的意識形態令人聯想起宗教改革和英國內戰時期最平等的再洗禮派。他們同樣堅持儀式平等，拒絕納貢，拒絕勞役，拒絕畢恭畢敬講話，因此，個人自主和個人等級觀念，都是通過盛宴獲得。

98. Scott, *Gazetteer of Upper Burma,* vol. 1, part 2, 414.
99. 針對盛宴最深入的分析，可以參考：Thomas Kirsch, "Feasting and Social Oscillation"。作者比較了貢老／民主和貢薩／獨裁制度下的盛宴，前者強調宴請中的儀式自主，而後者則強調盛宴中的世系等級。有關鴉片農業對盛宴民主化（至少在最初）的影響，請參考：Hjorleifur Jonsson, "Rhetorics and Relations: Tai States, Forests, and Upland Groups," in Durrenberger, *State Power and Culture,* 166–200。
100. Leach, *Political Systems of Highland Burma,* 198–207.
101. 保羅・杜然伯格有關傈僳族的作品中，從物質主義者的角度探討社會組織的形式是否有上下等級關係，我認為這比較有說服力：「東南亞高地的榮譽與財富的意識形態，可以轉換為某種情況下的等級和榮譽。當財富以及階級可取得貴重物品的管道不足，就會發展出等級制度；當他們普遍存在的時候，會發展出平等主義。」請參考："Lisu Ritual: Economics and Ideology," in *Ritual, Power, and Economy: Upland-Lowland Contrasts in Mainland Southeast Asia,* ed. Susan D. Russell, Monograph Series on Southeast Asia, Center for Southeast Asian Studies, Northern Illinois University, occasional paper no. 14 (1989), 63–120, quotation from 114。
102. Leach, *Political Systems of Highland Burma,* 199, quoting "Expeditions among the Kachin Tribes of the North East Frontier of Upper Burma," compiled by General J. J. Walker from the reports of Lieutenant Eliot, Assistant Commissioner, Proceedings R.G.S. XIV.
103. Leach, *Political Systems of Highland Burma,* 197–98, cites H. N. C. Stevenson, *The Economics of the Central Chin Tribes* (Bombay,〔c. 1943〕); two works by J. H. Hutton, *The Agami Nagas* (London, 1921) and *The Sema Nagas* (London, 1921); and T. P. Dewar, "Naga Tribes and Their Customs: A General Description of the Naga Tribes Inhabiting the Burma Side of the Paktoi Range," *Census* 11 (1931): report, appendixes.
104. 有關克倫人，見 Lehman (Chit Hlaing), "Burma."
105. Quoted in Martin Smith, *Burma: Insurgency and the Politics of Ethnicity*

(London: Zed, 1991), 84.

106. Leach, *Political Systems of Highland Burma,* 234。我懷疑獲得獨立的代價如果包括納貢、勞役和穀物的數字，結論還會如此嗎？不論如何，李區並未提供任何數據支持他的說法。

107. F. K. Lehman (Chit Hlaing), *The Structure of Chin Society: A Tribal People of Burma Adapted to a Non-Western Civilization,* Illinois Studies in Anthropology no. 3 (Urbana: University Illinois Press, 1963), 215–20.

108. 在此整理了對於 Nicholas Tapp，*Sovereignty and Rebellion*，尤其是該書第二章的理解。另外見：Kenneth George, *Showing Signs of Violence: The Cultural Politics of a Twentieth-Century Headhunting Ritual* (Berkeley: University of California Press, 1996)。肯尼斯・喬治（Kenneth George）所探討的高地人會送椰子給周邊的低地民族，提醒對方他們原來是獵頭者，但現在已經不再這樣做。

109. Lehman(Chit Hlaing), "Burma," 1: 19.

110. Jonsson, "Shifting Social Landscape," 384.

111. 比方說，請參考：Vicky Banforth, Steven Lanjuow, and Graham Mortimer, Burma Ethnic Research Group, *Conflict and Displacement in Karenni: The Need for Considered Responses* (Chiang Mai: Nopburee, 2000), and Zusheng Wang, *The Jingpo Kachin of the Yunnan Plateau,* Program for Southeast Asian Studies Monograph Series (Tempe: Arizona State University, 1992).

112. E. Paul Durrenberger, "Lisu: Political Form, Ideology, and Economic Action," in *Highlanders of Thailand,* ed. John McKinnon and Wanat Bhruksasri (Kuala Lumpur: Oxford University Press, 1983), 215–26, quotation from 218.

113. 這使我們想到，高地人有時候會宣傳，有時候是刻意不把自己獵人頭與吃人的故事抹掉，藉此阻止低地的入侵者來犯。

114. Anthony R. Walker, *Merit and the Millennium: Routine and Crisis in the Ritual Lives of the Lahu People* (Delhi: Hindustani Publishing, 2003), 106, and Shanshan Du, *Chopsticks Only Work in Pairs: Gender Unity and Gender Equality among the Lahu of Southwestern China* (New York: Columbia

University Press, 2002).

115. Leo Alting von Geusau, "Akha Internal History: Marginalization and the Ethnic Alliance System," chapter 6 in *Civility and Savagery: Social Identity in Tai States,* ed. Andrew Turton (Richmond, England: Curzon, 2000), 122–58, quotation from 140。同時，生活在高山中部的阿佧人則是忙於證明自己的文化勝過佤族、崩龍人和克木人等。

116. Leach, *Political Systems of Highland Burma,* 255. Eugene Thaike〔Chao Tzang Yawnghwe〕, *The Shan of Burma: Memoirs of a Shan Exile,* Local History and Memoirs Series (Singapore: Institute of Southeast Asian Studies, 1984), 82。作者指出，撣族人也可以自由遷徙。毫無疑問，他們過去也經常搬離打壓他們的蘇巴。李區只是要說游耕民的移動成本比較低。

117. Ronald Duane Renard, "Kariang: History of Karen-Tai Relations from the Beginning to 1933," Ph.D. diss., University of Hawai'i, 1979, 78。凱斯也提出十九世紀的克倫族努力把納貢關係與當地自治分開來看。儘管克倫的村莊依附清邁王國。「但是從來不允許村莊裡有權威，儘管可以在村莊外與村莊長老共用儀式宴席。」請參考：Keyes, ed., *Ethnic Adaptation and Identity: The Karen on the Thai Frontier with Burma* (Philadelphia: ISHI, 1979), 49。

118. Raymond L. Bryant, *The Political Ecology of Forestry in Burma, 1824–1994* (Honolulu: University of Hawai'i Press, 1996), 112–17.

119. Anthony R. Walker, "North Thailand as a Geo-ethnic Mosaic: An Introductory Essay," in *The Highland Heritage: Collected Essays on Upland Northern Thailand,* ed. Anthony R. Walker (Singapore: Suvarnabhumi, 1992), 1–93, quotation from 50.

120. Keyes, *Ethnic Adaptation and Identity,* 143.

121. 請見：Walker, *Merit and the Millennium*。「一直無拘無束」的赫蒙人也大致是如此。請參考：William Robert Geddes, *Migrants of the Mountains: The Cultural Ecology of the Blue Miao*〔*Hmong Njua*〕*of Thailand* (Oxford: Clarendon, 1976), 230。

122. 請參考：Walker, *Merit and the Millennium,* 44。拉祜尼人為了跟上自身

文化的迅速轉變，似乎刻意忽略自己的系譜，「甚至不記得祖父的名字。」當然，這使他們比較容易建立和放棄親屬網路關係。見：Walker, "North Thailand as a Geo-ethnic Mosaic," 58。這種空洞的系譜以及小而柔軟的家庭單元，被稱為「新穎的」，而且成為許多（並非全部）邊緣、被汙名化之人的特點。請見：Rebecca B. Bateman, "African and Indian: A Comparative Study of Black Carib and Black Seminole," *Ethnohistory* 37 (1990): 1–24。

第六・五章 口述、書寫和文本

1. Leo Alting von Geusau, "Akha Internal History: Marginalization and the Ethnic Alliance System," chapter 6 in *Civility and Savagery: Social Identity in Tai States,* ed. Andrew Turton (Richmond, England: Curzon, 2000), 122–58, quotation from 131.Nicholas Tapp 建議用 *alliterate* 一詞來描述那些缺乏書寫技能，但瞭解書寫和文本的人。從人們所能想像的歷史長河中，東南亞山地族群的情況正是如此。*Sovereignty and Rebellion: The White Hmong of Northern Thailand* (Singapore: Singapore University Press, 1990), 124.
2. Von Geusau, "Akha Internal History," 131, quoting Paul Lewis, *Ethnographic Notes on the Akha of Burma,* 4 vols. (New Haven: HRA Flexbooks, 1969–70), 1: 35.
3. Anthony R. Walker, *Merit and the Millennium: Routine and Crisis in the Ritual Lives of the Lahu People* (Delhi: Hindustan Publishing, 2003), 568。Walker 認為傳教士之所以能在拉祜族之間取得成功，正是因為他們承諾要恢復拉祜人認為不幸丟失的文字和文本。
4. Magnus Fiskesjö, "The Fate of Sacrifice and the Making of Wa History," Ph.D. thesis, University of Chicago, 2000, 105–6.
5. Jean-Marc Rastdorfer, *On the Development of Kayah and Kayan National Identity: A Study and a Bibliography* (Bangkok: Southeast Asian Publishing, 1994).
6. Magnus Fiskesjö, "Fate of Sacrifice," 129.

7. 豐塞卡（Isabel Fonseca）在探討吉普賽（羅姆人／新提人〔Sinti〕）的研究中，講述了一個保加利亞的故事。在故事中，他們把上帝賜予的宗教，寫在甘藍葉子，葉子被驢吃掉了，他們也就失去繼承而來的文字和基督教。另外還有一個羅馬尼亞的版本，吉普賽人建立了石頭教堂，但羅馬尼亞人用培根和火腿蓋了教堂。經過討價還價，吉普賽人與羅馬尼亞人交換教堂，而且進而吃掉了教堂。這裡除了其他其他富有詮釋的可能性以外（聖餐變體論，transsubstantiation），這個故事用了一個很聰明的手法，同時傳達貪婪、無知、文盲、無宗教、交易和工匠精神！請參考：*Bury Me Standing: The Gypsies and Their Journey* (New York: Knopf, 1995), 88–89.
8. Olivier Evrard, "Interethnic Systems and Localized Identities: The Khmu subgroups (*Tmoy*) in Northwest Laos," in *Social Dynamics in the Highlands of Southeast Asia: Reconsidering the Political Systems of Highland Burma by E. R. Leach,* ed. Francois Robinne and Mandy Sadan, Handbook of Oriental Studies, section 3, Southeast Asia (Leiden: Brill, 2007), 127–60, quotation from 151.
9. J. G. Scott〔Shway Yoe〕, *The Burman: His Life and Notions* (1882; New York: Norton, 1963), 443–44.
10. Tapp, *Sovereignty and Rebellion,* 124–72。尼古拉斯．塔普還講了其他高地族群丟失文字的傳說。
11. 如果長江河谷的一些泰族在很久以前就已經識字，而且建立了國家，那時認識的文字就是另外一種，不同於現在大部分泰族人使用與上座部佛教相關而從梵文衍生的書寫文字。
12. 即使這裡，缺少那個時期的文字記載也不代表所有的書寫都停止了，不過可以肯定的是，原先使用文字的目的，在這四個世紀的大多數時間都不存在。
13. Peter Heather, *The Fall of the Roman Empire: A New History of Rome and the Barbarians* (Oxford: Oxford University Press, 2006), 441.
14. 儘管如此，不識字的民族保存文件來保障自己的土地與自由是一件相當普遍的事：例如，有一條王國著名的法令允許綿人在山地自由移動從事游耕；俄國農民也複製據信讓農奴得到解放的沙命令；原住民薩帕塔人（Zapatistas）帶到墨西哥城的西班牙土地契約，支持他們反對大莊園的訴求。

15. 因此，瑤／綿有一份與中國皇帝簽署的神聖條約，和一份有限的中文禁令，讓他們專心實行從漢人學來的風水。貴州的少數民族「睢」也有一些象形文字用於占卜與風水上。Jean Michaud, *Historical Dictionary of the Peoples of the Southeast Asian Massif* (Lanham, Md.: Scarecrow, 2006), 224。

16. 十七世紀早期，葡萄牙人在菲律賓南部、蘇門答臘和蘇拉威西發現了很高的識字率，且在男女之間分布也相當平均。令人吃驚的不僅是這些民族的識字率要遠遠高於當時的葡萄牙，而且他們識字的目的與宮廷、文本、納稅、貿易記錄、正式的學校教育、法律糾紛或文字記載的歷史毫無關係。這些文字看起來完全是靠著口傳的傳統。比方說，人可能會在棕櫚葉上寫下一個咒語、一首情詩（本質上相同的東西！），目的是記憶和朗讀，或是把這些文字獻給所愛的人，作為求愛儀式的一部分。文字通常與國家建構的技術密切相關的，但在這個吸引人的例子中，識字似乎與國家建構毫不相干。請參考：Anthony Reid, *Southeast Asia in the Age of Commerce, 1450–1680,* vol. 1, *The Lands Below the Winds* (New Haven: Yale University Press, 1988), 215–29。

17. 羅伊・哈里斯（Roy Harris）很有信心地說，書寫不是簡單地把講得話「寫下來」，而是完全不同的東西。他的論點請見：*The Origin of Writing* (London: Duckworth, 1986) and *Rethinking Writing* (London: Athlone, 2000)。感謝 Geoffrey Benjamin 提供這份資料。

18. 即使英國北部的皮克特人的符號石群也具有同樣的特徵，儘管符號尚未完全解碼。符號石群顯然是在宣示永久的領土主權。這些石群向同時代人的傳達怎樣的訊息，我們仍不清楚，但如果要挑戰符號石的含義，就必須能拿出一組不同的相對文本，一種不同的符號石，從而可以進行不同的解讀。

19. James Collins and Richard Blot, *Literacy and Literacies: Text, Power, and Identity* (Cambridge: Cambridge University Press, 2003), 50 et seq。近年

來，最驚人的抹殺歷史的舉動是塔利班炸毀阿富汗巴米揚（Bahmian）有兩千年歷史的佛像。

20. 復辟需要抹除那些不合時宜的紀錄和碑文，羅馬的記憶消除傳統就是如此，元老院會消除一切使共和國蒙羞的公民和護民官所留下的文字和碑文。當然，記憶消除本身就是官方的、文字的以及適當的記錄行為！埃及人毀掉紀念法老的橢圓形裝飾，希望抹去這樣的紀錄。這會聯想到在 1930 年代史達林進行清算的時候，凡是與史達林衝突的同志，照片都會被用噴槍銷毀。

21. 有關這些記錄的普遍保存方式，見 Frank N. Trager and William J. Koenig, with the assistance of Yi Yi, *Burmese Sit-tàns, 1764–1826: Records of Rural Life and Administration,* Association of Asian Studies monograph no. 36 (Tucson: University of Arizona Press, 1979)。

22. Mogens Trolle Larsen, Introduction, "Literacy and Social Complexity," in *State and Society: The Emergence and Development of Social Hierarchy and Political Centralization,* ed. J. Gledhill, B. Bender, and M. T. Larsen (London: Routledge, 1988), 180。另外的 15% 看起來像是按照一些分類原則排列的符號，一般認為是輔助學習文字的工具。

23. Claude Lévi-Strauss, *Tristes Tropiques,* trans. John Weightman and Doreen Weightman (New York: Atheneum, 1968), 291. 對我來說，書寫和國家形構之間的關係，看起來並不是因果關係，而是選擇的親近性。以灌溉水稻為例，人們可以發現沒有國家的書寫，以及更少見的是沒有書寫的國家，但是在一般情況下，二者通常是一起出現。感謝頌差・威尼差恭要我正視這個問題。

24. Von Geusau, "Akha Internal History," 133.

25. 經典的解釋請參考見：Christopher Hill, *The World Turned Upside Down: Radical Ideas during the English Revolution* (Harmondsworth: Penguin, 1975). 另一個更當代的極端案例是紅色高棉（Khmer Rouge）把那些可以讀寫法文的人當成階級敵人加以監禁與處決。另一個奇怪的例子是中原兩個非漢人的朝代，蒙古的元朝以及滿族的清朝，懷疑甚至處決受過教育的漢人。請見：Patricia Buckley Ebery, *The Cambridge Illustrated*

History (Cambridge: Cambridge University Press, 1996), chapter 9。

26. Mandy Joanne Sadan, *History and Ethnicity in Burma: Cultural Contexts of the Ethnic Category "Kachin" in the Colonial and Postcolonial State, 1824–2004* (Bangkok, 2005), 38, quoting T. Richards, "Archive and Utopia," *Representations* 37 (1992), special issue: *Imperial Fantasies and Post-Colonial Histories,* 104–35, quotations from 108, 111.

27. 講述歷史、傳說和譜系的僅限於一小群專業人士，但是下面我們要考察的是一個明顯的例外。

28. Eric A. Havelock, *The Muse Learns to Write: Reflections on Orality and Literacy from Antiquity to the Present* (New Haven: Yale University Press, 1986), 54。哈夫洛克（Eric A. Havelock）補充說：「聽眾控制著藝術家，因為藝術家在講話時必須要想著要讓聽眾不但記住他所說的，而且還要在日常言談中有所迴響……希臘古典戲劇的語言不僅要愉悅社會，還要支持社會……戲曲中的語言不僅在功能上有雄辯之用，也是共同交流的一種手段，這不是日常的交流，而是明顯有歷史、族群和政治意義的交流。」(93）.

29. 這就是為什麼蘇格拉底相信把自己的講話記錄下來會破壞話的意義以及價值，也正是講話的不穩定、自發性和即席創作，使得柏拉圖對戲劇和詩歌有所懷疑。

30. Jan Vansina, *Oral History as Tradition* (London: James Currey, 1985), 51–52. 塞爾維亞史詩的古典來源是：Alfred Lord, *The Singer of Tales* (New York: Atheneum, 1960)，我們從史詩中得到口頭史詩表演的大量知識，包括我們有關古希臘史詩的一些猜想

31. Barbara Watson Andaya, *To Live as Brothers: Southeast Sumatra in the Seventeenth and Eighteenth Centuries* (Honolulu: University of Hawai'i Press, 1993), 8.

32. Richard Kanko 注意到 1950 年代仍在唱頌蘇萊曼一世（Suleiman the Magnificent）的豐功偉績，而凱阿（Keos）的遊吟詩人仍然記得西元前 1627 年在鄰近的聖托里尼島（Santorini）上的火山大噴發（這次火山噴發並未影響到他們）。請參考："Born of Rhubarb," review of M.

L. West, *Indo-European Poetry and Myth* (Oxford: Oxford University Press, 2008), *Times Literary Supplement,* February 22, 2008, 10。

33. Von Geusau, "Akha Internal History," 132.
34. 故事當然是以帕歐語（克倫語支的一種）唱的，然後翻譯成緬甸語，再翻譯成英語。我們無從知道，這個故事跟 1948 年的版本相距多遠。但是理論上，我們可以與現在帕歐山地吟唱的各個版本進行比較，確認地區間的不同。
35. Edmund Leach, *The Political Systems of Highland Burma: A Study of Kachin Social Structure* (Cambridge: Harvard University Press, 1954), 265–66.
36. Ronald Duane Renard, "Kariang: History of Karen-Tai Relations from the Beginnings to 1923," Ph.D. diss., University of Hawai'i, 1979.
37. 對那些熟悉馬來世界的人來說，馬來西亞漢都亞（Hang Tuah）和漢惹伯（Hang Jebat）兩兄弟的經典故事不同說法也是如此。這個故事對於當代馬來國家有著完全不同的政治含義。
38. 游耕者在長期的農業生產歷史過程中也認識了許多經歷豐富的游耕鄰居。這也是一種影子社區，一旦有必要或有用時，社區就會被動員建立全新以及有利的貿易和政治聯盟。
39. Vansina, *Oral History as Tradition,* 58。伊戈爾・科匹托夫注意到，在非洲「社會沒有文字記錄，所以各路人馬都自稱有皇室血統……正像非洲人所說的，『奴隸有時候會變為主人，而主人也可以淪為奴隸』。」請參考：*The African Frontier: The Reproduction of Traditional African Societies* (Bloomington: Indiana University Press, 1987), 47.
40. William Cummings, *Making Blood White: Historical Transformations in Early Modern Makassar* (Honolulu: University of Hawai'i Press, 2002).
41. Margaret R. Nieke, "Literacy and Power: The Introduction and Use of Writing in Early Historic Scotland," in Gledhill, Bender, and Larsen, *State and Society,* 237–52, quotation from 245.
42. Hjorleifur Jonsson, "Shifting Social Landscape: Mien (Yao) Upland Communities and Histories in State-Client Settings," Ph.D. diss., Cornell University, 1996, 136. Renato Rosaldo, *Ilongot Headhunting, 1883–1974: A*

Study in Society and History (Stanford: Stanford University Press, 1980), 20，書中對於伊隆格特（Ilongot）精簡的口述史，也有類似的說法。

43. Vansina, *Oral History as Tradition,* 115. 如果按照這種解釋，這方面可能會引起爭論的普遍問題就是，一個分散、邊緣、分權和平等族群的歷史是否就是一部被打敗、犧牲、背叛和移民的悲傷史，就像許多山地族群已經表現出來的那樣。一些現代民族的歷史，比如愛爾蘭、波蘭、以色列和亞美尼亞，基本上也是如此。

44. 在這個背景下，請參考：Reinhart Kosseleck, *The Practice of Conceptual History: Timing, History, Spacing Concepts* (Stanford: Stanford University Press, 2002), 作者在書中指出，歷史的意識是啟蒙運動獨一無二的產物。

第七章　族群形成和進化：一個激進的建構主義案例

1. *Gazetteer of Upper Burma and the Shan States,* compiled from official papers by J. George Scott, assisted by J. P. Hardiman, vol. 1, part 1 (Rangoon: Government Printing Office, 1893), 387.

2. Edmund Leach, *The Political Systems of Highland Burma: A Study of Kachin Social Structure* (Cambridge: Harvard University Press, 1954), 48.

3. *Census of India, 1931,* vol. 11, *Burma,* part 1, Report (Rangoon: Government Printing and Stationery, 1933), 173, 196.

4. Leach, *Political Systems of Highland Burma,* 46.

5. *Census of India, 1931,* vol. 11, part 1, 174, and J. H. Green, "A Note on Indigenous Races in Burma," appendix C, ibid., 245–47, quotation from 245。Green 進一步建議採用測量身體和文化清單的方式，他認為這有助於建立「文化進化的各個階段」。

6. Leach, *Political Systems of Highland Burma,* 49。類似的論點可參見：David E. Sopher, *The Sea Nomads: A Study Based on the Literature of the Maritime Boat People of Southeast Asia,* Memoirs of the National Museum, no. 5 (1965), Government of Singapore, 176–83。

7. 這一段引自：Norma Diamond, "Defining the Miao: Ming, Qing, and

Contemporary Views," in *Cultural Encounters on China's Ethnic Frontier,* ed. Steven Harrell (Seattle: University of Washington Press, 1995), 92–116; Nicholas Tapp, *The Hmong of China: Context, Agency, and the Imaginary* (Leiden: Brill, 2003); and Jean Michaud, ed., *Turbulent Times and Enduring Peoples: Mountain Minorities in the Southeast Asian Massif* (Richmond, England: Curzon, 2000)。塔普引用了一個山地人口交換的故事，在一個瑤寨之中，大部分成年男子都是從其他族群中收養來的。請見：*Sovereignty and Rebellion: The White Hmong of Northern Thailand* (Singapore: Oxford University Press, 1990), 169。

8. Martin Smith, *Burma: Insurgency and the Politics of Ethnicity* (London: Zed, 1991), 143。馬丁・史密斯也指出水稻種植、只講緬甸語以及自稱克倫族的人，會和克倫國家聯盟（Karen National Union）戰鬥，而且會為了這一個認同而死。(35)
9. Charles F. Keyes, ed., *Ethnic Adaptation and Identity: The Karen on the Thai Frontier with Burma* (Philadelphia: ISHI, 1979), 6, 4.
10. Francois Robinne, "Transethnic Social Space of Clans and Lineages: A Discussion of Leach's Concept of Common Ritual Language," in *Social Dynamics in the Highlands of Southeast Asia: Reconsidering the Political Systems of Highland Burma by E. R. Leach,* ed. Francois Robinne and Mandy Sadan (Amsterdam: Brill, 2008), 283–97。這裡點出吸納的極限問題。由於任何時候遭吸納的人都僅僅是「接收」社會的一小部分，你可以想像這會是一個平順的過程。而當戰爭或饑荒引發大規模的移民潮時，你也可以想像這群人遷徙時會保持自己獨特性。撣邦住在因來湖（Inlay）邊的因塔族（Intha）似乎就是如此，根據傳說，他們是一大群從南方一起過來的逃兵。
11. Sanjib Baruah, "Confronting Constructionism: Ending India's Naga War," *Journal of Peace Research* 40 (2003): 321–38, quotation from 324, quoting Julian Jacobs et al., *The Nagas: The Hill People of Northeast India: Society, Culture, and the Colonial Encounter* (London: Thames and Hudson, 2003), 23.

12. Geoffrey Benjamin and Cynthia Chou, eds., *Tribal Communities in the Malay World: Historical, Cultural, and Social Perspectives* (Singapore: Institute of Southeast Asian Studies, 2002), 21.
13. Leach, *Political Systems of Highland Burma,* 244。斯科特在二十一世紀初和中國官員協商邊界的劃分時，曾試圖解決盤根錯節的部落。「我和劉將軍騎著馬在平原上確定邊界，卻找不到可以分割克欽和撣族耕地的界限。兩群人的耕地完全混雜在一起，就像一塊混在積木兒童字謎遊戲的玩具箱上。」G. E. Mitton（Lady Scott）, *Scott of the Shan Hills: Orders and Impressions* (London: John Murray, 1936), 262。
14. Michael Moerman, "Ethnic Identity in a Complex Civilization: Who Are the Lue," *American Anthropologist* 67 (1965): 1215–30, quotations from 1219, 1223.
15. Hjorleifur Jonsson, "Shifting Social Landscape: Mien (Yao) Upland Communities and Histories in State-Client Settings," Ph.D. diss., Cornell University, 1996, 44, subsequently published as *Mien Relations: Mountain People and State Control in Thailand* (Ithaca: Cornell University Press, 2005).
16. E. J. Hobsbawm, *Nations and Nationalism since 1780,* 2nd ed. (Cambridge: Cambridge University Press, 1990), 64.
17. 這裡泰族的勐或者說是小國，加上勢不可免的水稻核心區，必須與所謂的高地或「部落」的傣族區別開，後者儘管也是佛教徒，但是他們是人群，主要生活在國家結構之外。
18. Leach, *Political Systems of Highland Burma,* 32.
19. Georges Condominas, *From Lawa to Mon, from Saa' to Thai: Historical and Anthropological Aspects of Southeast Asian Social Spaces,* trans. Stephanie Anderson et al., an Occasional Paper of Anthropology in Association with the Thai-Yunnan Project, Research School of Pacific Studies (Canberra: Australian National University, 1990), 41.
20. 這方面最好的調查和分析見 Anthony Reid, ed., *Slavery, Bondage, and Dependency in Southeast Asia* (New York: St. Martin's, 1983).
21. Leach, *Political Systems of Highland Burma,* 221–22.

22. Condominas, *From Lawa to Mon,* 69–72.
23. Scott, *Gazetteer of Upper Burma,* vol. 1, part 1, 478。很多這類婚姻也代表著結盟，能夠保護統治者對抗其宮廷對手。
24. Leach, *Political Systems of Highland Burma,* chapter 7, 213–26。傈僳族成為撣族的轉變也可參考：E. Paul Durrenberger, "Lisu Ritual, Economics, and Ideology," in *Ritual, Power, and Economy: Upland-Lowland Contrasts in Mainland Southeast Asia,* ed. Susan D. Russell, Monograph Series on Southeast Asia, Northern Illinois University, occasional paper no. 14 (1989), 63–120; 基於政治經濟學更為形式的分析請參考：Jonathan Friedman, "Tribes, States, and Transformations," in *Marxist Analyses and Social Anthropology,* ed. Maurice Bloch (New York: Wiley, 1975), 161–200。
25. David Marlowe, "In the Mosaic: The Cognitive and Structural Aspects of Karen-Other Relationships," in Keyes, *Ethnic Adaptation and Identity,* 165–214, and Peter Kunstadter, "Ethnic Groups, Categories, and Identities: Karen in Northern Thailand," ibid., 119–63.
26. Kunstadter, "Ethnic Groups, Categories, and Identities," 162.
27. Katherine Palmer Kaup, *Creating the Zhuang: Ethnic Politics in China* (Boulder: Lynne Rienner, 2000), 45.
28. Leach, *Political Systems of Highland Burma,* 39.
29. Jonsson, "Shifting Social Landscape," 218.
30. Leach, *Political Systems of Highland Burma,* 40–41.
31. Scott, *Gazetteer of Upper Burma,* vol. 1, part 1, 274.
32. 有關這方面的文獻，請見：Richard A. O'Connor, "Agricultural Change and Ethnic Succession in Southeast Asian States: A Case for Regional Anthropology," *Journal of Asian Studies* 54 (1995): 968–96.
33. See Victor B. Lieberman, *Strange Parallels: Southeast Asia in Global Context, c. 800– 1830,* vol. 1, *Integration on the Mainland* (Cambridge: Cambridge University Press, 2003); and his "Reinterpreting Burmese History," *Comparative Studies in Society and History* 29 (1987): 162–94; and his "Local Integration and Eurasian Analogies: Structuring Southeast Asian History, c.

1350–1830," *Modern Asian Studies* 27 (1993): 475–572.

34. O. W. Wolters, *History, Culture, and Region in Southeast Asian Perspectives,* rev. ed. (Ithaca: Cornell University Press, in cooperation with the Institute of Southeast Asian Studies, Singapore, 1999), 52。沃爾特斯特別將越南排除在此項通則之外。
35. Grant Evans, "Tai-ization: Ethnic Change in Northern Indochina," in *Civility and Savagery: Social Identity in Tai States,* ed. Andrew Turton (Richmond, England: Curzon, 2000), 263–89.
36. Jonsson, *Mien Relations,* 158–59. See also his "Yao Minority Identity and the Location of Difference in South China Borderlands," *Ethnos* 65 (2000): 56–82.
37. Ronald Duane Renard, "Kariang: History of Karen-Tai Relations from the Beginning to 1933," Ph.D. diss., University of Hawai'i, 1979, 18。他將這個分析應用到泰國叻丕府（Ratburi）的克倫和泰族。
38. 我們未涉及的是有權力的其他人是否接受這種表現的問題。許多祖先是猶太人的德國人，在 1930 年代已完全同化到德國的世俗文化中，以德國人身分生活，直到納粹的「種族科學」分類盛行時不幸遇害。
39. F. K. Lehman（Chit Hllaing）, "Ethnic Categories in Burma and the Theory of Social Systems," in *Southeast Asian Tribes, Minorities, and Nations,* ed. Peter Kunstadter (Princeton: Princeton University Press, 1967), 75–92, quoted in Tapp, *Sovereignty and Rebellion,* 172.
40. Leach, *Political Systems of Highland Burma,* 287.
41. 有關馬來世界中多重認同的適應性，可以參考以下有說服力的解釋：Anna Lowenhaupt Tsing, *In the Realm of the Diamond Queen: Marginality in an Out-of-the-Way Place* (Princeton: Princeton University Press, 1993); Jane Drakard, *A Malay Frontier: Unity and Duality in a Sumatran Kingdom,* Studies on Southeast Asia (Ithaca: Cornell University Press, 1990); Victor T. King, "The Question of Identity: Names, Societies, and Ethnic Groups in Interior Kalimantan and Brunei Darussalam," *Sojourn* 16 (2001): 1–36。
42. 在這個脈絡下，反對部落一詞最有說服力的面向，請參考：Morton

H. Fried 的經典小書 *The Notion of Tribe* (Menlo Park: Cummings, 1975)。

43. Thomas S. Burns, *Rome and the Barbarians, 100 BC–AD 400* (Baltimore: Johns Hopkins University Press, 2003), 103.

44. Diamond, "Defining the Miao," 100–102.

45. Oscar Salemink, *The Ethnography of Vietnam's Central Highlanders: A Historical Contextualization, 1850–1990* (London: Routledge-Curzon, 2003), 21–29.

46. Tania Murray Li, ed., *Transforming the Indonesian Uplands: Marginality, Power, and Production* (Singapore: Harwood, 1999), 10.

47. 有關中東地區此一過程的研究，請參考：Richard Tapper, *Frontier History of Iran: The Political and Social History of Shahsevan* (Cambridge: Cambridge University Press, 1998), and Eugene Regan, *Frontiers of the State in the Late Ottoman Empire* (Cambridge: Cambridge University Press, 1999)。

48. Quoted in Fried, *Notion of Tribe,* 59.

49. 這個觀點在以下的著作中，有很徹底的闡述，請參考：Fredrik Barth, ed., *Ethnic Groups and Boundaries: The Social Organization of Cultural Difference* (1969; Long Grove, Ill.: Waveland, 1998), 9–38，另見：Leach, *Political Systems of Highland Burma;* F. K. Lehman (Chit Hlaing), "Burma: Kayah Society as a Function of the Shan-Burma-Karen Context," in *Contemporary Change in Traditional Society,* 3 vols., ed. Julian Steward (Urbana: University of Illinois Press, 1967), 1: 1–104; and Keyes, *Ethnic Adaptation and Identity*。雖然查理・凱斯希望強調一旦建立，這些團體在一定程度上逐漸取得更獨特的文化，並在結構上與其他團體對立。(4)

50. Bruce W. Menning, "The Emergence of a Military-Administrative Elite in the Don Cossack Land, 1708–1836," in *Russian Officialdom: The Bureaucratization of Russian Society from the Seventeenth to the Twentieth Century,* ed. Walter McKenzie Pinter and Don Karl Rowney (Chapel Hill: University of North Carolina Press, 1980), 130–61, quotation from 133.

51. 請見托爾斯泰（Leo Tolstoy）出色的短篇故事，*The Cossacks,* in *The*

Cossacks and Other Stories (Harmondsworth: Penguin, 1960), 163–334。書中托爾斯泰特別寫了被稱為哥薩克軍團的捷列克河哥薩克人（Terek River Cossacks），他們定居在車臣人之間。

52. 哥薩克人也為鄂圖曼提供軍隊，請參考：Avigador Levy, "The Contribution of the Zaporozhian Cossacks to Ottoman Military Reform: Documents and Notes," *Harvard Ukrainian Studies* 6 (1982): 372–413。
53. Richard Price, Introduction to part 4, *Maroon Societies: Rebel Slave Communities in the Americas,* 2nd ed. (Baltimore: Johns Hopkins University Press, 1979), 292–97。
54. Fredrik Barth, "Ecological Relationships of Ethnic Groups in Swat, North Pakistan," *American Anthropologist* 58 (1956): 1079–89, and Michael T. Hannan, "The Ethnic Boundaries in Modern States," in *National Development and the World System: Educational, Economical, and Political Change, 1950–1970,* ed. John W. Meyer and Michael T. Hannan (Chicago: University of Chicago Press, 1979), 253–75, quotation from 260.
55. Manfred von Richtofen, *Letters*（to the Shanghai General Chamber of Commerce）2nd ed. (Shanghai, 1903; Peking reprint, 1914), 119–20, quoted in Owen Lattimore, "The Frontier in History," in *Studies in Frontier History: Collected Papers, 1928–1958* (Oxford: Oxford University Press, 1962), 469–91, quotation from 473*n*2.
56. Lattimore, "Frontier in History," 473*n*2.
57. 克耶和克倫尼（紅克倫）的區分是政治命名的人為產物，而不是像緬甸整個國家要叫 Myanmar 或是 Burma。自從克倫尼這個詞和反抗仰光政權劃上等號之後，**克耶**（實際是克倫尼裡占優勢的分支）就被用來代替原有名稱，因為它不會讓人聯想到此。今天這個國家的官方稱呼是克耶邦，雖然它更應該被叫做克倫尼邦（Karenni State），基於簡便我在這裡稱為克倫尼作。在我引用的雷曼的分析中，他一直使用「緬甸」的克耶一詞。
58. Ibid., 35.
59. F. K. L. Chit Hlaing（F. K. Lehman）, "Some Remarks on Ethnicity Theory

and Southeast Asia, with Special Reference to the Kayah and Kachin," in *Exploring Ethnic Diversity in Burma,* ed. Michael Gravers (Copenhagen: NIAS Press, 2007), 112.

60. 針對族群化主要為了控制貿易特權和土地，請參考：Lois Beck, "Tribes and the State in 19th- and 20th-Century Iran," in *Tribes and State Formation in the Middle East,* ed. Philip Khoury and Joseph Kostiner (Berkeley: University of California Press, 1990), 185–222; 有關蘇祿群島（Sulu Archipelago）的陶蘇格（Tausug）海盜，請參考：James Francis Warren, *The Sulu Zone, 1768–1898: The Dynamics of External Trade, Slavery, and Ethnicity in the Transformation of a Southeast Asian Maritime State* (Singapore: Singapore University Press, 1981), 和 Charles O. Frake, "The Genesis of Kinds of People in the Sulu Archipelago," in *Language and Cultural Description: Essays by Charles O. Frake* (Stanford: Stanford University Press, 1980), 311–32。有關二十世紀後期創造原住民性的敏銳分析，見 Courtney Jung, *The Moral Force of Indigenous Politics: Critical Liberalism and the Zapatistas* (Cambridge: Cambridge University Press, 2008)。

61. 這個過程最顯著的例子是喀拉哈里（Kalahari）的布希曼人（Bushman），也被稱為 san-Khoi，他們經常被描述成生活在邊陲的野蠻人，屬於人類早期石器時代的遺留。雖然有些歷史事實仍在爭論中，但是現在已經可以確認這種理解顯然大錯特錯。根據威爾姆森的重新建構，喀拉哈里的布希曼人由來自四面方八的放逐者組成，後來逐漸成為像奴隸的勞工，一小群一小群在貧瘠的沙化疏林草原上採集。他們之中許多人原來是扎那族（Tswana）遊牧民，在牲畜搶劫、牲畜疫病、戰爭、逃奴和逃兵（很多是歐洲人）的破壞下無法生存，所以加入講薩恩語（San）的採集者人群中，後者曾經靠象牙、鴕鳥羽毛和毛皮等生意過著不錯的生活。請參考威爾姆森的經典作品：*Land Filled with Flies: A Political Economy of the Kalahari* (Chicago: University of Chicago Press, 1989). 圍繞這項詮釋的一些相反觀點，見 Jacqueline S. Solway 對 Wilmsen 這本書的評論，請參考：*American Ethnologist* 18 (1991): 816–17.

謀生的利基對於確立族群特性的重要程度深具啟發。不講薩恩語、沒有牲畜以及從事採集（或作奴隸）一般來說是理解成薩恩布希曼人（San-Bushmen）。反之，講薩恩語、有養牲畜以及生活比較好的人則是理解成扎那族。由於這兩個族群，套用威爾姆森所說的是「混在一起」（interdigitated），是把會講薩恩語和另外一種語言的人「當作」扎那族相當普遍。薩恩布希曼人基本上則是被貶抑為底層或種族下層，謀生的方式是大家最不願意做的採集，而其身分已經和這樣的謀生方式劃上等號。從彼此之間的關係來看，正確地說扎那族群自我建構建立在對薩恩布希曼的污名化。以同質或貶抑的詞來標示實際上多樣的人群，最終的效果就是使他們「原住民化」。

62. Ibid., 275, 324。後面那段話引自 John Iliffe, *A Modern History of Tanganyika* (Cambridge: Cambridge University Press, 1979)。

63. 我要感謝杜珊珊對土司制度發展的詳細闡述。這個制度在一塊劃定的領土內任命世襲的首領，廣泛實行於中國西南部，尤其是貧困、出入不易的高海拔區域。從十八世紀中葉的清代開始，土司由直接統治所取代（改土歸流，以流動的官員取代土司），開始戶籍登記和徵稅。Personal communication, August 2008.

64. Max Gluckman, *Order and Rebellion in Tribal Africa* (London: Cohen and West, 1963).

65. Benedict R. O'G. Anderson, *Imagined Communities: Reflections on the Origin and Spread of Nationalism,* 2nd ed. (London: Verso, 1991), 167–69.

66. Geoffrey Benjamin, "The Malay World as a Regional Array," paper presented to the International Workshop on Scholarship in Malay Studies, Looking Back, Striding Forward, Leiden, August 26–28, 2004; and Benjamin and Chou, *Tribal Communities in the Malay World*。有關與加萊族禁用犁的作法，請參考：Salemink, *Ethnography of Vietnam's Central Highlanders,* 284。

67. 舉例來說，如果有人想發明一套禁忌來阻止人們混居和共食，做得最徹底的應該是印度的高級種姓傳統的污染觀念和正統猶太人嚴格的飲食規則。

68. 這一段前面的引文來自 Fried, *Notion of Tribe,* 77。

69. Charles F. Keyes, "A People Between: The Pwo Karen of Western Thailand," in Keyes, *Ethnic Adaptation and Identity,* 63–80, and Renard, "Kariang," passim。請別忘記，在此脈絡下，克倫人變為孟、緬甸、泰、撣人等是常有的現象，而且在過去的半個世紀更為普遍。

70. Leo Alting von Geusau, "Akha Internal History: Marginalization and the Ethnic Alliance System," chapter 6 in Turton, *Civility and Savagery,* 122–58, esp. 133–34, 147–50. 我相信利奧・凡格索自己就是通過婚姻進入阿佧社會，也是以他所說的方式整合到當地。針對瑤／綿家庭爭相依附外來者來追求經濟和社會的成功，請參考 E. Paul Durrenberger 的解釋："The Economy of Sufficiency," in *Highlanders of Thailand,* ed. John McKinnon and Wanat Bhruksasri (Kuala Lumpur: Oxford University Press, 1983), 87–100, esp. 92–93。

71. Leach, *Political Systems of Highland Burma,* 127–30。如果可以把這叫做社會交易，社會交易在社群之間重新分配糧食和物品，做到物質平等卻使得地位不平等集中。按照官方制度，最小的兒子繼承父親的首領頭銜（幼子繼承制）。然而其他兒子也能靠著建立新的社群，或是從幼子那買到儀式權利，或是通過征服而成為首領，只要他能成功使自己的訴求為人接受，Ibid., 157。

72. Ibid., 164, 166, 167. See also Robinne, "Transethnic Social Space of Clans and Lineages."

73. 針對高地民族盛宴，以及民主（貢老）與專制（貢薩）邏輯之間的擺盪，可參考科奇出色的分析："Feasting and Social Oscillation, a Working Paper on Religion and Society in Upland Southeast Asia," data paper no. 92 (Ithaca: Southeast Asia Program, 1973)。

74. Lehman (Chit Hlaing), "Burma," 1: 17. 雷曼還指出在中國與印度等谷地意識形態源起的國家，「固定有一種篡位的觀念，要求篡位者和他的後代最終建立一個真實或者想像的系譜，將他們和皇室祖先或神聯繫起來。」(17) 吉爾茲對於峇厘島也有類似論述。雖然有一套嚴格的直系血親原則，「系譜……不斷被操縱以使當下的權力現狀合理化。」。請參考：*Negara: The Theatre State in Nineteenth-Century Bali* (Princeton:

Princeton University Press, 1980), 31。

75. Rudi Paul Lindner, *Nomads and Ottomans in Medieval Anatolia,* Indiana University Uralic and Altaic Series, ed. Stephen Halkovic, vol. 144 (Bloomington: Research Institute of Inner Asian Studies, Indiana University, 1983), 33.
76. 我還要提最後一個例子，哈莫斯針對剛果紐埃島（Nunu）的研究中指出：「世系模式的內在和諧（organic unity）與大人物精神的個人操縱」在結構上矛盾。他們會篡改家譜使大人物看起來是合法繼承人以解決兩者之間的矛盾，即使事實上他的地位並非依靠系譜傳承，而是建立在個人財富和政治操控。請參考：*Games against Nature: An Eco-Cultural History of the Nunu of Equatorial Africa* (Cambridge: Cambridge University Press, 1987), 21。
77. Kirsch, "Feasting and Social Oscillation," 35.
78. Renard, "Kariang," chapter 2, esp. 3–32。很多情況下，適應意味著被吸入谷地社會。我們或許可以大膽的假定，大多數的「克倫人」在過去的一千年左右，逐漸被谷地社會同化，過去半個世紀以來同化的速度明顯加快。
79. Jonsson, "Shifting Social Landscape," 238。班傑明針對馬來社會的研究，指出人們會不斷加入或退出部落。請參考：*Tribal Communities in the Malay World,* 31–34。針對半定居人群（the Chewong）「重新」回到「部落性」最近的研究，請見：Signe Howell, "'We People Belong in the Forest': Chewong Recreations of Uniqueness and Separateness," ibid. 254–72。
80. Lehman (Chit Hlaing), "Burma," 1: 254, 272.
81. Jonsson, *Mien Relations,* 19–34.
82. 對於南亞脈絡下這一動態的詳細分析，請見：Sumit Guha's fine *Environment and Ethnicity in India, 1200–1991* (Cambridge: Cambridge University Press, 1999)。
83. 我們也可以用同樣的方式理解現在的緬甸獨裁軍政府和周邊許多高地反叛勢力達成的停火協議：賦予軍事自治和經濟機會，換取敵對行動的結束。在馬來世界，上游人口對馬來沿海國家來說非常重要，因此要處理彼此之間的關係，這已經成為歷史的真諦。有關這一關係，請見 Bernard Sellato, *Nomads of the Borneo Rainforest: The Economics, Politics, and Ideology of Settling Down,* trans. Stephanie Morgan (Honolulu: University of Hawaii Press, 1994)。更廣泛地說，論述高地／草原和相鄰谷地中心的共生關係，見 Bernard Sellato, *Nomads of the Borneo Rainforest: The Economics, Politics, and Ideology of Settling Down,* trans. Stephanie Morgan (Honolulu: University of Hawaii Press, 1994)。

84. 克倫人最後的谷地盟友當然是英國殖民政權，他們與克欽及欽族一樣，占了英國軍隊很大的比例。他們把自己描述成一群「孤兒」，而遭到英國人拋棄也為傳說增加故事性。針對克倫人和谷地王國結盟的更多研究，請見：Keyes, *Ethnic Adaptation,* chapter 3, 63–80; Mikael Gravers, "Cosmology, Prophets, and Rebellion among the Buddhist Karen in Burma and Thailand," *Moussons* 4 (2001): 3–31; and E. Walter Coward Jr., "Tai Politics and the Uplands," draft paper (March 2001)。
85. Baruah, "Confronting Constructionism。馬來的海上王國在海上有蠻邦。馬六甲有羅越人（又稱為海上游牧民族、海上吉普賽），布吉有巴瑤族（Bajau）等
86. 如前所述，李區宣稱撣邦的文化和國家建構在各地都是一致穩定。但是如果每個撣邦小國多是藉著吸收附近的高地人所建立，那麼因為吸收的高地人不同，每個撣邦小國也應該不同，正如每個馬來國家都帶有它所吸納的上游無國家人群的特質。
87. 當然，不同之處在於漢族系列是被吸收進到現存國家的方法，而撣邦系列則是建立一個國家的方法。
88. 引文見 Leach, *Political Systems of Highland Burma,* 197，和該書的參考書目，313–18。這節前面的引文的第一和第三段選自 Thomas Barfield, "Tribe and State Relations: The Inner Asian Perspective," in Khoury and Kostiner, *Tribes and State Formation,* 153–82，分別出自 163 和 164 頁；第二段前面的引文來自 Karl Gustav Izikowitz, *Lamet: Hill Peasants in French Indochina* (Gothenburg: Ethnografiska Museet, 1951), 113。

89. 針對克倫人，請參考 Lehman (Chit Hlaing), "Burma," 1: 35–36, and Smith, *Burma,* 31, 432*n*7；針對佤族，見 Scott, *Gazetteer of Upper Burma,* vol. 1, part 1, 493– 519; 針對拉祜族，見 Anthony R. Walker, *Merit and the Millennium: Routine and Crisis in the Ritual Lives of the Lahu People* (Delhi: Hindustan Publishing, 2003), 72;，針對克倫尼，見 Lehman (Chit Hlaing), "Burma," 1: 37–41。
90. Scott, *Gazetteer of Upper Burma,* vol. 1, part 1, 363.
91. Leach, *Political Systems of Highland Burma,* 199, excerpted from a 1929 handbook, "Advice to Junior Officers."
92. Scott, *Gazetteer of Upper Burma,* vol. 1, part 1, 370。詹姆士．喬治．斯科特的文章判斷正確。他們會允許社群在得以識別以及覺得強行任命新首領會引發新抵抗的地方存在。另外，英屬緬甸地盤內但不受其統治的貢老社區則是不受打擾，基本上讓他們可以各行其道。參考：Vanina Bouté, "Political Hierarchical Processes among Some Highlanders of Laos," in Robinne and Sadan, *Social Dynamics in the Highlands,* 187–208。作者指出寮國的宮廷中心與後來的法國殖民者更偏好等級嚴明的社會而不是平等的社會，因為前者在形式上和他們自己的國家結構更接近，讓他們有一個現成的結構來控制當地人。
93. Lehman (Chit Hlaing), "Burma," 1: 38。這一段完全來自雷曼的敏銳分析。
94. Jonsson, "Shifting Social Landscape," 116–20; Durrenberger, "Lisu Ritual, Economics, and Ideology"; and E. Paul Durrenberger, "Lisu: Political Form, Ideology, and Economic Action," in McKinnon and Bhruksasri, *Highlanders of Thailand,* 215–26.
95. 經典的分析案例，請參考：Eric R. Wolf, *Europe and the People without History* (Berkeley: University of California Press, 1982)。
96. Durrenberger, "Lisu," 218。針對這一點，殘酷、野蠻，特別是獵頭的傳統，看來是無國家的民族為了阻止國家入侵他們領地而採取的手法。有關這之間的聯繫，請參考：Magnus Fiskesjö, "On the 'Raw' and the 'Cooked' Barbarians of Imperial China," *Inner Asia* 1 (1999): 139–68,

esp. 146, and Renato Rosaldo, *Ilongot Headhunting, 1883–1974: A Study in Society and History* (Stanford: Stanford University Press, 1980), 155。

97. 有關馬來國家的文獻非常多，但是等級制的國家形式和無首領的平等形式之間在意識形態與社會現實情況的反差及擺盪，請參考以下出色的分析：Jane Drakard, *Malay Frontier*。

98. Robert Montagne, *Les Berbères et le Makhazen au Sud du Maroc* (Paris: F. Alcan, 1930), cited in Ernest Gellner, *Saints of the Atlas* (London: Weidenfeld and Nicolson, 1969), 26.

99. Michael Khodarkovsky, *Where Two Worlds Met: The Russian State and the Kalmyk Nomads, 1600–1771* (Ithaca: Cornell University Press, 1992), 47.

100. David Faure, "The Yao Wars in the Mid-Ming and Their Impact on Yao Ethnicity," in *Empire at the Margins: Culture and Frontier in Early Modern China*, ed. Pamela Kyle Crossley, Helen Siu, and Donald Sutton (Charlottesville: University of Virginia Press, 2006), 171–89.

101. Von Geusau, "Akha Internal History," 153.

102. 許多游耕民族的移動是藉由努力維持四處分散的親屬和朋友網路。例如，泰國北部的赫蒙聯姻對象分布距離很廣，有利於他們遷移到土地肥沃和政治安全的新地區。因為游耕悠久的歷史，他們周圍形成一個由前游耕民族組成的影子社會，每當需要的時候就會活躍起來。羅伯特（William Robert）將這些社會網路比喻為「無形的電話線，連接每一戶的遠親和近鄰，每條線都可能傳來希望的訊息，鼓勵移動」。請參考：*Migrants of the Mountains: The Cultural Ecology of the Blue Miao*〔*Hmong Njua*〕*of Thailand* (Oxford: Clarendon, 1976), 233。

103. 拉米雷斯（Philippe Ramírez）研究阿薩姆邦的柯爾比（Korbi）人時發現，不同的政治抉擇帶來不同的族群認同。「族群認同，至少後天的認同不是由文化特徵所決定，而是透過對政治權威和政治秩序的忠誠所決定……如此一來，文化異質性並不妨礙一個團體在認同或者社會關係方面的內在統一。」請參考："Politico-Ritual Variations on the Assamese Fringes: Do Social Systems Exist?" in Robinne and Sadan, *Social Dynamics in the Highlands*, 91–107, 引自 103-104。

104. Walker, *Merit and the Millennium,* 529.

105. Jonsson, "Shifting Social Landscape," 132.

106. 語言學家羅伯特・布拉斯特（Robert Blust）相信馬來世界南島語系的狩獵和採集者，一度是從事定居的農民，他們懂得水稻種植技術，後來主動選擇游牧。引自：Carl L. Hoffman, "Punan Foragers in the Trading Networks of Southeast Asia," in *Past and Present in Hunter-Gatherer Studies,* ed. Carmel Shrire (Orlando: Academic Press, 1984), 123–49, 引文見 133，另見 Sopher, *Sea Nomads,* 363–66。

107. Jonsson, "Shifting Social Landscape," 124, 185–86.

第八章　復活的先知

這兩段話分別引自 Guillaume Rozenberg, *Renoncement et puissance: La quête de la sainteté dans la Birmanie contemporaine* (Geneva: Editions Olizane, 2005), 274 and John Dunn, *Setting the People Free* (London: Atlantic, 2006), 188。

1. 參考：Christian Culas, *Le messianisme Hmong aux XIXème et XXème siècles* (Paris: Editions MSH, 2005)。嚴格地說，赫蒙是苗族四大語言支系中最大的一支，而且是目前為止在東南亞大陸國家中人口最多的一支。

2. Herold J. Wiens, *China's March toward the Tropics: A Discussion of the Southward Penetration of China's Culture, Peoples, and Political Control in Relation to the Non-Han-Chinese Peoples of South China in the Perspective of Historical and Cultural Geography* (Hamden, Conn.: Shoe String, 1954), 66–91, and Nicholas Tapp, *Sovereignty and Rebellion: The White Hmong of Northern Thailand* (Singapore: Oxford University Press, 1990), 151.

3. 瑤／綿族的歷史也同樣不幸。1465 年他們在廣西大藤峽遭明朝軍隊和地方武裝擊敗。政府損失十六萬名士兵，7,300 個瑤族人被殺，1,200 人被俘。Mark Elvin, *The Retreat of the Elephants: An Environmental History of China* (New Haven: Yale University Press, 2004), 226。

4. Wiens, *China's March toward the Tropics,* 90.

5. Robert D. Jenks, *Insurgency and Social Disorder in Guizhou: The "Miao"*

Rebellion, 1854–1873 (Honolulu: University of Hawai'i Press, 1994), 90; Wiens, *China's March toward the Tropics,* 90.

6. 赫蒙老早就遷移到暹羅北部，並於 1796 年和 1817 年分別反抗泰國的獵奴以及「紅鐵政策」（red-iron policy）的行政控制。參考：Victor B. Lieberman, *Strange Parallels: Southeast Asia in Global Context, c. 800–1830,* vol. 1, *Integration on the Mainland* (Cambridge: Cambridge University Press, 2003), 300 et seq。遲至 1967 年，赫蒙有了新國王的傳言引起大規模的遷移，難民從寮國步行到國王的宮廷所在地。Nicholas Tapp, "Ritual Relations and Identity: Hmong and Others," in *Civility and Savagery: Social Identity in Tai States,* ed. Andrew Turton (Richmond, England: Curzon, 2000), 84–103。
7. Quoted in Mikael Gravers, "Cosmology, Prophets, and Rebellion among the Buddhist Karen in Burma and Thailand," *Moussons* 4 (2001): 3–31, quotation from 13.
8. Jonathan Falla, *True Love and Bartholomew: Rebels on the Burmese Border* (Cambridge: Cambridge University Press, 2006), 375.
9. 這裡的分析得益於米凱爾・格力弗斯精彩的作品。請參考；"Cosmology, Prophets, and Rebellion"; "Conversion and Identity: Religion and the Formation of Karen Ethnic Identity in Burma," in *Exploring Ethnic Diversity in Burma,* ed. Mikael Gravers (Copenhagen: NIAS Press, 2007), 227–58; and "When Will the Karen King Arrive? Karen Royal Imaginary in Thailand and Burma," manuscript, 28 pp., 2008。
10. Quoted in Gravers, "When Will the Karen King Arrive?" 7.
11. 這個說法來自：Gravers, "Cosmology, Prophets, and Rebellion"; "When Will the Karen King Arrive?"; Theodore Stern, "Ariya and the Golden Book: A Millenarian Buddhist Sect among the Karen," *Journal of Asian Studies* 27 (1968): 297–328; 以及 "Glass Palace Chronicle: Excerpts Translated on Burmese Invasions of Siam," compiled and annotated by Nai Thein, *Journal of the Siam Society* 5 (1908): 1–82 and 8 (1911): 1–119。
12. 根據米凱爾・格力弗斯的解釋，*Gwe* 這個詞已經有許多討論。從當時的 Gwe Mon 和 Gwe Shan 兩詞來看，這不是指族群而言。格力弗斯認為這可能是指 Gravers 山，在勃固滅亡以後這裡聚集了大量難民。其他自稱未來之王的人也同樣經常把 Gwe 當作前綴。

13. 孟族、撣族和緬甸人，還有克耶人和帕歐人都追隨在他的旗幟之下，而後面的這兩個民族也講克倫語。現代的研究表明，緬甸蒲干王（Pagan Mín）的妾所生的兒子塔拉，或者是蒲干王叔叔的兒子，在反叛後逃亡了。果真如此，這是典型的皇位覬覦者或反叛的王子試圖在邊陲地區尋求重新掌權的故事。請參考：Nai Thein, "Glass Palace Chronicle," 8: 98。
14. 這段和以下兩段都是參考：Gravers, "Cosmology, Prophets, and Rebellion," 10–12。
15. Stern, "Ariya and the Golden Book."
16. 有關克倫政治中千禧年信仰的重要性，可參考馬丁・史密斯針對二次世界大戰緬甸叛亂詳盡且全面的歷史詳述，他還專門做了一份附錄，請參考：*Burma: Insurgency and the Politics of Ethnicity* (London: Zed, 1991), 426–28。
17. 此處有關拉祜的論述，基本上完全參考安東尼・沃克豐富、深入和博學的著作，請見：*Merit and the Millennium: Routine and Crisis in the Ritual Lives of Lahu People* (Delhi: Hindustan Publishing, 2003)。這本里程碑之作，以及安東尼・沃克所翻譯的拉祜族創世紀的史詩 *Mvuh Hpa Mi Hpa: Creating Heaven, Creating Earth* (Chiang Mai: Silkworm, 1995) ，理應獲得更多的關注。
18. Quoted in Walker, *Merit and the Millennium,* 80, plate 17.
19. Ibid., 78.
20. 雙性的神貴莎由男性部分掌管天空，女性部分負責大地。因為男性比女性懶惰，所以大地比天空多很多。神貴莎藉著擠壓大地使大地深入天空，平衡兩者之間的比例，這也就造成大地上由山脈和谷地形成的褶皺
21. Walker, *Merit and the Millennium,* 505.
22. 這些衝突肯定和美國中央情報局的冷戰陰謀，以及和中央情報局合作

的傳教士威廉・楊有關。威廉・楊是拉祜第一位浸信會派傳教士（即楊恩）的孫子。請參考：Alfred McCoy, *The Politics of Heroin: C.I.A. Complicity in the Global Drug Trade,* rev. ed. (Chicago: Lawrence Hill, 2003), 342–45, 372–74。

23. 兩次起義都被記載在：Walker, *Merit and the Millennium,* 524–33，引自該書 524。安東尼・沃克一九七〇年代有關當代拉祜先知的田野調查跟泰國學者索羅特・西西賽（Sorot Sisisai）對同一先知的研究同樣有助益。
24. S. C. Peoples and Howard Campbell, "The Lahu: Paper Prepared for the Joint Commission of Baptists and Presbyterians to Consider the Mission Problems in the Kengtung Field" (Chiang Mai: American Presbyterian Mission, typescript, Chiang Mai Payab Archives, 1907), quoted in Walker, *Merit and the Millennium,* 587.
25. Karl Marx, Introduction to *Contribution to Critique of Hegel's Philosophy of Right* (1843)。凡是讀過《共產黨宣言》的人，勢必會被文章從規範上與結構上大量引用基督教來世論的思想所震撼：一個因壓迫與罪行而墮落的世界、日漸加深的危機、善與惡的最終衝突、善的勝利、完美的社會，以及歷史的終結。在此脈絡下，社會主義對於西方工人階級的吸引力有一部分必須仰賴文章如何巧妙地遵循他們已經非常熟悉的基督教千禧年敘事。
26. Marc Bloch, *French Rural History: An Essay in Its Basic Characteristics,* trans. Janet Sondheimer (Berkeley: University of California Press, 1970), 169.
27. 有關佛教在泰國實踐的主要線索，請見：A. Thomas Kirsch, "Complexity in the Thai Religious System: An Interpretation," *Journal of Asian Studies* 36 (1972): 241–66。
28. Rozenberg, *Renoncement et puissance,* 276.
29. 這裡顯然有一種「千禧年情景」（millenarian situations），其中有一套前所未見的狀況，使得一般人過去對於行為、地位和安全的理解，以及對有價值的生活應該如何延續的看法，都無法繼續。理查・懷特描述了北美原住民這一情景。阿岡昆人的著名先知鄧斯克瓦塔瓦

（Tenswatawa）寫道：「在窮鄉僻壤的阿岡昆人和白人的村莊中充滿了各種空想，似乎上帝在這塊土地上任意地散播啟示。」*The Middle Ground: Indians, Empires, and Republics in the Great Lakes Region, 1650–1815* (Cambridge: Cambridge University Press, 1991), 503。有一個地方甚至稱自己為「先知城」（Prophetstown）(513)。

30. 我們可以用這種方式研究 1932 年羅斯福首度競選總統。儘管最初他是保守的民主黨人，但是隨著失業的工人階級對他懷有巨大期望，他針對每一個小鎮不斷調整演講的部分內容。他們演講（更不用說羅斯福個人）逐漸充滿聽眾寄託在他身上的世俗救贖承諾。同樣地，金恩博士（Martin Luther King Jr.）的布道也重複了相似的過程，甚至在同一場演講中就會調整。見 Taylor Branch, *Parting the Waters: America in the King Years, 1954–63* (New York: Simon and Schuster, 1988)。
31. 前殖民時期的緬甸和暹羅，法律規定特定地位的穿著、宅邸和隨從人數以強化這些區別。
32. Max Weber, *The Sociology of Religion,* trans. Ephraim Fischoff (Boston: Beacon, 1963), 101。針對我省略的部分，韋伯表明，其他的階級，比如工匠、中下階級、低級僧侶，可能更需要立即的救贖，他在以後的著作中還會討論這個問題。
33. 我已經在下列研究中詳細討論這個主題："Protest and Profanation: Agrarian Revolt and the Little Tradition," *Theory and Society* 4 (1977): 1–38 and 211–46, and in *Domination and the Arts of Resistance: Hidden Transcripts* (New Haven: Yale University Press, 1990)。有關狂歡節演變為反叛的詳細歷史解釋，請見：Emmanuel Le Roy Ladurie, *Carnival in Romans,* trans. Mary Feney (Harmondsworth: Penguin, 1981)。
34. Weber, *Sociology of Religion,* 139, 80, 81. 韋伯實際上用的是「農業共產主義」（agrarian communism）一詞，但是他所追求的派別在這似乎不大適用，儘管他們都強調當地人控制土地分配，他們也保護小農所有制的傳統。
35. 這有助於解釋法國絕對王權的統治如何有系統地統治法國各地，並建立一致的民間秩序，卻竟然引起各地的反叛，其中不少都有千禧年的寓意。請見：Boris Porchnev, *Les soulèvements populaires en France au XVIIème siècle* (Paris: Flammarion, 1972)。

36. 針對創造神蹟的僧侶及其信眾的詳細民族志，請見：E. Michael Mendelson, "Observations on a Tour in the Region of Mount Popa," *France-Asie* 179 (1963): 786–807, and his "A Messianic Buddhist Association in Upper Burma," *Bulletin, School of Oriental and African Studies (SOAS)* 24 (1961): 560–80。針對民間宗教綜攝（syncretism，教義融合）的普遍描述，請見：Melford Spiro, *Burmese Supernaturalism: A Study in the Explanation and Reduction of Suffering* (Englewood Cliffs, N.J.: Prentice-Hall, 1967)。
37. 這裡主要是靠著吉拉姆・盧森貝對於八位森林名僧的研究，請見：Guillaume Rozenberg, *Renoncement et puissance*。
38. 當帕歐族當代著名林僧塔曼亞被問到他屬於那個佛寺，他的回答是：「我不屬於任何一個分支（*gaing*），我只屬於『遁入森林派』。」Ibid., 35。
39. I. M. Lewis, *Ecstatic Religions: A Study of Shamanism and Spirit Possession,* 2nd ed. (London: Routledge, 1989), 91.
40. Quoted in J. G. Scott〔Shway Yoe〕, *The Burman: His Life and Notions* (1882; New York: Norton, 1963), 118.
41. Barbara Wilson Andaya, "Religious Development in Southeast Asia, 1500–1800,"chapter 9 in *The Cambridge History of Southeast Asia,* ed. Nicholas Tarling, vol. 1, *From Early Times to 1800* (Cambridge: Cambridge University Press, 1992), 565.
42. Mendelson, "Messianic Buddhist Association."
43. Spiro, *Burmese Supernaturalism,* 139.
44. 麥可・孟德爾松相信許多神靈實際代表被謀殺的皇族親屬。由於國王經常是篡位者，他們把死去的親屬（他們因早夭而有強大力量）變成被崇拜的神靈，國王通過象徵性的柔術，撫慰神靈，並說服他們來保佑國王本人。薩亞森在 1930 年的叛亂中，同樣召喚一個遭部隊殺死的英國人來保佑自己的隊伍。請見："Observations," 786。

45. Ibid., 785.
46. E. Michael Mendelson, *Sangha and the State in Burma: A Study of Monastic Sectarianism and Leadership,* ed. John P. Ferguson (Ithaca: Cornell University Press, 1975), 207.
47. 針對一場世俗冥想運動（lay meditation movemen）的詳細說法，請參考：Ingrid Jordt, *Burma's Mass Lay Meditation Movement: Buddhism and the Cultural Construction of Power* (Athens: Ohio University Press, 2007)。
48. 針對現有社會秩序中的革命行動（亦即沒有其他可能的外部知識），見 *Domination and the Arts of Resistance,* 77–82。
49. Lieberman, *Strange Parallels,* 1: 328.
50. Gravers, "When Will the Karen King Arrive?" 2.
51. Tapp, "Ritual Relations and Identity," 91.
52. George M. Foster, "What Is Folk Culture?" *American Anthropologist* 55 (1953): 159–73, quotation from 104.
53. Oscar Salemink, *The Ethnography of Vietnam's Central Highlanders: A Historical Contextualization, 1850–1990* (London: Routledge-Curzon, 2003), 73–74.
54. Tapp, "Ritual Relations and Identity."
55. 歐洲的例外是自由的城邦，這種模式在東南亞根本就不存在，除非是有點類似的馬來貿易港口。
56. 有關這方面有趣的論點，請見 Paul Stange, "Religious Change in Contemporary Southeast Asia," in Tarling, *Cambridge History of Southeast Asia,* vol. 2, *The Nineteenth and Twentieth Centuries* (Cambridge: Cambridge University Press, 1992), 529–84。另一個有趣的類似例子還包括柏柏爾人接受與阿拉伯遜尼正統教義（Sunni orthodoxy）完全不同的蘇菲派教義（Sufism）。他們認可參與全面的伊斯蘭文化，強調兄弟之情和平等，但反對阿拉伯國家及其等級制度。見 Philip Khoury and Joseph Kostiner, eds., *Tribes and State Formation in the Middle East* (Berkeley: University of California Press, 1990)。
57. Edmund Leach, *The Political Systems of Highland Burma: A Study of Kachin*

Social Structure (Cambridge: Harvard University Press, 1954), 112–13.

58. Clifford Geertz, *Negara: The Theatre State in Nineteenth-Century Bali* (Princeton:Princeton University Press, 1980), 132。針對東南亞沿海，萊格（J. D. Legge）點出克萊弗斯和貝治（C. C. Berg）把爪哇當權者的集權宇宙觀（centralist cosmology）理解為反制權力擴散。請見："The Writing of Southeast Asian History," chapter 1 in Tarling, *Cambridge History of Southeast Asia,* 1–50, esp. 33。

59. 查爾斯·蒂利已經注意到，瑞士的地理條件造成新教在宗教改革時，巴塞爾的慈運理派和日內瓦的喀爾文派之間頗多抗爭與四分五裂的狀態，同時還要對抗天主教支持者。請見：*Contention and Democracy in Europe, 1650–2000* (Cambridge: Cambridge University Press, 2004), 169。

60. F. K. Lehman (Chit Hlaing), "Burma: Kayah Society as a Function of the Shan-Burma-Karen Context," in *Contemporary Change in Traditional Society,* 3 vols., ed. Julian Steward (Urbana: University of Illinois Press, 1967), 1: 1–104, quotation from 34.

61. Hermann Kulke, "The Early and Imperial Kingdom in Southeast Asian History," in *Southeast Asia in the 9th to 14th Centuries,* ed. David G. Marr and A. C. Milner (Singapore: Institute for Southeast Asian Studies, 1986), 1–22。當然，歐洲人對此並不覺得意外，因為羅馬帝國與神聖羅馬帝國隨著這座永恆的城市在諸侯的征戰中成為廢墟之後，這樣的觀念長期以來還是留在政治的訴求與法理之中。見：Alexander Woodside, "The Centre and the Borderlands in Chinese Political Thinking," in *The Chinese State and Its Borders,* ed. Diana Lary (Vancouver: University of British Columbia Press, 2007), 11–28, esp. 13. 同樣的事情也發生在鄂圖曼帝國，參考：Karen Barkey, *Empire of Difference: The Ottomans in Comparative Perspective* (Cambridge: Cambridge University Press, 2008), 13, 82。

62. Stuart Schwartz and Frank Salomon, "New Peoples and New Kinds of People: Adaptation, Adjustment, and Ethnogenesis in South American Indigenous Societies (Colonial Era)," in *The Cambridge History of Native Peoples of the Americas,* ed. Stuart Schwartz and Frank Salomon (Cambridge:

Cambridge University Press, 1999), 443–502, 引自 486。干沙路・貝爾特蘭同樣把這種破碎帶的特點概括為本土和救世主宗教專屬地區。*Regions of Refuge,* Society of Applied Anthropology Monograph Series, 12 (Washington, D.C., 1979), 49. 有關這個方面的研究，另見 Barkey, *Empire of Difference,* 42, 有關鄂圖曼的情況，見 Richard White, *Middle Ground;* Peter Worsley, *The Trumpet Shall Sound: A Study of Cargo Cults in Melanesia* (New York: Schocken, 1968); Kenelm Burridge, *New Heaven, New Earth: A Study of Millenarian Activities* (New York: Schocken, 1969); and Jonathan Spence, *God's Chinese Son: The Taiping Heavenly Kingdom of Hong Xiuquan* (New York: Norton, 1996)。

63. Tapp, *Sovereignty and Rebellion,* 57.
64. Bloch, *French Rural History,* 169.
65. Weber, *Sociology of Religion,* 126.
66. Erik Mueggler, "A Valley House: Remembering a Yi Headmanship," in *Perspectives in the Yi of Southwest China,* ed. Steven Harrell (Berkeley: University of California Press, 2001), 144–69, esp. 158–61.
67. 彼得・沃斯利（Peter Worsley, *The Trumpet Shall Sound*）與肯內爾姆・伯里奇（Kenelm Burridge, *New Heaven, New Earth*）的書因為同情貨物崇拜的參與者，而且理解導致叛亂的物質條件，所以都掉入此陷阱。米凱爾・格力弗斯、安東尼・沃克、尼古拉斯・塔普等東南亞研究者基本上都避免了這一點。
68. Tapp, "Ritual Relations and Identity," 94.
69. 一個全新具有領袖魅力的高地「大人物」往往就是如此開始。
70. 這如同研究異端崇拜和改變信仰的學者所強調的，信仰越強烈和激進，公開割斷與舊秩序的聯繫也就越重要，換句話說，燒掉橋樑切斷退路也就表示要完全託付給新秩序。
71. F. K. Lehman (Chit Hlaing), "Who Are the Karen, and If So, Why? Karen Ethnohistory and a Formal Theory of Ethnicity," in *Ethnic Adaptation and Identity: The Karen on the Thai Frontier with Burma,* ed. Charles F. Keyes (Philadelphia: ISHII, 1979), 215–53, quotations from 240, 248.

72. Gravers, "Cosmology, Prophets and Rebellion," 24.
73. Lehman (Chit Hlaing), "Who Are the Karen?" 224.
74. Anthony R. Walker, "The Lahu People: An Introduction," in *Highlanders of Thailand,* ed. John McKinnon and Wanat Bhruksasri (Kuala Lumpur: Oxford University Press, 1983), 227–37, quotation from 231.
75. 弗雷德里克・巴特（Fredrik Barth）強調人在社會組織邊界的能動性，*Ethnic Groups and Boundaries: The Social Organization of Culture Difference* (1969; Long Grove, Ill.: Waveland, 1998)。他指出在非工業化的民族中，精英可以選擇的策略之一就是「選擇強調族群認同，通過認同發展新的位置和模式，並為實現新的目的而在他們原先社會完全沒有或幾乎沒有的部門組織活動……第三個策略帶來許多現在還看得到的有趣運動，從本土主義到新興國家。」(33) 只要看得夠久，我發現巴特所提出的論點與我在這裡的看法差不多。休・布羅迪指出，薩滿教廣泛流行的社會，因為夢境與意識、好與壞，以及玩笑和嚴肅之間的界限模糊，所以這個社會相當有彈性。請參考：*The Other Side of Eden: Hunters, Farmers, and the Shaping of the World* (Vancouver: Douglas and McIntyre, 2000), 245。
76. Jenks, *Insurgency and Social Disorder in Guizhou,* 6.
77. 這段描述來自 Salemink, *Ethnography of Vietnam's Central Highlanders,* chapter 4, 100–129, and Geoffrey Gunn, *Rebellion in Laos: Peasant and Politics in a Colonial Backwater* (Boulder: Westview, 1990)。
78. 有關闊曼達姆起義，請參考：Gunn, *Rebellion in Laos*。
79. 請參考：Christian C. Lentz, "What Revolution? Calling for a King in Dien Bien Phu,"paper prepared for the Annual Meeting of the Association of Asian Studies, April 3–6, 2008, Atlanta。倫茨令人期待的論文將更詳細討論這個問題。
80. 威廉・羅伯特・格迪斯（William Robert Geddes）點出自己的研究對象赫蒙族：「這也是薩滿巫師成為許多大社區中要角的部分原因。他們的權威基於宗教，因此並不局限在特定的社會群體。」請參考：*Migrants of the Mountains: The Cultural Ecology of the Blue Miao (Hmong*

Njua) of Thailand (Oxford: Clarendon, 1976), 256。那些無可非議之人的重要性，可能與東南亞普遍存在的外來王（stranger-king）現象有關，請參考：David Henley's "Conflict, Justice, and the Stranger-King: Indigenous Roots of Colonial Rule in Indonesia and Elsewhere," *Modern Asian Studies* 38 (2004): 85–144。

81. Ira Lapidus, "Tribes and State Formation in Islamic History," in Khoury and Kostiner, *Tribes and State Formation in the Middle East,* 25–47, quotation from 29.
82. Thomas Barfield, "Political Legitimacy in Afghanistan," manuscript, 53.
83. 這也是彼得・沃利所說的，請參考：*The Trumpet Shall Sound,* 227。我反對這個結論，因為它採取功能論者的論證模式，但是從證據來看卻難以反駁。
84. Richard A. O'Connor, "Sukhothai: Rule, Religion, and Elite Rivalry," paper presented at the Forty-first Annual Conference of the Association of Asian Studies, Washington, D.C., 1989, cited in Anthony Reid, *Southeast Asia in the Age of Commerce, 1450–1680,* vol. 2, *Expansion and Crisis* (New Haven: Yale University Press, 1993), 151.
85. 我此處的構想來自哈根針對摩鹿加群島（Maluku）馬尼奧（Maneo）社群的出色研究。*Community in the Balance: Morality and Social Change in an Indonesian Society* (Boulder: Paradigm, 2006), 165。
86. Tapp, *Sovereignty and Rebellion,* 95–97。塔普的報告提到一九五〇年代也發生同樣的叛亂。有時耶穌跟歷史上著名的薩滿巫師 Sui Yi 會出現混淆，預言也說 Sui Yi 有一天要重返人間。
87. 當然，除了這個地區之外，新大陸的原住民比這段歷史更悲慘。有關印度支那戰爭期間的情況，見麥考伊（Alfred McCoy）在第七章中的詳細敘述，請參考："The Golden Triangle," in *The Politics of Heroin: CIA Complicity in the Global Drug Trade,* rev. ed. (Chicago: Lawrence Hill, 2003), 283–386。
88. 有關非洲裔美國人的基督教《聖經》口述傳統，請見 Allen Dwight Callahan, *The Talking Book: African Americans and the Bible* (New Haven:

Yale University Press, 2007)。

89. 這部分描述來自 Walker, *Merit and the Millennium,* 580–86。
90. 引文請見：ibid., 791。
91. E. J. Hobsbawm, *Primitive Rebels: Studies in Archaic Forms of Social Movement in the 19th and 20th Centuries* (New York: Norton, 1965).
92. See Courtney Jung, *The Moral Force of Indigenous Politics: Critical Liberalism and the Zapatistas* (Cambridge: Cambridge University Press, 2008).

第九章　結論

第二段引文來自於 Richard A. O'Connor, "Founders' Cults in Regional and Historical Perspective," in *Founders' Cults in Southeast Asia: Ancestors, Polity, and Identity,* ed. Nicola Tannenbaum and Cornelia Ann Kammerer, Yale Southeast Asian Monograph Series no. 52 (New Haven: Yale University Press, 2003), 269–313, 引自於 297 頁。

1. John Dunn, *Setting the People Free: The Story of Democracy* (London: Atlantic, 2005),182.
2. 請參考：Magnus Fiskesjö, "Rescuing the Empire: Chinese Nation-Buildingin the 20th Century," *European Journal of East Asian Studies* 5 (2006): 15–44。
3. Joyce C. White, "Incorporating Heterarchy into Theory on Socio-political Development: The Case from Southeast Asia," in *Heterarchy and the Analysis of Complex Societies,* ed. Robert M. Ehrenreich, Carole L. Crumley, and Janet E. Levy, Archeological Papers of the American Archeological Association, no. 6 (1995): 103–23.
4. Francois Robinne and Mandy Sadan, Postscript, "Reconsidering the Dynamics of Ethnicity through Foucault's Concept of 'Spaces of Dispersion,' " in *Social Dynamics in the Highlands of Southeast Asia: Reconsidering Political Structures of Highland Burma by E. R.Leach,* ed. Francois Robinne and Mandy Sadan, Handbook of Oriental Studies, section 3, Southeast Asia (Leiden: Brill, 2007), 299–308.

5. 在東亞和東南亞，這也包括台灣與海南等一些使用太平洋南島語系的人，以及過去承擔國家的馬來民族，如占人（Cham）。
6. O'Connor, "Founders' Cults," 298–99.
7. Fernand Braudel, *The Mediterranean and the Mediterranean World in the Age of Philip II,* vol. 1, trans. Sian Reynolds (New York: Harper and Row, 1966), 33.
8. 東南亞的海上大國，例如勃固、三佛齊與馬六甲，由於有水路地理阻力小的優點，儘管軍事力量較弱，但是他們比蒲甘阿瓦、阿瑜陀耶或東京等農業國家有更大且更有活力的陰影區域。
9. 北美的奴隸也同樣利用了基督教和《聖經》，特別是《舊約》，混合出一條解放和廢奴的訊息。
10. 所有的群體也不是自給自足的體系。外部的衝擊有時會引發結構全面重組。二戰期間日本人的殖民征服和占領，更不用說之後由低地多數族群發起（現在多由高地少數民族發起）的民族解放戰爭，也是這方面顯著的例子。這些衝擊已經徹底改變族群之間的權力關係，以及每個族群在新秩序中把自己重新放在有利位置的選項。
11. G. William Skinner, "Chinese Peasants and the Closed Community: An Open and Shut Case," *Comparative Studies in Society and History* 13 (1971): 270–81.
12. 保存地方食物供應的模式讓我們想起十八世紀英格蘭食物短缺時的市場習俗。See E. P. Thompson's famous article "The Moral Economy of the English Crowd in the Eighteenth Century," *Past and Present* 50 (1950): 76–136。
13. Hjorleifur Jonsson, "Shifting Social Landscape: Mien (Yao) Upland Communities and Histories in State-Client Settings," Ph.D. diss., Cornell University, 249, 380–84.
14. 當代的情境，土地短缺加上現代自由產權的形式確立，使得一些家庭可以積累土地，而其他家庭淪為無地的佃農或勞工，也就產生永久的不平等。凡是土地充足且產權開放盛行之處，不平的產生往往都是因家庭週期（family cycle）以及家庭可以支配多少能勞動的人。

15. Georges Condominas 提出相同的觀點，見 *From Lawa to Mon, from Saa' to Thai: Historical and Anthropological Aspects of Southeast Asian Social Spaces,* trans. Stephanie Anderson et al., an Occasional Paper of Anthropology in Association with the Thai-Yunnan Project, Research School of Pacific Studies (Canberra: Australian National University, 1990), 60。
16. 又一次，這種再適應有「水上」版本。大維・索弗（David E. Sopher）指出，許多海上吉普賽族群在定居以後又重新回到海上生活，但最後又重新定居下來。說游牧民族一旦定居就永不改變的普遍看法根本毫無根據。請見：*The Sea Nomads: A Study Based on the Literature of the Maritime Boat People of Southeast Asia,* Memoirs of the National Museum, no. 5 (1965), Government of Singapore, 363–66。
17. 當然，任何帝國計畫中都很容易看到這種情況。以法國為例，法國大革命的理想、人權、公民身分的觀念和雨果（Victor Hugo）的公民論述，與西貢和阿爾及爾等殖民地的現實情況完全相反。你可以做個小小的思想實驗，試著把「發展」（文明的委婉說法）的論述與非政府組織在永珍搶奪草地與戰利品等齷齪的行為相比。
18. 歐威爾第一部小說《緬甸歲月》（*Burmese Days*）針對書中悲劇英雄弗洛里因這種衝突最終自殺，有一段令人刻骨銘心的描述。

Beyond

94

世界的啟迪

不受統治的藝術

東南亞高地無政府主義的歷史

The Art of Not Being Governed: An Anarchist History of Upland Southeast Asia

作者	詹姆斯・斯科特（James C. Scott）
譯者	許雅淑
總編輯	洪仕翰
責任編輯	陳怡潔
行銷企劃	張偉豪
封面設計	廖勁智
排版	宸遠彩藝
出版	衛城出版／左岸文化事業有限公司
發行	遠足文化事業股份有限公司（讀書共和國出版集團）
地址	23141　新北市新店區民權路 108-3 號 8 樓
電話	02-22181417
傳真	02-22180727
客服專線	0800221029
法律顧問	華洋法律事務所蘇文生律師
印刷	呈靖彩藝有限公司
初版	2025 年 07 月
定價	700 元
ISBN	978-626-7645-60-4（紙本）
	978-626-7645-69-7（EPUB）
	978-626-7645-70-3（PDF）

歡迎團體訂購，另有優惠，請洽 02-22181417，分機 1124

國家圖書館出版品預行編目(CIP)資料

不受統治的藝術：東南亞高地無政府主義的歷史/詹姆斯.斯科特(James C. Scott)作；許雅淑譯. -- 初版. -- 新北市：衛城出版, 左岸文化事業有限公司出版：遠足文化事業股份有限公司發行, 2025.07
576面；14.8 x 21公分. -- (Beyond；94)
譯自：The Art of Not Being Governed: An Anarchist History of Upland Southeast Asia
ISBN 978-626-7645-60-4(平裝)

1. 民族學　2. 民族文化
3. 文化研究　4. 東南亞

535.738　114007655

ACRO POLIS
衛城出版

Email acropolisbeyond@gmail.com
Facebook www.facebook.com/acrolispublish